TEXTES DE LA RENAISSANCE
sous la direction de Mireille Huchon
173

La Sepmaine ou Creation du monde

Tome I

Guillaume Du Bartas

La Sepmaine ou Creation du monde

Tome I

Édition critique par Sophie Arnaud-Seigle, Yvonne Bellenger,
Denis Bjaï, Véronique Ferrer, Sabine Lardon
et Jean-Claude Ternaux
Introduction d'Yvonne Bellenger

Sous la direction de Jean Céard

PARIS
CLASSIQUES GARNIER
2011

Sophie Arnaud-Seigle a consacré sa thèse à la poésie scientifique de Peletier du Mans.

Yvonne Bellenger est professeur honoraire à l'université de Reims. Ses travaux ont porté sur la poésie française du XVIe siècle (surtout celle de la Pléiade et de Du Bartas) et sur Montaigne, ainsi que sur la littérature de voyage à la Renaissance.

Denis Bjaï est professeur à l'université d'Orléans. Il travaille sur la poésie épique de la Renaissance et sur Montaigne.

Jean Céard est professeur honoraire à l'université de Paris-Ouest – Nanterre – La Défense. Il a édité Rabelais, Ronsard, Montaigne, Paré, Tyard, etc., et a notamment travaillé sur la poésie et l'histoire des sciences de la Renaissance (médecine, astronomie, démonologie, divination, linguistique).

Véronique Ferrer est maître de conférences à l'université Michel-de-Montaigne – Bordeaux 3. Ses travaux portent sur D'Aubigné et sur les rapports entre Réforme et littérature aux XVIe et XVIIe siècles.

Sabine Lardon est maître de conférences à l'université de Chambéry. Elle travaille sur la littérature religieuse (théâtre et poésie) et sur la langue du XVIe siècle.

Jean-Claude Ternaux est professeur à l'université d'Avignon et des pays de Vaucluse. Ses travaux portent sur le théâtre et la poésie de la Renaissance.

ISBN 978-2-8124-0371-2
ISSN 1262-2842

AVANT-PROPOS

Nous proposons, en trois volumes, une édition de *La Sepmaine* et des deux commentaires qu'elle a suscités au XVIe siècle, celui de Simon Goulart et celui de Pantaleon Thevenin. Le premier volume inclut le poème de Du Bartas accompagné des compléments que lui a apportés Simon Goulart à partir de 1581 : sommaires, notes marginales, etc., ainsi que le texte du *Brief Advertissement sur sa Premiere et Seconde Semaine* de 1584 qui constitue une sorte d'« examen » de ses œuvres par l'auteur et qui en apprend beaucoup sur la réception de *La Sepmaine* et sur les débats d'ordre esthétique auxquels elle a donné lieu.

Le second volume est consacré au commentaire de Simon Goulart, ou plutôt à ce qu'on appelle ainsi improprement puisque Goulart lui-même ne parlait que d'« Indice ». Il s'agit d'une suite de notices éclairant les termes et les notions qui « pourroyent retarder les moins exercez » des lecteurs, lit-on dans l'avis au lecteur, et dont l'ensemble forme une petite encyclopédie des connaissances telles qu'elles se trouvent évoquées dans *La Sepmaine*.

Le troisième volume publie le commentaire de Pantaleon Thevenin, constitué d'annotations au fil du texte, vers par vers, donnant des renseignements quelquefois banals, souvent savants, parfois très éloignées des explications de Goulart, mais les recoupant – ou les copiant – ailleurs. Nous nous sommes préoccupés de rendre lisibles ces notes, livrées de façon touffue et sans numérotation dans l'édition de 1585.

Nous avons souhaité que le lecteur de *La Sepmaine* qui n'aurait que le volume 1 sous les yeux sans disposer des deux autres puisse néanmoins lire et comprendre le texte sans difficulté. L'introduction et les notes de bas de page sont destinées à l'y aider. Mais il va sans dire que la consultation des deux autre volumes, dans bien des cas, enrichira sa lecture. À ce sujet, nous rappelons que s'il y a eu plusieurs éditions de *La Sepmaine* au XXe siècle, aucune n'avait donné le commentaire de Goulart, publié pour la dernière fois en 1616, ni celui de Thevenin, dont l'unique édition est celle de 1585. Nous pensons, et nous espérons, que l'accès plus facile à ces deux ouvrages intéressera non seulement les lecteurs de Du Bartas, mais tous ceux qui sont curieux du paysage mental et de la vision du monde des hommes de cette époque.

Nous avons travaillé en équipe. *La Sepmaine* comporte sept Jours, et nous étions sept : chacun son Jour. Bien entendu, nous avons travaillé ensemble, nous nous sommes réunis, consultés, aidés, relus, complétés, et il s'agit dans cette mesure d'un travail collectif. Mais le maître d'œuvre de chaque Journée est demeuré le responsable de son « lot » de vers : il a soigneusement surveillé le texte, établi les variantes, rédigé les notes, relevé les mots à inscrire dans l'Index des noms propres historiques, mythologiques et géographiques et dans le glossaire, les ouvrages à marquer dans la bibliographie générale, etc., mais chacun s'est acquitté aussi de tâches plus générales : vérifier l'ensemble des annotations de *La Sepmaine*, contrôler la relecture des notices de Goulart complétées par chacun, même chose pour Thevenin, surveiller l'établissement du glossaire, etc. La direction du tome I a été assurée par Jean Céard, celle du tome II par Yvonne Bellenger et celle du tome III par Denis Bjaï.

Le livre I de *La Sepmaine* est édité par Véronique Ferrer ; le livre II, par Jean Céard ; le livre III, par Yvonne Bellenger ; le livre IV, par Sophie Arnaud-Seigle : le livre V, par Jean-Claude Ternaux ; le livre VI, par Denis Bjaï ; le livre VII, par Sabine Lardon.

Le *Brief Advertissement* est édité par Yvonne Bellenger et Denis Bjaï.

INTRODUCTION

VIE DE DU BARTAS

Du Bartas est né en 1544 à Montfort (dans l'actuel département du Gers) d'une famille de marchands aisés qui portaient le nom de Salustre. C'est de son vivant que ce nom se transforma, par analogie avec celui de l'historien latin, en Saluste ou Salluste[1] et que son père, François Salustre, déjà propriétaire de plusieurs fermes dans la région, acheta en 1565 à l'évêque de Lombez le domaine et le château du Bartas[2], terre noble (puisque terre d'église) qui conférait le titre de « Sieur (ou Seigneur) du Bartas ». Noblesse très récente donc. On ignore où le jeune Guillaume reçut sa première éducation : peut-être au célèbre collège de Guyenne, à Bordeaux, qui avait vu passer Montaigne et où il aurait pu connaître le futur imprimeur Simon Millanges[3], ainsi que Pierre de Brach avec qui par la suite il fut lié d'une étroite amitié[4]. Jacques Auguste de Thou

---

1 U. T. Holmes Jr., J. C. Lyons et R. W. Linker, les éditeurs américains des œuvres complètes de Du Bartas publiées en trois volumes sous le titre *The Works of Guillaume de Salluste Sieur du Bartas* de 1935 à 1940 (Chapel Hill, University of North Carolina Press) proposent dans leur premier volume une étude biographique tout à fait remarquable, dont nous nous inspirons largement dans les pages qui suivent. Nous renverrons à cette publication par l'abréviation « Holmes ». Tout ce qui se rapporte à la vie de Du Bartas se trouve au volume 1. – Un document notarial du 8 mars 1571 désigne le poète sous l'appellation « monsieur maistre Guilhaume Salustre, docteur et sire du Bartas », mais le même document est signé par l'intéressé « G. de Salluste » (voir Olivier de Gourcuff et Paul Bénétrix, *Choix de poésies françaises et gasconnes de Guillaume de Salluste, seigneur du Bartas. Avec notice biographique et notes littéraires*, Auch, 1890, où sont publiées de précieuses informations extraites des archives du Gers ; cité par Holmes, t. 1, p. 3 *sqq.*)

2 Du nom d'un lieu dit : *bartas* en gascon signifie « buisson épais, taillis ».

3 Simon Millanges (1544-1621) allait être l'imprimeur du premier recueil publié par Du Bartas en 1574. C'est lui aussi qui publia en 1580 la première édition des *Essais*.

4 Nombre de familiers et d'amis de Du Bartas étaient aussi des proches de Montaigne. Ces deux hommes, tous deux « gascons », auteurs de livres dont le succès fut considérable et

assure que le jeune homme fut entraîné aux armes dès son enfance[1]. Il étudia le droit à Toulouse, où il suivit les leçons de l'illustre Cujas et semble avoir obtenu sa licence en 1567[2]. Il s'essayait à rimer et concourut aux traditionnels Jeux Floraux[3] de la ville où il remporta la Violette en 1565, l'année où son père achetait le Bartas, pour un chant royal dont le style ne laisse pas par certains aspects d'annoncer celui de ses œuvres futures[4].

Son père mourut en 1566. Guillaume héritait de ses biens et devenait « sieur du Bartas ». Il fit faire des travaux au château et s'y installa. Il y avait amené son ami Pierre de Brach, qui a laissé le souvenir de cette visite dans un texte en vers, le *Voyage en Gascogne*[5], où l'on peut sans doute apercevoir quelques indications sur le Bartas, mais où l'on retrouve surtout le motif traditionnel du bonheur de vivre à la campagne, que Du Bartas reprendra plus tard[6]. Il est piquant de noter que c'est à l'occasion de ce voyage que Du Bartas a lui-même composé l'unique sonnet amoureux, rédigé en gascon, que l'on connaisse de lui et que De Brach publia avec son *Voyage en Gascogne*[7].

C'est vers cette époque que Jeanne d'Albret commanda au jeune homme « l'histoire de Judit en forme d'un poeme epique[8] ». L'héroïne

---

qui parurent à la même époque, ne parlent jamais l'un de l'autre, aucune anecdote ne les montre ensemble, rien ne prouve qu'ils se soient connus et pourtant tout suggère que c'est invraisemblable. Il y a là un petit mystère.

1 Jacques-Auguste de Thou, *Histoire universelle*, La Haye, H. Scheurleer, t. 7, 1740, p. 692-693. Voir les frères Haag, *La France protestante*, Paris, Cherbuliez, 1859, t. 9, p. 120.

2 Holmes note qu'on désigne Du Bartas comme « docteur en droicts » dans plusieurs contrats ou pièces d'archives à partir de 1567 alors qu'il ne retourne plus à Toulouse après cette date (Holmes, t. 1, p. 8, n. 20).

3 Ceux-là mêmes contre lesquels Du Bellay, dans la *Deffence et illustration de la langue françoyse*, avait fulminé une condamnation sans appel : « ... puis me laisse toutes ces vieilles poësies Françoyses aux Jeuz floraux de Thoulouse et au Puy de Rouan : comme rondeaux, ballades, vyrelaiz, chantz royaulx, chansons, et aultres telles episseries... », livre 2, chap. 4.

4 Sur le chant royal de Du Bartas qui fut primé, voir John-Charles Dawson, *Toulouse in the Renaissance*, New York, Columbia U. P., 1923, p. 58-60.

5 Pierre de Brach, *Œuvres*, éd. Reinhold Dezeimeris, 2 vol., Paris, Aubry, 1862. Le *Voyage en Gascogne* : t. 2, p. 176-193.

6 Voir Sepm., III, 897-992 : « O trois et quatre fois bien heureux, qui s'esloigne / Des troubles citadins ! ... »

7 « Ha ! chatou mauhazec, ha ! tradiou balesté... » [« Ah ! méchant petit dieu, ah ! traître archer... »], voir Holmes, t. 3, p. 534 (avec traduction anglaise).

8 « L'auteur nous le dit lui-même dans l'Avertissement aux Lecteurs de [l'édition de *Judit*] de 1579 : il lui a "esté commandé, il y a environ quatorze ans, par feu tresillustre et tresvertueuse Princesse Jane, royne de Navarre, de rediger l'histoire de Judit en forme

biblique représentait certainement aux yeux de la farouche souveraine calviniste[1] l'idéal de la résistance à la prépondérance et aux menées catholiques en cette période où les guerres de religion se succédaient. Le désir de la reine de Navarre nous renseigne sur le fait que, dès ses années d'études, Du Bartas semble avoir été en contact avec le milieu lettré de la cour de Nérac. Toutefois, l'œuvre commandée ne fut publiée que bien plus tard, en 1574, dans le recueil intitulé *La Muse chrestiene*, et Du Bartas avoue dans l'Avertissement au Lecteur qu'il place en tête de ce volume (dans la première édition) l'intérêt limité que le sujet lui avait inspiré : « Que si l'effect n'a respondu à mon desir, je te supplie rejetter la coulpe sur celui qui m'a proposé un si sterile sujet : et non sur moi, qui ne lui pouvoi honnestement desobeïr[2] ». Mais on remarque aussi dans cet Avertissement (à propos du *Triomfe de la Foi*, l'un des poèmes publiés à la suite de la *Judit*[3]) un trait de caractère qui n'était pas universellement répandu à l'époque, à savoir le refus d'envenimer les querelles religieuses[4] :

> Quand à mon Triomfe de la Foi, je sçay qu'il sera trouvé manque et imparfait. Mais je m'asseure que tous hommes de bon jugement reconnoistront, que de propos deliberé j'ay obmis plusieurs choses, pour n'aigrir par un stile partial, et envenimé [*sic*] les esprits des hommes de ce siecle, qui sont assés, et par trop aigris à cause des presentes controverses de la Religion : lesquelles je desire voir non seulement esteintes, ains mesme ensevelies sous un Eternel obli[5].

---

d'un poeme epique" », *Judit*, éd. André Baïche, Toulouse, 1970, p. XXI. Ce qui donne à peu près l'année 1565. Baïche (p. XXIII) penche plutôt pour le début de l'année 1564.

1 Convertie en 1560, pour des raisons évidemment religieuses, mais aussi politiques. Elle impose le calvinisme à ses sujets parce qu'elle « n'entendait pas [...] n'être qu'un pou que se disputent deux singes (le roi de France et celui d'Espagne). C'est bien par ce seul choix confessionnel que sa souveraineté pouvait exister », Serge Brunet, « "De l'Espagnol dedans le ventre !" L'influence de l'Espagne chez les catholiques du Sud-Ouest de la France durant les guerres de religion », in *La Voix de la Nymphe Aquitaine. Écritures, langues, pouvoirs. 1550-1610*, éd. Jean-François Courouau, Jean Cubelier de Beynac et Philippe Gardy, Agen, Centre Matteo Bandello, 2005, p. 177.

2 *Judit* (in *La Muse Chrestiene*), S. Millanges, Bordeaux, 1574, f° AB 2. « Le » responsable du sujet, en fait la reine Jeanne d'Albret (comme le précisera la réédition de 1579 : voir éd. Baïche, p. 7), était mort(e) en 1572.

3 *La Muse Chrestiene* se composait de *La Judit*, *Le Triomfe de la Foi*, *L'Uranie* et de sept sonnets à diverses personnes, dont deux à Pierre de Brach.

4 Holmes signale à ce propos deux sonnets où De Brach évoque Du Bartas préférant le service des Muses à celui de Mars, (in *Œuvres*, éd. Dezeimeris, t. 2, p. 39-40).

5 *La Muse Chrestiene*, Bordeaux, 1574, f° AB 2v.

En 1574, deux ans après la Saint-Barthélemy, cette phrase dit le désir de paix et l'absence de fanatisme de Du Bartas. Cet homme modeste et aimable, d'après le portrait que laissa de lui son ami Jacques-Auguste de Thou, ne rêvait pas d'écraser l'adversaire, il n'exprimait pas de haine à l'encontre des catholiques. Plusieurs de ses amis professaient cette religion, comme De Thou, De Brach, Pibrac, ou Florimond de Rémond à qui il dédia l'un des sept sonnets de *La Muse Chrestiene* pour dire son horreur des guerres civiles au point de refuser de porter les armes :

> Mon cher Remond, qui scais dextrement marier
> La lyre de Phœbus aus textes de Scevole,
> Tu t'enquiers, si depuis que j'ay quitté l'Escole,
> J'ay suivi le barreau, ou bien le train guerrier.
> La vente des estats, le mespris coustumier
> De la sainte Themis, qui de çà-bas s'en vole,
> L'horreur du fer civil, qui nostre France affole,
> M'ont fait tant desdaigner l'un et l'autre mestier :
> Que loin d'ambition, d'avarice, et d'envie,
> Je passe oisivement en mon Bartas la vie,
> Me contentant du bien par les miens acquesté.
> Mais tel, mon cher Rémond, et nuit et jour se peine
> Pour s'immortaliser dont, peut-estre, la peine
> Ne sert tant au public, que mon Oisiveté[1].

On aura remarqué qu'il dit aussi refuser d'exercer le « mestier » de juge. C'est qu'entre-temps, pendant les années où il travaillait à la *Judit* – en tout cas où il était censé le faire – Du Bartas s'était marié en 1570 avec une jeune fille noble de sa région, Catherine de Manas, et l'année suivante avait acheté un office de juge à Montfort[2]. Sa vie au Bartas ne l'empêchait pas de rimer et de fréquenter la cour de Nérac et la petite académie béarnaise qu'elle abritait et dont parlèrent plus tard D'Aubigné et Sponde. Dans une de ses lettres non datées, D'Aubigné écrit en effet :

> Le Roy, mon Maitre, avoit dressé une petite Academie à l'imitation de celle de la Cour[3]. Messieurs Duplecis, Dubartas, Constant, le President Ravignan, La Nagerie, Ville Roche et Pelisson en estoyent : mais quand il falloit faire

1 On entend dans ces vers un écho de ceux de Du Bellay dans les *Regrets* et les *Antiquitez*.

2 Voir Holmes, t. 1, p. 10, qui renvoie aux archives départementales des Basses-Pyrénées antérieures à 1790, publiées en 1863.

3 L'Académie du Palais, qui se réunissait au Louvre autour d'Henri III au début du règne.

> party, Hortoman et Pelisson ne pouvoyent demeurer d'un costé, pour ce que nul de nous ne pouvoit resister à ces deux Docteurs[1].

Le même raconte ailleurs comment à Nérac il rencontra Du Bartas et apprécia sa *Sepmaine* encore en chantier. Il s'agit d'une lettre qui évoque les « Poëtes de [s]on temps[2] », et en particulier « la seconde bande, qui a trouvé le chemin battu par les premiers[3] », autrement dit la génération de ceux qui suivirent la Pléiade :

> J'ay eu cognoissance privee du baron Dubartas. Un jour, du Brach m'aporta sa *Judit* et un gros livre de poësie imprimee, où je ne trouvay pas grand goust : et puis il me montra un jeune Gentilhomme qui l'avoit suivy, et à peine luy donna le courage de me montrer quelques cayers de vers. Je mis le nez dedans, et comme je fis quelque cry d'admiration : *Il escrit gentiment*, dict le Brach ; alors en colere je pousse du coude son livre et vay accoler ce jeune homme tout honteus qui estoit M. Dubartas, qui me fist voir les commancements de sa premiere *Semaine*, de laquelle je n'ay besoin de rien dire[4].

Le jugement de D'Aubigné ne resta pas constamment aussi admiratif[5], mais l'anecdote est instructive.

En 1574, *La Muse Chrestiene* parut à Bordeaux chez Simon Millanges. On n'a pas le sentiment que le livre ait été un succès de librairie considérable (il n'en reste aujourd'hui que deux, peut-être trois, exemplaires connus[6]),

---

1 Agrippa d'Aubigné, *Œuvres*, éd. Henri Weber, Jacques Bailbé, Marguerite Soulié, Paris, Gallimard, « Bibliothèque de la Pléiade », 1969, p. 848. Une note (p. 1413) donne les explications suivantes : « Dans la petite académie ainsi évoquée, seuls D'Aubigné, son ami Jacques de Constans et Du Bartas sont des poètes ; Duplessis-Mornay est essentiellement controversiste et diplomate, mais il a composé quelques poèmes religieux, les autres sont des magistrats. Pierre de Mesmes, seigneur de Ravignan est président du conseil du roi de Navarre à partir de 1586, Pierre Pellisson maître des requêtes de l'hôtel de Navarre à partir de 1585 et conseiller en la chambre de l'édit de Castres, La Nagerie, conseiller du roi de Navarre, enfin un médecin, Hortoman (Nicolas Dortoman) ». – L'expression *quand il fallait faire party* signifie : quand il fallait s'organiser en groupes pour soutenir un point de vue, une cause, dans une discussion (qu'on peut imaginer analogue à ce que Montaigne décrit dans ses *Essais* par le mot *conférence*).

2 D'Aubigné, *ibid.*, p. 859.

3 *Ibid.*, p. 860.

4 *Ibid.*, p. 861.

5 Quelques lignes plus bas, il écrit par exemple : « C'estoit une excellente abeille pour disposer les fleurs qu'il cuilloit, n'estant pas si heureux en inventions… » (voir *infra*, à propos du *Brief Advertissement*, p. 436).

6 L'un appartient à la Bibliothèque municipale de Grenoble (cote F 6488 rés.), l'autre à celle de La Part-Dieu à Lyon (cote Fonds anciens 362867). Il en existe sans doute un troisième

mais entre-temps, à défaut de gloire littéraire, Du Bartas n'était pas resté enfermé dans sa retraite campagnarde. Il avait rencontré et fréquenté du monde[1]. Henri de Navarre, retenu à Paris pendant quatre ans à la suite de la Saint-Barthélemy, s'était enfin échappé pour regagner son royaume en 1576. Cette année-là le poète devint écuyer tranchant du roi. On peut supposer que c'est à cette époque qu'il se décida à prendre les armes.

Il ne cessait pas d'écrire, et en 1578 son poème *La Sepmaine* parut non pas à Bordeaux comme le recueil de 1574 mais à Paris, en édition partagée chez les deux libraires Jean Fevrier[2] et Michel Gadoulleau. Le privilège est daté du 21 février 1578, ce qui laisse supposer, en l'absence d'achevé d'imprimer, que le livre sortit au début du printemps. Le succès en fut immédiat. Du Bartas devenait l'égal de Ronsard, et si sa gloire comblait de fierté le parti protestant, le poète rencontrait aussi l'approbation de nombreux lecteurs catholiques. À la fin de cette même année 1578, la reine mère Catherine de Médicis arriva en Béarn avec sa fille Marguerite qu'elle amenait à son époux le roi de Navarre. Les reines firent leur entrée en grande cérémonie à Nérac. La ville « connaît à nouveau ses grandes heures[3]. [...] L'humanisme régional participe à la fête grâce à un concours littéraire organisé par le grand poète gascon attaché à la maison du roi de Navarre, Guillaume de Salluste du Bartas[4] », qui compose à cette occasion son poème trilingue où la Muse latine, la Muse Française et la Muse gasconne accueillent la jeune reine, chacune dans sa langue[5]. Ce poème parut dans la réédition de *La Muse Chrestiene* (sous le titre *Œuvres de G. de Saluste, Seigneur du Bartas*) à Paris, chez

---

exemplaire « annoncé en 1996 au catalogue de la librairie Sourget », que signale Jean Paul Barbier dans *Ma Bibliothèque poétique*, 4e partie, t. 1, Genève, Droz, 1998, p. 29.

1 Il semble qu'il ait pu rencontrer Jacques Peletier à Bordeaux d'après un poème de Pierre de Brach mentionnant une rencontre entre les deux hommes, chez lui, avec Florimond de Rémond (De Brach, *Œuvres*, Bordeaux, S. Millanges, 1576, livre 3, f° 146b-148b ; signalé par Holmes, t. 1, p. 11 et n. 34). Ni Du Bartas ni Peletier n'ont fait allusion à ce fait.

2 Parfois orthographié Febvrier. De même, Gadoulleau s'orthographie indifféremment avec un ou deux l : Gadoulleau sur la page de titre de l'édition originale de 1578, et Gadouleau à la page suivante sous le privilège (voir BNF, Res-Ye-537).

3 Comme autrefois, avec la première Marguerite de Navarre, sœur de François Ier et mère de Jeanne d'Albret.

4 Jean-Pierre Babelon, *Henri IV*, Paris, Fayard, 1982, p. 250-251.

5 Sur ce texte, voir Philippe Gardy, « Nérac, 1578 : le *Poeme dressé par G. de Saluste, Seigneur Du Bartas, pour l'accueil de la Royne de Navarre...* (1578), matrice socio-linguistique et modèle poétique pour les écrivains occitans des XVIe et XVIIe siècles », in *id.*, *La leçon de Nérac. Du Bartas et les poètes occitans (1550-1650)*, P.U. Bordeaux, 1998, p. 73-89.

Gabriel Buon, en 1579, qui reprenait *La Judit, L'Uranie* et *Le Triomfe de la Foi*, avec une nouvelle dédicace adressée à Marguerite.

Du Bartas continuait de servir le roi dont il devenait en 1580 gentilhomme servant[1], il composait quelques pièces de circonstances : l'*Hymne de la Paix* et les sonnets des *Neuf Muses Pyrenées* qui furent publiées ensemble en 1582[2]. On se trouvait alors dans une période de paix qui précédait la huitième et dernière guerre de religion, la plus longue, dont le poète ne devait pas voir la fin. *La Sepmaine* fut rééditée de nombreuses fois. Du Bartas la remania et le savant ministre de Genève Simon Goulart publia des annotations sur le poème – couramment appelées « commentaires[3] » – à l'occasion de la sortie d'une « quinzieme » réédition à Genève, en 1581, chez les libraires Jacques Chouet et Jean Durant. C'est cette réédition de 1581 qui est notre édition de référence. D'autre part, au début de 1585, allait paraître un autre commentaire de *La Sepmaine*, dû cette fois à un érudit lorrain catholique, Pantaleon Thevenin[4].

Le succès fulgurant et durable du poème n'inspirait pas que des éloges[5]. Son auteur n'en poursuivait pas moins ses activités littéraires en même temps que ses propres affaires et son service auprès du roi. Il achète en 1581 le droit de haute justice de la ville de Cologne, voisine du Bartas, qui lui vaut le droit de porter le titre de « baron de Cologne[6] », et il dispute plusieurs procès[7] tout en travaillant à *La Seconde Semaine*, qu'il publiera en avril 1584 à Paris chez le libraire Pierre L'Huillier.

1 Cette nomination, comme celle d'écuyer tranchant précédemment, s'accompagnait d'un avantage monnayé, à savoir 300 livres pour les fonctions d'écuyer tranchant, et 400 pour celles de gentilhomme servant (Holmes, t. 1, p. 11 et 15).

2 L'*Hymne de la Paix* célébrait la paix de Fleix (novembre 1580) qui mettait fin à la septième guerre de religion. L'*Hymne* et les sonnets furent publiés à Anvers chez Gaspard de La Romaine. En fait, ce nom et cette adresse déguisent le libraire lyonnais Benoît Rigaud qui aurait ainsi dissimulé certains « piratages » de confrères (voir Eugénie Droz, « Fausses adresses typographiques », *Bibliothèque d'Humanisme et Renaissance*, 23, 1961, p. 141). Ce qui revient à dire que l'édition prétendue d'Anvers de 1582 ne serait pas l'originale (voir E. Droz, *ibid.*). L'*Hymne de la Paix* fut réédité plusieurs fois avec l'ensemble des *Œuvres* du poète.

3 C'est le commentaire de Goulart qui fait l'objet de notre volume 2.

4 L'achevé d'imprimer porte la date de novembre 1584. Le commentaire de Thevenin fait l'objet de notre volume 3.

5 Voir *infra*, *Brief Advertissement*, p. 434.

6 On peut ainsi dater la lettre citée plus haut où D'Aubigné écrit : « J'ay eu cognoissance privée du baron Dubartas ». Cela ne pouvait être qu'après janvier 1581, où le poète acquit ce titre.

7 Voir Holmes, t. 1, p. 16-17.

L'année 1584 fut une année fertile, même si le volume paru chez L'Huillier ne comprenait que les deux premiers Jours de cette *Seconde Semaine ou Enfance du Monde* que Du Bartas n'acheva jamais. En mai, le roi de Navarre faisait à son serviteur l'honneur de le visiter au Bartas. Pendant cette visite, la foudre s'abattit sur la maison, et le mois suivant le roi accorda au poète une gratification de cent écus pour réparer le dommage. Mais Du Bartas avait d'autres raisons de se réjouir. Sa *Seconde Semaine* fut réimprimée, avec quelques corrections, dès septembre, par le même imprimeur chez qui, en décembre encore[1], sortait une petite plaquette intitulée *Brief Advertissement sur sa Premiere et Seconde Semaine*, où il réglait leur compte à ses détracteurs[2]. Dans une lettre du mois de septembre 1584 adressée à Francis Bacon, chancelier d'Angleterre[3], il évoquait d'autre part, outre son poème, ses relations avec des personnages importants, tant à Paris qu'à Londres, qui semblent confirmer qu'il menait depuis un certain temps des missions diplomatiques au service du roi[4]. Le premier jour de l'année 1585, il fut fait gentilhomme ordinaire de la chambre du roi.

C'est au cours de cette glorieuse année 1584 que le jeune roi Jacques VI d'Écosse, admirateur passionné du poète, avait fait publier sa propre traduction anglaise de l'*Uranie*[5]. Du Bartas était vraisemblablement dès

---

1 « Nous voulons, vous mandons, et ordonnons que des premiers et plus clairs deniers de vostre charge et recept vous payez, baillez et delivrez comptant au Sr. du Bartas la somme de deux cens escuz sol, de laquelle nous lui avons faict et faisons don par ces presentes en consideration de la grande calamité qu'il a soufferte en nostre presence en ses biens, lorsque nous estions en sa maison… », document daté du 8 juin 1584 ; voir Holmes, t. 1, p. 205.

2 Voir *infra*, *Brief Advertissement*, p. 454.

3 « Monsieur l'on m'avoit dit que vous faisiés ung voyage en Italie et que vous estiez desja party de France, mais depuis on m'a asseuré que vous estiez encore à Bourdeaulx, de quoy j'ai esté bien aise, esperant que l'occasion se presentera de vous revoir. Fondé sur l'opinion de vostre depart j'avois prié Monsieur de Nort, ministre de la Rochelle, de faire tenir à Monsieur vostre frère et de Cydné [Sydney] une lettre que j'escris à la reyne… ». Lettre datée de Montauban, le 23 septembre 158[4] ; citée par Holmes, t. 1, p. 201.

4 Et non seulement en Angleterre et en Écosse, mais dès avant cela auprès de Montmorency en Languedoc. Voir G. Baguenault de Puchesse, « Un poète agent diplomatique de Henri IV : Guillaume de Saluste du Bartas », in *Revue Henri IV*, t. III, 1921, p. 241-246.

5 *L'Uranie* fut publiée par Jacques VI dans ses *Essayes of a Prentise in the Divine Art of Poesie*, le texte anglais figurant en regard du texte français : voir James Craigie, *The Poems of James VI of Scotland*, Edinburgh/London, William Blackwood and Sons, t. 1, 1955, p. XVIII-XXXVII, et l'article d'Henri Durel, « Du Bartas, Jacques Ier et Francis Bacon », in *Cahiers de l'Europe classique et néo-latine. Recherches sur l'humanisme méridional*, série A, t. 39, 1987,

cette époque en relation avec la cour d'Écosse et il se peut qu'il ait dès lors traduit un bref poème composé par le roi d'Écosse mais cette traduction qui ne fut pas imprimée est irrémédiablement perdue[1]. L'admiration du jeune souverain pour le poète de *La Sepmaine* ne devait jamais se démentir[2]. En 1586, il lui envoya une lettre redondante de compliments dithyrambiques pour l'inviter en Écosse « au commencement de l'esté prochain, et mesme en May s'il est possible[3] » en précisant qu'il écrivait en même temps au roi de Navarre pour lui demander de « trouver bon » ce voyage. Henri le trouva bon, et en profita pour charger Du Bartas d'une double mission : l'une auprès d'Élisabeth à Londres, l'autre auprès de Jacques à Édimbourg pour lui proposer la main de sa sœur, la princesse Catherine de Bourbon. Du Bartas voyageait en compagnie d'Henri de Sponde, futur évêque de Pamiers et frère du poète Jean de Sponde. L'affaire ne se fit pas, le roi n'épousa pas la princesse, mais les voyageurs avaient été superbement reçus. Ils restèrent trois mois, festoyés et gâtés. Malgré le désir du roi de garder Du Bartas auprès de lui, le poète, couvert de cadeaux et honoré du titre de « chevallier[4] », quitta

---

p. 79. Le jeune roi, fervent admirateur du poète, traduisit aussi quelques années plus tard les *Furies* du premier Jour de *La Seconde Semaine* et, partiellement, le Second Jour de *La Sepmaine* ainsi que l'*Eden*, au début de *La Seconde Semaine.*

1 Il ne peut guère s'agir, comme le pensaient les éditeurs américains en se référant au contrat de 1585 signé avec L'Angelier et Jouan (voir *infra*, p. 23), de la traduction de *La Lepanthe* (Holmes, t. 1, p. 19, n. 71, *in fine*). Ce contrat mentionne en effet, parmi les œuvres de Du Bartas, « un petit poeme du temps faict par le roy d'Escoce et traduit par ledit Sr du Bartas » (Holmes, t. 1., p. 206). Or Jacques VI avait composé un *Short Poem of Time* qui correspondrait mieux que *La Lepanthe* aux mots « petit poeme du temps » (J. Craigie, ouvr. cit., p. XLIV).

2 « James never lost his admiration for the "poëte du grand Dieu" », écrit Anne Lake Prescott, et elle cite ces propos du prince destiné à devenir roi d'Angleterre (in *The True Lawe of free monarchies*, éd. 1603, sig. D6) : « For as the Divine Poet Du Bartas sayeth : Better it were to suffer some disorder in the estate, and some spots in the commonwealth, than, in pretending to reforme, utterly to overthrow the Republicke », « Du Bartas », in *French Poets and the English Renaissance*, New Haven/London, Yale U. P., 1978, p. 176. On croirait lire du Montaigne. [« Car comme le dit le divin poète Du Bartas : Mieux vaudrait supporter quelque désordre dans ses biens, et quelques taches dans l'État que, en prétendant réformer, bouleverser complètement la République. »]

3 Holmes, t. 1, p. 203-204.

4 Voir James Dauphiné, « Le "Chevallier" Du Bartas : lettre inédite de Jacques VI d'Écosse », in *Biblio. d'Hum. et Ren.*, t. 59, 1997, p. 63-66. Cette lettre, datée du 19 septembre 1587, annonce que le roi fait « nostre affectionné Guillaume de Salust [*sic*] Seigneur du Bartas et de Colonge [*sic*] nostre Chevallier ». Ce document retarde d'un bon mois le départ d'Écosse de Du Bartas, que Holmes (t. 1, p. 21) plaçait à la fin d'août. Selon Dauphiné (p. 65), le poète « n'est probablement pas parti d'Écosse avant le 20-25 septembre 1587 ».

l'Écosse à la fin de septembre 1587 pour débarquer à La Rochelle[1]. Il y rencontra l'imprimeur Jérôme Haultin à qui il confia quelques fragments de ce qui allait composer les *Suites* (posthumes) de *La Seconde Semaine*[2].

De retour en Béarn, il semble avoir participé aux combats qui se livrèrent alors, peut-être sous le commandement de Matignon, bien que sa santé, très mauvaise, ait pu l'en empêcher. Il souffrait notamment de vieilles blessures mal soignées[3]. On ne sait s'il participa à la bataille d'Ivry[4], mais il eut le temps de composer un poème la célébrant, *Cantique de la bataille d'Ivry*, et de l'envoyer au roi en mars 1590 avant de mourir le 28 août à Mauvezin[5], près de chez lui, âgé de 46 ans. Il laissait une assez belle fortune à ses quatre filles[6], et des textes inédits qui allaient être publiés après sa mort, comme *La Lepanthe du Roy d'Escosse* et deux nouveaux Jours, incomplets, de *La Seconde Semaine*[7]. Sa renommée avait alors gagné l'Europe.

---

1 Sainte-Marthe, dans son Éloge de Du Bartas, croit que le poète avait fait aussi un voyage diplomatique au Danemark, et cette affirmation fut reprise par la suite. Les frères Haag, dans *La France protestante*, en doutent fortement (t. 9, p. 130), et Holmes en rejette complètement l'idée (p. 22). Plus récemment, dans son article de la réédition du *Dictionnaire des Lettres françaises-XVI*[e] *siècle*, Frank Lestringant est plus indécis (« il se rend peut-être aussi au Danemark »), Paris, Fayard-Librairie générale française, 2001, p. 376.

2 Il les confia à Haultin ou à un de ses amis : voir l'avis de l'imprimeur au lecteur en tête de son édition de *La Seconde Semaine* de 1588, l'année qui suit le passage de Du Bartas à La Rochelle (voir *Les Suittes de la Seconde Semaine*, éd. Y. Bellenger, Paris, STFM, 1994, p. VI).

3 Selon De Thou, « il servait actuellement à la tête d'une cornette de cavalerie sous le maréchal de Matignon », cité par Haag (t. 9, p. 120 ; texte latin dans Holmes, t. 1, p. 207).

4 Sur ce point, les avis divergent. Selon De Thou, il y était (Holmes, t. 1, p. 207). Haag ne se prononce pas (t. 9, p. 130). Georges Pellissier prouve clairement qu'il n'en fut rien (*La Vie et les œuvres de Du Bartas*, 1883 ; Genève, Slatkine Reprints, 1969, p. 24-25). Voir aussi Holmes, qui nie la présence du poète à la bataille, en s'attachant à une analyse précise du texte de De Thou (t. 1, p. 22-23).

5 Jean-Philippe Labrousse, « Sur la date et le lieu de la mort de Guillaume Salluste du Bartas », in *Bulletin de la Société archéologique … du Gers*, 1981, p. 323.

6 Sa veuve n'eut que l'usufruit : voir son testament publié par Holmes, t. 1, p. 207 *sqq.*

7 Tous les poèmes de Du Bartas furent édités, et pour beaucoup « commentés », ou du moins préfacés et annotés en marge, par les soins du ministre genevois Simon Goulart. Outre l'autre commentaire de *La Sepmaine* dû à Pantaleon Thevenin auquel il a été fait allusion (voir *supra*, à l'appel de la n. 4, p. 15), l'œuvre de Du Bartas fit en 1591 l'objet d'un commentaire pour l'*Eden* (la première partie du Premier Jour de *La Seconde Semaine*) dû à Claude Duret.

ŒUVRES DE DU BARTAS (DATES DE PREMIÈRE PUBLICATION)

1574	*La Muse Chrestiene*
1578	*La Sepmaine* *Poème trilingue pour l'accueil de la Royne de Navarre*
1580	*Hymne de la Paix* *Sonnets des Neuf Muses Pyrenees, presentées {...} au Roy de Navarre*
1581	*La Sepmaine* avec l'Indice de Simon Goulart
1584	*La Seconde Semaine* *Brief Advertissement sur sa Premiere et Seconde Semaine*
1585	*La Sepmaine* avec le commentaire de Pantaleon Thevenin
1590	*Cantique de la victoire obtenue par le Roy {...} à Ivry*
1591	*La Lepanthe du Roy d'Escosse* Première suite posthume de *La Seconde Semaine*
1593	Seconde suite posthume de *La Seconde Semaine*
1603	Troisième et dernière suite posthume de *La Seconde Semaine* qui restera inachevée.

LES ÉDITIONS DE *LA SEPMAINE*

En 1578, *La Sepmaine ou Creation du monde* parut pour la première fois à Paris en édition partagée chez deux libraires parisiens, Michel Gadoulleau et Jean Fevrier. Le privilège du roi, accordé au poète et cédé par lui pour cinq ans aux deux libraires, était daté du 21 février, ce qui place la publication du volume vers le début du printemps. Le succès en fut immédiat, comme le prouve le nombre des rééditions dès 1578 : d'une part deux rééditions autorisées à Paris[1] chez Gadoulleau et Fevrier,

1 Révélées par la sagacité d'Isabelle Pantin dans son article « *La Semaine* de Du Bartas dans les éditions parisiennes de 1578 », in *Bulletin du Bibliophile*, 1983, p. 304-314. C'est cette

puis une autre chez Fevrier (seul, pour autant qu'on sache, mais qu'on découvrira peut-être partagée si on lui trouve un jour un jumeau sorti de chez Gadoulleau) ; d'autre part deux contrefaçons dues à « des gens sans scrupule qui, craignant les poursuites et la confiscation, mirent des fausses adresses et des noms d'emprunt sur leurs productions[1] », la première à Genève, à l'adresse de Jean-Baptiste Pinereul, la seconde à Turin, à celle de Jerosme Farine. À propos de l'édition Pinereul, Eugénie Droz observe dans l'article qu'elle consacre à la question des fausses adresses typographiques que « dans cette course à la contrefaçon, il semble que les Genevois aient pris le départ les premiers » puisque dès le 28 juillet 1578 l'imprimeur « bien connu et très entreprenant » Jérémie Desplanches avait demandé au Conseil l'autorisation de réimprimer *La Sepmaine*. Elle estime que « l'édition genevoise parut certainement en août ou en septembre de la même année, car Desplanches avait des ouvriers actifs », mais elle note aussi que celle-ci n'a jamais été signalée[2]. D'où la question : cette édition Desplanches a-t-elle jamais existé ? est-elle perdue ? est-ce celle qui a été publiée sous le faux nom de Pinereul ? Question sans réponse encore aujourd'hui. Quant à l'autre contrefaçon, celle de Jerosme Farine à Turin qui s'annonce sur la page de titre comme la « Troisiéme » de *La Sepmaine* (la seconde serait celle de Pinereul), E. Droz nous apprend qu'elle cache, comme la précédente, « un typographe malhonnête qui gagna de grosses sommes en ne respectant pas le privilège concédé à Gadoulleau et Fevrier[3] ».

Cinq éditions donc pour la première année.

L'année 1579 voyait paraître une nouvelle édition Gadoulleau/Fevrier ainsi qu'une édition isolée, d'un format différent, chez Fevrier[4]. En outre, comme l'année précédente, des contrefaçons, cette fois au nombre de trois, sortaient à l'adresse de Claude du Mont à Villefranche (en fait chez

enquête qui a permis de distinguer les trois éditions A, B et C de 1578 chez les libraires Gadoulleau et Fevrier.

1 Eugénie Droz, « Fausses adresses typographiques », in *Bibliothèque d'Humanisme et Renaissance*, 23, 1961, p. 138-152. Citation : p. 138.

2 *Ibid.*

3 E. Droz, art. cit., p. 148. E. Droz montre que cette fausse adresse fut inventée et utilisée pour permettre d'attendre la majorité de Paul Frellon, héritier de l'atelier d'imprimerie lyonnais de Jean Frellon, p. 150.

4 On peut aisément comparer les deux exemplaires Fevrier de 1579 à la Bibliothèque de l'Arsenal, à Paris : l'exemplaire de l'éd. partagée, cote 4-BL-2919 (2), et l'exemplaire isolé, cote RESERVE 8-BL-8899 (2).

Barthélemy Gomet à Blois), de Pierre la Motte à Anvers (en fait chez Loys Cloquemin à Lyon) et à Anvers encore (« En Envers ») chez Gaspart de la Romaine (en fait chez Benoit Rigaud à Lyon)[1].

L'année 1580 apporta une nouvelle édition parisienne Gadoulleau/Fevrier. Signalons rapidement que pendant ce temps on avait vu apparaître et croître en nombre des pièces liminaires rendant hommage au poète[2] : il n'y en avait aucune dans la première édition A de 1578, mais un sonnet signé J.D.Ch[3]. se lisait dans l'édition B, sonnet repris et complété dans l'édition Pinereul par un distique de L.P.A. – personnage non identifié à ce jour – et par un second sonnet signé S.G.S., sigle ordinaire de Simon Goulart (Senlisien), le futur commentateur de l'œuvre de Du Bartas dont il est intéressant de constater ainsi qu'il remarqua *La Sepmaine* dès sa parution.

Puis vint 1581, année qui marque un tournant dans l'histoire des éditions de *La Sepmaine*.

Pour la première fois, l'association Gadoulleau-Fevrier semble se disloquer : Gadoulleau seul publie une réédition et nous n'avons rien de Fevrier à cette date[4]. D'autre part, à Nîmes, un libraire local, Bastian Jaquy, donne le texte de *La Sepmaine* légèrement modifié et augmenté, que la page de titre présente comme la « Quatorzieme edition[5] ». Pinereul présentait la sienne comme la troisième. Mais quelle que soit la façon de compter, on n'en trouve pas dix entre les deux. Il n'est pas déraisonnable d'imaginer des éditions perdues[6]. D'autre part, la même année, à Genève, est publiée une « Quinzieme » édition de *La Sepmaine*, par-

1 Voir E. Droz, art. cit., p. 138-142.

2 Voir Yvonne Bellenger, « Les pièces liminaires des éditions de Du Bartas », in *La poésie religieuse et ses lecteurs aux XVIe et XVIIe siècles*, éd. Alain Cullière et Anne Mantero, Éditions universitaires de Dijon, 2005, p. 33-47.

3 Jean du Chemin selon les uns (voir Michel Magnien, « Une lecture catholique de la *Premiere Sepmaine*. Du Monin traducteur de Du Bartas », in *Du Bartas poète encyclopédique du XVIe siècle*, éd. James Dauphiné, Lyon, La Manufacture, 1988, p. 206, n. 1) et Joseph du Chesne selon les autres (voir Jean Paul Barbier, *Ma Bibliothèque poétique*, 4e partie, t. 1, notes de la p. 33).

4 À moins que là encore, on ne retrouve un jour un exemplaire aujourd'hui inconnu.

5 Il semble d'ailleurs qu'il y ait eu deux tirages de cette édition : voir Gilles Banderier, « L'édition nîmoise de *La Sepmaine* de Du Bartas (1581) », in *Bulletin du Bibliophile*, 2003, p. 131.

6 Cette difficulté dans les comptes n'est pas exceptionnelle à l'époque : voir l'édition de 1588 des *Essais* de Montaigne, présentée comme la « Cinquiesme edition » alors qu'on n'en connaît que trois qui précèdent (1580, 1582, 1587).

tagée entre les libraires Jacques Chouet et Jean Durant. Elle reprend les modifications introduites dans le texte du poème chez Jaquy et en ajoute quelques autres[1], mais les remaniements de cette 15e édition « reveue et augmentée en divers passages par l'Auteur mesme[2] » restent modérés : quelques rectifications pour plus de clarté ou d'expression, quelques resserrements, peu d'ajouts. Au total, la nouvelle version de 1581 compte 6494 vers contre 6322 en 1578, soit une différence de 172 vers. C'est peu. L'importance de l'édition genevoise de 1581, plus qu'aux variantes du texte, tient à l'innovation capitale que fut la contribution de Simon Goulart qui entoura le poème d'un appareil d'argument, de sommaires, d'explications, et qui surtout y adjoignit un « Indice » destiné à éclairer le lecteur. Cet Indice fait l'objet de notre volume 2 (de même que le texte publié chez Jacques Chouet est notre édition de référence dans le présent volume).

En 1582, les deux libraires genevois vont publier la « Seizieme edition » de *La Sepmaine*, réédition de la précédente[3]. À Paris, Gadoulleau et Fevrier donnent la version 1578 du texte. Mais à Paris encore apparaissent deux nouveaux larrons, les libraires parisiens L'Angelier et Jouan qui, compte non tenu du privilège attribué à leurs confrères, s'emparent du texte de *La Sepmaine* et de l'Indice de Goulart, qu'ils répartissent au fil des sept Journées en publiant le tout sous le titre *Commentaires et annotations sur La Sepmaine de la Creation du Monde*[4]. L'affaire ayant été bonne, ils récidivent l'année suivante et en 1583. Leur exemple fait des émules : Gadoulleau adopte leur système en gardant son titre *La Sepmaine*, une fois encore sans Fevrier. Celui-ci s'associe à son confrère parisien Pierre Huet pour publier *Les Œuvres* de Du Bartas avec commentaires, et à Clermont-Ferrand un imprimeur du nom de Jean Durand en fait autant.

---

1 On ne relève guère de variantes significatives (ni même signifiantes) entre les éditions Jaquy et Chouet/Durant : voir II, 275, 1053 ; III, 188 ; V, 367 ; VI, 888 où Jaquy conserve le texte de 1578 (voir G. Banderier, « Observations sur le texte de *La Sepmaine* », in *BHR*, 40, 1998, p. 730-735). Pour le reste on ne trouve que des variantes d'orthographe et de ponctuation, usuelles d'un atelier à l'autre, ou des coquilles.

2 La précision est banale et sans doute plus commerciale que réelle dans la plupart des cas.

3 Voir François Rouget, « Quelques éléments nouveaux sur les éditions anciennes de Du Bartas », in *BHR*, 46, 2004, p. 133-149.

4 Sur les éditions de Du Bartas chez Abel L'Angelier, voir Jean Balsamo et Michel Simonin, *Abel L'Angelier et Françoise de Louvain, suivi du Catalogue des ouvrages publiés par Abel L'Angelier, 1574-1610 et la veuve L'Angelier*, 1610-1620, Genève, Droz, 2002, n° 67, 81, 82, 105, 134, 159.

L'année 1584 sera plus calme, du moins pour les rééditions de *La Sepmaine* : une de L'Angelier et une du parisien Pierre L'Huillier, qu'on voit apparaître seulement alors parmi les imprimeurs de Du Bartas mais avec éclat puisqu'il publie aussi en avril *La Seconde Semaine* de Du Bartas dont il donne une réédition dès septembre et fait paraître à la fin de l'année le *Brief Advertissement sur sa première et seconde Semaine*[1].

1585 marque un nouveau palier dans l'histoire des publications de *La Sepmaine*, de deux manières. À cette date, le privilège accordé en 1578 à Gadoulleau et Fevrier est venu à expiration. En juillet 1585, Du Bartas et le libraire Jouan (qui représente aussi L'Angelier, son associé) signent devant témoins chez un notaire de Montfort un contrat concédant pour huit ans aux deux Parisiens le privilège d'imprimer les œuvres du poète (à l'exception de *La Seconde Semaine*) : le contrat précise qu'il s'agit des œuvres « reveues, corrigées et augmentées par icelluy [Du Bartas] ; [...] le tout suyvant les corrections faictes de nouveau[2] ». Du Bartas avait-il préparé de nouvelles variantes en vue d'une édition chez L'Angelier et Jouan ? C'est cette conviction qui a décidé les trois universitaires américains Holmes, Lyons et Linker à choisir comme texte de base pour leur édition de *La Premiere Sepmaine ou Creation du Monde* celui que publia L'Angelier en 1585 comme étant, à ce qu'il pouvait sembler, le dernier de ceux qui aient rencontré l'approbation de Du Bartas[3]. Mais on peut se demander si « les corrections faictes de nouveau » promises dans le contrat ont jamais vu le jour, car ce que publie L'Angelier – sans Jouan – ne diffère guère de l'édition Chouet/Durant de 1581, qui restera la base des éditions postérieures, jusques et y compris les éditions posthumes[4]. En fait, le privilège de 1585 ne sera pas exploité par ses bénéficiaires, et L'Angelier ne publiera plus *La Sepmaine* après 1586 – abandon sans doute provoqué par la fuite de Jouan parti se réfugier à La Rochelle[5].

La seconde nouveauté de l'année 1585 est la sortie à Paris, chez Marnef et Cavellat, d'une autre édition de *La Sepmaine* accompagnée d'un vaste commentaire dû à un personnage à part, un Lorrain catholique nommé Pantaleon Thevenin. Ce commentaire fait l'objet de notre volume 3. Le

1 Voir *infra*, p. 433.
2 Voir Holmes, t. 1, p. 206.
3 Holmes, t. 2, p. v.
4 C'est ce texte de 1581 qu'ont choisi les deux autres éditeurs de *La Sepmaine* au XXe siècle, Kurt Reichenberger en 1963 et Yvonne Bellenger en 1981.
5 Voir J. Balsamo et M. Simonin, *op. cit.*, p. 205.

texte choisi par Thevenin reprend en gros les remaniements et les ajouts de l'édition de 1581, non sans distraction puisque de temps en temps, alors que le texte donne la variante de 1581, l'annotation explique la leçon de 1578, ou l'inverse. L'édition de Thevenin ne fut pas réimprimée. Étant donné la quantité importante d'exemplaires qui en demeurent dans de nombreuses bibliothèques, on peut supposer que le tirage en fut abondant[1].

Désormais, le texte de *La Sepmaine* est fixé. Il sera réédité pendant une vingtaine d'années accompagné du commentaire de Goulart qui, lui-même augmenté à partir de 1588 chez Chouet et Durant, contribua incontestablement au succès du poème à travers l'Europe. On en aura une idée par le nombre d'éditions qu'il est encore possible de recenser de *La Sepmaine* malgré les pertes probables. On constatera aussi que les villes qui éditeront Du Bartas, en tout cas sa *Sepmaine*, seront désormais à quelques exceptions près[2] au nombre de trois : Paris, Genève, et à partir de 1589 Rouen.

Toutefois la gloire du poète ne devait pas être éternelle. Elle commence à pâlir à la fin du règne d'Henri IV. Un signe avant-coureur en est la publication, en 1606 et 1607 chez le libraire lyonnais Thibaut Ancelin, de Du Bartas sans Goulart. Trop long, peut-être. À partir de 1615, cela va devenir la règle. Il semble que la dernière édition incluant le commentaire de Goulart ait été celle de Raphaël Du Petit-Val en 1616[3]. Ensuite les éditions s'espacent. Après 1616, on en a une série amplement partagée à Rouen en 1623, puis plus rien avant 1632, chez Pierre Chouet, l'héritier d'un des éditeurs genevois de 1581. C'est la dernière avant le XXe siècle.

Nous donnons ci-après la liste des éditions de *La Sepmaine* (sous ses différents titres : *La Sepmaine* ou *La Premiere Sepmaine*, ou *Commentaires*…, ou *Œuvres*…), en renvoyant aux répertoires qui signalent l'existence et les cotes de ces exemplaires ; pour ceux qui n'y figurent pas, nous indiquons au moins une bibliothèque (avec les cotes) où on les trouve. Nous n'avons pas cherché à établir un catalogue complet des exemplaires de *La Sepmaine*, ou contenant *La Sepmaine*, qui existent de par le monde.

1 Sur les deux commentaires de Goulart et de Thevenin, voir la belle étude que leur consacre Alain Cullière dans son livre *Les écrivains et le pouvoir en Lorraine au XVIe siècle*, Paris, Champion, 1999, p. 599-607.

2 Avec quelques exceptions : Caen en 1585, puis La Rochelle, Heidelberg et deux fausses adresses d'Anvers en 1591, et Lyon en 1606, 1607, 1608.

3 Voir volume 2, Introduction, *in fine*.

Ils sont nombreux, et la numérisation des catalogues en facilitera assurément le recensement – même si le libellé des fiches laisse quelquefois à désirer. Plus modestes, nos ambitions ne visaient qu'à essayer d'établir une liste sûre des éditions actuellement connues existant ou ayant existé.

Nous avons utilisé les cinq répertoires suivants :

- *Holmes* = Holmes, t. 1, p. 70-79.
- *Arbour* = Romeo Arbour, *L'ère baroque en France. Répertoire chronologique des éditions de textes littéraires (1585-1643)*, Genève, Droz, 4 vol., 1977-1985.
- *Barbier* = *Ma Bibliothèque poétique*, 4e partie, t. 1, cit.
- *Balsamo-Simonin* = *Abel L'Angelier...*, cit.
- *Index Aureliensis* = *Index Aureliensis Catalogus librorum sedecimo saeculo*, 1a pars, t. 13, Baden-Baden, Valentin Koerner, 2003.

Holmes énumère les éditions successives du texte et les bibliothèques où on les trouve, sans donner les cotes. Mais le sérieux des trois savants américains permet de leur faire totalement confiance, d'autant plus qu'ils signalent par un astérisque ceux des exemplaires qu'ils n'ont pas eus entre les mains[1]. Le répertoire de Romeo Arbour, sauf exception, donne les localisations et les cotes. Nous l'avons donc suivi et le donnons en référence[2], de même que les autres répertoires.

D'autre part, il nous a paru intéressant, pour donner une idée de l'ampleur internationale du succès de *La Sepmaine*, de signaler les

1 « A star indicates that the book was not examined personally; fortunately this sign is not often required », Holmes, t. 1, p. 68-69.

2 Sauf dans trois cas : 1. n° 2088. *Les Œuvres poétiques (...)*, La Rochelle, Haultin, 1596. [Edimbourg U.], sans cote. On ne trouve dans le catalogue numérique de la B.U. d'Édimbourg aucune édition correspondante. Ce qui s'en rapproche le plus, et pourrait expliquer une confusion, est un exemplaire intitulé *Commentaires...*, édité en 1591 à La Rochelle sans nom d'éditeur : il s'agit de la copie d'une fiche dans le « old catalogue », sans cote et sans garantie. – 2. n° 5346. *Les Œuvres poétiques et chrestiennes (...)*, Paris, Claude Rigaud, 1609, in-fol. [sans localisation] Il ne semble pas qu'il existe d'autre édition de *La Sepmaine* en 1609 que celle de Christophe de Gamon, *contre* Du Bartas. – 3. n° 6186. *Les Œuvres poétiques (...)*, Lyon, Pierre Rigaud, 1611, in-fol. [Grenoble BM : A. 1631] Il s'agit d'une confusion de fiches. L'exemplaire A. 1631 de la BM de Grenoble est un exemplaire de l'éd. folio de 1611, publié à Paris chez Claude (et non Pierre) Rigaud. Le seul Du Bartas imprimé par Pierre Rigaud que possède la BM de Grenoble est l'édition des *Œuvres* en 1603, cote F. 2387. D'autre part, il arrive que le répertoire d'Arbour signale certaines éditions des *Commentaires sur la Sepmaine* sous le nom de Goulart.

traductions qui en ont été faites en latin, en italien, en anglais, en néerlandais, etc., ainsi que leurs auteurs et les villes où elles ont été publiées. Plutôt que d'en dresser la liste par langues, nous avons pensé qu'on saisirait mieux l'universalité de la réputation de Du Bartas (et son fléchissement, comme en France, quoique plus tard) en énumérant par dates l'ensemble de ces versions.

LISTE DES ÉDITIONS DE *LA SEPMAINE*

Sepmaine = titre *La Sepmaine*, ou *La premiere Se(p)maine.*
Œuvres = titre *Œuvres*, ou *Œuvres poetiques*, ou *Œuvres poetiques et chrestiennes...*
Commentaires = titre *Commentaires et annotations...*
(FA) = fausse adresse (voir E. Droz, art. cit.).

1578	Sepmaine (A)[1]	Paris	Michel Gadoulleau
	Holmes 1 - Barbier 4 - Index Aureliensis 156240		
	Sepmaine	Paris	Jean Fevrier
	Holmes 1- Barbier 5		
	Sepmaine (B)	Paris	Michel Gadoulleau
	Index Aureliensis 156239		
	Sepmaine	Paris	Jean Fevrier
	Sepmaine (C)	Paris	Jean Fevrier
	Sepmaine	Genève	Jean Baptiste Pinereul (FA)
	Index Aureliensis 156238		
	Sepmaine	Turin	Jerome Farine (FA)
	Holmes 2		

1 Sur les éd. parisiennes de *La Sepmaine* en 1578, voir I. Pantin, *supra*, p. 19, n. 1.

1579	Sepmaine	Paris	Michel Gadoulleau
	Holmes 4		
	Sepmaine	Paris	Jean Fevrier
	Holmes 4-		
	Sepmaine	Paris	Jean Fevrier
	Arsenal 4-BL-8899 RES (2)		
	Sepmaine	Villefranche	Claude du Mont (FA)[1]
	Holmes 6		
	Sepmaine	Anvers	Pierre la Motte (FA)[2]
	Holmes 7 - Index Aureliensis 156242		
	Sepmaine	Anvers	Gaspard de la Romaine (FA)[3]
	Barbier 6 - Index Aureliensis 156243		
1580	Sepmaine	Paris	Michel Gadoulleau
	Holmes 5 - Barbier 8 - Index Aureliensis 156249		
	Sepmaine	Paris	Jean Fevrier
	Holmes 5 - Barbier 7 - Index Aureliensis 156248		
1581	Sepmaine	Paris	Michel Gadoulleau
	Holmes 9 - Index Aureliensis 156254		
	Sepmaine (14e éd)	Nîmes	Bastian Jaquy
	Index Aureliensis 156253		
	Sepmaine (15e éd)	Genève	Jacques Chouet
	Holmes 8 - Index Aureliensis 156250		
	Sepmaine	Genève	Jean Durant
	Holmes 8 - Barbier 10		
1582	Sepmaine (16e éd)	Genève	Jacques Chouet
	Barbier 10 - Index Aureliensis 156256		
	Sepmaine	Genève	Jean Durant
	Index Aureliensis 156260		

1 = Blois, Gomet (voir E. Droz, art. cit.).
2 = Lyon, Loys Cloquemin (voir E. Droz, art. cit.).
3 = Lyon, Benoît Rigaud (voir E. Droz, art. cit.).

	Commentaires	Paris	Abel L'Angelier
	Holmes 13 - Balsamo-Simonin 67		
	Commentaires	Paris	Timothee Jouan
	Holmes 13 - Balsamo-Simonin 67		
	Sepmaine	Paris	Michel Gadoulleau
	Holmes 10 - Index Aureliensis 156259		
	Sepmaine	Paris	Jean Fevrier
	Holmes 10 - Barbier 11 - Index Aureliensis 156258		
1583	Sepmaine	Paris	Michel Gadoulleau
	Holmes 11 - Barbier 13 - Index Aureliensis 156261		
	Œuvres	Paris	Jean Fevrier
	Holmes 12		
	Œuvres	Paris	Pierre Huet
	Holmes 12 - Index Aureliensis 156263		
	Œuvres	Clermont-F.	Jean Durand
	Index Aureliensis 156260		
	Commentaires	Paris	Abel L'Angelier
	Holmes 14 - Barbier 12 - Balsamo-Simonin 81 - Index Aureliensis 156264		
	Commentaires	Paris	Timothee Jouan
	Holmes 14 - Balsamo-Simonin 81		
	Commentaires	Paris	Abel L'Angelier
	Holmes 14 - Balsamo-Simonin 82 - Index Aureliensis 156265		
1584	Commentaires	Paris	Abel L'Angelier
	Holmes 15 - Balsamo-Simonin 105		
	Œuvres	Paris	Pierre L'Huillier
	BM Besançon 211793 Fonds ancien		
1585	Commentaires	Paris	Abel L'Angelier
	Holmes 16 - Arbour 63 et 88 - Balsamo-Simonin 134		
	Œuvres	Caen	Pierre Le Chandelier
	Holmes 18 - Arbour 64 - Index Aureliensis 156271		

	Sepmaine	Paris	J. Marnef et Vve Cavellat
	Holmes 19 - Arbour 67 - Index Aureliensis 156273		
1586	Commentaires	Paris	Abel L'Angelier
	Arbour 261 - Balsamo-Simonin 159 - Index Aureliensis 156276		
1588	Sepmaine	Genève	Jacques Chouet
	Holmes 20 - Arbour 698 - Index Aureliensis 156277		
	Sepmaine	Genève	Jean Durant
	Holmes 20 - Arbour 698 - Index Aureliensis 156277		
	Sepmaine	Paris	Michel Gadoulleau
	Arbour 18714		
	Commentaires	Rouen	Thomas Mallard
	Arbour 716		
1589	Commentaires	Rouen	Thomas Mallard
	Holmes 21 - Arbour 908 et 935 - Index Aureliensis 156282		
	Commentaires	Rouen	Du Petit Val
	BM Lyon 813527 Fonds ancien		
1591	Commentaires	La Rochelle	Jerome Haultin
	Holmes 22[1] *- Index Aureliensis 156297*		
	Commentaires	Anvers	Thomas Ruault (FA)[2]
	Holmes 22 - Arbour 1222 - Index Aureliensis 156289		
	Commentaires	Anvers	Meersmann (FA)[3]
	Holmes 22 - Arbour 1210		
	Sepmaine	Heidelberg	Jerome Commelin
	Holmes 42 - Arbour 1206 - Index Aureliensis 156291		
	Sepmaine	Rouen	Pierre Retif
	Arbour 18901 - Index Aureliensis 156299		

1 L'exemplaire est signalé avec un * chez Holmes, mais il est à l'Arsenal, cote 8-BL-10319 (2).

2 = Jérome Haultin (in *Index Aureliensis*)

3 En fait, Jérome Haultin (voir Louis Desgraves, *Les Haultin. 1571-1623*, Genève, Droz, 1960).

1592	Sepmaine	Rouen	Pierre Retif
	Arbour 1335 - Index Aureliensis 156302		
1593	Sepmaine	Genève	Jacques Chouet
	Holmes 23 - Arbour 1482 - Index Aureliensis 156305		
1597	Commentaires	Rouen	Thomas Mallard
	Holmes 24 - Arbour 2305 et 2331 - Index Aureliensis 156325		
	Commentaires	Rouen	Du Petit-Val
	Holmes 24 - Arbour 2305		
1598	Œuvres	Genève	Gabriel Cartier
	Holmes 25 - Arbour 2532 - Index Aureliensis 156328		
1599	Sepmaine	Rouen	Theodore Reinsart
	Arbour 2771 et 2802 - Index Aureliensis 156337		
1601	Sepmaine	Genève	Jacques Chouet
	Holmes 26 - Arbour 3289		
	Sepmaine	Rouen	Raphael du Petit-Val
	Barbier 19		
1602	Sepmaine	Rouen	Raphael du Petit-Val
	Holmes 27 - Arbour 3492		
	Sepmaine	Rouen	Theodore Reinsart
	Holmes 27 - Arbour 3491		
1603	Sepmaine	Paris	Adrian Perier
	Holmes 28 - Arbour 3737		
	Sepmaine	Paris	Jean du Carroy
	Holmes 28 Arbour 3738		
	Sepmaine	Paris	Jamet Mettayer
	Holmes 28 - Arbour 3737		
	Sepmaine[1]	Paris	Th. de la Ruelle
	Arbour 3737		

1 Voir Holmes, t. 3, p. 545, *addendum*.

	Sepmaine	Paris	P. Bertault
	Arbour 3737		
	Sepmaine	Paris	J. Houzé
	Arbour 3738		
	Sepmaine	Paris	Pautonnier
	BM Lyon SJB 199/3 coll. Jés. Fontaines		
	Œuvres	Lyon	Pierre Rigaud
	Holmes 29 - Arbour 3736		
1606	Œuvres	Lyon	Thibaud Ancelin
	Holmes 30 - Arbour 4501		
1607	Œuvres	Lyon	Thibaud Ancelin
	Holmes30 - Arbour 4805 - Barbier 20		
1608	Sepmaine	Rouen	Raphael du Petit-Val
	Holmes 32 - Arbour 5063		
	Sepmaine	Genève	Pierre et Jacques Chouet
	Holmes 33 - Arbour 5059		
	Sepmaine	Lyon	Pierre Rigaud
	Holmes 31 - Arbour 5062		
	Sepmaine	Lyon	François Arnoullet
	Holmes 31 - Arbour 5062		
	Œuvres	Genève	Gabriel Cartier
	Holmes 35 - Arbour 5060		
	Œuvres	Genève	Michelle Nicod
	Holmes 34 - Arbour 5060		
	Œuvres	Genève	Samuel Crespin
	Holmes 34 - Arbour 5060		

1610	Œuvres	Rouen	Pierre Calles
	Holmes 40 - Arbour 5716		
	Œuvres	Rouen	Adrien Ovyn
	Holmes 40 - Arbour 5716		
1611	Œuvres	Paris	Jehan de Bordeaulx
	Holmes 36 - Arbour 6187		
	Œuvres	Paris	Toussaincts du Bray
	Holmes 36 - Arbour 6187		
	Œuvres	Paris	Claude Rigaud
	Holmes 36 - Arbour 6187		
1614	Œuvres	Paris	Toussaincts du Bray
	Holmes 36 - Arbour 7114		
	Œuvres	Paris	Claude Rigaud
	Holmes 36 - Arbour 7114		
1615	Œuvres	Genève	Pierre et Jacques Chouet
	Holmes 37 - Arbour 7459		
	Œuvres	Genève	Samuel Crespin
	Holmes 37 - Arbour 7459		
1616	Œuvres	Genève	Pierre et Jacques Chouet
	Holmes 37 - Arbour 8027		
	Œuvres	Rouen	Louis Loudet
	Holmes40 - Arbour 8026		
	Sepmaine	Rouen	Raphael du Petit-Val
	Holmes39 - Arbour 8028		
	Œuvres	Paris	J. Richer
	Rennes II BU centrale 54653		
1623	Œuvres	Rouen	Louis Loudet
	Holmes 41 - Arbour 10954		
	Œuvres	Rouen	Jean-Baptiste Behourt
	Holmes 41 - Arbour 10954		

	Œuvres	Rouen	Daniel Cousturier
	Holmes 41 - Arbour 10954		
	Œuvres	Rouen	Jacques Auber
	BM Chambéry NFA A 005.237-001		
	Œuvres	Rouen	Jacques Cailloué
	Holmes 41 - Arbour 10954		
1632	Œuvres	Genève	Pierre Chouet
	Holmes 38 - Arbour 14539		

TRADUCTIONS DE *LA SEPMAINE*

1579	Latin	*Beresithias*	Du Monin	Paris
1583[1]	Latin	*Hebdomas*	De Lerm	Paris
1584	Latin	*Hebdomas*	De Lerm	Paris
1588	Anglais	*Traduction de la Sepmaine*	Sidney	[perdue][2]
1591	Latin	*Hebdomas*	De Lerm	Londres
1592	Italien	*La Divina Settimana*	Guisone	Tours
1593	Italien	*La Divina Settimana*	Guisone	Venise
1594 ?	Néerlandais	*Eersten Dag*	Moretus Ier	*Trad. ms*
1595	Italien	*La Divina Settimana*	Guisone	Venise
1595	Anglais	*The First Day of the Creation*	Trad^r^ inconnu	Londres
1596	Anglais	*The First Day of the Creation*	Trad^r^ inconnu	Londres

1 Imprimée par erreur 1573.
2 Voir Holmes, t. 3, p. 537.

1596	Latin	*Hebdomas*	De Lerm	Genève
1599	Italien	*La Divina Settimana*	Guisone	Venise
1600	Latin	*De mundi creatione*	Van Bystervelt	Edimbourg
1601	Italien	*La Divina Settimana*	Guisone	Venise
1603	Anglais	*The Second Day of the first Week*	Winter	Londres
1604	Anglais	*The Third Dayes Creation*	Winter	Londres
1605	Anglais	*His Divine Weekes and Workes*	Sylvester	Londres
1608	Anglais	*His Divine Weekes and Workes*	Sylvester	Londres
1609	Latin	*De mundi creatione*	Van Bystervelt	Genève
1609	Néerlandais[1]	*De eerste weke*	Van Liefvelt	Bruxelles
1610	Espagnol	*La Divina Semana*	Dessi	Barcelone
1611	Anglais	*His Divine Weekes and Workes*	Sylvester	Londres
1612	Espagnol	*Los siete dias de la Semana*	Caceres	Amsterdam
1613	Italien	*La Divina Settimana*	Guisone	Venise

1 Sur les traductions néerlandaises, voir le très bel article de Paul Smith, « Du Bartas aux Pays-Bas », in *Œuvres et Critiques*, XXIX, 2, 2004, *Du Bartas*, p. 39-61.

1613	Anglais	*His Divine Weekes and Workes*	Sylvester	Londres
1616	Néerlandais	*De Weke*	Heyns	Zwolle
1616	Latin	*Hebdomas*	De Lerm	Leipzig
1620	Anglais	*His Divine Weekes and Workes*	Sylvester	Londres
1621	Néerlandais	*Wercken*	Heyns	Amsterdam
1621[1]	Anglais	*His Divine Weekes and Workes*	Sylvester	Londres
1622	Néerlandais	*De eerste weeck*	Van der Boetselaer	Gravenhage
1628	Néerlandais	*Heere van Bartas Wercken*	Heyns	Amsterdam
1631	Allemand	*Erste Woche*	Hübner	Leipzig
1633	Anglais	*His Divine Weekes and Workes*	Sylvester	Londres
1635	Latin	*Hebdomas*	De Lerm	Leipzig
1640	Allemand	*Die erste und andere Woche*	Hübner	Cöthen
1641	Anglais	*His Divine Weekes and Workes*	Sylvester	Londres
1661	Danois	*Hexaemeron*	Arrebö	Copenhague
1661	Allemand	*Erste Woche*	Hübner	Cöthen
1685	Suédois	Trad^ion adaptation de La Sepm.[2]	Spegel	Stockholm

1 C'est en 1621 aussi que Thomas Lodge fit paraître à Londres une traduction du commentaire de Goulart pour *La Sepmaine* (voir l'introduction de notre volume 2).

2 Ce texte connut 4 rééditions, en 1705, 1725, 1745 et 1857 (Holmes, t. 1, p. 110).

L'ARGUMENT DE *LA SEPMAINE*

L'argument de *La Sepmaine* est celui du début de la Genèse : le poète narre les sept premiers jours du monde, et il développe l'histoire de la Création telle qu'elle est donnée par l'Écriture. Il dit comment, au premier Jour, Dieu créa la matière (le Chaos) et la lumière ; comment au second Jour, il sépara les eaux et le Firmament ; au troisième Jour, la terre et les eaux ; comment au quatrième Jour, il créa les luminaires célestes ; au cinquième, les poissons et les oiseaux ; au sixième les animaux terrestres et l'homme ; comment enfin, au septième Jour, Dieu se reposa et contempla son œuvre.

La Sepmaine est donc une ample paraphrase de l'Écriture sainte. Pour raconter le monde, non seulement Du Bartas le décrit mais il signale les étapes de la Création en dénombrant en même temps tout ce qui la constitue : les astres, les ciels, les lieux, les plantes, les animaux, les êtres et les phénomènes, ce qui demeure et ce qui change, ce qui frappe les sens et ce qui saisit l'esprit et l'imagination :

O Pere, donne moy que d'une voix faconde
Je chante à nos neveux la naissance du monde.
O Grand Dieu, donne moy que j'estale en mes vers
Les plus rares beautez de ce grand univers. (I, 7-10)

En quatre vers, le programme est donné : la naissance du monde, la beauté de l'univers. Hymne constamment triomphal, *La Sepmaine* est aussi une sorte d'inventaire où le foisonnement apparaît comme le signe de l'excellence et de la perfection. Perfection non seulement esthétique, stylistique et rhétorique dans un siècle où règne le goût de la *copia*, c'est-à-dire de l'abondance et de la variété[1], mais conforme à la recommandation de Calvin de lire le monde pour mieux admirer Dieu : « Premierement de quelque costé qu'on tourne les yeulx, il n'y a nulle si petite portion du monde en laquelle ne reluyse pour le moins quelque estincelle de sa gloire. Singulierement on ne peut d'un regard contempler ce beau chef d'œuvre du monde universel en sa longueur

1 Voir Terence Cave, *Cornucopia. Figures de l'abondance au* XVIe *siècle*..., trad. franç., Paris, Macula, 1997.

et largeur, qu'on ne soit, par maniere de dire, tout esblouy d'abondance infinie de lumiere[1] ».

Du Bartas ne s'en tient pas là. Dans *La Sepmaine*, la chronologie de la Genèse est respectée et le poète suit les indications du livre saint. Mais sa méthode n'annonce en rien la rigueur classique. Il pratique plutôt comme Montaigne un style « à saut et à gambades » en s'abandonnant avec délice à l'association d'idées ou d'images. Ce qui a pour résultat qu'il invite continuellement son lecteur à bondir avec lui d'un âge à l'autre, du temps primordial qui vit le surgissement du monde sous le regard de Dieu au temps actuel qui le voit, lui, le poète, dire ce surgissement et ce monde. Dans son livre *Palingène, Ronsard, Du Bartas…*, Luzius Keller remarque à ce sujet « une présence simultanée de la création accomplie et de l'accomplissement de la création » : la « *Création* désigne donc l'acte par lequel quelque chose passe du néant à l'être et en même temps la réalité de cet être[2] ».

C'est que le poète chantant la gloire du Créateur se trouve inspiré par un don divin qui lui procure la faculté de saisir le temps, non plus seulement dans sa continuité, jour après jour, le présent succédant au passé dans l'attente d'un futur indéchiffrable, mais dans la totalité de son déploiement. En veut-on un exemple ? À la fin du second Jour, Du Bartas évoque Dieu qui sépare le ciel et les eaux, conformément à l'ordre de la Création. Mais à propos d'eau, son imagination s'envole dans une ample description du Déluge, bien postérieur dans le temps – ce temps fût-il sacré – à l'épisode qu'il achevait de narrer : l'histoire du deuxième Jour. C'est sur l'évocation de cette catastrophe universelle, suivie du pardon divin, que s'achève le récit du second Jour de la Création. Et au début du Jour suivant, par un nouveau bond dans le temps, mais cette fois en arrière, le poète revient à son récit : celui de la séparation de la terre et des eaux (comme en écho rétrospectif à ce qui vient d'être conté). Constamment, on pourrait presque dire : systématiquement, il procède

1 *Institution de la Religion chrestienne*, éd. J. Pannier, Paris, Belles-Lettres, 1961, t. 1, p. 52. Voir Josiane Rieu, « Le sentiment religieux chez Du Bartas », in *Du Bartas 1590-1990*, éd. James Dauphiné, Mont-de-Marsan, Éditions InterUniversitaires, 1992, p. 317-334.

2 Luzius Keller, *Palingène. Ronsard. Du Bartas. Trois études sur la poésie cosmologique de la Renaissance*, Berne, Francke, 1974, p. 115. Voir aussi Josiane Rieu, « Naissance et connaissance poétique du monde : le temps de l'écriture » dans *La Sepmaine* de Du Bartas, in *La Naissance du monde et l'invention du poème*, Mélanges offerts à Yvonne Bellenger, Paris, Champion, 1998, p. 455-474.

à ces retournements, à ces incursions dans un temps encore à venir, à ces brassages d'espaces et de moments, déplaçant les lignes, brouillant les perspectives, et réussissant ainsi, dans de nombreux passages, à donner à son poème une hauteur de vue visionnaire, voire prophétique.

Chacun des sept Jours qui composent le poème compte autour d'un millier de vers[1]. Nous nous contenterons de donner le schéma général de chacun d'entre eux sans entrer dans le détail de leur composition, comme par exemple Thevenin qui dans son commentaire partage le texte en une suite de « Considerations » numérotées[2] : ainsi pour la première Journée, vers 1-24 : « Consideration 1. De la cause efficiente du Monde », vers 25-96 : « Consideration 2. De la Sainte Trinité », vers 97-204 : « Consideration 3. De la premiere matiere du monde, Qui est un rien : et de sa beauté, grandeur et artifice, comme un cler miroir de la divinité », etc.

Les six premiers Jours commencent par une invocation à Dieu, procédé caractéristique de l'hymne et de l'épopée. À l'exception du second Jour cependant, qui place au début une condamnation de la vie de cour et de ses « vers pipeurs » (II, 13), mais c'est pour mieux rendre hommage à Dieu qui sera invoqué sans tarder en ces termes :

> Luy sur ceste journee
> Afin que saintement par ton fanal conduit
> Mon sacré rendez-vous je gaigne avant la nuit. (II, 38-40)

Les sept Jours se conforment évidemment au récit de la Genèse, mais le poète, comme on l'a vu, en prend quelquefois à son aise avec la chronologie. Ainsi au premier Jour, Dieu crée la matière et la lumière, et Du Bartas décrit le Chaos primitif (I, 223-258), ce qui est dans l'ordre des choses, mais il passe presque aussitôt à une description de la fin du monde (I, 352-370). Ce premier Jour se termine par une longue considération sur les bons et les mauvais anges (I, 543-766) qui est aussi une réflexion sur la nature et le rôle du bien et du mal dans la Création[3]. Au second Jour, celui de la création de l'espace et de la séparation du ciel et des

1 Ier Jour : 766 v., IIe Jour : 1160 v., IIIe Jour : 992 v., IVe Jour : 788 v., Ve Jour : 1018 v., VIe Jour : 1054 v., VIIe Jour : 716 v.

2 Voir notre volume 3.

3 Voir Jean Céard, « Bons et mauvais anges au Premier Jour de *La Sepmaine* », in la revue *Op. cit.*, 1993, p. 23-29.

eaux, le poète évoque les quatre éléments qui composent le monde, les météores et les prodiges, puis, après avoir parlé des « Cieux estoilez » où l'Éternel « cambra ce jourd'huy l'onde » (II, 1070), il consacre un long passage au Déluge, qui n'eut pourtant lieu qu'au temps de Noé (II, 1071-1160). Au troisième Jour, Dieu découvre les terres, révèle les formes variées des mers et les eaux de toutes natures, et le poète célèbre la terre et ses richesses :

> Je te salue, ô Terre, ô Terre porte-grains,
> Porte-or, porte-santé, porte-habits, porte-humains... (III, 851-852)

Suit un long éloge des béatitudes rustiques. Le quatrième Jour est celui de l'apparition des luminaires célestes. Du Bartas décrit le ciel, dit au passage son hostilité aux thèses coperniciennes (IV, 125-136 et 155-164) et adresse un hymne à la grandeur et à la beauté du Soleil et de la Lune :

> Postillon, qui jamais ne vois fin à ta course,
> Fontaine de chaleur, de clarté vive source... (IV, 507-509)

> O le second honneur des celestes chandelles,
> Asseuré calendrier des Fastes eternelles,
> Princesse de la mer, flambeau guide-passant,
> Conduy-somme, aime-paix ! ... (IV, 647-650)

Il conclut sur les prodiges célestes qui ont marqué par la suite l'histoire des hommes : le jour de la Crucifixion où le Soleil se cacha, le recul du Soleil accordé à la prière d'Ésaïe et l'arrêt de l'astre consenti à Josué. Les cinquième et sixième Jours sont ceux de la création des êtres vivants, « poissons » et oiseaux pour le cinquième et animaux terrestres pour le sixième – avec, à l'occasion, la narration de quelques belles fables : celles d'Arion et de son dauphin (V, 421-528), du Phœnix (V, 551-598), des amours de l'Aigle et de la Pucelle (V, 901-1018), ou le combat traditionnel du rhinocéros contre l'éléphant (VI, 39-74). Le poète énumère alors, comme il l'a déjà fait, de petites descriptions, de brefs « blasons » des choses et des êtres qui composent le monde, conformément au goût pour le détail qui caractérise le siècle, dans les arts comme dans la littérature[1]. Mais le sixième Jour est aussi l'aboutissement de la Création avec l'apparition de l'homme, « le Roy des animaux » (VI, 481) qui

1 On pense aux *Petites Inventions* de Remy Belleau, par exemple.

« n'est rien qu'un abrégé du monde » (VI, 406) et dont la description très précise occupe la fin de cette Journée. La femme arrive plus tard (VI, 945), et c'est sur l'éloge du mariage que se termine la Journée. C'est enfin le septième Jour, celui de la Création achevée où Dieu contemple son œuvre et où le poète célèbre le sabbat, image du repos et de la félicité éternels :

> [Dieu] veut que ce Sabat nous soit une figure
> Du bien-heureux Sabat de la vie future (VII, 419-420).

Mais le sabbat signifie aussi les volontés divines que le poète commente en les illustrant d'exemples à l'intention du lecteur – du fidèle :

> Dieu veut qu'en certain lieu on s'assemble ce jour
> Pour de son nom apprendre et la crainte et l'amour... (VII, 401-402)

La Sepmaine reprend donc le cadre de l'hexaméron ancien[1] qui, à proprement parler, ne constitue pas un genre mais un sujet[2] : le récit et la paraphrase des premiers versets de la Genèse contant les six Jours de la Création[3]. Du Bartas connaissait, au moins indirectement, les grands poèmes cosmologiques de l'antiquité, les descriptions païennes de la terre et du ciel d'Aratos à Lucrèce. Les écrits des Pères de l'Église ne lui étaient pas inconnus (il dit lui-même s'être inspiré de *La Cité de Dieu* de saint Augustin[4]). En reprenant l'histoire de la Création, il s'inscrivait dans la lignée de saint Basile et de saint Ambroise et choisissait de « se pose[r] dans le cadre de la tradition biblique et patristique[5] ». Mais Basile et Ambroise proposaient une exégèse minutieuse

1 Voir M. Thibaut de Maisières, *Les poèmes inspirés du début de la Genèse à l'époque de la Renaissance*, Louvain, 1931 ; Holmes, t. 1, p. 111 *sqq.* ; L. Keller, *Palingène. Ronsard. Du Bartas...*, p. 109 *sqq.* ; Jean Céard, « *La Sepmaine* de Du Bartas et la tradition hexamérale », in *La Sepmaine de Du Bartas, Cahiers Textuel* n° 13, 1993, p. 11-23.

2 J. Céard, « *La Sepmaine* de Du Bartas et la tradition hexamérale », p. 11.

3 « Remarquons encore que bien des œuvres peuvent, sans se donner proprement pour objet l'œuvre des six jours, en traiter abondamment, comme saint Augustin le fait dans *La Cité de Dieu* et même dans *Les Confessions* ; et que d'autres, qui semblent se rattacher à cette littérature par la matière, peuvent ne lui appartenir que très médiocrement, comme *Le Microcosme* de Maurice Scève », J. Céard, « *La Sepmaine* de Du Bartas et la tradition hexamérale », p. 12.

4 « Je les renvoie au dernier chapitre de la Cité de Dieu de S. Augustin, duquel j'ay pris et le tiltre, et l'argument, et la division de ce livre », *Brief Advertissement*, *infra*, p. 455.

5 L Keller, *Palingène. Ronsard. Du Bartas...*, p. 113.

du texte de la Genèse et recouraient à la science profane quand celle-ci confirmait leur lecture, pour la rejeter autrement. Du Bartas n'entretenait pas les mêmes rapports tant avec le texte biblique qu'avec la science : il s'intéressait aux choses plus qu'aux mots, aux énoncés plus qu'aux énonciations, et sa description du monde, tout en suivant assurément le modèle biblique, tire parti des resssources que lui apporte la science de son temps pour formuler la cosmologie et la physique qui lui semblent le mieux s'accorder au donné biblique[1]. De plus, son hexaméron n'évoque pas la Création comme une histoire passée, il la raconte comme un événement actuel :

> Lecteur, pardonne moy, si ce jourdhui tu vois,
> D'un œil ja tout ravi, tant d'arbres en mon bois,
> En mon pré tant de fleurs, en mon jardin tant d'herbes,
> En mon clos tant de fruits, en mon champ tant de gerbes... (III, 715-718)

Nous sommes au IIIe Jour. Dieu crée la végétation.

Et c'est parce que tout au long des six Jours le poète a décrit méticuleusement la création épanouie, achevée, telle que tout un chacun peut aujourd'hui l'admirer, qu'il lui faut, à la fin de ce septième Jour que les précédents *hexamera* laissaient de côté, montrer l'Éternel lui-même contemplant son œuvre, parfait ouvrier qui, sa tâche achevée, « Se repose ce Jour, s'admire en son ouvrage » (VII, 50)[2].

Mais on en conviendra : aux critiques qui, d'après le *Brief Advertissement*, semblent lui avoir été adressées sur sa conception trop élastique du temps, il a beau répondre en argumentant (rapidement) sur la signification « mystique » et « prophétique » qu'il convient de donner aux durées dans son poème, nombre de ses digressions, même considérées à l'échelle « mystique », font fi de l'ordre historique du temps. Certes, Homère commençait *in medias res*, mais de là le mouvement était en quelque sorte régulier : on revenait en arrière, et on repartait vers l'avenir. Chez Du Bartas, c'est le caprice de l'imagination, de l'association d'idées, qui mène souvent le jeu.

Or le temps, temps des verbes et temps des hommes, joue un rôle non négligeable dès qu'il s'agit de déterminer des genres littéraires.

1 Voir J. Céard, « *La Sepmaine* de Du Bartas et la tradition hexamérale », p. 13-15.

2 En fait, Du Bartas suit ici Jean Pic de La Mirandole « qui, avec l'*Heptaplus*, transforme la tradition du poème hexaméral en ajoutant la journée du sabbat », François Roudaut, « D'un désordre à l'autre : Michel Quillian continuateur de Guillaume du Bartas », in *Les Cahiers du Centre Jacques de Laprade*, I. *Du Bartas*, 1994, p. 88-102 ; citation : p. 101, n. 54.

LE GENRE ET LE STYLE DE *LA SEPMAINE*

Définir le genre de *La Sepmaine* n'est pas chose aisée. Du Bartas le dit lui-même dans son *Brief Advertissement* lorsqu'il se justifie de n'avoir pas respecté les règles « classiques » de l'épopée[1] :

> Les autres ne s'eslongnant gueres de ceus ci m'accusent, ou que j'ay ignoré, ou que j'ay mesprisé les regles qu'Aristote et Horace proposent aux Poëtes Heroïques. Si je persistoy en ma negative, ils seroient peut estre bien en peine de prouver leur intention : mais pour leur oster tout scrupule, qu'ils apprenent de moy, que ma seconde semaine n'est (aussi peu que la premiere) un œuvre purement Epique, ou Heroïque, ains en partie Heroïque, en partie Panegirique, en partie Prophetique, en partie Didascalique. Ici je narre simplement l'histoire; là j'émeu les affections : Ici j'invoque Dieu; là je luy en ren graces : ici je luy chante un Hymne, et là je vomi une Satire contre les vices de mon age : ici j'instrui les hommes en bonnes meurs, là en pieté : ici je discours des choses naturelles, et là je loue les bons esprits[2].

Quadruple genre, donc : épique ou héroïque n'en faisant qu'un[3], panégyrique puisque le poème est tout entier à la louange de Dieu, prophétique puisqu'il transcende les temps, et « didascalique » (nous dirions : encyclopédique) puisqu'il énumère les multiples richesses et les aspects infiniment divers du monde. À ces nouveautés, il faut en ajouter une autre, qui n'est pas la moindre : l'introduction de l'hexaméron dans l'architecture et la tonalité épiques. Tonalité elle-même animée de multiples variations, dans lesquelles l'hymne succède à la satire et où l'enseignement chrétien accompagne l'exposé « scientifique[4] » cependant que le style échappe aux classifications traditionnelles. De tout cela, le poète est conscient, et il revendique le droit à la nouveauté, dans la composition comme dans l'écriture, en arguant précisément de la nouveauté de son sujet :

1 Voir Denis Bjaï, « *La Sepmaine*, "Œuvre… en partie heroïque" ou les enjeux d'un *Brief Advertissement* », p. 57 *sqq.*

2 *Brief Advertissement*, *infra*, p. 455-456.

3 Sur la difficulté de définir la notion de poésie héroïque, voir Klará Csürös, *Variété et vicissitudes du genre épique de Ronsard à Voltaire*, Paris, Champion, 1999, p. 31 *sqq.*

4 Plutôt, peut-être, la philosophie naturelle : voir J. Céard, « *La Sepmaine* de Du Bartas et la tradition hexamérale », p. 14.

> Que donques en une si grande nouveauté de sujet poëtique, une nouvelle et bisarre (puis qu'ils le veulent ainsi nommer) methode me soit permise[1].

Il est très probable qu'il répond ainsi à des reproches qui lui ont été adressés de divers côtés[2] et qu'on peut sans doute résumer par l'article fielleux que lui consacrèrent les *Perroniana*, publiés bien plus tard et supposés (vraisemblablement) reprendre des propos tenus par Du Perron, précurseur de Malherbe, représentant autorisé de la Contre-Réforme en matière littéraire à la fin du siècle, et plume acérée :

> Barthas est un fort méchant Poëte, et a toutes les conditions qu'un tres-mauvais Poëte doit avoir, en l'invention, la disposition et l'élocution. Pour l'invention, chacun sçait qu'il ne l'a pas, et qu'il n'a rien à luy, et qu'il ne fait que raconter une histoire ; ce qui est contre la poësie, qui doit envelopper les histoires de fables, et dire toutes choses que l'on n'attend et n'espere point. Pour la disposition, il ne l'a pas non plus, car il va son grand chemin, et ne suit aucune regle établie par ceux des anciens qui ont écrit. Pour l'élocution, elle est très mauvaise, impropre en ses façons de parler, impertinente en ses metaphores, qui pour la pluspart ne se doivent prendre que des choses universelles, ou si communes qu'elles ayent passé comme de l'espece au genre, comme le Soleil, mais luy au lieu de dire, le Roy des lumieres, il dira le Duc des Chandelles : au lieu de dire les Coursiers d'Eôle, il dira ses postillons, et se servira de la plus sale et vilaine Metaphore, que l'on se puisse imaginer, et descend toûjours du genre à l'espece, qui est une chose fort vicieuse[3].

Les « postillons d'Eole » figurent au quatrième vers de *La Sepmaine*, mais on chercherait en vain dans tout le poème l'autre périphrase, citée abusivement par Du Perron et alléguée complaisamment quatre siècles plus tard par Sainte-Beuve, puis par un certain nombre de critiques peu attentifs. Outre que l'argument de Du Perron (passer du genre à l'espèce) peut aujourd'hui paraître désuet, il est piquant de constater que pour mieux éreinter Du Bartas il ait été nécessaire de forger un faux ou d'attribuer à Du Bartas ce qui venait de quelqu'un d'autre[4].

---

1 *Brief Advertissement*, *infra*, p. 456.

2 Voir *infra*, Introduction du *Brief Advertissement*.

3 *Perroniana et Thuana*, 3e éd., Cologne, G. Scagen, 1691, p. 28.

4 Dès 1770, l'Italien Tiraboschi, désireux de protéger la mémoire de Marino contre des critiques françaises malveillantes, recourait à l'exemple de Du Bartas en alléguant le « Duc des Chandelles » (cité par Benedetto Croce, « Intorno a Guglielmo du Bartas », in *Critica*, 1929, p. 307). Plus près de nous, un excellent spécialiste du XVIe siècle qui n'aimait guère le poète, Henri Weber, commentait la faiblesse de l'auteur de *La Sepmaine*

Quant à Ronsard, qui avait dans un premier temps admiré *La Sepmaine*[1], il n'avait pas non plus ménagé le poète gascon, et dans un passage de la Préface posthume de *La Franciade* (qui ne fut publiée qu'en 1587, trois ans après le *Brief Advertissement*), il règle leur compte à ses deux principaux rivaux, Desportes d'abord[2], puis Du Bartas :

> Les autres [*désignation emphatique du seul Du Bartas*] sont trop ampoulez, et presque crevez d'enfleures comme hydropiques, lesquels pensent n'avoir rien fait d'excellent, s'il n'est extravagant, crevé et bouffy, plein de songes monstrueux et paroles piafées [*ostentatoires*], qui resemblent plustost à un jargon de Gueux ou de Boémiens, qu'aux paroles d'un Citoyen honneste et bien appris. Si tu veux demembrer leurs carmes, tu n'en feras sortir que du vent, non plus que d'une vessie de pourceau pleine de pois, que les petits enfans crevent pour leur servir de jouet[3].

L'attaque vise la forme, elle annonce l'éreintement des *Perronniana* sur l'élocution et, eu égard aux règles de la concordance des styles, elle est effectivement sévère : comment prétendre à la grandeur de l'épopée, comment oser traiter d'un sujet chrétien, si l'on ne respecte pas la plus haute dignité du langage, fâcheusement familier en bien des endroits chez l'auteur de *La Sepmaine* ?

Le « jargon » de Du Bartas a fréquemment suscité l'émoi de la critique[4]. On l'a attaqué en particulier pour son usage, jugé immodéré, des adjectifs composés, assez tôt pour que le poète estime nécessaire de s'en expliquer :

---

en reprenant à son tour la fameuse métaphore, *La Création poétique au* XVIe *siècle en France*, Paris, Nizet, 1956, p. 541. En revanche, il est évidemment remarquable qu'on ne la trouve nulle part mentionnée dans *Les Epithetes de Du Bartas* qui figurent à la suite du *Dictionnaire des rimes françoises* attribué à La Noue, Genève, 1590 et 1623. Voir James Dauphiné qui, dans son article « Du Bartas, Du Monin, Du Perron, et le roman policier du "Duc des Chandelles" », arrive à la conclusion que Du Perron, s'il n'a pas forgé la périphrase, « s'est servi [en l'attribuant à Du Bartas] d'une périphrase parfaitement identifiée, prise à dessein chez Du Monin, afin d'éreinter tout à la fois les deux poètes », in *Contes et romanciers de la Renaissance. Mélanges offerts à Gabriel-André Pérouse*, Paris Champion, 1997, p. 443.

1 Voir infra, *Brief Advertissement*, introduction, p. 436.

2 « La plus grande partie de ceux qui escrivent de nostre temps, se trainent enervez à fleur de terre, comme foibles chenilles, qui n'ont encore la force de grimper aux festes des arbres… », Ronsard, OC, t. 1, p. 1166.

3 *Ibid.*

4 « There is no phase of the work of Du Bartas that has received more odium and denonciation than his language : particularly his style and word formation », Holmes, t. 1, 160-161.

> Je confesse qu'en ma premiere Sepmaine ils sont fort espais, et que bien souvent on en lit sept ou huit à la file[1].

Un autre trait a été mal accueilli : le redoublement des syllabes initiales, à la manière des Grecs, pour renforcer l'expressivité d'un terme. Ronsard avait inauguré cette façon de faire, mais il y avait rapidement renoncé. À lire certains dénigreurs de Du Bartas, on pourrait croire que *La Sepmaine* en est truffée. La première édition du *Dictionnaire des Lettres françaises* assurait que le « poème abonde en vers cacophoniques, en néologismes, [...] en harmonies puérilement imitatives : *flo-flottant, sou-soufflant, pé-pétillant, bou-bouillonnant, ba-battre*[2]... ». En fait, le nombre des redoublements à l'initiale est limité puisqu'on n'en trouve que sept exemples dans *La Sepmaine*, soit guère plus d'un sur mille vers[3].

À tout cela, s'est ajouté longtemps pour beaucoup de critiques un défaut rédhibitoire : Du Bartas était provincial et vivait loin de ceux qui faisaient les modes. Par surcroît il était gascon ! Il faut voir comment Sainte-Beuve, lorsqu'il redécouvre le XVIe siècle, flétrit le « côté provincial » du bonhomme à qui « ce qui avait manqué, même dans son temps[4], c'était Paris[5] ». Certes, Philippe Gardy, plus récemment, a heureusement réexaminé le gasconnisme de Du Bartas pour l'affirmer et le considérer avec sympathie en déclarant que « *La Sepmaine*, et ce n'est

1 *Brief Advertissement, infra*, p. 460. Mais voir à ce propos Denis Bjaï qui s'amuse à prendre Du Bartas en flagrant délit d'exagération : « Parole de Gascon ! L'enchaînement le plus ample réunit sept épithètes et se rencontre une seule fois, dans la prière finale du troisième Jour : « Je te salue, ô Terre porte-grains, / Porte-or, porte-santé, porte-habits, porte-humains, / Porte-fruits, porte-tours... » (III, 851-853), « *La Sepmaine*, "Œuvre en partie héroïque"... », p. 55.

2 Éd. de 1951, p. 240.

3 Pour *La Sepmaine*, le redoublement ne porte que sur quatre verbes : *battre*, *branler*, *flotter* et *souffler*, et on ne le trouve que dans les IVe, V^e^, VIe et VIIe Jours : *ba-battre* (V, 977 ; VI, 665 ; VII, 677), *ba-branlante* (V, 495), *flo-flotant* (V, 10, 451), *sou-souflantes* (IV, 304). On peut certes trouver que c'est encore trop, et d'autant plus que Du Bartas reprendra le procédé dans *La Seconde Semaine.*

4 Et Du Bartas lui-même avait peut-être bien conscience de cela puisque selon son ami De Thou (parisien il est vrai), « il se plaignoit souvent de ce que l'éloignement de son païs et les conjonctures où il s'étoit trouvé, ne lui avoient pas permis de consulter les gens d'esprit et de goût, de qui il auroit pu apprendre à connoître ses defauts, et les moyens de les reparer », et « il avoit resolu de s'en dedommager par un voyage qu'il vouloit faire à Paris, aussitôt que nos troubles seroient appaisés », mais le temps lui manqua et il mourut avant d'avoir réalisé ce projet. Voir Haag, *La France protestante*, t. 9, p. 120 col. B.

5 *Tableau de la poésie française au XVIe siècle*, Paris, Lemerre, 1876, t. 2, p. 23.

pas un paradoxe, est un poème français issu de la langue gasconne[1] ». Cette remarque recoupe la phrase clairvoyante de Marcel Raymond sur le même sujet : « la vraie langue maternelle de Du Bartas est le gascon », mais Raymond n'était pas gascon et, au début du XXe siècle, il estimait que « l'emphase, la boursouflure, ses défauts les plus visibles, ne sont pas tout à fait étrangers aux gens de son pays[2] ».

Toutefois, le provincialisme et l'emphase ne formaient qu'un aspect de la nouveauté – dira-t-on : de l'étrangeté ? – de Du Bartas. C'était un Gascon, certes, mais c'était aussi un calviniste convaincu, même s'il ne le fut jamais à la manière véhémente, voire fanatique, de son contemporain D'Aubigné. Son tempérament était modeste et aimable, et sa poésie est tout entière animée par le bonheur de croire en Dieu et la joie de le célébrer. Avant *La Sepmaine*, dans *La Muse Chrestiene*, il avait publié un poème intitulé *L'Uranie*, encore très influencé par Ronsard (comme Ronsard avait rencontré Calliope, il rencontrait la Muse Uranie), où il déclarait que la seule poésie véritable était la poésie religieuse :

> Ferés-vous, abuseurs, tousjour d'un diable un ange ?
> Fendrés-vous tousjour l'air de vos amoureus cris ?
> Hé ! n'ora-t-on jamais dans vos doctes escris
> Retentir haut et cler du grand Dieu la louange[3] ?

On sait combien les calvinistes réprouvaient les poésies profanes et leurs ornements, en particulier les ornements mythologiques, si chers aux poètes de la Pléiade que Du Bartas, esthétiquement, considérait comme ses maîtres. En 1578, le Synode de Sainte-Foy précisait que « ceux qui mettent la main à la plume pour écrire les histoires de l'Ecriture Sainte en vers, seront avertis de n'y méler pas des Fables poëtiques, et de n'attribuer pas à Dieu les noms des fausses Divinités, et de n'ajouter ni retrancher aucune chose de l'Ecriture, mais de s'en tenir aux propres termes du Texte sacré[4] ». C'est exactement ce que faisait Du Bartas dans *La Sepmaine*, dès les premiers vers :

---

1 *La Leçon de Nérac. Du Bartas et les poètes occitans (1550-1650)*, PU Bordeaux, 1998, p. 143.

2 M. Raymond, *L'Influence de Ronsard sur la poésie française (1550-1585)*, Paris, Champion, 1927 ; rééd. Genève, Droz, 1965, 2e partie, p. 296.

3 *L'Uranie*, v. 73-76. Holmes, t. 2, p. 177.

4 Cité par Mario Richter, *Jean de Sponde et la langue poétique des protestants*, trad. franç., Paris, Classiques Garnier, 2011, p. 158-159.

> Toy qui guides le cours du ciel porte-flambeaux,
> Qui, *vray Neptune*, tiens le moite frein des eaux… (I, 1-2)

Or cette même année 1578, Henri Estienne publiait à Genève *Deux Dialogues du nouveau langage François italianisé* « où il soutient avec rigueur la poétique calviniste traditionnelle et s'oppose ainsi au compromis avec la poésie classique et païenne proposé et mis en œuvre par Du Bartas ». Mario Richter, de qui sont ces lignes, observe que la lutte engagée par Ronsard et Bèze dans la lointaine année 1563 continuait ainsi sur le plan poétique[1]. La solution de compromis entre l'intransigeance de Genève et l'enrichissement humaniste qu'apportait la poésie de Du Bartas fit de *La Sepmaine* le grand événement littéraire du calvinisme au XVIe siècle[2].

Le poète ne devenait pas pour autant un converti total à l'humanisme. Il ne perdait pas de vue une autre exigence fondamentale de la poésie chrétienne en matière de style, qui remontait aux origines du christianisme et qui constituait elle aussi un compromis : la fusion du style noble et du style humble, rigoureusement séparés dans la hiérarchie traditionnelle des genres. L'Écriture sainte avait « créé un genre tout nouveau de sublime, qui n'excluait pas mais incluait le quotidien et le bas, de sorte qu'on voyait se réaliser dans [sa forme] aussi bien que dans son contenu l'étroite union du plus bas et du plus élevé[3] ». C'est en somme ce style « chrétien » pratiqué par Du Bartas qui fâcha si fort Sainte-Beuve lorsqu'il découvrit *La Sepmaine* quelques siècles plus tard : « Croirait-on bien que dans les vers suivants il s'agisse de l'Éternel ? "Il œillade tantôt les champs passementés […] / Or' son nez à longs traits odore une grand' plaine […] / Son oreille or' se paît de la mignarde noise […] / Et bref l'oreille, l'œil, le nez du Tout-Puissant, etc." » Et de fulminer la sentence : « L'oreille, le nez du tout Puissant n'ont paru bons en aucun temps, qu'on le sache bien[4] ».

Mais c'est aussi cette écriture nouvelle qui fit, selon Marcel Raymond, qu'« à tous les lecteurs fatigués des "amourettes" et des douceurs, aux amis du "vrai" et même aux admirateurs déçus de la "gravité" et du

1 M. Richter, ouvr. cit., p. 158.
2 *Ibid.*
3 Erich Auerbach, *Mimésis. La Représentation de la réalité dans la littérature occidentale*, trad. franç., Paris, Gallimard, 1968, p. 163.
4 *Tableau de la poésie française au XVIe siècle*, t. 2, p. 215.

"pindarisme" de la première Pléiade, Du Bartas apportait une poésie élevée et puissante, et il redonnait aux Français le goût de la "grandeur"[1] », mais d'une grandeur dont il les rapprochait au lieu de les en effrayer.

LA SEPMAINE POÈME ENCYCLOPÉDIQUE[2]

On a quelque scrupule à caractériser à nouveau la *Sepmaine* comme un « poème encyclopédique », tant cette définition est répandue. Mais, du temps de Du Bartas à nos jours, l'idée d'encyclopédie a si profondément changé, qu'une mise au point s'impose.

C'est en son sens actuel que Marcel Raymond prend le terme d'encyclopédie quand il écrit : « Les deux *Semaines* contiennent la matière d'une encyclopédie véritable » ; de fait, il ajoute tout de suite : « N'oublions pas que Du Bartas a l'ambition de décrire toutes les choses du monde, l'homme, son âme et son corps, les animaux, les minéraux, la terre et la mer, les cieux et l'atmosphère, la course des étoiles, toutes les forces et les lois naturelles. Pour magnifier la Création divine, il importe justement de ne rien omettre d'une si prodigieuse nomenclature[3] ».

Puisque le terme d'encyclopédie prétend résumer cette prétendue ambition, il est utile de relever l'unique passage où le poète en use. Au livre VI du *Second Jour* de la *Seconde Sepmaine*, Du Bartas évoque les conséquences de Babel et décrit l'âge antérieur à la confusion des langues : en ce temps nous apprenions sans effort la langue originelle, « entendue de tous », puis, « les sept ans passez »,

> Nous commencions tirer la rondeur de la terre,
> Partir, multiplier : et montant d'art en art,
> Nous parvenions bien tost au sommet du rempart,
> Où l'Encyclopedie en signe de victoire
> Couronne ses mignons d'une eternelle gloire[4].

1 M. Raymond, *L'Influence de Ronsard...*, 2e partie, p. 297.
2 Le développement qui suit est dû à Jean Céard
3 Marcel Raymond, *L'influence de Ronsard*, 2e partie, p. 281.
4 Du Bartas, *La Seconde Sepmaine*, éd. Y. Bellenger *et al.*, Paris, STFM, 1992, p. 329.

Sainte-Beuve, qui avait justement remarqué ce passage, le commente pourtant avec quelque légèreté : Du Bartas, écrit-il, « a visé à rimer tous les arts et toutes les sciences. Au XVIe siècle comme au XVIIIe, l'Encyclopédie était la marotte ; on retrouve le mot comme la chose en Du Bartas[1] ». Pourtant, du XVIe siècle au XVIIIe, l'idée d'encyclopédie a radicalement changé. Au XVIe siècle, même si elle s'est considérablement enrichie par rapport à ses origines, elle reste encore liée au cycle des arts libéraux : si la confusion des langues n'avait eu lieu, assure Du Bartas, nous serions dispensés du *trivium* (grammaire, rhétorique et dialectique) et accéderions directement au *quadrivium* (arithmétique, géométrie, astronomie, musique). Il ajoute toutefois que, « montant d'art en art », nous gagnerions le sommet où se tient l'Encyclopédie : ainsi comprise, l'encyclopédie n'est plus proprement l'ensemble des arts libéraux, elle en devient le couronnement.

Qu'est-ce à dire ? Les *Tableaux accomplis de tous les arts liberaux* que Christofle de Savigny publie en 1587 comportent une première gravure qui regroupe, sous le nom de Philosophie, ou « estude de sapience », l'ensemble des « arts libéraux », c'est-à-dire l'ensemble des disciplines, qui vont de la grammaire à la théologie ; autour d'un médaillon central qui détaille les disciplines, celles-ci sont disposées dans les maillons d'une chaîne fermée ; au haut de la gravure, cette inscription : « Encyclopedie, ou la suite et liaison de tous les Arts et sciences ». Christofle de Savigny résume ici toute la pensée de son temps et met en image une réflexion illustrée notamment par les analyses de Guillaume Budé, qui, dans son *Institution du Prince*, parle d'« une perfection des arts liberaux et sciences politiques qu'on appelle en Grec Encyclopedie, qui vaut autant à dire (pour le declairer briefvement) comme erudition circulaire, ayans lesdictes sciences et disciplines connexité mutuelle et coherence de doctrine et affinité d'estude qui ne se doibt ny peult bonnement separer ny destruire par distinction de faculté ou profession [...], pource que toutes les sciences s'entretiennent comme font les parties d'un cercle qui n'a ny commencement ny fin, et toutes tendent de leur naturelle inclination vers le centre du cercle, lequel centre nous pouvons icy imaginer estre congnoissance du bien souverain et desir de parvenir à icelluy[2] ».

---

1 Sainte-Beuve, « Anciens poètes français », *Revue des deux mondes*, XXIX (4e série), 1842, p. 565.

2 Budé, *De l'institution du Prince*, éd. Jean de Luxembourg, L'Arrivour, 1547, p. 88.

Les *Annotations aux Pandectes* de Budé précisent que, par exemple, la science du droit, comme partie de la science civile, elle-même partie de la science morale, est, par ces relais, une partie de la philosophie, et que celle-ci, « accompagnée de ses suivantes (*pedissequis suis comitata*), embrasse tout le cercle des disciplines qu'on appelle encyclopédie[1] ». D'un mot, l'encyclopédie est l'*orbiculata disciplinarum series*[2]. Cette idée est assez familière aux hommes du XVIe siècle pour que Du Bellay, dans la *Deffence*, parle en passant de « ce rond de Sciences que les Grecz ont nommé Encyclopedie[3] » ; et le mot se répand si bien, avec ce sens fort, qu'on le trouve même, utilisé plus ou moins métaphoriquement, sous la plume d'une Marguerite de Valois, dans ses *Mémoires*, à l'année 1575 : enfermée au Louvre, elle s'occupe à lire et se plonge dans « ce beau livre universel de la nature », où, dit-elle, une âme bien née trouve l'échelle pour monter à Dieu, « le dernier et le plus hault eschelon », « et faisant un cercle parfaict, ne se plaist plus à aultre chose qu'à suivre cette chaisne d'Homere, cette agreable encyclopedie, qui, partant de Dieu mesme, retourne à Dieu mesme, principe et fin de toutes choses[4] ».

On ne saurait donc s'étonner de retrouver le mot et l'idée sous la plume des poètes qu'on appelle, faute de mieux, « scientifiques ». Dans une « Remontrance, A Soeméme » que Jacques Peletier ajoute à ses *Euvres poetiques intitulez Louanges*, le poète se demande s'il a eu raison d'aborder tant de divers sujets ; mais la Muse vient le réconforter en assurant que la poésie ne doit pas craindre de « recevoèr tous les Sugez qui vienet » :

> Ayant oui einsi parler la Muse,
> Je me repose es moz dont elle m'use :
> Tousjours pansant que les dons Deliens
> Sont les beauz Ars, anchainéz par liens,
> Antretenans cete Anciclopedie,
> Où tout esprit capable se dedie ;
> Et quand quelcun n'en touche qu'un cheinon,
> Que c'est trop peu pour en avoer renon.
> Je gete l'eull sur toute la Couronne,
> Et d'un ardeur le Circuit j'anvironne,

1 Budé, *Annotationes in Pandectas*, éd. Paris, Michel Vascosan, Robert I Estienne et Jean de Roigny, 1542, p. 281.
2 Budé, *ibid.*, p. 237.
3 Du Bellay, *Deffence et ill. de la langue fr.*, I, 10 début.
4 Marguerite de Valois, *Mémoires et Lettres*, éd. M. F. Guessard, Paris, 1842, p. 76.

Me delectant an la societé
De tous les Ars, e leur varieté[1].

Peletier vient de trouver le nom qui convient à son œuvre ; notons l'insistance sur l'idée de « couronne », de « circuit », et sur celle des « liens » qui enchaînent les Arts les uns aux autres et par lesquels leur variété se dispose en un cercle[2].

Traditionnellement, chacun des arts peut se prévaloir d'un grand nom qui lui a donné son accomplissement. Quant à l'encyclopédie elle-même, pour Guillaume Budé, c'est Salomon qui l'incarne éminemment. Dans le *De asse*, Budé commente longuement ces mots de l'Ecclésiaste, VII, 26 : « J'ai parcouru toutes choses en mon cœur pour savoir, considérer et rechercher la sagesse et la science, et pour connaître l'impiété du fou et l'erreur des imprudents[3] ». Budé tire de ce verset l'idée que, dans la recherche de la sagesse, il est bon de commencer par les plus beaux monuments du savoir humain : « Ceux qui aujourd'hui se disposent à étudier la philosophie feront plus sagement si, au sortir des rudiments, ils ne passent pas tout de suite à elle, mais, quêteurs actifs et énergiques, suivent d'abord les traces de la sagesse à travers tous les monuments du savoir. [...] Comme les oiseaux qui veulent s'envoler vers un lieu escarpé ne s'élèvent pas du sol en ligne droite vers lui, mais le gagnent plus commodément et plus facilement d'un vol tournoyant, de même l'esprit humain peut mieux monter jusqu'à la contemplation de la sagesse par l'escalier à vis d'un exact apprentissage. [...] C'est de cette façon que Salomon fait entendre qu'il a parcouru d'un circuit encyclopédique tous les monuments du génie humain[4] ». On ne saurait donc s'étonner que Du Bartas, à son tour, voulant proposer ce que James Dauphiné

1 Jacques Peletier, *Euvres poetiques Intitulèz Louanges*, Paris, Robert Coulombel, 1581, p. 72 v°.

2 Citons encore Du Monin, imitateur et traducteur de Du Bartas ; auteur d'un *Discours philosophique et historial de la Poësie philosophique* (1582), il écrit, personnifiant celle-ci : « De l'Encyclopedie, elle tient une ecole ».

3 « Lustraui universa animo meo, ut scire, et considerem, et quaererem sapientiam et rationem, et ut cognoscerem impietatem stulti, et errorem imprudentium. »

4 Budé, *De asse*, éd. Paris, Michel Vascosan, Robert I Estienne et Jean de Roigny, 1542, p. CCII v° : « Dico igitur eos qui ad philosophiam hodie studium suum collocaturi sunt, sapientius esse facturos, si non a rudimentis litterarum statim ad eam transierint, sed velut gnaui et strenui indagatores, per omnia omnisque disciplinae monumenta sapientiam vestigauerint [...]. Ut enim aues in locum arduum subuolaturae, non a solo protinus eum locum rectis lineis petunt, sed volatu verticoso eo commodius euadunt et facilius : ita animus humanus ad contemplationem sapientiae melius per cochlaeam iustae

appelle « une figure emblématique du maître de la production encyclopédique », fasse précisément choix de Salomon[1]. Il lui consacre la majeure partie de son poème de « La magnificence ». Salomon, dit-il, maîtrise toutes les connaissances :

> un sçavoir plus qu'humain
> Dore ses actions : il vole au ciel, il sonde
> L'obscure profondeur des entrailles du monde[2] ;

et Du Bartas détaille longuement l'immensité de la science de Salomon.

Une différence pourtant : Salomon, selon Budé, a parcouru tous les monuments de la sagesse humaine ; il s'est, par une étude assidue, préparé à accéder à la sagesse. Selon Du Bartas, Salomon bénéficie d'une vision au cours de laquelle Dieu lui accorde le don de la science universelle, si bien que désormais

> il a bien-heureux, sans art les arts en main,
> Les lettres sans estude ;

cette dispensation divine lui permet d'être exempté des conséquences de Babel. Salomon devient ainsi le modèle, certes parfait mais inimitable, de l'encyclopédiste.

Le poète humain, lui, ne peut que tenter d'entrevoir et de faire entrevoir, à travers l'infinie diversité des créatures, l'unité du savoir. Comme ce savoir a pour objet la Création divine, la voie la plus sûre est, pour lui, de prendre pour argument et pour guide la parole divine qui en révèle l'ordre et la disposition. En modelant son poème selon les jours de la première semaine qui façonne définitivement toute la Création, il a loisir à la fois de la voir à sa naissance et de la contempler dans son histoire comme dans son actuel et même futur achèvement, et ainsi de l'entrevoir dans sa totalité.

Ce n'est pas à dire qu'il en ait pour autant la connaissance parfaite. Mille choses échappent à sa prise. La *Sepmaine* abonde en développements qui multiplient les hypothèses explicatives et laissent le plus souvent

---

disciplinae scadere [...] potest [...]. Hoc modo Solomon encyclopaediae gyro lustrasse se omnia ingeniorum monumenta significat. »

1 James Dauphiné, « L'encyclopédisme poétique de Du Bartas », dans *Du Bartas poète encyclopédique du* XVI*e siècle*, Lyon, La Manufacture, 1988, p. 122.

2 Du Bartas, « La Magnificence », v. 333-334, dans *Les Suittes de la Seconde Semaine*, éd. Y. Bellenger, Paris, STFM, 1994, p. 249.

ouverte la discussion. Davantage, Du Bartas met en garde contre la tentation impie de rendre raison naturelle de toutes choses (II, 739-750). Faut-il alors assigner au poète encyclopédiste la tâche d'arpenter toute la Création pour y repérer les traces du Créateur ? Cette quête même est vouée à reconnaître que l'immensité de son objet contraint à parler par prétérition (IV, 425 et suiv.). Du reste, au moment de décrire le soleil, le poète s'arrête, comme dépassé par l'ampleur de la tâche (IV, 510-518) :

> Riche ornement du Ciel, he ! di moy, par quel bout
> Je doy prendre ton los ? Je semble cil qui nombre
> Les cailles, qui couvrant la mer Itale d'ombre,
> Pour vivre sous un Ciel plus fecond et plus doux,
> Vienent par escadrons passer l'æsté chez nous,
> Tandis qu'il est apres à conter une bande,
> Une autre, une autre encor, une autre encor plus grande
> Se presente à ses yeux : si qu'essain sur essain
> Luy trouble la memoire, et rompt tout son dessein.

Ailleurs le poète s'avoue vaincu par le nombre incalculable des étoiles (IV, 185-188) :

> Qui veut conter les feux tant nostres qu'Antarctiques
> Se doit rendre inventeur d'autres arithmetiques :
> Et, pour venir à bout d'un si brave projet,
> Avoir de l'ocean tout le sable pour jet.

On voit que Du Bartas sait ce qu'il faut penser de « l'ambition de décrire toutes les choses du monde ».

Mais cette impuissance, le poète sait aussi qu'il peut y remédier par ce que l'on pourrait appeler l'art de la miniature ou l'art du blason. Un seul objet, convenablement choisi, peut faire apercevoir une totalité. Pourquoi, par exemple, tenter de décrire tous les êtres des espaces marins ? Du Bartas, qui a commencé, au livre V, cet inventaire, s'arrête soudain (V, 391-596) :

> Clion, pourquoy fais-tu, longuement importune,
> Comme un denombrement des hostes de Neptune ?
> Si tu veux en ses faits admirer le grand Roy
> Des climats ondoyans, Muse, contente toy
> D'un des moindres poissons, qui peut rendre notoire
> Du grand Roy de la mer et la force, et la gloire.

S'il faut suivre un chemin qui, comme écrivait Marguerite de Valois, « partant de Dieu mesme, retourne à Dieu mesme, principe et fin de toutes choses », la remora suffit ; ajoutons même que Dieu n'est jamais si grand que dans les petites choses, comme l'assurait Théodore Gaza, traducteur de l'*Histoire des animaux* d'Aristote : « N'écoutons pas ceux qui disent qu'il y a beaucoup de choses chez Aristote sur la mouche, sur l'abeille, sur le vermisseau, très peu sur Dieu. Il traite abondamment de Dieu celui qui, par une étude approfondie des choses créées, confesse le Créateur lui-même. Et on ne doit omettre ni la mouche, ni le vermisseau ; avec eux c'est de la merveilleuse industrie de la nature qu'il s'agit. Comme pour tout artiste, pour la nature aussi le talent doit être plutôt contemplé dans les plus petites de ses œuvres[1] ». *Small is beautiful.*

Au reste, Dieu a construit son œuvre selon un principe d'ordre qui multiplie les symétries, les ressemblances et les contrastes. Cette unité nombreuse de la Création, on peut la percevoir à travers des catalogues qui soulignent ces correspondances ; inutile de tout dire : mieux vaut ordonner ces catalogues sélectifs de sorte que le réseau des correspondances qui structurent la Création devienne perceptible au lecteur. Faut-il décrire les plantes ? Du Bartas va en cueillir un bouquet dans *L'Histoire des plantes* de Leonard Fuchs et il oppose celles qui ont des vertus curatives à celles qui provoquent la mort, il énumère celles qui viennent à bout des plus féroces animaux, il détaille celles qui, selon les cas, sont antidotes ou poisons, etc. Ainsi, en même temps que se découvre, par ces sortes de pointillés, l'unité multiple du monde, le poète contourne l'obstacle de l'impossible exhaustivité ; comme il le note dans le *Brief Advertissement*, « ayant à traiter par occasion, de la nature de toutes les choses qui sont au monde, afin qu'avecques plus grand ravissement, le Lecteur apprehendast l'infinie sagesse de l'ouvrier, mon livre eust esté aussi grand que le monde, si je n'eusse trouvé les adresses et sentiers pour parvenir bien tost où je vouloy[2] ».

1 « Nec audiendi sunt, qui inquiunt : Multa Aristoteles de musca, de apicula, de vermiculo, pauca de deo. Permulta enim de deo is tractat, qui doctrina rerum conditarum exquisitissima, conditorem ipsum declarat : nec vero musca, nec vermiculus omittendus est, ubi de naturae mira solertia agitur. Ut enim artificis cuiusuis, sic naturae ingenium in minutissimis potius contemplandum est. » Ces mots sont cités par Conrad Gesner dans les liminaires du premier volume de son *Historia animalium*, volumineux ouvrage de quelque quatre mille pages.

2 *Brief Advertissement*, *infra*, p. 460.

INFLUENCE ET RÉCEPTION

Le succès de *La Sepmaine* a été considérable en son temps. Le poète eut non seulement des admirateurs[1], des commentateurs, des traducteurs, des contradicteurs, voire une riposte, une « *Contre-Sepmaine* » publiée en 1609 sous le titre *Sepmaine ou Creation du monde du sieur Christofle de Gamon contre celle du sieur Bartas*[2], mais des imitateurs et des continuateurs[3] : en 1613, son propre neveu, Jean d'Escorbiac, seigneur de Bayonnette, publie une *Christiade* sur le modèle de la grande œuvre de son oncle ; en 1629 Abel d'Argent y va de sa *Semaine* – mais cette fois, c'est la Seconde puisqu'il s'agit de l'histoire de l'humanité –, tout naturellement appellée *La Semaine d'Argent* et placée sous le patronage de « ce grand genie de la Poësie du Bartas », etc. Car les émules du poète n'ignorent évidemment pas sa *Seconde Semaine* inachevée même après l'ajout des morceaux posthumes, et c'est souvent elle qu'ils entreprennent d'imiter ou de terminer[4] : on put lire ainsi en 1583 *Les Quatre premiers livres de l'Univers* de Miles de Norry, en 1584 un *Deces ou fin du monde* signé Guillaume de Chevalier, en 1587 *Le Grand Miroir du Monde* de Joseph du Chesne, sieur de la Violette[5], et il y eut en 1597 une *Derniere Semaine* due à Michel Quillian[6].

---

1 Parmi lesquels le poète Jean de Sponde qui, dans sa traduction latine d'Homère, alla jusqu'à affirmer la supériorité du Français, l'« Homère gaulois », sur son modèle grec : voir Christiane Deloince-Louette, « Sponde, Homère, Du Bartas », in *Bibliothèque d'Humanisme et Renaissance*, LXXI, 2009, p. 255-270.

2 Voir la réaction de Pierre de L'Estoile à ce sujet : « Le mardi 28e [juillet 1609] le sire Houzé m'a apporté céans un livre nouveau [...] intitulé *La Semaine (...) du sieur Christofle de Gamon contre celle du sieur Bartas*, laquelle on tient pour bien faite : dont je ne suis juge compétent, mais, pour moi, j'aimerai et honorerai tousjours davantage celle du Bartas ; tant pour la piété que pour les traits beaux et hardis qui y sont, desquels le moindre vaudroit, à l'aventure, mieux que toute l'œuvre de cestui, qui ne sera jamais loué ni estimé de s'estre adressé là », *Mémoires-Journaux*, Paris, Tallandier, rééd. de l'éd. Brunet *et al.*, 1981, t. 9, p. 309.

3 Voir par exemple Frank Lestringant, « De la "Première" à la "Dernière Semaine" ou de la réversibilité du monde selon Du Bartas, D'Aubigné, Augier Gaillard et Michel Quillian », in *La Naissance du monde et l'invention du poème*, p. 435-453.

4 Voir Klará Csürös, *Variété et vicissitudes du genre épique...*, p. 138-139 ; et Y. Bellenger et J.-C. Ternaux, *Du Bartas*, Paris-Rome, éd. Memini, 1998, chap. 18.

5 Personnage qui est peut-être le « I. D. Ch » signataire d'une pièce liminaire signalée *supra*, p. 21, n. 3.

6 Voir François Roudaut, « D'un désordre à l'autre : Michel Quillian continuateur de Du Bartas », cité, et « L'invention et la raison : *La Derniere Semaine* de Michel Quillian », in

Comme le dit Frank Lestringant d'une formule heureuse : « Du Bartas est contagieux[1] ». On voit même son influence se conjuguer avec celle de Ronsard dont le rayonnement demeure sensible jusqu'à la fin du XVIe siècle : Marcel Raymond observe que « quelques-uns des témoignages les plus explicites en faveur de Du Bartas émanent d'hommes qui n'ont jamais cessé de porter Ronsard aux nues », comme Flaminio de Birague, Scévole de Sainte-Marthe, Agrippa d'Aubigné, Estienne Pasquier, La Croix du Maine, Paul Melissus, Du Verdier[2]. Non seulement on admire l'auteur des *Semaines*, mais on emprunte sa manière (les plus médiocres vont jusqu'à l'excès, jusqu'à l'emphase : ainsi Habert, Birague, Jacques de Romieu, quelques autres). Ne négligeons pas non plus son pays : la Gascogne, et la région toulousaine, où il laissa son empreinte sur un nombre important de ceux qui « écrivent dans la variété languedocienne de l'occitan[3] », notamment Auger (ou Augier) Gaillard, le poète-charron, musicien, soldat et réformé qui voulait « manger Du Bartas » – « *me cal mangia del Bartas*[4] » –, et plus tard chez Jean-Guiraud Dastros[5].

Et puis, cette influence décrut. Au XVIIe siècle Du Bartas va peu à peu cesser d'être imprimé ; on va s'en détacher, et même s'en moquer[6]. Les raisons d'une telle désaffection sont claires : au XVIIe siècle, la langue française subit l'influence de Malherbe, et celle-ci ne joue pas en faveur du style de Du Bartas ; d'autre part, le succès de *La Sepmaine* tenait pour une bonne part à son caractère encyclopédique (au sens courant du mot aujourd'hui), le poème proposait un abrégé des connaissances, mais avec le nouveau siècle ces connaissances changeaient, et à l'âge de Galilée et de Descartes l'univers n'était plus celui de Du Bartas, en tout cas chez les doctes et les gens à la page. Car ailleurs, on continuait de pratiquer le poète des *Semaines*. Michel Magnien a montré que, contrairement à ce qui s'était longtemps dit, on n'avait pas oublié Du Bartas au XVIIe siècle et on le lisait, sans en faire toujours état et loin des modes. On

---

La Naissance du monde et l'invention du poème, p. 475-494.

1 Voir son article, cit., du *Dictionnaire des Lettres françaises. Le XVIe siècle*, p. 380 col. A.

2 Marcel Raymond, *L'Influence de Ronsard*..., 2e partie, t. 2, p. 302.

3 Philippe Gardy, *La Leçon de Nérac*, cit., p. 8. Dans son livre, Ph. Gardy souligne particulièrement l'influence sur la poésie occitane du poème trilingue de 1578, mais cela n'exclut nullement celle de la poésie en français, et notamment de *La Sepmaine*.

4 *Ibid.*, 2e partie, chap. 4 ; citation : p. 118.

5 *Ibid.*, 3e partie, chap. 3, en particulier p. 226-231.

6 *Cf.* Robert Garapon, « Sur la renommée posthume de Ronsard et de Du Bartas de 1590 à 1640 », in *Œuvres et Critiques*, VI, 2, *Le cas Ronsard*, Hiver 1981-1982, p. 53-59.

avait cessé d'imprimer ses poèmes, mais les éditions abondantes qui en avaient été faites n'avaient pas disparu : « des milliers, des dizaines de milliers peut-être d'exemplaires de ses œuvres occupaient alors les rayons des bibliothèques » et « le XVIIe siècle a lu les textes du XVIe siècle, beaucoup plus souvent et beaucoup plus attentivement qu'on ne l'imagine si l'on se fie aux déclarations des écrivains de l'Âge classique », lesquels ne laissaient pas, ajoute Michel Magnien, de reprendre les sources de leurs prédécesseurs : « Le vêtement a certes gagné en élégance, mais le corps lui-même, sous de plus beaux atours, demeure bien souvent le même[1] ».

D'autant plus qu'il n'y a pas que la France, et le prestige de Du Bartas qui, de son vivant, avait été grand dans nombre de pays voisins continue d'exercer sa fascination. Pour l'Angleterre, en particulier, le bilan est impressionnant[2]. Il y eut les traducteurs, mais aussi des émules de qualité, des admirateurs de sa science (Thomas Lodge, le traducteur de Goulart en 1621, comparait Du Bartas à Pic de la Mirandole). Milton avait lu le poète français et s'en souvint. La renommée de l'auteur de *La Sepmaine* outre-Manche eut ceci de particulier qu'elle reçut le suffrage des Puritains aussi bien que des partisans des Stuarts. Sa popularité ne repose pas seulement sur *La Sepmaine*, on n'ignore pas plus *La Judit* que *La Seconde Semaine* ou les *Suites* posthumes : en novembre 1662, on voit par exemple Samuel Pepys noter dans son *Journal* qu'il a passé la soirée avec sa femme à lire « L'Imposture », une des parties de *La Seconde Semaine*. Toutefois, comme en France, la faveur du public va peu à peu se détourner, et au XVIIIe siècle Du Bartas sera démodé en Angleterre[3]. Une mésaventure semblable fut son lot dans l'autre pays où son succès avait été presque aussi grand : la Hollande. Traduit là-bas à plusieurs reprises, devenu un poète populaire, « son influence domine celle de tous les poètes de la nouvelle école[4] », mais pas plus aux Pays-Bas qu'ailleurs, cette gloire ne franchit les limites du siècle des Lumières[5].

1 « Du Bartas en France au XVIIe siècle », in *Du Bartas 1590-1990*, p. 45-75 ; citations : p. 66-67.

2 Voir Anne Lake Prescott, « Du Bartas », in *Four French Poets and the English Renaissance*, New Haven-Londres, Yale University Press, 1978, p. 167-234, et *id.*, « Du Bartas and Renaissance Britain : An Update », in *Œuvres et Critiques*, XXIX, 2, 2004, *Du Bartas*, p. 27-38.

3 Voir A. Prescott, 1978, p. 159-160.

4 A. Beekman, *Influence de Du Bartas sur la littérature néerlandaise*, Poitiers, Imprimerie A. Masson, 1912, p. 198.

5 Voir A. Beekman, *ibid.*, et aussi Paul J. Smith, « Du Bartas aux Pays-Bas », in *Œuvres et Critiques*, 2004, *Du Bartas*, p. 39-61.

En Italie, où seule *La Sepmaine* avait été traduite et rééditée, on a dit, puis nié, que Le Tasse se fût inspiré du poète français pour son *Mondo creato*, mais récemment il semble avoir été démontré que l'Italien, s'il n'a peut-être pas repris directement le texte français, s'est servi de la traduction italienne de Ferrante Guisone, *La divina Settimana*[1]. Un autre aspect, très particulier, de l'influence exercée par *La Sepmaine* de Du Bartas est celui qu'a mis en lumière Henry Mechoulan sur la traduction espagnole du poème due à Francisco de Caceres, Juif exilé à Amsterdam, laquelle vint « au secours de l'orthodoxie juive au début du XVIIe siècle à Amsterdam[2] ».

Mais le temps passe. Au XVIIIe siècle, il n'y a guère que l'abbé Goujet qui présente dans la *Bibliothèque françoise* l'œuvre de Du Bartas dans un esprit de sympathie[3] et il faut attendre le début du XIXe siècle pour que Goethe, dans une note à sa traduction du *Neveu de Rameau*, s'étonne du discrédit où est tombé l'auteur de *La Sepmaine* auprès des Français[4]. La note fut ensuite signalée et reproduite, mais inexactement, par Sainte-Beuve dans son article sur Du Bartas (incorporé à la dernière édition du *Tableau de la poésie française du XVIe siècle*) sans le rendre plus indulgent[5]. Mis à part de rares exceptions[6], comme Gérard de Nerval[7]

1 Voir Paola Cosentino, « Per un'ipotesi di lettura del Tasso autore del *Mondo Creato* : la *Divina Settimana* di Ferrante Guisone », in *Italique. Poésie italienne de la Renaissance*, 2, 1999, p. 143-165.

2 « *La Sepmaine* au secours de l'orthodoxie juive à Amsterdam », in *Du Bartas 1590-1990*, p. 427-445.

3 « Guillaume de Salluste Seigneur du Bartas », in *Bibliothèque françoise ou Histoire de la littérature françoise*, Paris, t. 13, 1752, p. 304-321.

4 *Goethes saemmtliche Werke in vierzig baenden*, Stuttgart, 1871, 33e vol., p. 175. Cité par Georges Pellissier, *Vie et Œuvre de Du Bartas*, p. 285-286.

5 « Du Bartas », in *Tableau de la poésie française au XVIe siècle*, t. 2, p. 201-246. Voir, par exemple : « Il est bien le père ou le grand-père de cette mauvaise lignée de poëtes plus ou moins gascons et pesants, tant moqués par Boileau, etc. », p. 244.

6 Ces exceptions se trouvent surtout chez les méridionaux et les protestants. Les méridionaux défendent en Du Bartas un de leurs « pays » injustement méconnus, et nul ne dira assez ce que le poète doit à des revues comme le *Bulletin de la Société archéologique, historique, littéraire et scientifique du Gers*, la *Revue de Gascogne* ou la *Revue d'Aquitaine*. Et on ne s'étonnera pas que les protestants aient été, eux aussi, sensibles au déni de justice dont souffrait leur illustre coreligionnaire. Il est édifiant à cet égard de comparer l'article riche et documenté proposé par *La France protestante* des frères Haag sur Du Bartas à l'éreintement condescendant que lui infligeait la première version du *Dictionnaire des Lettres Françaises, XVIe siècle* en 1951.

7 Voir Jean-Luc Steinmetz, « Un disciple de Du Bartas : Gérard de Nerval », in *Du Bartas poète encyclopédique du XVIe siècle*, éd. J. Dauphiné, Lyon, La Manufacture, 1988, p. 339-353.

et, beaucoup moins connu mais intéressant, Georges Pellissier, auteur d'une monographie consacrée au poète[1] qui, bien que vieillie, garde de l'intérêt, ce n'est qu'au XXe siècle qu'on recommencera à s'intéresser à lui.

On voit alors paraître deux thèses consacrées, significativement, aux deux pays où Du Bartas avait eu le plus d'admirateurs à l'étranger : l'Angleterre et les Pays-Bas[2]. Parmi les universitaires, Du Bartas intéressa ensuite trois chercheurs notables. Le premier, en 1927, fut Marcel Raymond qui consacra au poète une étude magnifique dans sa thèse sur *L'Influence de Ronsard*[3]. Deux ans plus tard, Benedetto Croce publiait un article intitulé « Intorno a Guillaume du Bartas », dans lequel il considérait que l'injustice dont souffait la réputation du poète venait de ce qu'on le lisait mal parce qu'il était *orator*, prédicateur, plus que poète[4]. Puis, en 1938, ce fut la thèse d'Albert-Marie Schmidt, *La Poésie scientifique en France au XVIe siècle*, qui éclairait d'une lumière nouvelle tout un pan de la poésie de la Renaissance, mais en méconnaissant Du Bartas, mauvais poète, provincial, au goût douteux, etc[5].

Enfin il y eut le travail monumental des trois universitaires américains, U. T. Holmes, J. C. Lyons et R. W. Linker, qui aboutit en 1935-1940 à la publication de la totalité des œuvres de Du Bartas sous le titre *The Works of Guillaume de Salluste du Bartas*. Ce travail a été capital pour les études bartasiennes de la seconde moitié du XXe siècle et il demeure fondamental.

Après la guerre, on va voir se dessiner un intérêt d'un genre nouveau pour *La Sepmaine* dans quelques articles, notamment sur le lexique et le caractère « scientifique » des vers de Du Bartas (Monod, Creore[6]). Une

---

1 Voir p. 58, n. 4.

2 H. Ashton, *Du Bartas en Angleterre*, Paris, E. Larose, 1908, et A. Beckman, *Influence de Du Bartas sur la littérature néerlandaise*, 1912.

3 Voir le chapitre 26, où Marcel Raymond décrit Du Bartas comme un poète essentiellement religieux qui « a pour mission unique de déchiffrer le grand livre de la Création », et dont il décrit la fidélité indocile aux grands modèles de la Pléiade par cette formule heureuse : « Il fait sien l'amour des Muses, mais il le sanctifie », *L'Influence de Ronsard*..., 2e partie, p. 280-281.

4 « Egli era, fondamentalmente, un *orator*, un sacro oratore o predicatore », p. 309.

5 1re édition, Paris, A. Michel, 1938 ; réimpr. Lausanne, Éditions Rencontres, 1970. « Du Bartas » : chap. 5, p. 247-316. Quinze ans plus tard, dans la notice qu'il rédigeait sur le poète dans son anthologie *Poètes du XVIe siècle*, Paris, Gallimard, 1953, p. 753-755, Schmidt se montrait plus favorable à l'auteur de *La Sepmaine* qu'il louait même pour « les charmes trépidants [de son] baroquisme littéraire ».

6 Théodore Monod, « Note sur le vocabulaire ichthyologique de Du Bartas », in *Revue des Sciences Humaines*, 1965, p. 5-27 ; A. E. Creore, « Word Formation in Du Bartas »,

nouvelle édition de *La Sepmaine* paraît en 1963, annotée en allemand, procurée par Kurt Reichenberger, auteur de plusieurs travaux sur Du Bartas[1]. Puis, à partir de 1970, outre de nouveaux articles[2], trois publications : en 1973, *L'Imagination poétique de Du Bartas*, de Bruno Braunrot, considérée – c'était alors la mode – d'un point de vue baroque, mais dont l'un des principaux intérêts était de proposer un état présent des travaux sur le poète ; en 1974, ce fut l'étude de Luzius Keller, *Palingène. Ronsard. Du Bartas. Trois études sur la poésie cosmologique de la Renaissance* ; et en 1981, une édition de *La Sepmaine* annotée en français[3]. Désormais, le ton va changer. On considère le poète avec intérêt et sympathie et les ouvrages importants se multiplient[4].

D'une manière générale, ce qui se dégage de ces travaux depuis une cinquantaine d'années est l'intérêt pour le caractère « scientifique » ou « encyclopédique » de la poésie de Du Bartas, pour son inspiration religieuse et biblique, et pour sa poétique, à quoi il convient d'ajouter le regard nouveau porté sur les commentaires entourant ses œuvres[5].

NOTRE ÉDITION

Nous avons choisi comme texte de référence pour *La Sepmaine* celui de l'édition genevoise de 1581 imprimé chez Jacques Chouet[6] (cote Arsenal :

---

in *Bibliothèque d'Humanisme et Renaissance*, 15, 1953, p. 192-208, et « The Scientific and Technical Vocabulary of Du Bartas », in *Bibl. d'Hum. et Ren.*, 21, 1959, p. 131-160.

1 Notamment *Du Bartas und sein Schöpfungsepos*, Munich, Max Hüber Verlag, 1962.

2 Voir la bibliographie, p. 491 *sqq.*

3 *La Sepmaine*, éd. Y. Bellenger, Paris, STFM, 1981 ; rééd. 1992, 1993, 1994. On voit aussi paraître une réédition de *La Seconde Semaine* et des *Suittes de la Seconde Semaine*, Paris, STFM, 1991-1992 et 1994.

4 Voir notamment les travaux de Jan Miernowski, de Klará Csürös, ceux de James Dauphiné (en particulier les deux colloques déjà cités qu'il a organisés sur Du Bartas), pour l'Occitanie les publications de Philippe Gardy, et plusieurs numéros de revue consacrés au poète : *Cahiers Textuel* n° 13 (1993), *Cahiers du Centre Jacques de Laprade* (1994), *Œuvres et Critiques, Du Bartas* (2004), etc.

5 En particulier avec les travaux de Jean Céard sur la question : voir les introductions de nos volumes 2 et 3.

6 C'est déjà ce texte qu'avaient choisi au XXe siècle Kurt Reichenberger en 1963 et Yvonne Bellenger en 1981 pour leurs rééditions de *La Sepmaine*.

8° B 8898, 2), où figure pour la première fois l'« Indice » de Simon Goulart (qui fait l'objet de notre volume 2). Nous reproduisons de cette édition de 1581, outre les pièces liminaires qui précèdent le poème, tous les éléments de présentation et d'explication prévus par Goulart : un avis « Au Lecteur », l'« Argument de La Sepmaine », un tableau représentant l'« Histoire de la Creation du Monde », et pour chaque Jour un « Sommaire » ainsi que les manchettes marginales. Nous ne reproduisons pas la liste d'*errata* qui figure à la fin de l'exemplaire de l'Arsenal, mais nous en indiquons les contenus quand il y a lieu dans le relevé des variantes.

Nous avons consulté plusieurs des rééditions de *La Sepmaine* postérieures à 1581 : celle de L'Angelier en 1585[1], l'édition in-folio de Jehan de Bordeaulx, Toussaincts Du Bray et Claude Rigaud en 1611[2], et le petit volume in-12 publié en 1616 chez Raphael Du Petit-Val, et nous nous sommes rendu compte que les seules variations (plutôt que variantes) qu'on y relève sont, mis à part les éventuels lapsus ou coquilles[3], des différences d'orthographe ou de ponctuation courantes entre ateliers d'imprimeurs sans que cela exprime une quelconque intention de l'auteur. Quant à l'édition commentée en 1585 par Pantaleon Thevenin (dont les annotations composent notre volume 3), le texte en reprend l'ensemble des ajouts de 1581 chez Chouet, mais de façon parfois capricieuse. On sait que Thevenin avait commencé à travailler sur le texte de 1578 et pris ensuite un des exemplaires sortis à Genève trois ans plus tard, dont il avait relu non seulement le texte mais les explications données par Goulart[4]. Nous avons donc laissé de côté les dissimilitudes entre son texte et ceux de 1578 et de 1581.

Nous n'avons retenu que les variantes entre l'édition de référence et celle de 1578 chez Gadoulleau et Fevrier. Les deux états du texte de 1578 (dans l'originale et dans la réédition) ont été signalés, en cas de nécessité, par les lettres A ou B : soit *78, 78 A* (Gadoulleau, cote BnF : RES-YE-537) ou *78 B* (Fevrier, cote BnF : RES-YE-536)[5]. Les ajouts

1 C'est le texte de référence de l'édition américaine des *Works*...

2 Il s'agit d'une magnifique édition folio en deux volumes des *Œuvres complètes* de Du Bartas, partagée entre trois libraires parisiens, et datée de 1610-1611. Mais elle présente cette particularité que le tome 1, qui contient *La Sepmaine*, est daté de 1611 alors que le tome 2, où figure notamment *La Seconde Semaine*, est daté de 1610.

3 Assez nombreux dans l'édition de 1611.

4 Voir volume 3, introduction.

5 Voir *supra*, p. 19, n. 1.

effectués dans l'édition de 1581 sont précisés sur le texte même de *La Sepmaine* par des « coins » qui les encadrent dans la marge gauche, et ils ne sont pas indiqués dans les variantes (p. ex. l'ajout I, 30-66). D'autre part, quand il nous arrive de corriger une coquille ou une erreur flagrante, par exemple une confusion du type *c'est* pour *cest*, *qu'elle* pour *quelle*, nous donnons en variante la leçon fautive sous la date *81* (p. ex. III, 992).

Nous avons respecté scrupuleusement l'orthographe et la ponctuation de notre exemplaire de référence, et nous n'avons modifié le texte que pour les différenciations d'usage entre *i* et *j*, *u* et *v*, *ß* et *ss*, pour développer & en *et*, *plꝰ* en *plus*, *ã*, *ĩ*, *õ*, etc. en *an*, *in*, *on* (on lira donc au vers 627 du Ve Jour : *Aux plus mignars refrains de leurs chansons plus belles* et non *Aux plꝰ mignars refraĩs de leurs chãſõs plꝰ belles*), pour répartir les accents grammaticaux afin d'éviter les ambiguïtés entre *a/à*, *ou/où*, *la/là*, ou pour ajouter éventuellement des cédilles manquantes. Autrement, nous n'avons pas tenté d'unifier les graphies du texte où l'on trouvera non seulement *nuit* ou *nuict*, *campagne* ou *campaigne*, *peuple* et *puple*, *pourvoir* et *provoir*, mais *d'autant* et *dautant*, *l'on* et *lon*, les accents aigus absents ou marqués dans les finales, et des minuscules ou des majuscules à l'initiale de mots où on ne les trouverait pas aujourd'hui.

Certains usages peuvent dérouter, tant pour la ponctuation que pour la prononciation. Rappelons d'un mot qu'au XVIe siècle la ponctuation n'est pas logique, mais rythmique, et que les deux points, par exemple, n'annoncent pas une explication ou une mise au point mais une pause dans la diction, moins brève que pour la virgule et plus courte que pour le point[1]. En revanche, la prononciation des vers (donc leur scansion) exige quelques précisions[2].

Il n'est pas rare, même si cela n'est pas régulier, que le *e* dit muet forme une syllabe, même placé après voyelle :

– Il ne **men-di-e** rien, ains tousjours haut et bas (I, 54)
  [*men-di-e* : 3 syllabes]
– Beaucoup plus **gay-e-ment** en besongne sa main. (VII, 382)

1 Nous nous abstenons de commenter l'orthographe de notre édition, dont rien n'assure que c'était celle de Du Bartas puisque chaque imprimeur avait alors ses habitudes (raison pour laquelle nous n'avons pas tenu compte des variations orthographiques dans nos relevés de variantes d'une édition à l'autre).

2 Les remarques concernant la prononciation des vers ont été rédigées avec la collaboration de Sabine Lardon.

[*gay-e-ment* : 3 syllabes]

MAIS :

Esprits **vraye-ment** divins, à qui les premiers aages (V, 47)

[*vraye-ment* : 2 syllabes]

– **Voy-ent** en peu de temps cent marches inconues. (V, 668)

[*voy-ent* : 2 syllabes]

MAIS :

Sous les flots premier-nez **ca-choyent** leurs dos bossus, (III, 23)

[*ca-choyent* : 2 syllabes]

D'autre part, les diérèses et les synérèses ne sont pas toujours conformes à nos usages : *Dru-y-des* a trois syllabes (VI, 77), *fleau* prononcé [flo] une seule (I, 576 ; II, 829…). Pour les diphtongues *-ions, -ier, -iez*… après le groupe consonne + liquide (l ou r), l'usage de généraliser la diérèse s'impose surtout à partir du XVIIe siècle : au XVIe siècle, on prononce généralement *-ions,-ier*, etc. en une seule syllabe dans des mots comme *des-triers* (IV, 361), *meur-triere* (IV, 149), *ou-vrier* (IV, 726), *bau-drier* (IV, 199), *san-gliers* (V, 674), *de-sen-flions* (IV, 485), *ca-len-drier* (V, 728)…

La prononciation de l'époque pouvait faire rimer des syllabes qui ne sont plus, pour nous aujourd'hui, homophones : *eu* se confondait avec *u*[1], *d'où les rimes asseure*/ *heure* (I, 695-696), *esmeute*/ *cheute* (II, 561-562) ou, avec graphies différentes, *menteur* / *futur* (I, 621-622), *demeure* / *emmure* (II, 409-410). La voyelle *i* suivi de *l* ou *ll* semble avoir été prononcée avec un *l* mouillé (*gli* italien) sans différence entre [il] et le yod : *distille* rime avec *gentille* (II, 501-502). Le digramme *oi* ou *oy* se prononce [wɛ] ou [ɛ], et des rimes comme *paissent*/*croissent* (III, 629-630), *estoilles*/*arondelles* (V, 35-36), *passe-droit*/*esteindroit* (II, 787-788) sont correctes. Enfin, la graphie courante pour la consonne *-gn* est indifféremment *-gn* ou *-ign*, d'où les variations *montagne* ou *montaigne*, *campagne* ou *compaigne*, sans effet sur la prononciation : *campagnes* rime avec *montaignes* (IV, 455-456 ; V, 963-964), et l'on peut trouver les deux graphies dans un même vers : « La mer quitte ce jour *montaigne* apres *montagne* » (III, 37). Enfin, si la plupart des consonnes finales sont tombées, le *r* s'est maintenu plus longtemps, du moins en poésie : *abysmer* rime ainsi avec *mer* (I, 141-142), *hyver* avec *abreuver* (I, 329-330)[2].

1 Montaigne écrivait indifféremment *asture, asteure* ou *à cette heure*.

2 Ce sont ces rimes qu'on appellera au XVIIe siècle rimes normandes.

Dans notre édition, les astérisques marquent les mots qui font l'objet d'une notice dans l'Indice de Goulart au volume 2[1]. Les annotations de Thevenin (volume 3), disposées vers par vers dans l'ordre du texte, n'ont pas été signalées systématiquement.

Nous avons adopté comme principe que le lecteur devait comprendre le texte sans aller obligatoirement consulter les commentaires de Goulart et de Thevenin, et nous nous sommes efforcés de donner les renseignements nécessaires dans les notes de bas de page, quitte à renvoyer aux volumes 2 et 3 pour plus ample information. Par exemple dans un passage où il s'agit de fleuves, au vers III, 102, on lit : « Et l'autre orgueilleux fils de la froide Niphate* ». L'astérisque indique qu'on trouve sur *Niphate* une notice chez Goulart, et une note donne l'indication suivante : « Le *fils de la froide Niphate* est le Tigre : voir Thevenin. »

À la suite de *La Sepmaine*, on trouvera le texte du *Brief Advertissement {...} sur sa Premiere et Seconde Semaine* dans l'édition originale de 1584. Le volume se termine par un Index des noms historiques, géographiques et mythologiques, un Index des noms d'auteurs cités dans les notes, un glossaire et la bibliographie[2].

Yvonne Bellenger

1 Ces renvois correspondent aux références données par Goulart lui-même.

2 Signalons une fois pour toutes que nos citations de Ronsard, sauf précision contraire, renvoient à l'édition des *Œuvres complètes* procurée par Jean Céard, Daniel Ménager et Michel Simonin à la Bibliothèque de la Pléiade, Paris, Gallimard, 1993-1994 (abrév. : OC, suivie du tome), et que pour la Bible en français nous suivons le texte de la Bible de Jérusalem.

LA

SEPMAINE,

OV CREATION DV MONDE, DE G. DE SALVSTE SEIGNEVR DV BARTAS.

REVEVE, AVGMENTEE, & embellie en diuers paſſages par l'Auteur meſme.

En ceſte QVINZIEME EDITION ont eſté adiouſtez l'argument general, & amples ſommaires au commencement de chaſque liure, annotations en marge, & indices propres pour l'intelligence des mots & matieres de tout l'œuure, par S. G. S.

Imprimé pour Iaques Chouet.

M. D. LXXXI.

Page de titre de l'édition genevoise de *La Sepmaine* de 1581.

[PRÉFACE DE GOULART À L'ÉDITION DE 1581]

[¶ij]

AU LECTEUR, S.G.S.

Voyant l'œuvre du sieur du Bartas sur la creation du monde, si bien recueilli par toute la France, et de plusieurs estrangers qui entendent nostre langue, que c'est ici desja la quinziesme edition depuis trois ans je me suis confermé en l'opinion que j'ay tousjours eue d'un poeme si excellent, c'est qu'il durera, estant de la marque de ces bons auteurs que le temps n'a peu aneantir, ains qui sont reverez et leus tous les jours, comme Homere, Virgile et autres semblables. Et là dessus, desirant rendre plus aisée la lecture de ceste Sepmaine à ceux qui n'ont pas encor attaint la cognoissance des difficultez qui s'y rencontrent en divers endroits, tant en mots qu'es matieres tirees de toutes sciences, et deduictes doctement : j'ay dressé en ceste edition, plus correcte que nulle des precedentes, un argument general, des sommaires au commencement de chasque livre, des annotations en marge, et sur tout un fort ample indice à la fin, où j'esclairci par ordre Alphabetique les choses qui pourroyent retarder les moins exercez, ausquels principalement j'ay regardé en cela. Que si quelqu'un trouve estrange une telle entreprise, et s'en mocque, qu'il sache [v°] que je ne porte point d'envie à ceux qui feront mieux. Quant à ceux qui ne semblent estre au monde que pour censurer les autres, sans vouloir ou pouvoir rien faire de leur part, qu'ils jouyssent tant qu'il leur plaira de leur privilege lequel ne m'estonne pas beaucoup. Anciennement et de nostre temps il s'est trouvé des hommes, qui abusans de leur esprit et loisir, ont prins la peine de faire des commentaires et annotations sur des livres dignes du feu, specialement en la poesie Françoise on a veu ce mal, qui a longuement duré et dure encor, l'ennemi de toute honnesteté entassant ainsi ordure sur ordure pour corrompre le Monde. Mais nostre Seigneur ayant par sa sagesse et bonté infinie suscité l'esprit de nostre

Poete, et opposé les beaux, doctes et Chrestiens vers d'icelui à tous ces bouillons qui par leurs rimes impures ont desbauché tant d'ames, et les noms desquels s'esvanouissent maintenant à la clarté d'une si belle Uranie, j'ay tasché y donner encore quelque lustre, afin qu'un si noble sujet soit entendu et comprins de tous. Quant à ceste Sepmaine, il n'est besoin entrer es louanges de celui qui l'a dressee, reveue, changee en divers lieux, et augmentee de quelques centaines de vers, sa modestie ne le permettant pas : joint qu'on me pourroit respondre ce que disoit Antalcidas à un quidam qui vouloit discourir sur les louanges d'Hercules. Et qui est, dit il, celui qui le blasme[1] ? au contraire ceux qui se font appeller poetes François, se taisent, et leurs disciples quittent tous autres livres pour admirer, et aprendre par cœur les vers de la Sepmaine. Acceptez donc, lecteur, ma sincere affection, en attendant encores mieux, pour une autre edition, si Dieu le permet.

1 Plutarque, *Les dits notables des Lacedemoniens*, « Antalcidas », 5.

ARGUMENT DE LA SEMAINE
DE GUILLAUME DE SALUSTE
SEIGNEUR DU BARTAS

Pour ce que nostre Poete s'est proposé ce but, d'expliquer en vers François et comprendre en sept livres ou jours de sa sepmaine ce que Moyse recite brievement es premier et second chapitres de Genese, touchant la creation du grand et petit Monde, je ne saurois dresser argument plus riche et mieux accommodé que celuy qui est enclos es propres termes du Sainct Historien, ausquels j'ay rapporté en marge les feuillets et lignes du present œuvre, afin que le lecteur puisse trouver du premier coup les matieres qu'il desirera lire poetiquement descrites. Voicy donc comment parle Moyse, selon que je l'ay traduit apres Immanuel Tremellius et François du Jon tresdoctes personnages de nostre temps, comme la Bible Latine par eux nouvellement mise en lumiere en fait foy[1].

[PREMIER CHAPITRE]

1 DIEU crea au commencement le ciel et la terre.
2 Et la terre estoit sans forme et vuide, et les tenebres estoyent sur le dessus de l'abysme : et l'Esprit de Dieu couvoit le dessus des eaux.
3 Lors Dieu dit, Que la LUMIERE soit, et la lumiere fut.
4 Et Dieu vid que ceste Lumiere là estoit bonne, et fit distinction entre la lumiere et les tenebres.

---

1 *Testamenti Veteris Biblia sacra sive libri canonici, priscae Judaeorum ecclesiae a Deo traditi, Latini recens ex Hebraeo facti* … ab Immanuele Tremellio & Francisco Junio, Francfort, A. Wechel, 1579. C'est cette version latine de la Genèse que Goulart a mise en français dans cet argument. Nous n'indiquons pas les pages qui figurent dans les marges, le numéro des versets nous paraît suffisant.

5 Lors Dieu appella ceste lumiere Jour, et appela les tenebres Nuict : et fut le soir et le matin, le premier jour.
6 En apres, Dieu dit, Que L'ESTENDUE soit entre les eaux, et qu'elle separe les eaux d'avec les eaux.
7 Dieu donc fit l'estendue, qui fait distinction entre les eaux de dessous l'estendue, et les eaux de dessus l'estendue : et fut ainsi.
8 Et Dieu appella l'estendue CIEL : et fut le soir et le matin le second jour.
9 Et apres Dieu dit, Que les eaux de dessous le ciel soyent assemblees en un lieu, afin qu'on voye le Sec : et fut ainsi.
10 Et Dieu appella le Sec TERRE, et appella l'amas des eaux MERS : et Dieu vid que cela estoit bon.
11 Puis apres Dieu dit, Que la Terre produise herbes tendres, herbes procreans semences, arbres fruictiers, produisant fruit selon leurs especes, esquels soit leur semence, sur la terre : et fut ainsi.
12 La Terre dont produisit herbes tendres, procreans semences, selon leurs especes, et arbres produisans fruitct, esquels estoit leur semence, selon leurs especes : et Dieu vid que cela estoit bon.
13 Et fut le soir et matin, le troisieme jour.
14 En apres Dieu dit, Qu'il y ait des LUMINAIRES en l'estendue du ciel, pour faire distinction entre le jour et la nuict : et soient en signes, c'est à dire en saisons, en jours et annees.
15 Qu'ils soyent aussi pour luminaires en l'estendue du ciel, afin d'apporter clarté sur la terre : et fut ainsi.
16 Dieu fit donc ces deux grands luminaires, et plus grand luminaire pour gouverner le jour, et le moindre luminaire pour gouverner la nuict : aussi les estoilles..
17 Et Dieu les mit en l'etendue du ciel, afin d'apporter clarté sur la terre,
18 Et pour dominer sur le jour et la nuict, et pour faire distinction entre la lumiere et les tenebres : et Dieu vid que cela estoit bon.
19 Et fut le soir et le matin, le quatrieme jour.
20 En apres Dieu dit, Que les eaux produisent à foison animaux reptiles, et que les volatiles volent sur la terre vers le dessus de l'estendue des cieux.
21 Ainsi Dieu crea les grands poissons et tous animaux reptiles que les eaux produisirent à foison selon leur especes, et tous oiseaux ayans ailes selon leurs especes : et Dieu vid que cela estoit bon.
22 Et Dieu les benit, disant, fructifiez, et multipliez, et emplissez les eaux en la mer : et que les oiseaux multiplient sur la tere.

23 Et fut le soir et le matin, le cinquiesme jour.
24 En apres Dieu dit, Que la terre produise animaux selon leurs especes, le
bestail, les reptiles, et les bestes de la terre, selon leurs especes : et fut ainsi.
25 Ainsi Dieu fit les bestes de la terre selon leurs especes, et le bestail
selon leurs especes, et tous les reptiles de la terre selon leurs especes :
et fut ainsi.
26 Puis apres Dieu dit, Faisons l'homme à nostre image, selon nostre
semblance : qui ayent la domination sur les poissons de la mer, sur les
oiseaux du ciel, sur les bestes, et sur toute la terre, et sur[1] tous reptiles
rampans sur la terre.
27 Dieu donc ayant creé l'homme à son image, l'aiant (di-je) creé à
l'image de Dieu, les ayant creez masle et femelle :
28 Il les benit, et Dieu leur dit, Fructifiez, et multipliez, et emplissez
la terre, et l'assujettissez : et dominez sur les poissons de la mer, et sur
les oiseaux du ciel, et sur toutes bestes rampantes sur la terre.
29 Outreplus Dieu dit, Voici je vous ay donné toutes herbes procreans
semence, qui sont dessus toute la terre, et tous arbres qui ont fruict
d'arbres, produisans semence : c'est vostre viande.
30 Mais quant à toutes les bestes de la terre, à tous les oiseaux du ciel,
et à tous animaux rampans sur la terre, et qui ont ame vivante, je leur
ay donné tous herbages verds à manger, et fut ainsi.

Et Dieu voyant ce qu'il avoit fait, voici tout estoit tresbon : et fut le soir et le matin, le sixiesme jour.

DU DEUXIESME CHAPITRE.

1 Ainsi donc les cieux, et la terre, et tout leur exercite furent faits et
parfaits.
2 Et Dieu ayant achevé au septiesme jour son œuvre qu'il avoit faite,
il se reposa en ce septiesme jour de toute son œuvre qu'il avoit faite.
3 Et Dieu benit le Septiesme jour, c'est à dire, il le sanctifia, pource qu'en
icelui Dieu s'estoit reposé de tout l'œuvre qu'il avoit creé.

1 Le texte donne « fut ».

Un peu apres,

7 Et l'Eternel Dieu avoit formé l'homme pouldre de la terre, et avoit soufflé es narines d'icelui respiration de vie : tellement que l'homme fut en ame vivante.

Puis au dessous,

18 Or l'Eternel Dieu avoit dit, Il n'est pas bon que l'homme soit seul : je lui feray une aide propre.
19 (Car apres que l'Eternel Dieu eust creé de la terre toutes les bestes du champ et tous les oiseaux du ciel, les ayant amenez à Adam, afin qu'il avisast quel nom il donneroit à chascun : tout animal s'appelle du nom qu'Adam lui a donné.
20 Et apres qu'Adam eut donné les noms à tout le bestail, à tous les oiseaux du ciel, et à toutes les bestes du champ, il n'avoit point trouvé d'aide propre à Adam.)
21 Pourtant Dieu fit tomber un gros sommeil sur Adam tellement qu'il s'endormit profondement : et Dieu print une des costes d'icelui, et remplit la place de chair.
22 Et de ceste coste que l'Eternel Dieu avoit prinse d'Adam il en bastit une femme, laquelle il amena à Adam.
23 Lors Adam dit, A ce coup ceste ci est os de mes os, et chair de ma chair : on l'appellera Hommesse, pource qu'elle est prinse de l'homme.
24 Et pourtant l'homme laissera son pere et sa mere, et adherera à sa femme : et seront en une chair.

L'HISTOIRE DE LA CREATION DU MONDE SE RAPPORTE A

Cinq articles principaux.

- **I. Qui est le Createur.**
  - DIEU, Eternel, infini, incomprehensible, tout bon, tout sage, tout puissant : seul en son essence, distincte en trois personnes, Pere, Fils, et S. Esprit.
- **II. Ce qui a esté creé.**
  - Le Ciel. La Terre. — et tout ce qui est compris en iceux, c'est adire toutes choses celestes et terrestres, visibles et invisibles.
- **III. De quoy et avec quel artifice.**
  - De rien, sans instrument : ains par sa parolle puissante, et d'une façon descouvrant en la plus petite de toutes ses œuvres, la sagesse et majesté de l'ouvrier.
- **IV. Quand.**
  - Au commencement, et en certain temps marqué par le calcul des annees. Il y a en l'an 1581. courant 5551. ans.
- **V. En combien de jours : asavoir en six. Car Dieu Crea au Iour**
  - 1. La lumiere qui fut
    - separee des tenebres.
    - nommee jour, et les tenebres nuict.
  - 2. Le ciel, qui est l'estendue entre les eaux de dessous et de dessus.
  - 3. La terre
    - Separee d'avec les eaux.
    - A qui Dieu commanda de produire pour les bestes et pour l'homme
      - l'herbe.
      - les plantes
      - les arbres
  - 4. Les luminaires en l'estendue du ciel, asavoir
    - Le Soleil, La Lune, Les Estoilles, — ordonnez
      - 1. pour discerner le jour d'avec la nuit.
      - 2. pour causer et distinguer les saisons de l'année.
      - 3. pour esclairer la terre.
  - 5. Les
    - Oiseaux et Poissons.
  - 6. Les animaux de la terre.
    - 1. ceux qui ne sont participans de raison, asavoir
      - 1. Le bestail
      - 2. Les reptiles
      - 3. Les bestes
      - — pour l'usage et plaisir de l'homme.
    - 2. Celui qui est participant de vraye raison, creé à loisir, distinctement et avec appareil, asavoir
      - le Masle
      - la Femelle
      - — qui est l'homme fait
        - à l'image et semblance de Dieu.
        - Seigneur de tous les animaux.

PIECES LIMINAIRES

[La première édition de *La Sepmaine*, au printemps 1578, ne porte aucune pièce liminaire. Du Bartas alors n'est guère connu. Mais *La Sepmaine* connaît un succès triomphal et la première réédition parisienne de 1578 contient un sonnet liminaire signé J. D. Ch.[1]. La même année, l'édition pirate genevoise de Pinereul en comporte trois : un distique signé L.P. A., le sonnet de J. D. Ch., et un autre sonnet signé S. G. S., soit Simon Goulart Senlisien. C'est la première intervention de Goulart dans l'œuvre de Du Bartas.

En 1581, le libraire nîmois Bastian Jaquy publie la « quatorzieme edition » de *La Sepmaine*, qui offre déjà le texte que reprendront ses confrères genevois la même année[2]. Détail intéressant, Jaquy donne aussi plusieurs des pièces liminaires qu'on retrouvera dans les éditions de Genève : un huitain grec de Jan de Serres et sa traduction, le sonnet de J. D. Ch., deux autres sonnets signés l'un Simon de Campagnan, l'autre simplement Chambrun, et une épigramme d'Anne Rulman[3]. On retrouve toutes ces pièces et quelques autres dans l'édition Chouet. En voici la liste, dans l'ordre où elles se présentent :

Pièce grecque et sonnet, Jan de Serres.
Pièce latine, Th. B. V. F.
Epigramme latine, Annas Rulmanus.
Sonnet, I. D. Ch.
Sonnet, Simon de Campagnan.
Sonnet, De Chambrun.
Deux distiques latins, TH. G. A.
Distique français, L. P. A.
Sonnet, S. G. S.

---

1 Voir *supra*, « Les éd. de La Sepm. », p. 21, n. 3.

2 Voir *supra*, appel de la n. 5, p. 21.

3 Ces renseignements proviennent de l'article de Gilles Banderier, « L'édition nîmoise de *La Sepmaine* de Du Bartas (1581), cit., p. 134.

En outre, dans l'édition genevoise de 1581, *La Sepmaine* est accompagnée de l'Indice de Goulart qui est suivi de nouvelles pièces liminaires : un sonnet et deux quatrains signés Pierre de Lostal, et un dernier sonnet de B. Alizet. On les trouvera à la fin de notre volume 2.]

ΕΙΣ ΑΛΗΘΩΣ ΟΥΡΑΝΙΑ
ΙΛΕΡΜΟΥ ΣΑΛΛΟΥΣΤΙΟΥ
Βαρτακείου ποιήματα.

Οὐρανίην σάλπιγγα θεοπνεύστοιο χσρείης,
Ὦ θείη κεφαλή, θεῖον ἀποστομίσας,
Οὐράνιον θείοισι παρ' ἀνδράοιν εὕραο κῦδος,
Τῆς εὐδαιμονίης τέκμαρ ἐπουρανίου.
Ἦ καὶ ἐπιχθονίων θείου θελχῖνας ἔρωτος
Θεὶς κραδίαις, χθονίους θῆκας ἐπουρανίους.
Ἄφθιτον οὖν σοι χθών, Σαλλούστιε, κῦδος ὀπάζει,
Ἆθλον σοι τηρεῖ οὐρανὸς οὐράνιον.

[SUR LES POEMES VRAIMENT CELESTES
DE GUILLAUME DE SALLUSTE DU BARTAS.

Embouchant comme un dieu, ô divin Du Bartas,
la céleste trompette du chœur qu'inspire Dieu,
tu as d'hommes divins acquis céleste gloire,
gage de jouir un jour du céleste bonheur.
Bien plus, ayant aux cœurs des êtres de la terre
fait, de l'amour divin, goûté tous les appas,
tu as, d'êtres terrestres, fait des êtres célestes.
La terre te donne ainsi, Salluste, à jamais gloire
Et le ciel te réserve céleste récompense.]

Sur les vrayement celestes et divins escrits
du Sieur du Bartas

Lors que tu fais ouir d'une divine voix
D'un celeste sujet un discours venerable,

En ce siecle pervers d'aultant plus admirable
Qu'on voit partout fouler les plus divines loix :
Du BARTAS tous les bons de leurs plus chastes doigts
Balançant ta vertu, d'un accord veritable,
Posent dessus ton chef un renom honorable,
Gage d'un aultre bien d'inestimable poids.
Mais lors que ton doux miel et ta docte prudence
Retirant les Mondains de leurs sales amours
Leur faict gouster le miel des celestes sejours :
Quel pris a merité ta divine eloquence ?
La Terre icy te rend un renom immortel,
Et le Ciel te reserve un heur perpetuel.

De Jan de Serres[1].

IN GUGLIELMI SALUSTII
hebdomadem.

Hebdomas una, Deo verbum genitale loquuto
Nascente mundo ut extitit,
Sic repetens certo septena volumina gyro,
Mensesque et annos metiens,
Æuum impertitur mundo, sese hacce fatenti
Hebdomade natum viuere.
Cuius ad exemplar dum nobis, docte Salusti,
Hebdomada condis alteram,
Non equidem mundus nobis sic nascitur alter :
Illum sed unum conditum
Sic nobis totum enarras diuinitus, alter
Pene eius ut sis artifex.
Et prior ut mundi primis natalibus orta
Mundo coœua permanet,

1 Frère d'Olivier de Serres, Jean naquit vers 1540. Il fut recteur et principal du collège des arts de Nîmes à partir de 1578 (voir Léon Ménard, *Histoire civile, religieuse et litt. de Nîmes*, Paris, 1754, t. 5, p. 177). Nîmes lui doit l'établissement, en 1579, de sa première imprimerie, celle de Sébastien Jaquy (Haag, IX, p. 264). Retiré à Genève, il y mourut en 1598.

Sic tua posterior natalibus orta secundis,
Nunc te perennet hebdomas.

TH. B. V. F[1].

{Sur la *Sepmaine* de Guillaume du Bartas. – Une unique semaine, qui, telle que Dieu la fit à la naissance du monde par le verbe fécond qu'il proféra, en une exacte ronde répète sa révolution septénaire et mesure les mois et les années, impartit le temps au monde qui reconnaît tenir la vie de cette semaine par laquelle il est né. Quand, à son exemple, docte Du Bartas, tu nous crées une seconde semaine, il ne nous naît certes pas un second monde, mais c'est ce monde créé que tu nous détailles divinement, si bien que tu en es presque le second artisan. Et de même que la première semaine surgie avec les premières naissances du monde subsiste contemporaine du monde, de même puisse ta seconde semaine surgie avec les naissances ultérieures te valoir aujourd'hui la pérennité.}

EPIGRAMMA

Magna tulit quondam, sed in una ÆNEIDE cunctas
Ostentauit opes Musa Latina suas.
Nunc in HEBDOMADA, simili certamine, cunctas
Profert divitias Gallica Musa suas.
Iam dolet amissum nec quicquam ESAUS honorem,
Cui tamen infelix non minus offa placet.
At BARTASSUS ouans Terras perlustrat et Æquor,
Celsaque per nubes tollit ad astra caput.
Nil sibi deposcens : opus admirabile MUNDI
Atque operis tanti dum canat Artificem.
Cætera per cœnum grunni plebs fœda talento
Ad Venerem et nugas nequiter usa tuo,
En tibi quæ dederat quondam, nunc hostis Apollo
Conscidit impuris munera rapta comis.

1 C'est-à-dire : Theodorus Beza Veselius fecit. – Pièce recueillie dans Th. Bezae, *Carmina, quae ad eius poemata antea excussa accesserunt*, Genève, H. Estienne, 1588, f. sig. iij v°.

At tu Gallorum rex illustrissime vatum,
Aurea iam deinceps laurea serta geres.

Annas Rulmanus[1].

[La Muse latine a jadis engendré de grandes œuvres, mais c'est dans la seule *Enéide* qu'elle a manifesté toutes ses richesses. Aujourd'hui c'est dans la *Sepmaine* que, par un semblable effort, la Muse française révèle tous ses trésors. C'est en vain qu'Esaü s'afflige désormais de l'honneur perdu, lui qui pourtant trouve non moins de plaisir dans une misérable pâtée. Quant à Du Bartas, il parcourt triomphant les terres et les mers et par les nues porte haut la tête vers les hauteurs des astres, sans rien demander pour lui, tandis qu'il chante l'œuvre admirable du monde et l'artisan d'un si grand ouvrage. L'infâme piétaille, elle, allant par la fange employer malignement ton talent à chanter l'amour et des fadaises, t'a ravi, avec son impure chevelure, et a mis en pièces les dons qu'Apollon, maintenant hostile, jadis t'avait faits. Toi cependant, très illustre prince des poètes français, tu porteras dorénavant une couronne de laurier d'or.]

A G. DE SALUSTE SEI-
neur du Bartas,
Sonet.

Un favorable Dieu qui va guidant ton æle,
D'un vol hardi te fet ore fendre les ærs,
Ore planer vers terre, ore raser les mers :
Et puis te guinde au Ciel d'une vitesse isnelle.

Lui-méme t'a monstré la source perennelle
Du Nectar dous-coulant qui distille en tes vers,
Soigneux à l'avenir que par tout l'univers
S'[e]spande la liqueur de ta veine immortelle.

1 Anne Rulman, originaire de Nidda, en Hesse, fut appelé, pour occuper l'une des chaires du collège des arts, à Nîmes où il arriva « entre les années 1577 et 1582 », écrit Léonce Anquez, *Un nouveau chapitre de l'histoire politique des réformés en France (1621-1626)*, Paris, A. Durand, 1865, p. XVII-XVIII.

Voila pourquoy chantant le travail journalier
    Du grand, inimitable, incomparable Ouvrier,
    Ton chant est tout divin, et ta Muse hautaine.

Foule l'orgueil mutin de l'Envie et du Temps :
    Et acquier (mon Saluste) avec une Sepmaine
    A ton durable no mille centaines d'ans.

I. D. CH[1].

Au Sieur du Bartas pour sa Sepmaine
de la creation.

    Mouler d'un art sans art tant de formes informes
Sur le moule d'un rien, et sans rien, et de rien :
Desbrouiller ce beau Tout du lourd Tout ancien,
En donnant à l'informe un milion de formes :

    C'estoit à toy grand Dieu, qui formes et defformes
Et le rien et le tout, d'un art seulement tien :
Et qui serres d'un nœud, nœud vraiment Gordien,
Les membres de ce Tout, en tout auTout conformes.

    Mais c'estoit à toy seul (divin Saluste) en vers
Nous peindre et cest Ouvrier et ce bel Univers,
Faisant d'un vif crayon le Monde au Monde lire,

    Et voir sans le voir cil qui l'a façonné tel.
Vi donq ore Immortel avecques l'Immortel :
Luy pour avoir tout faict, toy pour l'avoir sceu dire.

Simon De Campagnan[2].

---

1 Joseph du Chesne. sieur de la Violette, médecin, très lié avec Théodore de Bèze. Voir Jean-Paul Barbier, *Ma bibliothèque poétique*, Genève, Droz, IV, 1, 1998, p. 33.

2 Né avant 1533, Simon de Campagnan, consacré par Pierre Viret le 23 décembre 1561 (*BSHP*, 49 (1900), p. 623, n. 4), fut pasteur à Nîmes (1565-1580), où il mourut.

Du livre de la Sepmaine
de Salluste,
Sonnet.

Salluste est mon histoire, où je ly l'origine,
Le progres, et la fin de ce grand univers.
Salluste est l'astrolabe où je note divers
Degrez et mouvemens de la ronde machine.
Salluste est mon grand globe, où tout ce qu'il designe
Est peint au naturel du pinceau de ses vers.
Salluste est mon miroir, où reluit au travers
Le grand et petit Monde, et sa beauté divine.
Salluste est mon fanal, il me guide en sept jours
Au ciel, en l'air, en terre, en mer, tousjours, tousjours
Me faisant voir thresors, thresors, tout à la ronde :
Et donnant tout ce tout à mon œil pour objet
M'adresse à un plus grand et plus digne subjet,
Qu'invisible il faict voir dans et hors tout le Monde.

De Chambrun[1].

AD G. S. DE HOC
poemate.

Hic ego nec Musas, nec Phœbum agnosco canentes :
Hoc excepisti carmen ab ore Dei.

Ad eundem,
Diuinum hoc opus est, omni ingeniosius arte,
In quo picta Dei est vis, bonitas, et opus.
TH. G. A[2].

1 Jacques Pineton, sieur de Chambrun, né en 1515 à Orange, se convertit au protestantisme vers 1560 et devint pasteur de l'Eglise de Nîmes en 1562 ; il mourut en 1601.

2 Peut-être Thomas Gay, de Die, coauteur avec son frère des *Mémoires sur les guerres de religion en Dauphiné* (1586). Voir J.-P. Barbier, ouvr. cité, p. 45.

L'obscur, le jour, le ciel, la terre et l'onde
BARTAS pourtrait dans ce livre du Monde.
L. P. A.

AU SEIGNEUR
du Bartas.

Haut eslevé sur les planchers du monde,
Sainct, grave-doux, admirable Escrivain,
Tu tires or' d'une angelique main
Les grand's beautez de la machine ronde,
Aux habitans de la terre et de l'onde,
Aux cieux voutez, à tout le genre humain
Ta plume donne un lustre souverain,
Par une adresse à nulle autre seconde.
De quel laurier seras-tu couronné,
Pour nous avoir si hautement sonné
Les faits de Dieu, de Nature la grace ?
Puis que ton vol et ton sublime vers
Orne, enrichit, surpasse l'univers,
Dieu te reserve es lieux celestes place.

S. G. S[1].

1 Simon Goulart, de Senlis.

{1}

PREMIER JOUR
DE LA SEPMAINE,
DE GUILLAUME DE SA-
LUSTE SEIGNEUR
DU BARTAS.

SOMMAIRE

Le Poete ayant invoqué le vray Dieu, et declaré son intention estre de descrire la creation du monde, avant qu'entrer en matiere touche quelques points necessaires pour bien entendre les discours suivans. Des le commencement donc il monstre que le monde n'est pas eternel, ains a esté fait, non point à l'avanture, ni pour durer tousjours : que Dieu estoit avant le monde : puis respondant aux curieux qui veulent savoir que faisoit l'Eternel avant que creer le monde, il traite briefvement des trois personnes en une seule essence divine, de la generation eternelle du Fils, item du S. Esprit, nous aprenant de penser et parler de Dieu avec une autre adresse que n'ont fait les philosophes payens. Cela deduit, il vient à la creation, et discourant derechef sur l'humble affection que chacun doit apporter en la consideration des creatures, et sur le profit que l'on peut tirer de la contemplation d'icelles, il dit que Dieu crea de rien la matiere de ses œuvres celestes et terrestres, l'appelant Cahos, maintenue d'une façon incomprehensible par l'Esprit de Dieu. Consequemment il refute ceux qui ont imaginé plusieurs mondes : qui ont fait nature : les cieux infinis, et les fantastiques qui presument de dire quand le monde finira. Reprenant son propos, il monstre quelle forme Dieu donna à la matiere qu'il avoit creee de rien, pour quoy il employa six jours à ses œuvres : et vient à l'œuvre du premier jour, asavoir à la creation de la lumiere, de la matiere et utilité de laquelle il traite amplement en peu de vers : et adjouste la raison pourquoy Dieu ordonna les revolutions du jour et de la nuict. Restoit de mettre fin au premier livre : mais avant que ce faire, il adjouste un récit de la creation des Anges, dont les uns decheus de leur origine et pureté par leur orgueil, sont devenus ennemis de Dieu et des hommes : les autres soutenus en leur premier estre par la puissante bonté de leur Createur, servent à la gloire et au bien de son Eglise. Il descrit donc le naturel, les occupations, efforts et services des uns et des autres, amenant pour cest effect plusieurs exemples tirez des histoires sainctes.

Le Poete invoque Dieu, Seigneur du ciel, de la mer, de la terre, des eaux, et des vents, et luy demande la grace de pouvoir bien descrire la creation du monde. Proposition, ou Sommaire de tout le contenu en cest œuvre. Le monde n'est pas eternel, et n'a pas esté fait à l'avanture,

{2} Toy* qui guides le cours du ciel porte-flambeaux,
Qui, vray Neptune*, tiens le moite frein des eaux,
Qui fais trembler la terre, et de qui la parole
Serre et lache la bride aux postillons d'Æole*,
Esleve à toy mon ame[1] , espure mes esprits,
Et d'un docte artifice[2] enrichi mes escrits.
O Pere*[3] donne moy que d'une voix faconde
Je chante à nos neveux[4] la naissance du monde.
O grand Dieu*, donne moy que j'estale en mes vers
Les plus rares beautez* de ce grand univers.
Donne moy qu'en son front ta puissance je lise :
Et qu'enseignant autruy moy-mesme je m'instruise[5].
De tousjours le clair feu n'environne les airs :
Les airs d'éternité n'environnent les mers :
La terre de tout temps n'est ceinte de Neptune*[6] :
Tout ce Tout fut basti, non des mains de Fortune,
Faisant entrechoquer par discordans accords

1 Formule biblique : voir, par exemple, Ps 24, 1.

2 C'est l'alliance de la « doctrine » et de l'« artifice » qui distingue, selon Ronsard, le poète : voir l'*Abreggé de l'Art poetique françoys, Œuvres complètes*, éd. J. Céard, D. Ménager et M. Simonin, Paris, Gallimard, 1994, coll. « Bibliothèque de La Pléiade », p. 1175.

3 Voir l'Indice de Goulart à « Inspiration poétique ».

4 Latinisme désignant la postérité : voir Thevenin.

5 Vers 1-12 : Invocation courante chez les poètes antiques et contemporains : voir notamment Hésiode dans sa *Théogonie* et Ronsard, *L'Hymne de l'Eternité*, vers 15 *sq.* L'invocation s'inspire à l'évidence du Ps 104 (103), chant de célébration du créateur, qui, autant que le récit de la Genèse, informe les vers du premier jour.

6 Opposition à la conception aristotélicienne de l'éternité du monde. Du Bartas s'inspire de saint Ambroise, *Hexaméron, P.L.*, 1, 1, 3, et de saint Basile, *Homélies sur l'Hexaméron*, trad. S. Giet, Paris, Editions du Cerf, 1968, 1, 4 A.

Du resveur Democrit'* les invisibles corps[1].
{3} L'immuable decret* de la bouche divine,
Qui causera sa fin, causa son origine[2] :
Non en temps, avant temps, ains mesme avec le temps[3]
J'enten un temps confus : car les courses des ans
Des siecles, des saisons, des mois et des journees
Par le bal mesuré des astres sont bornees[4].
Or donc avant tout temps, matiere, forme et lieu,
Dieu* tout en tout estoit, et tout estoit en Dieu*[5] ,
Incompris, infini, immuable, impassible,
Tout-esprit, tout-lumiere, immortel, invisible,
Pur, sage, juste, et bon. Dieu seul regnoit en paix :
Dieu* de soy-mesme estoit et l'hoste et le palais[6].

ni pour estre eternel : ains a esté creé avec le temps, par la puissante sagesse de Dieu.

Dieu estoit avant que le monde fust.

---

1 Pour la théorie atomiste de Démocrite, voir Plutarque, *Opinions des Philosophes*, 1, cité par Goulart dans son commentaire. Augustin dans la *Cité de Dieu*, 11, 5, décrie la théorie atomiste d'Epicure en des termes voisins, et réprouve les critiques contre l'oisiveté divine (vers 36). Même référence à Démocrite chez Basile, 1, 3 B.

2 Reprise inversée de la phrase de Basile, 1, 4 C : « Si la création a eu un commencement temporel, ne doute pas de sa fin. »

3 Pour cette coïncidence entre création et temps, voir saint Augustin, *Les Confessions*, 11, 13, et *La Cité de Dieu*, 11, 6 : « procul dubio non est mundus factus in tempore, sed cum tempore / il est indubitable que le monde a été créé non dans le temps, mais avec le temps. »

4 Passage proche chez Claudius Marius Victor, *Alethia*, dans *Cl Marii Victris, oratoris Massiliensis, seu Commentationum in Genesim lib. III – {…}. – Hilarii Pictavensis Epis. Genesis. – Cypriani, Genesis et Sodoma. – Dracontii, De opere sex dieru.* Paris, Guillaume Morel, 1560, 1, 22-32 : « Il n'est pas vrai, comme l'a prétendu une langue follement sacrilège, qu'un hasard inintelligent, en roulant on ne sait quelles semences, a contourné une œuvre si pleine de sagesse ; et il n'est pas permis de dire qu'elle est née avant le temps, car le temps est ce qui meut les choses nées, comme il n'est pas permis de croire à l'inverse que le monde a toujours existé, est coéternel à la divinité et a toujours eu une égale vigueur. Il faut reconnaître que ce qui est constitué de corps a commencé, car un corps, que les blessures amoindrissent, que le temps dissout et consume, montre, par la fin même qui le pousse à son terme, qu'il a eu un commencement et ce qui apparaît évidemment comme tel, il convient de croire qu'il a été fait ou de penser qu'il est né », (traduction de Jean Céard dans « La *Sepmaine de* Du Bartas et la tradition hexamérale », *La Sepmaine de G. Du Bartas*, éd. D. Perrier et F. Charpentier, Paris, Cahiers textuel, 1993, n° 13, p. 11-23).

5 Voir Eph, 4, 10. Voir aussi saint Augustin, cité par saint Thomas, *Somme théologique*, 1, q. 8, art. 1 : « Toutes choses sont en [Dieu]. » Thomas ajoute : « Dieu est en toutes choses. »

6 Pareille énumération des propriétés divines est fréquente dans la poésie cosmologique de l'époque : voir, par exemple, Scève, *Microcosme*, 1, vers 7-20, ou Ronsard, *Hymne de l'Eternité*, vers 127-134, cités par Thevenin. Pour leur sens théologique, voir saint Thomas, *Somme théologique*, 1, q. 2 à 26.

Il refuse l'objection des Atheistes, qui demandent que Dieu faisoit avant qu'il creast le monde.

Prophane, qui t'enquiers, quel important afaire
Peut l'esprit et les mains de ce Dieu solitaire
Occuper si long temps ? quel souci l'exerça
Durant l'eternité qui ce Tout devança :
Veu qu'à si grand puissance, à si haute sagesse
Rien ne sied point si mal qu'une morne paresse[1] ?
Sache, ô blasphemateur, qu'avant cest Univers
Dieu bastissoit l'Enfer*, pour punir ces pervers
Dont le sens orgueilleux en jugement appelle,
Pour censurer ses faits, la Sagesse eternelle[2].
Quoy ? sans bois pour un temps vivra le charpentier,
Le tisseran sans toile, et sans pots le potier[3] :
Et l'Ouvrier des ouvriers, tout puissant et tout sage
Ne pourra subsister sans ce fragile ouvrage ?
Quoy ? le preux Scipion* pourra dire à bon droit
Qu'il n'est jamais moins seul, que quand seul il se voit[4] :
Et Dieu ne pourra point (ô Ciel, quelle manie !)
{4} Vivre qu'en loup-garou*, s'il vit sans compagnie ?
Quoy ? des sages Gregeois l'honneur Pryenien*
Dira, que lui marchant, chemine tout son bien[5] :

1 Même allusion chez Calvin, *Institution de la religion chrestienne*, éd. J.-D. Benoît, Paris, J. Vrin, 1957-1963, 1, 14, 1 : « Que nous ne soyons point troublez en cest endroit de la mocquerie des gaudisseurs, qui s'esmerveillent pourquoy Dieu ne s'est plustost advisé de creer le ciel et la terre, mais a laissé passer un terme infini [...] demeurant ce pendant oisif. » Voir aussi Augustin, *La Cité de Dieu*, 11, 5.

2 Du Bartas reprend une anecdote célèbre, rapportée par saint Augustin dans *Les Confessions*, 11, 10-12, et fait sienne la réponse jugée insatisfaisante par l'évêque d'Hippone : « Ecce respondeo dicenti : "Quid faciebat deus, antequam faceret caelum et terram ?" Respondeo non illud, quod quidam respondisse perhibetur iocularíter eludens quaestionis violentiam : « Alta », inquit, « scrutantibus gehennas parabat » / Voici ma réponse à la question : "Que faisait Dieu avant de créer le ciel et la terre ?" Je ne veux pas répondre ce que répondit plaisamment quelqu'un pour éluder la difficulté du problème : « Il préparait des supplices à ceux qui scrutent ses profonds mystères ». » Voir aussi Calvin, *Inst.*, 1, 14, 1, qui en tire une leçon morale : « Cest advertissement aussi grave que severe doit reprimer toute convoitise desordonnée, laquelle chatouille beaucoup de gens, mesme les pousse en des speculations aussi nuisibles que tortueuses. »

3 Même image du potier chez Basile, 1, 3 C et D.

4 Pour la référence à Scipion, voir Goulart et Thevenin, qui renvoient à Cicéron, *De Officiis*, 3, 1.

5 Allusion au philosophe de l'Antiquité, Bias, prince de Pryène : voir Thevenin, qui cite Cicéron, *Paradoxe*, 1, 1, 8.

Et Dieu, qui richement en tous thresors abonde ?
Sera necessiteux sans les thresors du Monde ?
Dieu ne sort hors de soy pour prendre ses esbats.
Il ne mendie rien, ains tousjours haut et bas
Il fait de l'Ocean de ses douces largesses
Regorger, liberal, mille mers de richesses.

Ce que Dieu faisoit avant que créer le monde.

Avant qu'Eure* souflast, que l'onde eust des poissons
Des cornes le Croissant[1] , la Terre des moissons
Dieu*, le Dieu souverain n'estoit sans exercice :
Sa Gloire il admiroit[2] : sa Puissance, Justice,
Providence et Bonté estoyent à tous momens
Le sacré-sainct object de ses hauts pensemens.
Et si tu veux encor, de ceste grande Boule
Peut estre, il contemploit l'Archetype* et le moule[3].

Des trois personnes en une seule essence divine : de la generation eternelle du fils : item du S.

Il n'estoit solitaire, avecques lui vivoyent
Son Fils* et son Esprit, qui par tout le suivoient
Car sans commencement, sans semence et sans mere[4]
De ce grand univers il engendra le pere[5] :

---

1 La lune.

2 Réplique au reproche de « morne paresse » du vers 36 : Dieu n'est pas « en repos éternel » comme l'affirme Plotin (*Ennéades*, 5, 4, 2, 15-20), mais en « exercice », qui consiste en une admiration de soi.

3 Cet emprunt lexical à la doctrine platonicienne pose problème. Goulart prend soin de prévenir une erreur d'interprétation qui tendrait à séparer l'essence de Dieu : « Entre autres raisons donc il allegue ceste cy, tiree de la doctrine de Platon, que peut estre Dieu contemploit le moule et l'archetype, c'est à dire le modelle et patron du monde par luy creé au temps determiné en son conseil. Ceux qui ont esté de cest avis, mesmes entre les Theologiens, n'entendent pas que cest archetype soit eternel, ni que ce soit une chose cree avant les autres, mais considerans que la science de Dieu embrasse toutes choses comme presentes, ils ont dit qu'iceluy estant la cause efficiente de toutes choses, et apparu tel en la creation d'icelles, il faut dire que l'idee, la forme, et l'exemplaire d'icelles estoit en la science et intelligence de Dieu, c'est à dire en luy mesme, de toute eternité. »

4 Voir l'oracle d'Apollon, commenté par Lactance, *Inst. div.*, 1, 7, et l'oracle de la troisième Sibylle dans *Les Oracles des douze Sibylles, extraicts d'un livre antique mis en vers latins par Jean Dorat… et en vers français par Claude Binet, avec les figures desdites Sibylles pourtraictes au vif, et tirées des vieux exemplaires par Jean Rabel*, Paris, Jean Rabel, 1586.

5 Comme Origène, Du Bartas fait du Christ (« le pere : / Je di son Fils ») le commencement de tout. Voir *Homélies sur la Genèse*, trad. L. Doutreleau, Paris, Editions du Cerf, 1985, 1, 1 : « Quel est le commencement de tout, sinon Jésus-Christ, notre Seigneur et "Le Sauveur de tous", "premier-né de toute creature" ? C'est donc dans ce commencement, c'est-à-dire dans son Verbe que "Dieu fit le ciel et la terre" ». Pour la mention de la Création du fils avant le monde, voir Jn, 8, 58. Du Bartas suit ici l'ordre de saint Thomas : le Père est le

Esprit procedant du Pere, et du Fils : lesquelles 3. sont un seul et mesme Dieu.

Je di son Fils, sa Voix, son Conseil eternel
De qui l'estre est esgal à l'estre paternel[1].
De ces deux proceda leur commune Puissance,
Leur Esprit, leur Amour : non divers en essence*,
Ains divers en personne, et dont la Deité
Subsiste heureusement de toute eternité,
Et fait des trois ensemble une essence* triple une[2].

Comment il faut penser et parler de Dieu.

Tout beau, Muse, tout beau, d'un si profond Neptune*
{5} Ne sonde point le fond : garde toy d'approcher
Ce Carybde* glouton, ce Capharé* rocher :
Où mainte nef, suivant la raison pour son Ourse*,
A fait triste naufrage au milieu de sa course.
Qui voudra seurement par ce gouffre ramer,
Sage, n'aille jamais cingler en haute mer :
Ains costoye la rive ayant la Foy pour voile,
L'Esprit sainct pour nocher, la Bible pour estoile[3].

Les philosophes payens se sont esvanouis en leurs discours, et pensans estre sages sont devenus fols.

Combien d'esprits subtils ont le monde abusé,
Pour avoir cest Esprit pour patron refusé :
Et quittant le sainct fil d'une vierge loyale,
Se sont perdans autruy, perdus dans ce daedale*[4] ?

Créateur et le Fils détient « la Sagesse par laquelle tout agent intelligent opère » (*Somme théologique*, 1, q. 45, art. 6).

1 Sur l'égalité parfaite du Père et du Fils, voir saint Augustin, *De la Trinité*, 5, 3. Voir aussi Duplessis-Mornay, *De la Verité de la religion chrestienne*, Paris, C. Micard, 1585, p. 55-56.

2 Du Bartas semble suivre le commentaire d'Ambroise (1, 8, 29). Il est fidèle à la doctrine d'Augustin dans *De la Trinité*, 1, 5-6, sur laquelle fait également fond Calvin, *Inst.*, 1, 13, 19-22, en particulier lorsqu'il défend l'éternité du Saint-Esprit contre Michel Servet : « Or bien qu'il ne soit fait nulle mention de l'Esprit, sinon en la creation du monde, toutesfois il est là introduit non pas comme une ombre, mais comme vertu essentielle de Dieu, quand Moïse recite que la masse confuse dont les elements ont esté formés, était dès lors maintenu par lui en son estat (Gen. 1, 2). Il est donc alors apparu que l'Esprit avoit esté eternel en Dieu [...]. » (1, 13, 22). Voir enfin *Sermons sur la Genèse*, éd. Max Engammare, Neukirchen-Vluyn, Neukirchener Verlag, 2000, p. 10 : « [...] de tout temps Dieu a esté ung et [...] il y a trois personnes distinctes en luy ».

3 Vers 76-84 : Du Bartas exprime ici la méfiance des Réformés à l'égard des arguties théologiques, de l'exégèse allégorique et, de manière générale, de l'appréhension rationnelle des mystères divins, se rangeant implicitement à l'opinion de Calvin (*Inst.*, 1, 4, 1) : « La vanité, voire conjointe avec orgueil, est assez conveincue en ce que, nul pour chercher Dieu ne s'esléve par dessus soy comme il est requis, mais tous le veulent mesurer selon la capacité de leur sens charnel, qui est du tout stupide. »

4 Image voisine chez Calvin, *Inst.*, 1, 5,11 : « De là est sorti ce bourbier infini d'erreurs, duquel tout le monde a esté rempli et couvert : car l'esprit d'un chacun y est comme un labyrinthe. »

Dans les sacrez caiers du double Testament,
A peine l'homme peut eslire un argument,
Dont le sens soit plus haut, l'enqueste plus penible,
Le scavoir plus utile, et l'erreur plus nuisible[1].
Aux rais de ce soleil ma veue s'esblouit,
En si profond discours mon sens s'esvanouit :
De mon entendement tout le fil se rebouche,
Et les mots à tous coups tarissent dans ma bouche.

Dieu, Pere, Fils et S. Esprit, crea de rien le bel edifice du monde dans l'infini d'un rien.

Or ceste Trinité* (que, pour ne m'empescher,
J'aime plus mille fois adorer qu'esplucher)
Dans l'infini* d'un rien bastit un edifice[2] ,
Qui beau, qui grand, qui riche, et qui plein d'artifice
Porte de son ouvrier empreinte en chasque part
La beauté, la grandeur, et la richesse et l'art :
Beauté, grandeur, richesse, artifice, qui boûche
Des hommes-chiens sans Dieu la blasphemante bouche[3].

Laissant aux esprits plus curieux les speculations, le poete monstre avec quelle mesure il veut parler de Dieu, et comme il le faut contempler en ses œuvres.

Eschelle qui voudra les estages des cieux,
{6} Franchisse qui voudra d'un saut ambitieux
Les murs de l'univers : et bouffi d'arrogance,
Contemple du grand Dieu face à face l'essence :
Face encor, qui voudra, ses plus beaux pensemens
Ramper par le limon des plus bas elemens,
Et contemple, attentif, tellement cest ouvrage,
Que l'honneur de l'ouvrier s'estouffe en son courage[4].

Piqué d'un beau souci je veux qu'ore mon vers
Divinement humain se guinde entre deux airs :
De peur qu'allant trop haut, la cire de ses ailes

1 Vers 89-92 : Paraphrase de saint Augustin, *De la Trinité*, 1, 3, 5 : voir le commentaire de Thevenin.

2 Voir les vers 179-204 et la note correspondante.

3 Les Epicuriens et les « athéistes » en général : voir le commentaire de Thevenin.

4 Du Bartas semble ici se conformer à la prescription que donne Basile à la fin de sa première homélie, 11 D et E : « [...] renonçons à discourir sur l'essence des choses [...] et glorifions l'excellent ouvrier, de la sagesse et de l'habileté qui éclatent dans ses œuvres. La beauté des choses visibles nous donnera une idée de Celui qui est au dessus de toute beauté ; la grandeur de ces corps dont nos sens nous révèlent l'existence et les limites, nous permettra, par analogie, ce qu'est l'Etre infini, souverainement grand, dont la puissance défie toute pensée. » Cette invitation conforte le poète dans ses prérogatives littéraires : décrire les beautés du monde en limitant, voire en écartant, les explications exégétiques.

Ne se fonde aux rayons des celestes chandeles[1] :
Et que trainant à terre, ou que razant les eaux,
Il ne charge les bouts de ses craintifs cerceaux[2].
Il me plait bien de voir ceste ronde machine,
Comme estant un miroir de la face divine[3].
Il me plait de voir Dieu : mais comme revestu
Du manteau de ce Tout tesmoin de sa vertu[4].
Car si les raiz aigus, que le clair soleil darde,
Esblouissent celui qui, constant, les regarde,
Qui pourra soustenir sur les cieux les plus clers
Du visage de Dieu les foudroyans esclers[5] ?
Qui le pourra trouver separé de l'ouvrage,
Qui porte sur le front peinte au vif son image ?

Dieu se rend comme visible en ses œuvres.

Dieu qui ne peut tomber és lourds sens des humains[6]
Se rend comme visible és œuvres de ses mains :
Fait toucher à nos doigts, flairer à nos narines,
Gouster à nos palais ses vertus plus divines :
Parle à nous à toute heure, ayant pour truchemens
Des pavillons astrez les reglez mouvemens[7].

Diverses comparaisons qui monstrent de quoy doit servir aux Chrestiens

{7} Vraiment cest univers est une docte eschole[8]
Où Dieu son propre honneur enseigne sans parole.
Une vis à repos, qui par certains degrez

1 Allusion au mythe d'Icare, qui incarne ici les dangers de l'éblouissement mystique ou des spéculations théologiques.

2 Du Bartas file la métaphore du vol : en rasant le sol ou l'eau, le poète risque d'alourdir ou d'abîmer l'extrémité de ses ailes fragiles.

3 Voir Calvin, *Inst.*, 1, 5, 1 : « Le batiment [du monde] tant bien digeré et ordonné nous sert de miroir pour contempler Dieu, qui autrement est invisible. » Voir aussi *Sermons sur la Genèse*, p. 1, et la préface au commentaire du *Livre de la Genèse*.

4 Image voisine chez Calvin dans la préface au commentaire du *Livre de la Genèse*, éd. A. Malet, Aix-en-Provence/Fontenay-sous-Bois, Editions Kerygma/Editions Farel, 1978 : « Car Dieu, qui est autrement visible (comme il a été dit), s'est comme vêtu de l'image du monde pour se montrer à nous et se faire visible en elle. » Du Bartas définit ici et dans les vers qui suivent un programme de théologie naturelle, mis toutefois sous le surplomb des Ecritures, comme le précisent les vers 171-172.

5 Voir Basile, 2, 12 B : « Qui contemplera les mystères cachés ? Car la vue même en est inaccessible ; et, de toute façon, il est difficile d'exposer ce que l'esprit en a conçu. »

6 Vers 129-134 : Pour cette idée, voir Calvin, *Inst.*, 1, 5, 1.

7 Dans leur mouvement régulier, les constellations (*pavillons astrez)* sont les médiatrices (*truchemens*) de la puissance divine.

8 Image traditionnelle : voir Thevenin. Voir aussi Calvin, *Inst.*, 1, 5, 2.

Fait monter nos esprits sur les planchers sacrez
Du ciel porte-brandons : une superbe sale
Où Dieu publiquement ses richesses estale :
Un pont, sur qui l'on peut, sans crainte d'abysmer,
Des mysteres divins passer la large mer.
    Le monde est un nuage[1] à travers qui rayonne
Non le fils tire-traits de la belle Latone* :
Ains ce divin Phœbus*, dont le visage luit
A travers l'espesseur de la plus noire nuict.
    Le monde* est un theatre[2] , où de Dieu la puissance,
La Justice, l'Amour, le Sçavoir, la Prudence,
Jouent leur personnage, et comme à qui mieux mieux,
Les esprits plus pesans ravissent sur les cieux.
Le monde est un grand livre[3] , où du souverain maistre
L'admirable artifice on lit en grosse lettre.
Chasque œuvre est une page, et chaque sien effect
Est un beau charactere en tous ses traits parfait.
Mais, tous tels que l'enfant, qui se paist dans l'eschole,
Pour l'estude des arts, d'un estude frivole,
Nostre œil admire tant ses marges peinturez
Son cuir fleurdelizé, et ses bords sur-dorez :
Que rien il ne nous chaud d'aprendre la lecture
De ce texte disert, où la docte Nature
Enseigne aux plus grossiers, qu'une Divinité
Police de ses loix ceste ronde Cité.
Pour lire là dedans il ne nous faut entendre
{8} Cent sortes de jargons, il ne nous faut aprendre
Les characteres* Turcs, de Memphe* les pourtrets,
Ni les poincts* des Hebrieux, ni les notes des Grecs.
L'Antarctique* brutal, le vagabond Tartare,
L'Alarbe* plus cruel, le Scythe* plus barbare,

la considération des œuvres de Dieu en ce grand univers.

Combien que le monde descouvre assez aux plus rudes l'eternité et puissance de Dieu, si est-ce qu'il n'y a que les vrais Chrestiens qui comprenent cela comme il faut.

1 Peut-être l'image vient-elle de Ex 16, 10. Thevenin cite, pour sa part, le chapitre 20 du même livre biblique : « *Habitat Deus in nubibus.* »

2 Image traditionnelle que l'on trouve chez Augustin et Calvin, *Inst.*, 1, 6, 2. Voir aussi *Sermons sur la Genèse*, p. 4 : « Dieu nous a mis en ce monde comme en ung theatre pour contempler sa gloire. »

3 Même chose : voir Thevenin qui cite entre autres Augustin et Ambroise.

L'enfant qui n'a sept ans, le chassieux vieillard,
Y lit passablement, bien que despourveu d'art[1].
Mais celui qui la Foy reçoit pour ses lunettes,
Passe de part en part les cercles des Planettes :
Comprend le grand Moteur de tous ces mouvements[2]
Et lit bien plus courant dans ces vieux documens[3].
Ainsi donc, esclairé par la foy, je desire
Les textes plus sacrez de ces Pancartes lire.
Et depuis son enfance, en ses aages divers
Pour mieux contempler Dieu, contempler l'univers.
Cest admirable ouvrier n'attacha sa pensee[4]

Dieu, n'ayant besoin d'idee ou pensement, ni de patron ou modelle, pour son ouvrage, fit de rien tout le monde.

Au fantasque dessein d'une œuvre pourpensee
Avec un grand travail : et, qui plus est, n'eslût
Quelque monde plus vieil, sur lequel il voulût
Modeler cestui-ci, ainsi que fait le maistre
D'un bastiment royal, qui, plus tost que de mettre
La main à la besongne, eslit un bastiment,
Où la richesse et l'art luisent esgalement.

1 Même idée chez Calvin, *Inst.*, 1, 5, 2.

2 Terme aristotélicien (*Physique*, 8) communément employé pour désigner Dieu. Voir le commentaire de Thevenin.

3 Vers 163-174 : Du Bartas semble ici reprendre à son compte les restrictions calviniennes sur la validité d'une théologie naturelle. Seule la foi permet une lecture appropriée du monde. Voir *Inst.*, 1, 6, 1 : « C'est pourquoi l'Apostre, apres avoir dit que le monde est comme une effigie ou spectacle des choses invisibles, ajoute tantost apres que c'est par foi qu'on connoist qu'il a eté aussi bien compassé et approprié par la Parole de Dieu (Héb 11, 3) : signifiant par ces mots, bien que la majesté invisible de Dieu soit manifestée par tels miroirs, que nous n'avons pas les yeux pour la contempler jusqu'à ce qu'ils soient illuminés par la révélation secrète qui nous est donnée d'en haut. »

4 Vers 179-204 : Contrairement à la théorie platonicienne (*Timée*, 28a-29c), Dieu crée *ex nihilo*. A la suite de Basile, Du Bartas rejette l'idée de matière incréée et celle de modèle : Dieu crée d'abord la matière avant de la façonner suivant son inspiration propre. Voir plus précisément Basile, 2, 13 B-14 B : « Dieu, avant qu'existât rien de ce que nous voyons maintenant, avait projeté et résolu d'amener à l'existence ce qui n'était pas encore ; tout à la fois, Il conçut quel devait être le monde, et avec la forme Il produisit la matière qui serait en harmonie avec elle. » (14 B). Voir aussi Calvin, *Le Livre de la Genèse*, p. 24 : « Par le mot de *créer*, il enseigne que Dieu a fait ce qui n'était pas auparavant. Car le Prophète n'a pas usé du mot hébreu *iazar*, qui signifie *former* ou *façonner*, mais du mot *bara*, qui signifie *créer* et *mettre en être* ce qui n'étoit point. Le vrai sens est donc que le monde a été fait de rien. Par là est réfutée la vanité de ceux qui font accroire qu'il y a toujours eu une masse et matiere confuse, et ne recueillent autre chose de ce que Moïse recite, sinon que le monde a été orné et agencé d'autre forme et façon qu'il n'était auparavant. »

Et ne pouvant trouver en un seul edifice
Toutes beautez en bloc, il prend le frontispice
De ce palais ici, d'un autre les piliers,
D'un autre la façon des riches escaliers :
Et choisissant par tout les choses les plus belles,
Fait un seul bastiment dessus trente modelles :
{9} Ains n'ayant rien qu'un Rien* pour dessus lui mouler[1]
Un chef d'œuvre si beau, l'Eternel, sans aller
Ravasser longuement, sans tressuer de peine,
Fit l'air, le ciel, la terre, et l'ondoiante plaine :
Ainsi que le soleil, qui, sans bouger des cieux,
Couronne de bouquets le Printemps gracieux :
Engrosse sans travail nostre mere feconde,
Et lointain, rajeunit le visage du monde[2].

Belle similitude à ce propos.

La force et le vouloir, le desir et l'effect,
L'ouvrage et le dessein d'un ouvrier si parfaict,
Marchent d'un mesme pas : sous sa loy tout se renge,
Et, ferme en ses projets, d'avis onc il ne change.
Et toutesfois ce Rien ne vid ensemblement[3]
Paroistre sa matiere, et son riche ornement.
Car comme cil qui veut equipper des gallees,
Pour se faire seigneur des provinces salees,
A son œuvre songeant, fait grand amas de bois,
De cordages, de fer, de toiles, et de poix :
Puis quand tout est ensemble, à l'arbre un arbre voue,
Ce bout d'ais à la pouppe, et cest autre à la proue,
Et cest autre au tillac : comme l'art et le soing
Luy guident l'œil, l'esprit, et le fer, et le poing.
Ainsi le Tout-puissant, avant que, sage[4] , il touche

Dieu crea de rien la matiere, à laquelle il donna puis apres la forme et figure telle qu'on la void es creatures.

1 Voir saint Augustin, *Les Confessions*, 12, 7, Thomas d'Aquin, *Somme théologique*, q. 45, art. 1 et 2. Idée reprise par Duplessis-Mornay, *De la Verité de la religion chrestienne*, chap. 10, cité par Goulart.

2 Voir Basile, 2, 18 E, cité dans la note 4, p. 103.

3 Vers 205-222 : Du Bartas suit Basile (2, 13 A 14 B) et Ambroise (1, 7, 27), selon lesquels l'état informe de la matière a précédé sa formation. Voir aussi saint Augustin, *Les Confessions*, 12, 8.

4 Voir saint Thomas, *Somme théologique*, 1, q. 66, art. 1 : « Si [...] l'état informe précède temporellement la formation de la matière, cela vient non d'une impuissance de Dieu,

A l'ornement du monde, il jette de sa bouche
Je ne sçay quel beau mot*, qui rassemble en un tas
Tout ce qu'ores le Ciel clost de ses larges bras.
Mais l'avare nocher trouve ja toute faite
La matiere navale : et Dieu la fait, l'apreste,
L'agence, l'embellit : pour un si haut dessein
{10} Ne mendiant sujet, industrie ni main.

Quelle estoit le Cahos creé de rien par l'Eternel, avant qu'il luy eust donné forme, figure, place et assiette.

Ce premier monde estoit une forme sans forme,
Une pile confuse, un meslange difforme,
D'abismes un abisme[1] , un corps mal compassé,
Un Chaos* de Chaos, un tas mal entassé[2] :
Où tous les elemens se logeoyent pesle-mesle[3] :
Où le liquide avoit avec le sec querelle,
Le rond avec l'aigu, le froid avec le chaud,
Le dur avec le mol, le bas avec le haut,
L'amer avec le doux[4] : bref durant ceste guerre
La terre estoit au ciel et le ciel en la terre.
La terre, l'air, le feu se tenoyent dans la mer :
La mer, le feu, la terre estoyent logez dans l'air,
L'air, la mer, et le feu dans la terre : et la terre
Chez l'air, le feu, la mer. Car l'Archer* du tonnerre
Grand Mareschal de camp, n'avoit encor donné
Quartier à chacun d'eux. Le ciel n'estoit orné
De grands touffes de feu : les plaines esmaillees
N'espandoyent leurs odeurs : les bandes escaillees
N'entrefendoyent les flots : des oiseaux les souspirs
N'estoient encore portez sur l'aille des Zephirs*.

---

mais de sa sagesse. »

1 Superlatif hébraïque insistant sur la profondeur de l'abîme : voir Augustin, *Les Confessions*, 12, 3 : « profunditas abyssi ».

2 Vers 223-226 : Voir Ovide, *Mét.*, 1, vers 6-8, et la description d'Augustin dans *Les Confessions*, 12, 8. Vers proches chez Hilaire, *Metrum in Genesim*, éd. G. Morel, vers 12-15.

3 Ces vers et les suivants semblent amplifier la phrase de Basile (« Tout est mêlé à tout », 1, 8 B), en s'inspirant des mots d'Augustin dans *Les Confessions*, 11, 3-4. Le fameux *tohou ou bohou* de la Bible hébraïque (Gn 1, 2), « vide et informe », entre en résonance avec les mythes grecs du Chaos et surtout avec les conceptions philosophiques issues de Platon et d'Aristote : le Chaos organisé par le démiurge dans le *Timée* ou la matière première d'Aristote.

4 Amplification des vers 18-20 d'Ovide, *Mét.*, 1.

Tout estoit sans beauté, sans reglement, sans flamme.
Tout estoit sans façon, sans mouvement, sans ame[1] : Genes. 1. 2
Le feu n'estoit point feu, la mer n'estoit point mer,
La terre n'estoit terre, et l'air n'estoit point air :
Ou si ja se pouvoit trouver en un tel monde,
Le corps de l'air, du feu, de la terre, et de l'onde :
L'air estoit sans clarté, la flamme sans ardeur,
Sans fermeté la terre, et l'onde sans froideur[2].
{11} Bref, forge en ton esprit une terre, qui, vaine,
Soit sans herbe, sans bois, sans mont, sans val, sans plaine :
Un Ciel non azuré, non clair, non transparent,
Non marqueté de feu, non vousté, non errant[3] :
Et lors tu concevras quelle estoit ceste terre,
Et quel ce ciel encor où regnoit tant de guerre.
Terre, et ciel, que je puis chanter d'un stile bas,
Non point tels qu'ils estoient, mais tels qu'ils n'estoient pas.
Ce n'estoit donc le monde, ains l'unique matiere Le cahos comment consideré.
Dont il devoit sortir, la riche pepiniere
Des beautez de ce Tout : l'embryon* qui devoit
Se former en six jours en l'estat qu'on le void[4].
Et de vray ce monceau confusement enorme
Estoit tel que la chair, qui s'engendre, difforme, Similitude.
Au ventre maternel, et par temps toutesfois,
Se change en front, en yeux, en nez, en bouche, en doigts :
Prend ici forme longue, ici large, ici ronde,
Et de soy peu à peu fait naistre un petit monde.

---

1 Augustin, dans *Les Confessions*, 12, 21, évoque une « matière encore sans forme, sans ordre et sans lumière » (« materies erat corporearum rerum informis, sine ordine, sine luce »). Calvin parle d'« un amas sans façon ni ordre avant que Dieu le polît et agençât » (*Le Livre de la Genèse*, p. 26). Pour l'absence de mouvement dans le Chaos originel, voir saint Augustin, *La Cité de Dieu*, 11, 6 : « in eius conditione factus est mutabilis motus / le mouvement a commencé avec le monde ».

2 Les vers 245-250 sont inspirés d'Ovide, *Mét.*, 1, vers 15-17.

3 Vers inspirés de la description négative de la « terra incomposita » que fait Ambroise (1, 8, 28). Sur la négativité de la description du Chaos, voir l'analyse que consacre Gérard Genette à ces vers dans « Ordonnance du Chaos », *Mouvements premiers*, Paris, Corti, 1972, p. 43-50.

4 Calvin parle de semence dans *Le Livre de la Genèse*, p. 25 : « [...] cette matière-là a été comme la semence du monde entier, dont il nous est ici fait une partition générale ».

Mais cestui par le cours de nature se fait
De laid, beau : de mort, vif : et parfait, d'imparfait :
Et le monde jamais n'eust changé de visage,

De la vertu secrette du Seigneur, vivifiant la matiere dont a esté fait le monde.

Si du grand Dieu sans-pair le tout-puissant langage
N'eust comme siringué* dedans ces membres morts
Je ne sai quel Esprit* qui meut tout ce grand corps[1].
La palpable noirceur des ombres Memphitiques*[2] ,
L'air tristement espais des brouillars Cimmeriques*[3] ,
La grossiere vapeur de l'infernal manoir,
Et si rien s'imagine au monde de plus noir,
De ce profond abisme emmanteloit la face.
{12} Le desordre regnoit haut et bas dans la masse,
Tout estoit en brouillis, et ce Tas mutiné
Se fust, seditieux, soy-mesme ruiné
Tout soudain qu'il nasquit, si la vertu divine,
Esparse dans le corps de toute la machine,
N'eust servi de mastic, pour ensemble coller
Le vagueux Ocean, le ciel, la terre, et l'air :
Qui çà et là choquant l'un l'autre à l'adventure,
Taschoient faire mourir la naissante nature.

L'Esprit de Dieu maintenoit par un moyen incompre- hensible et (par maniere de dire) en couvant eschauffoit ceste masse ou ce chaos sans forme.

Ainsi qu'un bon esprit, qui grave sur l'autel
De la docte memoire un ouvrage immortel,
En troupe, en table, au lict, tout jour, pour tout-jour vivre,
Discourt sur son discours, et nage sur son livre :
Ainsi l'Esprit* de Dieu sembloit, en s'esbatant,
Nager par le dessus de cest amas flottant.
(Autre soing ne veilloit pour lors dans sa poitrine :
Si le soing peut tomber en l'essence divine)
Ou bien comme l'oiseau qui tasche rendre vifs,
Et ses œufs naturels, et ses œufs adoptifs,
Se tient couché sur eux, et d'une chaleur vive
Fait qu'un rond jaune-blanc en un poulet s'avive[4] :

---

1 Les vers 271-274 sont inspirés de Virgile, *L'Enéide*, 6, vers 724-727 : voir Thevenin.

2 Voir Ex 10, 21-23. Dans les vers 275-288, la description du chaos originel puise à larges mains dans l'imaginaire antique des Enfers : voir Virgile, *En.*, 6, et Ovide, *Mét.*, 11.

3 Voir Homère, *L'Odyssée*, 11, 13-15.

4 Vers 289-300 : Pour transposer l'idée que l'esprit de Dieu se mouvait sur les eaux, Du Bartas compare Dieu à un oiseau couvant ses œufs. L'image lui est suggérée par Basile,

D'une mesme façon l'Esprit de l'Eternel, Genes. 1. 2.
Sembloit couver ce gouffre, et d'un soin paternel
Verser en chasque part une vertu feconde[1] ,
Pour d'un si lourd amas extraire un si beau monde.
Car il n'est rien qu'un Tout, qui clot de son clos tout : Il n'y a qu'un monde.
Dont la sur-face n'a milieu, ni fin, ni bout.
Il n'est qu'un Univers*, dont la voute supreme
Ne laisse rien dehors, si ce n'est le Rien mesme[2].
{13} Or quand bien ce grand Duc, qui bien heureux aprit
En l'eschole d'Oreb* les loix du sainct Esprit[3] , Refutation de l'erreur de Leucippus philosophe ancien et de ses disciples, qui imaginoyent plusieurs mondes, par deux raisons. *Genes. 1. 31. Exod. 20. 11.* 1. Un monde se confondroit avec l'autre dont s'ensuivroit la ruine de tous.
Ne nous rendroit certains que Dieu par sa puissance
Fit en deux-fois trois-jours toute mortelle essence,
La raison demolit ces nouveaux firmamens,
Dont Leucippe* a jetté les fresles fondemens[4] :
Veu que si la Nature* embrassoit plusieurs mondes,
Du plus haut univers les terres, et les ondes,
Vers le monde plus bas descendroyent sans repos,
Et tout se refondroit[5] en l'antique Chaos·
Il faudroit d'autre part entre ces divers mondes
Imaginer un vuide, où leurs machines rondes
Se peussent tournoyer, sans que l'un mouvement
Au mouvement voisin donnast empeschement.
Mais tous corps sont liez d'un si ferme assemblage,

qui s'appuie sur la traduction syriaque de « se mouvoir » en « échauffer », « à l'image de l'oiseau qui couve ses œufs, et, en les échauffant, leur communique une certaine force vitale » (2, 18 D). Voir l'analyse du passage par Jean Céard, 1993, art. cit.

1 Claudius Marius Victor (*Alethia*, éd. G. Morel, *op. cit.*, 1, 53-56) interprète aussi l'esprit de Dieu se mouvant sur les eaux comme une fécondation.

2 Les vers 305-308 semblent paraphraser Ronsard, *Hymne du Ciel*, vers 87-91. Cette idée du *totus in toto*, inspirée de Platon et de Pline, est couramment reprise par les philosophes antiques ou contemporains : voir Thevenin qui cite Plutarque, Ficin ou encore Pontus de Tyard.

3 Référence à la révélation faite à Moïse sur le mont d'Horeb ou de Sinaï : voir Ex, 20-31.

4 Vers 309-334 : Critique de la conception de Leucippe sur la pluralité des mondes : voir Basile, 1, 2, et Ambroise, 1, 1, 3, qui, lui, cite Démocrite. La réfutation s'appuie d'abord sur deux arguments puisés dans Aristote (voir n. 1, p. 98) : celui de la pesanteur (vers 315-318) et celui de l'impossibilité du vide (vers 319-324).

5 L'édition de 1581 propose « se resouldroit ». Nous corrigeons en donnant la leçon, plus satisfaisante, du texte de 1578 B.

2. Il faudroit imaginer un vuide, ce qui est contre les principes de la philosophie naturelle, comme il le prouve par divers exemples.

Qu'il n'est rien vuide entr'eux[1]. C'est pourquoy le breuvage
Hors du tonneau percé ne se peut escouler
Qu'on n'ait d'un souspirail fait ouverture à l'air.
C'est pourquoy le souflet dont la bouche est bouchee
Ne peut estre eslargi[2]. C'est pourquoi l'eau cachee
Dans un vase bien-clos ne se glace en hyver.
La clepsydre* ne peut les jardins abreuver
S'on ferme sa gargouille : et l'argentine source,
Qui dans le plomb creusé fait son esclave course,
Forçant son naturel rejaillit vers les Cieux[3] ,
Tant et tant à tous corps le vuide est odieux[4].

Refutation d'un autre erreur de ceux qui font nature et les cieux infinis.

Dieu ne fit seulement unique la nature* :
Ainsi il la fit bornee et d'aage, et de figure,
Voulant que l'estre seul de sa Divinité
{14} Se vid tousjours exempt de toute quantité.
Vraiment le Ciel ne peut se dire sans mesure,
Veu qu'en temps mesuré sa course se mesure[5].
Ce tout n'est immortel, puis que par maint effort,
Ses membres vont sentant la rigueur de la mort :
Que son commencement de sa fin nous asseure,
Et que tout va ça bas au change d'heure en heure[6].

Composez hardiment, ô sages Grecs, les cieux*
D'un cinquieme element[7] : disputez, curieux,

---

1 Vers 315-324 : Du Bartas paraphrase Aristote, *Du Ciel*, 1, 8. Pour cette idée philosophique, voir aussi Lucrece, Platon et Empédocle, cités par Thevenin.

2 Ce troisième exemple est tiré de Jérôme Cardan, *De la Subtilité*, Paris, Guillaume Le Noir, 1556, cité par Thevenin.

3 Autre exemple tiré de J. Cardan, *op. cit.* : voir Thevenin.

4 D'après l'édition de Holmes, Lyons et Linker (*The works of Guillaume de Salluste Du Bartas*, Genève, Slatkine reprints, 1977, fac-similé de l'éd. de Chapel Hill, The University of North Caroline Press, 1935-1940), la source de ce passage serait le *De finibus*, 1, 5, de Cicéron.

5 Vers 339-340 : Paraphrase d'Aristote, *Du Ciel*, 1, 5.

6 Vers 341-344 : Le commencement du monde constitue la preuve de sa fin : voir Basile, 1, 4 B et C : « Ce qui a commencé avec le temps, doit en toute nécessité finir avec le temps. Si la création a un commencement temporel, ne doute pas de sa fin. »

7 Vers 345-352 : Attaque traditionnelle dans l'apologétique chrétienne contre les grecs, qui vise ici plus précisément Aristote. Du Bartas refuse de traiter les trois questions débattues par le philosophe dans le traité *Du Ciel* (1, 3) : notamment la quintessence (abordée par Ambroise, 1, 6, 23), la sphéricité des cieux, la génération et corruption du

Qu'en leurs corps par tout rond l'œil humain ne remarque
Commencement, ni fin : debatez que la Parque
Asservit seulement sous ses cruelles loix
Ce que l'Astre argenté revoid de mois en mois :
Le foible estayement de si vaine doctrine
Pourtant ne sauvera ce grand Tout de ruine.

Il prouve par ce que l'escriture dit de la fin du monde, que les cieux qui doivent se dissoudre par feu ont eu commencement.

Un jour de comble-en-fond les rochers crousleront[1] :
Les monts plus sourcilleux de peur se dissoudront :
Le Ciel se crevera[2] : les plus basses campagnes
Boursoufflees croistront en superbes montagnes :
Les fleuves tariront, et si dans quelque estang
Reste encor quelque flot, ce ne sera que sang[3] :
La mer deviendra flamme[4] : et les seches balenes,
Horribles mugleront sur les cuites arenes[5] :
En son midi plus clair le jour s'espaissira,
Le ciel d'un fer rouillé sa face voilera :
Sur les astres plus clairs courra le bleu Neptune*,
Phœbus s'emparera du noir char de la Lune :
Les estoiles cherront[6]. Le desordre, la nuict,
La frayeur, le trespas, la tempeste, le bruit,
{15} Entreront en quartier : et l'ire vengeresse
Du juge criminel, qui ja desja nous presse,
Ne fera de ce Tout qu'un bucher flamboyant[7],
Comme il n'en fit jadis qu'un marez ondoyant[8].

Belle description de la fin du monde.

Que vous estes, helas ! de honte et de foy vuides,
Escrivains, qui couchez dans vos Ephemerides*
L'an, le mois, et le jour, qui clorront pour tousjours

Contre les astrologues judiciaires qui perfument de marquer le temps de la fin du monde.

---

monde sublunaire. Voir François Roudaut, « La Sepmaine. Le Premier Jour », *Du Bartas et l'expérience de la Beauté*, éd. J. Dauphiné, Paris, Champion, 1993, p. 125.

1 Les vers 353-406 s'inspirent de la Bible, en particulier de l'Apocalypse : voir les références recensées par Thevenin.

2 L'Apocalypse (6, 14) parle seulement de la disparition du ciel.

3 Voir Ap 16, 3-4 et 12.

4 Voir Ap 8, 8-9. Voir aussi Ovide, *Mét.*, 2, 248.

5 Images empruntées à Ovide, *Mét*, 2, 263-268 : voir Thevenin.

6 Voir Mt 24, 29, et Ap 6, 12-14.

7 Voir Basile, 3, 28 C : « Il viendra [...] un temps où le feu aura tout consumé. »

8 Allusion au déluge : voir Gn 6.

La porte de Saturne aux ans, aux mois, aux jours[1] ?
Et dont le souvenir fait qu'ore je me pasme,
Privant mon corps de force, et de discours mon ame.
Vostre menteuse main pose mal ses jettons,
Se mesconte en sa chiffre[2] , et recherche à tastons
Parmi les sombres nuicts les plus secretes choses
Que dans son cabinet l'Eternel tient encloses.
C'est luy qui tient en main de l'horloge le poids,
Qui tient le Calendrier, où ce jour, et ce mois
Sont peints en lettre rouge : et qui courans grand-erre
Se feront plustost voir, que prevoir à la terre.

Description du second advenement de Jesus Christ, de la resurrection des corps, et du jugement dernier.

C'est alors*[3] , c'est alors, ô Dieu : que ton fils cher,
Qui semble estre affublé d'une fragile chair,
Descendra glorieux des voutes estoilees[4].
A ses flancs voleront mille bandes ailees :
Et son char triomphal, d'esclairs environné,
Par Amour et Justice en bas sera trainé.
Ceux qu'un marbre orgueilleux presse dessous sa lame
Ceux que l'onde engloutit, ceux que la rouge flamme
Esparpille par l'air, ceux qui n'ont pour tombeaux
Que les ventres gloutons des loups ou des corbeaux :
Esveillez, reprendront, comme par inventaire,
{16} Et leurs chairs et leurs os[5] , orront devant la chaire
Du Dieu qui, souverain, juge en dernier ressort,
L'arrest diffinitif de salut, ou de mort.
L'un t'esprouvera doux, l'autre armé de justice,
L'un vivra bien-heureux, l'autre en cruel supplice,
L'un bas et l'autre haut. O toy, qui d'autre fois

1 Vers 371-384 : Attaque contre les Astrologues et les Cabalistes : voir Thevenin. Du Bartas reprend à son compte la condamnation biblique (Dt 18, 10) : voir aussi Basile, 6, 54 E- 57 B, et Calvin, *Advertissement contre l'astrologie judiciaire*, éd. O. Millet, Genève, Droz, 1985, p. 96.

2 *Se mesconte en sa chiffre* : se trompe dans son calcul. *Chiffre* est féminin au XVIe siècle.

3 Voir l'Indice de Goulart à « Salut ».

4 Vers 385-406 : Evocation du jugement dernier, inspirée de Mt 24, 29-31, et Mt 25, 31-46.

5 Vers 391-396 : Description de la résurrection des corps, inspirée de la vision d'Ezéchiel : Ez 37, 7-8. Voir les références données par Thevenin sur les différentes interprétations du phénomène.

D'un juge Italien as redouté la voix[1] ,
Fay, las! que quand le son du cornet de ton Ange,
Huchant de Thule* au Nil*, et d'Atlas* jusqu'au Gange*,
Citera l'univers prochain de son deces,
Le Juge et l'Avocat tu sois de mon proces[2].
De sagesse et pouvoir l'inespuisable source
En formant l'Univers fit donq ainsi que l'ourse*,
Qui dans l'obscure grotte au bout de trente jours
Une masse difforme enfante au lieu d'un ours :
Et puis en la lechant, ores elle façonne
Ses deschirantes mains, or' sa teste felonne,
Or ses pieds, or' son col : et d'un monceau si laid
Son industrie anime un animal parfait[3].

Ayant parlé de la creation de la matiere il monstre comme et quelle forme Dieu luy donne creant ses œuvres admirables en six jours.

⌈Car du vent de sa bouche[4] ayant fait dans le Vuide
Un Tas confusement froid, ardant, sec, humide :
Par temps du Monde bas Dieu separe le haut :
Met à part peu à peu le chaud avec le chaud :
Renvoye le solide aveques le solide,
Le froid avec le froid, l'humide avec l'humide,
Autant qu'il est besoin : et forme ingenieux,
⌊En six jours tous les corps de la terre et des cieux.
Non qu'ensemble il ne peust des humains la demeure
Parfaire et commencer[5] : qu'il ne peust en mesme heure
{17} Cindrer les cieux flambans, peupler nostre air d'oiseaux,
De bestes les forests, et de poissons les eaux :
Mais employant tant d'art, tant de jours, tant de peine,
A bastir un palais pour la semence humaine
Qui ne vivoit encor, il nous monstre combien
Il doit estre soigneux et de l'heur, et du bien
De ceux qu'il a ja faits, et vers qui par promesses

Pourquoy Dieu a voulu employer six jours en la creation du monde.

---

1 Adresse au Christ et allusion à Ponce Pilate.

2 Pour cette ambivalence de Dieu, voir Si 16, 12-14.

3 Vers 407-414 : Image empruntée au savoir antique, comme le signale Thevenin : voir, entre autres, Pline, *Histoire naturelle*, 8, 54 et 126.

4 Sur le Verbe créateur, voir saint Augustin, *Les Confessions*, 11, 5-7.

5 Du Bartas se fait l'écho d'une question débattue par les théologiens (voir saint Thomas, 1, q. 66, art. 1, et Calvin, *Sermons sur la Genèse*, p. 10), mais c'est en poète qu'il y répond : voir les vers suivants qui élaborent un art poétique abrégé.

Il a cent mille fois obligé ses richesses.

Comment les hommes doyvent imiter Dieu en leurs ouvrages.

Nous monstre que l'ouvrier, pour le bien imiter
D'un bouillonnant desir ne doit precipiter
La besongne entreprise, ains d'une longue attente
Repasser mille fois la lime patiente
Sur l'ouvrage cheri, se hastant lentement[1] :
Car ce qui se fait bien, se fait prou vistement[2].

Il tire maintenant du Cahos, pour la premiere de ses creatures, la lumiere.

O Pere de sagesse, ô Pere de lumiere[3] ,
Et qui peut, et qui doit sortir mieux la premiere
De ce monde confus, que la vive Clarté*,
Sans qui mesme le beau semble estre sans beauté !
En vain Timanthe* eust peint son horrible Cyclope,
Parrhase* son rideau, Zeuxe* sa Penelope,
Appelle* sa Venus, si jamais le Soleil
N'eust pour les faire voir, sur eux jetté son œil.
En vain, certes, en vain d'artifice si rare,
Le temple* Ephesien, le Mausole*, le Phare*,
Eussent esté bastis par les excellents doigts
De Ctisiphon*, de Scope*, et du maistre Cnidois[4] ,
Si l'oublieux manteau des nuicts plus eternelles[5]
Eust aux yeux des humains emblé choses si belles.
Hé ! quel plus vif souci tombe en l'entendement,
{18} De celuy qui projette un royal bastiment,
Que de le bien percer ? afin que l'œil* du Monde,

1 Proverbe latin (*festina lente*) commenté par Thevenin. L'évocation du labeur patient et perfectionniste de Dieu dessine en sous-main un art poétique, en adéquation avec les préceptes d'un Du Bellay ou d'un Ronsard : voir respectivement *Deffence et illustration de la langue française*, 2, 11, et *Abreggé de l'Art poetique françoys*, p. 1176 : « Tu seras laborieux à corriger et limer tes vers ».

2 Déformation d'un ancien proverbe cité par Thevenin, *Sat cito si sat bene*, figurant en marge de l'exemplaire Gadoulleau de 1581 : voir l'édition de *La Sepmaine* par Yvonne Bellenger, Paris, STFM, 1992, p. 22.

3 Génitif hébraïque : voir Jc, 1, 17.

4 Vers 443-450 : Les références à ces peintres et architectes grecs sont précisées par Goulart et Thevenin. Pour Timanthe, voir Pline, 35, 74 ; pour Parrhase et Zeuxe, voir Pline, 35, 60 *sq.* ; pour Appelle, voir Pline, 35, 11. Pour Ctesiphon et le temple de Diane en Ephèse, voir Pline 16, 213-215 ; pour Scope et le sépulcre du roi Mausole, voir Cicéron, *Nat. Deor.*, 2, 27 ; pour Sostrate Cnidois et la tour de Pharos, voir Pline, 36, 83.

5 *L'oublieux manteau :* le manteau qui rend invisible. Epithète traditionnelle pour caractériser la nuit : voir Daniel Ménager, *La Renaissance et la nuit*, Genève, Droz, 2005.

Faisant au tour de nous chasque jour une ronde
Y darde ses rayons : et qu'encor chasque part
Face ouverte parade et de despence et d'art.
Soit que l'Esprit de Dieu, agitant la sur-face[1]
Du bouillant Ocean, qui couvroit ceste Masse,
En fist sortir du feu (comme quand dans les Cieux

Diverses opinions touchant de la matiere et creation de la lumiere.

L'Austre* moite et le Nord* font chocquer, furieux,
Sous le Cancre* brulant deux nues opposites,
L'air s'allume à mi-nuit d'esclairs ardamment vistes)
Soit que Dieu desbrouillant le Cahos peu à peu
Prist ceste grand clarté de l'element du feu :
Soit que Dieu tout autour de la Masse flottante
Pour douze heures tendist une nue luisante,
Qu'apres il brunissoit, afin qu'en sa saison
La nuict envelopast l'un et l'autre horizon* :
Soit que Dieu fist desja ce clair brandon, qui dore
L'univers de ses rais, mais non tel qu'il est ore :
Ou soit qu'il allumast un autre clair flambeau
Sur le front de l'Amas* encor tout voilé d'eau :
Qui, volant à l'entour, donnoit le jour par ordre
Aux embrouillez climats* de ce gouffreux desordre,
Comme ores faict Titan*, qui par le ciel porté
Est le char flamboyant de la mesme clarté :

Genes. 1. 3. De l'excellente utilité de la lumiere.

Il n'eust pas si tost dit, LA LUMIERE* SOIT FAITE,
Que ce Tas*[2] s'achemine à sa forme parfaite[3] :
Et laisse, illuminé des rais d'un grand flambeau,
Son vestement de dueil, pour en prendre un plus beau[4].

1 Vers 459-474 : Ces différentes hypothèses sur la production de la lumière ne figurent ni chez les Pères (Ambroise, Basile, Augustin) ni chez les commentateurs réformés. Le commentaire de Thevenin est significativement pauvre de références à cet endroit. Tout juste suggère-t-il une possible référence à Pierre Lombard, 2, 14, pour l'hypothèse des vers 473-474.

2 Voir aussi l'Indice de Goulart à « Masse ».

3 Ambroise commente longuement la valeur performative du verbe divin (1, 9, 33).

4 Voir Basile, 2, 18 E : « La première parole de Dieu produisit la substance de la lumière, dissipa les ténèbres, mit fin à la tristesse, donna au monde son éclat, et départit soudain à tous les êtres leur aspect agréable et charmant. »

Clair brandon, Dieu te gard, Dieu te gard, torche sainte[1] ,
{19} Chasse-ennuy, chasse-dueil, chasse-nuit, chasse-crainte,
Lampe de l'Univers, mere de verité,
Juste effroy des brigans, seul miroir de beauté,
Fille aisnee de Dieu : que tu es bonne et belle,
Puis que l'œil clair-voyant de Dieu te juge telle[2] !
Puis que ton propre ouvrier, en ses divins propos,
Ne peut, bien que modeste, assez chanter ton los !

Pourquoy Dieu a ordonné que la nuict et le jour s'entresuivissent, et des commoditez qui nous reviennent de la nuict.

Mais d'autant qu'on ne sent plaisir qui ne desplaise,
Si sans nul intervalle on s'y plonge à son aise :
Que celuy seulement prise la sainte paix,
Qui long temps a porté de la guerre le faix :
Et que des noirs corbeaux l'opposé voisinage
Des cignes Caystrins* rend plus blanc le plumage :
L'Architecte du monde ordonna qu'à leur tour
Le jour suivist la nuict, la nuict* suivist le jour[3].
La nuict, pour temperer du jour la secheresse,
Humecte nostre ciel, et nos guerets engresse.
La nuict est celle-là qui charme nos travaux,
Ensevelit nos soins, donne trefve à nos maux[4].
La nuict est celle-là qui de ses ailes sombres
Sur le monde muet fait avecques les ombres

---

1 Vers 483-490 : Absent des hexamérons patristiques, l'hymne à la lumière se trouve en revanche à l'ouverture de l'Hexaméron de Dracontius, *Carmen de Deo*, dans l'édition de G. Morel (voir Jean Miernowski, *Dialectique et connaissance dans la Sepmaine*, Genève, Droz, 1992, p. 135, n. 26). L'éloge de la lumière trouve peut-être sa source dans les *Hymnes ecclésiastiques* : pour cette hypothèse, voir Daniel Ménager, « Le *Fiat lux* dans quelques textes de la Renaissance », *La Naissance du monde et l'invention du poème. Mélanges de poétique et d'histoire littéraire du* XVIe *siècle offerts à Yvonne Bellenger*, éd. Jean-Claude Ternaux, Paris, Champion, 1998.

2 Du Bartas ne choisit pas entre les deux caractérisations de la lumière proposées par la Vulgate (*bonne*) et par la Septante (*belle*). Alors que Basile ne retient que la beauté de la lumière (2, 19 D), Ambroise évoque sa bonté tout en précisant le plaisir que la lumière procure à Dieu (1, 9, 34).

3 A l'instar de Calvin, Du Bartas ne tranche pas sur le double sens du verset : voir *Le Livre de la Genèse*, p. 27. Il renonce à exposer les différentes hypothèses proposées par les exégètes (Basile, Grégoire de Nysse, Augustin, Thomas d'Aquin) pour expliquer la succession primitive du jour et de la nuit, et préfère louer les bienfaits de cette dernière en s'inspirant des poètes antiques.

4 Lieu commun dans la littérature antique : voir le *Nox erat* de Virgile, *En.*, 4, 522-528. Voir aussi les références données par Thevenin.

Degouter le silence, et couler dans les os
Des recreus animaux un sommeilleux repos[1].
O douce Nuict, sans toy, sans toy l'humaine vie
Ne seroit qu'un enfer, où le chagrin, l'envie,
La peine, l'avarice, et cent façons de morts
Sans fin bourelleroyent et nos cœurs et nos corps[2].
⌈O Nuict, tu vas ostant le masque et la feintise,
Dont sur l'humain theatre en vain on se desguise
{20} Tandis que le jour luit : ô Nuict alme par toy
Sont faits du tout esgaux le bouvier et le Roy,
Le pauvre et l'opulent, le Grec, et le Barbare,
Le Juge et l'accusé, le sçavant et l'ignare,
Le maistre et le valet, le difforme et le beau.
⌊Car, Nuict, tu couvres tout de ton obscur manteau.
Celui qui condamné pour quelque enorme vice
Recherche sous les monts l'amorce d'avarice,
Et qui dans les fourneaux, noirci, cuit et recuit
Le soulfre de nos cœurs, se repose la nuict.
Celui qui tout courbé le long des rives, tire
Contre le fil du fleuve un trafiqueur navire,
Et fondant tout en eau, remplit les bords de bruit,
Sur la paille estendu, se repose la nuict.
Celui qui d'une faulx maintefois esmoulue
Tond l'honneur bigarré de la plaine velue,
Se repose la nuict : et dans les bras lassez
De sa compagne perd tous les travaux passez.
Seuls, seuls les nourrissons des neuf doctes pucelles[3] ,
Cependant que la nuict de ses humides ailes
Embrasse l'Univers, d'un travail gracieux,
Se tracent un chemin pour s'envoler aux cieux[4].

1 Vers 503-505 : Paraphrase de Ronsard, *La Franciade*, 3, 1-6.

2 Apostrophe inspirée d'Ovide, *Mét.*, 11, 623-625.

3 Les poètes. Sur le motif du travail nocturne, très en vogue à la Renaissance, voir D. Ménager, *La Renaissance et la nuit*, p. 121-128.

4 Même conception du labeur nocturne chez Du Bellay, *Deffence et illustration de la langue française*, 2, 3 : « [...] qui desire vivre en la memoire de la postérité doit, comme mort en soi-même, suer et trembler maintes fois, et [...] endurer de faim, de soif et de longues vigiles. Ce sont les ailes dont les écrits des hommes volent au Ciel. »

Et plus haut que le Ciel d'un vol docte conduisent
Sur l'aile de leurs vers les humains qui les lisent[1].
JA DESJA j'attendoy que l'horloge sonnast
Du jour la derniere heure, et que le soir donnast
Relasche à mes travaux : mais à peine ai-je encore
Dessus mon horizon veu paroistre l'Aurore*.
Mon labeur croist tousjours : voici devant mes yeux
{21} Passer par escadrons l'exercite des cieux[2].

Avant que finir la premiere journee il traitte des Anges le temps de la creation, desquels il ne determine point.

Anges*, soit donq que Dieu vous fit ceste journee
Sous le nom, ou du ciel, ou de la flamme aisnee :
Soit que vous printes estre avec cest ornement,
Qui de medailles d'or pare le firmament :
Soit que de plusieurs jours vostre heureuse naissance,
De tout cest univers ait devancé l'essence[3] ,
(Car aussi je ne veux combattre obstinement
Pour une opinion, es choses mesmement
Où le subtil discours d'une vaine science
Ne me seroit si seur, que mon humble ignorance)

Quels ils ont esté creez.

Je tien pour tout certain que les doigts tout-puissants
Vous creerent jadis immortels, innocents,

1 Le poète est investi d'une mission sacrée : voir Ronsard, *Abreggé de l'Art poetique françoys*, p. 1175.

2 En dépit du silence de la Genèse sur les Anges, Du Bartas choisit, par le biais artificiel de la vision suggérée dans les vers précédents, de consacrer la fin du premier jour à leur création. Il suit en cela la démarche de Calvin dans l'*Inst.*, 1, 14, 3 : « Combien donc que Moyse, parlant rudement comme le simple populaire, n'ait pas du premier coup nombré les Anges entre les creatures de Dieu, toutesfois rien n'empesche que nous ne deduisions icy clairement ce que l'Escriture nous dit ailleurs [...]. » Voir aussi saint Augustin, *La Cité de Dieu*, 11, 9.

3 Sans vouloir entrer dans le détail des querelles exégétiques (vers 549-552), le poète expose les trois grandes interprétations auxquelles le sujet donne lieu. La première (vers 543-544) est celle d'Augustin, qui situe la création des anges, au premier jour, et les fait participants « de cette lumière éternelle, qui est la sagesse même de Dieu, sagesse immuable, créatrice de toutes choses » (« profecto facti sunt participes lucis aeternae, quod est ipsa incommutabilis sapientia dei, per quam facta sunt omnia », *La Cité de Dieu*, 11, 9). La deuxième hypothèse (vers 545-546) envisage la création des anges au quatrième jour en même temps que les Etoiles. Selon Jean Céard (« Bons et mauvais anges au premier jour de la *Sepmaine* », *op. cit.*, 1993, n° 2, p. 23-31), cette thèse semblerait s'inspirer des controverses scolastiques sur les moteurs célestes, « qui tendaient à identifier aux anges les intelligences et âmes des Cieux » : voir en particulier Jean Bodin, *De la demonomanie des sorciers*, Paris, Jacques Du Puy, 1587, p. 1b. Enfin, la troisième interprétation (vers 547-548) situe leur création avant celle du monde : c'est l'opinion très discrètement défendue par Basile (1, 5 C et D) et par Ambroise (1, 5, 19).

Beaux, bons, libres, subtils, bref d'une essence telle
Que presque elle esgaloit l'essence paternelle[1].
    Mais tout ainsi que ceux que la faveur des Rois
Pousse en plus-haut degré, ce sont ceux maintefois
Qui brassent la revolte, et sans juste querelle
Sement par leur patrie une guerre immortelle[2] :
Si qu'en fin justement d'un effroyable saut
Ils tombent aussi haut[3] qu'ils taschoyent voler haut :
Ainsi maints bataillons d'esprits portans envie
A l'eternel surjon d'où ruisseloit leur vie,
Se bandent contre Dieu, pour priver (bien qu'en vain)
De couronne sa teste, et de sceptre sa main[4].
Mais luy, qui n'est jamais desarmé de tonnerres,
Contre les boute-feux des sacrileges guerres,
Les precipite en l'air, ou bien es lieux plus bas :
    Car l'enfer* est par tout où l'Eternel n'est pas[5].

Aucuns sont decheus se revoltans de Dieu, et ont esté precipitez en enfer, estans tous appelez Mauvais anges, Esprits malins, Diables.

1 Comme Augustin (11, 9 et 11), Thomas (1, q. 50, art. 1) et Calvin (*Inst.*, 1, 14, 3-12), Du Bartas attribue une essence presque divine aux anges. Pour leur nature, voir plus précisément Thomas d'Aquin, *Somme théologique*, 1, q. 62, art. 1. C'est une idée communément admise par les Pères que les anges furent créés bons (voir Thomas, *ibid.*, 1, q. 63, art. 6) : la distinction entre bons et mauvais anges est postérieure à leur création. Voir aussi Calvin, *Inst.*, 1, 14, 16 : « d'autant que le diable est créé de Dieu, il nous faut noter qu'il n'a point la malice que nous disons lui estre naturelle, de sa creation premiere, mais en tant qu'il a esté depravé [...] en leur premiere creation ils ont esté Anges de Dieu ; mais en declinant de leur origine, ils se sont ruinés [...]. »

2 Vers 557 *sq.* : Contrairement à Calvin, Du Bartas commence par évoquer les mauvais anges. Voir Calvin, *Inst.*, 1, 14. Faute de source biblique, Du Bartas s'inspire du mythe antique des Géants, revu par les poètes latins, en particulier par Ovide et Virgile : voir Thevenin. Sur la chute des anges, voir Jean Wier, *Les Cinq livres de l'imposture et tromperie des diables*, trad. Jacques Du Puys, 1569, 1, 1 : « Tous ces esprits estoyent bons. [...] Mais lors que quelques uns d'entre eux se glorifierent, s'esleverent par leur propre arbitre à raison des graces desquelles ils estoyent douez, et s'estimerent semblables à Dieu, ne se maintenans en leur origine, delaissans leur lieu et pechans : Dieu courroucé les desenroula du nombre de ses ministres, les chassa, les precipita et les reserva en perpetuelles prisons et tenebres, pour le jour de son grand jugement. » Voir aussi saint Augustin, *Le Livre de la vraie religion*, 13.

3 Comprendre : « aussi bas ». Les éditions ultérieures corrigent l'erreur. Selon Jean Céard (art. cit., p. 30, n. 22), le vers ne serait pas fautif : « le premier *haut* peut s'entendre au sens de « profondément » (lat. *alte*) ».

4 Voir Thomas, *Somme théologique*, 1, q. 63, art. 3 : « Sans aucun doute l'ange a péché en désirant être comme Dieu. »

5 Vers 569-570 : Du Bartas reprend la doctrine de saint Augustin, qui situe la demeure des démons dans la région de l'air : voir *La Cité de Dieu*, 8, 22. En s'inspirant des thèses platoniciennes d'Apulée, Ronsard, dans *Les Daimons*, donne plus de précisions sur la

{22} Ce peuple ensorcelé de superbe et de rage,
A gaigné pour le moins sur nous cest avantage,
Qu'il sçait combien l'enfer est esloigné des cieux
Car il l'a mesuré d'un saut ambitieux.

Efforts audacieux des diables contre Dieu et les hommes.

Tant s'en faut que Satan* et son escadre face
Profit de ce dur fleau, qu'il croist tousjours d'audace
Tant plus croist son supplice : imitant les lezards,
Qui bien qu'ils soyent coupez en trois ou quatre parts
Menacent le bleçeur, s'aigrissent davantage :
Voire mesme en mourant monstrent vive leur rage.
Depuis, ce revolté, Roy des airs plus espais[1] ,
Avec le Tout-puissant n'a ni treve ni paix,
Desireux d'enterrer de ses faits la memoire,
De miner son Eglise, et de saper sa gloire :
Desireux de priver tout ce grand corps de chef,
De Roy ceste cité, de patron ceste nef.
Mais s'estant de tout temps la Majesté divine
Logee en lieu si seur, que la sape, la mine,
L'eschelle, le canon et tous tels autres arts
Sont foibles pour forcer ses invaincus rampars,
Ne pouvant nuire au chef, les membres il oppresse[2] :
Et pardonnant au tronc, les branches il despece.
L'oiseleur, le pescheur, le veneur ne tend pas
Tant et tant de gluaux, d'hameçons et de laqs
Aux oiseaux, aux poissons, aux animaux sauvages,
Qui n'ont autre logis que les deserts bocages :
Que ce malin Esprit tend d'engins pour tromper
Ceux-mesme qui ne font mestier que de piper.

---

situation des démons dans les espaces aériens, entre le ciel et la terre : « En l'estage de l'air dessous la Lune espars, / Air gros espais brouillé qui est de toutes pars / Tousjours remply de vents, de foudres et d'orages, / Il logea les Daimons au milieu des nuages/ [...]. » (vers 29-32) Sans renoncer à cette localisation aérienne de l'enfer, Du Bartas semble lui préférer son acception spirituelle, qui n'exclut pourtant pas une spatialisation souterraine, conforme à la tradition : voir le commentaire de Goulart à ce sujet.

1 Sur la région aérienne assignée aux démons, voir les vers 569-570 et la note correspondante.

2 Métaphores bibliques du corps mystique et de l'arbre. Voir Calvin, *Inst.*, 1, 14, 18 : « Quant à nostre Chef, il a tousjours eu pleinement ceste victoire. Car le Prince du monde n'a rien trouvé en lui, mais en nous qui sommes ses membres [...]. »

Avec le traict mignard d'un bel oeil il attrape
{23} Le bouillant jouvenceau : l'argent lui sert de trape
Pour prendre l'usurier : par l'acueil gracieux
D'un Prince il va trompant l'esprit ambitieux.
Il gaigne avec l'apast de cent doctrines vaines
Ceux qui foulent aux pieds les richesses humaines.
Et la foy, la foy mesme est le piege où sont pris
Par l'art de ce pipeur les plus devots esprits :
Pipeur vrayment semblable à la verte chenille,
Qui le flairant honneur des plus gais mois nous pille,
Et qui nos doux fruitiers despouille de toison,
Pour puis la convertir en amere poison[1].

Qui ne seroit trompé par l'accorte malice
Du prince de la nuict, qui maintefois se glisse Leurs oracles.
Dans les membres gelez des dieux d'or ou de bois,
Et leur fait prononcer des veritables voix[2] ?
Qui taille du Prophete, et d'un feu saint allume
Or, la vierge de Delphe, or, la vierge de Cume*[3] ?
Or, tire du tombeau le dernier juge Hebrieu, *1. Sam. 28.*
Pour predire à son roy les jugemens de Dieu[4] ? *14.17.*
Ore d'une fureur profanement divine
Du pontife d'Amon* eschaufe la poictrine[5] :

---

1 Vers 593-610 : Jean Wier détaille les instruments de la puissance du diable, fondée sur l'artifice et la tromperie : voir le long chapitre 11 du premier livre. Pour ces métaphores et comparaisons traditionnelles, voir aussi Jean Céard et Jean-Claude Margolin, *Rébus de la Renaissance*, Paris, Maisonneuve et Larose, 1986, t. II, p. 219, et Marie-Madeleine Fragonard, *La pensée religieuse d'Agrippa d'Aubigné et son expression*, Paris, Didier Erudition, 1986, p. 427 et 469-470.

2 Allusion aux Idoles adorées par le peuple israélite contre la prescription divine : voir Ps 115 (113 B), 4-8. Même dénonciation chez Jean Wier, 1, 5.

3 La Pythie de Delphes et la Sibylle de Cumes. Pour l'origine diabolique de la prophétie, voir aussi Ronsard, *L'Hymne des Daimons*, vers 137-138 : « D'eux vient la Prophetie, et l'art qui est obscur / De sçavoir par oiseaux augurer le futur. »

4 Allusion à l'histoire de Samuel et de Saül dans 1 S 28, rapportée par Thevenin.

5 Il s'agirait, selon Goulart et Thevenin, de l'oracle de Jupiter Hammon dont parle, entre autres, Plutarque dans la *Vie d'Alexandre* : voir les références données dans leurs commentaires respectifs. Thevenin propose néanmoins une autre identification, biblique, qu'il tient de Du Monin : Amon serait le gouverneur de la ville de Samarie, grâce auquel le roi Achab fit emprisonner Michée, parce qu'il annonçait la défaite des armées d'Israël devant les Araméens, à Ramot de Galaad (1 R 22).

Leurs faux miracles.

Si bien que quelque fois d'un gosier non menteur
Aux peuples aveuglez il chante le futur[1] ?
Qui ne seroit trompé par cil qui transfigure
En couleuvre un rameau ? qui du Nil l'onde pure

Exod. 7. 11. 22 et 8.7.

Convertit en pur sang ? qui sur les licts royaux
Fait pleuvoir par milliers grenouilles et crapaux[2] ?
Car comme il est esprit, il void, bien qu'invisible,

Leurs ruses.

Les menees des grands : il sent, bien qu'insensible,
{24} Leurs plus ardans desirs : et comme en pareils faits,
Exercé de tout temps, il juge des effects.
Joint que pour hebeter les ames plus gentiles,
Pocher l'un et l'autre œil aux esprits plus habiles ;
Et dans ses laqs subtils les plus fins enretter,
Il predit ce qu'il veut lui-mesme executer[3].

Pourquoy leurs effects sont si estranges et merveilleux.

Que si l'homme prudent (bien que presque en mesme heure,
Suivant l'ordre commun, tout homme naisse et meure :
Que le corps soit encor un trop lourd instrument
Pour suivre de l'esprit le viste mouvement)
Par la seule vertu des metaux et des plantes,
Produit dix mille effects, dignes des mains puissantes
Du pere de ce Tout : qui doute que leur main
N'enfante quelque fois maint acte plus qu'humain ?
Veu qu'estans immortels*[4] , la longue experience
Des simples plus secrets leur donne conoissance :
Et qu'un corps importun n'empesche leurs esprits
De faire en un moment ce qu'ils ont entrepris[5].

---

1 Sur le don de prophétie des démons, voir saint Augustin, *De la divination des démons*, 5.

2 Vers 623-626 : Du Bartas donne trois exemples bibliques du pouvoir de Satan, tirés respectivement d'Ex 7, 10-12, Ex 7, 20-22 et Ex 8, 1-3.

3 Voir Jean Wier, 1, 9 : « Quelquesfois aussi ils predisent les choses qu'ils doivent faire, et ainsi ils attirent les hommes, [...] ils les seduisent, et trompent. » Voir aussi saint Augustin, *La Cité de Dieu*, 9, 22, et Pierre Lombard, *Sentences*, 2, 7, E.

4 Voir l'Indice de Goulart à « Diables ».

5 Les vers 627-646 sur la nature des démons s'inspirent de saint Augustin, *De la divination des démons*, 3, 7 : « Daemonum ea est natura, ut aerii corporis sensu terrenorum corporum sensum facile praecedant ; celeritate etiam propter eiusdem aerii corporis superiorem mobilitatem non solum cursus quorumlibet hominum vel ferarum, verum etiam volatus avium incomparabiliter vincant. Quibus duabus rebus quantum ad aerium corpus attinet praediti, hoc est, acrimonia sensus et celeritate motus, multa ante cognita praenuntiant vel

Non qu'ils ayent tousjours dessus le col la bride, Dieu les tient en bride.
Pour vaguer çà et là où l'appetit les guide,
Pour aveugler la terre, et, du monde vaincueurs,
Exercer tyrannie en nos corps et nos cœurs.
Dieu les tient* enchaisnez és fers de sa puissance,
Sans que mesme un moment ils puissent sans licence
Avoir la clef des champs[1] : c'est par son sauf-conduit
Que l'esprit mensonger le fol Achab seduit, *1. Rois. 22. 35.*
Luy faisant batre aux champs, pour obstiné, combatre
L'ost qui doit de son corps chasser l'ame idolatre.
Armé de la vertu de son saint passe-port[2]
{25} Il tente l'humble Job, met ses valets à mort :
Joint aux pertes du bien les pertes du lignage, *Job. 1. 15. etc.*
Et verse sur son chef dommage sur dommage[3].

---

nuntiant, quae homines pro sensus terreni tarditate mirentur. Accessit etiam daemonibus per tam longum tempus quo eorum vita protenditur, rerum longe maior experientia, quam potest hominibus propter brevitatem vitae provenire. Per has efficacias quas aerii corporis natura sortita est, non solum multa futura praedicunt daemones, verum etiam multa mira faciunt./Telle est la nature des démons, que leur corps aérien jouit d'une sensibilité bien supérieure à celle des corps terrestres ; et que ce même corps aérien est doué d'une si grande facilité de mouvement, que sa rapidité non seulement surpasse celle des hommes et des animaux sauvages, mais qu'elle l'emporte incomparablement sur le vol des oiseaux mêmes. Grâce à ces deux facultés inhérentes à ce corps aérien, c'est-à-dire, grâce à ces sens plus exquis et à ces mouvements plus rapides, ils savent avant nous bien des choses qu'ils prédisent ou révèlent, au grand étonnement des hommes, dont le sens tout terrestre est bien plus alourdi. Ajoutez que les démons, à la faveur de la durée si longue de leur vie toujours persévérante, ont acquis l'expérience des choses ; bien plus que ne peuvent la posséder les humains dont la vie est si courte. Aidés de ces forces propres à la nature de leur corps aérien, les démons non seulement prédisent plusieurs événements futurs, mais ils opèrent maintes œuvres merveilleuses. » Voir aussi Jean Wier, 1, 9 : « Il ne se faut esmerveiller, si les esprits entreprennent ces choses, et une infinité d'autres pareilles. Car estans subtils en leur substance, ils peuvent et entendent plusieurs choses, [...] au moyen de leur [...] subtilité, vitesse incroyable, bonté en tous sens et de lumiere naturelle beaucoup plus clere et excellente en eux qu'en tous autres corps terrestres et tradifs en leurs sens. Ils ont avec toutes ces choses [...] la longueur du temps, pendant lequel ils ont vescu dés le commencement avec une remarquable expérience [...]. » Sur la vitesse des anges, voir aussi Jean Wier, 1, 9 : « Tout esprit est leger, tels sont les Anges, et les Diables, par quoy en un moment ils sont partout. » Développement voisin chez Ronsard, *Hymne aux Daimons*, vers 245-248 : voir Thevenin.

1 Pour le pouvoir de Dieu sur le diable ou les démons, voir Calvin, *Inst.*, 1, 14, 17 : « Satan est sous la puissance de Dieu [...] il est tellement gouverné par son congé qu'il est contraint de lui rendre obeissance. »

2 Voir 1 R 22.

3 Voir les malheurs qui s'abattent sur le serviteur de Dieu dans Jb 1 et 2. Mêmes exemples chez Calvin, *Inst.*, 1, 14, 17, et chez Ambroise Paré, *Des monstres et prodiges*, éd. Jean Céard,

Pourquoy Dieu lasche partois la bride aux Diables.

Pour ce que l'Eternel, ores pour esprouver
La foy des plus constans[1] , ores pour abreuver
D'erreur ceux qui d'erreur gloutement se repaissent,
Emancipe souvent ces brouillons, qui ne cessent
De batre mesme enclume, et poursuivre, insensez
Les damnables efforts en Adam commencez.

Des bons Anges, servans à la gloire de Dieu, et au bien de son Eglise en general et en particulier.

Mais comme à contre-cœur ceste apostate bande
S'attaque aux fiers tyrans : et pour les bons se bande,
L'escadron* innocent[2] qui ne désire pas
Ni s'eslever trop haut, ni descendre trop bas,
De gayeté de cœur à tous momens chemine
Où le pousse le vent de la bonté Divine :
Et son sacré dessein n'eut jamais autre but,
Que la gloire de Dieu[3] , et des Saints le salut[4].
Un desreglé desir n'entre en sa fantasie :
L'aspect du Tout-puissant est sa douce Ambrosie* :
Et les pleurs repentans d'un agneau retrouvé
Est le plus doux Nectar* dont il soit abreuvé.
L'esprit ambitieux de l'homme ne desire
Qu'avoir sceptre sur sceptre, empire sur empire :
Il n'aspire au contraire à plus grande grandeur :
Son repos gist en peine, en service son heur.
Car Dieu n'a pas si tost la parole avancée,
Branlé si tost le chef, si tost presque pensée
Une haute entreprise, où par moyen exquis
Le ministere saint des Anges soit requis,
{26} Que ces vistes couriers ne prenent la volee
Pour la mettre en effect[5]. L'un d'une course ailee

Genes. 21. 17. 18.

Genève, Droz, 1971, p. 81 et n. 153.

1 Interprétation courante de la fonction assignée au diable : elle consiste à mettre à l'épreuve et ainsi à affermir la foi du fidèle. Pour cette idée, voir notamment Calvin, *Inst.*, 1, 14, 18.

2 Ronsard parle d'« escadron precieux des Anges », *Hymne des Daimons*, vers 22.

3 Voir Calvin, *Inst.*, 1, 14, 5 : « comme les gendarmes [les anges] sont autour de leur Prince ou capitaine, aussi ils sont presents devant Dieu pour orner et honorer sa majesté, et sont tousjours prests attendant son bon plaisir, pour s'employer partout où il ordonne, ou plustost avoir la main à l'œuvre. »

4 Voir Calvin, *Inst.*, 1, 14, 6 : « [les anges] sont tousjours au guet pour nostre salut ».

5 Voir Calvin, *Inst.*, 1, 14, 5 : « Nous lisons par toute l'Ecriture, que les Anges sont esprits celestes, du ministere desquels Dieu se sert pour faire et executer sa volonté. » Toute cette

Suit la fuite d'Agar, son chemin acourcit[1],
Et par discours sucrez son exil adoucit.
L'autre conduit d'Isaac les puissantes armees, *Exod. 22.23. et 33. 2*
L'autre guide Jacob es terres Idumees[2] :
L'autre, expert medecin, redonne aux foibles yeux
Du fidele Tobit l'usufruict cler des cieux : *Tob. 11.7.11 et 12.14.15.*
L'autre, d'aise ravi, dans Nazareth asseure
Qu'une dame sera Mere et vierge, en mesme heure :
Et qu'elle enfantera pour le salut humain *Luc. 1. 26.*
Son pere, son espoux, son fils, et son germain.
Voire que sa matrice heureusement feconde
Comprendra celui-là qui comprend tout le monde.
L'autre d'un zele ardent à pieds et mains le sert *Matt. 4. 11*
Par le sable infertil du montagneux desert.
L'un l'exhorte au jardin[3] de vuider le calice *Luc. 22. 43.*
Par son pere broyé, pour laver nostre vice. *Mat.28.2.5.*
L'autre annonce sa vie aux dames qui cuidoyent *Marc. 16.6.*
Que ses membres gelez sous la tombe attendoyent
De l'Archange le cri[4] : l'autre contre esperance *Luc. 1. 23*
Predit du premier Jean l'incroyable naissance[5].
L'un, du decret divin fidele executeur, *Exod. 3.2*
Des brebis d'Israel eslargit le Pasteur. *Exod.12.29.*
L'autre fait en peu d'heure un horrible carnage,
De tous les fils ainez du Memphien rivage :
Exemptant les maisons dont le sacré posteau
A pour sa sauvegarde un peu de sang d'agneau. *2. Rois. 19. 35.*
L'autre devant Solime en moins d'un rien moissonne

présentation sur la nature des anges, sur leur statut et sur leurs fonctions est inspirée de saint Augustin, *De la Trinité*, 3, 11.

1 Vers 689-755 : Série d'exemples bibliques visant à montrer le service zélé des Anges ainsi que leur puissance, dont on trouvera chez Thevenin le recensement précis. Du Bartas suit quasiment à la lettre les exemples donnés par Calvin dans *Inst.*, 1, 14, 6.

2 Manchette fautive : Thevenin corrige par Gn 26 pour la référence à Isaac, et par Gn 32 pour la référence à Jacob.

3 Au jardin des Oliviers : voir Lc 22, 42-43 pour l'allusion.

4 Référence à l'annonce de la résurrection du Christ faite à Marie-Madeleine, Marie et Salomé au tombeau : voir Mc 16, 1-8.

5 Il s'agit de l'incroyable naissance de saint Jean Baptiste, dont les parents étaient vieux : voir Lc 1.

{27} L'ost de Senacherib*, de qui l'ire felonne
N'espargnoit le ciel mesme, esgalant à ses dieux
L'inimitable ouvrier de la terre et des cieux[1].
Ses soldats ja vainqueurs des forces de l'Aurore
Assiegeoyent la cité, qui seule seule adore
Le Dieu sans compagnon, si qu'à peine un moineau
Pouvoit sans leur congé franchir le sainct creneau.
A donc Ezechias, qui comme sage Prince
Represente à ses yeux de toute sa province
L'entier ravagement, les ceps de ses vassaux,
Le trespas de ses fils, les lubriques assauts
Livrez aux chastetez des royales pucelles,
Son propre corps haché de dix mil allumelles,
Le temple sans paroi, l'encensoir sans odeurs,
L'autel sans holocauste, et Dieu sans serviteurs,
Couvrant son chef de cendre, et d'un sac sa poitrine,
Appelle à son secours la puissance Divine,
Qui sa requeste appointe, et foudroye ses dards
Sur les fiers escadrons des ethniques soudards.
Car tandis qu'à l'entour du feu des corps de garde
Ils ronflent seurement, l'Eternel qui regarde
De mauvais œil l'armee, et de bon la Cité,
Envoye un escrimeur[2] contre Assur irrité.
Dont l'espée à deux mains d'un seul revers ne coupe
Le corps d'un seul soldat, ains de toute une troupe :
Et foudroyant, sanglante, or derriere, or devant,
Passe par les armets comme à travers le vent.
Ja chacun gagne au pié, mais sa course est trop lente
Pour eviter les coups d'une espee volante,
{28} Qu'on void parmi les airs sans qu'on voye le bras,
Qui pousse en une nuict tant d'hommes au trespas :
Ainsi que des moulins on void rouer les voiles
Sans voir l'esprit venteux qui soufle dans leurs toiles.

---

1 Du Bartas développe ce dernier exemple, tiré de 2 R 18-19, sur le siège de Jérusalem par Sennachérib et la victoire d'Ezéchias dans les vers 719-754.

2 *Un escrimeur :* un ange guerrier.

L'Aube au reistre bisarre[1] à peine encor chassoit,
L'ombre qui les sommets du Liban brunissoit
Que le veillant Hebrieu du creneau de sa ville,
Descouvrant tout d'un coup cent quatre vints cinq mille
Idolatres tuez, fremit d'aise en son cœur,
Pour voir tant de vaincus sans sçavoir le vaincueur,
Sacrez tuteurs des saincts[2] , Archers de nostre garde[3] ,
Assesseurs, Postillons, Heraux de cil qui darde
L'orage sur le dos des rocs audacieux :
O communs truchemens de la terre et des cieux,
Je suyvroy plus long temps vostre viste plumage :
Mais ayant entrepris un si lointain voyage,
Je crain de perdre cœur, si au commencement
Je fay trop de chemin, et vay trop vistement :
Veu que le pelerin qui genereux desire
Voir les murs et les mœurs de maint estrange empire
Sage, se diligente assez le premier jour,
S'il passe seulement le sueil de son sejour.

FIN DU I. JOUR

1 *L'Aube au reistre bisarre :* l'aube au manteau bigarré. Le reître désigne aussi bien le cavalier mercenaire que la capote qu'il porte.
2 Voir l'Indice de Goulart à « Anges ».
3 Vers 755-766 : Le premier jour s'achève sur une apostrophe aux Anges.

{29}

SOMMAIRE DU SECOND JOUR.

Moyse dit que Dieu crea au second jour l'estendue pour separer les eaux les unes des autres. C'est le discours que fait maintenant nostre auteur. Mais avant qu'entrer en propos il taxe la frenesie de certains poetes François de nostre temps : et protestant avoir toute autre intention qu'eux, le monstre par effect, en ce qu'il invoque derechef le vray Dieu pour estre assisté en la description de ceste seconde journee. Quoy fait, il propose en demie douzaine de vers son intention, qui est de parler des cieux, et de la region elementaire. Et là dessus entre en la docte dispute des elemens, laquelle il deduit d'un artifice exquis et avec une excellente adresse. Premierement donc il traite du nombre des elemens, s'ils sont simples ou composez, des commoditez et incommoditez que leur harmonie, conjunction et domination apporte, ce qui est esclairci par comparaisons tirees de la consideration des temperamens du corps humain. En apres il discourt sur la duree d'iceux : refute divers erreurs concernans la naissance, corruption, alteration et changement des choses considerees en leur forme et matiere. Item de leur situation, de laquelle les causes sont deduites par le menu, et esclaircies par belles comparaisons. Cela fait, le poete reprenant son<t> halaine, et voulant voltiger par les cieux, encourage sa muse, et s'eslance jusques en la region de l'air, laquelle il divise en trois, asavoir la supreme fort chaude, la moyenne fort froide, la basse et plus prochaine de nous sujette à changemens de froid et de chaud pour les raisons par lui descrites. Puis il descouvre les causes naturelles de la froideur de la moyenne region de l'air, et traite des admirables effets d'icelle, en monstrant comme se font les frimas, orages, rosees, pluyes, gresles, et exhalaisons. Consequemment il vient à parler des vents, et en considere quatre principaux, lesquels representent les quatre elemens, les quatre saisons, les quatre humeurs et les quatre aages de l'homme. De ces quatre il en tire un nombre infini puis apres, touchant en un mot les trentedeux remarquez sur les cartes marines, et descrit en peu de mots leurs [*30*] proprietez. Apres les vents il suit le propos des autres exhalaisons, et represente les estoilles tombantes, cometes, brandons, clochers, dragons, flesches, lances, chevrons, javelots, et autres meteores que lon remarque souvent en ces regions basse et moyenne de l'air, et tout d'un train descrit et fait ouir le tonnerre, met devant les yeux les estranges efforts de la fouldre : marque les diverses apparences du soleil et de la lune, et l'arc celeste. Or combien que ce que dessus ait esté exposé par raisons naturelles, neantmoins le poete declaire qu'en toutes ces disputes lon doit reconoistre tellement la sagesse de Dieu, que par mesme moyen il faut plustost adorer le Createur, que s'amuser par trop à la recerche des creatures. Et sur ce propos il monstre comme les Chrestiens doyvent appliquer à leur usage ce qui a esté par luy mis en avant du tonnerre, de la fouldre, des pluyes, de l'arc celeste, et des prodiges qui apparoissent en l'air. Semblablement pour rabatre encore davantage l'orgueil de l'homme, il desfie tous les plus habiles esprits du monde, et s'asseure qu'ils ne sauroyent rendre raison de toutes les œuvres et effects de la providence divine en la nature, dont il propose divers exemples. Apres cela il fait un recit des signes du ciel, par lesquels Dieu menace les hommes, et monstre l'endurcissement des pecheurs : puis reprenant son discours de la situation des elemens, il met le feu elementaire pres du ciel, refutant l'opinion contraire, et distinguant ce feu d'avec le nostre. Voila quant aux regions de l'air. Pour le regard des cieux, desquels il vient à traiter finalement, il tient que le ciel est d'une cinquiesme essence, à cause de son mouvement continuel. Il declare en apres dequoy les quatre elemens servent aux cieux, traite de leur beauté, et s'arreste tout court pour ne disputer pas davantage de quelle matiere ils sont creez. Mais il entre incontinent en la dispute de leur nombre et en considere dix : puis chante excellemment les perfections de ce beau Rond cinq fois double. Pour la fin il respond à ceux qui n'estiment pas qu'il y ait des eaux sur les cieux, et maintient son dire par diverses raisons, lesquelles il ferme par une longue et vive description du deluge universel du temps de Noé. Là il acheve le second jour, achevant proprement son propos de la creation de l'estendue, faite pour separer les eaux d'avec les eaux, comme en parle Moyse au commencement de Genese.

{31}

SECOND JOUR
DE LA SEPMAINE,
DE GUILLAUME DE SA-LUSTE SEIGNEUR DU BARTAS.

TOUS ces doctes esprits, dont la voix flateresse
Change Hecube* en Heleine, et Faustine* en Lucresse*[1] :
Qui d'un nain, d'un bastard, d'un archerot sans yeux
Font, non un dieutelet, ains le maistre des Dieux :
Sur les ingrats seillons d'une infertile arene,
Perdent, mal-avisez, leur travail et leur graine :
Et tendans un filé pour y prendre le vent
D'un los je ne say quel qui les va decevant,
Se font imitateurs de l'araigne qui file
D'un art laborieux une toile inutile.
Mais bien que nous n'ayons rien plus cher que le temps,
Peu je regretteroy la perte de leurs ans,
Si par ces vers pipeurs leur muse trop diserte,
Se perdant, ne trainoit des auditeurs la perte.
Sous le mielleux apasts de leurs doctes escrits
Ils cachent le venin que les jeunes esprits
Avalent à longs traicts, et du vin d'amour yvres,
{32} Leur mauvais estomach aime les mauvais vivres.
D'un rude eslancement leurs carmes enchanteurs
Precipitent en bas les novices lecteurs,

Ayant descrié et condamné la folle fureur des poetes lascifs de nostre temps, il declare son intention estre de presenter des vers que les plus pudiques personnes pourront hardiment lire.

1 Locutions proverbiales (encore que la seconde associe plus fréquemment Thaïs à Lucrèce, par ex. dans *Les Regrets*, 100, et dans *Les Tragiques*, 3, 93). Du Bartas, dans *La Judit*, invectivait déjà ceux « qui [font] souvent d'une Hecube une Helene » [amplifié en 1579 : « Vous dont l'art et le fard, dont les perles et l'or / De la femme à Priam font la sœur de Castor »] » (éd. Baïche, p. 128 et 65). Voir aussi III, 955-958.

Qui font à mieux glisser[1] d'une folastre envie
Par le pendant glacé du mont de ceste vie.
Les vers que leur Phœbus* chante si doucement
Sont les soufflets venteux, dont ils vont r'alumant
L'impudique chaleur, qu'une poitrine tendre
Couvoit sous l'espaisseur d'une honteuse cendre.

De rechef il invoque Dieu pour estre assisté en la description de l'œuvre du second jour.

Or tout tel que je suis, du tout j'ay destiné
Ce peu d'art et d'esprit que le ciel m'a donné
A l'honneur du grand Dieu, pour nuict et jour escrire
Des vers que sans rougir la vierge puisse lire.
Cler surjon de doctrine, ame de l'Univers[2],
Puis qu'il t'a pleu choisir l'humble ton de mes vers,
Pour chanter ton beau los : fay couler de ma plume
Le celeste nectar, respan sur ce volume
La corne d'Amalthee* : et fay qu'aucunement
Il responde aux grandeurs d'un si grave argument.
Défriche ma carriere en cent parts buissonnee
De dangereux haliers : luy sur ceste journce,
Afin que saintement par ton fanal* conduit
Mon sacré rendez-vous je gaigne avant la nuit.

Cest œuvre est la creation de l'estendue, dont Moyse fait mention au 1. ch. de Genese, 6. 7. 8. Laquelle comprend les cieux et toute la region elementaire.

Ceste longue largeur, ceste hauteur profonde,
Cest infini fini, ce grand monde sans monde,
Ce lourd, di je, Cahos, qui dans soy mutiné,
Se vid en un moment dans le rien d'un rien né,
Estoit le corps fecond d'où la celeste* essence
Et les quatre elemens devoyent prendre naissance[3].

Il entre au discours des elemens et premierement

{33} Or ces quatre elemens*, ces quatre fils jumeaux,
Savoir est l'air, le feu, et la terre, et les eaux,

1 Qui agissent de manière à mieux glisser, qui rivalisent à qui glissera le mieux. (*Cf. faire à savoir*, *faire à croire* ; on disait aussi *faire à louer*, c'est-à-dire : agir de manière à être loué.)

2 Invocation à Dieu, et plus précisément au Saint Esprit. Voir « Le premier jour », v. 293 et suiv.

3 Du Bartas commence à détailler l'œuvre de distinction dont il a tracé le schéma général au Premier Jour, v. 415-422. (Voir V. Giocomotto-Charra, *La forme des choses*, Toulouse, 2009, p. 181-182.) Du chaos débrouillé viennent à la fois la substance du ciel, dite éther, et les quatre éléments. Les v. 41-108 ont été traduits en anglais par le roi Jacques Ier d'Angleterre (*The Poems of James VI of Scotland*, éd. J. Craigie, Edimbourg, Blackwood, 1955-1958, t. 2, p. 148-155).

Ne sont point composez, ains d'iceux toute chose
Qui tombe sous nos sens, plus ou moins se compose :
Soit que leurs qualitez desployent leurs efforts
Dans chasque portion de chasque meslé corps :
Soit que de toutes pars, confondant leurs substances,
Ils facent un seul corps de deux-fois deux essences[1] :
Ainsi que dans le creux d'un verre christalin
Le breuvage achelois* se mesle avec le vin :
Ou comme la viande et la boisson subtile
Chez nous se vont meslant pour se muer en chile*[2].
Cela se void à l'œil dans le bruslant tison :
Son feu court vers le ciel sa natale maison :
Son air vole en fumee : en cendre chet sa terre :
Son eau boult dans ses nœuds[3]. Une semblable guerre
Tient en paix nostre corps[4], car sa terre est sa chair :
En ses vitaux esprits[5] gist sa flamme, et son air :

dit qu'il y en a quatre, qui sont simples, et dont toutes choses qui tombent sous nos sens, sont composees, ce qu'il conferme par diverses comparaisons, et par la consideration du corps humain.

1 Par cette alternative, Du Bartas évite de prendre parti dans un débat qui divise les scolastiques. Pour Aristote, les éléments se mêlent selon leurs qualités; pour Galien et les Stoïciens, ce sont leurs substances qui se mêlent, les qualités étant des accidents qui ne peuvent subsister sans sujets. Le médecin Nicolas Abraham de la Framboisière, admirateur de Du Bartas, lui fait pourtant grief de n'avoir pas choisi et de ne s'être pas arrêté à la première thèse (*Les Œuvres*, éd. 1669, p. 4) et lui objecte le fait d'expérience noté par le poète lui-même aux v. 59-62. Du Pleix, *Physique*, 6, 12, qui cite les v. 47-54, exprime le même regret. Sur ce débat, voir notamment Thomas d'Aquin, *De mixtione elementorum*; G. Contarini, *De elementis*, in *Opera*, éd. Venise, 1578, p. 44 et suiv.; Jean Fernel, *Physiologie*, 2, 6; Jean Riolan, *Prælectiones in libros Physiologicos {Fernelii}*, *De elementis*, ch. 6 à 8, éd. Paris, 1601, p. 22-28.

2 On appelle *chile* (ou *chyle*) le produit de la première concoction, qui s'opère en l'estomac : ce « n'est autre chose que nostre boire et manger » « tourné et converti en une substance semblable à un lait d'amandes : jaçoit que telle matiere soit fort dissemblable et de parties bien diverses, ainsi qu'il se voit en tant grande varieté des viandes [aliments] que nous prenons » (Ambroise Paré, *Œuvres complètes*, éd. Malgaigne, t. 1, p. 40).

3 Comparaison reprise de Paré (1, 32) : « Telle mixtion des quatre Elemens pourra estre cogneue par la resolution d'iceux, faicte au boys verd brulant : car la flambe nous represente le feu, la fumee l'air, l'humidité qui resude dudit bois ressemble à l'eau, et la cendre à la terre. »

4 C'est en se combattant avec des forces égales que les éléments instituent entre eux une sorte de paix; de même, les humeurs dans le corps. Exemples classiques de la *concordia discors* à l'œuvre dans le monde entier. Du Bartas a pu notamment s'inspirer ici du traité pseudo-aristotélicien *De mundo*, 396a 397a.

5 Dans l'ancienne physiologie, entre l'âme et le corps, il existe des intermédiaires, les esprits : issus de la masse sanguine, corporels, mais subtils, ils permettent à l'âme de faire mouvoir, vivre et subsister le corps et sont donc les instruments par lesquels elle exerce ses facultés. Les esprits vitaux se forment au cœur et sont conduits par les artères

⌊En ses humeurs son eau : voire on ne void parcelle
En tout le corps humain, où chascun d'eux ne mesle
Ses puissantes vertus : combien qu'evidemment
L'un ou l'autre ait tousjours plus grand commandement.
En la masse du sang, ceste bourbeuse lie,
Qui s'espaissit au fonds, est la melancholie,
De terrestre vertu : l'air domine le sang,
Qui, pur, nage au milieu : l'humeur qui tient le flanc,
Est l'aquatique flegme : et l'escume legere,
Qui s'empoule dessus, c'est l'ardente colere[1].

De la revolution qu'il faut considerer en la domination des elemens sur les choses qui en sont composees.

Non que chaque Element en main porte tout-jour
{34} D'un mesme corps le sceptre : ains regnant à son tour,
Il fait que le sujet dessous sa loy se renge,
Et que, changeant de roy, de naturel il change :
Comme sans respecter ni richesse ni sang
Chasque bon citoyen commande et sert de rang
Dans la libre cité, qui semble en peu d'espace,
Changeant de magistrat, changer aussi de face.
Car le peuple agité de diverses humeurs,
Reçoit, cameleon*, de ses princes les mœurs.
Ainsi donc l'element, qui dans le vin preside,
Le rend or'chaud, or'froid, ore sec, ore humide.
Par ses acouplemens imparfaits ou parfaits,
Le forçant de changer et de goust et d'effects.
Si bien qu'avec le temps le jus vertement aigre,
Se fait moust, le moust vin, et le bon vin vinaigre[2].

à toutes les parties du corps dont ils fortifient la chaleur naturelle. Par leur nature et par leur fonction, ils ressortissent à la fois à l'air et au feu.

1 Image classique, inspirée de Galien. La Framboisière (éd. cit., p. 43), qui, du reste, recopie Ambroise Paré (1, 41), la présente ainsi : « Comme on voit quatre parties differentes au moust, la douce liqueur, la fleur qui est au dessus, la lie qui est au fond, et la verdeur, ou aquosité meslée parmy : ainsi apperçoit-on quatre humeurs differentes en la masse sanguinaire, le sang qui est la plus benigne humeur represente la meilleure partie du vin ; la bile qui paroist au dessus, ressemble à la fleur ; la melancolie qui est toujours au dessous, est comme la lie ; la pituite retire à la verdeur, ou aquosité. » Le sang, chaud et humide, s'apparente à l'air ; la bile, ou colère, chaude et sèche, au feu ; la mélancolie, froide et sèche, à la terre ; la pituite ou phlegme, de température froide et humide, à l'eau.

2 Suite de l'image du vin esquissée aux v. 69-74. Le verjus, le moût, le vin et le vinaigre représentent quatre états d'un même objet et permettent de comprendre comment une

Or tandis qu'entre nous ou le prince ou le roy
Captive sa grandeur sous le joug de la loy,
Il commande sans peur : et la chose publique,
Jouit heureusement d'un estat pacifique.
Mais si cruel tyran, il n'est jamais saoulé
Du sang de ses vassaux, si son glaive afilé
Fuit tousjours le fourreau : en fin, en fin sa rage
Convertira sa terre en un desert sauvage.
De mesme, ou peu s'en faut, tant que l'un element
Sur ses trois compagnons regne modestement :
Qu'une proportion conjoint, bien qu'inegales,
Les princesses humeurs, et les humeurs vassales :
Le corps demeure en estre, et les insignes traits
De sa forme il retient dessus le front pourtraits.

Du bien qui revient de la proportion des elemens és choses composees, esclairci par belles similitudes.

{35} Mais si tel que ce Roy* qui, barbare, desire
Que tous les citoyens de son puissant empire,
Ne portent qu'un seul col, pour priver, inhumain,
De vie en un seul coup tout le peuple Romain[1],
De tous ses compagnons il cerche la ruine :
Peu à peu la maison, où, tyran, il domine,
Ruineuse, se perd : et dedans et dehors,
Aux yeux plus cler-voyans semble changer de corps.
Ainsi le trop d'humeur qu'à la longue le foye*,
Mal-propre à digerer, dessus la chair envoye,
Bouffit le corps malade, estouppe les conduits
Des moites excremens, boûche et reboûche l'huis
A la pantoise haleine : et lentement cruelle,
Fait qu'au milieu de l'eau sa soif soit eternelle,
Ne laissant l'homme en paix, jusqu'à tant que ses os
Par le gelé tombeau soyent[2] tenus en depos[3].

Du mal revenant de la domination excessive d'un des elements sur les autres en quelque corps que ce soit, specialement au corps humain. L'element de l'eau dominant sur les autres rapporte à l'hydropisie.

---

même masse peut se modifier, chacun des quatre éléments dont sont composés les mixtes ayant à son tour la prééminence. La traduction politique qu'en propose Du Bartas est courante depuis le *De mundo*, 396b, une société politique étant, elle aussi, un mixte.

1 Allusion à Caligula, qui, selon Suétone, *Vie de Caligula*, 30, 2, s'était écrié : « Utinam populus Romanus unam ceruicem haberet ! »

2 Ici comme ailleurs, Du Bartas traite *soyent* comme monosyllabique.

3 C'est le foie qui convertit le chyle en sang. Si cette faculté est altérée, le foie envoie dans le corps des matières mal « digérées », d'où s'engendre l'hydropisie. (Du Bartas a corrigé ces

Celui de la terre à la fievre lente et hectique.

Ainsi le sec excés cause une fievre* lente,
Qui tousjours sans tourment l'hectique* retourmente,
Qui ses nerfs affoiblit, prive d'aise son cœur,
Son visage de joye, et ses membres d'humeur,
(Semblable au cler flambeau, qui peu à peu se mine,
Qui se paist de sa perte, et vit de sa ruine)
Ne laissant l'homme en paix jusqu'à tant que ses os,
Par le gelé tombeau soyent tenus en depos[1].

Celui du feu à la fievre ardente.

Ainsi le trop de feu cause une fievre* ardente,
Qui nous haste le pouls : qui la langue pesante
Nous surcharge de crasse : et qui dans le cerveau
Nous peint fantasquement d'un inconstant pinceau
Tout autant de pourtraits qu'en forme la nature,
{36} Que le sort en esbauche, ou que l'art en figure,
Ne laissant l'homme en paix jusquà tant que ses os
Par le gelé tombeau soyent tenus en depos[2].

Celui de l'air au froid desmesuré.

Ainsi ce froid* trop grand, qui d'une toison grise
Couvre le chef vieillard, qui sa chair amenuise,
Qui seillonne son front, qui cave ses deux yeux,
Qui le rend nuict et jour à soy-mesme odieux,
Et qui sans fin coulant de mouelle en mouelle,
Esteind par ses hivers la chaleur naturelle,
Ne laisse l'homme en paix, jusqu'à tant que ses os
Par le gelé tombeau soyent tenus en depos[3].

---

vers et supprimé « entre deus peaus », cette hydropisie, dite en latin *intercus aqua*, n'étant que la forme la plus courante du mal décrit.) Alors, dit Paré (I, 394-395), « le malade est tout bouffi », il ressent « une soif inextinguible », une « difficulté de respiration », et ces aquosités en nombre « empêchent l'issue de l'urine et des excremens du ventre ».

1 Selon Paré (III, 171-172), la fièvre hectique, quand elle est une maladie, consiste « en une intemperie chaude et seiche » ; elle n'entraîne aucune exacerbation de la chaleur et du pouls, « si bien que le malade mesme ne pense avoir la fievre, et ne sent aucun mal et douleur » ; elle devient incurable quand elle « s'attache aux parties solides, et les destruit et consomme : tout ainsi que la flamme d'une lampe consomme premierement l'huile, en après la propre humidité du lumignon, et en fin le corps du lumignon mesme ».

2 Selon Paré (III, 134), ceux qui sont « de temperament chaud et sec », sont sujets à la « fievre ardente » ; elle a pour signes « la langue seiche, et pource aspre, noire à raison de l'adustion », la bouche amère et des « delires à cause du mouvement de la bile vers le chef ».

3 Selon Paré (I, 37), « en vieillesse les hommes sont froids et secs, jusques aux parties solides, pour la consomption de l'humeur substantifique ou radicale, provenant de la multitude des ans ».

Pourtant ne cuide point que cest excés reduise
Rien des corps à neant : seulement il desguise
Leur forme en cent façons, sans que le corps des corps
Perde ni gaigne rien soit dedans soit dehors.
Car tout ce qui se fait, se fait de la matiere,
Qui dans l'antique rien fut faite la premiere.
Tout ce qui se resould, en elle se resould.
Depuis que l'Eternel fit de rien ce grand Tout*[1],
Rien de rien ne se faict : rien en rien ne s'escoule :
Ains ce qui naist ou meurt ne change que de moule.
Son corps tantost s'alonge, ores il s'acourcit,
Ore il se fait espais, tantost il s'estrecit[2].

Pour le second point il traite de la duree des elemens soustenant que tout ce qui se fait se prend de la matiere premiere, et ce qui se desfait se resouldt en elle, changeant seulement de forme.

Et de-vray, si d'un rien les corps prenoyent naissance,
La terre produiroit le froment sans semence :
Les enfans desirez naistroyent des flancs puceaux :
Tout se feroit par tout : quelquefois dans les eaux
S'engendreroit le cerf, sur terre la baleine,
Et parmi l'air venteux le mouton porte-laine :
{37} Les cormiers et les pins naistroyent dans l'ocean :
La noix pendroit du chesne, et du noyer le glan :
Et l'aigle, transgressant de nature la reigle,
Produiroit la colombe, et la colombe l'aigle.
Que si les corps prenoyent d'eux mesme acroissement,
L'homme, à croistre tardif, viendroit en. un moment
Tout aussi grand qu'il est : des forests les ramees
Naistroyent avec les troncs des plantes non semees :
L'elephant, non sevré, pourroit avant saison
Porter dessus le dos toute une garnison :
Et le poulain, sortant du flanc de la cavale,

Refutation de l'erreur de ceux qui ont disputé que les corps naissoyent de rien, ou prenoyent accroissement d'eux mesmes, et pouvoyent aussi estre du tout aneantis.

1 Voir Indice de Goulart à « Matiere ».

2 C'est aussi l'axiome que formule Lucrèce, 1, 151 : « Nullam rem e nihilo gigni » ; comme Du Bartas, v. 157-166, il le démontre en soutenant que, si les choses naissaient de rien, tous les corps seraient à même de produire toutes les espèces (1, 160-174) ; comme Du Bartas encore, v. 167-174, il souligne qu'en ce cas, ils croîtraient en un instant (I, 185-192) ; enfin, comme Du Bartas, v. 175-180, il note que, si les corps n'avaient rien d'impérissable, tout ce que nous cesserions de voir cesserait d'être (1, 216-221). Sur tout ce passage, voir José Kany-Turpin, « Une réinvention de Lucrèce par Du Bartas », *La littérature et ses avatars*, Paris, Aux amateurs de livres, 1991, p. 31-39.

Hannissant apres Mars* seroit un Bucephale*.
Au contraire, si rien en rien se reduisoit,

Rienne se reduit en rien.

Et tout ce qui se touche, et tout ce qui se void
A chasque heure perdant quelque peu de matiere
En fin deviendroit rien. Si la Parque* meurtriere
Pouvoit de fond en comble aneantir les corps,
Les corps seroyent si tost esvanouis que morts.
A la longue des monts les hauts faistes s'abaissent :
Mais les creusez vallons de leur perte s'engraissent.
Et ce que le desbord du Rhosne ou du Thesin
Au champ proche ravit, est acquis au voisin.
Le ciel, bruslant d'amour, verse mainte rousee
Dans l'amarri fecond de sa chere espousee[1] :
Qu'elle rend puis apres, siringuant* ses humeurs
Par les pores secrets des arbres et des fleurs.

Entroisieme lieu, par une similitude propre il monstre le changement continuel du monde, en la matiere et en la forme d'icelui, selon qu'il plaist à Dieu, en telle sorte neantmoins que la matiere demeure, encores qu'elle prene une infinité de formes.

Quiconque a remarqué comme une seule masse
De cire peut changer cent et cent fois de face
Sans croistre ni decroistre : il comprend aisement
{38} De ce bas univers l'assidu changement.
La matiere* du monde est ceste cire informe
Qui prend, sans se changer, toute sorte de forme :
La forme est le cachet : et le grand Dieu vivant
Le juste Chancelier, qui nuict et jour gravant
Ses grands et petits seaux dans ce corps si muable,
Rend une mesme masse or' vile, or' honorable[2].
Rien n'est ici constant : la naissance et la mort
President par quartier en un mesme ressort.
Un corps naistre ne peut, qu'un autre corps ne meure[3].
Mais la seule matiere immortelle demeure,
Tableau du Tout-puissant, vrai corps de l'Univers.
Receptacle commun des accidens divers[4],

1 Sur cette fécondation de la terre par le ciel, voir encore Lucrèce, 2, 992-995. Voir aussi Virgile, *Géorg.*, 2, 325-327.

2 Développement d'une similitude classique : voir Platon, *Timée*, 50C ; Aristote, *De cælo*, 3, 7, 305b.

3 Voir Lucrèce, 1, 263-265.

4 Platon, *Timée*, 49A et 51A (ὑποδοχή).

Toute pareille à soy, toute en soy contenue,
Sans que le vol du temps l'acroisse ou diminue,
Immuable d'essence, et muable de front,
Plus que n'est un Prothee[1], et plus qu'encor ne sont
Les poulpes cauteleux, qui sur l'ondeux rivage
Changent pour butiner chasque heure de visage.
Telle que le François, qui, guenon affeté
Des estrangeres mœurs[2], se paist de nouveauté :
Et ne mue, inconstant, si souvent de chemise
Que de ses vains habits la façon il desguise.
Telle qu'une Lais*, dont le volage amour
Voudroit changer d'ami cent mile fois le jour,
Et qui n'estant à peine encore deslacee
Des bras d'un jouvenceau, embrasse en sa pensee
L'embrassement d'un autre, et son nouveau plaisir
D'un plaisir plus nouveau lui cause le desir.
Car la matiere ayant d'un amour variable
{39} Espoinçonné le cœur[3] : mais n'estant point capable
De prendre tous pourtraits en une mesme part
Et dans un mesme temps, elle reçoit à part
Figure apres figure, en sorte qu'une face
S'efface par le traict qu'un[4] autre face efface.

Diverses similitudes à ce propos.

Le principal motif de ces evenemens,
Est le mortel discord de nos quatre elemens*,
Qui d'un repos haineux par ordre s'entremangent :
[Et comme neige et flots l'un en l'autre se changent,
Fils et Peres d'eux mesme. Or chacun element
Ayant deux qualitez, dont l'une absolument
Regne sur sa compaigne, et l'autre est hommagere :
Ceux de qui le pouvoir de toutes pars contraire
Est comme en contre-carre, employent plus d'effort

D'où procede ce changement de formes en la matiere.

1 Dans l'interprétation physique de la mythologie, le changeant Protée représente, selon Cœlius Rhodiginus, *Ant. Lect.*, 1, 17, « informem rerum materiam » ; voir, de même, Conti, *Myth.*, 8, 8, selon qui Proteus est « quasi τὸ πρῶτον ὄν».
2 Imitateur, comme le guenon (le mot est masculin), plein d'afféterie, des mœurs étrangères.
3 C'est-à-dire : ayant le cœur époinçonné.
4 *Un* peut ne pas prendre la marque du féminin devant un mot à initiale vocalique.

Et de peine et de temps à s'entremettre à mort.
La flamme chaude-seche en l'onde froide-humide,
La terre froide-seche en l'air chaud et liquide
Ne se mue aisement, à cause qu'inhumains,
Ils combatent ensemble et de pieds et de mains.
Mais bien la terre et l'air vistement se reduisent
L'une en l'eau l'autre en feu : dautant qu'ils symbolisent
En l'une qualité : si bien qu'à chacun d'eux,
Est plus aisé de vaincre un ennemi que deux[1].

De la situation des elemens et des effects d'icelle, comparez aux tons de la musique, à l'escriture qui par le moyen des vingt et deux lettres exprime infinies conceptions, et à la separation des metaux paravant confondus ensemble.

Donques puis que le nœu du sacré mariage,
Qui joint les elemens enfante d'aage en aage
Les fils de l'univers, et puis qu'ils font mourir
D'un divorce cruel tout ce qu'on void perir :
Et changeant seulement et de reng et de place,
Produisent, inconstans, les formes dont la face
{40} Du monde s'embellit : comme quatre ou cinq tons,
Qui, diversement joints, font cent genres de sons :
Qui par le charme doux de leur douce merveille
Emblent aux escoutans les ames par l'oreille.
Ou comme en ces escrits vingt et deux elemens,
Pour estre transposez, causent les changemens
Des termes qu'on y lit, et que ces termes mesme
Que ma sainte fureur dans ce volume seme,
Changeans seulement d'ordre, enrichissent mes vers
De discours sur discours infiniment divers[2] :
Ce n'est point sans raison, qu'avec telle industrie
L'Eternel partagea leur commune patrie,
Assignant à chascun un siege limité

1 Ce thème de la lutte perpétuelle des éléments (voir Lucrèce, 5, 377 et suiv.) fait appel à la physique des qualités, le chaud et le froid, l'humide et le sec. Les éléments, explique La Framboisière (éd. cit., p. 3-4), « ont chacun une des premieres qualités dominante, avec une autre qui l'accompagne, celle-là en degré extresme, celle-ci en degré moderé » ; ainsi le feu est « extresmement chaud et moderément sec ». D'autre part, « chaque element symbolise en l'une ou l'autre de ses qualitez avec deux autres elemens, et est contraire en toutes les deux au quatriesme ». Voir aussi Ambroise Paré (1, 32).

2 Les deux similitudes de la musique et des lettres de l'alphabet sont déjà réunies dans le *De mundo*, 396b. Celui-ci insiste sur l'harmonie qui résulte de ces combinaisons ; Du Bartas en note plutôt l'inépuisable fécondité, comme Lucrèce, qui retient la seconde similitude, 1, 197-199 (voir aussi 1, 823-829, où Lucrèce prend l'exemple de son propre poème).

Propre à leur quantité, propre à leur qualité.
Qui void donq quelquefois comme un lingot avare[1],
Vaincu du chaud Vulcan*, ses richesses separe :
Comme d'un pas tardif l'or avec l'or s'enfuit,
L'argent cerche l'argent, le cuivre s'entresuit,
Et ce tout composé de pieces inesgales
Se divise en ruisseaux orengez, blancs et pasles :
Il comprend qu'aussi tost que la bouche de Dieu
S'ouvre pour assigner à chaque corps son lieu[2],
Le feu contre le feu, l'eau contre l'eau se serre,
L'air se va joindre à l'air, et la terre à la terre[3].

Situation de la terre et du feu.

Ainsi doncques la lie et bourbe de ce Tas*,
Suyvant son naturel, à plomb descend en bas,
Le feu*, comme leger, d'une force diverse
Les fentes du Chaos* en mesme heure traverse :
Par bluetes s'en vole, et non moins prompt que chaud
{41} De ce monde pesant gaigne le lieu plus haut :
De la façon qu'on void, lors que l'aube bigarre
Le plancher de Cathay*[4] d'une couleur bisarre,
Fumer les mornes lacs, et dans le frais de l'air
Par les pores des champs les vapeurs s'exhaler.

De l'eau et de l'air assis entre la terre et le feu.

Mais craignant que le feu, qui ses freres enserre,
Pour estre trop voisin, ne cendroye la terre,
Comme arbitres <,> nommez, Dieu commence estaler
Entre si grands haineux et l'Amphitrite* et l'air*.
L'un d'eux ne suffisoit pour esteindre leur guerre.
Le flot, comme parent favorisoit la terre,
L'air du feu son cousin soustenoit le parti[5] :
Mais tous deux unissant leur amour departi,
Peurent facilement apointer la querelle
Qui sans doute eust deffait la machine nouvelle.

Pourquoy l'air a esté logé aupres de l'element du feu.

1 C'est-à-dire : qui suscite l'avidité.
2 Voir Gn, 1, 9 : « Dixit vero Deus : Congregentur aquæ, quæ sub cœlo sunt, in locum unum. »
3 « De la chaleur procedent la legereté, rareté et subtilité : de la froideur, la pesanteur et grosseur », de sorte que le feu et l'air tendent en haut, et l'eau et la terre, en bas (La Framboisière, éd. cit., p. 3).
4 C'est-à-dire : lorsque l'aube colore le ciel du côté de l'est.
5 L'eau est froide comme la terre ; l'air est chaud comme le feu.

L'air se parque dessus, l'eau se renge sous lui,
Non poussez par le sort, ains conduits par celui,
Qui pour entretenir la nature en nature,
Tous ses œuvres a fait par poids, nombre et mesure[1].
Car si Neptun* se fut aupres du feu logé,
Soudain soudain le feu, se cuidant outragé,
Pour se prendre à l'arbitre eut laissé sa partie.
Or les sacrez aneaux de la chaine, qui lie
Les membres de ce Tout[2], sont tels que quand il veut
Celuy qui les a joints seul desjoindre les peut.
Nerée*, comme armé d'humeur et de froidure,

Disposition et liaison des elemens.

Embrasse d'une main la terre froide-dure,
De l'autre embrasse l'air : l'air, comme humide-chaud,
Se joint par sa chaleur à l'element plus haut,
{42} Par son humeur à l'eau[3], comme les pastourelles,

Similitude.

Qui d'un pied trepignant foulent les fleurs nouvelles
Et mariant leurs bonds au son d'un chalumeau,
Gayes, balent en rond sous les bras d'un ormeau,
Se tiennent main à main, si bien que la première
Par celles du milieu se joint à la dernière.
Car puis qu'il est ainsi que le sec*[4] élement

Pourquoy l'element de la terre est plus bas et environné des trois autres, desquels il est le centre.

Ses propres animaux ne nourrit seulement :
Ains, qui plus est encor, du laict de ses mamelles
Repaist du ciel flottant les escadres isnelles,

1 Célèbre formule issue de Sg, 11, 21 : « Omnia in mensura, et numero, et pondere disposuisti », et que S. Augustin, *De Genesi ad litteram*, 3, 3 et suiv., commente longuement. Elle permet à Du Bartas de récuser le hasard (v. 296) qu'implique la physique épicurienne (voir encore v. 793-794).

2 Image classique de l'intime cohésion des parties du tout (voir Macrobe, *In somno Scipionis*, 1, 14).

3 Image classique du lien des éléments. Voir Ambroise, *Hexam.*, 3, 4 : « Aqua tanquam brachiis quibusdam duobus rigoris et humoris, altero terram, altero aerem videtur amplecti, frigido terram, aerem humido. Aer quoque medius inter duo compugnantia per naturam, hoc est inter aquam et ignem, utrumque illud elementum conciliat sibi, quia et aquis humore et igni calore coniungitur. » Ce texte est rappelé par Cœlius Rhodiginus, 1, 17.

4 Voir Indice de Goulart à « Terre ». Tel est aussi le raisonnement du *De mundo*, 2, 391b : « Cuius [mundi] cardinem – sic enim dixerim κέντρον – robustum et immobilem genetrix atque altrix animantium omnium habet tellus » (trad. Apulée, *De mundo*, 290), « Son pivot – c'est ainsi que je rendrais le mot "κέντρον" – solide et immobile, est occupé par la mère et nourrice de tous les êtres vivants, la terre ».

Et les ventres gloutons des troupeaux escaillez
Qui fendent les sillons des royaumes salez :
Tellement que la terre est ou mere ou nourrice
De ce qui court, qui vole, et qui nage, et qui glisse :
Il faloit qu'elle fut son propre contrepoids[1],
Pour ferme demeurer contre les fiers abois
Du naufrageux Neptune*, et les bouches irees
Des Austres* chaleureux, et des gelez Borees*.
Il faloit que son corps mornement ocieux
Plus que tout autre corps fust esloigné des cieux :
Afin que de leur cours l'eternelle vistesse
Ne donnast des cerceaux[2] à sa froide paresse,
Roide, la ravissant, tout ainsi que sans fin
Elle roue avec soy l'element plus voisin[3].
Puis qu'aussi d'autre-part l'harmonieuse course
Des clers brandons du ciel est l'immortelle source
De la vie terrestre, et que tous changemens
Sont à peu pres causez de leurs prompts mouvemens,
L'Eternel ne pouvoit loger en lieu du monde
{43} Mieux qu'au centre du Tout nostre ayeule feconde.
Car les vitaux rayons des Astres flamboyans[4]
Versent esparsement sur les airs ondoyans,
Sur la flamme voûtee, et sur la demeurance
Des peuples sans poulmon, leur puissante influance.
Mais toutes leurs vertus se vont finalement
Unir dedans le rond du plus bas element,
Comme moyeu du tout[5] : ainsi que dans la roue
Qui grave d'un long trac son voyage en la boue,
Les esloignez rayons se vont estrecissant,

1 Voir Ovide, *Mét.*, 1, 12-13 : « Tellus / Ponderibus librata suis ».

2 N'imprimât un mouvement tournoyant.

3 « Elle » : l'éternelle vitesse des cieux. L'élément du feu, étant le plus proche des cieux, tourne en rond, entraîné par leur vitesse. Voir ci-dessous, v. 849-850.

4 Thèse classique. Voir p. ex. Thomas d'Aquin, *Summa theol.*, 1a, q. 70, art. 3, arg. 3 : « sol et luna et alia luminaria sunt causa vitae, ut patet maxime in animalibus ex putrefactione generatis, quae virtute solis et stellarum vitam consequuntur. »

5 Dans la cosmologie aristotélicienne, non seulement la terre est ronde, mais aussi, immobile, elle occupe le centre du monde.

Au milieu du bouton[1] leurs pointes unissant.
Comme le cler Soleil la verriere traverse,
Des Astres tournoyans l'influance diverse
Passe de part en part sans nul empeschement
Le diafane* corps du plus chaud element,
Les regions de l'air, le transparant de l'onde,
Non le solide corps du fondement du monde.
C'est pourquoy justement nous pouvons appeller
Concubines du Ciel l'onde, la flamme, et l'air :
Dautant que son Phœbus, sa Lune, sa Pleyade[2]
Ne jouissent jamais, que comme de passade
De l'amour de ces trois : combien qu'incessamment
Le Ciel, masle, s'acouple au plus sec element :
Et d'un germe fecond, qui toute chose anime,
Engrosse à tous moments sa femme legitime
La terre plantureuse, et de corps si divers
En forme et naturel embellit l'Univers[3].

L'eau entre la terre et l'air.

L'Ocean* plus leger que la terrestre masse,
Et plus pesant que l'air, au milieu d'eux se place :
{44} Pour tant mieux temperer d'une moite froideur
De l'un la secheresse, et de l'autre l'ardeur.

Laissant le discours de la terre et de la mer jusques au livre suivant, il s'esleve jusques à l'element de l'air.

Hé ! ma Muse où vas tu ! mignonne, tourne bride :
N'espuise tout d'un trait la source Castalide*.
Surseoy pour ce jourd'huy de la terre et des flots
L'assiette, la grandeur, la faculté, le los :
Et sans anticiper l'origine du monde,
Laisse jusqu'à demain meslez avecques l'onde
Les montagneux rochers : car ce sera demain,
Que Dieu separera de sa puissante main
Ces brouillez elemens, et les terres velues
Ornera, liberal, de forests chevelues.
Il est temps, mon amour, mon unique souci,
Pour s'en voler plus haut, de desloger d'ici.
Il est temps, ou jamais, d'enter tes fortes ailes

1 Du moyeu (de la roue).
2 C'est-à-dire : les corps célestes.
3 Voir ci-dessus, v. 185-186.

Sur le lis immortel de tes vierges aisseles.
Afin que sur ton dos accortement leger,
Je puisse seurement par les cieux voltiger.
Çà-çà donc, mon bon heur, çà, preste moy l'espaule :
Afin que là dessus, des premiers de la Gaule,
J'esbauche de ma main ce laurier que les cieux,
Avares, ont celé longuement à mes yeux.

De l'element de l'air, distingué en trois estages ou regions.

L'air*, hoste des brouillats, jouet des forts orages,
Domicile inconstant des emplumez nuages,
Regne du viste Æole*, et magazin des vents,
Dont le commerce fait mouvoir les corps vivans,
N'est pas tout un par tout [:] le compas des plus sages
Le divise à bon droit en trois divers estages*[1] :
Dont le plus eslevé, tant pource que le cours

Haute.

{45} Du ciel premier moteur, l'emporte tous les jours
De l'Aurore au Ponant*, et du Ponant encore
A l'adoré berceau de la vermeille Aurore,
Que pour estre voisin de l'element plus haut,
Par les hommes savants est estimé fort chaud.

Basse.

Celui que nous touchons par temps certain endure
Ore l'aspre chaleur, ore l'aspre froidure,
Ore un moyen estat : ses flots sont au printemps
Tiedement temperez, en automne inconstans,
Froids l'hiver, chauds l'esté : car les champs lors rejettent
Les rayons que, çà bas dix mille astres sagettent :
Et sur tous Apollon*, aux traits duquel le flanc
De nostre rond sejour sert de bute et de blanc.
Mais celui du milieu, pour avoir sa demeure
Loin du lambris ardent, qui ce bas monde emmure,

Moyenne region de l'air.

Et pour ne se pouvoir ressentir de ce chaud,
Que le sec element tousjours repousse en haut,
Frissonne en sa rondeur d'une glace eternelle.
Car comme se pourroit l'eau endurcir en gresle,
Mesme lors que l'esté fait blanchir nos moissons

1 Voir Indice de Goulart à « Regions de l'air ». Sénèque, *Q.N.*, 2, 10, donne un clair résumé de cette thèse classique. Voir aussi Pontano, *Meteorum liber*, v. 191 et suiv. Peletier, dans *L'Amour des Amours*, consacre une pièce aux « trois régions de l'air ».

Si ses climats* n'estoyent par-semez de glaçons ?

Des causes de la gresle.

Vrayement tout aussi tost que le Soleil desloge
De chez les doux Bessons*, pour visiter la loge
Du Cancre* ou du Lion[1] qui pantelent d'ardeur,
Ce plancher moitoyen redouble sa froideur.
Car assiegé du chaud de deux fortes armees
Contre ses froids hivers plus qu'onques animees,
Il presse estroitement son froid de toutes parts,
Et son effort uni est plus roide qu'espars.
{46} Ainsi l'ost des Chrestiens, qui lointain des frontieres
Ne crain point la fureur des Turquesques bannieres,
Va marchant en desordre, et vaguement espars
Fait autant d'escadrons comme il a de souldars :
Si bien que quelquefois le mutin populace
Armé d'arcs et bastons le rompt, le bat, le chasse.
Mais s'il sent approcher les lunez gonfanons
De la race Ottomane, et les doubles canons
Qui mirent par le choc de leur salpetré foudre
Les murailles de Rhode et de Belgrade en poudre[2] :
Soudain il se r'alie, et dans un champ estroit,
Il se va retranchant, le courage luy croist,
Le sang luy boult d'ardeur, et la voisine force
Du peuple circoncis sa puissance renforce.

Effects de l'antiperistase de la moyenne region de l'air.

Ceste antiperistase*[3] (il n'y a point danger
De naturalizer quelque mot estranger,
Et mesme en ces discours, où la Gauloise phrase
N'en a point de son crû qui soyent de telle emphase)
Est celle qui nous faict beaucoup plus chaud trouver

1 C'est-à-dire : quand le Soleil quitte le signe des Gémeaux pour gagner, le 12 juin, celui du Cancer, puis, le 13 juillet, celui du Lion. Aux périodes les plus chaudes de l'année, la froideur de la région moyenne de l'air s'accroît, « le froid se ramassant et resserrant par une antiperistase des deux autres régions, asavoir la haute et la basse, qui par leur chaleur pressent ceste froideur » (Peucer, *Des devins*, trad. S. Goulart, Anvers, 1584, p. 493).

2 Belgrade tomba en 1521 et Rhodes en 1523 aux mains de Soliman le Magnifique. « Les lunez gonfanons » sont les étendards turcs marqués d'un croissant ; les « doubles canons » sont de lourdes pièces d'artillerie ; le « salpetré foudre » désigne la poudre à canon, dans la composition de laquelle entre du salpêtre.

3 Voir Indice de Goulart à « Antiperistase ».

Le tison flamboyant sur le cœur de l'hyver,
Qu'aux plus chaus jours d'esté : qui fait que la Scythie*
Baisee trop souvent par l'espoux d'Orithie*,
Produit des nourrissons, dont les seins affamez,
Soit l'esté, soit l'hiver, digerent plus de mets
Que ces maigres humains que la torche Delphique*
Rostit incessament sur le sable Lybique* :
Qui fait mesme que nous qui bien-heureux, humons
Un air sainement doux es creux de nos poulmons,
Cachons dans l'estomach une chaleur plus vive
{47} Lors que le froid Janvier sur nos climats arrive
Que quand le blond Phœbus* pour un temps se bannit
De Chus*, pour recourir pres de nostre zenit*[1] .

Pourquoy l'air a esté ainsi distingué en 3. regions.

La tout-puissante main de Dieu fit ce partage :
Afin que le frimas, la comete, l'orage,
La rosee, le vent, et la pluye, et le glas
Se creassent en l'air moitoyen, haut, et bas :
Dont les uns deputez pour feconder la terre
Et les autres pour faire à nos crimes la guerre,
Peussent es cœurs plus fiers engraver chasque jour
Du monarque du ciel et la crainte et l'amour.

Des exhalaisons et à quoy elles sont appropriees par le soleil et les regions de l'air.

Car*[2] comme en la ventouse un peu d'ardente cire,
Ou par fuite du vuide, ou de soy mesme attire
Par le dos découpé l'humeur sur-abondant,
Qui, trop subtil, alloit sur les yeux descendant :
Ce flamboyant courier, dont la perruque blonde
Redore chasque jour, or' l'un, or' l'autre monde,
Attire incessamment deux sortes de vapeurs*[3],

1 Thèse classique. Paré (I, p. 50) note que « les Meridionaux [...] sont ordinairement plus difformes, maigres et defaits, de petite stature », et « les Septentrionaux, comme les Scythes », « de stature grande et bien disposée, le plus souvent de pleine et grasse habitude du corps ». Fernel, *Physiologie*, 4, 9, indique, de son côté, qu'« Hippocrate a estimé qu'il nous arrivoit un semblable changement et mutation en nostre chaleur naturelle par les differentes saisons de l'année, que celle que nous causoit le cours des aages ; car en hyver il y a dedans nous une tres grande abondance de chaleur, mais en Esté, estant dispersée, elle s'exhale et s'en va » (trad. Charles de Saint-Germain, Paris, 1655, p. 370-371).

2 Voir Indice de Goulart à « Exhalaisons ». Comme l'indique Goulart à « Antipéristase », la similitude de la ventouse est empruntée à Plutarque, *Quest. plat.*, 6, 1004EF.

3 Sur ces deux sortes d'exhalaisons, voir le *De mundo*, 4, 394a.

Et des champs ondoyans[1], et des champs porte-fleurs.
Dont l'une esparse, seche, agile, pure, ardente,
Et l'autre chaude un peu, mais humide, et pesante,
Durant le cours de l'an discourant par les airs
Semblent rendre ce Tout à soy-mesme divers.
Si donc[2] une vapeur est si rare que d'elle

De la bruine.

L'eau former ne se puisse, et que mesme son aile,
Engluée du froid, raze tant seulement
Le manteau fleuronné du plus bas element,
Tout nostre air se noircit, et la bruine* humide,
A fleur des champs herbeux, paresseuse, reside.

De la rosee et de la glace.

{48} Que si ceste vapeur s'envole lentement,
Non jusqu'au froid plancher du venteux Element[3],
Ains plus haut que la neble[4], elle est en peu d'espace
Faite en Avril rosee*, ainsi qu'en Janvier glace*[5].

De la pluye.

Mais*[6] si ceste vapeur peut, gaillarde, arriver
Au sejour eternel du frissonnant hyver[7],
L'eau qui gaignant le haut, est et rare et menue,
Par la vertu du froid se presse en une nue,
Qui noue par le ciel dessus les vents ailez :
Jusqu'à tant que ses flots par gouttes devalez
Retrouvent leurs aieulx[8] : soit qu'un vent roide pousse
La nue vers la nue, et d'une aspre secousse,
Crevees, les contraigne à respandre leur eau :

Similitudes monstrans comme la pluye se fait

Comme la fresle aiguiere et le fresle goubeau
Qu'on void s'entrechoquer entre les mains d'un page,
Versent soudainement l'un et l'autre breuvage :

1 Les étendues d'eau.
2 Du Bartas, comme le *De mundo*, traite à la suite des diverses sortes d'exhalaisons ; il ordonne les exhalaisons humides selon l'élévation croissante de celles-ci.
3 C'est-à-dire la seconde région de l'air, qui est froide.
4 C'est-à-dire la bruine, que Pline, *HN*, 2, 60, appelle « nebula ».
5 Voir Jacques Charpentier, *Universae naturae breuis descriptio, ex Aristotele*, Paris, 1560, 3, 5, p. 17 a et b ; Pierre Messie, *Dialogue des Meteores*, éd. Paris, 1572, p. 466a.
6 Voir Indice de Goulart à « Pluye ».
7 C'est-à-dire la seconde région de l'air.
8 C'est-à-dire « les champs ondoyans » (v. 472), les étendues d'eau, d'où se sont élevées ces vapeurs. Du Bartas énonce à la suite les trois raisons qui peuvent précipiter les pluies, d'après Lucrèce, 6, v. 506-516.

Ou soit qu'un vent plus doux par le Ciel se jouant
Aille par maint souspir leurs larmes secouant :
Ainsi qu'apres la pluye, une pluye distille
Des cimes des forests, lors qu'une Aure gentille
S'esbatant à travers les rameaux verdoyans,
Se plait à frisoter leurs cheveux ondoyans :
Soit que d'un moite poids le haut nuage foule
La nue de dessous, et qu'une humeur s'escoule
Pressee d'une autre eau : tout ainsi que tant plus
La claye on va chargeant des presens de Bacchus*,
Tant plus son fond percé dans la cuve escumeuse
Verse de toutes pars une liqueur fumeuse.

par le choc des nues qui sont la matiere de la pluye.

Lors maint fleuve celeste en nos fleuves se perd,
{49} On ne void rien que pleurs : le Ciel d'ombre couvert
Semble choir goutte à goutte, et les terres beantes
Se couvrent quelquefois de grenouilles* puantes :
Ou dautant que l'humeur, qui voltige là haut,
Comprend le sec, l'humide, et le froid et le chaud,
Dont çà bas tout s'anime : ou dautant que l'haleine
Des Eures*, baloyant la poudroyante plaine,
Amoncelle dans l'air quelque poussier fecond,
Dont ces lourds animaux pesle-mesle se font :
Ainsi que sur le bord d'une ondeuse campagne,
Qui se fait de l'esgout d'une proche montagne,
Le limon escumeux se transforme souvent
En un verd grenouillon, qui formé du devant,
Non du derriere encor, dans la bourbe se joue
Moitié vif, moitié mort, moitié chair, moitié boue[1].

D'où vient que par fois il tombe des grenouilles avec la pluye.

1 Ces pluies extraordinaires sont souvent mentionnées dans la littérature de l'époque. Parlant ici en physicien, Du Bartas s'abstient de les considérer comme des prodiges et se contente d'examiner les causes possibles de la génération de grenouilles dans l'air, étant entendu que ces êtres ne sauraient naître de rien selon le principe énoncé aux v. 157 et suiv. Il formule donc deux hypothèses : ou, l'humeur qui se précipite en pluie étant elle aussi un mixte, une fécondation est possible comme il a été dit aux v. 185-186 ; ou les vents ont soulevé une poussière féconde de laquelle naissent ces animaux. La première hypothèse rencontre l'observation de Lucrèce, 5, 797-798 : « Multaque nunc etiam exsistunt animalia terris, / Imbribus et calido solis concreta vapore » (« Aujourd'hui encore il apparaît sur la terre une foule d'animaux engendrés par les pluies er la chaude vapeur du soleil »). La seconde hypothèse, conformément aux v. 167-174, pourrait s'autoriser de

De la neige.

Quelquefois il avient que la force du froid
Gele toute la nue[1] : et c'est alors qu'on void
Tomber à grands flocons une celeste laine*[2].
Le bois devient sans fueille, et sans herbe la plaine :
L'Univers n'a qu'un teint : et sur l'amas chenu
A grand peine du Cerf paroist le chef cornu.

De la gresle.

D'autrefois il survient qu'aussi tost que la nue
Par un secret effort en gouttes d'eau se mue,
Que de l'air du milieu l'excessive froideur
Les durcit en boulets*[3], qui tombans de roideur
Quelque fois, ô pitié ! sans faucille moissonnent,
Vendangent sans cousteau, les fruittiers esbourgeonnent,
Desnichent les oiseaux, deshonnorent nos bois,
Acravantent nos bœufs, et fracassent nos toicts.

Des fumees ou exhalaisons qui voltigent par la basse et moyenne region de l'air.

{50} Si les torches, qu'au ciel l'Eternel a semees,
Des roignons de la terre eslevent des fumees*
Un peu seches d'ardeur, leur feu prompt et leger
Pres des cercles d'azur soudain les veut loger.
Mais si tost le sommet de leur teste fumeuse
N'a pas touché du froid la province frilleuse,
Et senti quel pouvoir le camp audacieux
De leur haineux mortel a gagné dans les cieux,
Qu'elles veulent gagner la face maternelle,

---

ce que ces êtres sont incomplets. Peut-être Du Bartas se souvient-il de ce que Diodore de Sicile, 1, 5, rapporte, selon les Egyptiens, des rats du Nil : « on aperçoit quelquefois ces animaux présentant hors de terre une moitié de leur corps déjà formée et vivante, pendant que l'autre retient encore la nature du limon où elle est engagée. »

1 Pontano, *Meteorum liber*, v. 211-212 : « Concrescunt gelido nubes e frigore, et una / Coguntur. »

2 Voir Indice de Goulart à « Neige ». Image biblique : « Dat niuem sicut lanam » (Ps. 147, 16). Peucer, ouvr. cité, p. 494, écrit, de même : « Les nuees espaissies par le froid, estans separees et despecees, deviennent comme floquets de laine, et lors on void la neige voler. »

3 Voir Indice de Goulart à « Gresle ». Du Bartas se souvient de Pontano, ouvr. cité, v. 280–287 : « Grandinis hinc quae sit paucis natura docebo. / Saepe per aestatem coelo incandente, sed ipso / Autunno magis, aut illo sub tempore, quo iam / Laeta parat nidos praenuntia ueris irundo, / Nunc flauam e culmis late deturbat aristam, / Nunc laetas nemorum de culmine decutit umbras, / Nunc stragem molita etiam pastoribus una / Prosternit ualidos sub eodem uulnere tauros. » Voir aussi Peucer, ouvr. cité, p. 494 : « Les gouttes d'eau glacees par une soudaine et puissante froideur acreue par antiperistase, tombent en forme de gresle. »

Aidees du surpoids qu'elles ont puisé d'elle.
Mais voici sur le champ venir à leur secours
Une nouvelle ardeur qui rebrousse leur cours,
Qui leur redonne cœur, et qui remet les armes
Dans leur tramblante main. Avec ces frais gendarmes
Elles vont de plus beau rallumer leurs combats :
Et or' gagnant le haut, or' cul-butant à bas,
Agitent nostre ciel d'une diverse sorte,
Selon que leur matiere est ou debile ou forte.
Cela dure bien peu, d'autant qu'en ces assaux
Et le chaud et le froid se trouvans comme esgaux,
En prouesse et bon heur, pour finir cest esmeute,
L'un empesche leur vol, l'autre empesche leur cheute :
Si que ceste vapeur, qui ne peut un moment
Demeurer en repos fait rond son mouvement,
Vole de Pole* en Pole, et bourdonnant se guinde,
Or' de l'Inde en l'Espagne, or' de l'Espagne en l'Inde[1].
    A ces esprits souffleurs[2], bien qu'ils soient animez
Quasi d'un mesme esprit, qu'ils soyent quasi formez
De semblable vapeur, la diverse naissance
{51} Donne divers surnom[3] et diverse puissance.
    Sentant les quatre vents*, qui d'un chemin divers
Marquent les quatre coins de ce grand Univers,
Je remarque es effects de leurs bruyans passages
Quatre temps, quatre humeurs, quatre elemens, quatre aages.
Cil qui nait chez l'Aurore, imite en qualité

Des vents dont il y a quatre considerez comme principaux, comparez aux quatre temps,

1 Voir, de même, Pierre Messie, *Diverses Leçons*, 5, 22, chapitre qui est un bref traité des vents : « Suyvant Aristote, et la plus commune opinion des sages, je dis que le vent est une vapeur et exhalaison chaude et seche, attiree en l'air par la vertu et force du Soleil : laquelle poulsee en haut par sa chaleur et legereté, et estant parvenue en la moyenne region de l'ær, qui est tousjours froide, vient à estre repoulsee de ceste qualité contraire : de sorte que ne pouvant monter plus haut, elle va en tourbillon où elle peut, et ne pouvant descendre plus bas à cause de sa legereté, est contraint de poulser et esmouvoir l'ær çà et là, qui plus qui moins, selon la force de la matiere dont il est causé. » Le v. 565 désigne par synecdoque les deux extrémités orientale et occidentale du monde.

2 Latinisme : *cf.* Virgile, En., 12, 365-366 : « Boreae cum spiritus alto /insonat Aegaeo » ; voir aussi Apulée, *De mundo*, 310.

3 Les noms des vents sont longuement détaillés, après bien d'autres auteurs, par Pierre Messie, dans le chapitre précédemment cité.

humeurs, elemens, et aages : assignez au levant, midi, couchant et septentrion, et nommez, l'Oest, le Su, l'Est et le Nord.

L'aage tendre, le feu, la cholere, l'esté.
Cil qui seche en venant l'Afrique solitaire,
L'aage plus fort, les airs, le sang, la prime-vere.
Cil qu'on sent du Ponant moitement arriver [,]
L'aage pesant, et l'eau, et le phlegme, et l'hyver.
Cil qui part de la part où tousjours l'air frissonne,
L'aage flestri, les champs, l'humeur triste, et l'autonne[1].
Non que jusqu'à present nous n'ayons apperceu
Plus de vents que l'Oest*, le Nord*, l'Est* et le Su* :
Celuy qui void sur mer or' l'un or' l'autre Pole,
En marque trente deux sur sa docte boussole* :
Bien qu'ils soyent infinis, comme infinis les lieux
D'où sort l'exhalaison qui ventele les cieux.
Mais tous de quel costé que prompts ils se desbandent,

1 Tenu par son analyse des quatre éléments (v. 275-314), qui lui impose un ordre, Du Bartas énumère successivement le feu, l'air, l'eau et la terre. Il leur fait correspondre la liste attendue (voir Paré, I, 42) des humeurs : cholère, sang, phlegme et mélancolie (« l'humeur triste »). Pour ce qui est des saisons, Du Bartas suit encore l'opinion commune : Paré s'y range, lui aussi (I, 42-44), mais non sans avoir précisé que, selon Hippocrate, le printemps est chaud et humide, « opinion qui n'est tant procedée de vérité, comme nous pouvons colliger de Galien au premier livre des temperamens, que de la sentence des anciens Philosophes, qui ont voulu mesnager et departir les quatre temperatures des aages proportionnément aux quatre saisons de l'an » (I, 37-38). De fait, pour ce qui est des âges de l'homme, les auteurs sont loin d'être d'accord : la quadripartition des âges même n'est pas reçue de tous ; ces désaccords sont analysés notamment par Cælius Rhodiginus, 19, 21 et 22, et par Pierre Messie traitant « De la distinction de l'aage de l'homme selon la doctrine des Astrologues » (*Diverses Leçons*, 1, 40). Du Bartas profite de telles divergences. S'il ne conteste évidemment pas la quadripartition, il en modifie les termes, d'abord en évitant les noms reçus (puérilité, adolescence, jeunesse ou virilité, vieillesse). Puis il tire parti, pour les deux premiers âges, des discussions dont fait état Galien au premier livre *De temperamentis*, « de puerorum et florentium ætate » (trad. Thomas Linacre, Paris, 1549, p. 29) : certains, s'appuyant sur l'examen de la gestation, soutiennent, dit Galien, « pueros quanto gestatis in utero propiores sunt, tanto esse florentibus ætate calidiores ». Pour ce qui est de « l'aage pesant » et de « l'aage flestri », on lit chez Paré (I, 42) que le phlegme abonde « en vieillesse, à raison de la constitution froide et humide de l'aage », et que (I, 37) le dernier temps de la vie, « l'aage caduque et decrepitée » est de nature « froide, seiche et melancholique ». Pour mettre ces indications en relation avec les vents, Du Bartas s'accorde, par exemple, avec Pierre Messie, 5, 22, qui estime que le « droit vent Oriental » « participe plus de la Colere que ses compagnons », et que « le droit Ouest augmente le flegme ». Du Bartas peut ainsi proposer un harmonieux tableau, même si c'est au prix de manipulations, qui laissent Goulart hésitant et Thevenin très discret. Le médecin La Framboisière, pour lui, citera ces vers de Du Bartas en les approuvant pleinement, comme si Du Bartas avait enfin fixé la doctrine (éd. citée, p. 8).

Ainsi que de leurs chefs de ces quatre dependent.
    Ils nettoyent tantost d'un murmurant balay*[1]
Le ciel confusément de nuages voilé.
Tantost d'un chaud souspir ils sechent les campagnes
Noyees par Electre* et ses moites compagnes[2].
Ils temperent tantost d'une tiede froideur
L'air, qui sous l'avant-chien[3] braisillonne d'ardeur.
Tantost sur l'arbre ils font meurir la poire rousse,
Le froment dans l'espi, la feve dans la gousse.
{52} Or' ils portent la nef d'un vol non engourdi
De l'Aube à l'Occident, et du Nord au Midi,
Ore pirouetant d'une haste sans haste
Du moulin brise-grain la pierre ronde plate,
Ils transforment, meuniers, en maint atome blanc
Le blé qu'ils ont puisé dans le terrestre flanc.

Divers effects des vents.

    Que si l'exhalaison est et chaude et gluante,
Mais telle toutefois, qu'elle cede, impuissante,
Aux eternels glaçons du venteux element :
Son combustible corps voltige incessamment,
Jusqu'à tant qu'il s'allume, et qu'en terre il se jette
Ainsi qu'une fusee, ou comme une sagette
Empennee de feu. Mais quand l'exhalaison
Des engourdis hyvers surmonte la maison,
De mesme elle s'enflamme, et, faite un nouvel astre*[4],
Denonce tristement quelque prochain desastre.
Mais son feu, pour avoir beaucoup plus d'aliment
Que n'a l'autre vapeur, dure plus longuement :
Soit que l'exhalaison, incessamment esmue
Par le branle du ciel, en un brandon se mue :
S'enflammant tout ainsi que le charbon qui dort
Dedans le sec bouchon pour un temps comme mort,

Des divers effects des exhalaisons chaudes.

Des cometes.

1 Voir Indice de Goulart à « Vents ».

2 Electre est l'une des sept Pléiades, groupe d'étoiles très proches des Hyades, également au nombre de sept, dont l'apparition coïncide avec les pluies de printemps.

3 Procyon, c'est-à-dire la canicule. Allusion aux vents étésiens, qui, dit Pline, *HN*, 2, 47, « modere[nt] la chaleur du soleil, qui est redoublée en ce temps là par l'ardeur de la Canicule ».

4 Voir Indice de Goulart à « Cometes ».

Que le poing artisan secoue puis à l'ombre,
Pour faire, mesnager, un jour d'une nuict sombre.
Soit qu'elle prenne feu du plus haut element,
Comme le vif flambeau va le mort allumant[1].
Selon que la vapeur est esparse, ou serree
Qu'elle est ou longue, ou large, ou spherique, ou carree,
Esgale, ou non esgale, elle figure en l'air
{53} Des pourtraits qui d'effroy font les hommes trembler.
Un clocher* tout en feu de nuict ici flamboye :
Ici le fier dragon* à replis d'or ondoye :
Ici le clair flambeau*, ici le traict* volant,
La lance*, le chevron*, le javelot* bruslant
S'esclatent en rayons, et la chevre* paree
De grands houpes de feu, sous la voute etherée
Bondit par-ci par-là. Un astre estincelant
Menace en autre part d'un crin presque sanglant
De gresle les bouviers, les pasteurs de pillage,
Les citoyens d'esmeute, et les nochers d'orage[2].

1 Du Bartas distingue deux sortes de météores faits d'une exhalaison « chaude et gluante », selon qu'ils ne parviennent pas ou, au contraire, parviennent à franchir la moyenne région de l'air, qui est froide (v. 607 et 612). Dans le premier cas, il s'agit de ce qu'on appelle les étoiles tombantes ou filantes (voir Sénèque, *QN*, 1, 1, 5) ; dans le second cas, des comètes. Pour leur matière, Du Bartas partage l'opinion répandue de philosophes comme Peucer, selon qui ces météores naissent « d'une matiere lente, visqueuse et propre à s'enflammer » (ouvr. cité, p. 502). Sur l'embrasement de cette matière, Du Bartas semble s'inspirer de Sénèque, *QN*, 1, 1, 8, pour qui ces particules « non tantum collisa possint ardere sed etiam afflata radiis solis ; nam apud nos quoque ramenta sulphure aspersa ignem ex interuallo trahunt », « sont capables de s'allumer par le heurt, ou encore par l'action des rayons solaires, comme chez nous aussi la paille enduite de soufre attire à distance le feu ». Il éclaire ces explications par deux comparaisons, celle d'une braise conservée dans un bouchon de paille, que le mouvement ranime ; celle du flambeau qui enflamme le flambeau éteint, ou simplement « le mort », *mortuum*, une matière morte. Malgré la doctrine aristotélicienne de l'incorruptibilité du ciel, Du Bartas n'hésite pas à donner les comètes pour de nouveaux astres, opinion très discutée (voir, par exemple, Peucer, ouvr. cité, p. 502-503 ; Cardan, *De subtilitate*, éd. Lyon, 1558, p. 156-157). Sur leur signification (v. 614), Du Bartas reprend une thèse courante, qu'entre autres détaille Peucer, lieu cité ; de même, Cardan, lieu cité ; voir aussi la discussion de Boaistuau, *Hist. prod.*, ch. 19.

2 Les diverses formes que peuvent prendre ces météores de feu sont exposées en détail, après Pline, *HN*, 2, 25-26, par Goulart et Thévenin. Les v. 635-638 se rapportent à la comète proprement dite (voir Virgile, *En.*, 10, 272-273 : « si quando nocte cometae / sanguinei lugubre rubent »). Parmi les effets conjoints à l'apparition de comètes, Cardan note aussi des « legum mutationes, ac seditiones » (*De subtilitate*, éd. citée, p. 157).

Belle et vive description du tonnerre, de l'esclair, et de la fouldre.

Mais qu'oy-je dans le ciel ? il semble que ce Tout
Escartele ses murs de l'un à l'autre bout.
Il semble qu'à ce coup l'horrible Persephone*
Destachant Alecton*, Megere*, et Tysiphone*,
Ja lasse de regner sur les bords Stygieux*,
Transporte son enfer entre nous et les Cieux.
Je sçay qu'on tient, qu'alors que la vapeur humide,
Qui part tant du doux flot, que du flot Nereide[1],
Et l'ardante vapeur montent ensemblement
Dans l'estage second du venteux element[2],
La chaude exhalaison, se voyant revestue
De la froide espaisseur de ceste humide nue,
Renforce sa vertu, redouble ses ardeurs,
Et, rejointe, fait teste aux voisines froideurs[3].

Comment se font le tonnerre, l'esclair et la fouldre.

Le lion qui, banni des forests paternelles,
Se void siflé, moqué, despité des pucelles,
Et des enfants oiseux, d'un effroyable bruit
Remplit son parc estroit : va, vient, suit et resuit
{54} La nouvelle prison, et forcené, desire
Non tant sa liberté, que d'assouvir son ire.
Tout de mesme ce feu*[4] desireux de briser
Sa flotante cloison, ne se peut appaiser :
Ains sans cesse il discourt, sans cesse il tourbillonne,
Il bourdonne, il fremit, il mugle, il bruit, il tonne,
Jusqu'à ce qu'esclatant ses prisons par dessous,
Armé de flamme et soulfre il canonne sur nous.
Car desireux de joindre en ses aspres vacarmes,
Aux soldats fraternels[5] ses affoiblis gendarmes,
Et de cest Univers gaigner le lieu plus chaud,
Grondant, il tasche faire une sortie en haut.

---

1 Des eaux douces comme des eaux marines.

2 La région moyenne de l'air où tourbillonnent les vents.

3 « Les tonnerres et les diverses sortes de tourbillons se font de matiere composée ou de seiche exhalaison de la terre enclose en vapeur et couverte comme de la peau des nues » (Peucer, ouvr. cité, p. 494-495).

4 Voir Indice de Goulart à « Tonnerre ».

5 Ce feu tente de gagner la région supérieure de l'air, qui est chaude et ainsi apparentée à lui.

Mais il est assiegé d'une fosse si large,
Et d'un ost si puissant, que bien qu'ores il charge
De ce costé le froid, et qu'ore en autre part
L'escarmouche il attaque[1], il trouve maint soudart
Qui d'un cœur genereux ses vains efforts repousse :
Si que desesperé, d'une ardente secousse
Oublieux de l'honneur, il s'enfuit, comme il peut
Par la porte honteuse, et non par l'huis qu'il veut[2].

Leurs effects.

L'Ocean boult de peur, les bourgeois d'Amphitrite *
Trouvent pour se sauver la mer mesme petite.
La terre s'en esmeut, le pasteur escarté
Ne se peut asseurer sous le rocher vouté.
Le ciel, paoureux, s'entr'ouvre : et Pluton*, Pluton mesme,
Au plus bas d'Acheron* peint son front d'un teint blesme.
L'air* flamboye d'esclairs*, car le foudre* enfonçant
La nue qui le va de tous costés pressant,
En fait sortir ces feux qui nos yeux esblouissent.
{55} Tout ainsi que celui que les Muses cherissent
Fait, avant qu'il soit jour, d'un fusil afilé
Blueter le caillou sur le drap mi-bruslé[3].

Merveilleux effects, et efforts de la fouldre.

Et qui plus est, le foudre* est fait d'une fumee
De soy-mesme tousjours seichement enflammee :
Dont l'incroyable effort[4] peut briser tous nos os
Sans blecer nostre peau, peut fondre l'or enclos
Dans un avare estuy, sans que l'estuy se sente
Interessé du choc d'une ardeur si puissante[5] :

---

1 Ce feu doit combattre sur deux fronts : celui du froid de la moyenne région de l'air et celui de la vapeur humide qui l'enveloppe. La similitude du siège conduit à comparer la vaste masse froide de la région moyenne à une sorte de fosse, de fossé, creusé autour de la citadelle du feu, l'assaut étant livré par la vapeur humide qui enveloppe le feu.

2 Voir le *De mundo*, 395a ; et Jacques Charpentier, *Universae naturae breuis descriptio, ex Aristotele*, Paris, 1560, 3, 10, p. 20a : « Qua [nube] conclusus spiritus calidus et aridus suapte natura supera petens, vi densae nubis in aduersum deprimitur. »

3 Pour faire comprendre comment s'engendrent l'éclair et la foudre qui sont des substances ignées, Sénèque, *QN*, 2, 22, note semblablement que, sur la terre, le feu peut naître « si excitatur sicut e lapide », « si on le fait jaillir, par exemple, de la pierre » Même comparason chez Lucrèce, 6, 160-163.

4 Les merveilleux effets de la foudre sont volontiers détaillés par les météorologues.

5 Pline, *HN*, 2, 51 ; Pontano, *Met.*, 495-496 ; Boaistuau, *Hist. prod.*, 8 : « Il [le foudre] fond l'Or et l'Argent sans endommager la bourse. »

Peut tronçonner l'estoc sans sa guaine toucher[1] :
Peut foudroyer l'enfant sans entamer la chair,
Ni les os, ni les nerfs de la mere estonnee,
Que sa charge elle void plustost morte que nee[2] :
Cendroyer les souliers sans les pieds offencer[3],
Et vuider de liqueur le muy sans le percer[4].
Mes yeux, jeunes, ont veu mille fois une femme,
A qui du ciel tonnant la fantastique flamme,
Pour tout mal, ne fit rien, que d'un rasoir venteux
Dans moins d'un tourne-main tondre le poil honteux[5].

Des coronnes et cercles autour du Soleil, de la Lune et des autres planetes.

Tairai-je cent pourtraits qui, tristes, semblent estre
Clouez au front du ciel ? Quelquefois je voy naistre
Un cercle* tout en feu des rais clerement beaux
De Phœbus, de la Lune, et des autres flambeaux,
Qui regardans à plomb sur le dos d'une nue
Esgalement espaisse et de ronde estendue,
Et ne pouvans faucer l'espaisseur de son corps,
En couronne arondis, se respandent aux bords[6] :
Ainsi ou peu s'en faut, qu'une torche allumée
Au coin d'un cabinet dont la porte est fermée,
{56} Ne pouvant percer l'huis du lustre de ses rais,
Les fait luire dehors par les bords de ses aix.

De l'arc en ciel, et comme il se fait.

Mais quand vers son declin du Soleil le visage
Flamboye vis-à-vis d'un humide nuage,

1 Sénèque, *QN*, 2, 31 : « Loculis integris et illaesis conflatur argentum ; manente vagina gladius ipse liquescit. »

2 Pline, *HN*, 2, 51 ; Boaistuau, lieu cité : « Il [le foudre] exteinct et suffoque l'enfant dedans le ventre de la mere, sans luy faire aucun tort. »

3 Pontano, *Met.*, 494 : « Vidi ego, cum incolumi totus pede calceus arsit. »

4 Pline, *HN*, 2, 51 ; Boaistuau, lieu cité : « Il desseche les vaisseaux pleins de vin, sans les endommaiger, ou leur faire ouverture. »

5 Comme le note Y. Bellenger (t. I, p. 71), il ne saurait s'agir de la mère de Du Bartas à qui, dit-on, la même mésaventure survint en 1584, puisque ces vers sont antérieurs à cette date et, du reste, assurent relater une expérience fréquente.

6 Voir Pline, *HN*, 2, 28-30 ; Charpentier, ouvr. cité, 3, 11, p. 20b. L'explication que Du Bartas donne de ce météore rappelle celle de Sénèque, *QN*, 1, 2, 6 : « Numquam ergo ullum sidus talem sibi effigiem circumdabit, nisi cum aer erit densus atque immotus et ob hoc custodiens incidentem in se rotundi lineam luminis » (« Ces cercles qui couronnent les astres n'auront jamais lieu qu'au sein d'une atmosphère dense et sans mouvement, et par là propre à retenir le faisceau conique de lumière qui vient la frapper », trad. J. Baillard).

Qui ne peut soustenir l'eau, dont il est enceint,
Plus long temps dans le flanc, sa claire face il peint
Dessus l'humide nue, et d'un pinceau bisarre
La courbeure d'un arc* sur nos testes bigarre.
Car l'opposé nuage, et qui premier reçoit
Les traits de cest Archer, les repousse tout droit
Sur la nue voisine, et son teint divers mesle
Avec l'or esclatant d'une torche si belle[1].

Comparaison

Tout ainsi que Phœbus frapant contre un gobeau
Sur la fenêtre assis, tu vois soudain que l'eau
Renvoye d'un long trait ceste clarté tremblante
Contre le haut plancher de ta salle brillante[2].

Pourquoy quelquesfois apparaissent plusieurs Soleils et Lunes.

D'autre part si la nue* est assise à costé,
Non sous, ou vis-à-vis, soit de l'astre argenté,
Soit du doré brandon[3] : et l'un et l'autre forme
Par un puissant aspect sa double ou triple forme
Dans le nuage uni. Le peuple est estonné
De voir en mesme temps par trois cochers mené
Le beau char donne-jour, et qu'encor les nuicts brunes
Reçoyvent à l'envi pour roines plusieurs Lunes[4].

Il s'arreste et reprime ceux qui veulent resouldre toutes les disputes precedentes par des causes naturelles

Mais pourquoi, fols humains, allez vous compassant
Du compas de vos sens les faits du Tout-puissant ?
Quel superbe desir, mais plutost quelle rage,
Vous fait de Dieu sans Dieu deschifrer tout l'ouvrage ?
Quant à moy, je sçay bien qu'un homme docte peut

1 Pline, *HN*, 2, 59, 150 : « manifestum est radium solis inmissum cavae nubi repulsa acie in solem refringi, colorumque varietatem mixtura nubium, ignium, aëris fieri. » Sénèque, QN, 1, 8 : « cum arcum facere non soleat nisi aduersus his in quibus facit nubibus, cum breuiores dies sunt, semper obliquus est. » Voir aussi Charpentier, ouvr. cité, 3, 12.

2 Imité de Virgile, En., 8, 22-25 : « sicut aquae tremulum labris ubi lumen aënis / sole repercussum aut radiantis imagine lunae / omnia peruolitat late loca, iamque sub auras / erigitur summique ferit laquearia tecti. » (« Ainsi, quand la lumière tremblante réverbérée dans l'eau d'un vase d'airain par le soleil ou l'image des rayons de la lune voltige çà et là en tous lieux, s'élève dans les airs et va frapper les lambris du plafond. ») *Cf.* Ronsand, *La Franciade*, 3, 644-652 (*OC*, 1, p. 1093).

3 De la lune ou du soleil.

4 Pline, *HN*, 2, 31, 99 : « soles plures simul cernuntur, nec supra ipsum nec infra, sed ex obliquo » ; Sénèque, *QN*, 1, 11 : ces météores, dits parhélies, « sunt imagines solis in nube spissa et uicina in modum speculi ».

{57} Rendre quelque raison de tout ce qui se meut
Dessous le ciel cambré : mais non, non si solide
Qu'elle laisse un esprit de tout scrupule vuide.
Et quand il le pourroit, nous devons toutesfois
En vantant ces outils, vanter sans fin les doigts
Qui les mettent en œuvre, et qui par tant de sortes
Donnent en un moment ame aux choses plus mortes[1].

seulement, et monstre que la resolution n'en peut estre parfaite.

Si tost que j'oy tonner*[2], je cuide ouyr la voix
Qui les pasteurs enthrône, et dethrône les rois[3].
Par le choc brise-tours du foudre j'imagine
L'invincible roideur de la dextre Divine.
Quand je voy que le Ciel tout s'esclate en esclers,
Je voy des yeux de Dieu les raiz sainctement clers.
Quand il pleut par saison[4], c'est alors que je pense
Que Dieu verse ici bas sa corne d'abondance.
Quand l'eau ravit nos ponts, et nos champs labourez
Dieu pleure, à mon avis, nos pechez non pleurez :
Et jamais l'arc en ciel son long pli ne bigarre
Qu'il ne me soit pour seau, qu'il ne me soit pour arre,
Que le flot general pour la seconde fois,
Hautain, n'ondoyera sur la cime des bois
Qu'Atlas* dans le ciel cache, ou sur les hautes branches
Que Caucase* soustient sur ses croupes plus blanches[5].

Davantage, qu'il faut s'eslever jusques au createur, et appliquer à la conscience et à l'amendement de vie ce que nous sentons de tels effects journellement.

Mais sur tout je m'esmeus quand le courroux des Cieux
De prodiges armé se presente à nos yeux :
Quand ce Tout se desbauche, et pesle-mesle change
Son ordre coustumier en un desordre estrange.

Qu'on fonde en un esprit tant d'esprits que Pallas*
D'une chaste mammelle alaite entre ses bras :

Item que tous les plus doctes du monde ne scauroyent rendre raison

1 Mise en garde, courante au temps de Du Bartas, contre ceux que l'on commence à appeler les « naturalistes », tentés de tout rapporter aux « causes naturelles », qui ne sont que des causes secondes, et de négliger de les référer à Dieu. Voir, p. ex., Jean Céard, *La nature et les prodiges*, Genève, 1996, p. 171 et suiv.

2 Voir Indice de Goulart à « Meteores ».

3 Sur la théophanie de l'orage, voir notamment Ps. 29 (28). Le v. 752 se souvient du Magnificat : « Deposuit potentes de sede, et exaltavit humiles » (Lc, 1, 52).

4 C'est-à-dire : en temps opportun. Voir Is., 55, 10.

5 L'arc-en-ciel qui apparaît après le déluge (Gn, 9, 13-16) est un signe de l'alliance entre Dieu et les hommes.

de plusieurs choses qui se creent en la haute et moyenne region de l'air.

{58} Qu'il me donne, s'il peut, quelque raison certaine
Dequoy se fit le lait, et la chair, et la laine
Qui cheut jadis du ciel[1] ? qu'il me die comment
Dans les nues se peut engendrer ce froment,
Dont on a veu deux fois couverte une partie
De ce terroir Germain, qu'on nomme Carinthie*[2] ?
    Dieu, le grand Dieu du Ciel, s'esgaye quelquefois
A rompre haut et bas de Nature les loix[3] :
Voulant que ces effects à Nature contraires[4]
Soyent les avant-coureurs de futures miseres.
Tant de gouttes de feu que le Ciel larmoya
Dessus les champs Lucains*, lors que Rome envoya
La fleur Œnotriene* en la riche campagne
Que l'eau traine-limon du gras Eufrate bagne,
Presageoyent que le fer du Parthe* tire-droit
Presque le nom Lucain l'an suyvant esteindroit[5].
Ces fifres esclatans, ces craquetis des armes,
Qu'on oyoit dans le ciel, tandis que les gensdarmes
De l'invincible Rome enferroyent de leurs dards
Les Cimbres*, les Teutons*, et les Suisses soudars[6],
Contre les vains discours du profane Epicure,
Nous monstrent que le sort ne peut rien en Nature.
Toy, qui vis foudroyer de maint trait tout ardant

Pourquoy ces choses se font, et des autres prodiges et signes extraordinaires au ciel, tirez des histoires Romaine, Ecclesiastique, Judaïque, Turquesque et Françoyse.

1 Sur ces pluies prodigieuses, voir, p. ex., Cardan, *De subtilitate*, éd. citée, p. 564-565, qui en examine les causes naturelles.

2 Ce prodige survenu, en 1550, en deux lieux de Carinthie est précisé par Goulart d'après Lycosthénès ; voir aussi Cornelius Gemma, *De naturae diuinis characterismis*, 1575, t. 2, p. 56 : « Pluisse triticum ferunt non procul a Lutzenburgo. »

3 Du Bartas distingue nettement la puissance ordinaire de Dieu et sa puissance extraordinaire, à laquelle seule il rapporte les effets inhabituels ; les prodiges sont proprement des miracles ; en ce sens, Du Bartas prend ses distances à l'égard de la littérature des histoires prodigieuses. Voir Jean Céard, *La nature et les prodiges*, Genève, 1996, p. 437-438, 492-492, et *passim*.

4 Ces effets ne sont pas proprement contre-nature, mais seulement contre l'« ordre coustumier » (v. 770) de la nature.

5 Pline, *HN*, 2, 56, 147 : « Item [pluit] ferro in Lucanis anno ante quam M. Crassus a Parthis interemptus est omnesque cum eo Lucani milites, quorum magnus numerus in exercitu erat. » Les « gouttes de feu » de Du Bartas viennent-elles d'une note de lecture hâtive qui lui a fait confondre le *fer* et le *feu* ?

6 Pline, *HN*, 2, 57, 148 : « Armorum crepitus et tubae sonitus auditos e caelo Cimbricis bellis accepimus, crebroque et prius et postea. »

L'abominable chef d'un Olympe* grondant
Contre la Trinité, perdis-tu pas l'audace
D'abayer apres elle, et cracher sur la face
Du Dieu triplement-un, qui ne laisse impunis
Les blasphemes çà bas contre son nom vomis[1] ?
Hebrieu*, non plus Hebrieu, ains semence barbare
{59} D'un Lestrygon*, d'un Turc, d'un Scythe, d'un Tartare,
Di moy, que pensoy-tu, que pensoy-tu voyant
Ton temple menacé d'un glaive flamboyant[2] ?
Sinon que l'Eternel devoit d'un bras robuste
Executer l'arrest de sa vengeance juste
Sur tes murs et tes fils, que la faim osteroit
Les restes de la peste : et le fer glanceroit
Les restes de ces deux[3] : que les fils miserables
R'entreroyent dans les corps des meres execrables,
Bourrelles de soy-mesme[4] : et que le coutre encor
Desrouilleroit son fer dessus tes palais d'or ?
Et tout, tout pour avoir fait mourir par envie[5]
Ce grand Roy qui venoit pour te donner la vie.
La fontaine* de sang qui rougeastre ondoya :
Cest enorme rocher, dont le Ciel foudroya

1 Voir Baptiste Fulgose, *Facta dictaque*, 1, 6 (« De miraculis ») : « De Olympio Arriano episcopo. Nec vero minus se diuinum ostendit numen in Olympio episcopo, qui regnante Theodorico, dum Carthagine in balneis sanctam Trinitatem, quam non credebat, blasphemaret, omnibus qui aderant videntibus, ignitis tribus punctis quae simul erant ambustus, totus consumptus fuit : Trinitatis vim quam contenmebat in suam perniciem expertus. » Du Bartas apostrophe Arius.

2 Célèbre prodige, déjà mentionné par Boaistuau, *Hist. prod.*, chap. 2, et par A. Paré, *Des monstres et prodiges*, éd. J. Céard, p. 143-144, qui écrit : « Josephe [*Bell. Iud.*, 6, 5, 3] et Eusebe [*Hist. Eccles.*, 3, 8, 2] escrivent qu'apres la passion de Jesus-Christ la miserable destruction de la ville de Hierusalem fut signifiee par plusieurs signes, et mesme entre les autres une espouventable comete en forme d'espee luisante en feu, laquelle apparut bien l'espace d'un an sur le temple, comme demonstrant que l'ire divine se vouloit venger de la nation Judaïque par feu, par sang et par famine. Ce qui advint, et y eut si calamiteuse famine, que les meres mangerent leurs propres enfans. »

3 De la faim et de la peste. Cette classique trilogie des châtiments divins vient notamment de Jér., 21, 6, et suiv.

4 En mangeant leurs propres enfants, les mères sont leurs propres bourreaux. Voir aussi ci-dessous, v. 831-832. Du Bartas semble se souvenir d'un récit d'Eusèbe relatif à une mère qui mange son enfant, *Hist. ecclés.*, 3, 6.

5 Voir Mc, 15, 66.

La terre Ligustique : et tant de croix sanglantes
Sur les tristes habits des humains apparantes :
Sembloyent comme crier que les Turquois soudars
Dans Genes ficheroyent leurs bouffans estandars[1].
Que ne fai-tu profit, ô frenetique France*[2],
Des signes dont le Ciel t'appelle à repentance ?
Peux-tu voir d'un œil sec ce feu prodigieux
Qui nous rend chasque soir effroyables les cieux,
Cest astre chevelu, qui menace la terre
De peste, guerre, faim, trois pointes du tonnerre,
Qu'en sa plus grand'fureur Dieu foudroye sur nous[3] ?
Mais las ! que peut du Ciel le desarmé courroux,
Puisque tant de durs fleaux qui te playent l'eschine
N'arrachent un souspir de ta dure poitrine ?
{60} Ton sang est ta boisson : ta faim ne se repaist
Que de ta propre chair : ce qui te nuist te plaist :
Tu n'as nul sentiment non plus qu'un lethargique :
Tu fuis ta guerison : plus l'Eternel te picque,
Plus tu fais du restif : franc d'un sacré souci,
Tu t'engraisses de coups comme un asne endurci :
Et tel que le plastron, ou la blanche alumelle,

1 Selon Vincent de Beauvais, *Speculum historiale*, 24, 66 (éd. Douai, p. 985), en l'an 934, « in Genuensi urbe fons sanguinis largissime effluxit » ; B. Fulgose, *Facta dictaque*, I, 4, traitant « de prodigiis bella significantibus », précise que, sous Othon Ier, Jean XII étant pape, « in vestibus in Italia cruces rubentes apparuerue, cæloque cecidit lapis strepitu ingenti ».

2 Même épithète dans le *Sonet à Jean Foyssin* : « La France est frenetique : et de son dextre bras / Elle coupe le gauche, et d'un fier coutelas / Son miserable sein coup sur coup elle entame » (éd. Holmes, 2, 188). Cette apostrophe des v. 821-828 sera traduite en latin par Sponde dans son commentaire d'Homère, en regard d'*Il.*, 9, 63 (éd. Boase des *Œuvres littéraires*, Droz, 1978, p. 292).

3 La célèbre, et toute récente, comète de 1577 a fait l'objet de nombreuses publications (voir J.-P. Seguin, *L'information en France avant le périodique*, 1964, bibliogr. nos 233-234). Les *Mémoires* de Jean Burel, bourgeois du Puy (éd. Le Puy, 1875, p. 48), témoignent de l'émotion qu'elle suscita : « Et audit an 1577, environ la fête de Saint-Michel, fut vue au ciel une étoile traînant grande queue, comme si c'était une branche d'arbre ou un fagot, tellement que le monde murmurait que c'était quelque grand signe que Dieu nous envoyait, parce que nous avions la peste continuellement, la famine, ne se faisant aucun trafic de marchandise ni autres moyens pour vivre. » Tycho Brahé s'intéressa beaucoup à cette comète, dont il mesura la parallaxe ; Du Bartas s'en tient à la conception aristotélicienne des comètes. Voir aussi I. Pantin, *La poésie du ciel en France dans la seconde moitié du* XVIe *s.*, Genève, Droz, 1995, p. 478.

Tu vas plus resistant, quand plus on te martelle.
Mais je voy qu'il vaut mieux quitter ces vains discours.
Je voy qu'on perd le temps en parlant à des sourds.
Je voy bien qu'il vaut mieux reprendre mes brisees,
Pour chanter du Seigneur les œuvres plus prisées.

Mettant fin au discours de l'element de l'air il s'esleve jusques à celui du feu logé pres du ciel, et au dessus des autres elemens.

Ainsi donc qu'à la cour le Monarque a le flanc
Bravement entouré des princes de son sang,
Qu'apres eux la Noblesse, et qu'encor apres elle
Marche honorablement le Magistrat fidele,
Selon que plus ou moins leur different estat
Voisine la grandeur du plus haut Magistrat :
Dieu logea pres du ciel l'element* qui seconde
En vitesse et clarté les beaux planchers du monde[1] :
Et les autres apres, selon qu'ils sont parens
Soit des cieux azurez, soit de leurs feux errans.

Contre ceux qui retranchent du nombre des elemens le feu tant necessaire.

Et toutefois plusieurs, donnans plus de creance
Aux yeux qu'à la raison, arrachent ceste essence
De son naturel siege, et taschent vainement
Retrancher de ce Tout le meilleur Element[2] :
Le feu donne-clarté, porte-chaud, jette-flamme,
Source de mouvement, chasse-ordure, donne-ame,
Alchimiste, soldat, forgeron, cuisinier,
{61} Chirurgien, fondeur, orfevre, canonnier,
Qui peut tout, qui fait tout, et dont la source embrasse
Dessous les bras du ciel le rond de ceste masse.

Leurs raisons. 1.

Si le feu se campoit entre nous et les cieux[3],
Nous le[4] verrions de nuict : car c'est lors que nos yeux

1 De même, Scaliger, *Exotericarum exercitationum liber quintus decimus, de Subtilitate, ad Hieronymu Cardanum*, Paris, Vascosan, 1557, Exerc. 9, p. 19a : « Neque ignis, qui sub Caelo est, a Caeli substantia valde videtur alienus. »

2 C'est notamment le *De causis proprietatum elementorum*, attribué à Aristote, qui signale : « Et aestimauerunt quidam ex Primis, quod ignis non est ex elementis » (éd. Venise, 1562, p. 204). Coelius Rhodiginus, 15, 15, note, d'après cette source, « quosdam magni nominis opinatos in elementorum decuriam non videri admittendum ignem ». Cette opinion est, au XVIe s., soutenue par Cardan, *De subtilitate*, éd. citée, p. 50.

3 C'est ce que précisément conteste Cardan, ouvr. cité, p. 45 : « Sed certe sub caelo Lunae nullus est ignis. »

4 Notre éd. imprime « les » ; nous corrigeons d'après 1578 : l'argument est que, s'il y avait sous les cieux une sphère du feu, nous devrions la voir la nuit, comme nous voyons les vers luisants.

Remarquent (disent-ils) d'assés loin par les prees
2. Des ardans vermisseaux les eschines dorees.
Puis comment verrions-nous brillonner à travers
D'un si grand corps de feu les yeux de l'Univers :
Puis que le plus aigu des plus saines prunelles
Ne void rien à travers le feu de nos chandelles[1] ?

Response.

Incredules esprits, si jamais les souspirs
Or' des roides Autans, or' des mignars Zephirs*
Ne se faisoyent sentir, vous croiriez estre vuide
L'espace qui depart la terre, et l'eau liquide
Du ciel* sans fin-rouant : et croiriez aussi peu
Le venteux element, que l'element du feu[2].

Difference entre le feu elementaire et terrestre.

Autant que ces flambeaux, dont chez nous on alonge
Les jours que Capricorne* en mer trop soudain plonge,
Cedent au cler Phœbus : autant en pureté
Nostre feu cede au feu de l'Université.
Car nostre feu n'est rien qu'une espaisse lumiere
Pleine d'obscurité, de crasse, de fumiere,
Mais celuy de là haut, pour n'estre point souillé
Par le meslange espais d'un aliment brouillé,
Pour estre loin de nous, pour ne sentir Æole
Voisin, voisine fort la nature du Pole[3].

Il entre maintenant pout la conclusion de ce second livre

Mais de quelle matiere, ô Maistre ingenieux,
Formeray-je apres toy les courbeures des Cieux ?
{62} Je ressemble, incertain, à la fueille inconstante,

1 « Ce qui est derriere une flamme de feu est caché, en sorte que l'on ne le voit point, pource que nostre veue ne peut passer au travers de ce feu » (Pierre Messie, *Dialogue de la Terre*, éd. Paris, Claude Micard, 1572, p. 459 v°).

2 Lucrèce, I, 272-280, établit qu'il existe des corps qui échappent à la vue. De son côté, Pierre Messie assure que c'est « vouloir croire plustost au sens qu'à la raison » que de dire que l'invisibilité du feu céleste fait douter de son existence : ainsi l'air « ne peut arrester nostre veue, mais plustost elle passe librement sans le veoir, en sorte que si ce n'estoit par l'attouchement et par le mouvement d'iceluy, moins par le veue pourriez vous dire ne croire qu'il y eust de l'ær ».

3 A la différence du feu élémentaire, notre feu terrestre ne peut subsister qu'en étant continuellement alimenté. Voir G. Contarini, ouvr. cité, p. 52-54. Voir, de même, Peucer, ouvr. cité, p. 486 : « Le feu elementaire differe de la flamme terrestre, qui est une inflammation de vapeur seche, ou une fumee allumee » ; P. Messie, *Dialogue de la Terre*, éd. citée, p. 459 r°-460 r°.

Qui sur le faiste aigu d'un haut clocher s'esvente :
Qui n'est point à soy mesme, ains change aussi souvent
De place et de seigneur, que l'air change de vent.
Par le docte Lycee* ores je me promene :
Ore l'Academie* en ses ombres me mene[1].
Mes pas dessus les pas d'Aristote imprimant
Je prive d'elemens le doré firmament.
J'en banni tout meslange, et croy que la puissance
De Dieu l'a façonné d'une cinquiesme essence[2] :
Veu que les elemens poussent directement
Deux en haut, deux en bas, leur divers mouvement :
Mais la course du ciel, sans qu'elle se destourne
A costé, haut ou bas, tousjours en rond se tourne[3].

au discours des cieux, et traite en premier lieu de leur matiere et essence, selon la doctrine des philosophes.

Leur cours n'est eternel : ains s'arreste en ce lieu
Qui pour siege eternel leur fut esleu de Dieu :

Leur cours.

Mais le Ciel* azuré, sans jamais prendre haleine,
Poste, poste sans fin d'une course certaine :
Il va tousjours d'un train, et meu d'un faix sans faix.
Il ne sçait point que c'est de chevaux de relais[4].

Le ciel n'est sujet à changement comme les elemens.

Les corps où sont unis, l'eau, l'air, le feu, la terre,
Sont sans cesse agitez d'une intestine guerre,
Qui cause avec le temps leur vie et leur trespas,
Leur croistre, et leur descroistre : et qui ne permet pas
Que sous l'astre cornu presque pour un quart d'heure
En un mesme sujet une forme demeure.

---

1 Le différend de Platon et d'Aristote est couramment examiné dans les traités sur les éléments. Voir, p. ex., G. Contarini, ouvr. cité.

2 L'existence de cette cinquième essence, de cette quinte essence, dite éther (voir Aristote, *De caelo*, 1, 3 ; *De mundo*, 392a), est prouvée par les trois arguments classiques que détaillent les v. 899-918.

3 Premier argument : le mouvement des éléments est un mouvement de translation (« directement »), centrifuge (« en haut ») ou centripète (« en bas »); celui du ciel est un mouvement de rotation autour d'un axe (« en rond »). Seul ce dernier peut être perpétuel (« tousjours »). Voir Aristote, *Physique*, VIII, 7 [11] ; *De caelo*, I, 2.

4 Deuxième argument : le mouvement des éléments, étant rectiligne, est limité ; celui du ciel, que lui communique le premier moteur (v. 907), se poursuit uniformément (« tousjours d'un train ») et indéfiniment (« sans fin »). « Poste [court] sans fin » est peut-être un souvenir du sens d'*éther*, selon le *De mundo*, 392a : « A la substance du ciel et des astres nous donnons le nom d'éther, non pas, comme certains le veulent, qu'étant ignée elle flambe [...], mais parce qu'elle court toujours. »

Mais le Ciel ne cognoit des Parques la rigueur :
Croissant d'ans il ne croist de corps, ni de vigueur :
L'usage donc ne l'use, ains sa verde vieillesse
{63} Est en tout et par tout semblable à sa jeunesse[1] [.]
Puis soudain revenant disciple studieux

Dequoy les elemens servent aux cieux.

De l'Attique Platon je les mets dans les cieux.
C'est la terre qui fait par ses membres solides
Et visibles leurs feux, et leurs corps non fluides.
L'air les fait transparans, la flamme rend legers,
Chauds, prompts et lumineux, leurs cercles passagers.
Et les ondes oignant les bords dont s'entrebaisent
Leurs globes tournoyans, d'une humeur froide apaisent
La chaleur, qui naissant de leurs prompts mouvemens
Ne feroit qu'un brandon de tous les elemens[2].
Non que je face esgaux les corps[3] dont je compose
Ce corps, qui de son rond embrasse toute chose,

Difference entre les elemens dont sont composez

A ces lourds elemens, qu'ici bas les humains
Et voyent de leurs yeux, et touchent de leurs mains.
Il sont tous beaux, tous purs, une saincte harmonie

---

1 Troisième argument : les corps mixtes formés d'éléments (dont le siège est le monde sublunaire, v. 913) sont capables de génération et de corruption ; le ciel incorruptible ne croît ni ne décroît.

2 Selon le *Timée*, 31B-33A, « le corps de l'Univers », dit aussi le Ciel, est composé des quatre éléments. Le § 31B précise : « Quoniam vero corporeus, spectabilisque et tractabilis [mundus] erat futurus, ac sine igne videri nihil potest, nihilque sine solido tangi, et solidum absque terra nihil [...] » (trad. M. Ficin). Du Bartas infléchit le sens de ce passage en s'appuyant sur le *Compendium in Timaeum*, chap. 24, de Ficin. Celui-ci observe d'abord : « Esse utique elementa haec sub luna, nemo negabit. Esse vero in coelo, physici nonnulli negabunt. » Pour convaincre ces « physici », il précise donc, selon le titre même du chapitre, « quomodo haec [elementa] alia ratione sunt in coelo, aliter infra lunam ». Et il cède la parole aux platoniciens, qui expliquent de quelle manière les éléments entrent dans la substance du ciel : « Naturam illam ignis eminentissimam praebere coelo sensibile lumen, viuificum calorem motumque promptissimum. Naturam terrae largiri solidam firmamque stabilitatem : Item et stellis densitudinem qua videri possint, et Lunae qua radios repellat solares. Naturam aeris praestare perspicuam qualitatem, quam nominant translucentem. Naturam aquae afferre delicatissimam et aequabilissimam lenitatem. Et, quod maximum est, ipsis sphaerarum labiis quibus se contingunt, inserere virtutem illam frigoris et humoris, per quam fiat, ut quamuis ex velocissimo motu rapidissime et vehementissime se contingunt, aestus tamen illic resolutioque non accedat. » Les v. 921-928 traduisent visiblement ces lignes.

3 Les éléments.

D'un eternel lien tient leur substance unie[1] :
L'air est privé de cours, le feu d'embrasement,
De pesanteur la terre, et l'eau d'escoulement[2].
Ils ne sont tant soit peu l'un à l'autre funestes :
Et, pour le dire court, ils sont du tout celestes[3].

les cieux, et les elemens inferieurs.

Voila jusqu'où s'estend la superbe fureur
Des hommes aveuglez d'ignorance et d'erreur
Qui, comme s'ils avoyent mile fois calcinee[4]
La matiere d'enhaut, d'une langue effrenee,
Osent acertener, sans preuve et sans raison
De quel bois l'Eternel charpenta sa maison.
Or cent fois j'aime mieux demeurer en ce doute,
Qu'en errant faire errer le simple qui m'escoute,
{64} Attendant qu'un saint Paul redescende des cieux[5] :
Ou bien, que deschargé du manteau vicieux
De ce rebelle corps, qui mon ame sans cesse
D'un pesant contrepoids en bas presse et represse
Moy-mesme j'aille voir les beautez de ce lieu :
Si lors je veux rien voir que la face de Dieu[6].

Detestant la sagesse orgueilleuse de ceux qui ont trop curieusement recerché tels secretz il se renferme es limites des esprits qui craignent Dieu.

Mais tout autant ou plus, es escoles mortelles
Pour le nombre des cieux* s'esmeuvent de querelles
Cestui-ci n'en croit qu'un[7], faisant courre à travers
Sa liquide espaisseur les yeux de l'Univers :

Diverses opinions du nombre des cieux.
1.

1 Ficin, lieu cité : « Ex his quatuor elementis [...] Pythagorici Platonicique omnes existimant : ita tamen, ut consonantia horum in coelo nullam unquam dissonantiam patiatur. »

2 Ficin, *ibid.* : « Terrae soliditatem siue stabilitatem illic absque crassitudine in vaporea quasi forma regnare : rursus aequabilitatem lenitatemque aquae procul a lapsu : agilitatem aeris ab effluxu seorsum : efficaciam ignis [...] ab ea combustione ad quam efficiendam apud nos cogitur. »

3 Ficin, *ibid.* : « Elementa in coelo coelestia. »

4 C'est-à-dire : soumise au feu et réduite en cendre, pour en analyser la nature intime.

5 Allusion au ravissement de saint Paul (2 Cor, 12, 2-4).

6 Les élus verront la face de Dieu (1 Cor, 13, 12 ; Ap., 22, 3).

7 Plusieurs Pères de l'Eglise ont soutenu qu'il n'existait qu'un ciel (ainsi S. Jean Chrysostome, *In Genesim Homilia IV*, *PG*, 53, col. 42), mais en s'autorisant du texte biblique. Du Bartas pense sans doute surtout aux Stoïciens, qui concevaient la substance du ciel « comme un *pneuma*, comme un fluide aériforme très subtil au sein duquel les astres se pussent mouvoir librement » (P. Duhem, *Le Système du monde*, t. 2, p. 478). Voir Cicéron, *De natura deorum*, 2, 21, 55 : « Habent suam sphaeram stellae inerrantes ab aetheria coniunctione secretam et liberam » ; voir aussi 2, 16, 44 : « Motus astrorum [est] voluntarius. »

Ainsi que les poissons d'une glissante eschine
Coupent, qui çà qui là, les flots de la marine.
2. L'autre, faisant par l'œil un certain jugement,
Et voyant sept flambeaux poussez diversement,
Deça delà, courir : d'autre part que le reste
Des brandons, qui la nuict dorent le front celeste,
Marche d'un mesme train, divise, ingenieux,
En huit estages ronds le bastiment des Cieux[1].
3. Et l'autre, et l'autre encor, remarquant en la dance
Du plus estoilé Ciel une triple cadence,
Et qu'un corps n'a qu'un cours qui lui soit naturel,
En conte et neuf et dix[2] , sans sous un nombre tel
Comprendre l'Empyree* : où sans cesse ruisselent
Les fleuves de nectar : où sans fin s'amoncelent
Plaisirs dessus plaisirs : où lon void en tout temps
Fleurir heureusement les beautez d'un printemps
Où vit tousjours la vie : où Dieu tient ses assises,
Cerné de Seraphins* et des ames acquises
Par le sang de ce corps, dont le vol glorieux

---

1 Résumé de l'astronomie du *De mundo*, 2, 392a : « Siderum quae intus cohibentur, ea quae errationis nescia sunt, cum caelo circumferuntur, easdem utique sedes positusque eosdem tenentia. [...] At vero quae erratica dicuntur, nec eadem ipsa celeritate cum prioribus moueri suapte natura comparata sunt, nec inter se inuicem, sed in aliis atque aliis orbibus » (trad. G. Budé).

2 La « triple cadence » (v. 966) de l'ensemble des étoiles fixes (à distinguer des « trois dances » de la terre, dont Du Bartas parlera selon Copernic, au IVe Jour, v. 158) est, d'une part, le mouvement diurne du monde, d'orient en occident, autour de ses pôles ; d'autre part, le mouvement très lent qui porte le ciel des fixes d'occident en orient ; enfin le mouvement d'accès et de recès ou le mouvement de trépidation (voir P. Duhem, ouvr. cité, t. 2, p. 180 et suiv.). Or, il faut assigner chacun de ces mouvements à une sphère distincte. Le très classique manuel de Jean de Sacrobosco en distingue neuf : le premier mobile, la sphère des fixes et les sphères des sept planètes ; commentant cette proposition, Elie Vinet (*Sphaera Ioannis de Sacro Bosco emendata*, Paris, G. Cavellat, 1561, p. 10a) note : « Recentiores astrologi decimam sphaeram addiderunt, propter tertium in octaua sphaera animaduersum motum, quem dixerunt motum trepidationis, et motum accessus et recessus. » - Au v. 968, Du Bartas avait d'abord écrit : « En content neuf, ou dix », formulation inexacte puisque la prise en compte de la « triple cadence » et la volonté d'assigner à chacun de ces mouvements un ciel distinct obligent à ajouter, aux sept cieux des planètes, trois autres cieux. Le texte de 1581 corrige : « En conte et neuf et dix », c'est-à-dire : aux huit cieux de l'hypothèse précédente, ajoute et un neuvième et un dixième ciel. Cette nouvelle formulation est en accord avec le v. 979.

Jadis logea plus haut la terre que les cieux[1].
{65} Car aussi je ne veux que mon vers se propose
Pour sujet les discours d'une si haute chose.
O beau Rond* cinq fois double, ennemi du sejour,
Vie de l'Univers, sacré pere du jour,
Sacré pere de l'an, de toy-mesme modelle,
Qui ne changes de place, et toutesfois ton aile
Sur nous vole si tost que nostre entendement
Seul peut, comme tien fils, suyvre ton mouvement :
Infiniment fini, franc de mort, d'acroissance,
De discord, de langueur, aime-son, aime-dance,
Tousjours semblable à toy, tout à toy, tout en toy,
Clair, transparant, leger, du bas monde la loy,
Qui bornes, non borné, d'un grand tour toute chose
Qui tiens<,> toute matiere en toy, ou sous toy close
Throne du Tout-puissant[2] : volontiers dans ces vers
Je chanteroy les loix de ton bransle divers
S'il estoit encor temps, et ma plume esrenee
N'avoit peur d'alonger par trop ceste journee.
Encor, encor je crain que quelque mesdisant
Aille de troupe en troupe à l'avenir disant,
Que ma muse langarde à chasque vent fait voile,
Tissant fil contre fil, pour alonger sa toile.
Mais quiconque tu sois, souvien toy qu'en ce lieu,
J'amoncele à bon droit tant d'ouvrages de Dieu :

Il s'arreste à la contemplation et louange du ciel, qu'il considere distingué en dix estages ou cieux.

Sommaire de ce qui a esté traité en ce

1 Au-delà des cieux mobiles se trouve, selon les théologiens, l'Empyrée immobile, séjour de Dieu, des esprits angéliques et des âmes bienheureuses (voir, p. ex. Guillaume d'Auvergne, *De uniuerso*, Ia Iae, chap. 32 ; S. Thomas, *Super Sent.*, 2, dist. 2, quest. 2). Du Bartas décrit l'Empyrée avec les couleurs de l'âge d'or d'Ovide (*Met.*, 1, 89 et suiv.), notamment l'heureuse abondance et l'éternel printemps.

2 Cette sorte d'hymne du Ciel rappelle Ronsard, « Hymne du Ciel », notamment v. 15-28 et 87-90 (Lm, 8, p. 141-142 et 147), mais aussi bien les textes dont Ronsard s'inspire, notamment le *De mundo* et l'hymne de Marulle au Ciel (*Hymni naturales*, 2, 2). Le v. 981 se souvient de Marulle (v. 4 : « Par nulli, similis uni ») et de Ronsard (v. 85-86 : « Toy, qui n'as ton pareil, et ne sembles qu'à un, / Qu'à toy, qui es ton moule, et l'antique modelle / Sur qui Dieu patronna son Idée eternelle ») ; les v. 982-984 sont à rapprocher du *De mundo*, 391a, et de Ronsard (« v. 21-22 : « Seulement le penser de l'humaine sagesse, / Comme venant de toy egalle ta vitesse ») ; le v. 987 rappelle Ronsard (v. 88 : « Tu es tout dedans toy, de toutes choses tout ») et Marulle (v. 5 : « In te totus, tuus es totus »).

livre, et que signifie l'estendue descrite par Moyse. Genes. 1.6.

Dautant que par le tour de la grande ESTENDUE*[1],
Que l'Eternelle main a ce jourd'huy pendue
Entre les eaux d'embas, et les eaux de là haut
J'enten les cieux, les airs, et l'element plus chaud[2],
Qui separent des eaux de la mer azuree
{66} Celles que Dieu roulla sur la voute ætheree.

Contre ceux qui estiment qu'il n'y ait point d'eaux sur les cieux : lesquels il refute par diverses raisons.

Or je n'ay point si peu fueilleté les escris,
Qui pour leur beau discours sont ore en plus grand pris
Que j'ignore combien les plus sçavantes plumes,
Par subtils argumens, osent dans leurs volumes
Brocarder ce chrystal*, espancher tous ces flots,
Tarir cest Ocean qui clost tout de son clos[3].
Mais comme les beaux traits d'une dame modeste,
Qui, contente des dons que la faveur celeste
Luy donne à plaine main, par gestes ou par fard
N'augmente sa beauté assez belle sans art,

---

1 C'est avec ce mot d'« estendue » que la Bible de Genève traduit Gn, 1, 6-8 : « Derechef Dieu dit, Qu'il y ait une estendue entre les eaux : et qu'elle separe les eaux d'avec les eaux. / Dieu fit donc l'estendue, et divisa les eaux qui estoyent sous l'estendue, d'avec celles qui estoyent sur l'estendue : et ainsi fut fait. / Et Dieu appella l'estendue Ciel. » La Vulgate traduit par *firmamentum*.

2 Selon Vatable, commentant Gn, 1, 8, « hic caelum accipitur pro eo corpore quod est inter terram et caelum, id est aer et aether » ; pour Calvin, commentant Gn, 1, 6, le mot d'« estendue » « emporte ce que nous voyons vide par dessus nous » et donc l'air et les cieux. Pierre Lombard, *Sent.*, 2, dist. 14B, notait : « Quidam caelum, quod excedit aeris spatium, igneae naturae dicunt, asserentes super aerem purum ignem esse quia dicitur esse caelum, de quo igne sidera et luminaria facta esse coniectant. » Et Thomas d'Aquin (*Super Sent.*, 2, 14, quest. 1, art. 2, arg. 2) : « Non est probabile ut nobilissimum corpus in operibus creationis praetermitteretur. Cum ergo Scriptura specialem mentionem de igne non faciat, videtur quod nomine firmamenti intelligatur. » Ces diverses conjectures (parmi beaucoup d'autres) autorisent Du Bartas à poser que par « estendue » on peut entendre les cieux, l'air et le feu, et ainsi retrouver la classique ordonnance du monde.

3 Déjà les Pères de l'Eglise opposaient à l'évidence de l'Ecriture les prétentieuses affirmations de la science profane et rejetaient leurs objections. Saint Basile (*Homilia III in Hexaemeron*, 4, *PG*, 29, col. 59) notait l'une d'entre elles : Si le firmament est sphérique, comment l'eau pourra-t-elle tenir sans couler sur la convexité de cette sphère ? Voir P. Duhem, ouvr. cité, t. 2, p. 488. De même, S. Augustin, *De Genesi ad litteram*, 2, 1, 2, observait : « Multi enim asserunt istarum aquarum naturam super sidereum coelum esse non posse, quod sic habeant ordinatum pondus suum, ut vel super terras fluitent, vel in aere terris proximo vaporaliter ferantur », « Plusieurs prétendent que les eaux ne peuvent physiquement se tenir au-dessus du ciel étoilé, parce que selon les lois de la pesanteur, elles doivent couler sur la terre, ou s'élever sous forme de vapeur à quelque hauteur seulement dans l'atmosphère. »

Meritent plus grand los, que l'œillade impudique,
Le maintien affeté, la desmarche lubrique,
La fausse cheveleure, et le teint emprunté,
Dont une courtisanne embellit sa beauté :
Aussi je tien plus cher le celeste langage,
Bien qu'il retiene plus du rustique ramage
Que de l'escole Attique, et que la verité
Soit l'unique ornement de sa Divinité,
Que ces discours dorez, dont la prudence humaine
Desguise les erreurs de sa doctrine vaine[1].
J'aime mieux ma raison desmentir mille fois,
Qu'un seul coup desmentir du sainct Esprit la voix[2],
Qui crie en tant de parts[3], que sur les voutes rondes
Du ciel il a rangé je ne sçay quelles ondes :
Ou soit que de ceste eau l'estrange qualité
Avec les basses eaux ait peu d'affinité :
Soit que, faite vapeur, d'un transparant nuage,
Elle couvre du Ciel* le plus hautain estage :
{67} Ou soit, comme lon dit, qu'un chrystal, fait au tour
Du doré firmament embrasse tout le tour[4].

1. Le langage de Dieu surpasse et est à preferer à celuy des hommes.

2. La parole de Dieu fait mention des eaux celestes. *Genes. 1.6. Pseau. 104.3. 148.4.*

1 Vieille observation. Déjà S. Augustin, *Conf.*, 3, 5, notait la bassesse apparente du style de l'Ecriture et affirmait qu'avant d'apprendre à la goûter, il la trouvait « indigne d'être comparée à la dignité des ouvrages de Cicéron » (« visa est mihi indigna, quam Tullianae dignitati compararem »). Du Bartas récrit ces deux vers pour éviter de répéter les rimes *plumes / volumes*, déjà utilisées aux v. 1009-1010.

2 S. Augustin, *De Genesi ad litteram*, 2, 5, 9 : « Quoquo modo autem et qualeslibet aquae ibi sint, esse eas ibi minime dubitemus : maior est quippe Scripturae huius auctoritas, quam omnis humani ingenii capacitas », « Quelque système qu'on adopte, l'existence des eaux au-dessus du ciel, sous quelque forme que l'on voudra, est un fait indubitable : l'autorité de l'Ecriture doit prévaloir sur les plus ingénieuses théories de l'esprit humain. » Thomas d'Aquin commence son analyse de la Dist. 14 du 2e livre des *Sentences* de Pierre Lombard par cette mention de S. Augustin : « Ut dicit Augustinus, major est sacrae Scripturae auctoritas quam omnis humani ingenii perspicacitas. »

3 Voir aussi Ps. 104 (103), 3, et 148, 4 ; Daniel, 3, 60.

4 Bien qu'il soit prêt à « démentir » sa raison, Du Bartas s'essaie à comprendre comment les eaux d'en-haut peuvent demeurer au-dessus du firmament. La première hypothèse a pu être suggérée par la thèse néo-platonicienne qui attribue à l'eau entrant dans la composition de la substance du ciel une qualité et une pureté incomparablement supérieures à celles des eaux d'ici-bas (voir v. 936 et la note) ; ou bien, plus probablement, elle reprend celle de Thomas d'Aquin (*Super Sent.*, 2, 14, quest. 1, art. 1, Resp.) : au-dessus du ciel des astres, il y a « aquae, non quidem de natura hujus aquae quae apud nos est, sed de natura quintae

Et pourquoy, combatu de conjectures vaines,
Donray-je arrest certain sur preuves incertaines ?

3. La puissance de Dieu doit avoir plus d'autorité que le sens humain.

De moy, je ne voy point pourquoy le sens humain
Ne croid que celuy là, dont la puissante main
Pour passer à pié sec de Jacob les batailles
Jadis une grand mer roidit en deux murailles[1]
Ait peu si seurement cindrer tant et tant d'eaux*
Sur les cercles rouans du Ciel porte-flambeaux.

4. La consideration des eaux qui sont en l'air, et de la mer qui environne la terre.

A toute heure tu vois tant de mers dans les nues,
Qui, menaçans nos chefs, ne sont point soustenues
Que d'un air secoué de cent venteux abois,
Et qui, foible, ne peut souffrir le moindre poids[2].
Tu vois que ceste mer, qui cerne ce bas monde,
Maugré tout accident demeure tousjours ronde,
Sans que de tant de flots les escumeux efforts
Osent, pour s'aplanir, outrepasser leurs bords :
Pourquoy donc ne crois-tu que ceste voute puisse
Soustenir une mer, de qui l'onde ne glisse

essentiae, habentes similitudinem cum hac aqua, ratione cujus nomen aquae Scriptura eis attribuit ». La seconde hypothèse est mentionnée par S. Augustin, *De Genesi ad litteram*, 2, 4, 7, selon qui il est possible qu'une masse liquide, réduite en vapeurs très subtiles, s'étende par delà le ciel, sans être forcée d'en descendre par les lois de la pesanteur (« si potest aqua, sicut videmus, ad tantas guttarum minutias pervenire, ut super istum aerem vaporaliter feratur, qui natura levior est aquis ; cur non possit et super illud levius coelum minutioribus guttis et levioribus immanere vaporibus ? ») ; cette hypothèse est précisément signalée par Pierre Lombard, *Sent.*, 2, 14B. La troisième hypothèse pose que l'eau est pour ainsi dire congelée ; c'est, p. ex., celle de Pierre Lombard, *Sent.*, 2, 14A : « [Deus] potest super caeli sphaera non vaporali tenuitate, sed glaciali soliditate aquas suspendere ne labantur » ; pour preuve, Pierre Lombard fait mention de la formation du cristal, comme Du Bartas va le faire (v. 1057-1059) ; voir aussi Thomas d'Aquin (*Super Sent.*, 2, 14, quest. 1, art. 2, arg. 1) : « Dicit Basilius in Hexameron Hom. 3, quod est de natura ignis ; in littera etiam dicitur, quod est de aqua in modum chrystalli congelata » (de même, *Summa theol.*, 1a, q. 68, art. 2, ad 2, d'après S. Basile : « aquae quae sunt supra caelos, non sunt fluidae, sed quasi glaciali soliditate circa caelum firmatae. Unde et a quibusdam dicuntur caelum crystallinum »).

1 Voir Ex., 14, 21-22 (passage de la mer Rouge).

2 Nous corrigeons le v. 1048 (« Et puis, foible, ne peut »...) en rétablissant le texte initial, seul syntaxiquement correct. L'argument de Du Bartas s'inspire de la réflexion de Pierre Lombard, *Sent.*, 2, 14A, qui rappelle Job, 26, 8 : « Qui ligat aquas in nubibus suis, ut non erumpant pariter deorsum », et poursuit : « Qui enim infra caelum ligat aquas ad tempus vaporibus nubium retentas, potest etiam super caeli sphaera non vaporali tenuitate, sed glaciali soliditate aquas suspendere ne labantur. »

Par la pante du globe[1] ? O cœur incirconcis[2],
Pense au moins que c'est Dieu, qui tient ces flots assis
En si grillante part : ⌈ pense que si Nature
D'une coulante humeur chasque moment figure
Et la perle solide et le chrystal luisant[3] :
Que peut pour un seul coup le Pere tout puissant
De Nature et du Ciel ?] pense et repense encore,
Que ce palais superbe, où tu commandes ore,
Bien que fait d'un grand art, fust tombé vistement
{68} S'il n'eust eu pour plancher un humide element[4].
Car comme le cerveau tient la plus haute place
Du petit univers, et que sa moite glace
Modere la chaleur des parties d'embas[5] :
L'Eternel pour mesler avec le feu le glas,
Et temperer l'ardeur des flambeaux du grand Monde[6],
Sur les Cieux estoilez cambra ce jourd'huy l'onde.

5. Divers effects continuels et admirables en nature.

Ces eaux*, comme lon dit, jointes aux basses eaux,
Des monts plus sourcilleux desrobant les coupeaux
Eussent noyé ce Tout[7], si triomphant de l'onde,
Noé n'eust comme enclos dans peu d'arbres le monde[8],
Bastissant une nef, et par mille travaux
Conservant là dedans tout genre d'animaux.

Prenant occasion de ce que dessus il traite de la rencontre des eaux d'en-haut et d'embas,

1 Voir Ps 104 (103), 9 : « Terminum posuisti, quem {aquae} non transgredientur : neque conuertentur operire terram. »

2 Voir notamment Jér., 4, 4, Actes, 7, 51 ; Rom., 2, 29.

3 Pierre Lombard, *Sent.*, 1, 14A : « Crystallinus lapis, cui magna est firmitas et perspicuitas, de aquis factus est. »

4 Comme au v. 730, « plancher » désigne ici ce que nous appelons le plafond.

5 Argument suggéré par S. Thomas, *Super Sent.*, lieu cité, arg. 2 : « homo dicitur minor mundus, quia in eo est similitudo totius universi. Sed in corpore humano cerebrum, in quo est frigiditas, secundum philosophum, est positum supra cor, quod est fons totius caliditatis. Ergo videtur quod in universo aqua sit supra ignem collocata, et supra solem. » Au reste, Du Bartas ne tient pas compte de ce que Thomas conteste ensuite la pertinence de cet argument.

6 C'est l'opinion de divers Pères de l'Eglise, comme S. Ambroise et Théodoret de Cyr (voir P. Duhem, ouvr. cité, t. 2, p. 490). Voir aussi Thomas d'Aquin, *Summa theol.*, 1a, q. 68, art. 2, ad 3 : « aquae sunt ibi, ut Basilius dicit, ad contemperandum calorem caelestium corporum. »

7 Voir Gn, 6, 17, et 7, 11. L'incise « comme lon dit » renvoie au récit biblique.

8 C'est-à-dire : Noé n'eût pour ainsi dire enclos le monde dans l'espace de quelques planches (celles de l'arche).

dont s'ensuivit le deluge universel du temps de Noé : ce qu'il represente au vif.

Ils n'y furent entrez que[1] dans l'obscure grote
Du mutin roy des vents le Tout-puissant garote
L'Aquilon chasse-nue, et met pour quelque temps
La bride sur le col aux forcenez Autans[2].
D'une aile toute moite ils commencent leur course,
Chasque poil de leur barbe est une humide source,
De nues une nuict envelope leur front,
Leur crin desbagoulé tout en pluyes se fond :
Et leurs dextres pressans l'espaisseur des nuages
Les rompent en esclairs, en pluyes, en orages.
Les torrens escumeux, les fleuves, les ruisseaux
S'enflent en un moment : ja leurs confuses eaux
Perdent leurs premiers bords, et dans la mer salee
Ravageant les moissons[3], courent bride avalee.
La terre tremble toute, et tressuant de peur
Dans ses veines ne laisse une goute d'humeur.
{69} Et toy, toy-mesme, ô Ciel, les escluses desbondes
De tes larges marests, pour desgorger tes ondes
Sur ta sœur, qui vivant et sans honte et sans loy,
Se plaisoit seulement à desplaire à ton Roy.
Ja la terre se perd, ja Neree* est sans marge,
Les fleuves ne vont plus se perdre en la mer large,
Eux mesme sont la mer, tant d'Oceans divers
Ne font qu'un Ocean[4] : mesme cest Univers
N'est rien qu'un grand estang, qui veut joindre son onde
Au demeurant des eaux qui sont dessus le monde.
L'estourgeon costoyant les cimes des chasteaux
S'esmerveille de voir tant de toicts sous les eaux[5].
Le manat*, le mular[6], s'alongent sur les croupes
Où n'aguere broutoyent les sautelantes troupes

1 C'est-à-dire : A peine y furent-ils entrés que.

2 Imité d'Ovide, *Met.*, 1, 262 et suiv. Toute cette peinture du déluge s'inspire de celle d'Ovide ; nous indiquons quelques-unes de ces imitations.

3 Ovide, *Met.*, 1, 272.

4 Ovide, *Met..*, 1, 291-292.

5 Ovide, *Met.*, 1, 301.

6 Sur le manat (lamentin), voir Rondelet, *De piscibus marinis*, Lyon, 1554, t. 1, p. 390 ; sur le mular (ou physétère), *ibid.*, p. 485.

Des chevres porte-barbe : et les daufins camus
Des arbres montaignars razent les chefs ramus[1].
Rien ne sert au levrier, au cerf, à la tigresse,
Au lievre, au cavalot, sa plus viste vistesse :
Plus il cerche la terre, et plus et plus, helas,
Il la sent, effrayé, se perdre sous ses pas.
Le bievre, la tortue, et le fier crocodile,
Qui jadis jouissoyent d'un double domicile,
N'ont que l'eau pour maison : les loups et les agneaux,
Les lions, et les dains voguent dessus les eaux,
Flanc à flanc sans soupçon[2]. Le vautour, l'arondelle,
Apres avoir long temps combatu de leur aile
Contre un certain trespas : en fin tombent lassez
(N'ayans où se percher) dans les flots courroucez[3].
    Quant aux povres humains pense que cestuy gaigne
{70} La pointe d'une tour, l'autre d'une montagne[4] :
L'autre pressant un cedre, or' des pieds, or' des mains,
A boutees gravit au plus haut de ses rains*[5].
Mais las, les flots montans, à mesure qu'ils montent,
Soudain qu'ils font arrest, soudain leur chef surmontent.
L'un sur un aiz flottant, hazardeux, se commet,
L'autre vogue en un cofre, et l'autre en une met :
L'autre encor mi-dormant sent que l'eau desbordee
Sa vie et son chalit ravit tout d'une ondee.
L'autre de pieds et bras par mesure ramant
Resiste à la fureur du flot, qui freschement
A son flanc abisma ses germaines[6], sa mere,
Le plus cher de ses fils, sa compagne, et son pere.
Mais en fin il se rend, ja las de trop ramer,
A la discretion de l'indiscrette mer.
Tout tout meurt à ce coup : mais les Parques cruelles,
Qui jadis, pour racler les choses les plus belles,

1 Ovide, *Met.*, 1, 299-304.
2 Sans méfiance, sans crainte. Voir Ovide, *Met.*, 1, 304-306.
3 Ovide, *Met.*, 1, 308.
4 Ovide, *Met.*, 1, 293 et suiv.
5 « Rains et Rainceaux, mots anciens, pour Rameaux » (manchette de l'éd. originale).
6 C'est-à-dire : ses sœurs.

S'armoyent de cent harnois, n'ont ores pour bourreaux
Que les efforts baveux des bouillonnantes eaux.
Tandis la sainte nef sur l'eschine azuree
Du superbe Ocean navigeoit asseuree,
Bien que sans mast, sans rame, et loin loin de tout port :
Car l'Eternel estoit son Pilote et son Nord.
Trois fois cinquante jours[1] le general naufrage*[2]
Degasta l'Univers : en fin d'un tel ravage
L'Immortel s 'esmouvant, n'eust pas sonné si tost
La retraite des eaux, que soudain flot sur flot
Elles gaignent au pié : tous les fleuves s'abaissent :
La mer r'entre en prison : les montagnes renaissent :
{71} Les bois monstrent desja leurs limonneux rameaux :
Ja la campagne croist par le descroist des eaux[3].
Et bref la seule main du Dieu darde-tonnerre
Monstre la terre au ciel, et le ciel à la terre[4] :
Afin qu'il vist encor la Panchaïque odeur*
Fumer sur les autels sacrez à sa grandeur.

Conclusion par une S. priere accommodee à l'estat de l'eglise de nostre temps.

O Dieu ! puis qu'il t'a pleu tout de mesme en nostre aage
Sauver ta saincte nef du flot et de l'orage :
Fai que ce peu d'humains[5], qui s'apuyent sur toy,
Croissent de mesme en nombre, et plus encor en foy.

FIN.

1 Gn, 8, 3.
2 Voir Indice de Goulart à « Deluge ».
3 Ovide, *Mét.* 1, 343-347.
4 Ovide, *Met.*, 1, 329.
5 Thème biblique du Reste fidèle (Rm, 11, 5).

{72}

SOMMAIRE DU
TROISIESME JOUR

En ce troisiesme livre, le poete descrit la mer et la terre avec leurs ornements et commoditez, suivant ce que Moyse en traite au premier chapitre de Genese, verset neuviesme. Doncques, apres l'invocation de {*sic*} nom de Dieu il entre en matiere, et divise tout son discours en deux parties principales. En la premiere ayant dit en general qu'au tiers jour les eaux furent separees de la terre, et monstré par un[e] comparaison propre comme cela se fit, il parle du grand amas des eaux, qu'on appelle la mer, remarque le logis d'icelle, retenue en ses limites par la puissance de Dieu. Il monstre consequemment, que la mer avec ses bras environne la terre : puis represente les parcelles d'icelle mer et les plus renommez fleuves du monde. Quoy fait, les fontaines et rivieres {72} sont mises en avant, et est disputé de l'acroissement des torrens et rivieres, et de leur descente en la mer, laquelle ne devient pas plus grande pourtant[1]. Tout d'un train il discourt sur son flus et reflus, resolvant en peu de vers les principales questions sur ce poinct, et y adjouste celuy de la saleure des eaux marines, lesquelles il laisse pour proposer les effects merveilleux de diverses fontaines, des bains et eaux chaudes. Surquoy ayant insisté longtemps il reprend son propos, descouvrant les commoditez causees par la conjonction de la mer et de la terre en une masse ronde. Voila quant à la premiere partie, touchant la mer. En la seconde, nous avons un ample et beau traicté de l'element de la terre : premierement de la fermeté et commodité d'icelle, en apres de ses tremblements et ouvertures, puis de sa grandeur, laquelle avec la mer n'est qu'un petit poinct à comparaison des cieux, dont le Poete tire une saincte exhortation pour induire grands et petis à leur devoir en toute humilité devant Dieu. Or dautant que la terre a esté separee de la mer, pour estre mere, nourrice et hostesse de l'homme, il depaint les profitables beautez d'icelle, assavoir ses arbres et

1 pour autant, pour cette raison.

arbrisseaux de divers usages pour la vie humaine, nonobstant le peché : puis les fleurs herbes et plantes d'infinies sortes, desquelles il n'oublie pas les proprietez excellentes, ains dessus une chacune escrit en grosses lettres la bonté, sagesse, et puissance de l'Eternel, par la consideration des sympathies et antipathies admirables de tant de creatures[1], ausquelles il adjouste les grains, laines, soyes, cottons, lins, et chanvres de la terre, entretenue, renouvellee et vivifiee de jour en jour par la mesme main qui luy a premierement donné estre et vigueur. Là dessus ayant entre autres miracles de nature mis devant les yeux l'arbre nommé Cocos, il entre dedans terre, et descouvre les mineraux cachez es entrailles d'icelle, sans oublier apres les pierres precieuses de monstrer le droit usage de l'or et du fer, et pour dernieres me[r]veilles il parle de l'eymant, de l'aiguille marine, et des terres medecinales. Quoy achevé il salue la terre, chante les louanges d'icelle, condamne par les exemples des patriarches et plus illustres personnagez d'entre les Payens ceux qui ont mesprisé l'agriculture et la conoissance des simples : et pour la fin esleve jusques aux cieux la vie rustique, qu'il prouve estre accompagnee de tout heur et repos, et garantie des passions et malheurs qui troublent le monde : concluant ce troisiesme livre par une saincte priere convenable à sa vocation.

1 *creatures* : tous produits de la création, non seulement animés mais aussi bien minéraux et autres.

{73}

TROISIESME JOUR
DE LA SEPMAINE
DE GUILLAUME DE SA-
LUSTE SEIGNEUR
DU BARTAS

Le poete descend des cieux et de la region de l'air en terre et en mer.

MON esprit qui voloit sur ces brillantes voutes,
Qui vont tout animant de leurs diverses routes,
Qui commandoit[1] aux vents, aux orages soulfreux,
Aux esclers flamboyans, aux images affreux
Qui s'engendrent en l'air, d'un langage assez brave
N'aguere discouroit sur un sujet si grave :
Mais razant ce jourd'huy le plus bas element,
Il est comme contraint de parler bassement :
Ou s'il parle un peu haut, sa voix est emportee
Par les ondeux abois de la mer irritee.

Il invoque le vray Dieu pour estre assisté en la description de ces deux elemens et de tout leur contenu.

O Roy des champs[2] flotans, ô Roy des champs herbeux,
Qui du vent de ta bouche esbranles, quand tu veux,
Le fondement des monts, et les vagues salees
Pousses contre l'azur des voutes estoillees :
Fay que, docte arpenteur, je borne justement
Dans le cours de ce jour l'un et l'autre element :
Fay que d'un vers disert je chante la nature
{74} Du liquide Ocean, et de la Terre dure :
Que d'un style fleuri je descrive les fleurs
Qui peindront ce jourd'hui les champs de leurs couleurs.

Tous ces monts escarpez[3], dont les cimes cornues

1 *Qui commandoit*… : il s'agit de *mon esprit* (v. 1).

2 Les *champs flotans* et les *champs herbeux* sont la mer et la terre. Le *Roy* en est évidemment Dieu. Voir Thevenin, vers 11.

3 À noter que, ni chez Thevenin ni chez Goulart, on ne trouve aucune allusion à ces thèmes développés par S. Basile et par S. Ambroise.

Dieu amasse au troisiesme jour les eaux et les separe de la terre.

Voisinent l'espaisseur des vagabondes nues,
Sous les flots premier-nez cachoyent leurs dos bossus[1],
Et la terre n'estoit qu'un marest paresseux,
Quand le Roy de ce Tout, qui, liberal, desire
Nous bailler comme à fief[2] du bas monde l'Empire,
Commanda que Neptun, rengeant à part ses flots,
Descouvrist promptement de la terre le dos :
Et qu'il se contentast que ci-devant son onde
Avoit un jour entier occupé tout le monde[3].

---

1 Du Bartas retient l'opinion la plus répandue, mais discutée, selon laquelle les montagnes existent depuis le commencement du monde. Quelques théologiens, comme Jean Damascène, *Expositio fidei*, 2, 9-10, ont soutenu qu'à l'origine la terre était parfaitement sphérique. Claude Duret, sur ces sujets, cite laudativement ces vers 21-60 d'« un grand et excellent Poëte de ce temps », c'est-à-dire de Du Bartas (*Traicté de la verité des causes et des effects, des divers cours, mouvements, flux, reflux, et saleure de la mer* [...], Paris, 1600, p. 115-117). Au contraire, selon Munster-Belleforest, *Cosmographie*, Paris, M. Sonnius, 1575, col. 8, les montagnes sont apparues avec le déluge, « là où auparavant la terre estoit toute plane ».

2 *Nous bailler comme à fief* : façon de décrire le rôle dévolu à l'homme dans la création en termes vassaliques. Dieu nous accorde la souveraineté sur la terre (le *bas monde*) comme un seigneur accorde à son vassal la jouisssance d'un fief, mais non la propriété, dans l'acception moderne, qui n'a guère de sens dans la mentalité à laquelle se réfère Du Bartas.

3 Sur cette question de la terre, créée dès le Premier Jour mais rendue visible seulement le Troisième, les commentaires abondent depuis saint Augustin (*Confessions*, 12, 22), S. Basile, 4, 2 : « Quel embarras m'as-tu donné dans nos entretiens passés, en me demandant la raison pour laquelle la terre était invisible, quand tous les corps ont naturellement une couleur, et que toute couleur est sensible aux yeux ! Et peut-être t'a-t-il semblé qu'il ne suffisait pas de dire : la terre était invisible pour nous, non par sa nature, mais en raison de l'eau qui la recouvrait et la cachait tout entière aux regards » (*Homélies sur l'Hexamæron*, éd. St. Giet, Paris, Cerf, 1968, p. 249), S. Ambroise, 3, c. 2, 7 : « Fortasse parum credidit aliquis superioribus sermonibus nostris, quibus tractauimus inuisibilem ideo fuisse terram, quod aquis operta tegeretur, ut corporeis oculis non posset videri » (*Opera. I. Exameron*, éd. Schenkl-Banterle, Milan-Rome, Bibl. Ambrosiana Ed., 1979, p. 114), S. Thomas d'Aquin, *Summa Theologica*, 1, 69, etc. Ici comme ailleurs Du Bartas commente moins qu'il ne décrit le surgissement des terres dû au mouvement de l'eau en choisisssant les données scientifiques qui lui conviennent et en gardant évidemment comme fil conducteur le récit de la Bible (voir J. Céard, « *La Sepmaine* de Du Bartas et la tradition hexamérale », in *Cahiers Textuel*, n° 13, 1993, p. 14). S. Augustin, *De Genesi ad litteram*, 1, 13, 27 : « [...] ut ideo terra invisibilis dicta intellegatur, quod aquis cooperta non posset videri, etiamsi esset qui posset videre ; ideo vero incomposita, quia nondum a mari distincta, et cincta litoribus, et suis fetibus animalibusque decorata », « la terre fut appelée invisible, parce qu'elle était ensevelie sous les eaux et qu'elle ne pouvait être aperçue, eût-il même existé alors un être capable de la voir ; sans ordre, parce qu'elle n'était encore ni séparée de la mer, ni limitée par ses rivages, ni peuplée d'animaux ».

Comme apres que le ciel s'est en pleurs tout fondu,
Le flot baveusement sur la plaine estendu,
Fait des champs une mer : puis cessans tous ravages,
D'un invisible pas quitte les labourages
Du beuf tirasse-coutre, en soy-mesme se boit,
Et restreint sa largeur dans un canal estroit :
La mer* quitte ce jour montaigne apres montagne,
Costaut apres costaut, campagne apres campagne,
Et dans le ventre creux d'un plus petit vaisseau
Entonne vistement de toutes parts son eau[1].
Soit qu'au commencement l'imparfaite lumiere
Eust attiré beaucoup de ceste humeur premiere
Es lieux plus eslevez : afin qu'au second jour
Dieu d'icelle formast tant de cieux faits au tour[2].
Soit que le Tout-puissant fist de nouveaux espaces
Pour y loger ses flots[3], soit qu'ouvrant les crevasses
{75} Et des monts et des champs, il luy pleust d'enfermer

Par une comparaison propre il monstre comme la mer se retira de dessus la terre.

Du logis et lict de la mer.

1 Le problème exposé aux vers 31-40 est de savoir pourquoi la mer laisse la terre à découvert. *Cf.* Calvin, 148e Sermon sur Job : « La mer est par dessus nous. Il est vray que les simples et idiots ne comprennent pas que la mer nous surmonte, et qu'elle soit plus haute que la terre : mais ils cuident que les eaux soyent dessous la terre, et qu'elles soyent beaucoup plus basses. [...] Par ce jugement horrible du déluge, Dieu nous a monstré comme en un miroir ce qui seroit perpétuel sur toute la terre s'il ne retenoit miraculeusement les eaux », cité par Richard Stauffer (*Dieu, la création et la Providence dans la prédication de Calvin*, Bern-Frankfurt/Main, Las Vegas, Peter Lang, 1978, p. 226, n. 80) qui observe d'autre part : « Pour le Réformateur, c'est donc en vertu d'un perpétuel miracle que la terre, échappant au déluge qui, normalement, devrait l'anéantir, n'est pas engloutie par l'élément liquide. Dieu retient non seulement les eaux supérieures "comme en des barrils", mais aussi les flots de la mer qui ceinturent, bien plus : qui, selon une conception courante au Moyen Âge, surplombent de toutes parts le globe terrestre » (p. 187). Mais il semble que de ce « perpétuel miracle » Du Bartas ne soit pas complètement convaincu, puisqu'il cherche justement dans les hypothèses augustiniennes des raisons de penser que le retrait des eaux pourrait être humainement concevable : la création d'un espace pour les recevoir, ou l'existence d'un abîme souterrain, ou la condensation de ces eaux. En somme, lorsque Calvin appelle « idiots », fût-ce au sens de profanes, d'ignorants, ceux qui pensent que les eaux sont sous terre, il critique d'avance les hypothèses de Du Bartas.

2 Cette hypothèse, que récuserait sous cette forme Thomas d'Aquin, qui se range à l'avis d'Aristote, est formulée notamment par Pierre Lombard, *Sententiarum liber*, 2, 14A : « In medio firmamentum est, id est, syderum cælum, quod de aquis esse credi potest. »

3 L'hypothèse d'un grand abîme souterrain plein d'eau, le Tartare, due à Platon, *Phédon*, 112-113, est encore rappelée par Contarini, *De elementis*, 2 (in *Opera*, éd. Genève, 1578, p. 29), qui toutefois la rejette, et par Claude Duret, *Traicté de la verité*..., p. 111.

Sous terre quelque bras d'une si large mer[1].
Soit que pressant ces eaux, dont les rares brouees
Sembloyent couvrir ce tout d'un manteau de nuees,
Il les emprisonnast dans le clos de ces bords[2]
Contre qui l'Ocean perd ore ses efforts,
Sans les oser franchir[3] : car la vertu Divine,
Conoissant sa nature inconstante et mutine[4],
L'emboûcha de ce frain[5], et contre ses fureurs
Rempara pour jamais l'element porte-fleurs :
Tant qu'on void quelquefois des vagueuses montagnes[6]
Qui d'un flot abayant menacent les campagnes,
Se perdre en blanche escume, et se crevant au bord,
N'oser rien attenter hors leur moite ressort.

La mer retenue en ses limites par la puissance infinie de Dieu.

Et qu'est-ce qu'en la mer pouvoit estre impossible
A ce grand Amiral, de qui la voix terrible,
Pour sauver son Isac[7], les abismes fendit,
Et du golfe Erythree* en l'air l'onde pendit[8] ?

---

1 L'hypothèse formulée aux vers 49-51 par S. Augustin est que les eaux de la mer étaient comme une sorte de nuage recouvrant la terre et qu'elles ont donc pu facilement se condenser, laissant ainsi apparaître la terre : condensées, les eaux formaient un moindre volume et ont pu être enfermées (emprisonnées) dans les limites que nous leur connaissons. S. Augustin, *De Genesi ad litteram*, 1, 12, 26 : « Quamquam et terra longe lateque subsidens, potuit alias partes praebere concavas, quibus confluentes et corruentes aquae reciperentur, et appareret arida ex his partibus, unde humor abscederet. » De même, Pierre Lombard, *Sententiarum liber*, 2, 14B (« De opere tertiae diei, quando aquae congregatae sunt in unum locum ») : « Si autem quaeratur, ubi congregatae sunt aquae quae totum texerant spatium usque ad coelum : potuit fieri ut terra subsidens concauas partes praeberet, ubi fluctuantes aquas reciperet. »

2 Autre hypothèse de S. Augustin, *De Genesi ad litteram*, 1, 12, 26 : « An forte rarior aqua velut nebula terras tegebat, quae congregatione spissata est, ut ex multis eas partibus, in quibus arida posset apparere, nudaret ? » De même, Pierre Lombard, lieu cité : « Potest etiam credi primarias aquas rariores esse, sic ut nebula tegeret terras, sed congregatione esse spissatas, et ideo facile in unum posse redigi locum. »

3 Voir, outre les passages scripturaires signalés en manchette, le Ps 104(103), 9.

4 Il s'agit de la nature de l'océan.

5 *L'emboûcha de ce frain* : le maîtrisa comme par un frein mis en sa bouche ; allusion au dressage des chevaux.

6 Des *vagueuses montagnes* : des vagues hautes comme des montagnes. Tout ce passage, jusqu'au vers 60, illustre le providentialisme et l'anthropomorphisme de Du Bartas.

7 *Pour sauver son Isac* : pour sauver le peuple juif fuyant l'Egypte et la servitude. Allusion au passage de la mer Rouge dont les eaux s'écartèrent pour laisser passer Moïse et les siens (Ex, 14, 21-22).

8 *Cf.* S. Ambroise, 4, c. 1, 2 : « Hoc enim vere factum quis ignorat, quod ad Hebraerorum transitus mare fugerit ? Quando se unda diuisit, transiuit populus vestigio puluerulento perisse

Qui droit vers le chrystal de sa jumelle source
Du fleuve* Palestin fit rebrousser la course[1] ?
Le rebelle univers abisma sous les eaux ?
Et d'un roc sans humeur fit couler des ruisseaux[2] ?
Voila doncques comment la pesanteur de l'onde
Fit d'un oblique tour une isle de ce monde[3].
Car ainsi que le plomb que bouillant nous versons
Dessus un corps esgal, coule en maintes façons,
S'enfuit ici tout droit, là serpentant se joue,
Ici son corps divise, et delà le renoue,
De ses chauds ruisselets presque en mesme moment
{76} Dessus l'uni tableau[4] toutes formes formant :
Dieu respandit les flots sur la terre feconde,
En figure quarree, oblique, large, ronde,
En pyramide, en croix, pour au milieu de l'eau
Rendre nostre Univers et plus riche et plus beau.
Tel est le bras Germain[5], tel le sein Gangetique*,
Tel l'Arabe Neptun*, tel le goulfe Persique*,
Et telle nostre mer, dont les rameaux divers
En trois lots inesgaux partagent l'Univers[6].
Et bien que chasque bras, pour si loin qu'il s'espande,
Ne soit qu'un ruisselet au pris de la mer grande :
Il fait cent autres mers par ses tours et destours,

Exod. 14.21. Josue, 3.16. Genes. 7. 21. Exod. 17. 6.

La mer environne la terre, et en fait une isle.

Similitude propre monstrant les tours obliques de la mer et de ses bras autour de la terre.

Les bras de la mer distinguez en autres

---

mare credens, fugisse fluctus » (p. 110). Ambroise commente : « Nouit ergo aqua et congregari et timere et fugere, quando deus praecepit ». Du Bartas insiste sur des effets descriptifs et, certes, « didascaliques », mêlés de considérations quasiment politiques et économiques (vers 91-96), comme on ne trouvera dans *La Seconde Sepmaine* au poème des *Colonies*.

1 Allusion au passage du Jourdain par le peuple d'Israël, Jos, 3, 14-17. Voir Thevenin, vers 65-66.

2 *un roc sans humeur* : allusion à l'épisode de l'Exode où Moïse fit jaillir l'eau d'un d'un rocher parfaitement sec, *sans humeur*, pour étancher la soif d'Israël (Ex, 17, 6).

3 *Cf.* aussi Ovide, *Met*, I, 36-37. Du Bartas emprunte cette remarque au pseudo-Aristote, *De mundo*, 3, 392b : « Orbem vero terrarum hominum fere sermo in insulas diuisit et continentes, scilicet ignorantium uniuersam illam terram insulam esse unicam ».

4 *L'uni tableau* : c'est le *corps esgal* du vers 72, c'est-à-dire la surface plane sur laquelle le plomb ne s'étale pas, mais coule en maintes façons.

5 Le *bras Germain*, la Baltique, comme plus bas *nostre mer* pour la Méditerranée, ne sont que des « bras », des parcelles de la grande mer qui entoure le monde (voir vers 69-70).

6 Dans *La Sepmaine*, Du Bartas s'en tient aux trois lots de la carte du monde traditionnel (Europe, Afrique, Asie) séparés par *nostre mer* (vers 83), *mare nostrum*, la Méditerranée.

moindres parcelles, et de leurs commoditez.

Non diverses de flots, ains de nom et de cours :
Pour, moites, humecter par des secretes veines
La trop seche espaisseur des campagnes prochaines :
Pour remparer maint peuple, et des Princes plus forts
Arrester tout d'un coup les superbes efforts :
Pour d'eternels confins borner les Republiques :
Pour plus commodement exercer les trafiques,
Leur abregeant la voye, et par l'aide du vent
Approcher dans un mois le Ponant du Levant[1].

Fleuves les plus celebres de la terre.

Mais la terre ne doit à la mer Oceane
Ces grands mers seulement[2] : elle lui doit[3] la Tane*,
Le Nil tresor d'Egypte, et son voisin qui perd
Tant de fois son humeur par le vague desert.
Elle luy doit le Rhin, le Danube, l'Eufrate*,
Et l'autre orgueilleux fils de la froide Niphate*[4],
Le Gange* spacieux, et ce flot de renom
Qui l'Inde matiniere a nommé de son nom :
{77} Le Tage* au bord doré, la Tamise*, le Rhosne,
Le Rha*, l'Ebre*[5], le Po, la Seine, et la Garonne,

---

1 À propos de la mer et des eaux, Du Bartas va évoquer les grandes questions que ne cessent de se poser les naturalistes depuis l'Antiquité et les théologiens depuis les Pères de l'Église : d'où vient l'eau de la mer et des fleuves, où va-t-elle, qu'est-ce qui provoque les marées, pourquoi la mer est-elle salée ? Si le poète se contente de mentionner relativement rapidement ces problèmes, ils déclenchent chez les deux commentateurs de *La Sepmaine* une abondance de réflexions (voir p. ex. Goulart *s. v.* Fontaines ou Mer) ou de références (voir Thevenin) qui témoignent de leur actualité et de leur permanence. D'autre part, par contraste avec les déploiments érudits et théologiques de Goulart et de Thevenin, le poète utilise plutôt l'image comme procédé d'explication, de démonstration, voire de justification (par exemple aux vers 117-126 sur l'évaporation des mers comparée à l'alambic).

2 Ici commence un développement qui entend récuser l'existence, soutenue par Aristote, d'eaux d'origine terrestre, et qui soutient que toutes les eaux sans exception viennent de la mer, selon le propos décisif de Salomon, Qo, 1, 7 : « omnia flumina intrant mare et mare non redundat ; ad locum unde exeunt flumina revertuntur ut iterum fluant. » Voir le commentaire de Claude Duret, *Traicté de la verité*…, p. 351. Scipion Du Pleix, *Physique* (1603), 7, 18, s'appuie sur le passage de Salomon, et ajoute : « Ce que mesme Seneque a cogneu » (voir *Questiones naturales*, 2, 3).

3 Exemple de célébration énumérative comme il y en a souvent dans *La Sepmaine* : poésie des noms qui chantent l'immensité et l'abondance de la Création.

4 Le *fils de la froide Niphate* est le Tigre : voir Thevenin.

5 *L'Ebre* : Goulart voit ici une allusion à l'Hebrus, fleuve de Thrace (*cf.* Virgile, Buc., 10, 65), guère évidente dans le contexte. Thevenin, plus vraisemblablement, considère qu'il

Garonne qui si fort s'enflera de mes vers,
Que, peut estre, son bruit s'orra par l'Univers.
Elle lui doit là bas de Parana* le fleuve,
L'Amazonide flot, Darien* dont s'abreuve,
La troisiesme Castille*[1], et Maraignon* encor,
Eaux du bas Univers[2] qu'on fait si riche d'or.
L'element plus fecond[3] d'elle tient ses fontaines*,
Et le chrystal qui court dans ses profondes veines[4] :

Fontaines et rivieres en la terre.

Et puis en temps et lieu, non ingrat il luy rend,
En deux sortes[5] l'humeur qu'en deux sortes il prend.
Car comme en l'alambic[6] la braise souffletee

Similitude, monstrant comme les eaux de la terre sont puisees du Soleil, puis versees en la mer.

Esleve une vapeur, qui peu à peu montee
Au sommet du chapeau, et moite, ne pouvant
Sa flairante sueur faire aller plus avant,
Mollement s'espaissit : puis tombant goutte à goutte,
Claire comme chrystal dans le verre s'esgoute[7] :

---

s'agit du fleuve espagnol.

1 La description du fleuve en question par Goulart comme par Thevenin correspond au Rio Atrato plutôt qu'au San Juan comme le disent Holmes et Reichenberger. Tout ce passage évoque le fabuleux pays de l'Eldorado.

2 *Du bas Univers* : de l'hémisphère sud.

3 *L'element plus fécond* : la terre.

4 Scipion Du Pleix, *Physique*, 7, 18 : sans doute la condensation existe-t-elle, « mais, que toutes les fontaines du monde viennent de ceste conversion [...] et de ces fontaines tous les ruisseaux, et du ramas de ces ruisseaux toutes les rivieres et fleuves, ainsi que dit Aristote [en marge : Aristot. c. 13, l. 1 Meteor.], je ne me le puis persuader. »

5 *En deux sortes* : Goulart ne commente pas ce point ; selon Thevenin, il faut comprendre : « par pluye, et par les fleuves qui se rendent en la mer, ce qu'il expose par ordre ». Cette lecture est contestable puisque les pluies vont rejoindre les fleuves. L'ordre du texte de Du Bartas appelle une autre interprétation ; d'une part, les pluies, par des *routes diverses* (vers 125), retournent finalement à la mer : telle est la première sorte (v. 116-134) ; d'autre part (c'est la seconde sorte), les eaux issues de la fonte des neiges vont, à leur tour, grossir les fleuves, qui finalement se jettent dans la mer (v. 135-152).

6 Le phénomène de l'évaporation de l'eau est comparé à la distillation des liqueurs. Même image dans *Le Premier Curieux* de Tyard : « ... l'air enclos dans les cavernes froides et ombreuses, ou ombragées, puis reduit en une espesseur comme paresseuse, est transmuté en vapeur distilable, et goute à goute rechet en liqueur... » (in *The Universe of Pontus de Tyard*, éd. Lapp, Ithaca, N.Y., Cornell University Press, 1950, p. 96). Mais chez Tyard, c'est à l'explication de la « saleure » de la mer que s'applique ce passage.

7 Image classique. Voir Pierre Messie, *Dialogue des Meteores*, Paris, Claude Micard, 1572, p. 465 r° : quand les vapeurs qui montent de la terre forment des nuages, ceux-ci, « avec la force des rayons du Soleil », se convertissent en eau, « ce que pourra facilement entendre celuy qui voudra considerer les vapeurs d'un alembic, comme elles montent avec la force

La plus subtile humeur qui flotte dans les mers,
Est des rais du Soleil portee par les airs,
Qui la refond en eau, et par routes diverses
Dans le sein maternel[1] se joint aux ondes perses.

Comment se font les fontaines.

Car la terre alteree[2] ayant passé ces eaux,
Par le rare tamis de ses cavez boyaux[3],
Luy[4] fait voye à la fin, et des roches hautaines
Fait sourdre jour et nuict mille vives fontaines :
Des fontaines se font les ruisseaux murmurans,
Des murmurans ruisseaux les ravageux torrens,
Des torrens ravageux les superbes rivieres,
{78} Des rivieres se font les ondes marinieres[5].

De l'accroissement des torrens et rivieres, et de leur descente en la mer.

Les rochers* plus voisins de l'astré firmament
Contribuent, negeux, à cest acroissement :
Car si tost que Titan, renouvelant sa peine[6],
Sur les gelez climats le beau printemps r'amene,
De leur dos inesgal il fond les blancs monceaux :
Leurs coupeaux se font verds : deçà delà les eaux
Bruyant sautent en bas : et courant escumeuses
Par les destroits pendans des montaignes pierreuses
Font cent et cent torrens, dont l'un, appercevant
Que son frere germain veut gagner le devant,
Diligentant ses pas avec luy s'associe :
Un autre, un autre encor avec luy se r'alie

---

du feu, et retournent en bas sortans dehors par le canon de l'alembic ». Voir aussi Francisco Valles, *De sacra philosophia*, éd. Lyon, Gabiano, 1592, p. 486 ; Duret, *Traicté de la verité*…, p. 362.

1 *Dans le sein maternel* : dans la terre ; les vapeurs issues de la mer se convertissent en eau et, par des *routes diverses* que la suite détaille, retournent enfin à la mer.

2 *Alterée* : hypallage.

3 Sénèque, *Questiones naturales*, 3, 5, 1 : « Occulto enim itinere [aqua maris] subit terras, et palam uenit, secreto reuertitur. Colaturque in transitu mare. »

4 *Luy* renvoie-t-il à *la plus subtile humeur* (vers 123) ? Ou Du Bartas oublie-il qu'il vient d'écrire *ces eaux* (vers 127) ?

5 Cette « gradation merveilleusement belle et artificielle », selon Thevenin, est un procédé qu'on trouve déjà non seulement chez Pontano, mais dans les *Antiquitez de Rome* de Du Bellay (sonnet 30) avec le même type de rimes dites enchaînées (voir aussi *infra*, vers 707-709).

6 *Renouvelant sa peine* : se remettant à la tâche, cessant de se reposer. Cette reprise de l'activité du Soleil (*Titan*) indique évidemment le retour du printemps.

Courant mesme carriere, et tout d'un coup perdant
Et son flot et son nom dans un fleuve plus grand,
Ce grand fleuve se perd dans un fleuve plus large,
Qui, Roy de la campagne, à la parfin descharge,
Suyvant le rendes-vous donné par l'Eternel,
Dans quelque bras de mer son tribut perennel.

Pourquoy la mer ne reçoit acroissement de tant d'eaux qui s'y vont rendre.

Et toutefois tant d'eaux, qui courent dans Neree*,
De Neree ne font croistre l'onde azuree[1].
Car outre que ces flots tous assemblez en un
Sont moindres qu'une goute au prix du grand Neptun :
Phœbus, comme j'ay dit, et la bande Æolide.
Baloyant tout le front de la campagne humide,
En hument peu à peu tout autant que les airs
Et la terre abreuvee en versent dans les mers.

Du flus et reflus de la mer.

Mais comme le frisson, la chaleur, la froidure,
Le craquement des dens que le fievreux endure,
{79} Ne viennent par hazard, ains par ordre et par temps
Troublent du fresle corps les membres tremblotans[2] :
La mer* a ses acces, se manie à passades[3]
Des rades à la terre, et de la terre aux rades[4].

Diverses causes d'icelui. I.

Ou soit que l'Ocean, des le commencement,
Poussé du bras de Dieu, ait pris ce mouvement,

---

1 Observation classique : voir Lucrèce, 6, 609 et suiv. ; Sénèque, *Questiones naturales*, 3, 4 ; Isidore, *Etymologies*, 13, 14 ; etc. Les deux explications qu'en donne Du Bartas sont celles de Lucrèce : « ad maris omnia summam / guttai vix instar erunt unius ad augmen ; / quo minus est mirum mare non augescere magnum. / Praeterea magnam sol partem detrahit aestu. »

2 Comparaison classique. Duret, *Traicté de la verité*..., p. 191, note, par exemple, que, selon certains, le flux et le reflux de la mer viennent des intermittences de l'évaporation de l'eau de la mer, qui « par ce moyen sembleroit un homme vexé de Fiebvre lequel à certaines heures limitees sent toutes ses humeurs s'agiter et s'esmouvoir, puis à autres certaines heures limitees, icelles s'appaiser, et cesser leurs agitations et esmotions ». Voir déjà Cicéron, *De natura deorum*, 3, 24.

3 *se manie à passades* : façon figurée de suggérer le flux et le reflux de la marée par des termes de manège. Tout le passage résume les questions que ne cessent de se poser les « physiciens » depuis l'antiquité et que reprend méthodiquement Goulart dans sa notice Mer.

4 Comme dit Du Pleix, *Physique*, 7, 19, « il n'y a rien qui ayt tant creusé le cerveau aux Philosophes anciens et modernes que la cause du flux et du reflux de la mer ». Aussi Du Bartas tient-il à laisser le débat ouvert en proposant trois explications, même si c'est à la dernière, la plus répandue, qu'il donne le plus long développement. Par sa comparaison initiale, il rejette seulement l'idée que ces mouvements seraient désordonnés.

Qui fait que tant soit peu jamais il ne sejourne[1] :
Comme la pirouette, animee se tourne,
Similitude.
Bale en rond de soy-mesme, et reçoit longuement
Vertu par la vertu du premier mouvement.
2.
Ou soit que ceste mer, qu'Atlantique* on appelle,
De la plus grande mer ne soit qu'une parcelle,
Et que son flot entrant dans le large fossé
Du plus haut Ocean, s'aheurte, courroussé,
Contre des monts pierreux, dont la force solide
Repoussant ses efforts luy face tourner bride[2].
3.
Ou soit que le Croissant, qui verse son pouvoir
Sur les humides corps, la face ainsi mouvoir.
Preuve de la troisiesme cause, asavoir que le cours et decours de la Lune fait ce flus et reflus de la mer.
Et de fait sur nos bords on void monter Neptune
Si tost qu'en nostre Ciel on void monter la Lune :
On le void refloter, soudain que le Croissant
Par la pente du Ciel vers l'Espagne descend.
Puis si tost que son front constant en inconstance[3]
Dessus l'autre horizon reparoistre commence,
Il ressort en campagne[4] : et quand son feu penchant
Passe l'autre midi[5], Neptun se va cachant[6].

---

1 Voir Cicéron, *De natura deorum*, 3, 24 : « quid aestus maritimi vel Hispanienses vel Brittannici eorumque certis temporibus vel accessus vel recessus sine deo fieri nonne possunt ? »

2 Cette hypothèse est sans doute dérivée de celle de Guillaume de Conches, selon qui certains « prétendent qu'il y a des montagnes sous-marines. En effet, lorsque la mer rencontre ces montagnes, elle est rejetée en arrière et refoulée ; alors elle remplit son lit en arrière, tandis qu'elle le vide en avant ; mais encore le mouvement se renverse ; la mer vide son lit en arrière et le remplit en avant » (cité par P. Duhem, *Le système du monde*, 3, p. 118). Reste à savoir comment Du Bartas a pu la connaître : par les *Philosophicarum et astronomicarum institutionum libri tres* publiés en 1531 par Henricus Petrus à Bâle, sous le nom de Guillaume d'Hirschau et qu'il aurait pu avoir en main ? On y lit en effet sur la question des marées (p. 60) : « Sunt alii qui dicunt fluctus maris montes subditos mari, causam esse. Cum enim usque ad ipsos pervenitur, retro cadit et ingurgitatur, impleturque alueus retro sed ante expletur. Cum iterum reuertitur, expletur retro, sed impletur ante… », c'est-à-dire cela même qu'écrit Du Bartas.

3 *Constant en inconstance* est une des caractérisations traditionnelles de la Lune, emblème du changement et de la vicissitude.

4 *Il ressort en campagne* : après la métaphore équestre (vers 165), la métaphore guerrière.

5 *L'autre midi* : celui des antipodes, de l'autre hémisphère.

6 Du Pleix, *Physique*, 7, 19, note que « plus commune resolution » est d'« atribuer la cause du flux et du reflux de la mer principalement à la Lune », « ce que Du Bartas a doctement

Qui plus est, nous voyons que la mer Atlantique
Se desborde plus loin, que ni la Ligustique,
Ni la Bosphoriene*, et qu'encor les palus,
{80} Qui naissent de la mer, n'ont ni flus ni reflus :
D'autant, comme l'on dit, que l'estoile argentine,
Qui desborde et resserre à son gré la marine,
Verse dessus les flots de montagnes bornez,
Ou de trop proches bords de toutes pars cernez,
Avec moins de pouvoir le pouvoir de ses cornes,
Que sur un Ocean, qui semble estre sans bornes.

Pourquoy quelques bras de l'Ocean ont flus et reflus inegal.

Comme au cœur de l'esté, si l'antre Æolien
Detient captifs les vents, le flambeau Delien*
Seche plus aisement les ouvertes campagnes,
Que les valons murez des pierreuses montagnes.

Similitude.

Que si du grand Neptun le bouillonnant desbord[1]
Ne s'apperçoit si bien en pleine mer, qu'au bord[2] :
Aux arteres venteux[3] ces mouvemens ressemblent,
Dont les extremitez plus que le milieu tremblent,
Au moins comme il nous semble[4]. Or le Roy des flambeaux[5]
N'a pas moins de pouvoir que sa sœur sur les eaux.
Car le Soleil cuisant de sa chaude lumiere
Les flots porte-bateaux de la mer poissonniere
Et par ses rais gloutons jour apres jour humant[6]
Tout le bruvage doux du plus froid element[7],

---

exprimé en ces vers [181-188] », qu'il reproduit.

1 *le bouillonnant desbord* : le gonflement des flots, la montée de l'eau.

2 *Cf.* Francisco Vallesius, *Sacra philosophia*, Lyon, 1592, p. 408, notant de même, à propos du mouvement des marées : « Circa littora magis quam in altum deprehenduntur hi motus. »

3 *Aux arteres venteux* : on croyait encore au XVIe siècle que les artères ne contenaient pas de sang mais de l'air parcouru par des esprits vitaux. Les battements du pouls sont effectivement plus sensibles aux « extrémités » (poignets ou chevilles) que sur le trajet intérieur des conduits (voir Goulart, *s. v.* Arteres). Pour le lecteur moderne, la comparaison est sans doute plus explicite dans la version de 1578 (voir variantes).

4 *comme il nous semble* : à ce qu'il nous semble.

5 *le Roy des flambeaux* : le Soleil ; *sa sœur* : la Lune.

6 Description imagée de l'évaporation.

7 *du plus froid element* : « Aristote [...] dit que le lieu lequel nous voyons estre occupé par la mer, est le lieu de l'eau, element froid, humide, plus pesant que l'air... », Tyard, *Premier Curieux* (éd. Lapp, p. 89) ; *le bruvage doux* : la partie liquide, buvable, de la mer.

D'où vient que l'eau de la mer est sallee.

Il entre maintenant en la consideration des eaux separees de la grande mer.

Dans le large canal d'Amphitrite*[1] il ne laisse
Qu'un sel tousjours-flotant, qu'une boisson espaisse
Qu'une amere liqueur[2]. Mais voy[3] comme la mer
Me jette en mille mers, où je crain d'abismer
Voy comme son desbord me desborde en paroles !
Sus donc gaignons le port, et sur les rives moles
Des fleuves, des estangs, des lacs, et des ruisseaux,
Contemplons les effects de leurs puissantes eaux,
{81} Et qui pour la plus part d'incroyables merveilles
Ravissent nos esprits, nos yeux, et nos oreilles.
La fontaine d'Amon*[4], lors que Phœbus nous luit,

1 *le large canal d'Amphitrite* : l'espace de la mer.

2 L'évaporation ayant absorbée la partie liquide et neutre (« douce »), de la mer, il n'en reste que la partie sèche, c'est-à-dire le sel, jugé épais et amer.

3 Du Bartas limite donc à quelques vers (207-215) son explication de la salure de la mer où il reprend rapidement l'opinion d'Aristote, sans s'attarder sur des questions accessoires qui ont pourtant fait couler beaucoup d'encre (du genre : la mer est-elle plus salée en surface qu'au fond ? etc.). Dans sa notice sur le mot Mer (§ n° 6), Goulart ne s'attarde pas non plus sur cette question et se contente de citer le nom de quelques-uns de ceux qui s'y sont intéressés. Dans les vers qui suivent, on passe de la mer à l'eau douce ; le poète effectue cette transition en apostrophant le lecteur (*voy, gaignons, contemplons*) et en entrant lui-même dans son texte (*la mer* me *jette, son desbord* me *desborde*) pour annoncer la suite : après la mer, ce sera l'eau des sources, des fleuves, des lacs, etc. (vers 218-219). Par contraste, on observe combien dans le *Premier Curieux* de Tyard (qui reprend les mêmes traditions et la même littérature « scientifique » dont sont nourris les commentaires de Goulart et de Thevenin, et sans doute les lectures de Du Bartas), le lien entre la question de la salure de la mer et les cours d'eau est mieux marqué. On a d'abord les causes possibles de la salure marine, soit que « la cheute continuelle des pluyes, abondantes en acrimonie par les vapeurs adustes, en [fût] cause », soit que « la terre [ait] sué la mer », soit qu'il y eût dans la mer « des montagnes de sel, d'où son eau recevoit telle qualité », soit enfin que « le soleil eslevant en exhalation le plus subtil des eaux, et cuisant par sa continuelle ardeur ce qui reste de plus espaiz et terrestre, luy [ait] laissé, et laisse tousjours telle saleure, qui s'adoucist quand l'eau escoulée par la terre, faict issue en fleuves, fontaines, ou rivieres, desquelles aussi l'on a jugé diversement ». Telle est l'explication de l'origine des fleuves et des fontaines (que Du Bartas laisse de côté), soit donc écoulement des eaux « au caverneux giron des montagnes, ou de la terre », soit que l'air ainsi « enclos » et « reduit en une espesseur comme paresseuse, [...] transmué en vapeur distilable » redevienne liquide, etc. (éd. Lapp, p. 95-96).

4 Du Bartas reprend des exemples connus et cités maintes fois depuis l'antiquité (voir les références, non exhaustives, données sur ce passage par Goulart et Thevenin). Thevenin compte douze de ces fontaines merveilleuses (voir vers 249 : il semble d'ailleurs qu'il en oublie une) dont les effets sont variés : fontaine de Jupiter Ammon en Égypte, dont les eaux étaient réputées froides le jour et bouillantes la nuit (vers 223-226), fleuves aux eaux pétrifiantes (227-230), intermittentes (231-234) ou colorantes (239-242), etc. Noter à ce propos le scepticisme du « physicien » André Bacius dans son *De thermis* (voir Goulart *s. v.* Ammon)

Est plus froide que glace : au contraire, la nuict,
Bien que le froid Croissant[1] sur sa face rayonne,
Comme l'eau dans le pot[2], fumante elle bouillonne.
On tient pour tout certain que les fueillus rameaux
Qui, fracassez du vent, tombent dessus les eaux
D'Eurimene*, ou Silare*, à la fin s'endurcissent,
Et fueille, escorce, et bois en rocher convertissent.
He ! pourroy-je oublier, qu'un Palestin* ruisseau
Tarit, religieux[3], chasque sabbat, son eau,
Ne voulant que son flot travaille en la journee
Par les divines Loix au repos destinee ?
Si l'amoureux berger entonne une chanson
Pres de l'onde Eleusine*[4], elle[5] s'esgaye au son
De la douce musette, elle boult, elle dance,
Suyvant de point en point la rustique cadance.
Le Cephis*, la Cerone*, et le Xante* au flot doux,
Le troupeau qui le boit fait blanc, noirastre, roux :
Tout ainsi que l'humeur d'une Arabe* fontaine
Proche des rouges mers rend rougeastre sa laine.
Flots de Sole* voisins, et toy surgeon Andrin*,
D'où pouvez vous tirer et ceste huile[6], et ce vin,
Que chasque an vous versez ? as tu point si feconde
O terre la poictrine ? Y a-il sous le monde
Vignobles et vergers ? Exerce on là bas[7]

Effects merveilleux des eaux de diverses fontaines.

1 *Le froid Croissant* : la Lune, froide parce que nocturne.

2 *Le pot* : le récipient où se prépare le potage (*cf.* la poule au pot d'Henri IV), et dont l'eau est évidemment bouillante.

3 *Religieux* : belle hypallage, non signalée comme telle par l'amateur de figures qu'est Thevenin.

4 Le nom *Eleusine* est une déformation du mot *Halesina*, mentionné par Solin dans son chapitre 10 sur la Sicile (le passage est cité par Goulart dans sa notice). En 1578, La Boderie dans ses *Hymnes Ecclesiastiques* insère un Chant royal où on lit : « En Elusine une [eau] saute de joye / Au son de fluste, et diroit on qu'elle oye » (v. 7), et dans *La Galliade* : « Tout aupres d'Elusine on voit une fonteine / Où jallit à bouillons l'eau vive, claire, et saine, / Si tost qu'on vient aupres les flutes emboucher, / Et faire sur les trous les doigts d'ordre marcher », Cercle 4, 947-950.

5 *Elle* : l'onde, l'eau.

6 *Cette huile* : Goulart semble comprendre qu'il s'agit de « bitum » (*s. v.* Sole), phénomène oriental souvent cité et qui laisse perplexes les géographes depuis l'antiquité.

7 *là bas* : sous terre.

Et l'estat de Bacchus, et l'estat de Pallas ?
Que diray-je de toy, ô fontaine Sclavonne* ?
{82} Que diray-je de toy, ô source de Dodonne* ?
Dont l'une ard les drapeaux, l'autre, ô merveille ! estaint
Le brandon allumé, et le r'allume estaint.
Vray'ment je coucheroy ces vertus admirables
Au registre menteur des plus absurdes fables,
Sans cest humble respect que, novice, je doy
A cent et cent tesmoins d'irreprochable foy[1] :
Et si de nostre temps[2] les pilotes avares[3]
N'avoyent trouvé des eaux en merveille plus rares.

Continuation des effets merveilleux de certaines eaux.

De ce nombre infini de surgeons differans,
Dont on composeroit des volumes bien grans,
Il me plaist loin d'ici, par champs inhospitables[4]
En choisir cinq ou six, non moins vrais qu'incroiables.
Dedans l'Isle* de fer (une de celles là,
Qu'heureuses[5] à bon droit le vieil siecle appella)

1 Goulart fait écho à l'humilité du poète dans sa notice sur l'Andrin sourgeon. Mais on peut aussi penser à Montaigne selon qui même les superstitions absurdes méritent qu'on leur prête l'oreille, à défaut du jugement : « Toutes telles rêvasseries, qui sont en crédit autour de nous, méritent au moins qu'on les écoute. Pour moi, elles emportent seulement l'inanité, mais elles l'emportent. Encore sont en poids les opinions vulgaires et casuelles, autre chose que rien en nature. Et qui ne s'y laisse aller jusques là, tombe à l'aventure au vice de l'opiniâtreté, pour éviter celui de la superstition », *Essais*, 3, 8, éd. Pochothèque, p. 1445-1446.

2 *De nostre temps* : argument en faveur du crédit qu'il convient d'accorder aux « merveilles » les plus étonnantes, puisque les Grandes Découvertes en ont révélé de non moins invraisemblables que celles qu'avaient transmises les anciens.

3 *Avares* : avides de trésors nouveaux.

4 *Par champs inhospitables* : dans des territoires hostiles.

5 *Heureuses* : ce sont les Îles Fortunées, à l'origine d'un mythe fort ancien encore vivant aux Temps modernes (pour l'antiquité, voir Valerio Manfredi, *Le Isole Fortunate. Topografia di un mito*, Roma, « l'Erma » di Bretschneider, 1996, p. 5 *sqq.*, qui recense des allusions aux Îles Fortunées depuis Hésiode jusqu'à Martianus Capella, et pour le Moyen Âge et les Temps modernes T. J. Cachey, *Le Isole Fortunate. Appunti di storia letteraria italiana*, Rome, même éditeur, 1995, qui montre comment le mythe a survécu en se transformant avec les Grandes Découvertes). On peut opposer de ce point de vue le poème de Ronsard intitulé *Les Isles fortunées*, de 1553 (OC, t. 2, p. 780 *sqq.*), tout inspiré de l'image antique de ces lieux privilégiés, aux vers de Du Bartas consacrés à une « merveille » particulière qu'est l'arbre-fontaine (vers 268-276), laquelle a d'ailleurs suscité la curiosité de maints cosmographes (voir Cachey qui commente à ce propos Pigafetta, Oviedo, Las Casas, Benzoni et Théodore de Bry, sans que cette liste soit exhaustive, *op. cit.*, p. 166-179, § 8).

Le peuple mi-brutal[1], comme ailleurs ne s'abreuve
Des eaux d'une fontaine, ou des ondes d'un fleuve,
Sa boisson est en l'air, la source de son eau
Gist es pleurs assidus d'un humide arbrisseau[2],
Arbrisseau qui fichant sa racine barbue
En un champ sans humeur, fait que sa fueille sue
Une douce liqueur : et comme le sarment,
Qu'on a taillé trop tard, distille lentement
Mainte larme emperlee, elle verse sans cesse
Goutte à goutte une eau clere, où la barbare presse[3]
Acourt de toutes parts, sans que tous ses vaisseaux
Puissent un arbre seul espuiser de ruisseaux[4].
On trouve deux surjeons[5] en l'Islandoise* terre,
Dont l'un s'escoule en cire, et l'autre change en pierre
{83} Tout corps qui chet dedans, bien que son flot trop chaud
Regorge incessamment mille bouillons* en haut.
Dans le doré Peru*[6], non loin de sainte Helaine,
Une gluante poix coule d'une fontaine*.
Et que diray-je plus ? C'est ce monde* nouveau
Qui porte vers Ponant maint fleuve*[7], de qui l'eau
Conoissant mieux que nous quel est le droit usage

1 *mi-brutal* : à demi-sauvage.

2 Noter la quantité de termes désignant l'humidité pour cette eau qui surgit d'une provenance insolite dans un milieu sec (vers 268 : *pleurs, humide* ; 270 : *sans humeur, sue* ; 271 : *liqueur* ; 272 : *distille* ; 273 : *larmes, verse* ; 274 : *goutte à goutte, eau*...).

3 *La barbare presse* : la foule des sauvages, des indigènes.

4 Tous les récipients dont disposent les habitants de l'île ne suffisent pas à contenir l'eau qui coule d'un seul arbre.

5 Les deux *surjeons* islandais, étonnants comme toute l'Islande par la proximité de la glace et du feu (rappelée tant par Goulart que par Thevenin), se signalent en outre par des particularités qu'aucun des deux commentateurs ne mentionne : Du Bartas a pu les trouver cités par Ortelius à propos de l'Islande dans la première édition latine du *Theatrum Orbis terrarum* qui est de 1571, et dont une réédition augmentée date de 1575.

6 *le doré Peru* : le Pérou riche en or ; *sainte Helaine* : voir annotation de Thevenin. Les fontaines de poix, ou de « bitume », du Nouveau Monde n'ont sans doute rien pour surprendre les lecteurs de Pline, qui en mentionne souvent (voir *infra*, vers 291-292) en considérant leurs eaux comme médicinales. En outre, plusieurs « physiciens » de la Renaissance se sont intéressés à ces phénomènes : voir Goulart, *s. v.* Bains.

7 Nouvelle merveille : des fleuves au cours variable selon le moment de la journée, phénomène interprété ici symboliquement (*cf.* le *Palestin ruisseau* des vers 230-234 au cours tari chaque sabbat).

Du jour traine-besoigne[1], et du frilleux ombrage
De l'otieuse nuict, court roide tout le jour :
Et vit toute la nuict en paresseux sejour.

Des bains et eaux chaudes servans à la guerison des corps.

Divin ingenieur[2], je crain que l'on m'estime
Jaloux de ton honneur[3], si mon ingrate rime
Mesprise tant de flots* courans par le bitum,
Le soufre pallissant, le salpestre et l'alum :
Qui, parfaicts medecins*, par leur vertu guerissent
Mille sortes de maux, qui nos corps envieillissent
En l'avril de leur aage, et d'un puissant effort
Taschent d'antidater[4] l'arrest de nostre mort.
Or comme ma Gascongne[5] heureusement abonde
En soldats, bleds et vins, plus qu'autre part du monde,
Elle abonde de mesme en Bains* non achetez[6],

Particuliere description des beaux et utiles bains de Gascongne, et la merveilleuse fontaine de Belestat.

Où le peuple estranger acourt de tous costez,
Où la femme brehaigne, où le paralytique,
L'ulceré, le gouteux, le sourd, le sciatique,
Quittant du blond soleil l'une et l'autre maison[7],
Treuve sans desbourcer sa prompte guerison.
Encausse en est tesmoin, et les eaux salutaires
De Cauderets, Barege, Aigues-caudes, Baigneres,
Baigneres la beauté, l'honneur, le paradis
{84} De ces mons sourcilleux, dessus lesquels jadis

1 *traine-besoigne* : laborieux, par opposition à *l'otieuse* (oisive) nuit.

2 *ingenieur* : constructeur, inventeur. Le *Divin ingenieur* est évidemment Dieu dont le poète énumère les inventions.

3 *ton honneur* : ta gloire, ta grandeur. Le poète fait allusion par prétérition à tout ce qu'il n'énumérera pas des merveilles de la Création, en introduisant du même coup un développement sur les eaux médicinales, et sur les mérites de sa Gascogne.

4 *antidater* : avancer la date (ce sont les maux qui nous accablent qui visent à ce fâcheux résultat).

5 L'éloge de sa province par le poète est un lieu commun dont les exemples abondent depuis l'antiquité et il est significatif de voir, dans plusieurs traductions de *La Sepmaine*, l'éloge transposé à la patrie du traducteur (voir les traductions anglaises de Sylvester notamment). Mais Du Bartas, fidèle à son sujet, limite ici aux eaux thermales l'éloge de sa province (il y reviendra à la fin du IIIe Jour pour célébrer cette fois plus généralement sa petite patrie du Bartas, aux vers 979 *sqq.*). D'autre part, Thevenin cite dans son annotation la mention faite par Pline des eaux de la Gascogne.

6 *Non achetez* : gratuits, offerts à tous. *Cf.* vers 304 : *sans desbourcer.*

7 *Du blond soleil l'une et l'autre maison* : tous les pays de la terre.

L'Hercule des Gaulois[1], non le bastard d'Alcmene,
Engrossa, comme on dit, la princesse Pyrene*
Du pere des Gascons, qui par faits genereux[2]
Se monstrent dignes fils d'ayeul si valeureux.
Les monts enfarinez[3] d'une neige eternelle
La flanquent d'une part, la verdure immortelle
D'une plaine*, qui passe en riante beauté
Le valon Penean*, la ceint d'autre costé :
Elle n'a point maison qui ne semble estre neufve :
L'ardoise luit par tout : chasque rue a son fleuve[4] :
Qui, cler comme chrystal, par la ville ondoyant
Va toute heure qu'on veut le pavé baloyant.
Et bien qu'entre son flot aussi froid que la glace
Et le bain chasse mal[5] on treuve peu d'espace,
Il retient sa nature[6], et ne veut, tant soit peu,
Meslanger, orgueilleux, son froid avec son feu.

---

1 *L'Hercule des Gaulois* : le mythe de l'Hercule Gaulois dérive d'un texte de Lucien, cité (en latin) et traduit (en français) par Geofroy Tory dans son *Champ fleury* de 1529 (folio 2), et il a joui d'une grande faveur à travers le XVIe siècle. On le trouve mentionné, quelquefois ironiquement, par Budé, Rabelais, Pasquier, Ronsard, ainsi que par Du Bellay dans la *Deffence et illustration de la langue françoyse* mais il s'agit alors d'Hercule maître d'éloquence (voir *Deffence*, éd. Jean-Charles Monferran, Genève, Droz, 2001, p. 33-34) et non du père des Gascons que Du Bartas emprunte, comme le signalent Goulart et Thevenin, à un passage du livre 7 (3, 415 *sqq.*) de *La Guerre punique* de Silius Italicus (on notera cependant que les vers de Ronsard cités par Thevenin sur ce passage évoquent un Hercule guerrier et venu d'Espagne, certes, mais sans qu'il soit question de Gascogne).

2 *par faits genereux* : par leurs nobles exploits.

3 *Les monts enfarinez* : c'est une des nombreuses images de *La Sepmaine* blâmées par Sainte-Beuve (*Tableau de la poésie française au XVIe siècle*, Paris, Lemerre, 1876, t. 2, p. 208), qui déplore le contraste chez Du Bartas entre « un certain air de grandeur » (p. 207) et « des traits burlesques, des expressions déplacées et de mauvais goût dont il ne sentait pas le ridicule » (p. 208). La description qui suit est une reprise du vieux motif du *locus amœnus* (voir les citations et références données dans la notice de Goulart *s. v.* Penean). Sur la vallée de Tempé, *cf.* E. R. Curtius : « Depuis déjà longtemps, Tempé était devenu le nom générique d'une variété de *locus amœnus* : une fraîche vallée forestière entre des coteaux abrupts. [...] Ce thème particulier de la vallée de Tempé [...] (lieu de plaisance au milieu d'une forêt sauvage) était [...] entré dans la tradition rhétorique », « Le Paysage idéal », in *La Littérature européenne et le Moyen Âge* latin, trad. franç., Paris, PUF, 1956, p. 321-322.

4 *chasque rue a son fleuve* : voir l'explication donnée par Thevenin.

5 *le bain chasse mal* : les eaux thermales, aux vertus médicinales.

6 *Il retient sa nature* : le fleuve qui arrose la ville, et se répand dans les rues si l'on en croit le vers 318, descend des montagnes et son eau est donc froide, contrairement aux sources thermales, qui sont chaudes, et auxquelles il ne se mêle jamais malgré leur proximité (vers

Mais tout ce que j'ay dit en merveilles n'aproche
Aux merveilles du Lers[1] quand il sort de sa roche,
S'il est vray qu'un docte homme[2] à faute de pouvoir
Comprendre la vertu, qui pouvoit esmouvoir[3]
Sept fois le jour Euripe*, et ses bouillantes ondes
Sept fois r'emprisonner dans ses rives profondes[4],
Poussé de desespoir, et de honte esperdu,
Se jetta dans son fluz plus cerché qu'entendu[5] :
Di moy, que feroit-il contemplant la fontaine,
Qui lave de ses flots de Maseres la plaine,
Et née à Belestat, non loin des monts de Fois,
Le peuple Tolosain, riche, prouvoit de bois ?
{85} Chasque coup que Phebus, parfaisant sa carriere,
Sur les deux horizons reconduit la lumiere,
Son eau porte-radeaux durant quatre ou cinq mois
Vingt et quatre fois naist, meurt vingt et quatre fois[6].
A sec on peut passer demie heure sa source,
Et demie heure apres on ne peut de sa course
Soustenir la roideur : car son flot escumeux,

---

322). Dans le texte de l'édition originale, la description des bains de Gascogne s'arrêtait là ; l'édition de 1581 surenchérit dans l'éloge par une vingtaine de vers nouveaux (325-346).

1 *du Lers* : de l'Hers. Deux rivières portent ce nom, l'Hers Vif et l'Hers Mort, la première affluent de l'Ariège, la seconde de la Garonne. L'Hers dont parle Du Bartas est l'Hers Vif.

2 *un docte homme* : Aristote.

3 *esmouvoir* : agiter, faire bouger.

4 L'Euripe, bras de mer entre l'île d'Eubée et le continent grec, était réputé avoir sept flux et reflux chaque jour.

5 La légende voulait qu'Aristote, désespéré de ne pas s'expliquer ce phénomène, se fût suicidé en se noyant dans l'Euripe (voir les annotations de Goulart, *s. v.* Euripe, et de Thevenin, au vers 327). Du Bartas, d'abord revenu à sa province (vers 297) après avoir évoqué les fontaines et les eaux merveilleuses de tout l'univers, finit en associant la Gascogne à l'antiquité et au mythe. Noter la transition qui mène de l'Euripe à l'Hers (vers 333-336) : c'est Aristote en Gascogne !

6 L'Hers fait donc plus fort que l'Euripe. Il est vrai que son régime est irrégulier et à ce propos, il est curieux de lire ce qu'écrivait il y a un peu plus d'un siècle le géographe Élisée Reclus : « La vallée de l'Hers est une des plus remarquables des Pyrénées par le charme de ses hauts vallons. La grande forêt de Bélesta, surtout composée de sapins, la puissante source de Fontestorbes, jaillissant d'un majestueux portail et coulant pendant les sécheresses *par intermittences d'une demi-heure environ*, les ruines du château de Monségur […] ont fait connaître cette admirable contrée », *Nouvelle Géographie universelle*, tome 2, *La France*, Paris, Hachette, 1883, p. 132 (souligné par nous).

Naissant tasche esgaler les fleuves plus fameux :
Flot docte[1] à bien compter, qui guidé par Nature
⌊Le temps si seurement sans horloge mesure.
 Or l'Eternelle main disposa sagement
Et l'element humide, et le sec element[2] :
Car l'un ne se pouvant maintenir sans breuvage,
Ni l'autre sans appuy, sans canal, sans rivage,
Dieu les entrelassa : si que la terre ouvrant
Son sein à l'Ocean, et l'Ocean courant
A travers, à l'entour, et sous la terre ronde,
De tous deux se parfait le moyeu de ce monde[3].
Car si leurs corps meslez n'occupoyent le milieu
De la ligne, qui sert à l'Univers d'essieu[4],
Tous climats[5] ne verroyent mise sur la balance,
Pour contrepoids du jour, la mere du silence.
Le tour de l'horizon, mal-parti[6], s'estendroit
Beaucoup ou plus ou moins en l'un qu'en l'autre endroit.
Les Anticthons* ou nous verrions au Ciel insignes[7]

La terre et la mer entrelassees : des grandes commoditez qui en revienent, et de la confusion que leur separation causeroit.

1 *Flot docte* : parce qu'il compte les heures (*cf.* plus haut le flot *religieux* du *Palestin ruisseau* aux vers 229-230 pour des effets comparables). L'étonnement devant les merveilles de la nature n'exclut pas chez Du Bartas le sens du calcul, des chiffres et des mesures (vers 339-342), et cela logiquement puisque le temps lui-même procède de la Création du monde (voir *supra*, Sepm., I, 20-21).

2 Nouveau thème de réflexion : après la séparation des eaux et de la terre, puis les mouvements de la mer et sa salure, enfin l'énumération des fontaines et des cours d'eaux « merveilleux » de diverses façons, le poète considère la disposition des terres et des eaux « entrelassés » sur le globe, grâce à laquelle celui-ci trouve sa perfection (vers 351-354).

3 *le moyeu de ce monde* puisque la terre en est le centre. L'univers décrit par Du Bartas est celui d'Aristote et de Ptolémée, il « ressemble à une "encyclie", à une boule qui renferme à son tour une série d'orbes creux, emboîtés les uns dans les autres et renfermant la boule de la terre », Isabelle Pantin, *La Poésie du ciel en France dans la seconde moitié du XVI*e *siècle*, Genève, Droz, 1995, p. 23.

4 *la ligne, qui sert à l'Univers d'essieu* : il s'agit de l'axe reliant les deux pôles arctique et antarctique. Du Bartas, comme Goulart et Thevenin dans leurs explications, suivent le schéma de l'organisation du monde décrit par Sacrobosco et ses commentateurs, voir I. Pantin, *op. cit.*, p. 33-34.

5 *Tous climats* : toutes régions. « La terre est divisée, de l'équateur aux pôles, en bandes parallèles appelées les "climats". [...] De l'Equateur [...] au pôle [...], vingt-quatre climats ont la place de s'échelonner », I. Pantin, *ibid.*, p. 35. La situation de la terre au milieu du monde explique seule l'alternance en tous ses points du jour et de la nuit (*la mere du silence*, vers 358).

6 *mal-parti* : mal partagé, mal réparti. L'espace de chaque côté de la terre serait inégal.

7 *insignes* : remarquables, bien visibles (il s'agit des signes du Zodiaque).

Reluire en mesme nuict plus de deux fois trois signes[1].
La Lune en temps certain là haut n'eclipseroit[2].
Et le Ciel desbauché les saisons troubleroit[3].
Cela mesme suffit pour montrer que de l'onde
{86} Et du sec element la masse est toute ronde :
Que ce n'est qu'un estœuf[4], qui comme fait au tour
Void le jour et la nuict s'entresuyvre par tour[5].
Voire[6] quand un Vespuce*, un Colomb*, un Marc* Pole,
Et cent autres Typhis*[7] n'auroyent sous autre pole
Conduit le pole arctique, et vivans sur les eaux
Trouvé dessous nos pieds tant de mondes nouveaux,
Non, ils n'eussent jamais perdu la Tramontane
Pour voir l'autre pivot, si la mer Oceane,
Pour faire entierement un globe avec sa sœur,
De tous et tous endroits ne courboit son humeur.

La masse de la terre et de la mer jointes ensemble est ronde.

1 Les douze signes du Zodiaque se répartissent également entre les deux hémisphères (*deux fois trois signes*), ce qui ne serait pas le cas si la terre était décalée par rapport au centre de l'univers.

2 *en temps certain* : de manière déterminée. Les éclipses de lune peuvent se prévoir (c'est la périodicité des éclipses), ce qui ne serait pas le cas si la terre n'était pas au centre du monde. Sur cet argument, *cf.* Claude Duret, *Traicté de la verité...* (p. 137), qui observe que la parfaite rotondité du globe terraqué est prouvée par les éclipses de la lune, « car en quelque lieu du ciel que la lune reçoit Eclipse, on voit une seule ombre en son corps et en sa face, et y en devroient avoir deux si icelle recevoit eclipse par l'objet des deux Globes de l'eau et de la terre ».

3 Tout le passage (vers 355-364) constitue une démonstration par la négation : si la terre n'était pas au centre du monde, tout irait de travers, rien ne serait conforme à ce qu'on constate. Donc, pareille hypothèse ne tient pas.

4 *ce n'est qu'un estœuf* : l'esteuf est une balle de jeu de paume (*a tennis ball*, écrit Cotgrave), c'est-à-dire un objet absolument rond (*fait au tour*), et de petite taille, thème qui sera repris et développé plus avant (voir vers 429 *sqq.*). Voir Goulart, début de la notice Terre.

5 *par tour* : tour à tour.

6 *Voire* : à la vérité.

7 *Typhis* : mythification des héros explorateurs de la terre (le seul des trois nommés qui ait effectivement franchi l'Équateur étant Vespucci). La construction de cette suite de vers n'est pas des plus claires. Comprendre : si des navigateurs n'avaient pas abandonné leur ciel familier (*conduit le pole arctique sous autre pole*) pour l'autre hémisphère et découvert des terres inconnues aux antipodes (*dessous nos pieds*), malgré cela ils n'auraient pas pu perdre de vue l'Étoile du Nord pour contempler les constellations antarctiques (*l'autre pivot*) si la masse de la mer, entrelacée à la terre (*sa sœur*), ne formait pas une courbe liquide parfaite (*ne courboit son humeur*). Dans son annotation (au vers 373), Thevenin ajoute aux noms cités par Du Bartas celui de Magellan, le plus probant puisqu'il fit (ou plutôt : son équipage fit) le premier tour du monde.

D'où vient que la mer n'est point plate, ains haute en rondeur, et courbee autour de la terre.

Mais, ô parfaict Ouvrier[1], qui rien en vain n'essayes[2],
Avec quels arcs-boutans, ou de quelles estayes
Peux-tu si dextrement[3] estançonner ceste eau*,
Qu'elle n'a peu depuis se remettre à niveau[4] ?
O Dieu, seroit-ce point dautant que tousjours l'onde
Tend de son naturel vers le centre du monde :
Et que les flots salez vers le fond de ce fonds
Voulans tomber a-plomb demeurent tousjours ronds ?
Ou bien seroit-ce point[5] pour autant que les rives
Dans leurs superbes flancs tienent les eaux captives ?
Ou que nos Oceans sont comme soustenus
De mille rocs semez entre leurs flots chenus ?
Ou bien seroit-ce point ta puissance absolue
Qui la courbe à l'entour de la terre velue[6] ?

O grand Dieu ! c'est ta main, c'est sans doute[7] ta main
Qui sert de pilotis au domicile* humain.

Seconde partie de ce livre, en laquelle est par-lé de l'element de la terre : et premierement de la fermeté d'icelle.

Car bien qu'il[8] pende en l'air, bien qu'il nage sur l'onde,
Bien que de toutes pars sa figure soit ronde,
{87} Qu'autour de luy tout tourne, et que ses fondemens
Soyent sans cesse agitez de rudes mouvemens :
Il demeure immobile[9], afin que sur sa face

---

1 Nouvelle question irrésolue : après les marées, après la salure de la mer, comment et pourquoi l'eau reste-t-elle fixée au globe terrestre ?

2 *n'essayes* : ne tentes, n'entreprends.

3 *dextrement* : adroitement, efficacement.

4 *se remettre à niveau* : se retrouver horizontale.

5 Les trois questions posées par le poète résument les trois hypothèses qu'impose la constatation d'une évidence aussi inexplicable qu'indéniable : il est du naturel de l'eau de tendre vers le centre du monde (mais il faudra attendre Newton pour comprendre cela), les rives qui entourent l'eau l'empêchent de déborder, les rochers semés dans la mer soutiennent l'eau. D'où l'acceptation finale de la puissance divine, incompréhensible, mais seule explication plausible à tant de mystères. On notera que Goulart, dans la notice qu'il consacre à ce passage (*s. v.* Eau), se contente de paraphraser les trois hypothèses retenues par Du Bartas, lesquelles d'ailleurs reprennent ce qu'écrivent les « physiciens » de son temps.

6 *la terre velue* : couverte de végétation.

7 *sans doute* : sans aucun doute, assurément.

8 *il* : le domicile humain, le globe terrestre.

9 Nouveau rappel d'une vérité déjà évoquée plus haut (vers 354) : la terre centre du monde en est le point fixe, immobile donc, dans un univers tournoyant. Noter la variante du vers 398, qui ramène l'homme à une plus modeste condition (l'homme race d'Adam et non plus de Dieu).

Puisse heberger en paix d'Adam la saincte race.
La terre*[1] est celle là qui reçoit l'homme né,

C'est la mere nourrice et hostesse de l'homme.

Qui receu[2] le nourrit : qui l'homme abandonné
Des autres elemens, et banni de nature,
Dans son propre giron, humaine, ensepulture.
On void[3] l'air maintes fois mutiné contre nous,
Des fleuves le desbord desployer son courroux
Sur les fresles mortels : et la flamme celeste[4]
Aussi bien que la basse est à l'homme funeste.
Mais des quatre elemens, le seul bas element[5],
Tousjours, tousjours se monstre envers l'homme clement.
C'est seul luy qui jamais, tant soit peu, ne desplace
Du siege qui luy fut assigné par ta grace[6].

Des tremblemens, et ouvertures de terre.

Bien est vray toutefois, ô Dieu, qu'estant fasché
Des execrables mœurs d'un peuple desbauché,
Souvent ta main colere esloche une parcelle[7],
Et non le corps total de la terre rebelle :
S'aidant des Aquilons[8], qui comme emprisonnez

1 C'est la reprise du vieux motif poétique de la terre-mère. « Discours pris de Pline quasi mot à mot », note Thevenin qui cite le passage de Pline [2, 154], ainsi que celui du *Premier Curieux* où Tyard « s'est montré le truchement de Pline » (éd. Lapp, p. 115 et 116).

2 *Qui receu* : qui, une fois qu'elle l'a reçu.

3 Dans ce passage, la terre désigne non seulement la planète, mais l'un des quatre éléments constitutifs du monde (voir *supra* Sepm., II, 47 *sqq.*). À l'élément terre, Du Bartas oppose les trois autres, l'air, l'eau et le feu, tous hostiles à l'homme (vers 403-406) au contraire de la terre (vers 408).

4 *la flamme celeste* : le feu comme élément (voir Goulart, *s. v.* Feu) ; *la basse* (vers 406) : le feu tel qu'il brûle sur terre. Dans le *Premier Curieux*, Pontus de Tyard explique la différence entre le feu céleste et l'autre en citant le *De elementis* de Contarini : le feu céleste est le plus haut des éléments puisque « le feu est eslevé sur l'air, l'air sur l'eau, et l'eau et la terre conjoints ensemble, accomplissans un globe, auquel le feu moins materiel tient le lieu plus eslevé vers la partie haute et prochaine du ciel » ; or ce « pur et simple element feu », le feu céleste, ne « rend de soy aucune lumiere » étant donné « sa rarité et subtilité », au contraire du feu « cogneu çà-bas pour l'usage de la vie humaine », autrement dit la *basse flamme* qui, à cause de son impureté, « resplendit et s'esclate en lumiere » (éd. Lapp, p. 62).

5 *le seul bas element* : la terre seule.

6 Car la terre est un point fixe au centre du monde. Telle est, rappelle Tyard, « l'opinion commune » (éd. Lapp, p. 101), à laquelle est rallié Du Bartas.

7 Les tremblements de terre, qui manifestent la colère divine, n'affectent cependant qu'une « parcelle », une petite partie du globe, sans en remettre en cause l'immobilité fondamentale.

8 Les *Aquilons* sont des vents pris ici génériquement pour décrire la cause des tremblements de terre.

Dans ses creux intestins[1], grommellent, forcenez[2].
La peur gele nos cœurs, et blesmit nos visages :
Le vent sans faire vent[3] fait trembler les bocages :
Les tours crouslent de peur : et l'enfer irrité
Engloutit quelquefois mainte riche Cité.
Donques puis que le tas[4] de la terre et de l'onde
Est le centre, le cœur, le nombril de ce monde :
Et puis que par raison l'enclos jamais n'est pas[5]
{88} Si grand que celuy-là qui l'enclost de ses bras,
Qui doute que le rond de la terre et de l'onde
Ne cede, comme moindre, aux autres ronds du monde[6] ?
En juge qui voudra, ceste basse rondeur,
De qui nous admirons l'infinie grandeur,
Ne semble estre qu'un poinct, au pris de ceste voute[7],
Qui fait que tous les cieux, forcez, suyvent sa route,
Veu que le moins brillant des brandons que nos yeux
Voyent esparsement flamboyer dans les cieux,
(Au moins si le compas des Astrologues n'erre[8])
Neuf et neuf fois[9] encor est plus grand que la terre.

Le globe de la terre et de la mer n'est qu'un poinct au pris du grand tour des cieux, la moindre estoille desquels est dixhuit fois plus grande que la terre.

---

1 *intestins* a un sens plus général au XVIe siècle qu'aujourd'hui mais le mot n'en suggère pas moins une terre au corps semblable à celui des êtres vivants.

2 *forcenez* : pris de fureur, déchaînés.

3 *Le vent sans faire vent* : parce que c'est un vent invisible qui produit des mouvements intérieurs (*intestins*) dont on ne perçoit que les conséquences. *Cf.* Tyard dans le *Premier Curieux* (éd. Lapp, p. 120) : « Il semble […] que la cause de telle émotion doive estre rejettée aux vents interieurs et enclos sous la terre, qui sont les geans que les anciens poëtes ont faint avoir esbranlé les montagnes contre Jupiter et son ciel ». Voir la discussion qui suit sur ces mouvements de la terre, phénomènes naturels sur lesquels s'attarde Tyard, alors que Du Bartas s'applique plutôt à souligner l'égalité des hommes devant la colère divine, à laquelle n'échappent ni les riches ni les puissants (*les tours, mainte riche Cité*, vers 419 et 420.) L'explication des tremblements de terre, de même que de toutes les catastrophes naturelles, comme châtiments divins, est vieille comme le monde.

4 *le tas* : la masse formée par la terre et l'eau.

5 *l'enclos jamais n'est pas* : l'enclos n'est jamais (*cf.* Gougenheim, *Grammaire de la langue française au XVIe siècle*, p. 241 c).

6 Le globe terrestre est plus petit que les sphères qui l'entourent et que les autres astres (voir la manchette). Du Bartas précise le sens de cette remarque dans les vers suivants (427-434).

7 Allusion au premier mobile qui entraîne les autres sphères célestes (voir Sepm., IV, 60).

8 *si le compas des Astrologues n'erre* : si le calcul des astrologues (ou astronomes) n'est erroné.

9 *Neuf et neuf fois* : expression cliché de l'immensité cosmique qu'on trouve chez Hésiode (*Théogonie*, vers 727-728) et que reprend Ronsard dans l'*Ode à Michel de L'Hospital* (OC, t. 1,

La mer et la terre estans si peu de chose à comparaison du ciel qui les enclost, aprenent à tous hommes à s'humilier.

Que si nous supputons ce que le flot d'Atlas[1],
L'Indois, l'Americain, et mille, de leurs bras
Avec tant d'autres eaux occupent de ce globe,
Et ce qu'un Ciel trop chaud, ou trop froid en desrobe[2],
Ce peu[3] deviendra rien. Humains, voilà le lieu[4]
Pour qui vous mesprisez le sainct palais de Dieu.
Voila de quels confins vostre plus grande gloire
Limite de ses faits la superbe memoire.
Rois, qui vassaux d'orgueil, pour estendre vos bords
De la largeur d'un poil, couvrez les champs de morts :
Magistrats corrompus, qui sur vos sainctes chaires
Mettez sordidement la Justice aux encheres,
Qui trafiquant le droit profanez vos estats
Pour laisser une bléte[5] à vos enfans ingrats :
Vous qui faites produire usures aux usures :
Vous qui falsifiez les poids et les mesures,
Afin que deux cens bœufs à l'avenir pour vous
Le soc brise-guerets[6] tirassent de leurs couls[7] :
{89} Vous qui vendez vos murs : et vous qui, pour acquerre
Dessus vostre voisin quelque pouce de terre,

632, 184-186) : « … Chanterent l'enclume de fer, / Qui par neuf et neuf jours roulante / Mesura le Ciel et l'Enfer ».

1 *le flot d'Atlas* : l'Océan Atlantique. *L'Indois, l'Americain* : l'Océan Indien et l'Océan Atlantique du côté occidental, vers l'Amérique.

2 Du Bartas suit l'explication de Pline sur l'importance des mers par rapport aux continents. Des cinq « zones » dont se compose le globe, le ciel en soustrait (en *desrobe*) trois, deux par le gel dans les zones polaires (le *trop froid*) et la troisième par le *trop chaud* : c'est la zone du milieu, « exusta flammis et cremata » (Pline, 2, 172-174 : texte cité par Thevenin dans sa note du vers 438. Pline y reprend un passage des *Géorgiques* de Virgile, 1, 231-239).

3 *Ce peu* : le poète renchérit sur la petitesse de la terre (voir vers 429, 439, 459, 461-462), idée reprise des anciens (Cicéron, Pline : voir annotations de Thevenin).

4 Toujours en suivant Pline, après le passage cité plus haut, le poète dénonce la corruption et les abus des puissants, *Rois* (vers 443), *Magistrats* (vers 445), usuriers (vers 449), dans une diatribe où se succèdent apostrophes, ironies, anaphores, dérisions, invectives, accusations, etc. C'est que le texte latin, qui critique âprement tant les guerres civiles que les corruptions et les tricheries de la vie ordinaire (Pline, 2, 174-175), exprime aussi des préoccupations actuelles pour les hommes de la fin du XVIe siècle.

5 *une bléte* : une chose sans valeur.

6 *Le soc brise-guerets* : la charrue.

7 *Afin que…* : pour acquérir de riches labourages ; *de leurs couls* : de leurs cous, attachés au joug.

D'une main sacrilege à l'emblee[1] arrachez
Les confins moitoyens par vos ayeulx fichez[2] :
Helas ! que gaignez-vous ? quand par ruze ou par guerre
Un Prince auroit conquis tout le rond de la terre,
Une pointe d'aiguille, un atome, un festu,
Seroit tout le loyer de sa rare vertu :
Un point seroit son regne, un rien tout son Empire,
Et si[3] moindre que rien rien ici se peut dire[4].
    Quand Dieu, qui en un rien faict plus avec sa voix
Qu'en cent ans les efforts des plus superbes Rois,
Eut separé les flots, esgalé[5] les campagnes,
Enfoncé les valons, boursouflé les montagnes,
Change, change (dit-il) ô solide element,
Ton vestement de dueil[6] en verd acoustrement[7].
Entortille ton front d'une riche couronne
Qui, de mes doits tissue, et flaironne et fleuronne.
Desploye ta perruque, et d'un excellent fard
Commence d'embellir ton teint encor blafard.
Sus, sus, que desormais ta fertile matrice
Ne soit point seulement de tes hostes nourrice[8] :

Dieu ayant descouvert la terre commande qu'elle produise verdure, herbes, arbres, fleurs, et fruits.

1 *à l'emblée* : à la dérobée.

2 Il s'agit des pierres marquant les limites des biens (les « termes », auxquels Thevenin fait allusion). Déplacer subrepticement ces marquages devait être un délit assez courant si l'on en croit les exemples du Digeste (voir là encore Thevenin).

3 *Et si* : et pourtant.

4 Jeu de mots sur les significations de *rien* : l'ancienne, positive (*rien* : chose, d'où petite chose), et la moderne, négative (*rien* : néant). Voir Brunot, *Histoire de la langue française*, tome 2, p. 432, et Gougenheim, *Grammaire de la langue française*, p. 83. Comprendre (vers 462) : Et pourtant, une petite chose peut être considérée ici comme moins que rien.

5 *esgalé* : nivelé, aplani.

6 *Ton vestement de dueil* : car la terre est noire.

7 *verd acoustrement* (vers 468), *riche couronne* (vers 469), *perruque* et *fard* (vers 471) : autant d'allusions à la végétation que s'apprête à célébrer le poète. Contrairement à S. Augustin, *De Genesi ad litteram*, Du Bartas ne s'étonne pas que la verdure colore le monde avant la création du Soleil au IVe Jour : en effet, puisque la verdure de la terre apparaît dès ce IIIe Jour, avant la pluie, avant le Soleil, « il faut bien voir », souligne S. Augustin, « que le jour qui se leva à l'aube des trois premiers jours de la Création était d'une nature différente de celui qui réapparaît aux yeux des hommes chaque matin », *De Genesi*, liv. 5, 2, 4 (trad. M. Citoleux).

8 S. Ambroise, *Hexaméron*, 3, 8, 33-34 : « Germinet, inquit, terra herbam faeni secundum genus… ».

Ains d'un sein liberal fournisse d'alimens
Les futurs citadins des autres elemens[1] :
Tant que les airs, les flots, et le palais des Anges
Semblent estre jaloux de tes belles louanges[2].
Il* eut dit[3], et soudain le sapin* jette-poix,
Le resineux larix*, le cedre libanois,

Des arbres plantez es montagnes et vallees.

Et le buis tousjours-verd se logerent par troupes
{90} Sur les venteux sommets des plus hautaines croupes.
Le chesne porte-gland, le charme au blanc rameau,
Le liege change-escorce, et l'ombrageux ormeau,
Par champs et par coustaux leurs escadrons camperent.
Les fleuves tortueux leurs rivages borderent
De l'aune* fend-Tethis[4], du saule palissant,
Du verdoyant osier, du peuplier tremoussant,
Et de maint bois qui sert aux flammes de fourrage,
De chevrons aux hostels, aux animaux d'ombrage.

Des arbres fruictiers.

Ja le peché velu, ja l'orengé doré,
Le friand abricot, et le coing decoré
D'un blancheastre duvet, portent sur leur escorce
Escrite du grand Dieu la pourvoyante force.
La doux-flairante pomme, et l'une et l'autre noix,
La restraignante poire, et le fruict Idumois*,

---

1 Les futurs animaux qui peupleront l'eau et l'air ; *tes hostes* (vers 474) sont les animaux (et l'homme) qui peupleront la terre proprement dite.

2 *tes belles louanges* : les belles louanges que te valent tes mérites.

3 *Il eut dit* : expression « non seulement poétique mais aussi sacrée », écrit Thevenin : *cf.* début de la Genèse. Dans cette mise en place très visuelle des éléments du monde, l'abondance des épithètes illustre la richesse de la Création. Leurs valeurs descriptives et fonctionnelles (couleur, utilité, caractère) satisfont à l'exigence de signification exprimée par Ronsard à propos des « epithetes naturelz » dans son *Abbregé de l'art poetique françois* : « Je te veux advertir de fuir les epithetes naturelz, qu'ilz ne servent de rien à la sentence de ce que tu veux dire, comme *la riviere coulante, la verde ramée* et infinis autres. Tes epithetes seront recherchez pour signifier, et non pour remplir ton carme ou pour estre oyseux en ton vers […]. Tu pourras bien dire, *Le bateau va desur l'onde coulante*, pource que le cours de l'eau faict couler le bateau. Les Romains ont esté trescurieux observateurs de ceste reigle et entre les autres Virgile et Horace » (OC, t. 2, 1180). Tous les arbres cités, par leurs ressources, répondent à l'intention divine de *pourvoir* (vers 494) l'homme auquel est destinée la Création. Leur abondance et leur diversité peuvent suggérer un avant-goût de l'Eden (vers 500).

4 *l'aune fend-Tethis* : l'arbre dont on construit les bateaux, lesquels fendent la mer.

La figue jette-laict, la cerise pourpree,
L'olive appetissante, et la prune sucree,
Vont par tout respandant un plaisant renouveau,
Faisant de chasque champ un paradis nouveau.

Des arbrisseaux.

Ici le poivre fin comme en grappes s'assemble :
De là croist la canelle : ici sous Eure tremble
La muscadelle noix, qui fournit chascun an
Un publique butin aux hommes de Bandan*.
Ja la blanche douceur du sucre encor humide
S'engendre dans le creux d'une plante Hesperide*[1].
Ja le baume larmoye : et ja les bois fameux
Du peuple Atramitain* pleurent l'encens fumeux.

De la vigne et des grandes commoditez du vin pris sobrement.

Ja la vigne[2] amoureuse accole en mainte sorte
D'un bras entortillé son mari qui la porte :
{91} Vigne qui cede autant à tout arbre en beauté,
Comme tout arbre cede à la vigne en bonté.
Son fruit* pris par compas les esprits vivifie,
Enhardit un cœur mol, les cerveaux purifie,
Resveille l'appetit, redonne la couleur,
Les conduits desopile, augmente la chaleur,
Engendre le pur sang, le troublé subtilize,
Chasse les excremens, l'entendement aiguise,
Espierre la vessie, et preserve nos corps,
Du Lethe ja voisins, de cent sortes de morts.

Il previent une objection et dit que non ostant le peché survenu au monde,

Bien que par le peché, dont nostre premier pere,
Nous a bannis du ciel, la terre degenere
De son lustre premier, portant de son Seigneur,
Sur le front engravé l'eternel deshonneur[3] :

1 La canne à sucre (voir Goulart *s. v.* Hesperide).

2 *la vigne … accole … son mari* : image, traditionnelle depuis l'antiquité, du cep de vigne enlacé à l'ormeau qui lui sert de soutien, et reprise inlassablement dans la poésie de la Renaissance. Par le nombre de vers qui lui sont consacrés, la vigne apparaît comme la reine des plantes (*cf.* S. Ambroise, *Hexaméron*, 3, 3). C'est qu'elle donne le vin, instrument indispensable de la liturgie, et symbole (ou acteur) capital dans la célébration du Seigneur. De plus, elle procure du plaisir à l'homme et elle lui apporte le bienfait de ses vertus médicinales (voir Thevenin).

3 Allusion au péché originel (*l'eternel deshonneur*) commis par Adam (*nostre premier pere*), c'est-à-dire par l'homme (*son Seigneur*), à cause de qui la terre a perdu sa première splendeur (*degenere de son lustre premier*).

la terre donne assez d'argumens aux hommes pour louer Dieu.

Que son áge decline avec l'áge du monde :
Que sa fecondité la rendre moins feconde,
Semblable à celle-là, dont le corps est cassé
Des tourmens de Lucine*, et dont le flanc lassé
D'avoir de ses enfans peuplé presque une ville,
Espuisé de vertu, devient en fin sterile :
Si fournist elle encor assez ample argument,
Pour celebrer l'auteur d'un si riche ornement[1].

Des fleurs.

Jamais le gay printemps[2] à mes yeux ne propose
L'azur* du lin fleuri, l'incarnat de la rose,
Le pourpre rougissant de l'œillet à maints plis,
Le fin or de Clitie*, et la neige du lis :
Que je n'admire en eux le peintre[3] qui colore
Les champs de plus de taints que le front de l'Aurore
Qui quittant des poissons le tempesteux sejour
{92} Conduit avant-courriere es Indes un beau jour[4] :
Ou de l'arc qui promet aux plaines alterees
D'arrouser leurs seillons de fecondes orees[5].

Des herbes et plantes diverses

L'Eternel non contant d'avoir paré de fleurs*,
Enrichi de bons fruicts, et parfumé d'odeurs

1 Malgré son épuisement, la terre offre encore de quoi célébrer le Créateur.

2 La célébration des couleurs dans ce passage (533-542) répond à la recommandation de Calvin de lire le monde pour mieux adorer Dieu : « de quelque costé qu'on tourne les yeulx, il n'y a nulle si petite portion du monde en laquelle ne reluyse pour le moins quelque estincelle de sa gloire » (*Institution de la Religion chrestienne*, éd. J. Pannier, Belles-Lettres, 1961, t. 1, p. 52). Quant à la mise en ordre de la Création à laquelle procède Du Bartas, on peut la rapprocher de ce que dit Calvin de « l'"ordre de la nature" qui doit permettre à l'homme de découvrir, comme s'il lisait dans "un livre escrit en assez grosses lettres", comme s'il regardait dans un miroir, comme s'il contemplait "une image vive" ou "une peinture vive", comme s'il se trouvait dans "un grand théâtre", l'existence d'un Dieu créateur », Richard Stauffer, *Dieu, la création et la Providence dans la prédication de Calvin*, p. 28 (*cf.* vers 537).

3 Les éditeurs américains de Du Bartas, Holmes *et al.*, comprennent ici « le Soleil ». Il semble plutôt qu'il faille voir dans le mot *peintre* une désignation de Dieu (*cf. infra*, début du VIIe Jour).

4 Image mythologique, de celles dont Du Bartas se justifiera dans son *Brief Advertissement* sur ses *Semaines* (1584) : « quand j'en use, c'est par metonymie, ou faisant quelque allusion à leurs fables [...]. La poesie est de si long temps en saisine de ces termes fabuleus qu'il est impossible de l'en deposseder que pié à pié », voir *infra*, p. 461. Il est difficile de lui donner tort, car l'allusion à l'Aurore n'a ici pour fonction que de mieux célébrer *le peintre qui colore* le monde (vers 537), c'est-à-dire Dieu.

5 L'arc-en-ciel est signe de pluie.

Les plantes* de la terre : a mesme en leurs racines*
Des humaines langueurs enclos les medecines[1].
Vrayment la Parque* assaut l'homme en tant de façons,
Qu'il ne verroit jamais sans leurs sucs[2] vingt moissons,
Ains semblable à la fleur du lin, qui naist et tombe
Tout en un mesme jour, son bers seroit sa tombe[3],
Son printemps son hiver, sa naissance sa mort.
Bon Dieu combien d'esprits, qui ja frayent le bord
Du fleuve Stygean[4], r'appelez par des herbes,
De l'avare Pluton trompent les mains superbes !
Jadis le fils barbu de l'imberbe Phœbus*[5]
Dans l'Attique* palais recolla par leurs jus
Le corps du juvenceau, qui chastement modeste
Prefera le supplice aux douceurs d'un inceste.
Medee* avec leurs sucs pour plaire à son Jason*
Savante rajeunit le gelé corps d'Æson*.
O plantes*, qui tenez[6] en vie nostre vie,
Et qui la r'appelez quand on nous l'a ravie,
Ce ne sont vos liqueurs[7] esparses dans nos corps
Qui seulement font teste à tant et tant de morts :

qui sont en la terre, et de leurs excellentes proprietez.

1 Après avoir vanté les bienfaits et les beautés des plantes, le poète passe aux bénéfices que l'homme peut en tirer. S. Ambroise, *Hexaméron*, 3, 8, 37 : « Quid enumerem sucos herbarum salubres, quid virgultorum ac foliorum remedia ? » Du Bartas aborde le domaine de la médecine par les plantes, « grande commodité de tout le genre humain », écrit Goulart (*s. v.* Plantes, début) en citant plusieurs « herboristes » ; voir Thevenin aux vers 571, 603, 620, 643…

2 *sans leurs sucs* : le suc de ces plantes aux vertus médicinales ; *vingt moissons* : vingt années.

3 Lieu commun de la littérature profane et de la littérature chrétienne : voir la référence (d'ailleurs erronée) de Thevenin, et dans la Bible, Jb, 14, 2, Ps, 103 (102), 15, etc. *Cf.* Ronsard dans l'*Hymne de la mort* : « Car naissans nous mourons » (OC, t. 2, 608, vers 312 et note p. 1477).

4 Image mythologique des mortels sur le point de franchir le Styx, mais *r'appelez*, c'est-à-dire guéris, par les herbes ; *l'avare Pluton* parce que le dieu des enfers est toujours avide de proies.

5 *le fils barbu de l'imberbe Phœbus* : Esculape, dieu de la médecine, qui guérit Hippolyte (le *juvenceau… chastement modeste* qui *prefera le supplice* à l'*inceste* avec Phèdre, sa belle-mère). On note que le catholique Thevenin (au vers 555) ajoute à cette fable païenne un exemple biblique plus édifiant puisque « veritable ».

6 *qui tenez en vie* : qui retenez en vie.

7 *liqueurs* : liquides, sucs, sèves ; *font teste* : résistent (voir l'explication de Thevenin au vers 561).

Ains vostre seule odeur, vostre seul voisinage,
Contre dix mille assaux fortifient nostre aage,
Produisant tant d'effects que celuy seul les croit,
Qui de sa main les touche, et de son œil les void.
{93} La bleue cichoree* à nostre col pendue[1]

Proprietez de la chicoree. Du pain de pourceau.

Chasse les noirs brouillas qui nous sillent la veue.
Et le pain* de porceau[2] ne haste seulement,
Quand il nous pend au col, le tard enfantement :
Ains qui plus est encor, si quelque femme enceinte
Passe sur sa racine, elle est presque contrainte
D'avorter sur le lieu. Les bruslantes saisons,
Le verre empoisonné[3], les rampantes poisons,
Qui despeuplent d'humains la terre Cyrenoise*,

De l'armoise. De la pivoine.

N'endommagent celuy qui tient sur soy l'armoise*[4].
La pivoine*[5], attachée au col d'un jeune enfant,
Dompte le mal cruel, dont le fils triomphant
D'Alcmene* fut dompté. Si dans ta chaude teste
L'immoderé Bacchus* emeut quelque tempeste,

Du safran.

Cein ton front de safran*[6] freschement amassé,

---

1 Le paragraphe qui commence ici est une liste des vertus curatives spécifiques de certaines plantes, contre les maux d'yeux, les douleurs de l'enfantement, la chaleur et les poisons, l'épilepsie, l'ivresse, etc. Ce catalogue est conforme aux pratiques du temps, comme le montrent les explications et les références données par Thevenin pour toute cette page. Du Bartas s'inspire de Pline, de Columelle, du Dioscoride de Mathiole, et aussi de Léonard Fuchs, qu'il cite plusieurs fois presque mot à mot dans la traduction française de *L'Histoire des plantes*, Lyon, G. Roville, 1558. – *La bleue cichoree* : « Quelques uns croyent que [...] la seule racine pendue au col peut guerir toute caliginosité et obscurité de la veue », Fuchs, ouvr. cit., chap. 212, p. 224.

2 *le pain de porceau* : « On dit que si une femme grosse passe par dessus la racine qu'elle avortera. Icelle pendue haste l'enfantement », Fuchs, ouvr. cit., chap. 172, p. 316.

3 *Le verre empoisonné* par les *medicamens venimeux* dont parle Fuchs (voir note suivante).

4 *l'armoise* : « Lon dit aussi que ceux qui l'hont sur eux, ne peuvent estre ny de poisons, ny de medicamens venimeux, ny de bestes, ny mesme de soleil endommagez », Fuchs, ouvr. cit., chap.13, p. 37.

5 *La pivoine* : « Je ne desesperereroys point, que deuement elle ne guerist le haut mal des enfans qui la porteroyent pendue au col », Fuchs (d'après Galien), ouvr. cit., chap. 75, p. 146.

6 *safran* : « Qui aura beu du Safran devant que prendre autre chose, il ne s'enyvrera point : et pourtant en usant d'iceluy on resiste à yvrognerie. Chapeaux et corones faictes de fleurs et fueilles d'iceluy, adouceissent la fureur de l'yvrognerie », Fuchs (d'après Pline), ouvr. cit., chap. 168, p. 311.

Et tu verras bien-tost cest orage passé.
Les carmes enchanteurs des trompeuses Syrenes*[1],
Des Autans* empestez les relantes haleines,
N'offencent tant soit peu ceux qui tant seulement
Ont masché l'angelique*[2] : heureux medicament

De l'angelique.

Porté jadis çà-bas par un courier celeste,
Comme son nom le porte, et sa force l'atteste.
Ainsi la sanguisorbe*[3] enclose dans la main

De la sanguisorbe.

Bouche le flus du sang qui sort du corps humain.
Et la garance*[4] teint de sa rougeur l'urine

Du pastel.

De celuy qui long temps porte au poing sa racine.
Admirable pastel*[5], qui touchant le dehors
Sa couleur communique aux humeurs de nos corps !
Plantes, vous n'estendez seulement vostre force
{94} Dessus la race humaine : ains vostre vertu[6] force
Les plus fiers animaux, le plus solide fer[7],
Les plus noirs bataillons de l'effroyable enfer,
Et du Ciel flamboyant les plus belles lumieres,
S'il est vray ce qu'on lit des Thessales* sorcieres[8].

Amplification de ce discours et des merveilleuses proprietez des plantes, dont quelques unes sont specifiees.

---

1 D'après Goulart (*s. v.* Syrene), Du Bartas entendrait ici les putains, sources de maladies tout autant que les miasmes des vents mauvais apportés par les Autans (vers 584).

2 *l'angelique* : « Elle rechasse les infections : et air contagieurx de la peste. Elle affranchit le corps de toute maladie pestifere, si seulement (comme ilz afferment) on la tient en la bouche. [...] Et promettent que le jour que quelqu'un en mangera, il ne sentira rien contagieux. [...] Elle estainct les appetis charnels, prinse à jeun », Fuchs, ouvr. cit., chap. 43, p. 95. Et : « Les modernes l'appellent tous d'un accord, Angelique ou Racine du sainct Esprit : à raison de l'odeur tressouefve, et gracieuse que rend sa racine : ou bien de la vertu insigne, qu'elle ha contre les venins », *ibid.*, p. 94.

3 *la sanguisorbe* : « Aucuns asseurent pour tout certain, que si on les porte seulement à la main, elles arrestent le sang de quelque part qu'il sorte », Fuchs, ouvr. cit., chap. 304, p. 540.

4 *la garance* : « La garence est en ce fort à admirer qu'elle teint l'urine à celuy qui la tient et manie entre ses mains », Charles Estienne et Jean Liebault, *L'agriculture et maison rustique*, Paris, Jacques du Puys, 1572, p. 105a.

5 *pastel* : Du Bartas résume brièvement ici la « vertu » du pastel telle qu'il la trouve chez Fuchs citant lui-même Dioscoride, Galien et Pline, ouvr. cit., chap. 126, p. 231.

6 *vostre vertu* : votre efficacité.

7 *le plus solide fer* : voir *infra*, vers 629-646.

8 Allusion aux multiples pouvoirs des plantes utilisées dans des desseins souvent ténébreux par les sorcières, et notamment celles de Thessalie, les *Thessales sorcieres* (dans la tradition classique, la Thessalie était le pays des sorcières : voir l'énumération, non exhaustive, d'exemples donnés par Thevenin à ce propos).

L'estrangle liepard.

L'estrangle-liepard*[1] par son attouchement
Le madré scorpion prive de sentiment :

L'hellebore.

Ainsi que l'hellebore*[2] en le touchant resveille
Sa vitale vertu, qui pour un temps sommeille.

La betoine.

Les serpens*, se voyant de betoine*[3] cernez,
Levent contre le Ciel leurs chefs enfelonnez[4],
Jettent un long siflet, dans leurs rouges prunelles
Allument tout d'un coup deux ardantes chandelles,
Courent l'un contre l'autre, et d'ire tous bouffis,
Rompant leur longue paix, se donnent cent deffis :
Ils font entre-choquer d'une cargue funeste
Venin contre venin et peste contre peste,
Ils souillent de leur sang les prez bleus-jaunes-verds,
Leurs corps sont ja desja de playes tous couverts,
Ains ne sont qu'une playe, et la Parque* cruelle
Seule peut amortir l'ardeur de leur querelle.
Or comme ceste-ci[5] rompt les nœuds d'amitié :

La chasse-bosse.

La chasse-bosse*[6] esteind la fiere inimitié
Des acharnez genets, si leur pourvoyant maistre
Durant leur chaud combat l'attache à leur chevestre.
Le pourceau, qui reçoit son coustumier repas

1 *L'estrangle-liepard* : espèce d'aconit. « Lon dict que la racine de la premiere espece d'Aconit, dicte raisin de Renard, mise pres sus un Scorpion, le rend comme mort, sans force, et le resoult : et qu'estant touché d'Ellebore, il reprend de rechef de la force, et vigueur », Fuchs, ouvr. cit., chap. 30, p. 67.

2 *l'hellebore* : la plante passait pour guérir la folie.

3 *betoine* : « Elle est dicte avoir si grande vertu, que les serpens enfermez et enclos dans un cercle ou ceinture faicte d'icelle, se tuent l'un l'autre à force de se battre et debattre », Fuchs, ouvr. cit., chap. 133, p. 245.

4 *leurs chefs enfelonnez* : leurs têtes traîtresses, méchantes. Les sources probables de Du Bartas pour cette description des serpents sont données par Goulart (*s. v.* Serpens). Le passage sur les serpents illustre la manière du poète : une énumération appuyée sur des sources couramment admises à l'époque, une présentation animée (voir déjà sur *l'estrangle-liepard*, vers 603-606), et une rapide « mise en scène » qui, pour les serpents, occupe une douzaine de vers (607-618) et montre à grand renfort de mouvements (*levent leurs chefs, courent*), de couleurs (*rouges, ardantes, bleus-jaunes-verds*), de sons (*sifflet, entre-choquer*) et d'images frappantes (*chandelles, bouffis, playes/playe*) ce que d'autres se contentent d'exposer plus platement.

5 *Or comme ceste-ci* : De même que celle-ci (la bétoine).

6 *La chasse-bosse* : « Si grande est sa vertu, qu'estant mise au collier de bestes chevalines qui s'entrebatroyent, elles appaisent leur fureur, et les rend traictables », Fuchs, ouvr. cit., chap. 188, p. 341. Les *bestes chevalines* en question sont les *genets* du vers suivant.

Dans le creux tamaris*[1], perd avant son trespas Le tamaris.
La ratelle du flanc : aussi bien que s'il mange
Le splene*[2] devorant, de qui la dent estrange Le splene
{95} Parmi tant d'intestins sçait la rate choisir,
Pour d'icelle souler son affamé desir.
M'arresteray je ici ? les cavalots qui paissent[3]
Dessus quelque verd tertre où les Lunaires* croissent, La lunaire.
S'en revont chasque soir et sans fer et sans cloux
Chez leur maistre estonné. Lunaire, où cachez vous
Cest eimant, qui le fer si puissamment attire ?
Lunaire, où cachez vous la tenaille qui tire
Les fers si dextrement ? Lunaire, où cachez vous
La mareschale main, qui arrache les clous
Si doucement des pieds ? Quelle forte serrure
Trompera vos efforts, si la ferme chaussure
D'un cheval qui ne fait que peu d'arrest sur vous,
De vos subtiles dents ne garantit ses clous[4] ?
Mais je ne pense point que l'Univers enfante,
Soit es mons, soit es vaux, une plus rare plante[5]

1 *tamaris* : « On lui attribue une si grande vertu contre ce seul membre de nostre corps, à savoir la ratte, qu'ilz osent dire que si les pourceaux boyvent dedans auges faictes de ce boys, on les trouvera sans ratte », Fuchs, ouvr. cit., chap. 195, p. 357.

2 *le splene* ; lat. *asplenum*, mot pour lequel les dictionnaires donnent *hépatique dorée*, plante qui passait pour guérir les porcs « travaillez de la rate », écrit Thevenin. Vers 627 : *tant d'intestins*, parce que la plante sait choisir la rate parmi tous les viscères. Fuchs dit de cette plante qu'elle « fait fondre l'enflure de la ratelle », qu'« elle allege les enflures, et estouppemens de ratte », qu'« elle guerit ceux qui sont travaillez d'enflures, et opinations de ratte. Ce qui est certain avoir ainsi esté trouvé, c'est à savoir, que l'on dit que quelquefoys apres qu'on eust jetté sur ceste dicte herbe, les entrailles d'une beste, elle s'attacha à la ratelle, et la consomma : tant qu'il n'y demoura rien. Et par ce est d'aucuns nommée Splenon », ouvr. cit., chap. 112, p. 205-206.

3 Comme les serpents ci-dessus, les *Lunaires*, aux vertus peu banales (et difficilement assimilables à une efficacité médicale), suscitent une description de style oratoire relativement longue qui souligne non seulement l'étonnement personnel de l'auteur, mais aussi le caractère merveilleux de l'ensemble de la Création, reflet de la puissance divine (vers 630-640). Voir les annotations de Thevenin.

4 Goulart et Thevenin rappellent que les Italiens nomment *sferracavallo*, c'est-à-dire, écrit Goulart, « desferre-cheval » (mais pour Thevenin : « deschausse-cheval »), cette plante qui en français porte aussi le nom de *fer à cheval*.

5 De l'efficacité en quelque sorte vétérinaire des plantes (vers 597-628), on passe avec les lunaires et le dictame à une autre sorte de pouvoir (annoncé dès le vers 599), celui des plantes agissant comme un aimant sur les objets en fer.

Le dictame de Candie.

Que le Dictame* Idois, qui par le daim mangé,
Ne guerit seulement son flanc endommagé
Par le trait Gnosien*, ains promptement rejette
Contre l'archer voisin la sanglante sagette.

Effects contraires de certaines plantes selon les corps qu'elles rencontrent.

Et que diray-je plus[1] ? ô bon Dieu ! n'est-ce pas
Un œuvre de tes mains, qu'on void à chasque pas,
Voire en chasque gazon, cent et cent autres plantes*
En couleur, en effect, en formes differentes ?
Et que chascune encor cueillie en sa saison,
A l'un est antidote, et à l'autre poison :
Est or' cruelle, or' douce : et contraire à soy-mesme
Donne tantost la vie, et tantost la mort blesme.

La ferule.

La Tuscane ferule* est du bœuf le trespas,
{96} Mais de l'asne tardif le savoureux repas.

La cigue.

Tout de mesme void on la cigue*[2] rameuse
Utile aux estourneaux, aux hommes venimeuse.

La rosage.

On sait que la rosage*[3] aux mulets est poison :
Toutesfois elle sert d'aspre contre-poison
A l'homme empoisonné. Quelle cruelle peste

L'aconite.

Est plus que l'Aconite*[4] au corps humain funeste ?
Et son jus toutefois guerit le mal ardant

---

1 Après les plantes qui guérissent, voici les plantes qui tuent, les poisons, mais ces plantes sont souvent aussi des contre-poisons (vers 651-654) et l'on en arrive de la sorte à la médecine humaine (*cf.* chez Thevenin, notes des vers 655-659, l'apparition de plusieurs références à Galien). Du Bartas, dans le paragraphe qui suit, énumère quelques exemples, connus de tous en son temps, dont il souligne le caractère prodigieux par une série d'oxymores groupés dans un distique de tonalité oratoire (vers 665-666).

2 On lit chez Galien, au livre 3 du *De temperamentis* : « Cicuta sturno nutrimentum, et homini medicamentum », éd. Lyon, G. Roville, 1549, p. 165.

3 *la rosage* : « Les fleurs et fueilles tuent chiens, asnes, muletz, et plusieurs autres bestes à quatre pieds : mais aux hommes, prinses en breuvage avec du vin, elles serviront de contrepoison et remede souverain contre morsure », Fuchs, ouvr. cit., chap. 206, p. 380.

4 *l'Aconite* : « Il est tout certain, qu'Aconitum est le plus soudain des poisons, et venins. [...] Toutefois lon le tourne aux usages de la santé humaine, congnoissant par experience, qu'il est remede souverain contre les picqueures des Scorpions, estant beu en vin chaut. L'aconit donné en vin chaut est de ceste nature, qu'il tue l'homme, si en l'homme il ne trouve autre chose, qu'il puisse tuer : car lors lucte et se combat contre icelle, comme ayant trouvé son pareil dedans le corps. Et se faict ceste lucte, et combat seulement quand ledict Aconitum ha trouvé autre venin, ou poison, dedans les parties interieures. Et est chose merveilleuse que deux poisons mortelles estans en l'homme se tuent, et deffont l'un l'autre l'homme demeurant sain, et sauve », Fuchs, ouvr. cit., chap. 30, p. 68.

Qu'un serpent de sa queue en nos corps va dardant.
O boisson magnanime ! ô peste genereuse !
O superbe poison ! ô plante desdaigneuse[1] !
Qui tue sans escorte, et qui contre nos corps
Ne veut avec secours desployer ses efforts :
Venin qui laisse en paix nos membres, s'il y treuve
Quelque autre fort venin : car adonc il espreuve
Sa force contre luy, et d'un secret duel
Fort à fort, seul à seul, cruel contre cruel,
Il combat si long temps, si long temps il estrive,
Qu'en fin meurt, l'un et l'autre, afin que l'homme vive.
Et bref soit que mes piés foulent l'herbe des prez,
Qu'ils grimpent sur les monts, qu'ils brossent es forests,
Je trouve Dieu par tout[2] : tout veut de luy despendre.
Il ne fait que donner, et je[3] ne fay que prendre.
Ici pour mes repas mille et mille moissons
Ondoient par les champs : ici mille toisons,
Dignes d'orner les corps des plus superbes princes,
Tremblent par les forests des Seriques* provinces[4].
Ici les bas rameaux des Maltesques cottons*
Me portent des habits dans leurs blancs pelotons.
{97} Ici le lin pigné se change en fines toiles,

Des grains, laines, soies, cottons, lins, et chanvres que produit la terre.

1 *plante desdaigneuse ! / Qui tue sans escorte* : qui n'agit pas en compagnie d'une autre plante, qui exige pour devenir poison d'être seule employée. Même sens pour *avec secours* (vers 668). L'explication figure aux vers 669-670. Le paradoxe (souligné par Fuchs : voir note précédente) est le suivant : absorbé seul, l'aconit tue, contre d'autres poisons, il guérit.

2 La célébration du monde est aussi, par anticipation, celle de la supériorité de l'homme pour qui est faite la Création (*cf. infra*, Sepm., VI, 419-426 ; et *Seconde Semaine*, I, « Eden », 399-401 : « Adam, dit l'Eternel, les beautez que tu vois / Par ces prez, ces jardins, ces vergers et ces bois, / Toutes sont à toy seul »). *Je trouve Dieu par tout* : sur les merveilles de la Nature reflets de la gloire divine, voir *supra* p. 194, n. 2.

3 *je* représente ici à la fois le poète et la créature humaine. L'image de l'homme prend une échelle épique en s'appropriant la Création (*pour mes repas*, 679 ; *me portent des habits*, 684 ; *je rende*, 688 ; *je foule*, 689). Voir Marcel Raymond : « ... toutes choses n'existent que pour rendre grâce à leur Auteur, et l'homme pieux doit leur faire place dans son œuvre [...]. Ainsi la poésie rejoint le prosélytisme », *L'Influence de Ronsard sur la poésie française (1550-1585)*, rééd. Genève, Droz, 1965, II, p. 280.

4 *des Seriques provinces* : des régions de la Chine (voir Goulart *s. v.* Seriques). Il s'agit évidemment de la soie : les *toisons* (vers 680) parce que les Latins, dont s'inspire Du Bartas, s'en représentaient mal l'origine (voir l'explication donnée par Thevenin, vers 682).

Et le chanvre creusé[1] en cordages et voiles :
Afin qu'estant porté[2] tant du flot que du vent
Je rende familier le Ponant au Levant,
Je foule d'un pié sec l'Amphitrite* profonde,
Et promene, hazardeux, mainte ville sur l'onde.
Ici un grain de Maiz*[3] en canne s'eslevant
Trois fois l'an cinq cens grains produit le plus souvent,
Que là bas les Indois sechent, brisent, paistrissent,
Et pour chasser la faim en beau pain convertissent.
    Ceste puissante voix[4], qui l'Univers bastit,
Encor encor sans cesse ici bas retentit :
Ceste voix d'an en an le monde renouvelle,
Et rien ne naist, ne vit, ne croist qu'en vertu d'elle[5].

La mesme puissance divine,

Elle fait que le blé* par une experte main
Sur l'esmié gueret[6] ne s'esparpille en vain,
Ains estant recouvert par le dentelé poutre,

1 *Le chanvre creusé* : après le rouissage.

2 Allusion à la voilure des bateaux (*portés* du *flot* et du *vent*) qui parcourent les mers (*l'Amphitrite*, vers 689). *D'un pié sec* : paradoxe, puisque le navigateur est évidemment sur un sol non liquide (celui du bateau) mais qui flotte sur l'eau. *Mainte ville* (vers 690) : allusion imagée à la taille massive des navires et à la population qu'ils transportent.

3 Après l'évocation des plantes textiles (servant à l'habillement et à la navigation : vers 686-690), l'ajout de 1581 (vers 691-694) porte sur le maïs, plante nouvelle puisque américaine, qui continue de susciter l'étonnement : voir l'insistance à son propos de Du Bartas comme de ses deux commentateurs Goulart et Thevenin.

4 *Ceste puissante voix* : jour après jour, la Création se fait sur l'ordre donné par Dieu, « Dieu dit… » (Genèse, début). Le Verbe divin est à l'origine des choses : « Nemo operantem vidit, sed agnouit operatum. Ubi igitur mora, cum legas : Quia ipse dixit et facta sunt, ipse mandauit et creata sunt [Ps, 33 (32), 9] », S. Ambroise, *Hexaméron*, 1, 3, 8.

5 C'est la création en perpétuel devenir, la « création continue » qu'analyse Luzius Keller dans son livre *Palingène, Ronsard, Du Bartas. Trois études sur la poésie cosmologique de la Renaissance*, Berne, Francke, 1974, p. 138 : « Dans son commentaire *in Genesim* par exemple, Calvin écrit à propos de la continuation des œuvres : "Et quievit die septimo. Non immerito quaeri solet qualis ista cessatio fuerit. Certum enim est, quatenus mundum sua virtute sustinet Deus, et providentia gubernat, fovet creaturas omnes, atque etiam propagat, esse in opere assiduum" [*Opera omnia*, éd. *Corp. Reform.*, 23, 31] ». L'évocation qui suit de la terre nourricière illustre une autre remarque de L. Keller (qui ne cite pourtant pas la IIIe Journée) : que Du Bartas « malgré ses efforts pour sauver l'idée de transcendance ou de séparation, conçoit Dieu toujours […] à travers la réalité cosmique » (*op. cit.*, p. 139) – et même à travers la simple réalité familière des travaux et des jours.

6 *l'esmié gueret* : la terre labourée. Les vers 700-703 évoquent le travail du labour : quand la charrue a retourné la terre avec le *coutre*, on sème, et on passe la herse (le *dentelé poutre*) pour recouvrir le grain.

Et couvé quelques jours sous le labeur du coutre,
Se pourrit pour renaistre : et jette, humide-chaud,
Des racines en bas, et des germes en haut,
Enrichissant bien-tost d'une heureuse naissance
De verdure les champs, les bouviers d'esperance.
Le germe croist en herbe, et l'herbe en long tuyau[1],
Le tuyau en espic, l'espic en blé nouveau.
Les espics pour sauver les moissons desja prestes
Du degast des moineaux, se remparent d'arestes,
Les grains ont des boursets, pour n'estre trop souvent
Pourris, bruslez, espars, de l'eau, du chaud, du vent[2].
Et les mols chalumeaux, pour mieux porter la graine
{98} Sont comme eschalassez d'une noueuse gaine.
Lecteur[3], pardonne moy, si ce jourd'hui tu vois
D'un œil ja tout ravi, tant d'arbres en mon bois,
En mon pré tant de fleurs, en mon jardin tant d'herbes,
En mon clos tant de fruits, en mon champ tant de gerbes :
Veu que l'arbre fecond, que l'Isle de Zebut*
A sur-nommé Cocôs*[4], enrichir plus nous peut
Que des monts sourcilleus les forests plus hautaines,
Que nos prez, nos jardins, nos vergers, et nos plaines.
Es tu langui de soif[5] ? tu trouveras du vin

qui a crée toutes choses, les maintient, et renouvelle la terre tous les ans, tellement que rien n'a vie ne vigueur que par sa vertu. et de la providence en la creation et croissance du blé.

Discours particulier d'un merveilleux arbre nommé Cocos.

1 Après l'idée générale, le détail du processus. Littérairement, pour le rythme du vers et la progression des images, on pense à Du Bellay dans les *Antiquitez de Rome* : « Comme le champ semé en verdure foisonne, / De verdure se haulse en tuyau verdissant, / Du tuyau se herisse en epic florissant, / D'epic jaunit en grain… » (sonnet 30 ; voir *supra* vers 130-134 et note). C'est l'illustration du travail de la création que Dieu renouvelle *d'an en an* (vers 697), « magnifique tesmoignage de la sagesse et bonté de Dieu », écrit Goulart (*s. v.* Bled).

2 Vers de construction « rapportée » : les trois participes correspondent respectivement aux trois substantifs.

3 Interpellation, comme il y en a d'autres dans *La Sepmaine*, par laquelle le poète invite le lecteur à participer à la Création, décrite en train de se faire.

4 Voir la description de ce fruit qui « sert de pain, vin, huyle et vinaigre » chez Thevenin (vers 719), qui suit de très près la *Cosmographie universelle* d'André Thevet, dont s'est peut-être inspiré Du Bartas. Voir aussi Goulart *s. v.* Cocos.

5 D'Aubigné n'aurait-il pas pensé à cette série d'interrogations (*Es tu langui de soif ? … As tu besoin de lin ? …*) pour évoquer, mais par opposition avec la représentation que Du Bartas donne de l'abondance du monde à sa naissance, le dénuement total de l'enfer où même la mort est morte, dans le dernier livre des *Tragiques* (« Voulez-vous du poison ? … », vers 1015 *sqq.*) ?

Dans ses fueillards blecez[1]. As tu besoin de lin ?
L'escorce de son bois frape, serance[2], file,
Pour apres en tirer une toile subtile[3].
Souhaites-tu du beurre ? Il ne faut que cacher
Tes convoiteuses dents[4] dans le mol de sa chair.
Veus-tu gouster de l'huile ? en pur huile il se mue,
Quand son fruit haut et bas longuement on remue.
Te faut-il du vinaigre ? Et vrayment il ne faut
Que luy laisser souffrir d'un long Soleil le chauld.
Desires-tu du sucre ? Il faut pour quelques heures
Dans la frescheur de l'eau tenir ses courges meures[5].
Il est tout ce qu'on veut : et quand Midas encor
L'auroit entre ses mains, je croy qu'il viendroit or[6].
Je croy que Dieu pour rendre et nostre vie heureuse,
Et feconde la terre, et sa gloire fameuse,
N'eust rien fait que ce fruict, si ce grand Univers
Eust peu dit estre beau sans tant de corps divers[7].

Des divers et riches metaux et mineraux cachez es entrailles de la terre.

Or la terre n'a pas seulement son eschine
Couverte de thresors : sa feconde poitrine
{99} Est si comble de biens, que les doigts affamez[8]
Des avares humains ne l'espuisent jamais,
Comme estant plus nombreux que du Ciel les estoilles,

---

1 *Dans ses fueillards blecez* : « Lorsqu'on coupe l'extrémité de ses spathes encore jeunes, il distille de la plaie une liqueur blanche, douce, d'un goût très-agréable, qui se recueille dans des vases. C'est cette liqueur qu'on appelle *vin de palmier*, et dont on fait un grand usage en boisson dans l'Inde », *Nouveau Dictionnaire d'Histoire naturelle, appliquée aux Arts, principalement à l'Agriculture et à l'Economie Rurale et Domestique*, par une société de naturalistes et d'agriculteurs, Genève, 1805, t. 6, p. 49.

2 *serance* : carde (opération pour la préparation du lin).

3 *toile subtile* : fine.

4 *cacher tes convoiteuses dents* : enfoncer tes dents gourmandes, affamées.

5 *ses courges meures* : ses fruits (les noix de coco proprement dites). Noter la rime *heures* / *meures*.

6 *il viendroit or* : il deviendrait de l'or, comme tout ce que touche, dans la fable ancienne, le roi Midas.

7 Cet éloge vibrant de la noix de coco, que Du Bartas n'avait sûrement jamais ni vue ni consommée, fait écho à l'émerveillement des voyageurs devant les ressources d'une vie exotique qui fait rêver nombre d'Européens, et d'autant plus que quelques-unes de ces ressources sont déjà venues enrichir les tables du vieux continuent depuis la découverte de l'Amérique (*cf. supra*, les vers 691-694 ajoutés en 1581 sur le maïs).

8 *les doigts affamez* : remarquable hypallage.

Que les flots aboyans de la mer porte-voiles,
Des plaines les espics, des forests les rameaux,
Les animaux des bois, et les poissons des eaux[1].
Je tairay[2] la geiette*, et le marbre*, et l'ardoise*.
Je tairay pour ce coup la croupe Oromenoise*,
Et ce mont d'Aragon*, dont les mordans esclats
Salent des montagnars les mets plus delicats.
Il me plaist seulement que pour ce coup mon livre
S'orne de vermeillon*, de mercure* et de cuivre*,
D'arsenic*, d'or*, de plomb*, d'antimoine*, d'airain*,
D'argent*, de verd-de-terre*[3], et de fer*, et d'estain*.
Il me plaist d'enchasser* dans l'or de mon ouvrage, Des pierres precieuses.
Un chrystal* qui rapporte au vif[4] chasque visage,
L'agathe* à mile noms, l'amethiste* pourpré,
Le riche diamant*, l'opale* bigarré,
La cassidoine* encor de beaux cerceaux couverte,
L'imprimante sardoine*[5], et l'esmeraude* verte,
Le topaze* peu-dur, le carboucle* enflammé,
Bien qu'il ne soit jamais par le feu consumé.
Je sçay bien que la terre à l'homme miserable Response à l'objection prinse
Semble estre non plus mere, ains marastre execrable[6],

---

1 Thème des innombrables (vers 745-748), traditionnel dans la lyrique amoureuse, utilisé ici « hors du lieu » par Du Bartas.

2 Le poète allège l'énumération des biens de la terre, à présent les minéraux, par le vieux procédé rhétorique de la prétérition allié à l'anaphore : *Je tairay…, Je tairay…*, en s'attardant seulement – et rapidement – sur le dernier terme (les montagnes de sel passées et présentes : *la croupe Oromenoise* et *ce mont d'Aragon*). Il passe ensuite à une nouvelle énumération particulièrement copieuse en jouant, comme souvent, sur la poésie des mots, en l'occurrence ceux du lapidaire. Pour les explications et les sources, voir Goulart, mais aussi Thevenin (qui cite abondamment Remy Belleau pour ses *Nouveaux Eschanges de pierres précieuses*).

3 *verd-de-terre* : vert-de- gris (*cf.* Goulart et Thevenin, qui expliquent *verd-de-terre* par le mot latin *ærugo*).

4 *qui rapporte au vif* : qui représente sur le vif, qui renvoie comme vivant.

5 *L'imprimante sardoine* : Thevenin cite Belleau, qui paraphrase Pline ; Goulart cite Pline, mais pour un passage (37, 105) qui n'explique guère l'épithète *imprimante.* C'est dans un autre passage que Pline raconte comment les Romains appréciaient la sardoine parce qu'elle pouvait imprimer des sceaux sans qu'il fût besoin de cire : « placuisse in nostro orbe initio, quoniam solæ prope gemmarum scalptæ ceram non auferrent » (37, 88).

6 La terre (ou la nature) non plus mère mais marâtre est un lieu commun qu'on trouve partout à la Renaissance, et qui remonte à Pline : « Principium iure tribuetur homini,

des maux causez par l'or et par le fer, desquels le bon usage est monstré, que l'on ne doit rejetter, encor que lesmeschans en abusent.

D'autant qu'à nostre dam elle porte en son flanc
Et l'or* traine-souci, et le fer verse-sang[1].
Comme si ces metaux, non l'humaine malice,
Avoyent en tant de chefs[2] fait foisonner le vice.
Tout ainsi que l'appast des chatouilleux thresors
{100} Perd de l'homme meschant et l'esprit et le corps :
L'or dore les vertus[3], et nous donne des ailes,
Pour nos cœurs eslever jusqu'aux choses plus belles.
L'homme bien avisé ne se sert seulement
Du fer pour seillonner le champ donne-froment :
Il s'en sert au besoin pour defendre sa ville
Contre la tyrannie estrangere et civile.
Mais jamais le meschant ne manie le fer
Que pour estre instrument des furies d'enfer,
Pour voler le passant, pour esgorger son frere,
Pour perdre son pays, pour massacrer son pere.
Tout ainsi profanant un don vray'ment divin[4],
L'yvrongne sa raison noye dedans le vin :
L'orateur corrompu s'aide de l'eloquence,
Pour pallier le vice, et charger l'innocence :
Et le prophete faux se targue en temps et lieu,

---

cuius causa videtur cuncta alia genuisse natura, magna, sæua mercede contra tanta sua munera, ut non sit satis æstimare parens melior homini an tristior nouerca fuerit » (7, 1). Rappelons seulement que c'est par cette pensée que commence la *Deffence et illustration de la langue françoyse* de Du Bellay, qui la reprendra plusieurs fois dans son œuvre (*Olive*, sonnet 103 ; *Antiquitez de Rome*, sonnet 9 ; *Regrets*, sonnet 45…), sans parler du « Ô vray-ment marastre Nature » de Ronsard dans l'odelette fameuse « Mignonne, allons voir si la rose… » [OC, t. 1, 667].

1 Sur les méfaits de ces deux métaux, on peut citer Ronsard pour plusieurs de ses poèmes, notamment *Les Armes* où le fer est présenté comme un métal maudit, fauteur « de discorde et de guerre » [OC, t. 2, 678 *sqq.*], et l'*Hymne de l'Or* qui célèbre un métal plus ambigu, tantôt « bienheureux », tantôt source de haines et de tourments [OC, t. 2, 580 *sqq.*]. Dans sa notice (*s. v.* Fer), Goulart rappelle que pour Pline le fer est « optimum pessimumque vitæ instrumentum » [34, 138], donc non moins ambigu que l'or (voir aussi *s. v.* Or), et c'est bien ainsi que le considère Du Bartas.

2 *tant de chefs* : tant de têtes.

3 Tout le passage développe la valeur ambiguë des deux métaux, qui tient non pas à leur nature mais à l'emploi qu'en fait l'homme. Thème ancien et banal.

4 La série de comparaisons qui suivent accentue ce relativisme de Du Bartas : le vin, l'éloquence, les meilleurs choses (les *dons vray'ment divins*) peuvent, étant dévoyés, servir au pire. Les deux vers 791-792 soulignent la responsabilité humaine.

Pour tromper l'auditeur, du sacré nom de Dieu[1].
Car comme la vaisselle et puante et moisie
Gaste de son odeur la Grecque malvoisie[2] :
Les plus saincts dons de Dieu se changent en venins,
Quand ils sont possedez par des hommes malins.
Mais tairay-je l'eymant*[3], dont l'ame morte-vive
De raison ma raison par ses merveilles prive ?
L'honneur Magnesien*, la pierre qui s'armant,
D'un attrait sans attrait, d'un mousse acrochement,
D'aveugles hameçons, de crochets insensibles,
De cordeaux inconus, et de mains invisibles,
L'esloigné fer attire : et ne peut appaiser[4]
Son couvoiteux desir, qu'il n'en ait un baiser[5],
{101} Ains un embrassement[6], qui d'un fascheux divorce,
Loyal, ne sens jamais la despiteuse force[7],
S'il n'est par nous desjoint : tant et tant ardamment
L'eymant aime le fer, le fer, aime l'eymant.
Et bien qu'un entre-deux leur serve de barriere[8],
Ils n'estaignent le feu de leur chaleur[9] premiere :

Des merveilleuses et secrettes proprietez de l'eymant, et de son estroitte sympathie avec le fer.

---

1 *du sacré nom de Dieu* : au moyen de ce nom, en se servant du sacré nom…

2 *malvoisie* : vin grec d'une exquise douceur.

3 La littérature sur l'aimant est abondante depuis l'antiquité : voir la quantité de références données par Goulart et Thevenin, qui citent Lucrèce, Pline, Dioscoride, Solin, S. Augustin, et pour les modernes Cardan, Fracastor, voire Belleau. Pline, justement, consacre tout un chapitre à l'aimant, en notant d'abord qu'on y voit la Nature se désavouer : « Quid enim mirabilius ? aut qua in parte naturæ maior improbitas ? » (36, 126). Du Bartas paraphrase le naturaliste latin en soulignant les propriétés incompréhensibles de l'aimant à grand renfort d'oxymores (*morte-vive*, 793 ; *mousse acrochement*, 796), de caractérisations annulant la qualité exprimée par le nom (*attrait sans attrait*, 796 ; *aveugles hameçons*, 797), de termes négatifs (*insensibles, inconus, invisibles*, 797-798) et d'antithèses (*éloigné*, *attire*, 799).

4 Après la description des propriétés sans cause visible de l'aimant, son effet. L'attirance poétiquement traduite par l'image du *baiser* et de l'*embrassement* est conforme à l'esprit de la description de Pline qui évoque un minéral pourvu par la Nature de sentiment : « Ecce sensus manusque tribuit illi. Quid ferri duritia pugnacius ? Sed cedit, et patitur mores… » (36, 127).

5 *qu'il n'en ait un baiser* : sans en avoir un baiser.

6 *embrassement* : au sens strict, une étreinte, plus qu'un baiser.

7 *la despiteuse force* : la force qui fait se détacher.

8 Même si un obstacle les sépare.

9 *le feu, leur chaleur* : Du Bartas poursuit la métaphore amoureuse (jusqu'au vers 808). L'image, évidemment littéraire, traduit ainsi l'idée, fondamentale dans la pensée du

Ains vis-à-vis de l'un l'autre saute tout-jour,
Tesmoignant pour le moins par signes son amour.
Mais bon Dieu, qui pourroit comprendre en quelle sorte,
Un aneau, emporté d'un peu d'eymant, emporte
Un autre aneau de fer ? et que cestuy, ravi,
Ravisse[1] un tiers, le tiers un quatriesme suyvi
D'un cinquiesme chainon ? Quelle vertu si grande
Fait que sans s'acrocher l'un de l'autre despende ?
Qu'ils soyent nouez sans nœud, liez sans liaison[2],
Et sans colle collez : dementans la raison[3],
Qui tient pour resolu que la chose pesante,
Ne peut, en l'air pendue, eviter la descente.
Or je n'ignore point que celuy, dont la main
La sophie Gregeoise orna d'habit Romain[4],
Et qui receut encor de sa femme peu sage
Le breuvage mortel, pour l'amoureux breuvage[5],
N'ait tasché de monstrer[6] par maint subtil discours
L'inconue raison de si rares amours.
Mais Lucrece*, di-moy, quelle vertu cachée
Tourne tousjours vers l'Ourse une aiguille touchee
Par l'eymant tire-fer[7] ? Vray'ment si tu le peux,

Que l'on ne sauroit declairer les causes d'une telle sympathie.

XVIe siècle, que le monde est gouverné par la sympathie et l'antipathie entre les éléments qui le composent et les phénomènes dont il est le théâtre. De même qu'une plante *aime* l'eau, l'aimant *attire* le fer, *l'eymant aime le fer* (vers 804). L'hyperbole amoureuse permet une représentation du phénomène évoqué, avec une péripétie qui en augmente l'intérêt (l'*entre-deux* glissé entre les deux « amants » – noter l'étymologie du mot *aimant*, sur laquelle joue évidemment Du Bartas).

1 *ravi, ravisse* : du verbe *ravir*, enlever (*cf.* le nom donné au XVIe siècle aux rapaces : les « oiseaux ravissants »).

2 *nouez sans nœud, liez sans liaison* : *cf. supra* vers 796, *attrait sans attrait*.

3 C'est la « naturæ maior improbitas » dont parle Pline (voir *supra* p. 204, n. 7).

4 Le poète Lucrèce, auteur du *De rerum natura*, qui mit en latin la philosophie d'Épicure.

5 Sur cette confusion fâcheuse, voir Goulart *s. v.* Lucrece.

6 Lucrèce consacre en effet un passage de son poème à l'aimant (5, 906 *sqq.*).

7 L'invention de la boussole, avec celle de l'imprimerie, est une des merveilles de l'esprit humain célébrées inlassablement par l'époque humaniste. *Cf.* Thevet dans sa *Cosmographie universelle* (12, 12) : « Ceste roche a de grandes proprietez, et fort necessaires à l'art du navigage, estant de la subtile invention des hommes de nostre temps : veu que les anciens n'eurent jamais la cognoissance d'user de la Calamite en naviguant », et Fracastor, *De sympathia et antipathia* (chap. 7) : « Nos diligentius rem considerantes dicimus causam, quod perpendiculum illud ad polum vertatur, esse montes ferri et magnetis qui sub polo

D'un laurier tousjours-verd je ceindray tes cheveux,
Te confessant plus docte es secrets de nature,
{102} Et que ton Empedocle* et que ton Epicure*[1].
    Bacchus* avec ses vins, Ceres* avec ses grains
D'un lien tant estroit n'obligea les humains[2],
Que Flave* Melphitain[3], lors qu'heureusement sage De l'aiguille marine.
Premier il mit aux champs de l'aiguille* l'usage,
Sa belle invention est celle qui de nuict
Sur les flotans seillons[4] nos carraques conduit :
Qui nous sert de fanal, de Mercure*, et de guide
Pour suyvre tous les coings de la campagne humide,
Qui fait qu'un gallion, par le Ciel courroussé[5]
En un autre univers presque en un jour poussé,

---

sunt [...] quorum species per incredibilem distantiam usque ad maria nostra propagata ad perpendiculum usque, ubi est magnes, consuetam attracionem facit ». On lit dans *l'Encyclopédie de la Pléiade* que « la boussole, dans la forme à peu près définitive sous laquelle se présente cet instrument, a été inventée dans l'Italie méridionale, entre 1300 et 1305 », Pierre Brunet, *Histoire de la science*, Gallimard, 1957, p. 318 : plutôt qu'inventée, la boussole, invention chinoise, a été perfectionnée par les marins d'Amalfi qui avaient été au XIe ou XIIe siècle les premiers Européens à en découvrir l'existence au cours de leurs voyages en Méditerranée orientale. La première allusion littéraire à la boussole et à sa diffusion est due au Panormita, au XVe siècle : « Prima dedit nautis usum magnetis Amalphis ». Lui firent ensuite écho d'autres humanistes tels que Giovanni Pontano et Flavio Biondo.

1 Empédocle, et moins encore Épicure, n'étaient en odeur de sainteté dans la pensée chrétienne, et notamment chez les protestants. Le ton peu amène de Du Bartas à leur propos fait évidemment contraste, à dessein, avec l'admiration que dans son poème Lucrèce prodigue à Empédocle, qu'il déclare le plus grand génie que la Sicile ait jamais porté (1, 729-733), et à son maître Épicure.

2 Voici l'un des nombreux moments dans *La Sepmaine* où, de la Création en train de se faire (avec les minéraux, dont l'aimant, parmi les autres richesses de la terre comme le vin et le blé), on passe à la Création accomplie et en action (les usages de l'aimant), et même à ses conséquences matérielles plus lointaines (l'invention de la boussole et les Grandes Découvertes qui en découleront).

3 Ce nom de *Flave Melphitain* (Flavio d'Amalfi) résulte de la confusion commise par Giglio Gregorio Giraldi dans son *De re nautica* (Bâle, Isingrin, 1540), entre le prénom Flavio (prénom de Biondo qui avait déclaré que les Amalfitains avaient perfectionné la boussole) et le territoire d'Amalfi : d'où la création d'un personnage imaginaire inventeur de la boussole, dont la notoriété dura bien au-delà du XVIe siècle.

4 *les flottans seillons* : la mer. De même, au vers 838, *la campagne humide* (*cf.* ci-dessus, III, 158). Les *carraques*, comme les caravelles et les *gallions* (vers 839), furent les navires des Grandes Découvertes.

5 *le Ciel courroussé* : c'est-à-dire la tempête.

Reconoit son climat[1], et remarque en la Carte*
De combien de degrez l'Equinoxe* s'escarte.
Mais la terre n'est point digne d'eternel los[2]
Pour les biens seulement qu'elle a dessus le dos,
Ou dans ses creux roignons : ains son propre merite
A chanter son honneur, riche, me sollicite.

Des terres medecinales tirees de la terre.

J'appelle pour tesmoins ceux qui, foibles, ont fait
Maint profitable essay du salutaire effect
De la terre Sellee*[3] et de la Melienne*,
De celle de Chio* et de l'Eretriene*.

Louanges de la terre.

Je te salue, ô Terre*[4], ô Terre porte-grains[5],
Porte-or, porte-santé, porte-habits, porte-humains,
Porte-fruicts, porte-tours[6], alme, belle, immobile,
Patiente, diverse, odorante, fertile,

---

1 *son climat* : sa position (voir plus haut à la note 5 du vers III, 357) ; *la Carte* : la carte marine ; *l'Equinoxe* : l'Équateur (voir l'explication de Goulart *s. v.* Equinoxe).

2 Après l'éloge (le *los*) de la terre pour ce qu'elle porte (sa végétation *qu'elle a dessus le dos*) et pour ce qu'elle contient (ses métaux *dans ses creux roignons*), c'est la célébration de ce qu'elle est, de « sa propre nature et essence » (voir Thevenin, CONSIDERATION 13) dans ses aspects médicinaux.

3 *la terre Sellee*, c'est-à-dire « scellée » ou « sigillée » : terre médicinale originaire de Lemnos, déjà décrite par Galien et Pline puis au XVIe siècle par des voyageurs comme Thevet et Belon (voir Goulart et Thevenin) ; *la Melienne*, celle de *Chio* et *l'Eretriene* sont encore des terres médicinales, désignées par leur lieu d'origine.

4 La fin du IIIe Jour se présente à partir d'ici comme un hymne à la Terre. Voir la remarque de Du Bartas dans le *Brief Advertissement* sur le genre multiple de ses *Semaines* : « Icy j'invoque Dieu, là je luy ren graces : Icy je luy chante un Hymne… », et celle de Goulart (*s. v.* Terre, *in fine*) : « la consideration de cet hymne de la terre fait ouverture à plusieurs excellentes meditations à la louange du Createur… ». On a rapproché ce *finale* du dernier des *Hymni naturales* de Marulle, sur le même thème, mais si quelques détails offrent des similitudes, le ton et le rythme général, l'ampleur et le lyrisme, évoquent beaucoup plus les hymnes de Ronsard (« Je te salue, ô saincte et divine Justice… » *Hymne de la Justice*, « Je te salue, heureuse et profitable Mort… » *Hymne de la Mort*, « Je te salue, heureux et plus qu'heureux Metal… » *Hymne de l'Or*) avec cette différence que le salut termine l'hymne chez Ronsard, alors qu'il lance l'hommage solennel que le poète de *La Sepmaine* rend à la Terre (voir Marcel Raymond, *L'Influence de Ronsard*, II, p. 285).

5 Tout ce passage est remarquable – et a été remarqué – pour l'énumération des adjectifs composés. Du Bartas y fait allusion dans son *Brief Advertissement* (« les autres m'objectent […] le trop frequent usage des Epithetes composez ») et il s'en justifie par l'exemple des Grecs et par l'économie du procédé (« qui est celuy qui ne cognoit bien qu'un epithete composé m'espargne un vers et quelquefois mesme deux »).

6 *porte-tours* : *cf.* le *turriferens* de Marulle au 3e vers de son *Hymne à la Terre*. Il est possible que le *porte-fruits* qui précède, emprunté à Lucrèce (voir Thevenin), soit aussi une réminiscence du *fœcunda* qui suit *turriferens* chez Marulle.

Vestue d'un manteau tout damassé de fleurs,
Passementé de flots, bigarré de couleurs.
Je te salue ô cœur, racine, baze ronde[1],
Pied du grand animal qu'on appelle le Monde,
{103} Chaste espouse du Ciel, asseuré fondement
Des estages divers d'un si grand Bastiment.
Je te salue, ô sœur, mere, nourrice, hostesse
Du Roy des animaux[2]. Tout, ô grande Princesse,
Vit en faveur de toy[3]. Tant de cieux tournoyans
Portent pour t'esclairer leurs astres flamboyans.
Le feu, pour t'eschaufer, sur les flottantes nues
Tient ses pures ardeurs en arcade estendues[4].
L'air, pour te rafraischir, se plaist d'estre secous
Or d'un aspre Boree*, or d'un zephire* doux.
L'eau, pour te destremper, de mers, fleuves, fontaines,
Entrelasse ton corps tout ainsi que de veines.

Contre ceux qui mesprisent l'agriculture et la conoissance des simples,

Hé, que je suis marri que les plus beaux esprits
T'ayent pour la pluspart, ô terre, en tel mespris[5] :
Et que les cœurs plus grands abandonnent, superbes,
Le rustique labeur, et le souci des herbes
Aux hommes plus brutaux, aux hommes de nul pris,

---

1 *baze ronde* : Du Bartas a changé le mot *ronde*, qui figurait dans l'éd. de 1578 au vers 853, pour *alme*, ce qui lui a permis de récupérer l'adjectif pour son ajout de 1581 (vers 857-858) où il affirme de nouveau la position de la terre immobile au milieu du monde (*cf. supra*, vers 353-354 et 397). On note que dans son commentaire de ces vers Thevenin suit de près, au point de la recopier, une page du *Premier Curieux* (éd. Lapp, p. 106) où Tyard parle avec sympathie du « paradoxe » de Copernic (p. 104), point de vue que ne partage pas Du Bartas.

2 Le *Roy des animaux* est l'homme. Tout le passage est une profession de foi envers le géocentrisme.

3 Le monde est créé pour servir la terre : *cf.* le tableau des ressources de celle-ci mises au service de l'homme, *supra*, vers 723 *sqq.*

4 Les éléments au service de la Terre (à la fois planète et élément, semble-t-il, dans ce passage) sont rangés comme l'ont dit les « premiers philosophes, qui ont disposez les elemens en tel ordre, que le feu est eslevé sur l'air, l'air sur l'eau, et l'eau et la terre conjoints ensemble, accomplissans un globe, auquel le feu moins materiel tient le lieu plus eslevé vers la partie haute et prochaine du ciel », Tyard, *Premier Curieux* (éd. Lapp, p. 62), qui reprend en cet endroit le *De elementis* de Contarini.

5 Déploration du mépris dans lequel sont tenus les travaux de la terre, de même ton que ce qu'on trouve chez Pline au livre 18. Comme chez Pline, cette déploration s'accompagne toutefois de l'expression du plus grand mépris pour ceux qui pratiquent ces travaux : *hommes plus brutaux*, *hommes de nul pris* (vers 871-876 : *cf.* Pline, 18, 21, cité par Thevenin dans sa note du vers 875).

lesquels sont condamnez par l'exemple des patriarches et des plus illustres d'entre les payens.

Dont les corps sont de fer, et de plomb les esprits.
Tels ne furent jadis[1] ces Peres venerables,
Dont le sacré fueillet[2] chante les faits louables,
Noé, Moyse, Abram, qui passerent es champs,
Laboureurs, ou bergers, la pluspart de leurs ans.
Tels ne furent jadis Philometor*[3], Attale*,
Archelas*, et Hieron*, dont la dextre royale
Et pour glaive, et pour sceptre, a souvent soustenu
Or' la courbe serpette, or' le hoyau cornu.
Tels ne furent encor Cincinnat*, ni Fabrice*,
Manie*, ni Serran*, qui guerroyans le vice,
D'un coutre couronné, d'une emperiere main,
{104} Et d'un soc triomphal, raioyent le champ Romain.
Scipion* ennuié des feintes bonnetades[4],
Des eclipses de Cour, des fascheuses aubades
D'un peuple poursuyvant, et ce grand Empereur*[5]
Qui d'afranchi vint Roy, et de Roy laboureur,
Dans des bourgs escartez, vieillars, se confinerent :
Et le champ donne-blé d'un pareil soin traiterent
Que jadis le dur Mars[6], disposans les fruitiers
Avec non moindre engin que d'un ost les quartiers[7].
O trois et quatre fois bien-heureux*[8], qui s'esloigne

1 Par contraste avec ces personnages méprisables – contraste souligné par l'anaphore *Tels ne furent*..., vers 877, 881, 885 –, vient un éloge des *Peres venerables, Noe, Moyse, Abram* (vers 879) qui surent vivre en bergers, puis des héros et des grands hommes de l'antiquité qui surent manier les outils du laboureur et dont les premiers nommés, *Philometor, Attale, Archelas* et *Hieron*, sont précisément ceux que cite Pline (18, 22). D'autre part, à propos de Noé, noter que S. Ambroise temine le troisième Jour de son *Hexaméron* (3, 17, 72) par le rappel : *Noe agricola erat* (Gn, 9, 20) ; Du Bartas peut y avoir pensé.

2 *le sacré fueillet* : les Écritures saintes.

3 Sur les personnages cités dans cette page, de Philométor à *ce grand Empereur* (vers 891), voir les notices de Goulart et les annotations de Thevenin.

4 *feintes bonnetades* : Thevenin renvoie au sonnet 150 des *Regrets* de Du Bellay.

5 Dioclétien.

6 *Que jadis le dur Mars* : que jadis ils firent la guerre.

7 Ils disposaient les arbres fruitiers dans un verger avec non moins d'habileté que les camps d'une armée.

8 Hymne aux béatitudes rustiques, dans le goût du temps, lui-même hérité de la tradition horatienne, virgilienne, claudienne, etc. Noter que Goulart loue le passage comme un exemple réussi d'imitation, et recommande au lecteur d'en apprécier l'adresse (*s. v.* Vie rustique) par comparaison avec les modèles antiques, et en particulier l'ode d'Horace

Des troubles citadins ! qui, prudent, ne se soigne[1]
Des emprises des rois, ains servant à Ceres*
Remue de ses bœufs les paternels guerets !
La venimeuse dent de la blafarde envie,
Ni l'avare souci[2], ne tenaillent sa vie.
Des bornes de son champ son desir est borné,
Il ne boit dans l'argent le philtre forcené,
Au lieu de vin gregeois, et parmi l'Ambrosie[3]
Ne prend dans un plat d'or l'arcenic oste-vie.
Sa main est son gobeau[4], l'argenté ruisselet
Son plus doux hypocras[5], le fromage, le laict,
Et les pommes encor, de sa main propre entees,
A toute heure luy sont sans apprest apprestées.
Les trompeurs Chicaneurs[6] (harpies* des parquets
Et sangsues du peuple) avecques leurs caquets
Bavardement fascheux la teste ne luy rompent :
Ains[7] les peints oiselets ses plus durs ennuis trompent,
Enseignans chasque jour aux doux-flairans buissons
Les plus divins couplets de leurs douces chansons.

Louange de la vie rustique accompagnee d'infinies commoditez, et garantie des maux qui troublent le monde, comme d'ambition, d'envie et d'avarice, de poison, et de gourmandise.

De procez.

Beatus ille qui procul negotiis (Epod., 2) et l'éloge du laboureur, *O fortunatos nimium*..., dans les *Géorgiques* de Virgile (II, 458 *sqq.*).

1 *ne se soigne* : ne se soucie ; *des emprises* : des entreprises. Les bienfaits de la vie aux champs, comme dans le *O fortunatos nimium* de Virgile, sont d'abord négatifs (l'heureux agriculteur n'est pas tourmenté par ceci, il n'est pas menacé par cela, etc.), mais les dangers et les périls qu'il évite sont plus prononcés chez Du Bartas : la *venimeuse dent* (901), le *philtre forcené* (904), *l'arcenic oste-vie* (906) ; ce n'est qu'en second lieu, comme chez Virgile, que sont énumérés les charmes « positifs » de la vie rustique : la simplicité des mœurs et la pureté de la nature (907-910).

2 *l'avare souci* : le souci d'amasser, de gagner.

3 *l'Ambrosie* : l'ambroisie, nourriture des dieux. Façon d'évoquer les festins raffinés des nantis. Voir Goulart, *s. v.* Ambrosie.

4 *son gobeau* : son gobelet.

5 *hypocras* : boisson faite de vin aromatisé mêlé de miel, évoquée ici comme un régal recherché.

6 Série d'allusions aux gens de justice (*Chicaneurs, harpies, sangsues, caquets*), que le poète n'aimait guère. Ce point de vue n'était pas exceptionnel.

7 Le tableau du bonheur à la campagne se poursuit par une opposition terme à terme des méfaits de la vie exposée à l'ambition et aux périls de l'envie (risques de naufrage, 917-920 ; insomnie, 927-932 ; la guerre, 937-940 ; la malpropreté des villes, 945-946). Par contraste, la vie aux champs est un bonheur perpétuel, dans un décor traditionnel qui évoque le *locus amœnus* de la pastorale (vers 933-936), bien qu'en principe le laboureur travaille (*cf.* Virgile, Georg., II, 472), ce dont on se demande si le bienheureux paysan de Du Bartas n'est pas dispensé.

{105} Son vaisseau vagabond sur l'irrité Neree*
De mort horrible.
N'est or' le jouet d'Eure*, et tantost de Boree* :
Et dans un Ocean esloigné de tout bord,
Miserable, ne va cercher l'horrible mort.
Ains passant en repos tous les jours de son aage,
De veue ne perd point tant soit peu son village,
Ne conoit autre mer, ne sait autre torrent
Que le flot chrystalin du ruisseau murmurant
Qui ses verds prez arrouse : et ceste mesme terre,
Qui, naissant, le receut, pitoyable l'enterre.
De travail d'esprit et de maladies aigues.
Pour r'appeler le somme il n'avale le jus
Ni du morne pavot, ni du froid jonc de Chus*[1].
Et n'achette les tons, comme jadis Mecene*[2],
Lors qu'en son corps mal-sain, son ame encor moins saine[3]
N'avoit ni paix ni treve, et que sans nul repos
La jalouse fureur le rongeoit jusqu'aux os :
Ains sur le verd tapis de la plus tendre mousse
Qui frange un bord undeux, hors de ses flancs il pousse[4]
Un sommeil enchanté[5] par le gazouillis doux
Des flots entrecassez des bords et des cailloux.
De guerre.
Le clairon, le tabour, la guerriere trompette,
L'esveillant d'un sursaut, n'arment d'armet sa teste,
Et d'un chef respecté le sainct commandement
Ne le pousse, aveuglé, du lict au monument[6].

---

1 *jonc de Chus* : plante d'Éthiopie (le *khat*) aux propriétés somnifères, et comparable en ce sens au pavot. Voir Goulart, *s. v.* Chus.

2 L'insomnie de Mécène due à une fièvre continuelle est signalée par Pline (7, 172), mais le tableau qu'évoque Du Bartas rappelle plus précisément une allusion de Sénèque (*De providentia*, 3, 10) où Mécène réduit à l'insomnie par ses chagrins amoureux s'efforce de trouver le sommeil grâce à la musique (en *achetant les tons*) : « Feliciorem ergo tu Mæcenatem putas, cui amoribus anxio, et morosæ uxoris quotidiana repudia deflenti, sumnus per symphoniarum cantum ex longinquo lene resonantium quæritur ? »

3 Retournement de l'adage *mens sana in corpore sano.*

4 Même image dans l'ode de Ronsard « Quand je dors je ne sens rien » : « … Toutefois je suis vivant, / Repoussant mes flancs de vent… », OC, t. 1, 786, 13-14.

5 Image, fréquente dans la poésie du second XVIe siècle, du dormeur insouciant au bord de l'eau dans un décor d'églogue, inspirée de modèles anciens (*cf.* Horace, *Epod.*, 2, 23-29 : vers cités par Thevenin dans sa note du vers 933) : le sommeil de jour est signe du bonheur de l'homme sage, docile à la nature, qui mène une vie simple et étrangère à la vaine ostentation et aux vaines ambitions.

6 *du lict au monument* : du lit au tombeau.

Le coc empennaché la diane luy sonne[1],
Limite son repas[2], et par son cri luy donne
Un chatouilleux desir d'aller mirer les fleurs
Que la flairante Aurore[3] emperle de ses pleurs.
Un air emprisonné dans les rues puantes — De peste.
{106} Ne luy trouble le sang par ses chaleurs relantes :
Ains le Ciel descouvert, dessous lequel il vit,
A toute heure le tient en nouvel appetit :
Le tient sain à toute heure : et la mort redoutee
N'aproche que bien tard de sa loge escartee[4].
    Il ne passe es grand's cours ses miserables ans[5] : — De servitude honteuse.
Son vouloir ne depend du vouloir des plus grands :
Et changeant de Seigneur ne change d'Evangile[6]. — De changement de religion.
Sur un papier menteur son mercenaire stile[7]
Ne fait d'une formy un Indois elephant[8],
D'un mol Sardanapale* un Hercul triomphant, — De flatterie.

---

1 *la diane luy sonne* : le chant du coq remplace le battement de tambour qui sonne le réveil aux armées et qu'on appelle la *diane.*

2 *Limite son repas* : Thevenin note à juste titre ici, « J'aimerais mieux lire repos ». Pourtant aucune variante ni avant ni après l'édition de 1581 ne donne autre chose que *repas.*

3 *la flairante Aurore* : l'Aurore odorante, parfumée ; *emperle de ses pleurs* : les perles et les pleurs évoquent la rosée du matin.

4 *sa loge escartée* : son logis champêtre, à l'écart de l'agitation du monde.

5 Tableau traditionnel (sur le mode négatif) des ravages moraux de la corruption entraînée par la vie de cour. Voir les références données par Thevenin, auxquelles on peut en ajouter de plus modernes : nombreux poèmes de Ronsard, de Baïf, de Du Bellay, etc. Noter d'autre part que dans la réédition de 1579 de son poème *L'Uranie* (d'abord paru en 1574 dans *La Muse Chrestienne*), Du Bartas ajoute 70 vers en préambule où il fait parler le jeune poète qu'il fut jusqu'à sa rencontre avec la muse Uranie, grâce à qui il fut converti à la « vraie » poésie, et il fait dire à ce jeune homme : « Tantost je desseignoi d'une plume flateuse / Le los non merité des rois et grans seigneurs, / Et, pour me voir bientost riche d'or et d'honneurs, / D'un cœur bas je rendoi mercenaire ma Muse », *L'Uranie*, in *The Works of Du Bartas*, éd. Holmes *et al.*, t. 2, p. 173, vers 21a-24a. Ces vers résonnent évidemment en écho avec *La Sepmaine*, III, 953-958. Kurt Reichenberger, qui les cite (*Themen und Quellen der Sepmaine*, p. 146), pense à juste titre que, plus qu'un aveu autobiographique, il convient de les prendre comme un lieu commun lié à un genre.

6 Allusion aux courtisans qui, selon la religion du grand qui les protégeait ou selon l'intérêt qu'ils y trouvaient, passaient d'une croyance à l'autre.

7 *son mercenaire stile* : son stylet, sa plume « vendue », dirions-nous aujourd'hui.

8 Image là encore traditionnelle (citée dans les *Adages* d'Érasme) qui traduit l'outrance des éloges décernés par les plumitifs, et même par les grands poètes, de tout ce siècle. *Cf.* Du Bellay dans les *Regrets* (sonnet 143) : « Bizet, j'aymerois mieulx faire un bœuf d'un formy, / Ou faire d'une mousche un Indique elephant… ».

D'un Thersite* un Adon*, et ne prodigue encore
D'un discours impudent le los d'Alceste* à Flore*[1] :
Ains vivant tout à soy[2], et servant Dieu sans peur,
Il chante sans respect ce qu'il a sur le cœur.

De soupçon et de trahison.

Le soupçon blemissant nuict et jour ne le ronge[3] :
A des aguets trompeurs nuict et jour il ne songe :
Ou s'il songe à tromper, c'est à tendre filets
Aux animaux des champs, gluaux aux oiselets[4],

De convoitise insatiable.

Et manches[5] aux poissons. Que si ses garde-robes
Ne sont tousjours comblez de magnifiques robes
De velours à fond d'or, et si les foibles aiz[6]
De son cofre peu seur ne ployent sous le fais
Des avares lingots, il se vest de sa laine[7] :
Des vins non-achetez[8] sa cave est toute pleine,
Ses greniers de froment, ses rocs de saines eaux,
Et ses granges de foin, et ses parcs de troupeaux.

---

1 Les quatre vers 955-958, d'un exemple à l'autre, ne font que répéter la même idée. *Sardanapale* évoque le prince corrompu et efféminé (voir Goulart à ce nom); *Thersite*, le plus vil des Grecs, est de plus un homme laid (voir Goulart); *prodiguer le los d'Alceste à Flore*, c'est donner à une femme de mauvaise vie (*Flore*) les éloges méritées par la vertu (*Alceste*). On peut se demander dans quelle mesure, reprochant aux poètes courtisans d'agir ainsi, Du Bartas qui dédia sa *Judit* en cette année 1578 à la reine de Navarre, épouse du futur Henri IV, en louant fortement sa vertu (voir *Judit*, éd. Baïche, 1971, p. XXVI *sqq.*), ne se livre pas à une discrète autocritique. En somme, le flatteur dénature la vérité des choses, et la vie de cour oblige à adopter son comportement.

2 *vivant tout à soy* : par opposition au courtisan qui ne vit que pour plaire à autrui; *sans respect* (vers 960) : sans considération de convenance. La sincérité est une des vertus, et un des agréments, de la vie loin des cours.

3 Outre la satisfaction de mener une vie honnête, l'heureux rustique vit à l'abri des soucis, que le vocabulaire de l'inquiétude exprime (négativement) d'une façon hyperbolique dans le passage qui suit : *soupçon, blemissant, ronge, aguets, trompeurs.* Voir les références données par Thevenin.

4 *gluaux aux oiselets* : la chasse à la glu.

5 *manches* : nasses. La définition de Cotgrave donne : *a narrow and long fish-net.*

6 *les foibles aiz* : les faibles planches; *sous le fais* : sous la charge, sous le poids; *des avares lingots* : des lingots amassés avec cupidité.

7 Variation et broderie sur le thème horatien de l'*aurea mediocritas* (vers 965-972). La précision qui suit, si brève qu'elle soit, se remarque cependant par sa rareté dans ce genre de poèmes : il s'agit en effet, de *l'heur du bien aisé rustique* (vers 973) et non d'une idéalisation de l'ensemble des habitants de la campagne. Du Bartas n'ignore pas les gueux *diseteux, rompus, affamés* et *povres* (vers 975-976) dont il est rarement question dans la poésie champêtre.

8 *Des vins non-achetez* : épithète déjà utilisée plus haut (vers 299) à propos des eaux thermales (*les Bains non achetez*) et des biens qui comblent décidément la Gascogne, dont l'éloge va suivre immédiatement.

Car mon vers chante l'heur du bien aisé rustique,
Dont l'honneste maison semble une Republique :
{107} Non l'estat diseteux du rompu bucheron,
De l'affamé pescheur, du povre vigneron,
Qui caimandent leur vie, et qui n'ont qu'à boutees[1]
Du pain en leur maison sur quatre pieux plantees.

Il conclud par une saincte priere convenable à sa vocation.

Puisse-je, ô Tout puissant[2], inconu des grands Rois,
Mes solitaires ans achever par les bois :
Mon estang soit ma mer, mon bosquet mon Ardene,
La Gimone mon Nil, le Sarrapin ma Seine,
Mes chantres et mes luths les mignards oiselets,
Mon cher Bartas mon Louvre, et ma Cour mes valets :
Où sans nul destourbier si bien ton los j'entonne,
Que la race future[3] à bon droit s'en estonne.
Ou bien si mon devoir et la bonté des Rois[4]
Me fait de leur grandeur aprocher quelque fois,
Fay que de leur faveur jamais je ne m'enyvre,
Que commandé par eux libre je puisse vivre,
Que l'honneur vray je suyve et non l'honneur menteur,
Aimé[5] comme homme rond, et non comme flatteur.

FIN

1 *à boutées* : de temps en temps, irrégulièrement.

2 Le vœu qui termine cette évocation de l'heureuse vie loin des cours se resserre sur la petite patrie du poète, selon un usage fréquent au XVIe siècle : Ronsard avait chanté son Vendômois, Du Bellay son Anjou, Goulart qui vivait à Genève n'en signait pas moins ses écrits Simon Goulart Senlisien (ou S. G. S.). Les noms de lieu dans les vers qui suivent (*Gimone, Sarrapin*) sont des cours d'eau auprès d'un lieu-dit, le *Bartas* (le buisson épais en gascon), où Du Bartas possédait son petit château. À quoi le poète oppose, par antithèse, une série de lieux célèbres symboles de puissance : l'*Ardene*, le *Nil*, la *Seine*, le *Louvre*, la *Cour*, tous rétrécis et rendus familiers par l'emploi du possessif : *mon Ardene, mon Nil, ma Seine...* (Reichenberger décèle dans ces vers l'influence du sonnet 31 des *Regrets* de Du Bellay : *Heureux qui comme Ulysse...*)

3 *la race future* : la postérité. L'emphase de ces deux vers (985-986 : les deux derniers de l'édition de 1578) n'est peut-être pas dépourvue d'ironie.

4 L'ajout des vers 987-992 à partir de l'édition de 1581 se lit comme une correction (voir Thevenin, note du vers 987), imposée à l'homme célèbre qu'est devenu à cette date l'auteur de *La Sepmaine*, ce qu'il n'était évidemment pas lors de la première rédaction de son poème.

5 Voir variantes : *Armé* semble une coquille, corrigée tardivement et irrégulièrement. Il est sans doute étonnant qu'elle ne l'ait pas été plus tôt, dès les éditions suivantes, et plus souvent.

{108}

SOMMAIRE DU
QUATRIESME JOUR.

Suyvant ce que recite Moyse, Genese chapitre premier, verset quatorze, le Poete descrit en ce livre l'œuvre du quatrieme jour, auquel Dieu crea les estoilles et flambeaux des cieux. Pour l'intelligence dequoy, son discours est divisé en deux parties principales. En la premiere, apres s'estre commis, à l'accoustumee, sous la conduite de l'esprit de Dieu, et protesté aux Chrestiens Poetes François de sa saincte affection, il traite en general de la course, du pouvoir, de l'estre, et de la substance des feux celestes, selon l'opinion des Hebrieux et des Grecs : refute ceux qui ont estimé que ce fussent animaux vivans, et soustenus en vigueur par viande et breuvage. En apres il parle de leur mouvement, et respond assez amplement au Paradoxe de quelques anciens et modernes Astronomes, qui ont maintenu par escrit que les cieux ne bougeoient, et que c'estoit la terre qui tournoit. Puis reprenant son propos, par une belle comparaison il monstre l'excellent ornement des cieux autour de la terre : et vient à descrire cest ornement, en s'arrestant aux signes remarquez sous les deux poles pour plus seure intelligence de l'Astronomie. Il deschifre là dessus le Zodiaque et ses douze signes qui distinguent les mois et saisons de l'annee, y adjoustant les noms des Estoilles du cercle Septentrional et Meridional. Quoy fait, divisant son propos il parle du huictiesme ciel où sont les Estoilles fixes, puis descend d'iceluy aux sept de dessous, assignez chascun à une des sept planettes, et n'oublie à rendre la raison pourquoy les Estoilles semblent bluetter, les planettes non. De là il vient à discourir du premier mobile ou neufiesme ciel, qui par sa rondeur incomprenable tire en un jour tous les autres apres soy, encore que chascun d'iceux ait son mouvement à part, ce qui est esclaircy par une similitude bien propre. Il adjouste aussi la cause du prompt ou tardif mouvement des autres cieux, et monstre en combien de temps ils parachevent leur cours. Consequemment il parle de la necessité et commodité de ces divers mouvemens : prouve que ces feux celestes ont des influences et une grande puissance sur les corps {109} inferieurs : rembarre les Stoiques qui attachent Dieu aux causes secondes, et aprend aux Chrstiens comme ils doivent accommoder à leur usage ceste plaisante speculation. Tels sont les discours de la premiere partie de ce quatriesme jour. Quant au contenu de la seconde, il y entre par la decription du Soleil, confessant ne sçavoir par où commencer pour representer le magnifique arroy de ce prince, marchant par le ciel au milieu des six autres planettes, et suyvi des Estoilles fixes comme de son arrieregarde. Il represente tout d'un train les vertus et effects de ce grand œil du monde, parle de sa grandeur et vistesse selon les termes du Royal Prophete, au Pseaulme dixneufiesme. En apres il celebre la providence admirable de l'Eternel, qui a ainsi logé le Soleil, et qui par un si noble flambeau fait tant de biens à la terre : dispute du journalier et oblique ou annuel cours d'iceluy, dont sont engendrees les quatre saisons, depaintes d'un pinceau vrayement Poetique. Consequemment il escrit de la Lune, de ses changemns, de sa face ronde, de son cours et decours, et de la difference entre ses eclipses, et celles du Soleil, duquel sont ramentues une eclipse et deux revolutions notables et extraordinaires en la mort de Jesus Christ, en la maladie d'Ezechias, et en la victoire de Josué, selon que la parole de Dieu le tesmoigne. En cest endroit le Poete fait la conclusion de son discours sur la quatriesme journee.

{110}

QUATRIEME JOUR
DE LA SEPMAINE,
DE GUILLAUME DE SA-
LUSTE, SEIGNEUR
DU BARTAS.

Il invoque Dieu, priant d'estre eslevé sur les cieux pour discourir comme il faut, des estoilles fixes et errantes.

ESPRIT*[1], qui transportas dans l'ardante charrete
Sur les Cieux* estoillez le cler-voyant Prophete*[2],
Qui, frapant le Jordain* de son plissé manteau,
N'aguere avoit fendu le doux fil de son eau :
Enleve moy d'ici, si que loin, loin de terre,
Par le Ciel azuré de cercle en cercle j'erre.
Vueille estre mon cocher, fay qu'aujourd'hui mon cours
Acompagne le char* de l'astre enfante-jours[3] :
Qu'à la coche[4] de Mars* je joigne ores ma coche
Et qu'ore de Saturne*, or' du Croissant* j'approche :
Afin qu'ayant apris de leurs flambans chevaux
La force, le chemin, la clarté, les travaux,
Ma muse d'une voix saintement eloquente
Au peuple aime-vertu puis apres les rechante :
Sur le pole attirant les plus rebelles cœurs

---

1 Invocation qui, de façon très traditionnelle, place le texte sous la protection divine : voir par exemple Vida, *Art poétique*, 2, 20 ou *L'Abbrégé de l'Art poétique* de Ronsard (*Œuvres complètes*, éd. Jean Céard, Daniel Ménager, Michel Simonin, Paris, Gallimard, Bibliothèque de la Pléiade, 1993-1994, I, p. 1175).

2 Du Bartas évoque ici l'ascension du prophète Élie, qui fut transporté dans les cieux après avoir traversé le Jourdain à pied sec, 2 R 2, 11. En plus de sa valeur religieuse, la référence à Élie présente une dimension programmatique : elle annonce le sujet qu'aborde du Bartas – la science des astres – et les différents points qu'il va aborder.

3 Périphrase qui désigne le soleil.

4 Voir Thevenin, qui donne le synonyme de « chariot ». Le ravissement poétique trouve sa source dans le ravissement religieux, c'est-à-dire dans l'ascension spirituelle figurée par la référence à Élie.

Il s'adresse aux Chrestiens poetes François, desquels il requiert estre supporté, protestant de son affection, et d'avoir mis la main à la plume plus pour encourager les autres, que de desir de paroistre.

Par l'eymant[1]* ravisseur de ses accens veincueurs
Et vous, divins Esprits, ames doctement belles[2]
{111} A qui le Ciel depart tant de plumes isnelles[3],
Soit pour monter là haut, soit pour disertement
De ses plus clers flambeaux peindre le mouvement :
Çà, donnez moy la main, tirez moy sur Parnasse,*
Et de vos chants divins soustenez ma voix casse.
Car outre la vertu, qui dorant vos esprits,
Porte en soy richement de soy-mesme le pris,
Nos neveux, afranchis des sacrileges armes[4]
Qui sanglantent ce Tout, chanteront que vos carmes,
Et plus dorez que l'or et plus doux que le miel,
Meritoyent autre sort, autre siecle, autre Ciel.
Or bien que de mon nom la naissante memoire
De nos neveux attende ou rien, ou peu de gloire[5] :
Ce temps que la plus-part des escrivains François
Despend à courtiser les dames et les rois,
Despendre je le veux à rendre à tous notoire
Par ses puissans effects du Tout-puissant la gloire.
Mes vers conceus en peine, en liesse enfantez,
Ne desirent se voir par nos neveux vantez.
Ils seront satisfaits, moyennant que la France
Produise à l'advenir quelque docte semance,

---

1 Sur le magnétisme, voir III, v. 793 *sqq.* ainsi que l'Ode à Michel de l'Hospital, où Ronsard établit un parallèle entre la force de la poésie et celle de l'aimant (strophe 13).

2 Les poètes, selon Thevenin. L'expression apparaît également dans *Les Colomnes* « divins esprits, dont nous tenons cest art ». In William L'Isle of Wilburgham, *The Foure Bookes of Noe, Du Bartas*, London, T. Paine, for Francis Egelfielde, 1637, p. 174 ; voir *La Seconde Sepmaine*, éd. Y. Bellenger et al., Paris, STFM, t. 2, 1995, le texte des *Colomnes*, début. Voir aussi dans le même texte la louange des astronomes (p. 176). Tout le passage reprend la théorie néo-platonicienne de la fureur poétique (*République*, 7, 529) ; le mouvement d'élévation – au sens littéral – de l'âme permet ici d'accéder à l'inspiration et à la claire vision du ciel astronomique. Sur la fureur poétique et l'*enthousiasme*, on peut notamment se reporter à Henri Weber, *La Création poétique au* XVI*e siècle en France*, p. 109 *sq.*

3 Légères. Voir Thevenin, qui cite une occurrence tirée du chapitre 6 de la *Défense et Illustration de la langue française* (éd. J.-C. Monferran, Droz, Genève, 2007, 6, p. 149)..

4 Lorsque les guerres civiles auront pris fin.

5 De manière très traditionnelle, Du Bartas utilise l'auto-dépréciation pour attirer la bienveillance du lecteur. Sur la *captatio benevolentiae*, voir par exemple Aristote, *Rhétorique à Alexandre*, 29, 1436 b.

Qui suyvant pas à pas mon louable projet [,]
Plus dextrement que moy manie ce suiet[1].

Poursuite de l'œuvre de la creation.

Dieu n'est de ces ouvriers qui d'un lasche courage
Quittent aux meilleurs coups[2] le soin de leur ouvrage,
Qui jamais qu'à demi ne s'acquitent de rien,
Soigneux de faire tost, et non de faire bien :
Ains comme ouvrier qui fait toute chose sans peine,
Et comme estant tout bon, heureusement il meine,
{112} Ore d'un pas tardif, or' d'un pas avancé,
A la perfection ce qu'il a commencé[3].

Au quatrieme jour il crea les estoilles fixes et les deux grands luminaires, qui sont le soleil et la lune, ensemble les cinq autres planetes.

Ayant donques tendu la courtine*[4] du monde
Autour du clos sacré de la Couche feconde[5],
Où, pour remplir ce Tout de ses enfantemens,
La soigneuse Nature* accouche à tous momens,
Il sema son azur de mainte flamme ardente,
Pour la rendre à jamais plus utile et plaisante.
Je sai bien que les clous*[6]qui brillent dans les cieux[7],

---

1 Selon Denis Bjaï, « cette invitation ne passera pas inaperçue. Un des émules de du Bartas s'en réclamera explicitement, à savoir son *contradicteur* Christophe de Gamon ». Voir ainsi *La Semaine ou Creation du monde contre celle du sieur Du Bartas*, Lyon, 1610, « Au Lecteur », 7 ff. non ch. (Denis Bjaï, « *La Sepmaine, Œuvre ... en partie héroïque*, ou les enjeux d'un *Brief Advertissement* », in *Actes de la journée d'études de l'Université de Paris-VII, 5 novembre 1993*, réunis par Simone Perrier et présentés par Françoise Charpentier, Paris, UFR Sciences des textes et documents, 1993, p. 67, note 22).

2 « Quittent aux meilleurs coups » : « laissent à de meilleurs occasions ».

3 Le parallèle entre la création du monde et la production artistique apparaît à plusieurs reprises dans le texte (v. 279 et 405-410). Dieu est ici décrit comme un artisan zélé ; à l'inverse du dieu paresseux des épicuriens, indifférent aux affaires humaines, il n'a de cesse d'améliorer son œuvre.

4 Le ciel des étoiles fixes. Sur l'image, d'origine biblique, voir Thevenin, qui renvoie au psaume 103 ainsi qu'à Isaïe (40, 22 et 42, 5).

5 Voir II, 360 *sqq.* Le thème amoureux apparaît chez saint Ambroise, qui évoque au quatrième jour le Soleil fécondant la terre : « nisi ut cognoscerent omnes divinae testimonio lectionis terram sine sole posse esse fecundam ? » (*Exameron*, in *Opera*, Pars prima, *Corpus scriptorum ecclesiasticorum latinorum*, vol. 33, 1896, 4, 3, p. 112). Sur ce thème, se reporter à Gérald Nakam, « Noces de l'Univers chez du Bartas », in *Actes de la journée d'études de l'Université de Paris-VII*, ouvr. cité, p. 153.

6 Les clous, selon Thevenin.

7 S'ouvre ici l'« un des rares cadres modalisateurs » du texte : « [...] la modalisation parvient, quoique rarement, à atténuer le dogmatisme de la pédagogie bartasienne, ne fût-ce qu'en ébauchant certaines réserves épistémologiques » (Jan Miernowski, *Dialectique et connaissance dans* La Sepmaine *de du Bartas*, Genève, Droz, 1992, p. 176 et note 105).

Fuyent si vistement et nos mains et nos yeux,
Que le mortel ne peut parfaitement conoistre
Leur chemin, leur pouvoir, et moins encor leur estre [.]

De leur course, pouvoir, estre, et substance.

Mais si l'esprit humain par conjecture[1] peut
Attaindre à ce grand corps, qui, se mouvant, tout meut[2] :
Du jour premier esclos l'imparfaite lumiere
Servit aux yeux du Ciel[3] de brillante matiere :
Car Dieu de la clarté le plus clair eslisant,
Orna de tant de feux le plancher reluisant.
Ou bien la divisa, puis serrant les parcelles
En fit le clair Phœbus* et mille autres chandelles.
  Que si, trop altéré, ton esprit aime mieux

De l'opinion des Grecs, touchant la substance des feux celestes.

Boire dans les ruisseaux des Grecs que des Hebrieux,
Je di que comme Dieu, d'une matiere humide
Composa les bourgeois de la plaine liquide[4],
Et d'un terrestre amas crea tant d'animaux
Qui formillent par mons, par campagnes et vaux,
Que de mesme il forma par sa toute-puissance
Et le Ciel et ses feux* d'une mesme substance[5] :

1 Face à la science des astres, l'esprit humain ne peut prétendre à un savoir absolu. Il doit faire preuve d'humilité et admettre les limites qui bornent la connaissance au champ de l'opinion. Sur ce thème, marqué par la philosophie de Nicolas de Cues, voir Jacques Peletier du Mans, *Louange de la science*, v. 44-46, ainsi que la note 11 p. 216, in *Euvres poetiques intitulez louanges* ..., éd. critique par Sophie Arnaud, Stephen Bamforth, Jan Miernowski, sous la direction d'Isabelle Pantin, Paris, Honoré Champion, 2005.

2 Il s'agit du premier mobile, qui entraîne par son mouvement les autres cieux selon une direction d'est en ouest, en 24 heures, et autour de la terre qui reste immobile. Voir ainsi *Les Principes d'astronomie et de cosmographie* ...le tout composé en latin par Gemma Frisius, et mis en langage français par Claude de Boissiere, Paris, Cavellat, 1556 : « Le tout dernier [ciel] (qu'on dict estre le dixiesme) est le premier mobile, lequel faict son cours continuel d'Orient par le Midy [...] et par son impetueux tournoiement ravist et tire avec soy les autres Cieux inferieurs » (p. 4 v°-5 r°).

3 Périphrase qui renvoie aux étoiles.

4 Nouvelle périphrase, qui désigne les poissons de la mer.

5 Sur la question de la matière des astres, du Bartas suit tout d'abord les Pères de l'Eglise : les astres tirent leur substance de la lumière originelle, créée le Premier Jour. Il envisage ensuite une seconde hypothèse, d'origine aristotélicienne (*De Caelo*, II, ch. 7, 289 a 15-16 ; *Métaphysique* XII, ch. 6), selon laquelle la matière des astres est identique à celle du ciel. Du Bartas ne tranche pas en faveur de l'une de ces thèses. Selon Jean Céard, « une telle démarche est à la fois un concordisme et un éclectisme. Un concordisme, en ce qu'elle cherche [...] à montrer qu'un accord est possible entre la Révélation et la science. Un éclectisme, en ce sens qu'elle retient des philosophies naturelles les thèses les plus propres

Afin que ces brandons* au long et large espars
{113} Semblassent à leur Tout[1], et leur tout à ses parts.
Et comme on void çà bas dans le tige d'un chesne *Similitude.*
Le nœud entortillé de mainte large veine
Avec le demeurant estre d'un mesme bois,
Bien qu'il soit plus espais et plus dur mille fois,
Ces flambeaux, dont nostre œil admire la vistesse,
Ne sont rien que du Ciel la part la plus espaisse[2].

Quand je remarque en eux et le lustre et le chaud,
Accidens naturels de l'element plus haut,
Je di qu'ils sont de feu, non de ce feu qui dure *Ceste substance est du feu.*
Seulement tant qu'il prend grossiere nourriture.
Car je ne pense point que tous les elemens
Peussent pour un seul jour les fournir d'alimens[3].

C'est pourquoy je me ri de ces forgeurs*de fables, *Refutation de ceux qui ont estimé que ces feux du ciel estoyent animaux,*
Qui feconds en discours plus beaux que profitables[4],
Tienent que ces Brandons* sont de vrais animaux,
Qui pour vivres quester n'espargnent nuls travaux,
Succans par le retour d'un eternel voyage
En viande la terre, et la mer en breuvage[5].

à ce concordisme, quitte à marier entre elles des philosophies fort peu voisines » (« Du Bartas et la tradition hexamérale », in *La Sepmaine de G. du Bartas, Actes de la journée d'étude de l'Université Paris-VII*, ouvr. cité, p. 15).

1 Le mot « Tout » renvoie ici au ciel.

2 Passage comparable au livre VI, v. 483 *sqq.* Pontus de Tyard, dans *Le Premier Curieux*, Paris, Mamert Patisson, 1578, utilise des termes assez proches à propos des étoiles du huitième ciel, « lesquelles aucuns ont dit estre la plus espesse partie de leur Ciel » (f° 7 v°).

3 A partir de ce vers, du Bartas conteste la théorie selon laquelle les astres, tels des animaux célestes, tireraient leur nourriture des éléments.- Sur la distinction entre le « Feu matériel » et le « Feu élémentaire », *Le Curieux* utilise le même argument : à la différence du feu élémentaire, le feu matériel « a besoin pour son entretien, et pour empesche de sa corruption, d'estre tousjours fourni de matiere, pour durer continuellement [...] » (*ibid.*, f° 42 v°).

4 Le critère de l'utilité prime sur la dimension esthétique ou spéculative, c'est l'usage que l'on fait des choses ou des idées qui en signale la valeur. Du Bartas critique ici les tenants d'une science coupée du réel. Il envisage plutôt la connaissance des astres comme une technique inscrite dans le champ de l'action, qui doit servir des objectifs concrets et correspond à un *usus* bien défini.

5 *Le Curieux* évoque ces théories : « Quelques Stoiques ont estimé que [le soleil] s'allumoit et nourrissoit de la mer » (f° 23 v°). De même, selon Thalès, « le Soleil, les Astres, et le feu sont nourris par les humides exhalations evaporees des eaux » (f° 37 v°). Sur cette question,

vivans, buvans et mengeans.

De vray je ne voy point es yeux du firmament
Qu'un naturel, certain, et reglé mouvement :
Bien qu'en tout animal je remarque au contraire
Un mouvement confus, divers, et volontaire.
Je ne voy point comment tant de courriers dorez
Puissent postillonner par les cieux azurez,
Que le Ciel par momens ne s'entr'ouvre et resserre,
Sujet aux passions qui alterent la terre[1],
Qui travaillent les eaux, et par leurs mouvemens
Causent dans l'air flottant cent et cent changemens.
{114} Je ne voy point comment en tant de corps spheriques*[2]
On puisse imaginer des membres organiques.
Je ne voy point comment et la terre et les eaux
Puissent alimenter tant et tant de flambeaux,
Qui passent en grandeur les plaines poissonneuses,
Et le tour inesgal des terres moissonneuses :
Veu que nos animaux devorent en un mois
Des mets plus grands qu'eux mesme et trois et quatre fois.

Que leur mouvement est reiglé, et circulaire, et quel il est.

Donques tant de brandons n'errent à toute bride
Par la claire espaisseur d'un plancher non solide[3],
Tout-ainsi que çà bas d'un branslement divers
Les oiseaux peinturez nagent entre deux airs :
Ains plustost attachez[4] à des rouantes voutes

---

voir par exemple Cicéron, *De Natura deorum*, 2, 16, 43 : « Il est donc vraisemblable qu'il y a une intelligence dans les étoiles qui résident dans la région éthérée du monde et qui se nourrissent de vapeurs issues de la mer et de la terre, mais raréfiées en raison de la distance ». Voir également Pline, 2, 9, ou Sénèque *Questions naturelles*, 2, 5.

1 Dans la cosmologie traditionnelle, d'origine aristotélicienne, le monde sublunaire subit la loi du devenir et du changement. Ainsi, le Curieux déclare que « par consentement presque universel des Philosophes », « ce qui est en la souslunaire et basse partie de l'Univers appert tout caduque, perissable, et travaillé par continuels changemens [...] » (f° 68 v°).

2 Goulart analyse longuement le mot « Estoiles » et les métaphores telles que « cloux feux et chandelles », qui renvoient aux astres fixes et errants.

3 Sur la nature du ciel, le Curieux affirme ne voir « inconvenient [...] que la matiere etheree soit liquide ainsi que l'air ou l'eau, et non solide ainsi qu'un verre ou crystal ». Suit une démonstration qui conclut que « le Ciel est une substance liquide, outrepassable, ou [...] permeable, simple et pure » (f. 31 v°-32 r°).

4 Sur le mouvement des astres « attachez » à la voute céleste, Thevenin, renvoie à Plutarque, *Livre des Opinions* 2, 14. Voir également Pontus de Tyard, *Le Premier Curieux* ..., « Si les

Suyvent et nuict et jour, bon-gré mau-gré, leurs routes :
Tels que les clous d'un char, qui n'ont point mouvement
Que comme estans roulez d'un autre roulement.
Ainsi que le fievreux dans la tremblante couche
Sent comme guerroyer sa santé par sa bouche,
Cerchant obstinément d'un palais desgousté
Es vivres moins frians sa plus grand' volupté :
Il se treuve entre nous des esprits frenetiques[1]
Qui se perdent tousjours par des sentiers obliques
Et, de monstres forgeurs, ne peuvent point ramer
Sur les paisibles flots d'une commune mer.
Tels sont comme je croy ces escrivains, qui pensent
Que ce ne sont les cieux*, ou les astres qui dansent
A l'entour de la terre, ains que la terre fait
Chasque jour naturel[2] un tour vray'ment parfait :
Que nous semblons ceux-là qui pour courir fortune
Tentent le dos flottant de l'azuré Neptune,
Et nouveaux, cuident voir, quand ils quittent le port,
La nef demeurer ferme, et reculer le bord[3].

Par une similitude propre il descouvre et condamne l'estrange paradoxe de ceux qui ont escrit que le ciel ne bouge, ains que c'est la terre qui tourne.

Estoilles sont attachees au Ciel, ou si elles se meuvent ». Le Curieux utilise l'image des « poissons dans l'eau » pour évoquer la seconde hypothèse et conclut sa démonstration en affirmant « qu'il reste necessairement que les Estoilles sont immobiles d'elles-mesmes, et qu'elles sont portees des Cieux, seuls ouvriers du mouvement que nous voyons » (f. 31 r°- v°).

1 Attaque contre les thèses de Copernic. Sur la réception de Copernic et la dimension morale de sa condamnation chez les Réformés, voir Isabelle Pantin, *La Poésie du ciel en France dans la seconde moitié du seizième siècle*, Genève, Droz, 1995, p. 28-29 et la note 18 p. 121. Calvin refuse « de dissocier l'attitude scientifique de l'attitude morale et religieuse ». Le sermon sur la première épître aux Corinthiens qualifie l'adhésion à la nouvelle thèse cosmologique de « curiosa singularitas ». Voir également R. Stauffer, *Dieu, la création et la providence dans la prédication de Calvin*, Berne, 1978, p. 183-190 ; F. J. Baumgartner, « Scepticism and French interest in Copernicanism to 1630 », *Journal for the History of astronomy*, 17 /1986, p. 77-88. On pourra enfin se reporter à William P. D. Wightman, « Cosmological and technological trends », in *French Renaissance Studies (1540-1570) Humanism and the Encyclopedia*, 1976, p. 70-80.

2 C'est-à-dire vingt-quatre heures. Thevenin consacre un long passage à cette expression et renvoie à Alciat, *Libri De Verb. Signi.*, ainsi qu'à François Hotman, *Commentarius de verbis juris*, Lyon, Antoine Gryphe, 1569, « Dies » p. 118-119.

3 Isabelle Pantin, *La Poésie du ciel en France …*, p. 435, note 1, montre que du Bartas reprend ici « une argumentation très ancienne : la réfutation du mouvement de la terre était un chapitre traditionnel des manuels de cosmologie, bien avant Copernic. » Elle renvoie au *De Caelo* d'Aristote, 2, 14, 296b (v. 140) (les corps retombent à leur point de départ) et Ptolémée,

Refutation du paradoxe precedent, sous-tenu de nostre temps par Copernicus tres-docte astronome.

Ainsi toujours du Ciel les medailles brillantes
Seroyent l'une de l'autre esgalement distantes.
Ainsi le trait qu'en haut l'archer descocheroit,
A plomb sur nostre chef jamais ne tomberoit :
Ains feroit tout ainsi qu'une pierre qu'on jette
De la voguante proue en haut sur nostre teste,
Qui ne chet dans la nef : ains loin de nostre dos,
Où plus le fleuve court, retombe dans les flots.
Ainsi tant d'oiselets, qui prenent la volee
Des Hesperides bords vers l'Aurore emperlee,
Les Zephirs* qui durant la plus douce saison
Desirent aller voir des Eures la maison,
Les boulets foudroyez par la bouche meurtriere
D'un canon affusté vers l'Inde matiniere,
Sembleroyent reculer : veu que le viste cours,
Que nostre rond sejour parferoit tous les jours,
Devanceroit cent fois par sa vistesse isnelle
Des boulets, vents, oiseaux, l'effort, le soufle, l'aile.
Armé de ces raisons je combatrois en vain
Les subtiles raisons de ce docte Germain*,
Qui pour mieux de ces feux sauver les apparances[1]
Assigne, industrieux, à la terre trois dances[2].
Au centre de ce Tout le cler Soleil rengeant,
Et Phœbé*, l'Eau, la Terre en mesme rond[3] logeant.

Almageste, 1, ch. 7 (v. 145-152) (les corps qui ne reposent pas sur le sol semblent aller vers l'ouest). On trouve également dans *Le Curieux* l'image du navire immobile, « la comparaison du bateau voguant, qui semble ne bouger, et que les arbres et le rivage cheminent » (70 r°). Le Curieux ne rejette pas aussi explicitement les thèses de Copernic : « A la verité [...] ses demonstrations sont ingenieuses ; et ses observations exactes, et dignes d'estre suivies. Toutesfois vraye ou non que soit sa disposition (l'héliocentrisme), la congnoissance de l'estre de la Terre telle que nous la pouvons avoir, n'en est aucunement troublee et ne nous empesche de croire que ce soit un Element pesant, froid et sec lequel par receue, vulgaire, et comme religieuse opinion, nous croyons immobile, tendant plus à la rondeur qu'à autre forme » (f. 70 v°).

1 Comme le précise Isabelle Pantin, *La Poésie du ciel ...*, p. 16, note 1, l'expression « sauver les apparences » est attribuée à Platon dans le commentaire de Simplicius sur le *De Caelo* d'Aristote. Elle est ensuite très fréquemment reprise, notamment chez Ptolémée, 3, 2.

2 La rotation diurne de la terre sur elle-même, la rotation annuelle de la terre autour du soleil et enfin un mouvement qui explique la précession des équinoxes (c'est-à-dire le changement de direction de l'axe de rotation de la Terre).

3 Dans le même ciel.

Et pource qu'à ce coup le temps et la matiere
Ne me permettent point de me donner carriere
{116} En un stade si long : je pren pour fondement
De mes futurs discours l'ætheré mouvement.

Remettant à un autre discours la dispute precedente, il reprend son propos et traite par une belle comparaison de l'excellent ornement des cieux autour de la terre.

J'admire la grandeur d'une haute montagne,
L'agreable bonté d'une verte campagne,
Le nombre du sablon de l'ondeux element,
Et l'attrayant pouvoir de la pierre d'eymant[1] :
Mais plus des astres clairs j'admire, où plus j'y pense,
La grandeur, la beauté, le nombre, la puissance.
Comme un paon, qui navré du piqueron d'amour,
Veut faire, piafard, à sa dame la cour,
Estaler tasche en rond les tresors de ses ailes
Peinturees d'azur, marquetees d'estoilles,
Rouant tout à l'entour d'un craquetant cerceau,
Afin que son beau corps paroisse encor plus beau[2].
Le Firmament* atteint d'une pareille flamme
Desploye tous ses biens, rode autour de sa dame,
Tend son rideau d'azur de jaune tavelé,
Houpé de flocons d'or, d'ardans yeux piolé,
Pommelé haut et bas de flambantes rouelles,
Moucheté de clers feux, et parsemé d'estoilles,
Pour faire que la terre aille plus ardemment
Recevoir le doux fruict de son embrasement[3].

Le nombre des estoilles sous les deux poles ne se peut nombrer, et pour quoy les anciens en ont remarqué 48.

Qui veut conter les feux* tant nostres qu'Antarctiques*
Se doit rendre inventeur d'autres arithmetiques :
Et, pour venir à bout d'un si brave projet,
Avoir de l'ocean tout le sable pour jet[4].
Toutefois nos ayeuls, non moins doctes que sages

1 *Topos* que l'on trouve notamment chez Peletier : l'aimant figure parmi les merveilles de la nature « a nous plus admirables » (*Louange de la Sciance*, v. 115) qui invitent à « honorer » l'ouvrier suprême.

2 Sur ce passage, voir Simon Goulart, notice « Firmamment », ajout de 1616 ; et Y. Bellenger, « Les Paysages de la création dans *la Sepmaine* de du Bartas », in *C. A. I. E. F.*, n° 29, mai 1977, p. 19.

3 Sur le thème amoureux et sur les noces du ciel et de la terre, voir la note du v. 50.

4 Le mot « jet » renvoie au mode de calcul par « jeton ». Voir par exemple Montaigne : « Je ne sçais compter ny à ject ny à plume » (*Essais*, 3, 59).

Remarquerent au Ciel quatre-fois-douze Images*[1],
Pour aider la memoire, et faire que nos yeux
{117} En certaines maisons partageassent les cieux

Des douze signes au zodiaque.

Les douze sont fichez en la riche ceinture,
Dont l'ouvrier immortel estrena la Nature,
Quand formant l'Univers sa tout-puissante voix[2]
Pour le peuple brillant fit de si belles loix :
Ceinture qu'elle porte en escharpe acrochee,
Non sur ses reins feconds rondement attachee[3].

Le cercle du zodiaque, reiglant l'annee, les mois et saisons d'icelle.

Ce cercle[4]*, honneur du Ciel, ce baudrier orangé,
Chamarré de rubis, de fil d'argent frangé,
Bouclé de bagues d'or, d'un bandeau qui rayonne
Le Ciel biaisement nuict et jour environne.
Car depuis le quartier, où le Belier conduit
Un cler jour compassé du compas de la nuict[5],
De nonante degrez* vers le Nord il se courbe,
Puis d'autant de degrez, estoillé, se recourbe
Vers le milieu du Ciel, de là devers l'Autan,
Et de l'Autan[6] ardant vers la porte de l'an.

1. Le Belier à la mi-Mars, commence le printemps.

C'est toy, Nephelien*[7], qui choques de ta corne
Faite à replis d'airain, de l'an nouveau la borne[8] :

---

1 Même décompte dans *Le Premier Curieux* : « [...] entre toutes les Estoiles sont remarquees communément quarantehuit images » (f° 7 v°). Le Curieux dénombre « mille et vingt deux [étoiles] nommees, et disposees en quarante et huit Images selon Ptolemee » (f° 14 v°).

2 Allusion au Verbe créateur.

3 Le mot « escharpe » renvoie à la position du cercle du zodiaque, placé suivant le plan de l'écliptique, oblique par rapport à celui de l'équateur céleste.

4 Le Zodiaque. Sur ce passage, voir Isabelle Pantin : « La ronde des signes commence alors, dans une *ekphrasis* vivement animée qui représente chacune des constellations sous l'apparence familiarisée par les cartes célestes et les *astronomica*, de sorte que le ciel continue à apparaître comme un théâtre débordant de vie et d'éclat » (*La Poésie du ciel en France* ..., p. 388).

5 L'équinoxe.

6 Le midi.

7 Influencé par sa seconde épouse, Athamas, père de Phrixos et Hellé, voulut sacrifier ses enfants. Mais un bélier, envoyé par Zeus, vint les enlever et les sauver. Sain et sauf, Phrixos sacrifia le bélier à Jupiter. Sa mère, Néphélé, le plaça au ciel. Sur cette légende, voir Hygin, 2, 20,1, p. 57.

8 Formulation proche dans *Les Colomnes* : « Ils ont fait un Mouton de l'Astre à double corne, / Qui vestu d'Or frizé, des ans choque la borne [...] » (In *The Foure Bookes of Noe, Du Bartas*, ..., 1637, p. 157 ; voir *La Seconde Semaine*, éd. cit., t. 2, p. 458, v. 357-358). Notons que dans *La Sepmaine*, à la différence des *Colomnes*, du Bartas ne donne pas les « Raisons des noms

Et possedant du Ciel la premiere maison
Monstres les blonds touffeaux de ta riche toison[1].
De tes yeux brillonnans tu vois le Toreau naistre,
Toreau, qui pour trouver en chemin dequoy paistre, 2. Le Toreau à la mi-Avril.
Couvre le dos fecond du monde renaissant
De l'esmail fleuronné d'un tapis verdissant :
Et sans soc, et sans joug, d'un pié libre sautelle,
Par les flairans sentiers de la saison nouvelle.
Ces Bessons, à qui Dieu, pour luire au mois plus doux 3. Les Bessons à la mi-May.
Astra[2] pieds, teste, bras, espaules et genoux,
{118} Font à qui mieux courir, sous espoir de surprendre
Le Toreau, qui, leger, ne veut, ni peut attendre.
Le Cancre guide-æsté fend apres lentement 4. L'escrevisse à la mi-Juin, commence l'æsté.
De ses huit avirons l'azur du firmament :
Afin que d'an en an sa coquille estoillee,
Conduise maint long jour sur la terre bruslee [.]
Presque d'un mesme pas le Lion vient apres, 5. Le Lion à la mi-Juillet.
Tout couvert de flambeaux, tout hérissé de rais,
Qui du soufle pesteux de ses chaudes halaines[3]
Seche l'herbe des prez, et le froment des plaines.
La Vierge n'est pas loin, qui du train flamboyant 6. La vierge, à la mi-Aoust.
De son doré manteau le bleu Ciel baloyant,
Porte d'une façon humainement superbe
Des ailes en la dextre, en la gauche une gerbe[4].
Apres les feux* puceaux le Trebuschet*[5] reluit, 7. La Balance à la mi-Septembre, commence l'Autonne.
Qui justement balance et le jour et la nuict :
D'or sont ses deux bassins, ses six cordons sont d'or,

---

donnez aux douze signes du Zodiaque ». – Relevons l'anachronisme qui conduit l'auteur à faire débuter l'année au printemps, et non au 1er Janvier, comme c'est le cas depuis 1564.

1 Allusion à la toison d'or : « Quem Hesiodus et Pherecydes ait habuisse auream pellem » (Hygin, 2, 20,1, p. 57).

2 « Astra » est synonyme de l'expression « Orna d'étoiles » selon Thevenin, qui renvoie à Pontano, *Uranie*, 2, « De Geminis ».

3 Le texte des *Colomnes* évoque de même l'« haleine » du lion, qui « brule pesteusement » (voir *La Seconde Semaine*, éd. cit., t. 2, p. 459, v.374-375).

4 Sur les attributs de la Vierge, voir Hygin, 3, 24, p. 103-104 : « [...] in utrisque pennis binae, quarum una stella quae est in dextra penna ad humerum defixa [...]. Praeterea habet in utrisque manibus singulas stellas ; quarum una, quae est in dextra manu [...] ea cum spicis esse dicitur ».

5 Le signe de la Balance, autrement dit de la Livre.

D'or sont ses trois aneaux, d'or est son fleau encor.
Le traistre Scorpion secondant la Balance[6]

8. Le Scorpion à la mi-Octobre.

Couvre de deux flambeaux le venin de sa pance[7],
Et, cruel, chasque jour par l'un et l'autre bout
Ses pestes vomiroit es membres de ce Tout,

9. L'archer ou Centaure à la mi-novembre.

Si l'archer Philiride*[8], homme et cheval ensemble,
Galopant par le Ciel, qui sous ses ongles tremble,
Ne menaçoit tousjours de son trait enflammé
Les membres bluetans du signe envenimé.

10. Le Capricorne ou chevreul à la mi-Decembre, commence l'hiver.

Or le chenu Centaure est, par tous lieux qu'il passe,
Tellement attentif à ceste unique chasse,
Que le Chevreul celeste[9] esclatant tout de rais
{119} Talonne ce veneu[10] sans redouter ses traicts

11. Le Vers'eau ou eschanson, à la mi-Janvier.

Cependant l'Eschanson[11]sur ses clairs talons verse
De son estoillé vase une onde blonde-perse,
Et fait (qui le croira ?) naistre de ses flambeaux,

12. Les Poissons, à la mi-Fevrier.

Pour les suyvans Poissons, un riche torrent d'eaux.
Les alterez Nageurs courent vers ceste source,
Mais le fleuve à plis d'or s'enfuit devant leur course
Ainsi que les Poissons fuyent tousjours devant
Le celeste Belier qui les va poursuyvant.

Noms des estoilles du pole arctique ou Septentrional.

Outre ces douze feux*[12], du costé de la bise*
Un Dragon* flamboyant les deux Ourses divise[13].

---

6 Sur le lien des deux signes, voir Hygin, 2, 26, p. 69 : « Scorpius. Hic propter magnitudinem membrorum in duo signa dividitur, quorum unius effigiem nostri Libram dixerunt. »

7 Hygin, 3, 25.

8 Sur Philiride, voir Thevenin. Du Bartas fait rarement allusion aux légendes stellaires, il ne raconte pas quelles aventures ont conduit un être mythologique, un animal, ou un objet jusqu'au ciel où il apparaît maintenant sous forme de constellation. De même, il ne précise pas leur position sur la voûte céleste, pas plus qu'il n'indique le nombre des étoiles qui constituent chaque figure.

9 Le Capricorne.

10 Le Sagittaire.

11 Le Verseau.

12 Voir chez Thevenin un passage similaire. Il cite les vers astronomiques du *Premier Curieux* de Pontus de Tyard (f. 15 r°-v°).

13 Hygin, 2, 3, 1, p. 22 : « Hic vasto corpore ostenditur inter duas Arctos conlocatus ». Du Bartas ne mobilise pas ici les références hébraïques qu'il utilise dans *Les Colomnes*. Voir par exemple « [...] ce grand Dragon, ceste Idole felonne, / Que ce Prophete Hebrieu dans Babel emprisonne » (voir *La Seconde Semaine*, éd. cit., t. 2, p. 465, v. 465-466). Toujours

Apres vient le bouvier*, la couronne*, le trait*[1],
L'enfant* agenouillé, la lyre*, le pourtrait
Soit du docte Æsculape*[2], ou soit du fils d'Alcmene*[3],
Qui le doré serpent* parmi les astres mene,
Pegase*, le daufin*, l'aigle*, le cigne* blanc,
Andromede*, qui void assez pres de son flanc
Cassiope* sa mere, et son pere Cephee,*
Et les membres astrez de son beau fils Persee*,
Le triangle* luisant, le front Medusien,
Et l'estoilé charton*[4] du char Tyndarien*.

Noms des estoilles du pole Antarctique ou Meridional.

D'autrepart[5] Orion*[6], l'Eridan*[7], la balene*,
Le chien*, et l'avant-chien*[8] à la bruslante halene,
Le lievre*, la grand'nef*[9], et l'hydre*, et le gobeau*[10],
Le Centaure*, le loup*, l'encensoir*[11], le corbeau*,
Le poisson* du midi, et l'australe couronne*,
Par la voute du Ciel à qui mieux mieux rayonne.
C'est ainsi que ce jour[12] les mains du Tout-puissant,
Du huitieme rideau[13] les toiles retissant,

---

dans ce dernier texte, du Bartas fait d'Andromède une nouvelle Susanne, et la Méduse devient « la Verité » qui « Empierre les tesmoins ; et fait qu'une tempeste / De cailloux foudroyez leur gresle sur la teste » (*ibid.*, v. 460-462). Rien de tel dans *La Sepmaine.*

1 Voir Hygin, 2, 15, 1, p. 47 : « Sagitta. Hanc unam de Herculis telis esse demonstrant, qua aquilam dicitur interfecisse, quae Promethei iocinera fertur exedisse [...] ».

2 Sur cette hypothèse, Hygin, 2, 14, 5, p. 46.

3 Sur l'identification à Hercule, voir Hygin, 2, 14, 2, p. 44 : « [...] in Lydia apud flumen Sagarim anguem interficientem, qui et homines complures interficiebat [...] ».

4 Sur le chartier Erichthon, voir Thevenin qui rapporte l'histoire de l'inventeur du « coche ».

5 Après l'hémisphère Nord, du Bartas évoque l'hémisphère Sud.

6 Sur cette étoile et sur les suivantes, Thevenin renvoie aux *Apparences celestes d'Arat* de Belleau.

7 Le Pô.

8 Appelé également Procyon, Hygin, 2, 36, p. 78.

9 Ou Argo chez Hygin, 2, 37, p. 78.

10 Il s'agit de la constellation de la Coupe ou, pour reprendre les mots de Thevenin, de « la cruche d'Apollon ».

11 L'Autel, chez Hygin, qui évoque les étoiles placées « in summo cacumine turibuli » (3, 38, p. 112).

12 Le quatrième jour, jour de la création des luminaires célestes.

13 Le huitième Ciel, ou Ciel des étoiles fixes, que du Bartas désigne plus haut sous le terme de « courtine » (v. 49). Le nombre de ciels varie selon les auteurs (voir par exemple la note du vers 60). La Terre est placée au centre d'orbes concentriques : d'abord la Lune, puis Mercure, Vénus, le Soleil, Mars, Jupiter, Saturne. Le huitième est celui des étoiles fixes

Les estoilles fixes sont au huitiesme ciel, et les sept planettes ont au dessous chascune leur ciel à part.

{120} D'un art sans art[1] brocha ses pantes azurees
De mile milions de platines dorees* :
Et cloua sous le rond du viste firmament,
A chacun autre ciel, un brandon seulement :
De peur que de ces feux le nombre estant sans nombre,
L'œil des mortels ne peust remarquer, parmi l'ombre
D'une seraine nuit, les passages divers
De ces corps estoillez qui planchent l'Univers.

Pourquoy les planettes ne bluettent point, et les estoilles fixes si.

C'est pour ce mesme effect qu'il arma d'estincelles
Du doré firmament les tremblantes chandelles*,
Faisant que les sept feux*[2], qui courent, allumez,
Sous luy d'un pas divers[3], ne bluettent jamais.
Ou, peut estre, fit-il tous ces brandons semblables,
Mais du huitieme Ciel* les flambeaux innombrables,
Pour estre infiniment esloignez de nos sens,
Semblent tous tremousser à nos yeux tremoussans :

Les cieux des planettes trop plus proches de la terre que celuy des estoilles.

Non les sept feux errants, dont l'assiette voisine
Mille fois de plus pres la terre et la marine.
Car les Cieux ne sont point ensemble entrelassez,
Ains estans les plus bas des plus hauts embrassez[4]
Ils vont estrecissant la rondeur de leur ventre,
Selon que plus ou moins ils aprochent du centre[5] :

---

et le neuvième celui du premier Mobile, qui met en mouvement les huit autres. Dans *Le Premier Curieux*, Tyard évoque de même le « huitiesme semé d'innombrables Estoiles » (f° 7 v°).

1 Expression capitale dans la production poétique française de la Renaissance. Elle définit un idéal de naturel, « un art caché, un art qui ne semble pas en être un », selon les termes de Philippe Desan dans *L'Imaginaire économique de la Renaissance*, Schena editore, Presses de l'Université de Paris-Sorbonne, 2002, p. 270. Ph. Desan cite Ronsard, *Responce aux injures et calomnies*, qui décrit « un artifice à part », « un art caché qui ne semble pas art ». – Notons également que Du Bartas présente dans ce passage un Dieu artisan, voire artiste, comme aux vers 41-45. Cette image, très fréquente dans les textes de l'époque, apparaît un peu plus loin (v. 405-406).

2 La Lune, Mercure, Vénus, le Soleil, Mars, Jupiter, Saturne.

3 D'un mouvement inconstant, selon la définition de Thevenin, qui rappelle que les planètes sont des astres errants, « erratiques », par opposition aux étoiles fixes.

4 Même idée chez Tyard : « [...] les Cieux sont ronds, l'un envelope de l'autre. Car la plus haute des Erratiques joinctes l'une à l'autre, touche le Ciel : le feu joinct la plus basse des Erratiques : l'Er est joinct au feu : l'eau et la terre à l'Er, d'une ronde et spherique conjonction » (*Le Premier Curieux*, f. 6 v°-7 r°).

5 Du Bartas décrit ici le système des orbes concentriques (voir note du vers 278).

Comme la peau des œufs sous la coque, et de rang,
Le blanc dessous la peau, le moyeu soubs le blanc[1].
Or ainsi que le vent fait tournoyer les voiles
D'un moulin equipé de sou-souflantes toiles,
Des voiles la roideur anime l'arbre ailé,
L'arbre promeine en rond le rouet dentelé,
Le rouet la lanterne, et la lanterne vire
{121} La pierre qui le grain en farine deschire :
Et tout ainsi qu'on void en l'horloge tendu,
Qu'un juste contrepois justement suspendu
Esmeut la grande roue, et qu'encor elle agite
Par ses tours mainte roue et moyenne et petite,
Le branslant balancier, et le fer martelant,
Les deux fois douze parts du vray jour esgalant[2] :
Ainsi le plus grand ciel*, dans quatre fois six heures[3]
Visitant des mortels les diverses demeures,
Par sa prompte roideur emporte tous les cieux
Qui dorent l'Univers des clers rais de leurs yeux :
Et les traine en un jour par sa vistesse estrange,
Du Gange* jusqu'au Tage*[4], et puis du Tage au Gange.
Mais les ardans flambeaux qui brillent dessous luy,
Faschez d'estre tousjours sujets au gré d'autruy,

Par deux belles similitudes il montre le premier mobile et grand ou neuviesme ciel, qui par sa vistesse incomprehensible traine en un jour quand et soy par justes contrepoids et mouvemens inesgaux les huit autres cieux.

Chascun des huit cieux,

1 La comparaison avec l'œuf reprend peut-être un passage du *Premier Curieux*, où Tyard développe une image similaire : « …la Terre, qui au milieu du Monde, comme le moyeu dedans l'œuf, contient toute nourriture et semence de generation » (*Le Premier Curieux*, f° 5 v°).

2 Sur l'image de l'horloge, voir Cicéron, *De Natura Deorum*, 2, 38. On peut également se reporter à H. Steneck, *Science and Creation in the Middle Ages. Henry of Langenstein on Genesis*, Notre Dame, 1976, p. 92 et 140, ainsi qu'à Nicolas Oresme, *Le Livre du ciel et du monde*, 2, 2. Voir également Pontus de Tyard qui compare les étoiles à une « marque […] de sonnerie et advertissement des choses de ce Monde ». Dieu est ainsi semblable à un « horologier ayant disposé son Taburin de resort, sa grand roue, ses roues de conte, et de rencontre, et balancier », « demeurant en liberté, d'arrester, changer, reculer, avancer, les mouvemens et roues de son Horloge, voire les briser quand bon lui semblera » (*Mantice*, éd. Sylvia Bokdam, Genève, Droz, 1990, p. 175). Le passage témoigne de la vogue que connaissent alors les horloges astronomiques. Sur ce point et sur l'automate décrit dans *La Sepmaine* (VI, v. 891-898), voir Isabelle Pantin, *La Poésie du ciel en France* …, p. 87.

3 Du Bartas évoque ici la révolution diurne, causée par le premier mobile. Voir *De Caelo*, II, 10 et *Timée* 36 b-d, ainsi que Pontus de Tyard, *Le Premier Curieux* … : Platon « ne semble attribuer au huitieme autre mouvement que le journalier d'Orient en Occident » (f° 9 v°).

4 D'Est en Ouest, c'est-à-dire d'une part et d'autre du monde.

estant emporté du premier mobile, a aussi son mouvement oblique à part, et distinct l'un de l'autre.

De ne changer jamais de son[1], ni de cadance,
D'avoir un mesme Ciel tousjours pour guide-dance,
S'obstinent contre luy : et d'un oblique cours,
Qui deçà, qui delà, marchent tout au rebours[2] :
Si bien que chascun d'eux (bien qu'autrement il semble)
En un mesme moment marche et recule ensemble,
Monte ensemble et descend et d'un contraire pas
Chemine en mesme temps vers Inde et vers Athlas*.

Belle similitude, esclaircissant ce que dessus.

Comme celuy qui veut dessus la coste Angloise
Guider les noirs paquets de l'herbe Laurageoise*,
Tandis que vers la mer le roide fil de l'eau
De l'ondeuse Garonne emporte son basteau,
Peut marcher, s'il luy plaist, de la proue à la pouppe,
Et maugré les efforts de la voguante troupe,
{122} Les soufles de l'Autan, et la roideur des eaux,
Aller en mesme temps vers Thoulouse, et Bourdeaux.

Pourrquoy les uns ont le mouvement et tour beaucoup plus long que les autres. Duree du cours revolu du ciel des estoilles fixes.

Mais tant plus que chascun de ces planchers* voisine
L'inescroulable mur de la maison divine,
Il fait plus de chemin, et despend plus de jours
A retrouver le poinct où commence son cours[3].
Et c'est pourquoi lon tient que ceste Tente riche,
Que l'immortel Brodeur, d'une dextre peu chiche,
Parsema d'escussons ardemment reluisans,

1 La gamme des notes se fonde sur les distances des planètes. Sur la musique des sphères, voir *Le Songe de Scipion*, 4, 17, Manilius, 1, 814, Pline, *Histoire naturelle*, 2, 12, 32, ou Léon l'Hébreu : « Les corps celestes, disoit Pythagoras, engendrent par leurs mouvements, des voix excellentes, correspondantes et accordantes l'une à l'autre en concordance harmonieuse [...]. Il assignoit aussi à tout cercle et à toute Planette un propre son et une propre voix [...]. » (*De l'Amour*, trad. Pontus de Tyard, Lyon, Jean de Tournes, 1551, 1, Dialogue 3, p. 171).

2 D'Est en Ouest, à l'inverse du Premier Mobile, qui joue le rôle de « guide-danse ». Voir Tyard : « Le Mobile premier se meut d'un cours extremement viste d'Orient en Occident, tirant par son mouvement apres soy tous les cercles inferieurs, qui de leur propre mouvement contrarient, pour tourner d'Occident contre Orient : tellement que les plus eslongnez sont ravis et tirez moins violentement par le premier Ciel, et par ainsi en moins de temps achevent leurs cours contrarians : mais les plus hauts et prochains sentent plus violente empesche, et sont plus violemment attirez. Parquoy leurs propres mouvemens sont plus tardifs » (*Le Premier Curieux*, f. 30 v°-31 r°).

3 La durée de la révolution de la sphère des fixes et celle des planètes sont fonction de la distance à parcourir en raison de la longueur du rayon de leur circonférence.

Employe en son voyage environ sept mill' ans[1].
Mari de Mnemosyne, ingénieux Saturne*,
Pere de l'aage d'or, combien que taciturne,
Pensif, froidement sec, ridé, chauve, grison[2],
Tu tiens des feux errans la premiere maison :
Et ta coche de plomb au bout de trente annees
De sa carriere void les bornes destinees.

Du septiesme appellé le ciel de Saturne.

Toy Jupiter* benin, opulent, chasse-maux,
Voisines à bon droit ton Pere porte-faux[3] :
Et tandis qu'en rouant, bien heureux, tu moderes
Son astre desastré[4] par cent vertus contraires,
Ton chariot d'estain, cerné de clous ardans,
Traverse obliquement douze astres en douze ans[5].

Du sixiesme appellé le ciel de Jupiter.

Mars* au cœur genereux, mais qui transporté d'ire
Rien que guerre, que sang, que meurtre ne desire,
Repique nuict et jour ses destriers furieux,
Pour franchir vistement la carriere des cieux :
Mais ses roues d'acier trouvent tant de passages
Qui retardent, bossus, ses eternels voyages.
Que le gaillard Denis*[6] par trois fois a foulé
{123} D'un humide talon le raisin empoulé,
Et Ceres* par trois fois tondu sa tresse blonde,

Du cinquiesme, nommé le ciel de Mars.

1 La révolution du Premier Mobile, parfois assimilée au ciel des fixes. Une fois encore, on peut se reporter à la définition de Tyard : « Le troisieme mouvement est propre de la huitieme sphere, faict de certains poincts opposez diametralement en elle mesme, [...]. Ce mouvement communément nommé de Trepidation, poussé chacun an environ de trois minutes et cinq secondes, est accompli en sept mille ans Solaires » (*Le Curieux*, f. 8 v°-9 r°).

2 S'ouvre ici une série de blasons astrologiques, présentant les planètes et leurs attributs. Sur les blasons astrologiques, voir par exemple Jacques Peletier du Mans, *L'Amour des Amours*, éd. J.-C. Monferran, Paris, S. T. F. M., 1997.- Jean-Pierre de Mesmes décrit Saturne comme « palle, triste, tardif et plombé ... » (*Institutions astronomiques* ..., Paris, Vascosan, 1557, p. 28-29). L'astre est traditionnellement associé au plomb, à la lenteur et au savoir, ainsi, bien sûr, qu'à la mélancolie. Sur ce thème, on peut se reporter à Jacques Peletier, *Euvres poetiques intitulez Louanges* ..., p. 309-312, et à l'ouvrage de R. Klibansky, E. Panofsky et F. Saxl, *Saturne et la mélancolie*, Paris, Gallimard, 1989.

3 Saturne est habituellement représenté avec une faux.

4 Thevenin paraphrase en évoquant la « malignité » de Saturne.

5 Peletier explique l'influence bienfaisante de Jupiter par sa position. Placé entre Mars et Saturne, il tempère « la forte ardeur » de l'un et la « froedeur » de l'autre (*Euvres poetiques intitulez Louanges* ..., p. 306-307, v. 13-18).

6 Bacchus.

Ains que d'un cours tout sien[1] il ait cerné le monde.

Du quatriesme, qui est le ciel du Soleil.

Phœbus* aux cheveux d'or, Appollon* donne-honneurs,
Donne-ame, porte-jour, soustien des grands seigneurs,
Poete, Medecin, tes routes sont bornees
Des bornes de trois cens soixante cinq journees.
Car tu mesures l'an avec ton propre cours
Et de ton cours forcé[2] tu mesures les jours.

Du troisiesme, nommé le ciel de Venus.

La douillette Venus*, dont la vertu feconde
Engrosse heureusement tous les membres du monde,
A qui les jeux mignards, les douces voluptez,
Les mols Cupidonneaux*, les gentiles beautez,
La jeunesse, le ris, et le bal font escorte,
Du jour porte-lumiere ouvre et ferme la porte[3] :
Sans que ses pigeons blancs, ou sus, ou sous les eaux,
S'osent guere escarter du Prince des flambeaux[4].

Du second, appellé de Mercure.

Ainsin, ou peu s'en faut, Herme, guide-navire,
Mercure* eschelle-ciel, invent'-art, aime-lyre,
Trafiqueur, monstre-voye, orateur, courtisan[5],
A faire son voyage employe presque un an,
Sans qu'en si long chemin ses vistes talonnieres
S'osent guere esloigner du Prince des lumieres[6].

Du premier et plus proche de la terre, qui est le ciel de la Lune.

Et Phœbé*[7] verse-froid, verse-humeur, borne-mois,
Passe le Zodiaque en un an douze fois[8].
Or si de ces brandons* la flamboyante presse*

---

1 Par un mouvement propre, et non par celui du premier mobile.

2 La révolution diurne, provoquée par le premier mobile.

3 Selon le Curieux, Venus « accompagne [...] fidellement » le soleil, « elle est veuë le soir à l'entree de la nuict suyvre le Soleil : et le matin, celle mesme nuict finie, s'estre advancee, tellement qu'elle se voit devant » (27 v°).

4 Sur ce passage, voir Thevenin, qui renvoie à l'invocation à Venus du *De Rerum Natura* ainsi qu'à l'*Uranie* de Pontano, livre 1.

5 Voir l'emblème d'Alciat intitulé *Art aydant à Nature* : « Sur un Quadrangle, Hermes praeside aulx arts » (*Emblemes*, G. Rouille, 1549, p. 120). Mercure est le dieu du commerce et de l'éloquence.

6 Le Soleil.

7 La Lune.

8 Sur l'ordre des planètes dans ce passage, voir *Le Curieux* : « Toutesfois la commune apparence donne à Saturne, Jupiter, et Mars, les trois plus hauts lieux : c'est à dire le plus haut à Saturne, en consideration de son cours long et tardif : comme à Mars plus hastif le troisieme : et Jupiter plus viste que Saturne, et plus tardif que Mars, se loge entre les deux. Ainsi sont ces

Languissoit pour jamais en oisive paresse,
Tousjours l'obscure nuict et tousjours le cler jour
Feroyent en mesme part leur trop constant sejour[1].
{124} L'æsté ses rais ardans, l'hiver sa froide glace
Opposez verseroyent tousjours en mesme place.
Rien ne naistroit çà-bas, rien çà-bas ne croistroit,
Pour estre abandonné ou du chaud ou du froid.
Et quand bien sans muer de rang ou de distance
Tous ces flambeaux suyvroyent une mesme cadance,
Les membres inconstans de ce bas Univers
Ne sentiroyent chez eux tant d'accidens[2] divers,
Que les accouplemens des celestes chandelles[3]
Versent incessament sur les choses mortelles.

De la necessité du divers mouvement des cieux.

Je ne croiray jamais que l'Ouvrier Tout-puissant
Ait peint[4] de tant de feux* le Ciel tousjours-glissant
Pour servir seulement d'une vaine parade[5],
Et de nuict amuser la champestre brigade[6],
Je ne croiray jamais que la moindre des fleurs,
Qui le champ plus desert pare de ses couleurs,
Que le moindre caillou, qu'en sa creuse matrice
Recele avarement nostre mere-nourrice,

De la vertu et des influences des corps celestes sur les terrestres.

---

trois les plus hauts, et Venus, Mercure, et la Lune, les trois plus bas, pour loger au milieu le Soleil (16 v°) ». Comme chez du Bartas, la liste se clôt sur la Lune, qui est la plus basse.

1 Premier argument d'un raisonnement par l'absurde.

2 Le terme évoque ici l'influence des astres sur le monde sublunaire.

3 Les « accouplements » des astres renvoient à la théorie des aspects, qui combinent les astres deux à deux. *Les Colomnes* précisent cette image : « Je ne les voy jamais s'entr'ocillader à part, / En triangle, en quadrangle, en sextile regard : / Or'doux, ore malins, qu'en un pré je ne pense / Voir des paisans galliards une lascive danse [...] » (*Seconde Semaine*, éd. cit., t. 2, p. 457, v. 335-338).

4 Du Bartas met en scène un Dieu artiste, *topos* récurrent chez les écrivains de la Renaissance qui établit un parallèle entre création du monde et création artistique. La suite du texte montre que le projet divin ne saurait cependant se limiter à une dimension purement esthétique.

5 Second argument du raisonnement par l'absurde, que l'on trouve par exemple chez Peucer : il « n'est pas vray semblable [...] que ces corps n'ayent esté creez a quelques usages plus excellens qu'à servir de monstre et d'ornement » (*Les Commentaires des principales sortes de divination ...*, Anvers, Hevdrik Connix, 1584, XIV, p. 555). Du Bartas critique ici la recherche d'une dimension strictement formelle, jugée « vaine » et stérile. Un peu plus loin, il lui oppose la notion d'utilité, validée par « l'expérience » et la pratique (v. 419).

6 « Les troupes des animaux » selon Thevenin.

Ait quelque vertu propre : et que tant de flambeaux
Qui passent en grandeur et la terre, et les eaux,
Luisent en vain[1]au ciel, n'ayant point autre charge
Que de se proumener par un palais si large.
Celuy n'a point de sens, qui sans rougir desment
De ses sens non blecez le certain jugement.
Et celuy qui combat contre l'experience,
N'est digne du discours d'une haute science[2].
Tel est celuy qui dit que les astres n'ont pas
Pouvoir dessus les corps qui formillent, çà bas,
Bien que du Ciel courbé les effects[3] manifestes
{125} Soyent en nombre plus grand que les torches celestes[4]
Je ne veux mettre en jeu les diverses saisons*
Que cause le Soleil en changeant de maison[5][:]

Preuves diverses de ce que dessus. 1. Les diverses saisons.

---

1 Nouveau lieu commun de la défense de l'astrologie, que l'on trouve notamment chez Gervasius Marstaller : « Nec est credibile minima quaeque in hoc elementari mundo certas habere functiones, et tam multiplices orbes coelestes, eorumque motus tam certos atque varios *frustra* esse condita » (*Artis divinatricis quem astrologiam seu judiciariam vocant encomia* [...], Paris, Christian Wechel, 1549, p. 17-18). Dans le même ouvrage, voir aussi Jacob Milich, *Oratio [...] de Astrologia* : « Quod cum ita sit cur putemus *frustra* condita esse illa pulcherrima lumina, cum quidem nulla sit natura praestantior aut efficacior lumine ? » (p. 74) (c'est moi qui souligne). Le mot « *frustra* » rappelle le terme « vain » utilisé à deux reprises dans le passage (v. 407 et 415) et présente la même valeur péjorative.

2 Profession de foi empirique qui définit l'astrologie comme une science expérimentale. Le texte s'inscrit dans la lignée de l'astrologie réformée et, notamment, du cercle de Wittenberg. Voir par exemple chez Marstaller l'idée selon laquelle « [...] frequens experentia probat multos eosdemque magnos eventus ab Astrologis passim vere praedictos esse [...]. » (*Artis divinatricis... encomia*, p. 18). Ce point apparaît aussi chez Pontus de Tyard, dans *Mantice*, éd. S. Bokdam, Genève, Droz, 1990 : « Vrayement à qui voudra sainement contempler l'estre du Monde, il trouvera que les experiences repetées en infiniz effects, concluent necessairement la verité des causes, attribuées par tant authorisée antiquité aux Corps Celestes, que les adversaires semblent estre obstinez en trop des-raisonnable incredulité » (p. 168).

3 Sur l'astrologie, science des effets, voir la définition de Marstaller : « Astrologia pars est physices, quae docet quos effectus astrorum lumen in elementis, et mistis corporibus habeat, qualia temperamenta, quas alterationes, quas inclinationes pariat. » (*Artis divinatricis ... encomia*, p. 14).

4 Dans cette perspective, l'astrologie devient une branche de la philosophie naturelle. C'est un art utile aux activités humaines, notamment dans les domaines de l'agriculture, de la guerre et de la médecine.

5 Sur la définition de la Maison, au sens astrologique, voir la note de Sylvia Bodkam dans son édition de *Mantice*, p. 220, note 177 : « le système des maisons divise l'écliptique, et par conséquent le zodiaque, en douze compartiments à partir de l'horoscope ou ascendant, point d'intersection de l'écliptique et de l'horizon oriental ; les douze maisons sont

Je tairay que jamais la torche journaliere
Ne desrobe à nos yeux en plein jour sa lumiere[1],
Que quelque grand n'eclipse* : et qu'encor Alecton*
N'exile pour un temps des regnes de Pluton*
La becquetante faim, la trahison funeste,
La sanglante Enyon, et la punaise peste,
Pour desborder sur nous une mer de douleurs,
Et noyer l'Univers et de sang et de pleurs.

2. Les terribles accidens apres les eclipses.

J'oublieray que la mer s'enfle*[2]et se diminue
Par l'acroist et decroist de l'estoille cornue*[3] :
Que tant plus elle croist en ses nuicteux travaux,
Tant plus croist la mouelle es os des animaux,
Dans les veines le sang, la seve dans les plantes,
Et la baveuse chair dans les huitres flotantes[4].
Que l'aulne, et le Sapin, que d'un mont verdissant
Le charpentier arrache au croissant du Croissant,
Ne se verra jamais, comme l'ouvrier desire,
Ni chez nous vieil chevron, ni sur mer vieil navire.
Et qu'en ce temps encor les malades esprits,
Sont de plus grande rage esperdûment espris,
Si que cest astre seul monstre combien les flammes
Du ciel tousjours rouant peuvent mesme en nos ames,
Reglant ensemblement nos mœurs et nos humeurs,
Troublant ensemblement nos humeurs et nos mœurs[5],

3. Le flus et reflus de la mer.

4. L'accroist et decroist de divers corps.

5. L'alteration des esprits malades.

---

affectées de caractéristiques particulières [...] ». –Sur le soleil et les saisons, voir par exemple Peucer : « qui ne sçait que par le journalier et annuel circuit, approchement et eslongnement du soleil, se font les agreables et necessaires revolutions des quatre saisons de l'annee [...] » (*Les Commentaires des principales sortes de divination* ..., 14, p. 555).

1 L'éclipse du soleil a traditionnellement une valeur de présage : disparition d'un grand personnage, annonce de la famine et de la maladie, ou de la guerre, évoquées ici à travers une allégorie mythologique, la furie Alecton convoquant sur terre les auteurs des calamités humaines. Peucer consacre à l'« Efficace des Eclipses » la totalité du chapitre V du livre XIV (*Les Commentaires des principales sortes de divination*, ouvr. cité, p. 570-574).

2 Voir Goulart à « Lune » : c'est la « Princesse de la mer, sur le flus et reflus duquel elle a merveilleuse puissance ».

3 Voir Goulart à « Planetes ». L'article 12 consacre un long développement « à la variété et inconstance du visage de la lune ».

4 Pline, *Histoire naturelle*, 2, 41, 109.

5 Selon l'astrologie chrétienne, l'influence des astres s'explique par leur action sur les humeurs de chaque individu. Voir Melanchthon, *Doctrinae Physicae elementa*, Wittenberg,

Pour la fraternité, qui lie mainte annee
L'esprit avec le corps d'un estroit Hymenee*.

Preuves particulieres par les effects de certaines estoilles remarquees d'ordinaire en quelque mois de l'annee.

{126} Je diray seulement, que puis que les regards
Du celeste avant-chien* lancent de toutes pars
Mil invisibles feux : qu'ils sechent les campagnes,
Qu'ils cuisent les valons, qu'ils bruslent les montaignes.
Et que le plus souvent ils causent dans nos corps[1]
De cent acces fievreux les pantelans efforts :
Que la Creche* au rebours, les humides Pleyades*,
Le brillant Orion*, les pleureuses Hyades*
Jamais presque sur nous n'allument leurs flambeaux
Sans estendre les bords des escumeuses eaux[2] :
Bref, puis qu'il est ainsi, que sur le cler visage
Du doré firmament on ne void presque image[3],
Qui sur le monde bas ne verse evidemment,
Pour fomenter ce Tout, maint et maint changement :
On peut conjecturer quelle vertu secrette
Decoule sur nos chefs de chacune Planete,
De chacun de ces feux que Dieu voulut ficher
Pour leur rare pouvoir chacun en son plancher*.

En rembarrant les Stoiques,

Non que par ce discours, Stoique*[4]je me pene

1549, « De temperamentis et stellis », t. 2, p. 191. Jacob Milich, *Oratio {…} de Astrologia* : « Et dissimilitudinem non solum regionum, sed etiam ingeniorum ac morum in diversis regionibus docet oriri a caelestibus causis » (*Artis diuinatricis…*, ouvr. cité, p. 74).

1 Les astrologues réformés insistent sur le lien qui unit la science des astres et la médecine. Voir par exemple Gervasius Marstaller, qui définit ainsi la « physique » astrale : « quaedam physices est, ut dum verbi gratia pestem, aut epidemialem aliquem alium morbum ratiocinamur futurum ex malo stellarum habitu, et configuratione perversa. […] Atque hoc pacto nihil differunt astrologorum praedictiones, a praedictionibus medicorum, nisi fortassis causas habeant medici viciniores utpote in materia, et idcirco magis evidentes. » (*Artis divinatricis … encomia*, p. 16).

2 Voir Peucer, *Les Commentaires des principales sortes de divination …*, p. 563,14 : « Le Soleil esveille et aiguise les forces des Pleiades et des Hyades au signe du Taureau, des chevraux vers le Septentrion, d'Orion au Midy, et d'Arcturus au costé opposite, estoiles tourbilloneuses, […] tellement que par l'espace de quelques jours il y a des pluies continuelles […] ». Quant à la constellations de la Crèche, son importance dans les prévisions météorologiques est détaillée par Aratos, v. 892 et suiv. ; voir aussi Pline, *HN*, 18, 353.

3 Constellation.

4 Sur la critique de la conception stoïque du destin, voir Marstaller : « Stoicorum et similium huius temporis hominum somnia, qui voluntatem humanam et infinitam Dei potentiam secundis causis subjiciunt et alligant, adeoque omnium rerum inevitabilem necessitatem

D'attacher l'Eternel à la dure cadene
De la necessité, d'un nœu diamantin[1]
Pressant ses libres pieds dans les ceps du destin*.
Je tiens que le grand Dieu, comme cause première
Donne aux celestes corps force, course, lumiere
Qu'il les tient en sa main : que pas un d'eux ne peut
Verser sur les mortels que le destin qu'il veut[2].
Mais qu'il faut cependant qu'à part chacun s'efforce
De conoistre du Ciel et la route et la force :
Afin qu'apercevant sous combien de tyrans
{127} Nous fusmes asservis, lors que nos fols parens,
Perdirent leur justice, et que l'aveugle femme
En chopant[3] fit choper les deux parts de son ame[4].
Nous desenflions nos cœurs, et ployant les genoux,
Appaisions par souspirs du grand Dieu le courroux,
Le priant d'escarter les gresles, les orages,
Les froids trop violens, les ardeurs, les ravages,
Dont tant et tant de fois nous sommes menacez
Par les cruels regards[5] des astres courroucez :
De nous donner un frein pour brider l'insolence

il monstre que Dieu, comme cause premiere, tient toutes choses en main, et dequoy nous doit servir la consideration de la force, course et lumiere des corps celestes.

afferunt. [...] Nam veri Astrologi omnes sua sponte concedunt inclinationes caelestes causas esse secundas, adeoque a Deo opt. Max. omnium rerum prima causa, posse mutari [...]. » (*Artis divinatricis ... encomia*, p. 16).

1 Même refus d'un déterminisme rigide chez Marstaller à propos de la deuxième partie de l'astrologie, dite « conjecturalis » : « Conjecturalis eadem quoque est quætenus res evenire praedicit contingenter, et non necessario [...]. Astris cooperatur Deus, cooperantur elementa, pluresque aliae inferiores causae. » (p. 16-17).

2 Marstaller donne cette citation, traditionnelle dans ce contexte : « Astra cave spernas, vitam qui ducis ab astris : Astra regunt homines, sed Deus astra regit » (*Artis divinatricis ... encomia*, p. 19). Les astrologues réformés envisagent la « haute science » comme un art utile aux activités humaines, mais ils rejettent tous la notion de déterminisme astral : Dieu reste tout-puissant et signale ainsi sa grandeur à l'être humain.

3 Péchant, selon Thevenin.

4 Sur le lien entre l'influence des étoiles et la chute, voir Peucer : « les estoiles esmeuvent, gouvernent et dressent les changemens qui aviennent en la nature elementaire avec la meme efficace qu'elles produisirent du commencement apres la cheute de nos premiers peres [...] » (*Les Commentaires des principales sortes de divination* ..., 14, p. 554).

5 Le mot « regard » est synonyme du mot « aspect ». Sur la définition du terme, voir Sylviane Bokdam, *Mantice*, p. 222, notes 205 et 208 : « l'aspect est l'angle ou arc du "ciel" qui sépare, sur la carte du ciel, en astrologie, une planète ou un point d'une autre planète ou d'un autre point. Certains angles sont considérés comme doués d'une vertu spécifique [...] », d'où l'adjectif « cruels » employé par du Bartas (note 344 p. 233).

Où nous pousse l'effort d'une triste naissance :
De verser un peu d'eau, pour dans nous estancher
Les furieux desirs d'une bouillante chair :
D'acoiser en nos cœurs les passions diverses,
Qui naissent du limon de nos humeurs perverses[1].

Il entre en la seconde partie de ce livre, traitant amplement du Soleil, et de la Lune.

Phœbé*[2] mere des mois, Phœbus* pere des ans,
Ha ! vous me cachez donc vos visages luisans ?
Quoy ? vous ne voulez pas me monstrer vos estoilles
Qu'à travers l'espaisseur de deux funebres voiles ?
Ostez moy ces bandeaux : despouillés moy ce dueil[3] :
Tous tels qu'estes au Ciel monstrez vous à mon œil,
Et par l'eternel vol de ma muse emplumee
Vostre gloire sera par moy si loin semee,
Que loin, loin vous courrez, pour conduire à leur tour
Le jour apres la nuict, la nuict apres le jour.

Du Soleil, entrant en la description duquel il confesse ne savoir par où commencer.

Postillon*, qui jamais ne vois fin à ta course,
Fontaine de chaleur, de clarté vive source,
Vie de l'Univers, clair flambeau de ce Tout,
Riche ornement du Ciel, he ! di moy, par quel bout
{128} Je doy prendre ton los ? Je semble cil qui nombre
Les cailles, qui couvrant la mer Itale d'ombre,
Pour vivre sous un Ciel plus fecond et plus doux,
Vienent par escadrons passer l'æsté chez nous,
Tandis qu'il est apres à conter une bande,
Une autre, une autre encor, une autre encor plus grande
Se presente à ses yeux : si qu'essain sur essain
Luy trouble la memoire, et rompt tout son dessein.

1 Vision de l'être humain qui rappelle celle de Peucer, lorsqu'il évoque notre « corruption naturelle » : après la chute, « La tresparfaite temperature du corps humain changee en un enorme desreiglement, esmeut des actions effrenees, desmesurees et violentes. [...] nos affections sont boüillantes, les flammes seches des passions et concupiscences nous bruslent [...]. » (*Les Commentaires des principales sortes de divination* ..., 15, p. 638).

2 S'ouvre ici « l'hymne aux luminaires ». Sur ce passage, ses thèmes et sa structure, voir Isabelle Pantin, « L'hymne aux luminaires. Du Bartas et la poétique de Ronsard », in *La Sepmaine de G. Du Bartas, Actes de la journée d'étude de l'université de Paris-VII*, ouvr. cité, p. 41-52.

3 L'image annonce les éclipses que va décrire le poète, mais il s'agit aussi d'un « allusion anticipée au récit de l'obscurcissement du soleil pendant la Passion » (*La Sepmaine de G. Du Bartas*, Actes de la journée d'étude ..., p. 44).

Œil*[1] du jour, si je di que tout ainsi qu'un Prince[2]
Qui, plein de majesté, rode par sa province,
Est entouré[3] de Ducs, de Comtes, de Barons,
Void derriere et devant marcher les escadrons
Des archers de sa garde, et n'a rien en sa bande
Qui sa sainte grandeur ne rende encor plus grande :
Toy de mesme rouant autour de l'Univers,
Qui ne vit que du feu de tes aspects divers,
Six grands Princes du ciel, trois devant, trois derriere,
Acompagnent, vassaux, ton char porte-lumiere :
Outre l'ost brillonnant du ciel plus haut monté,
Qui de toy ne reçoit pour solde que clarté.

Le Soleil comme le Prince des flambeaux celestes, marche au milieu des six autres planettes qui l'environnent.

Je veux tout sur le champ trompeter qu'en la sorte
Qu'au milieu de son corps le Microcosme*[4] porte
Le cœur[5] source de vie, et qui de toutes parts
Fournit le corps d'esprits par symmetries*[6] espars :

Est au ciel comme le cœur au corps humain.

---

1 Image traditionnelle, qui trouve son origine dans les liens du microcosme et du macrocosme : Leon L'Hébreu, *De l'Amour*, fait correspondre à « l'œil dextre le Soleil, et sus le senestre la Lune : pource que tous deux sont les yeux du Ciel » (1, 2, p. 149).

2 Sur l'image du Prince, voir par exemple *Le Curieux*, qui évoque « une comparaison à la discretion d'autant plus requise au prince, qu'il sent s'accroistre de grandeur et hautesse : imitant le Soleil, qui estant en sa plus grande hauteur porté par les Signes Septentrionaux, se meut lentement : pour par son tardif mouvement à son cours asseoir plus d'asseurance (f° 23 r°).

3 Comparaison similaire chez Melanchthon, *Astrologiae pars praefationis … in Sphaeram Io. de. Sacrobosco* : « quaedam quasi Politia in caelo ». « Sol enim qui regnare videtur, in medio orbe vehitur, stipatus senatoribus, bellatore, atque oratore […]. In *Artis divinatricis … encomia*, ouvr. cité, p. 65.

4 Dans « L'hymne aux luminaires … », I. Pantin, renvoie aux sources du passage : Macrobe, *Songe de Scipion* 1, 20 ; Pline, *Hist. Nat.* 2, ch. 4 ; Ficin, *De Sole*, ch. 4 ; Peletier, *Amour des Amours*, éd. Jean-Charles Monferran, Paris, STFM, 1997, p. 103. Sur le thème du microcosme et son origine, voir Enzo Giudici, éd. Scève, *Microcosme*, Paris, Vrin, 1976, note 147, p. 279-283 ; Michel Foucault, *Les Mots et les choses*, Paris, 1966 ; *Macrocosmo/microcosmo*, R. Gorris éd., Fasano, Schena Ed., 2004. Voir également Tychon Brahe, *De disciplinis mathematicis Oratio*, Hambourg, Froben, 1621 : « Cum itaque tanta sit analogia inter septem Planetas et inter septem principalia membra in corpore nostro, adeoque sibi omnia consentiant, ut quasi ad ideam superioris mundi formatus esse videatur, ideoque non immerito a Philosophis Microcosmus appelletur […] » (p. 22).

5 Analogie traditionnelle : « Sic cor in humano corpore vitalium spirituum auctor, Soli caelesti, a quo mundo vivificus procedit calor, aequiparatur » (Tychon Brahe, p. 11).

6 La symétrie, ou *proportion*, joue à la Renaissance un rôle clef dans la vision de la nature. Sur cette mathématisation, voir Jean Fernel, *De Proportionibus* …, Paris, Simon Colin, 1528.

Que de mesme, ô Soleil, chevelu d'or, tu marches
Au milieu des six feux des six plus basses arches
Qui voutent l'Univers, afin d'esgalement,
Riche, leur departir clarté, force, ornement,
En louant ton ardeur qui penetre, subtile,
{129} La solide espaisseur de la terre fertile,
Qui va dans ses roignons le Mercure* cuisant,

Ses beaux effects sur la terre.

Qui change un pasle soufre en un metal luisant,
Je sors de la carriere : et peu constant, desire
Chanter, que si ton œil cessoit un jour de luire,
L'air non purgé par toy en eau se resouldroit,
Et sur les monts plus hauts Neptun* refloteroit.

De la grandeur et vistesse du Soleil.

A peine ay-je entrepris de compasser ta face,
Qui tant et tant de fois de sa grandeur surpasse
La grandeur de la terre, et qui fait en passant
Que ce qui vit çà bas, et la void et la sent,
Que je prens autre route, et fantasque je laisse
Un sujet si fecond pour chanter ta vistesse :

Comparaisons excellentes prises du Pseaume 19.

Pour chanter qu'en quittant des flots Indois le bord,
Tu sembles, ô Titan*, un bel espoux qui sort
Le matin de sa chambre, et des rais de sa face,
De l'or de ses cheveux, des attraits de sa grace,
Et des riches couleurs d'un habit esclatant,
Esgaye à son lever la presse qui l'attend
D'un extreme desir, et benit la journee
Par le chant amoureux d'un gaillard Hymenee[1].
Puis comme un Prince accort, qui couvant dans le cœur
Les poignans esguillons et d'amour et d'honneur,
Devant cent mil humains, qui bordent la barriere,
Veut emporter le pris d'une longue carriere :
Par le cirque* du Ciel tu cours si vistement,
Qu'à peine nostre esprit atteint ton mouvement.
Quand je di qu'à bon droit tes roussins tu pourmenes
Par le quatrieme ciel*[2], à fin que leurs halenes
{130} Ondoyantes de feu temperent en passant

1 Psaume 18/19, versets 5-6.
2 Après Saturne, Jupiter et Mars.

De la providence admirable de Dieu, ayant mis le Soleil au milieu des autres planetes, et des grands biens qui en procedent.

La froideur de Saturne*, et l'humeur du Croissant :
Et que, si tu luisois en la voûte plus basse[1],
Tu cuirois les humains de l'ardeur de ta face :
Si ton feu dans le Ciel de Saturne[2] esclairoit,
Qu'à faute de chaleur toute chose mourroit[3] :
Je tasche en mesme temps chanter que ta naissance,
Fait renaistre ce Tout[4] : que devant ta presence
La neige, le brouillas, l'oisiveté, la nuict,
Le fantosme, la peur, et le somme s'enfuit.
Bref, c'est un Ocean qui n'a ni fond ni rive,
Et le trop de sujet de parole me prive.

Du cours continuel et journalier du Soleil.

    Si veux je toutesfois, ô Roy du Ciel, je veux
Qu'entre cent mille fleurs, qui cernent tes cheveux
Ma main chaste en eslise une ou deux des plus belles
Pour en faire un present à tes sœurs immortelles[5] :
Je veux, ô cler flambeau, chanter que tu n'es pas
De ces Rois, qui pipez par les flateurs apas
D'un ou deux[6] de leur cour tout un peuple apauvrissent,
Afin que de ses biens deux ou trois s'enrichissent :
Qui charmez des douceurs de mille voluptez
Ne hantent, partiaux, qu'une de leurs citez :
Et n'aymans qu'un pays à des personnes viles
Abandonnent le soin du reste de leurs Villes.
Car à chasque pays dans l'espace d'un jour
Tu donnes le bon-soir, tu donnes le bonjour :
Et ton œil loin-voyant comme Censeur[7] visite

1 Du Bartas évoque le premier ciel planétaire, celui de la Lune, qui est le plus proche de la Terre.
2 Il passe ensuite à celui de Saturne, le dernier avant le ciel des étoiles fixes.
3 Le Curieux : « Si, veux-je dire, le Soleil passoit tousjours par une mesme partie du Ciel, les regions qui luy seroyent dessous brulees et desseichees par la continuelle ardeur, demeureroyent steriles et inhabitables : et les autres ausquelles jamais sa chaleur ne seroit communiquee, glacees de froidures, que pourroyent elles produire pour la vie des animaux, mais comme pourroyent mesme les animaux y souffrir l'air, ou prendre nourriture ? » (f° 21 r°).
4 Evocation du Printemps.
5 Les Muses.
6 Les Mignons de Henri III, selon Thevenin, qui voit dans ce passage « un beau trait moral » à destination des Princes.
7 Souvenir de la comparaison que fait Plutarque, et rapportée par Tyard avec « un prudent administrateur de Police » (*Le Curieux*, f° 21 r°) ?

Les façons des oyseaux, les mœurs de l'Amphitrite*[1],
Et nos deportemens dignes cent et cent fois
{131} Du pleur Ephesien*, et du rire Abderois*[2].

Du cours oblique du Soleil, cause des quatre saisons : et de la commodité de tous les climats du monde.

Il est bien vray qu'afin qu'une chaleur feconde
Rajeunisse de rang tous les climats du monde,
Et que tous les humains ressentent de plus pres
Par ordre alternatif la vertu de tes rais,
Tu fais que ce beau char, qui la clarté nous porte,
Par un mesme portail chasque matin ne sorte,
Ains pour faire par tout conoistre tes travaux,
Tu changes chasque jour d'estable à tes chevaux :
Afin que le printemps attiffé de verdure
Regne ici cependant qu'ailleurs l'automne dure,
Et tandis que l'æsté desseche nos moissons,
Ailleurs le froid hyver couvre tout de glaçons.

Belle et vive description des quatre saisons de l'annee, causees par le cours oblique du Soleil.

Tu n'as si tost fleschi ta flamboyante course
Du plus haut lieu du ciel vers les clers feux de l'Ourse*,
Pour t'esgayer trois mois es riantes maisons
Du Mouton*[3], du Toreau*, et des freres Bessons,
Que la troupe des monts de farine couverte
Son blanc habillement ne change en robbe verte[4],
Que de fleurs les jardins ne se voyent parez,

---

1 Sur le mot « Amphitrite », voir Denis Bjaï : « les noms mythologiques sont de simples ornements, à fonction métonymique. Ainsi Amphitrite, en concurrence avec Neptune, s'entend toujours de la mer ou de l'eau et entre dans la périphrase qui sert à nommer les poissons quand elle ne suffit pas à les désigner » *« La Sepmaine, Œuvre … en partie héroïque*, ou les enjeux d'un *Brief Advertissement* », *La Sepmaine de G. du Bartas, Actes de la journée d'étude de l'université de Paris-VII*, p. 55.

2 Du Bartas oppose de façon traditionnelle les philosophes grecs Démocrite d'Ephèse et Héraclite d'Abdère. Ce lieu commun, notamment développé par Montaigne, *Essais*, 1, 50 ou Rabelais, *Gargantua*, « Avis au lecteur », p. 3, trouve son origine chez Sénèque, *De la Tranquillité de l'âme*, 15, 2. Thevenin, lui, renvoie notamment à Diogene Laërce, *Vies et doctrines des philosophes illustres*, 9, 1047-1059, qui « raconte particulierement les estranges, et diverses complexions de Democrite et d'Heraclite, dont cestuy pleuroit incessamment, cestuy-là se rioit de l'estat et gouvernement du monde ».

3 De façon très traditionnelle, du Bartas fait partir du Bélier la course du soleil. Sur cette question, voir Hygin, *Astronomia*, texte établi et traduit par André Le Bœuffle, Paris, Les Belles-Lettres, 1983 : « Nam ab Ariete incipiens ver ostendit […] » (1, 7, 1, p. 11) ainsi que la note 2 p. 153.

4 Voir Peucer : « il esmeut des vents secs qui dissipent et consumment l'humidité superflue, afin qu'on puisse labourer, semer et herser la terre » (*Les Commentaires des principales sortes de divination* …, 14, p. 562).

De feuillage les bois, et d'herbages les prez, Le Printemps.
Que le mignard Zephir* ne baisote sa Flore*,
Que les chantres ailez[1] ne saluent l'Aurore*,
Que par l'air Cupidon* ne blece les oiseaux,
Sur terre les humains, les poissons dans les eaux.
Quand, rebrossant chemin, ton chaud Phlegon* heberge.
Chés le Cancre* bruslant, le Lion, et la Vierge*, L'Æsté.
La terre se crevasse, et d'espics surdorez
L'æsté va couronnant sa maistresse Ceres* :
{132} Le faucheur pantelant et de chaud et de peine,
Tond d'un fer recourbé[2] les cheveux de la plaine :
Et le bon mesnager, qui fait tout par saison,
Avitaille en un mois pour un an sa maison.
Quand du milieu du ciel ton cler flambeau s'en vole L'Autonne.
Vers les astres croisez de l'Antarctique pole,
Pour se lever trois mois, et trois mois se coucher
Chez le cler Scorpion*, la Balance*, et l'Archer* :
La terre peu à peu sa beauté nous desrobe,
Pomone* va chargeant le devant de sa robe
Et ses clissez paniers de fruicts aigrement-doux,
Pour servir de dessert à son mal-sain espoux [.]
L'automne, qui pié-nu dans la claye trepigne,
Faisant par tout couler le doux jus de la vigne.
Puis logeant chez le Dain*, la Cruche*, et les Poissons*,
L'hiver au lieu de fleurs se pare de glaçons : L'Hiver.
L'eau des toicts pend en l'air, et l'espoux d'Orithie*
D'un soufle brise-roc esvente la Scythie*,
Tout languit en paresse, et Bacchus* et Vulcan*[3]
Corrigent la froideur des plus vifs moys de l'an.
O le second honneur des celestes chandelles*[4],
Asseuré calendrier des Fastes[5] eternelles, De la Lune et de ses changemens.

---

1 Périphrase qui renvoie aux oiseaux.

2 La faux, la faucille.

3 Métonymies du vin et du feu.

4 Du Bartas invoque maintenant la Lune.

5 Le terme renvoie aux tables chronologiques des Romains. Voir par exemple Peletier : « E ton changeant nous sinifie / Le tans qui se diversifie » (*Amours des Amours*, « La Lune », p. 92-93).

Princesse de la mer[1] flambeau guide-passant,
Conduy-somme, aime-paix ! que diray je, ô Croissant*,
De ton front inconstant[2], qui fait que je balance,
Tantost çà tantost là d'une vaine inconstance ?

De sa rondeur et clarté.

Si par l'œil toutesfois l'humain entendement
De corps tant esloignez peut faire jugement
J'estime que ton corps est rond comme une bale,
{133} Dont la superficie en tous lieux presque esgale,
Comme un miroir poli, or' dessus, or' dessous,
Rejette la clarté du soleil ton espoux[3].
Car comme la grandeur du mari rend illustre
La femme de bas lieu : tout de mesme le lustre
Du chaleureux Titan* esclaircit de ses rais
Ton front qui de soy-mesme est sombrement espais.

De son cours et decours, lors qu'elle est en son dernier quartier, et qu'elle se renouvelle et devient pleine.

Or cela ne se fait tousjours de mesme sorte :
Ains dautant que ton char plus vistement t'emporte
Que celuy du Soleil, diversement tu luis,
Selon que plus ou moins ses approches tu fuis.
C'est pourquoy chasque mois, quand une nopce heureuse
R'allume dans vos corps une ardeur amoureuse[4],
Et que, pour t'embrasser, des estoilles le Roy,
Plein d'un bouillant desir, raye à plomb dessus toy,
Ton demi-rond, qui void des mortels la demeure,
Suyvant son naturel du tout sombre demeure.
Mais tu n'as pas si tost gaigné son cler costé[5]
Qu'en ton flanc ja blanchit un filet de clarté,
Un arceau mi-bandé, qui s'enfle où moins ta coche
Du char r'amene-jour de ton espoux approche :

---

1 On peut se reporter aux vers 435-436. Peletier : « De l'Ocean la violance roede,/ Aveques toe an tournoyant tu vires » (*ibid.*).

2 Caractéristique traditionnelle de la Lune. Voir III, 185.

3 Sur la question de la lumière de la lune, voir Hygin, 4, 14, 3, p. 141 et note 3, p. 213. Voir également Vitruve, *De Architectura*, Paris, Les Belles-Lettres, 1969, 9, 2, 3, p. 17 : « … sed esse uti speculum ». *Le Curieux* donne deux sources : « J'avouerois plustost [l'opinion] de Thales […] qui disoit son lustre estre prins du Soleil : ou d'Aristarque Samien, qui la comparoit à un miroir » (f° 28 r°).

4 Sur l'image du mariage, Isabelle Pantin renvoie à Rabelais, *Tiers Livre*, ch. 30, éd. M. A. Screech, Genève, Droz, 1964, p. 214, ainsi qu'à Plutarque, *De Facie*, 929 c et 944 E. (« L'hymne aux luminaires. Du Bartas et la poétique de Ronsard », p. 51, note 28).

5 Description du premier quartier.

Et qui parfait son rond soudain que ce flambeau
D'un opposite aspect le regarde à niveau.
De ce point peu à peu ton plein se diminue,
Peu à peu tu te fais vers l'Occident cornue[1] :
Jusqu'à ce que tombant es bras de ton Soleil
Veincue de plaisir tu refermes ton œil.
Ainsi tu te refais, puis tu te renouvelles,
Aimant tousjours le change, et les choses mortelles
{134} Comme vivant sous toy, sentent pareillement
L'insensible vertu d'un secret changement[2].
Non que tousjours Phœbus de ses rais n'illumine
La moitié pour le moins de ta face divine :
Mais il semble autrement à l'œil qui ne void pas
Que de ton globe rond l'hemisphere* d'embas[3]
Bien que, croissant vers nous, vers le Ciel tu decroisses,
Que vers nous descroissant, devers le ciel tu croisses :
Toutesfois il avient, lors mesme que ton front
En son plus haut chemin nous aparoist tout rond,
Et que le voile espais d'un bigarré nuage
Ne nous peut desrober les rais de ton visage,
Que ton argent s'efface, et que ton teint souillé
Se couvre de l'acier d'un rondache*[4] rouillé.
Car ton front se trouvant durant son cours oblique
Vis à vis du Soleil en la ligne Ecliptique*,
Et la terre entre deux, tu pers ce lustre beau
Que tu tiens à profit du fraternel[5] flambeau.
Mais pour te revancher de la Terre[6], qui garde
Que pour lors front à front Phœbus ne te regarde,

De la cause des eclipses du Soleil.

1 Dernier quartier de la Lune.

2 Evocation du monde sublunaire, soumis à l'action du temps et du changement dans la cosmologie aristotélicienne. *Le Curieux* évoque la question en ces termes : « ce qui est en la souslunaire et basse partie de l'univers appert tout caduque, perissable, et travaillé par continuels changements [...] » (68 v°).

3 Illusion d'optique : « l'œil qui ne voit de ton globe rond que... ».

4 Voir Indice de Goulart à « Eclipse ». Le Curieux déclare de même : « lors qu'estant au plus haut de son Epicycle et plus eslongnee de la terre, elle se treuve eclipsee, vous la choisissez teincte d'une couleur comme d'airain » (28 v°).

5 Le Soleil. Diane et Phœbus sont tous deux enfants de Latone.

6 La terre apparaît ici comme la rivale de la lune, dont elle altère la couleur.

Ton espaisse rondeur se loge quelquefois
Entre Phœbus et nous sur la fin de ton mois.
Et dautant que les rais qui partent de sa face,
Ne traversent l'espais de ton obscure masse,
Phœbus, comme sujet aux douleurs du trespas,
Semble estre sans clarté, bien qu'il ne le soit pas.

Difference entre les eclipses du Soleil et de la Lune.

Ainsi donc ton eclipse est au sien tout contraire,
Le tien se fait souvent : rare est cil de ton frere.
Ton eclipse vrayement efface ta beauté :
{135} Le sien prive nos yeux, non son front de clarté.
La terre est celle là qui te rend ainsi sombre :
L'eclipse du Soleil est causé par ton ombre,
Ton front vers le Levant se commence obscurcir :
Son front vers l'Occident commence à se noircir,
Ton eclipse se fait lors que plus luit sa face :
Le sien quand ta beauté descroissante s'efface.
Le tien est general vers la terre et les cieux :
Le sien n'est mesme ici conu qu'en certains lieux.

De l'admirable et extraordinaire eclipse du Soleil le jour que nostre Seigneur Jesus Christ mourut en la croix pour nous. Matth. 27. 45. Marc. 15. 33. Luc. 23. 44.

Mais cest hideux bandeau, qui de nocturnes voiles
Couvrit les yeux flambants du prince des estoilles
Quand il vit eclipser, pour nos faits vicieux,
L'inimitable Ouvrier des clers flambeaux des cieux,
Fut bien d'autre façon[1]. La troupe basanee
Qui raye les guerets de la riche Guinée* :
Le peuple que le Nil* par l'effroyable bruit
De sa cheute pierreuse essourde jour et nuict :
Celui qui dans l'enclos des murs de Cassagale*
Foule à sec de ses pieds la mer orientale,
Et qui passe, en suyvant tous ses beaux carrefours,
Et douze mile ponts et douze mile tours :
Celui qui vers le Nord* chasse de lande en lande
Les martres au doux poil de Norvege et Finlande,
Ou qui roule sans peur ses glissans tombereaux

1 Selon les Evangiles, la mort du Christ provoqua une éclipse de Soleil (Mat. 27 : 45, Mar 15 : 33, Luc 23 : 44). Dans « L'hymne aux luminaires. Du Bartas et la poétique de Ronsard », Isabelle Pantin précise que du Bartas « s'oppose au témoignage des évangélistes et à l'avis des commentateurs », pour lesquels l'éclipse ne fut pas universelle (p. 52 note 30). Elle renvoie à J.-P. de Mesmes, *Les Institutions astronomiques*, Paris, Vascosan, 1557, p. 310-313.

Sur le dos non-flotant[1] des Islandoises eaux :
Fut tesmoin de son dueil, et sceut par conjecture
Que Nature souffroit, ou le Dieu de Nature.
Et qui plus est encor de la Lune le front
Parfaisoit au compas le blanc trait de son rond :
{136} Et, pour estre si loin, ne pouvoit de son ombre,
Suyvant l'ordre commun[2] le Soleil rendre sombre,
Ni, venant à sortir du costé de Levant,
Perdre ceste beauté qui l'ornoit paravant.
Bref, mon œil, qui se perd en si divins spectacles,
Treuve en ce seul miracle une mer de miracles.
Que pouvois-tu moins faire, ô des astres l'honneur,
Qu'en te deshonnorant honorer ton seigneur ?
Que porter pour un temps sur l'infame Hemisphere*
Un deuil non usité pour la mort de ton Pere ?
Que fermer en plein jour tes beaux yeux, pour ne voir
Un crime, dont horreur l'enfer sembloit avoir ?
Et navré de douleurs d'une si grieve injure,
Pour plaire au Tout-puissant, desplaire à la Nature ?

De la retrogradation du Soleil du temps d'Ezechias. 2. Rou. 26. 11. Isai. 38. 8.

Ainsi pour tesmoigner de Midi jusqu'au Nord
Que ton Dieu revoquoit le triste arrest de mort
Donné contre Ezechie*[3], et qu'il avoit envie
D'alonger pour quinze ans le filet de sa vie
Transgressant du cler ciel les eternelles loix,
Tu refis en un jour mesme chemin trois fois :
Et comme desireux de sommeiller encore
Entre les bras aimez de ta vermeille Aurore,
Ta coche tourne bride, et tes suans chevaux.
De dix degrez* entiers alongent leurs travaux.
Les quadrans sont menteurs, et les forests plus sombres
S'esmerveillent d'ainsi voir reculer leurs ombres :

De l'arrest du Soleil,

Ainsi lors que le ciel, coleré, combatoit
A la solde d'Isac, lors que le ciel jettoit

1 Ces eaux sont gelées.
2 Le jour de la mort du Christ, l'éclipse n'est pas provoquée par le passage de la Lune devant le Soleil.
3 *Livre des Rois*, 2, 20, *Esaïe*, 38 1-8.

au temps de Josué, exterminant les Amorreans. Josué 12. 13.

Parmi dix mille esclairs, sur les bandes royales
{137} Du peuple Amorrean une nue de bales[1] :
Et que, pour abolir d'un fer victorieux
Tout ce qu'eschaperoit à la fureur des cieux,
Josué*[2] t'adjura, ta brillante lumiere
Fit ferme au beau milieu de ta longue carriere :
Et pour favoriser l'exercite sacré,
S'arresta tout un jour en un mesme degré :
Afin qu'une nuict brune à l'ombre de ses ailes,
Clemente, ne sauvast les fuyards infideles.
Ceux qui vivoyent là bas sous un pole divers,
Voyans que l'astre cler, qui dore l'Univers,
Tardoit tant à monstrer sur eux sa face belle,
Estimoyent ceste nuict une nuict eternelle.
L'Indois et l'Espaignol[3] ne pensoit de son œil,
Voir plus chez soy lever ni coucher le Soleil :
L'ombre des tours faisoit en mesme lieu demeure :
Le quadran ne marquoit en douze-heures qu'une heure[4].

FIN.

---

1 *Josué*, 10 12-13.

2 Voir l'indice de Goulart à « Miracle ». Le commentateur considère l'éclipse comme le signe et l'instrument de la toute-puissance et de la vengeance divine : « il advint lors qu'il voulut punir les Rois de Chanaan et leurs troupes, armez contre le peuple d'Israel entré sous la conduite de Josué, pour s'emparer de la terre de Chanaan [Jos 10, 13].- Sur le sens des éclipses, voir Marstaller, *Artis divinatricis … encomia*, p. 26-27 : « atque adeo praenuntient nobis iram sive benignitatem divinam. Quae omnia Deus optimus maximus tribus quasi verbis in creatione caelestis machinae expressit, dicens : et sint in signa atque tempora. Ut habet Moses cap. 1 Geneseos. Quae nimirum verba non solum de maiorum luminarium Eclipsibus sive quocunque alio usitato seu miraculoso positu [...]. »

3 L'Orient et l'Occident.

4 « Le dernier chapitre des traités de la sphère s'achevait généralement par le récit et l'analyse de l'obscurcissement du soleil lors de la Passion ; chacun s'accordait à penser qu'il s'agissait d'un miracle local et pas d'une éclipse, mais l'épisode n'en donnait pas moins à l'ouvrage une fin édifiante. Reprenant cette idée et l'embellissant, du Bartas a rassemblé à la fin du IVe jour les miracles cosmiques relatés dans la Bible [...] afin de bien manifester la supériorité divine après avoir décrit la marche naturelle du monde » (Isabelle Pantin, « L'hymne aux luminaires. Du Bartas et la poétique de Ronsard », p. 46). Sur la question de la conformité du plan du Quatrième Jour à celui de la Sphère de Jean Sacrobosco, voir, du même auteur, « *La Sepmaine* et les livres de la sphère : de l'hexaméron au traité », in James Dauphiné éd., *Du Bartas, poète encyclopédique du* XVI*e siècle*, Lyon, La Manufacture, 1988, p. 239-256.

{138}

SOMMAIRE DU
CINQUIEME JOUR
DE LA SEPMAINE.

Es livres precedens, le poete a exprimé l'intention de Moyse traitant de l'œuvre de Dieu es quatre premiers jours. Or suivant ce que le sainct Historien continue à traiter au vingtiesme verset du premier chapitre de Genese, nous avons maintenant une ample et vive description des animaux que Dieu commanda aux eaux de produire à foison, à savoir des poissons, confinez dedans le mesme element : et des oiseaux eslevez et suspendus en l'air. Ainsi donc le poete continuant en son entree à invoquer celuy, de la faveur duquel procede toute bonne œuvre, entame la premiere partie de ce livre. Et d'autant que la mer semble estre fort desavantagee à comparaison de la terre, il prouve qu'elle n'a pas moins de privileges et rares dons que les autres elemens, et n'oublie à en rendre raison. Pour confirmation dequoy il produit pour exemple divers poissons. De la il vient à parler de leur differente maniere de vivre, de la coustume notable de quelques uns d'entre eux, de leur nourriture et de l'admirable providence de Dieu en leur gouvernement, lequel il specifie au regard de certains, dont les proprietez sont descrites : comme du Sargon, Canthare, Uranoscope, et autres. En apres il propose divers enseignemens que les poissons donnent aux hommes : monstre l'adresse d'iceux, remarque par expres l'occulte proprieté de la Remore : puis chante l'accident estrange d'Arion sauvé des flots de la mer et porté à bord par un dauphin. En cest endroit il quitte l'eau pour entrer en terre et parler des oiseaux. C'est la seconde partie de ce livre. Au commencement d'icelle il depeint le plus rare et excellent de tous qui est le Phenix, unique de son espece, suivi d'une infinité d'autres eschappez de la main du poete, qui les poursuit en l'air, dedans et au long des mers, eaux douces, lacs et estangs, n'oubliant pas le pellican et la cico-*{139}*gne, desquels la charité est haut louee. Il represente donc à la suite du phenix, l'arondelle, l'alouette, le chardonneret, le pinçon, la linotte, le rossignol, le phaisan, l'estourneau, la tourterelle, et autres oiseaux paisibles, suyvis de ceux qui vivent de proye. En apres ceux qui volent de nuict, et d'autres qui vivent dans les eaux : et parle des cucuyes et mamuques oiseaux admirables au nouveau monde. En apres est faite mention de la poule, de la grue, du paon, du coq, de l'austruche : item des papillons, moucherons, abeilles, et vers à soye. Et d'autant que l'aigle obtient de longtemps la principauté sur les oiseaux, il en traite pour la fin, y adjoustant un beau discours de la piteuse mort d'un aigle se jettant dans un feu embrasé et ne voulant vivre apres une jeune fille Grecque qui l'avoit nourri quelque temps.

CINQUIEME JOUR
DE LA SEPMAINE
DE GUILLAUME DE SA-
LUSTE SEIGNEUR
DU BARTAS.

Flambeaux Latoniens*[1], qui d'un chemin divers
Or' la nuict, or' le jour guidez par l'Univers,
Peres du temps ailé, sus, hastez vos carrieres,
Franchissez vistement les contraires barrieres
De l'aube et du ponant : et par vostre retour
{140} L'imparfait Univers faites plus vieil d'un jour[2].
Vous poissons*, qui luisez dans l'escharpe estoilee[3],
Si vous avez desir de voir l'onde salee
Fourmiller de poissons, priez l'astre du jour
Qu'il quitte vistement le flo-flotant[4] sejour :
S'il veut qu'en refaisant sa course destinee[5]
Vous le logiez chez vous un mois de chasque annee.

Il demande par une maniere de parler convenable aux poetes le loisir de descrire en ceste journee la creation des poissons et oiseaux.

Et toy, Pere eternel, qui d'un mot seulement
Acoises la fureur de l'ondeux element :
Toy qui, croulant le chef, peux des vents plus rebelles[6]
Et les bouches bouscher, et desplumer les ailes[7] :

Pour cest effect il invoque le vray Dieu.

---

1 *Flambeaux Latoniens* : Apollon (le soleil) et Diane (la lune), enfants de Latone et de Jupiter. *Cf. Sepm.*, II, 708.

2 Vers 5-6 : les jours de la Création (passage du IVe au Ve Jour) et ceux de de l'écriture se confondent. Voir Y. Bellenger, *Du Bartas et ses divines semaines*, Paris, S.E.D.E.S., 1993, p. 242.

3 *L'escharpe estoilee* : le zodiaque. Voir *Sepm.* IV, 199 *sqq.*

4 *Flo-flotant* : redoublement qui « represent[e] plus au vif la chose » *Advertissement* (1611). L'adjectif figure déjà chez Maurice de La Porte à propos de la mer (*Les Epithètes*, 1571, 164 r°). Thevenin (manchette) : « Onomatopée ou fiction de vocable ».

5 *Sa course destinee* : son cours fixé à l'avance.

6 *Plus rebelles* : les plus rebelles.

7 *Des vents … les ailes* : dans l'antiquité les vents personnifiés (Borée, Notus, Eurus) sont représentés avec des ailes.

Toy grand Roy de la mer, toy dont les hameçons
Tirent vifs les humains du ventre des poissons[1] :
Pourvoy moy de bateau, d'Elice[2]*, et de pilote,
Afin que sans peril de mer en mer je flote.
Ou plustost, ô grand Dieu, fai que, plongeon nouveau,
Les peuple escaillez je visite sous l'eau :
Afin que degoutant, et chargé de pillage
Je chante ton honneur sur le moite rivage.

Premiere partie de ce livre où il traite de la creation des poissons produits des eaux par le commandement de Dieu.

L'Eternel eust en vain orné le ciel de feux,
Les plaines de moissons, les monts de bois touffus[3],
Separé l'air du du feu, et la terre de l'onde,
S'il n'eust peuplé soudain de corps vivans le monde.
Voila pourquoy ce jour il commence animer
Les nageurs citoyens[4] de la venteuse mer,
Des estangs engourdis, et des fuyantes ondes,
Qui par les champs feconds se roulent vagabondes :
Rendant tant de poissons en forme si divers[5],
Qu'on void comme plongé dans les eaux l'univers.
{141} L'onde* a comme le ciel[6] lune[7]*, soleil, estoilles[8]*.
Neptun' non moins que l'air abonde en arondelles[9]*.

---

1 *Les humains du ventre des poissons* : allusion à Jonas (*Mt*, 12, 40 et *Jon*, 2, 11). Voir les vers 529-530.

2 *Elice* : l'étoile polaire qui guide les marins.

3 *feux … touffus* : *feux* se prononçant [fy] rime avec *touffus* [tufy].

4 *Les nageurs citoyens* : les poissons.

5 *Si divers* : sur cette diversité, « jeu de la nature », voir J. Céard, *La nature et les prodiges*, Genève, Droz, 1996 [1977], p. 297.

6 *Comme le ciel* : sur la ressemblance de la mer et du ciel, voir M. Foucault, *Les Mots et les choses*, Paris, Gallimard, 1966, chap. 2 « La prose du monde. Les quatre similitudes », p. 32 *sqq*.

7 *Lune* : Th. Monod, « Notes sur le vocabulaire ichtyologique de Du Bartas », *Revue des Sciences humaines*, 117, 1965, p. 14-15 : « la "Lune ou Mole" de Rondelet (*L'histoire entière des poissons*, Lyon, M. Bonhomme, 1558, p. 326) ; […] on a appelé aussi Poisson Lune l'Opoah (*Lampris luna*) et *Brama raii*, […] le *Sol marinus* de Rondelet devient pour Gesner ([l. 4]1560, p. 262) une *Luna maris* ». (Toutes les citations de Th. Monod renvoient à cet article)

8 *Soleil, estoilles* : H. Naïs, *Les animaux dans la poésie française de la Renaissance*, Paris, Didier, 1961, p. 185 : « Du Bartas a probablement emprunté ces *estoilles* à Rondelet [chap. 10 à 16 du *Livre des insectes é Zoophytes*], de même que le *Soleil* [chap. 16], à identifier avec le Solaster ».

9 *Arondelles* : Th. Monod, p. 10 : « C'est naturellement, le *Dactylopterus uolitans* (Linné). » Plusieurs poissons volants appartiennent au genre des exocets, entre autres *exocœtus volitans*.

La mer a tout ainsi que l'element voisin,
Sa rose[1]*, son melon[2]*, son œillet[3]*, son raisin[4]*,
Son hortie[5]* poignante, et cent mil autres plantes,
Ainsi que vrais poissons dans ses ondes vivantes.
Elle a son herisson[6]*, son belier[7]*, son pourceau[8]*,
Son lion[9]*, son cheval*, son elephant[10]*, son veau[11]*.

La mer n'a moins de privileges et rares presens de Dieu qu'ont le ciel et la terre : et des estranges poissons qui y vivent.

1 *Sa rose* : Th. Monod, p. 19 : « paraît être une Actinie. Les Actinies sont des Anthozoaires ». Goulart citant Pline [32, 21] estime qu'il s'agit du corail. »

2 *Son melon* : Th. Monod, p. 15 : *Echinus melo*, dont le nom d'espèce s'applique [...] à un Oursin.

3 *Son œillet* : Th. Monod, p. 16 : « Rondelet, 1558a, p. 93 : Giroflade de mer, "de la similitude de la belle fleur, é de bonne senteur que nous appelons en nostre langage *Giroflade*, en Français Œillet". D'après la figure, il s'agit d'un Bryozoaire [...] ». Rondelet (4, p. 369) le nomme *eschara*. Goulart citant Pline (32, 21) l'identifie au corail, comme la rose. »

4 *Son raisin* : Th. Monod, p. 19 : « Rondelet, 1558, p. 368. Ce sont les œufs de la Seiche ». Aristote, *Histoire des animaux*, 549 b. Pline, 9, 3.

5 *Son hortie* : Th. Monod, p. 13 : « Rondelet appelle Orties aussi bien les Actinies que les Méduses. » H. Naïs, *Les animaux* ..., p. 184-5 : « Nous proposons d'identifier l'*hortie* de Rondelet et de Du Bartas, soit avec la méduse, donc un Hydrozoaire, soit avec une anémone de mer. »

6 *Son herisson* : H. Naïs, *ibid.*, p. 185 : « l'oursin (classe des Échinides). » Aristote, *Histoire des animaux*, 530 a; Oppien, *Halieutiques*, 2, 226.

7 *Son belier* : Th. Monod, p. 11 : « Peut-être *Gadus aeglefinus* Linné chez les ichthyologues ». Pour E. Saint-Denis (*Le vocabulaire des animaux marins en latin classique*, Paris, Klincksieck, 1947, p. 9-10) c'est le grand dauphin, qui porte une tache blanche sur le front; pour H.-J. Cotte (*Poissons et animaux aquatiques au temps de Pline, commentaires sur le IXe livre de l'Histoire naturelle de Pline*, Paris, Lechevalier, 1944, p. 29), un épaulard; pour A. Zucker (éd. d'Élien, *La personnalité des animaux*, Paris, Les Belles Lettres, 2002, t. II, p. 230) aussi (*Orcinus orca* ou *Orca gladiator*), qui ajoute qu'il y a confusion avec l'Hyperoodon arctique (*Hyperoodon ampullatus*).

8 *Son pourceau* : H. Naïs, *Les animaux* ..., p. 239 : « Le marsouin [...]. Ce nom pouvait désigner aussi le Squale Humantin. » Pline, IX, 45.

9 *Son lion* : H. Naïs., p. 261 : « peut-être l'Otarie à crinière ou Lion de mer, *Otaria jubata* Forster et l'Otarie de Steller ou Lion marin arctique, *Eumetopias stelleri* Lesson. ». P. Gilles, *Ex Æliani historia*, 12, 15.

10 *Son elephant* : H. Naïs, p. 261 : « les Macrohines ou Éléphants de mer. » Th. Monod, p. 12 : « Rondelet, 1558, p. 33 "Lelephant qui est espece de langouste" ; dans Pline, l'*elephantus* semble avoir désigné tantôt un monstre marin, tantôt le Homard ».

11 *Son veau* : Th. Monod, p. 22 : « Belon : *Veau de mer* (ou *Loup de mer*), [*De Aquatilibus libri duo*, Paris, Ch. Estienne, 1553,] p. 21 et *Veau marin*, [*La nature et diversité des poissons*, Paris, Ch. Estienne] 1555, p. 15, 17; Rondelet : Veau 1558, p. 331 et 343 – Il s'agit de Pinnipèdes divers, Phoque Moine et Phoque veau marin (*Phoca uitulina* Linné); en latin *uitulus* (*marinus*) était déjà le Phoque [...] *cf.* Pline, 9.41. » P. Gilles, *Ex Æliani historia*, 12, 55.

Elle a mesme son homme[1] : et ce que plus j'admire,
De ses gouffres profonds quelquefois elle tire
Son moine[2]*, et son prelat*, et les jettant à bord,
En fait monstre aux humains qui vivent sous le Nord[3].
Esprits vrayement divins, à qui les premiers aages
Doyvent l'invention des plus subtils ouvrages,
N'a-vous pris le patron de vos meilleurs outils
Dans le flotant giron de la perse Tethis* ?
Qui tantost dans les flots, ore contre des roches
Produit fecondement des aiguilles[4]*, des broches[5]*,
Des pennaches[6]*, des coins[7]*, des pinceaux[8]*, des marteaux[9]*,
Des tuyaux[10]*, des cornets[11]*, des rasoirs[12]*, des couteaux[13]*,

---

1 *Son homme* : Th. Monod, p. 13 : « Les histoires d'hommes marins se retrouveront jusqu'en plein XVIIIe siècle (De Maillet) ; il y a un *homo marinus* dans Pline, bien entendu (9.10 et 32.144), dans Rondelet (1558, p. 362 ; home marin), dans A. Paré, 1563, p. 543, fig. p. 544, etc. »

2 *Son moine* : H. Naïs, p. 261 : « peut-être le Phoque à Capuchon, *Cystophora cristata* (Erxleb.), le Phoque moine, *Monachus albiventer* (Bodd.). »

3 *Le Nord* : les rivages septentrionaux (Norvège, Pologne) théâtre de ces étranges apparitions.

4 *Aiguilles* : H. Naïs, p. 207 : « Les Syngnathes sont fort probablement à reconnaître dans les aiguilles citées par Du Bartas, qui avait pu les voir figurées dans le livre de Rondelet (1ère part., liv. 7, chap. 3, *De l'Eguille*, p. 187 à 188.). Th. Monod, p. 10 : « Orphies (*Belone*), Balaons (*Scomberesox*) et Syngnathes. »

5 *Broches* : Th. Monod, p. 11 : « Il n'y a aucune raison d'identifier au brochet, avec H. Naïs (p. 208), un poisson marin. » Il s'agit du corail.

6 *Pennaches* : Th. Monod, p. 17 : « la Pennatule. »

7 *Coins* : Th. Monod, p. 11 : « "Le *coin* de mer résiste à toute analyse" conclut Naïs (p. 252) ; il est toutefois dans Rondelet (1554, p. 30 : *aliis cunei ut mugili* ...) »

8 *Pinceaux* : Th. Monod, p. 17 : « Annélide tubicole [...] mais il n'est guère possible de préciser ; Naïs, p. 187 a proposé : Sabelle. » Goulart renvoyant à Aristote (*Histoire des animaux*. 5, 12, 543 b) les inclut dans les céphalopodes.

9 *Marteaux* : Th. Monod, p. 15 : « Il s'agit sans doute du Requin Marteau (*Sphyrna* spp.), cité par Rondelet (1558, p. 304), qui appelle également "Marteau ou Niveau d'eau douce" (1558, 2, p. 157) une larve d'Insecte. »

10 *Tuyaux* : Th. Monod, p. 22 : « Rondelet, 1558, p. 24 [...] - Ce sont des Serpules mais la figure de Rondelet est un peu ambiguë puisqu'elle comporte *aussi* des mollusques (Dentales). »

11 *Cornets* : Th. Monod, p. 11 : « divers Gastropodes sont appelés dans Rondelet Cors ou Cornets (1558, p. 52-53) ; mais les Calmars sont encore appelés "encornets" et Rondelet (1558, p. 369) donne "cornet" à Bayonne. »

12 *Rasoirs* : Th. Monod, p. 19 : « Rondelet (1558, p. 130) [...]. Même si ce n'est pas la *Nouacula* de Pline, le Rason de Rondelet est sans aucun doute *Xyrichthys nouacula* (Linné). »

13 *Couteaux* : Th. Monod, p. 12 : « le *Solen* (Rondelet, 1558, 2, p. 31-32). Mais le mot "cousteau" figure aussi (v. 59) à propos des calamars ».

Des scies[1]*, et des jougs[2]* : et comme si Neptune*,
Panopæe*, Triton*, Leucothee et Portune[3]*,
Tenoyent registre ouvert, Nature fit sous l'eau
Des calemars[4]* garnis d'encre, plume, et cousteau.
Comme un peintre excellent[5], pour s'esbatre, ores tire
Un gentil Adonis*, ore un bouquin Satyre[6]*,
Ore un Cyclope* enorme, ore un Pygmee* Indois,
Et ne travaille moins son esprit et ses doigts
A quelquefois tirer une horrible Chimere*
{142} Qu'à peindre les beautez de l'honneur de Cythere[7]* :
Tout ainsi l'Eternel, afin que les humains
En la diversité des œuvres de ses mains
Admirassent sa force, et qu'ils eussent des marques
Pour pouvoir discerner de la mer porte-barques
Les moites citoyens[8] : en formant l'univers,
Chasque espece seella d'un cachet tout divers.
Les uns, comme le Poulpe[9]* et la Seche[10]* verse-encre,
Ont le chef pres des pieds : d'autres, comme le Cancre*,

Pourquoy Dieu crea tant de sortes d'estranges poissons.

Exemples. Le Poulpe. La Seche. Le Cancre.

1 *Scies* : Th. Monod, p. 20 : « le Poisson Scie (*Pristis*) ; Rondelet, 1558, p. 357. *Cf.* vers 94 (*priste*). »

2 *Jougs* : Th. Monod, p. 13 : « Pourquoi Goulart et Thévenin renvoient-ils au chapitre de Rondelet sur la Mendole ? Le mot "joug" se trouve à propos de Requin Marteau (1558, p. 304) [...], mais aussi, et c'est là que le poète l'aura pris, dans une liste d'objets auxquels ressemblent des animaux marins (1558, p. 24). »

3 *Panope* est une des Néréides ; *Triton* est le fils de Poséidon et d'Amphitrite ; *Leucothée* est un des noms d'Ino vénérée comme déesse de la mer ; *Portune* est assimilé à *Palémon*, dieu de la mer.

4 *Calemars* : Th. Monod, p. 11 : « Rondelet (1558, p. 368-370) », qui explique que l'animal est ainsi nommé « pour la similtude qu'il ha avec une escritoire, parce que lon trouve au dedans ce qui est necessaire pour escrire, lancre é un petit couteau lequel d'une part ressemble à un trencheplume de l'autre au bout d'une plume pour escrire. »

5 *Comme un peintre* : *cf. Sepm.*, VII, 1-44. Voir N. Finet, « Du Bartas et la peinture », *Du Bartas 1590-1990*, éd. J. Dauphiné, Mont-de-Marsan, 1992, p. 285-296, en part. p. 293. Voir aussi M.-L. Demonet, « L'invraisemblable Sepmaine », *Cahiers Textuel*, n° 13, 1993, p. 189.

6 *Un bouquin Satyre* : l'adjectif figure dans les *Épithètes* (1571) de Maurice de La Porte (f° 239 v°).

7 *De l'honneur de Cythere* : Vénus, adorée dans l'île grecque de Cythère.

8 *Les moites citoyens* : les poissons. Maurice de La Porte (*Épithètes*, f° 212 r°) relève « citoien marin » chez les poètes. *Cf. Sepm.*, II, 677 : « les bourgeois d'Amphitrite » ; V, 165 : « citadins des flots ».

9 *Poulpe* : Th. Monod, p. 18 : « Rondelet, 1558, p. 371. » P. Gilles, *Ex Æliani historia*, 12, 5. Aristote, *Histoire des animaux*, 9, 37, 621 b-622 a.

10 *Seche* : Th. Monod, p. 20 : « Belon, 1553, p. 333 et 1555, p. 338 [...] ; Rondelet, 1558, p. 365 ». P. Gilles, *Ex Æliani historia*, 12, 1 ; 12, 12. Aristote, *Histoire des animaux*, 9, 37, 621 b. »

L'Huitre.
Le Lievre.

L'ont dessus l'estomac : et les autres n'ont pas
(Tels sont l'Huitre[1]* et le Lievre[2]*) ailes, teste, ni bras :
Ains de leurs corps brouillez les parties confuses
Sont d'estrange façon l'une en l'autre diffuses.
A peine le marchant de Lisbonne, ou de Tyr,
Peut une seule nef de maint arbre bastir.
Mais l'Arabe* pescheur bastit tout un navire

La Tortue.

D'une seule Tortue[3]* : et, mesnager, retire
D'elle tant de profits, que son couvercle fort
Luy sert de nef sur l'eau, et d'hostel sur le port[4].

Le Senedette.

Doy-je mettre en oubli l'enorme Senedette[5]*,
Qui crachant dans Tethis*, un autre Tethis jette[6] :
Et verse tant de flots sur les prochains basteaux,
Qu'ils s'enfondrent soudain sous les baveuses eaux ?

Les Thuns.

Doy-je oublier les Thuns[7]*, qui contre ce grand Prince[8],
Qui fit du monde Eoe[9]* une seule province,
Se mirent en bataille ? et d'un plus brave cœur
Attaquerent son ost ja tant de fois vainqueur,
Que ni les deffenseurs des Phœnices* murailles[10],
Ni Pore* en un combat, ni Daire* en trois batailles[11].

L'Epaular.

{143} Quand j'aperçoy sortir hors des flots l'Epaular[12]*,

---

1 *Huitre* : Th. Monod, p. 13 : « Belon, 1553, p. 415 [...] ; Rondelet, 1558, p. 27-29). »

2 *Lievre* : Th. Monod, p. 14 : « Belon, 1555, p. 436 ; Rondelet, 1558, p. 170 et 376 [...]. - Le mot de *Lepus marinus* a désigné des animaux variés [...] ; si, en général, il s'agit d'un Mollusque (Aplysie), un des Lièvres marins de Rondelet (p. 170) est un Poisson (*Blennius sp.*, *Blennius ocellaris* Linné). »

3 *Cf.* Pline, 9, 35 ; Élien, *Nature des animaux*, 16, 17.

4 Vers 77-82 : voir Y. Bellenger, *Du Bartas et ses divines Semaines*, p. 263.

5 *Senedette* : Th. Monod, p. 20 : « Rondelet, 1558, p. 355 : Mular ou Senedette, "en Saintonge *Senedette*" (p. 356) - C'est le Cachalot, *Physeter catodon* (Linné). » Pline, 9, 8 ; Olaus Magnus, *Histoire des pays septentrionaux*, 1562, p. 245 ; Rabelais, *Quart Livre*, 33-34.

6 *Crachant dans Tethis, un autre Tethis jette* : « jette tant d'eau par le trou qu'il a sur la teste, que c'est comme vomir une mer dedans la mer. » (Goulart)

7 *Thuns* : Monod, p. 22 : « Belon, 1551 [...] p. 14) et [...]1555, p. 99). » P. Gilles, *Ex Æliani historia*, 11, 1.

8 *Contre ce grand Prince* : Pline (9, 5) raconte le combat des thons contre Alexandre le Grand.

9 *Du monde Eoe* : de l'Orient (ἠώς signifie l'aurore, en grec).

10 *Phœnices murailles* : les murailles de Tyr qu'Alexandre assiégea de juillet à août ~332.

11 *Pore ... Daire* : Porus et Darius III, adversaires malheureux d'Alexandre, en ~ 326 et en ~ 331.

12 *Epaulard* : Th. Monod, p. 12 : « genre *Grampus* des zoologistes - Rondelet (1558, p. 354). »

Le Priste[1]*, ou la Balene[2], ou le souffleur Gibar[3]*,
Il semble que je voy encor un coup errante
L'ortygienne Dele[4]*, et qu'une aspre tourmente
Renverse l'Ocean, quand ces monstres hagars
Es regnes de Pluton* font regner le dur Mars.
Le nocher qui durant sa dangereuse course
Se laisse plus guider par le gain que par l'Ourse[5]*,
En a veu quelquefois sur les Indiques bords
Qui cachoyent deux arpens sous leurs enormes corps.
Il en a veu souvent sur les ondes australes
Qui portoyent sur leur dos deux grands roues esgales,
Dont les bras degoutans sembloyent les bras toilez
D'un moulin agité par les austres ailez.
Mais ce grand Dieu, qui tient la Nature en nature[6],
Ne les fit seulement differens de figure,
Ains beaucoup plus de mœurs : afin que nos esprits
Fussent, non moins que l'œil, d'estonnement espris :
Et qu'encor toute voix, et tout style, et tout aage,
Louangeassent l'Ouvrier, en louant son ouvrage.
L'un vit es douces eaux, l'autre dans l'Ocean :

Le Priste.
La Balene.
Le Gibar.

De leur enorme grandeur.

De la diverse maniere de vivre des poissons.

1 *Priste* : Monod, p. 18 : « "Scie de mer" [...] - Le nom de Priste a donné lieu à des confusions, les auteurs du XVIe siècle ne sachant pas trop s'il s'agit d'un Cétacé ou d'un Poisson, catégories qu'ils ne distinguaient d'ailleurs pas : le Priste de Rondelet, 1558, p. 356-357 sera "un grand poisson cétacé", mais la figure (p. 357) représente un *Pristis* (avec, en plus, un ... évent) ; chez Belon (1551, f° 31 v°, 1553, p. 7 et 1555, p. 6 il s'agit peut-être d'un Cétacé, mais la "scie de mer" est mentionnée (1555, p. 58). On retrouvera la confusion *Pristis-Physeter* chez Gesner [l. 4], p. ex. 1560, p. 170 où la figure de Rondelet du Cachalot a pour légende « *Pistris* [*sic*] *aut Physter* ». P. Gilles, *Ex Æliani historia*, 10, 7.

2 *Balene* : Th. Monod, p. 10 : « Gilles [*Ex Æliani historia*], 1535, [10, 1] p. 270, 550 [...], Belon, 1555, p. 4 ; Rondelet, 1558, p. 351 [...] ; Belon, 1553, p. 6 [...]. Grands Cétacés à fanons, indéterminables (*cf.* Naïs, 1961, p. 240). »

3 *Gibar* : Monod, p. 13 : « Rondelet, 1558, p. 353 : "C'est la vraie Balene qui est ici pourtraite que lon appelle en Saintonge *Gibbar*, à cause qu'il ha le dos vousté é bossu". Serait-ce le Humpback, *Megaptera nodosa* (Bonn.) ? »

4 *L'ortygienne Dele* : cette île des Cyclades était nommée dans l'antiquité *Ortygie* (l'île aux cailles) ou *Delos*, l'île visible, parce qu'elle apparut à Latone pour qu'elle puisse y mettre au monde Apollon et Artémis. Jusqu'alors, elle dérivait, elle était « errante ». Aristote, fragment 488 ; Strabon, 10, 5 ; Ovide, *Métamorphoses*, 6, 331-338 ; Pline, 4, 65.

5 *Cf. Sepm.*, I, 219.

6 *Dieu, qui tient la Nature en nature* : Dieu qui tient le monde qu'il a créé selon un ordre voulu par lui.

L'autre quitant la mer voyage chacun an
Dans la proche riviere, et suivant ses fortunes,
A le commerce franc par tous les deux Neptunes[1]*,
Seigneur de deux palais, dont l'un est habité
Durant l'hyver frilleux, l'autre durant l'æsté.

Par une belle comparaison il descrit la coustume de certains poissons marins habitans les eaux douces en quelques saisons de l'année.

Comme les Citadins qu'une guerre civile
A tenu longuement prisonniers dans leur ville,
L'heureuse paix venue, et le siege levé,
{144} Quittent le fort par Mars* imprenable esprouvé[2],
Et lassez du travail, trois à trois, quatre à quatre,
Couronnez de bouquets, s'en vont aux champs esbatre,
Tout ainsi le Saumon*[3], le creint-foudre Coulac[4],
La Lamproye* estoilee[5], et le vanté Creac*[6],
Les tempestueuses mers au printemps abandonnent
Et dans les flots courans mile plaisirs se donnent.
La foison toutesfois de mets delicieux,
Des fleuves chrystalins le sejour gracieux,
Le doux flairant tapis des esmaillez rivages,
Ne peuvent effacer de leurs tendres courages
L'amour de la patrie : ains ils veulent que l'eau
Des goulfes orageux leur servent de tombeau :
Semblables au François, qui durant son jeune aage
Et du Tibre et du Po fraye le beau rivage,
Car bien que nuict et jour ses esprits soyent flatez,
Du pipeur escadron des douces voluptez,

---

1 *Tous les deux Neptunes* : l'eau douce et l'eau salée.

2 Vers 122 : « quittent leur Fort et ville que l'ennemy, ayant levé le siege à sa courte honte a esprouvé veritablement fort et imprenable. » (P. Thevenin)

3 *Saumon* : Monod, p. 20 : « Belon, 1553, p. 272 et 1555, p. 271 [...]; Rondelet, 1558, 2, p. 122. »

4 *Coulac* : Monod, p. 12 : « *Alosa alosa* (Linné); Rondelet signale (1558, p. 182 que l'Alose s'appelle "à Bourdeaux *Coulac*" [...]. L'allusion au tonnerre est dans Rondelet (1558, p. 183) : "Les pescheurs dient que en suivans les eaux douces, si elles oient le tonnerre, elles fuient en la mer". »

5 *Lamproye estoillee* : Monod, p. 14 : « Belon, 1553, p. 76 et 1555, p. 66 : *Lamproye*; Rondelet, 1558, p. 310 : Lamproie - Le qualificatif d'*estoillée* est un peu surprenant car "jaçoit que [bien que] la Lamproie ait des taches, toutesfois elles ne sont en façon d'estoiles" (Rondelet, 1558, p. 311). »

6 *Creac* : Monod, p. 12 : « seul Esturgeon, *Acipenser sturio* Linné, de la faune française. »

Il ne peut oublier le lieu de sa naissance,
Ains chasque heure du jour il tourne vers la France
Et son cœur et son œil, se faschant qu'il ne void
La fumee à flots gris voltiger sur son toict[1].

Nourriture des poissons.

L'un, coursaire cruel, vit des seuls brigandages,
Qu'il fait en haute mer : l'autre suit les rivages
Pour se nourrir d'escume : et l'autre paist sa chair
Au milieu de Thetis* de l'alge[2]* aime-rocher :
Et l'autre, s'abstenant des hazards du fourrage,
Ne mange rien du tout, ains vit de seul breuvage :
Car la mordante humeur[3] du vagueux element
Luy sert, sans autre mets, de parfait aliment.
L'un aime les torrens, qui, murmurans, bondissent
De rocher en rocher, qui, courroucez, ravissent
Et rivages et ponts, et ne sont arrestez
Que par le frain ardant[4] des bouillonnans æstez.
L'autre presque tousjours heberge dans la boue
Des estangs engourdis, et, morne, ne se joue
Dans le chrystal des eaux qui d'un cours eternel
Se roulent par les champs vers le sein maternel[5] :
Ainsi que la pluspart des Princes de la terre,
N'ont repos qu'en travail, ni paix qu'en temps de guerre :
Les autres au contraire aiment si cherement
Le sommeilleux repos, que le bruit seulement
D'un Mars* encor lointain de frayeur les accable,
Et trouvent sans la paix tout bon-heur miserable.

De la providence de Dieu en la diverse et remarquable façon de vivre des poissons.

O citadins des flots, quel partageur borna[6]
Vostre humide sejour ? quel Monarque cerna
Vostre cité de murs ? quelle ordonnance humaine
Vous defend d'attenter sur le prochain domaine
De vos freres nageurs ? comme ores nous faisons,

1 Vers 135-142 : *cf.* Du Bellay, *Les Regrets*, les sonnets nostalgiques (16, 19, 25, 28, 31,36, 37, 38, 40, surtout, 33 et 130).
2 *L'alge* : le mot « algue » désigne de façon vague toute espèce d'« herbe marine ».
3 *La mordante humeur* : « l'eau de la mer qui est salee. » (P. Thevenin)
4 *Le frain ardant* : la sécheresse.
5 *Le sein maternel* : la mer.
6 Vers 165-185 : Du Bartas reprend l'*Hexaméron* de saint Ambroise, 5, 9.

Adjoutant champs à champs, et maisons à maisons,
Monts à monts, mers à mers, et s'il se pouvoit faire
Au monde un autre monde. Et vous, qui pour vous plaire
Et pour plus seurement esclorre vos petis,
Changez, sages poissons, quelquefois de Thetis[1]* :
Quel Chaldee* savant, quel devin vous annonce
Le temps plus opportun[2] ? quel heraut vous denonce
Le jour qu'il faut partir ? quelle guide conduit
Par pais inconus vos bandes jour et nuict ?
Qui se dit vostre chef ? quelle aiguille, quelle Ourse*
{146} Mesure le chemin de vostre longue course ?
Vrayment c'est celuy là qui vous forma d'un rien
Sans moule, et sans patron : qui du mal et du bien
A laissé quelque idee en vos cerveaux escrite[3],
Afin que l'homme accort fuyant l'un l'autre imite.

Proprietez du Sargon.

L'adultere Sargon*[4] ne change seulement
De femme chasque jour sous l'ondeux element :
Ains, comme si le miel des voluptez des ondes
Ne pouvoit assouvir ses amours vagabondes,
Les chevres il courtise, et sur les bords herbus
Veut gouster les plaisirs qu'ont leurs maris barbus[5].

Du Canthare.

Contraire au naturel de l'enfumé Canthare[6]*,
Qui du devoir nopcier tant soit peu ne s'esgare,

---

1 *Changez ... de Thetis* : changez de mer.

2 Vers 175-176 : *cf.* saint Ambroise, *Hexaméron*, 5, 9, 24 : « Quis Astrologus, quiue Chaldæus sic potest siderum cursus, cœli motus et signa comprehendere ? »

3 Vers 183 : « sans idee ny forme, que premierement il s'est proposé. » (P. Thévenin)

4 *Sargon* : Th. Monod, p. 19 : « "poisson fabuleux cher aux inventeurs d'emblèmes" (A.-M. Schmidt) - Belon, 1553, p. 242 [...] et 1555 [...] p. 237, [...] p. 238) [...] p. 317); Rondelet, 1558, p. 114 [...] - Le genre *Diplodus* est l'un des Sparidés les plus communs sur nos côtes ; l'épithète "adultère" provient à la fois de la polygamie attribuée aux Sars (Elien, I. 26) et de leur affection pour les Chèvres (*id.*, I, 23 ; Goulart, 1597, f° 224 v° : "le furieux amour des Sargons envers les chevres". ».

5 *Leurs maris barbus* : les boucs sont associés à l'ardeur sexuelle.

6 *Canthare* : Th. Monod, p. 11 : « Gilles, [*Ex Æliani historia*] 1535, p. 386 [...] ; Belon, 1551, f° 18 r° [...] ; 1553, p. 245 et 1555, p. 239, 241, 245 [...] ; 1555, p. 198 [...] ; Rondelet, 1558, p. 113 – [...] le *Spondyliosoma cantharus* (Linné) [...] appart[ient] à la [...] famille *Sparidæ*, [...] l'adjectif "enfumé" de Du Bartas étant [...] une allusion à la couleur ("il est comme tanné ou enfumé", Rondelet, 1558, p. 113), sans relation avec son habitat ("ce poisson demeure volontiers dans la fange é ordure", *ibidem*). » Il s'agit de la daurade.

Ainçois, fidele espoux, passe ses chastes jours
Sans faire banqueroute[1] aux premieres amours.
Mais la Muge[2]* n'a point en amitié d'esgale : De la Muge.
Car voyant que captif, on traine au bord son masle,
Forcenee de dueil, le suit jusques au bord,
Preste d'accompagner son mari vif et mort.
Tout ainsi que jadis les Thraciennes* dames[3],
Vives, s'alloyent jetter sous les funestes lames
De leurs blesmes espoux : loyales, ne pouvant,
Leurs maris estans morts, humer plus l'air vivant.
He ! qui pourroit assez admirer la sagesse De l'Uranoscope, ou Tapecon.
De ce beant poisson, qui contemple sans cesse
Le bal des astres clairs, ne trouvant sous les cieux
Assez digne sujet pour exercer ses yeux ?
Or comme le Pivert pousse sa langue morne
Hors du fendu poinçon[4] de sa bouche de corne,
{147} Afin que des formis qui luy courent dessus
Il hume puis apres les escadrons deceus :
Becqueté par la faim, sous la bourbe il se couche,
Monstrant un long boyau qui lui sort de sa bouche,
Où maint poisson acourt mordillant ceste peau,
Qui du premier abord semble estre un vermisseau.
Mais lors le Tapecon[5]*l'engorge avecques elle,

---

1 *Sans faire banqueroute* : « sans s'adonner à autre. Metaphore prise de ceux qui demesurement endebtez, cedent leurs biens aux creanciers. » (P. Thevenin)

2 *Muge* : Monod, p. 16 : « Belon, 1553, p. 280 et Rondelet, 1558, p. 207 et 1558 *a*, p. 137 […] ; Belon, 1555, p. 203 […]. - […] il y a deux Mulets marins, le Muge (*Mugil* spp.) et le Surmulet ou Rouget-Barbet (*Mullus* spp.). »

3 *Les Thraciennes dames* : sur leur coutume de suivre leur époux dans la mort, voir Hérodote 5, 5 ; Pomponius Mela, *Chorographia*, 2, 17, Solin, *Polyhistor*, 15.

4 *Hors du fendu poinçon* : « pour ce qu'il a la bouche en forme de poinçon. » (P. Thevenin)

5 *Tapecon* : Monod, p. 21-22 : « Belon […] (1555, p. 217 et p. 212-213) ; Rondelet (1558, p. 242) […]. C'est […] l'*Uranoscopus scaber* Linné. […] Belon […] le premier, explicite le nom vernaculaire : "*aliud vulgus voce obscœna* Tapecon *nominat*" (1553, p. 217), "les autres de voix deshonneste, dient Tappecon" (1555, p. 212) et : "mesmement a Marseille les personnes pudiques le nomment un Tappecon" (p. 213) ; Rondelet suit (1554, p. 243) : "Or s'il a eu beau nom des anciens [οὐρανοσκόπος, *caeli speculator*], autant la il laid maintenant : car à Marseille est nommé *Tapecon* ou *Raspecon* …". Le texte latin de Rondelet est plus explicite : […]*Vocatur enim ab his* tapecon, *quod pessi instar conformatus esse videatur, et* raspecon, *quod caput ob asperitatem ad scalpenda muliebria pudenda accommodari possit*". Salviani

Armé tousjours de ver, d'hameçon, de cordelle.
De l'Ozene.
L'Ozene* ingenieux[1], desirant arracher
De l'huitre au bord baveux la delicate chair,
Nage tout bellement, et sur les ondes bousche
D'un caillou fait en coing son entr'ouverte bouche,
Se craignant que plustost qu'il prenne son repas
L'huitre fermant ses os[2] ne cizele ses bras :
Et que pensant jouir[3] de la chose conquise,
Peu sage il ne soit fait la prise de sa prise.
De la Torpille.
La Torpille[4]*, qui sçait qu'elle porte en son flanc
Un hiver insensible, un pestifere sang,
Un inconnu pavot, une halaine cruelle,
Qui roidit tous les corps qui s'avoisinent d'elle :
Verse traistreusement sur les proches poissons
Je ne say quels venins, je ne sai quels glaçons,
Dont l'estrange vertu s'espandant par les ondes
N'arreste seulement leurs troupes vagabondes,
Ains mesme endort leurs sens[5] : puis se paist de leurs corps
Dont les membres gelez sont et morts et non morts.
C'est elle, qui sentant dans sa gorge escorchee
Du trompeur hameçon ja la pointe acrochee,
Ne fait point tout ainsi que maints autres poissons,

(1558, f° 197 v°) et Gesner ([l. 4]1558, p. 158 et 1560, p. 38) reproduiront ce passage. » On l'appelle encore *hemerocet*, rascasse blanche, raspecon. Aristote, *Histoire des animaux*, 2, 15, 506 a; Oppien, *Halieutiques*, 2, 199-224.

1 *Ozene* : Monod, p. 16-17 : « Belon, 1553, p. 333 [...]; Rondelet, 1558, p. 373 - Ce céphalopode : "Moscum suaviter olens" (Belon) est [...] l'*Eledone moschata* (Linné) [...]. Poulpe musqué de méditerranée. Athénée, [*Deipnosophistes*], 329 a. D'Arcy Thompson, *A glossary of greek fishes*, London, Oxford U.P., 1947, p. 188-189. »

2 *Ses os* : ses écailles.

3 *Et que pensant jouir* : il s'agit de l'Ozene.

4 *Torpille* : Th. Monod, p. 22 : « Belon, 1553, p. 90 et 1555, p. 78; Rondelet, 1558, p. 285. » Aristote, *Histoire des animaux*, 620 b; Platon, *Menon.*, 80 a; Plutarque, *Intelligence des animaux*, 978 B; Élien, *Nature des animaux*, 36, 9, 14; Athénée, *Deipnosophistes*, 7, 314b-d; Oppien, *Halieutiques*, 1, 104; 2, 56-85; 3, 149; [...] Pline, 9, 143; 32, 7; Rondelet, 12, 19; P. Gilles, *Ex Æliani historia*, 11, 50; 12, 50; J. Grévin, *Deux livres des venins*, Anvers, Ch. Plantin, 1568, p. 158; Pasquier, *Les Lettres*, A. L'Angelier, 1586, 294 v°-295 r°. Voir F. Hallyn, « La Torpille : aspects de la description chez Du Bartas », *Du Bartas poète encyclopédique du* XVIe *siècle*, dir. J. Dauphiné, Lyon, La Manufacture, 1988, p. 151-165.

5 Les noms latin (*torpedo*) et grec (νάρκη) renvoient à ce pouvoir engourdissant. Voir d'Arcy Thompson, *op. cit.*, p. 169-172.

{148} Qui se sentans blecez des crochus hameçons,
Se tourmentent en vain, se branslent, se secouent,
Et pensant eschaper, de plus en plus s'enclouent
Dans le fer apasté : ains rusee, embrassant
La ligne pescheresse, elle va vomissant
Dans les flots un venin, dont la force subtile
Court au long de ce fil, et du fil avant file
Tout au long du baston, et du baston avant
Rampe jusques au poing, qui soudain se trouvant
Roide, glacé, perclus, tomber dans l'onde laisse
Son dommageable outil, et sa proye traistresse[1].
Bref, il semble celui, qui tout contre son lict
Pense voir en dormant un fantastique esprit,
Suant, tremblant, ronflant, à son aide il appelle
Sa femme et ses enfans : mais son sein, qui pantele,
Estouffe sa parole. Il veut jouer des mains :
Mais le somne et la peur rendent tous ses coups vains.
Il veut gaigner au pié : mais ses jambes esclaves
Se sentent retenir de pesantes entraves. De la Scolopendre.
  Que si la Scolopendre[2]* avale le morceau
Fourré d'un fer crochu, aussi tost dessous l'eau
Avec tous ses boyaux dehors elle le tire,
Puis, franche de danger, tout bellement retire
Ses glissans intestins, et fait que dans son flanc
Un d'eux ne change point d'office ni de rang.
Le Renard* charitable[3], et l'Abydoise Amie[4]*, Du Renard.
Sans mettre en tel danger leurs boyaux et leur vie, De l'Amie.

1 *Cf.* R. Belleau, *Les Amours et nouveaux échanges des pierres précieuses*, Paris, M. Patisson, 1576, 16, 3, vers 209-216.

2 *Scolopendre* : Th. Monod, p. 20 : « Si la « Scolopendre cétacée » de Rondelet (1558, p. 357) est indéterminable (fig. hautement fantaisiste), la « Scolopendre de mer » (*id.*, 2, p. 74) représente plusieurs Annélides Polychètes. » P. Gilles, *Ex Æliani historia*, 11, 15.

3 *Renard* : Th. Monod, p. 19 : « Si le *Regnard de mer* de Belon, 1551, f° 46 v° et 1555, p. 55 est la Centrine [...], le Renard de Rondelet (1558, p. 303) est l'*Alopias uulpes* (Gmel.). C'est un requin. » P. Gilles, *Ex Æliani historia*,12, 60. »

4 *Abydoise Amie* : Th. Monod, p. 10 : « Gilles [*Ex Æliani historia*], 1535, [11, 26] p. 332 [...] ; Rondelet, 1558, p. 93 [...]. Il s'agit de la Bonite à dos rayé, *Sarda sarda* Bloch. » : ἀμίας ou ἀμύα. *Abydoise* renvoie à Abydos, près de Constantinople, « où ce poisson est estimé » (P. Thevenin). C'est une espèce de thon, de la famille des Scombridés. »

Se sçavent despestrer du ferré vermisseau :
Car ayant engorgé le deceveur morceau
{149} Sans en rien s'esmouvoir, plus avant ils l'avalent,
Et puis tranchent les fils, qui sous les flots devalent :
Si que leur ennemi, au lieu d'un beau poisson,
Ne tire qu'un cordeau despourveu d'hameçon.

Du Mulet

Mais le craintif Mulet[1]* du hameçon n'approche,
Que batant de la queue, en fin il ne descroche,
La viande trompeuse : et cent mille façons
De frauduleus apasts ne trompent ses soupçons.

De la Seche

Ainsi presque la Seche[2]*, estant ja sur la porte
Des prisons de Pluton[3], d'une sagesse acorte
Le fraude de tribut, dautant qu'apercevant
Qu'elle chet ja desja dans le rets decevant
De l'attentif pescheur, et qu'un seul stratageme
La peut sauver des mains de la Parque plus blesme[4] :
De l'espesseur d'une encre elle va noircissant
Les flots des environs, afin qu'esblouissant
Les yeux du fin pescheur, elle puisse avec gloire
Par l'aide du flot noir eviter l'onde noire[5].

Belle comparaison.

Et comme un prisonnier, qui convaincu cent fois
Et par la voix publique, et par sa propre voix,
D'un crime capital, et geiné par son vice,
D'heure en heure n'attend que l'heure du supplice,
Espie tous les coins de la triste maison[6],
Et cerche tous moyens de sortir de prison :

Du Scare.

Le Scare[7]* emprisonné dans la flotante nasse,

---

1 *Mulet* : Th. Monod, p. 15 : « Belon, 1553, p. 210 ; 215 ; p. 203 ; Rondelet, 1558, p. 207 ». Dans la famille des Mugilidés, il existe plus de 80 espèces de mulets. Plutarque, *Intelligence des animaux*, 977 E-F ; P. Gilles, *Ex Æliani historia*, 12, 19.

2 *Seche* : Th. Monod, p. 20 : « Belon, 1553, p. 333 et 1555, p. 338 [...] ; Rondelet, 1558, p. 365. » Aristote, *Histoire des animaux*, 14, 1, 621b ; Plutarque, *Intelligence des animaux*, 977 E-F ; Pline, 9, 83 ; P. Gilles, *Ex Æliani historia*, 12, 1 ; 12, 12.

3 *Des prisons de Pluton* : de la mort.

4 *La Parque plus blesme* : la plus livide des trois sœurs, Atropos.

5 Vers 284 : l'encre permet à la seiche d'éviter la mort (l'*onde noire*).

6 *La triste maison* : la prison.

7 *Scare* : Th. Monod, p. 20 : « Belon, 1553, p. 239 et 1555, p. 233 ; Rondelet, 1558, p. 143, 145 - Le σκάρος d'Aristote, de Pline, etc., est le *Scarus cretensis* (Linné) mais aucun des

Parmi l'osier courbé cerche quelque crevasse,
Ou il fourre sa queue, et d'elle il bat si fort
Et l'un et l'autre osier, que de prison il sort.
Que si son compagnon le void en ceste peine,
{150} Il luy donne sa queue, et tellement se peine
Qu'il le tire dehors : voire avant sa prison,
S'il le void acroché du mordant hameçon,
Il saute au poil retords, et sa dent affilee
Le trenche finement dessous l'onde salee.
Vous cœurs, où le burin d'une saincte pitié
Ne peut onques graver un seul trait d'amitié,
Visitez ceste mer, par mes chants acoisee,
Et vous y trouverez maint Damon*, maint Thesee[1]*.
Les dorez Sparaillons[2]*, aussi tost que l'hyver,
De glaçons herissé, recommence arriver,
Comme en un peloton, prevoyans s'amoncelent,
Et, seuls mourans de froid, assemblez se desgelent.
Ces petis poissons blancs, qui sacrez à Venus[3],

Divers enseignemens donnez par les poissons aux hommes.

Les Sparaillons et petis poissons blancs leur enseignent l'union et l'amitié.

---

deux Scares de Rondelet n'est un *Scarus*, le premier pouvant être un *Sargus uetula* [*Diplodus sargus* Linné] [...], le second paraissant représenter un Labridé [...]. Le récit de la façon dont le Scare échappe à la nasse avec l'aide d'un compagnon est emprunté aux auteurs anciens [...] Élien [*Nature des animaux*], 1, 4 ; Oppien, *Halieutiques*, 4, 40-126 ; Plutarque, *Intelligence des animaux*, 977C [...]. » P. Gilles, *Ex Æliani historia*, Lyon, 1535, 11, 16 ; 11, 17 ; 11, 18 ; Montaigne, *Essais*, 2, 12 (éd. P. Villey, Paris, PUF, 1928 [3ème éd. 1978] p. 479 ; éd. J. Céard *et alii*, Paris, La Pochothèque, 2001, p. 747).

1 Vers 304 : exemples d'amitié extrême : Damon, condamné à mort par Denys de Syracuse, put retourner dans sa patrie, et Pythias se proposa comme otage. Damon ne revenant pas, Pythias allait être exécuté. Mais il revint à temps et chacun des deux amis voulut mourir. Denys accorda sa grâce et demanda leur amitié : voir Cicéron, *De officiis*, 3, 10 ; Valère Maxime, *Faits et dits mémorables*, 4, 7. Thésée accompagna Pirithoüs aux enfers : Ovide, *Tristes*, 1,5,19-20 ; Horace, *Odes*, 4, 7, vers 27-28.

2 *Sparaillons* : Th. Monod, p. 21 : « Le sparaillon de Rondelet (1558, p. 111) est le *Diplodus annularis* (Linné), l'un des poissons les plus communs du monde méditerranéen. » On l'appelle aussi *pataclet*.

3 *Ces petis poissons blancs, qui sacrez à Venus* : Th. Monod, p. 17 : « les ἀφύαι, les "nonnats" ou "nonnati" d'aujourd'hui, dédiés à Vénus parce que réputés nés comme elle de l'écume des mers, représentent une série de jeunes poissons (Sprats, Anchois, Atherines) mais aussi l'*Aphya pellucida* (Nardo) ; le passage de Rondelet 1558, p. 174-175 concerne cette dernière espèce et la figure représentant quatre Aphyes entrelacées deux à deux a évidemment inspiré le "entrelassent leurs corps", etc. Il est vrai que Du Bartas a pu trouver la même figure reproduite par Gesner ([l. 4] 1560, p. 1). »

Sous son alme faveur[1] naissent des flots chenus,
Se voyans exposez en proye à toute sorte
Des goulus animaux que l'Amphitrite porte,
S'assemblans par miliers entrelassent leurs corps
De tant d'estroits replis, qu'ils se font assez forts
Et pour se garantir des gueules des coursaires,
Et pour brider le cours des plus vistes galeres.

Le petit poisson qui guide la Balene aprend aux enfans ce qu'ils doyvent à leurs peres vieux.

Ainsi qu'une carraque acablee du faiz
De sa propre grandeur, et de son propre lez,
Ne se tourne aussi tost, ore à gauche, ore à dextre,
Que fait le galion, ou la fregate adextre :
Et comme le cheval de membres trop chargé,
Qui s'est au bord du Rhin en jeunesse hebergé,
Si bien ne se manie à travers la campagne
Que le Barbe* leger, ou le Jenet d'Espaigne[2] :
{151} La Balene[3]* n'a point un si prompt mouvement
Que les petits poissons, ains choque lourdement
Ore contre un rocher, ore, aveugle, se lance
Dans les bruyans destroits. Et sans la prevoyance
Du fidele poisson[4], qui la guide à travers
L'escumeuse fureur de cent goulfes divers,
Elle ne sentiroit dans le sein de Neptune
Recroistre douze fois les cornes de la Lune[5].
Poisson tel que le fils, qui va guidant tout-jour
Son pere ja privé de l'usufruict du jour,
Faisant que le vieillard mesme en voye inconue,
Bien qu'il soit privé d'yeux, ne soit privé de veue[6].

1 *Sans son alme faveur* : sans semence.

2 *Barbe ... Jenet* : « un cheval de Barbarie, viste à la course, comme le Jenet ou cheval d'Espagne, les histoires des Mores ou Alarbes en leurs courses soudaines monstrent que leurs chevaux sont merveilleusement legers et disposts. » (S. Goulart)

3 *Balene* : Th. Monod, p. 10 : « Gilles [*Ex Æliani historia*, 10, 1], 1535, p. 270, 550 [...]; Belon, 1555, p. 4 ; Rondelet, 1558, p. 351 [...] ; Belon, 1553, p. 6. Grands Cétacés à fanons, indéterminables [...]. »

4 *Du fidele poisson* : le poisson pilote. Plutarque, *Intelligence des animaux*, 980 F-981 A ; Oppien, *Halieutiques*, 5, 71-83. Montaigne, *Essais*, 1, 12 (éd. P. Villey, p. 479 ; éd. J. Céard, p. 748).

5 *Douze fois les cornes de la Lune* : douze mois.

6 Vers 333-336 : Thevenin pense à l'histoire de Tobie [Tb 6, 1]. Mais il ne guide pas son père.

Tethys* mere des eaux, bien que tes moites bras
Ceignent tout l'Univers, si n'aperçois-tu pas
Dans tes regnes flotans une amitié qui passe
L'amitié de la Pinne[1]* et du Pinnophylace[2].
Tous deux n'ont qu'un palais, tous deux n'ont qu'un repas,
Qu'une vie, qu'un soin, qu'un plaisir, qu'un trespas.
L'un fait logis à l'autre, et l'autre, en recompense
De l'hostelage saint, fournit à sa despense.
Car la Pinne tenant ouvert son toict vanté,
Maints poissons attirez par son nacre argenté
Se jettent là dedans : lors le Pinnophylace
Conoissant que la proye est digne de leur chasse,
D'un piquant aiguillon luy fait savoir qu'alors
Elle doit refermer de son estuy les bords :
Ce que la Pinne fait, puis, bien aise, divise
Entre l'espie et soy, par lots esgaux, la prise.
Ainsi le Spongethere[3]* esveille accortement
{152} Du creux plante-animal le mousse sentiment.

De l'amitié de la Pinne et du Pinnophylace : du Spongethere, et de l'esponge.

1 *Pinne* : Th. Monod, p. 17 : « Belon, 1553, p. 398 et *passim* et 1555, p. 403 ("Nacra" à Marseille) ; Rondelet, 1558, p. 409 ("La nacre nommée *Pinna*") - Il serait exagéré de tenir les Jambonneaux pour un Mollusque nacrier proprement dit, comme le sont, par exemple, les Burgaux (*Turbo*), les Trocas (*Trochus*), les *Haliotis*, les Nautiles et les Méléagrines [...]. » Pline, 9, 142 ; Plutarque, *Intelligence des animaux*, 980 B ; Élien, *Nature des animaux*, 3, 29 ; P. Gilles, *Ex Æliani historia*, 13, 32.

2 *Pinnophylace* : Th. Monod, p. 17 : « Belon, 1553, p. 399 et Rondelet, 1558, p. 409 [...] ; Belon, 1555, p. 403 [...]. - Le "Pinnophylax" peut être soit un Crabe (*Pinnotheres* sp.), soit une Crevette (*Pontonia custos* (Forsskal) ; Aristote, *Histoire des animaux*, 547 b, 16, le signalait déjà. »

3 *Spongethere* : Th. Monod, p. 21 : « animal impossible à identifier [...]. Ce n'est cette fois ni dans Rondelet, ni dans Gesner [l. 4] que Du Bartas a trouvé le Spongéthère, mais dans Plutarque (Goulart, éd. 1597, f° 230 r° ; Thevenin, 1585, p. 469 ; Naïs, 1961, p. 188, note 61), et bien probablement dans la traduction Amyot des *Moralia* (1572), cité deux fois au f° 520 v° : "Quant au Spongothère je croy qu'il [Chrysippe] ne l'avoit pas veu, autrement il ne l'eut pas oublié [...]. Quant au Spongothere, c'est un autre petit animal, non semblable à un cancre comme l'autre [le Pinnotère] mais plus tost à une araignee qui garde et gouverne l'esponge ...". Il est regrettable qu'Amyot ait écrit "Spongothere" car il y a dans le texte [...] σπογγοτήραν, c'est-à-dire le correspondant du crabe πιννοτήρας, jouant pour la Pinne le même rôle que le "Spongothère" pour l'Eponge. [...] On semble avoir parfois confondu "spongothère" et "Spongotère", de même qu'on écrit parfois, pour le Crabe commensal des Lamellibranches, soit "Pinnotère" soit "Pinnothère" ».

De l'adresse du Nautil, du Pompile et du Herisson de mer.

Hé ! quel style, ô Nautil[1]*, Herisson[2]*, et Pompile[3]*,
Pourroit assez vanter vostre adresse gentile !
Vrayment si de Jaffa* le trafiqueur lointain
Semble estre combourgeois du riche Lusitain*,
Si cent mile thresors nez sous un autre pole
Semblent naistre en nos champs : si sans ailes[4] on vole
Du Midi jusqu'au Nord par cent chemins divers[5] :
Bref si le large tour de ce riche Univers
Semble estre un champ commun, sans haye, et sans limite,
Où des plus rares fruicts un chacun a l'eslite,
Nous vous devons cest heur. Car ou soit que Typhis[6]*,
Soit que le sang d'Æson[7]*, soit que de Bel* le fils[8],
Ait premier charpenté des maisons vagabondes,
Pour domter la fureur et des vents et des ondes :
Quel qu'il fut, il aprit de vous l'art de ramer,
Et d'aller à pié sec sur les flots de la mer.

De l'Hermite marin.

Ici je me tairoy : mais le marin Hermite[9]*

---

1 *Nautil* : Th. Monod, p. 16 : « Le Nautilus de Belon, 1553, p. 378 *et passim* et 1555, p. 382, 384, comme le ναυτίλος de Rondelet, 1558, p. 374 ou le *Nautilus* (ou *Nauticus*) de Paré, 1563, p. 562 est l'*Argonauta argo* Linné ; seul le « *second Nautilus* » de Belon, 1555, p. 385 est un véritable *Nautilus* [...]. » D'Arcy Thompson, *op. cit.*, p. 172.

2 *Herisson* : Th. Monod, p. 13 : « S'il est exact que Rondelet (1558, p. 324) a pu qualifier un Diodontidé érythréen "de figure é similitude d'un Herisson", il semble que le plus souvent le nom de "Herisson de mer" (Belon, 1553, p. 384 ; 1555, p. 389 ; Rondelet, 1558, p. 413) s'applique aux Oursins »

3 *Pompile* : Th. Monod, p. 18 : « "Nautillus, lequel Pline nomme pilus ou Nauplius", Belon, 1551, f° 52 v° et fig. = *Argonauta*, la fig. f° 55 r° (« grosse Porcellaine ») étant le *Nautilus* des zoologistes. Le Pompile de Rondelet, 1558, p. 199 est un Poisson ; celui de Rondelet [...] n'est pas le Pompile des Anciens [= *Naucrates ductor* (Linné)] mais le *Centrolophus pompilus* (Linné). L'affirmation de Pline (IX.47.1) : *Inter præcipua miracula est, qui vocatur nautilos ab aliis pompilos*) s'explique sans doute par "une erreur de la tradition manuscrite" (Naïs, 1961, p. 199), lisant *nautilos* pour le ποντίλος d'Aristote (*Histoire des animaux*, 525*a* 21). » P. Gilles, *Ex Æliani historia*, 12, 43 ; 12, 44.

4 *Sans ailes* : allusion à Dédale.

5 Vers 361 : cf *Sepm.*, II, 599-600.

6 *Tiphys* : timonier du navire Argo lors de la quête de la Toison d'or. Virgile, *Bucoliques*, 4, 34-35 ; Ovide, *Ars amatoria*, 1, 6.

7 *Le sang d'Æson* : Jason.

8 *De Bel le fils* : Ninus, fils de Belus, roi des Assyriens. Polydore Virgile, *De inuentoribus rerum*, Lyon, S. Gryphe, 1548, 3, 15 ; G. Lefèvre de la Boderie, *La Galliade*, Paris, G. Chaudiere, 1578, 1, 1286.

9 *Le marin hermite* : Th. Monod, p. 13 : « Rondelet, 1558, p. 398 : Bernard l'hermite. » C'est le *pagure* (*Pagurus berhardus* (crustacé décapode). Aristote, *Histoire des animaux*, 525 b ; Oppien,

Me force d'alonger ce chant par son merite.
Car le Seigneur, qui veut se couvrir de rempars
Contre l'ire du Ciel, et la fureur de Mars,
Achete cherement du futur edifice
Et la riche matiere, et le docte artifice :
Mais luy sans acheter pierre, fer, chaux, marrain,
Le dos du manouvrier, ni du maçon la main,
Sans emprunter maison, sans payer nul loage,
Se loge seurement. Car s'il trouve au rivage
Quelque commode toict, dont le seigneur natal
Soit ja despossedé par le decret fatal,
{153} Se mussant là dedans, il prend l'investiture
Du domicile acquis par le droit de nature,
Qui veut qu'un bien sans maistre apartiene à celuy
Qui l'occupe premier[1]. Dans ce nouvel estuy,
Ou plustost dans ce bers, il passe sa jeunesse :
Puis, croissant tout ensemble et d'aage et de sagesse,
Prend un plus grand logis, pour passer là dedans
Dessus l'azur salé le reste de ses ans.
Clion[2], pourquoy fais-tu, longuement importune,
Comme un denombrement des hostes de Neptune* ?
Si tu veux en ses faits admirer le grand Roy
Des climats ondoyans, Muse, contente toy
D'un des moindres poissons, qui peut rendre notoire
Du grand Roy de la mer et la force, et la gloire.
Que les vents forcenez s'assemblent tous en un,
Que secourus du flus ou reflus de Neptun*
Ils choquent une nef, et que la force accorte
De cent longs avirons leur face encor escorte : De la secrette et estrange proprieté de la Remore.
La Remore[3]* fichant son debile museau

Halieutiques, 1, 320 ; Élien, *Nature des animaux*, 7, 31 ; P. Gilles, *Ex Æliani historia*,13, 20.

1 *Cf. Pandectes de Justinien* (41, 1, 3, 1) : « Quod enim nullius est, id ratione naturali occupanti conceditur. »[Ce qui n'appartient à personne, le bon sens l'accorde au premier occupant.]

2 *Clion* : conformément à l'étymologie, la muse Clio est vouée à la célébration.

3 *La Remore* : Th. Monod, p. 19 : « "poisson emblématique" qui passait pour arrêter les vaisseaux » (A.-M. Schmidt, 1092) – Belon, 1553, p. 440 et 1555, p. 439 ; Rondelet, 1558, p. 334 - Il y a plusieurs Echéneididés dans les mers d'Europe, p. ex. *Echeneis naucrates* Linné et *Remora remora* (Linné). » Aristote, *Histoire des animaux*, 2, 14, 505 b ; Pline, 9, 79 ; 32, 2-5 ; Oppien, *Halieutiques*, 1, 212-242 et Élien, *Nature des animaux.*, 1, 36 ; 2,

Contre le moite bout du tempesté vaisseau,
L'arreste tout d'un coup au milieu d'une flote
Qui suit le vueil du vent et le vueil du pilote.
Les resnes de la nef on lasche tant qu'on peut,
Mais la nef pour cela, charmee, ne s'esmeut,
Non plus que si la dent de maint anchre fichee
Vingt pieds dessous Tethis la tenoit acrochee,
Non plus qu'un chesne encor, qui des vents irritez
A mil et mile fois les efforts despitez,
Ferme, n'ayant pas moins, pour souffrir ceste guerre
{154} De racines dessous, que de branches sur terre.
Di nous, Arreste-nef, di nous, comment peux-tu
Sans secours t'opposer à la jointe vertu
Et des vents, et des mers, et des cieux, et des gasches ?
Di nous en quel endroit, ô Remore, tu caches,
L'anchre qui tout d'un coup bride les mouvemens
D'un vaisseau combatu de tous les elemens ?
D'où tu prens cest engin ? d'où tu prends ceste force,
Qui trompe tout engin, qui toute force force ?
J'avois anchré desja ma nef dedans le port,
Et desja je tenois un pié dessus le bord,
Du Dauphin.
Quand voici le Dauphin[1]* qui tout contre la rive,
Pour taxer mon oubli, plein de despit, arrive.
Tai-toy camus nageur[2], tay toy sacré poisson :
Car je voue à ton los la fin de ma chanson.
Roy des peuples vivans es provinces salees[3],
Invincible dompteur des bandes escaillees,
Qui vivant vis tousjours[4] (car jamais dans tes os

17 ; P. Gilles, *Ex Æliani historia*, 12, 45 ; Pierius, *Hieroglphica*, Lyon, B. Honorat, 1576, 30, 3 ; P. Boaistuau, *Histoires prodigieuses*, Paris, Vve de G. Buon, 1598, 17 ; Rabelais, *Le Quart Livre*, 62, éd. Demerson, p. 750 : « Echineis, poisson tant imbécille, arreste contre tous les vents et retient en plein fortunal les plus fortes navires qui soient sus mer. »

1 *Dauphin* : Th. Monod, p. 12 : « Gilles, [*Ex Æliani historia*]1535, p. 296 [10, 13], 332, 550 ; Belon, 1551, p. 42 et *sqq.* ; 1555, p. 7 *et passim* [...] ; Rondelet, 1558, p. 344. »

2 *Camus nageur* : *cf.* Pline, 9, 23, « rostrum simum ».

3 Sur cette apostrophe et sur les vers 425-436, voir J. Miernowski, *Dialectique et connaissance dans* La Sepmaine *de Du Bartas*, Genève, 1992, p. 205-206.

4 *Vivant vis tousjours* : en perpétuel mouvement. Voir Plutarque, *Intelligence des animaux*, 980 F – 981 A ; Pline, 9, 20 ; Élien, *Nature des animaux*, 9, 35.

Ne coule le sommeil, vray pourtrait d'Atropos[1]*)
Aime-naux, aime-humains, aime-vers, ayme-lyre,
Qui montes et descens plus roide qu'une vire
Par le monde salé, qui cheris tant les mers,
Qu'en la fleur de tes ans, perdant l'eau, tu te pers :
Tu fus, viste poisson, tu fus l'heureux navire,
Qui mit jadis à bord l'Amycleane[2] lyre.
  Arion* saoul de l'or, et content de l'honneur,
Acquis au bord Latin par son pouce sonneur,
Pour humer derechef le docte air de la Grece,
S'embarque en une nef avarement traistresse.
{155} Ja la rive s'enfuit, le Tarentin rempart
Se desrobe à ses yeux, desja de toute part
Il ne void qu'onde et ciel, et sur la plaine humide
Le pilote n'a rien que le quadran pour guide.
Adonques les nochers (qui sont le plus souvent
Plus traistres que la mer, plus mutins que le vent[3])
Luy prenent le manteau, le pourpoint luy despouillent,
Pour trouver son thresor haut et bas le refouillent :
Et quand ils l'ont trouvé, sur le bord du vaisseau
Vont tirassans son corps pour le jetter dans l'eau.
Fils (dit-il, en pleurant) du flo-flotant Neree[4]*,
Qui des eaux et des airs domptez la force iree,
Qui or' le moite monde, or' le sec habitez,
Qui les deux gonds du Ciel[5], vagabonds, frequentez,
Ma suppliante bouche à mots rompus je n'ouvre,
Afin que ce peu d'or qu'on m'a pris je recouvre :
Car mon plus beau thresor ne gist qu'en mes chansons
Et du Dieu porte-luth les sacrez nourrissons,
Cherissant seulement les vierges de Permesse[6]*,

Discours de l'accident d'Arion sauvé par un Dauphin : qui est la conclusion de la premiere partie de ce livre.

1 *Pourtrait d'Atropos* : *cf.* Ovide, *Amours*, 2, 9b, 41.

2 *Amycleane* : Amyclée était une ville de Laconie, région où se trouve le cap Ténare qu'Arion finit par atteindre. Sur Arion, voir Hérodote, 1, 23 ; Plutarque, *Banquet des sept sages*, 161E – 162C ; Pline, 9, 28. Voir aussi, Jean Second, *Episolae.*, Paris, Champion, 2007, 2, 2, 19-20.

3 *Cf.* Ovide, *Fastes*, 2, 297-298.

4 *Fils du flo-flotant Neree* : la périphrase désigne les marins. Pour l'adjectif, voir le vers 10.

5 *les deux gonds* : « l'Orient et l'Occident. » (P. Thevenin)

6 Vers 458-459 : *Dieu porte-luth* : Apollon ; *vierges de Permesse* : les Muses, le Permesse coulant de l'Hélicon.

Foulent d'un pié veincueur toute humaine richesse.
Je vous pri seulement que vous ne jettiez pas
Sur un mignon des Dieux vos homicides bras.
Ainsi du far* Messin les nymphes* chanteresses
Bouschent en vos faveurs leurs bouches charmeresses[1],
Et le cor de Triton[2]* apaise le courroux
De Neptun* justement irrité contre vous.
Que si, las ! je ne puis impetrer telle grace,
(Comme desja mon œil le lit sur vostre face)
Permettez pour le moins que mes funebres doigts
Marient leurs fredons à ma derniere voix :
{156} Afin que le sainct chœur des deitez marines,
Admirant la douceur de mes chansons divines,
Traine mon corps à bord, et l'arrousant de pleurs
Cache ses membres froids sous un monceau de fleurs.
Pousse donc Arion (dit la troupe felonne
Des criards mariniers) pousse donc, et nous donne
Ensemble or et plaisir. Lors batant doucement
Les nerfs enchante-cœurs de son doux instrument,
Il charme l'Ocean d'une telle harmonie,
Que le Congre[3]* sans peur vit en la compagnie
Du Myre[4]* au croches dens, que la Muge[5]* et le Loup*

---

1 Vers 463-464 : allusion au chant des sirènes (*les nymphes chanteresses*) vivant dans le détroit de Messine (*far Messin*).

2 *Triton* : fils de Poséidon et d'Amphitrite.

3 *Congre* : *Conger conger* Linné, *anguille de mer*. Th. Monod, p. 11 : « Gilles, 1535, p. 555 (*Congrus*) ; Belon, 1555, p. 159, etc. ; Rondelet, 1558, p. 308. » Aristote, *Histoire des animaux*, 9, 2 610 b ; Athénée, *Deipnosophiste*, 288 c ; Élien, *Nature des animaux*, 5, 48.

4 *Myre* : Th. Monod, p. 16 : « Rondelet, 1558, p. 316 : "Du Masle de la Murene nommé Myrus". C'est sans doute Goulart qui a, par erreur, introduit ici la lamproie (1597, f° 236 v°) : "C'est le masle de la Lamproye, dit Aristote [*Histoire des animaux*, 5, 10, 543 a]" [...] ; la confusion vient peut-être de ce que la Lamproie de la Méditerranée occidentale s'appelle parfois *moureno* [...], ce qui peut expliquer Pline 9. 76 : *Arystoteles myrum vocat marem, qui generit* [...]. On trouve, à côté de μῦρος, *Myrus* : σμῦρος [...]. En fait, le "Myre" est évidemment un Apode voisin de la Murène et, d'ailleurs, indéterminable (*Echelus*, *Myrus*, *Muræanophis* ?). » Pline, 9, 185.

5 *Muge* : Th. Monod, p. 16 : [...] Belon, 1553, p. 280 et Rondelet, 1558, p. 207 et 1558 *a*, p. 137 [...] ; Belon, 1555, p. 203 [...]. - Le nom de Muge est encore en usage et je ne connais pas de Mulet d'eau douce (encore que certains *Mugil* soient remarquablement euryhalins) ; par contre il y a deux Mulets marins, le Muge (*Mugil* spp.) et le Surmulet ou Rouget-Barbet (*Mullus* spp.) » Pline, 9, 185 ; P. Gilles, *Ex Æliani historia*, 12, 21. – *Loup* : Th. Monod, p. 14 : « [...] Si le loup de Belon, 1555, p. 113 et 115 et celui de Rondelet,

Leur haine hereditaire oublient pour ce coup :
Et la Langouste[1]* encor sur le dos d'Amphytrite
Du Poulpe[2]* aux pieds larrons les aproches n'evite.
Or parmi l'escadron de cent et cent poissons,
Qui sautelent au son des mortelles chansons,
Un Dauphin mieux que tous ses mouvemens acorde
Aux charmeurs mouvemens de la tremblante corde :
Pour costoyer la nef fend doucement les flots,
Et presque le semond de monter sur son dos.
Le chantre par deux fois vers les ondes on pousse,
Il recule deux fois, trois fois on le repousse,
Et trois fois il recule : en fin se conoissant
Foible pour soustenir un effort si puissant,
Il gaigne du Dauphin la ba-branslante eschine,
Dauphin, qui traversant l'azur de la marine,
Semble, à le voir de loin, plus voler que nager,
Tant sa charge le rend acortement leger.
{157} Il craint le moindre escueil, il craint la moindre vague
Pour son faix, non pour soy : et d'une course vague
Biaisant ceste mer, cerche un port asseuré
Pour tirer son Phœbus* hors du flot azuré.
Tandis le chevaucheur à sa chere monture
En passages nouveaux va payant la voiture :
O Tout-puissant (dit-il) qui pour l'homme abismer
Jadis de mile mers fis une seule mer,
Preservant toutesfois du general naufrage
Une sainte maison[3], afin qu'aage apres aage
Ton nom fust chanté d'elle : helas ! jette ton œil
Sur celui qui ja tient dans le flotant cercueil
La moitié de son corps : que mon cheval sans bride,
Et ma nef sans timon t'ayent ores pour guide,

1558, p. 213, sont bien des Poissons, *Labrax labrax* (Linné) et *L. punctatus* (Bloch), d'autres (loup de mer, Belon, 1553, p. 28) sont des Mammifères ; celui de Du Bartas est évidemment, placé à côté du Muge, un Bar [...]. » Pline, 9, 185 ; P. Gilles, 12, 15.

1 *Langouste* : Monod, p. 14 : « Belon, 1553, p. 349 et 1555 [*sauterelle de mer*], p. 354 *et passim* ; Rondelet, 1558, p. 385. » Pline, 9, 185 ; P. Gilles, *Ex Æliani historia*, 12, 6 ; 13, 11.

2 *Poulpe* : Monod, p. 18 : « Rondelet, 1558, p. 371. » Pline, 9, 83 et 64.

3 *Une sainte maison* : l'arche de Noé. Voir *Sepm.*, II, 1071 *sqq.*

Si que vainqueur des flots et des venteux abois
J'imprime en-fin mes pieds sur le sable Gregeois,
Et d'un vœu solennel je consacre à ta gloire
Mon cœur, ma voix, ma main, et ce beau luth d'yvoire.
La mer à ceste voix sa rage sursoya,
Le Ciel noirci devant tout son front baloya,
Et les vents attentifs à si douces merveilles
Changerent tout soudain leurs bouches en oreilles[1].
Le Dauphin, descouvrant le bord tant souhaité,
Se tourmente à part-soy de s'estre tant hasté,
Et pour plus longuement humer ceste harmonie
Voudroit cent fois plus loin sçavoir sa Laconie*.
Toutesfois preferant l'inesperé salut
D'un si rare sonneur au doux son de son luth,
Il le conduit à terre, et, ce que plus je prise,
{158} La vie il luy redonne, où la vie il a prise.

Il sort de l'eau pour entrer en terre, et parler des oiseaux : qui est la seconde partie de ce livre.

MUSE, mon soin plus doux, sortons avec Jonas[2]*
Du flanc de la Balene : et pour ne floter pas
Toujours au gré du vent, de l'onde, et de l'orage,
Sus, sus mon sainct amour, sus gaignons le rivage.
Cependant qu'attentif je chante les poissons*,
Que je fouille, courbé, les secrettes maisons
Des bourgeois de Tethys*, voyez comme la gloire
Des oiseaux loin-volans vole de ma memoire :
Leur cours fuyart me fuit, et mes vers sans pitié
Retranchent de ce jour la plus belle moitié.
Mais courage, Oiselets* : vos ombres vagabondes,
Qui semblent voleter sur la face des ondes,
Par leurs tours et retours me contraignent de voir
Et quelle est vostre adresse, et quel est mon devoir.

Je vous pri seulement (et ce pour recompense
Des travaux que j'ay pris à vous conduire en France[3])

---

1 *Bouches en oreilles* : les vents ne soufflent plus, ils écoutent Arion.

2 *Avec Jonas* : S. Goulart explique que « les Grecs ayans ouy de loin quelque bruit de la delivrance de Jonas ont brouillé cela, et ont forgé leur Arion. »

3 *À vous conduire en France* : « à partir des ouvrages, latins ou étrangers pour la plupart, dont s'est servi Du Bartas » (Y. Bellenger)

Qu'il vous plaise esveiller par vos accents divers
Ceux qui s'endormiront oyant lire ces vers.
Mais n'ayant peu fermer les veillantes paupieres
Parmi le camp muet des bandes marinieres,
Pourront-ils bien dormir parmi cent mil oiseaux,
Qui font ja retentir l'air, la terre, et les eaux ?
    Le celeste Phœnix[1]* commença son ouvrage
Par le Phœnix[2] terrestre, ornant d'un tel plumage
Ses membres revivans que l'annuel flambeau
De Cairan* jusqu'en Fez[3]* ne void rien de plus beau.
Il fit briller ses yeux, il luy planta pour creste
Un astre flamboyant au sommet de sa teste :
{159} Il couvrit son col d'or, d'escarlate[4] son dos,
Et sa queue d'azur[5], puis voulut qu'Atropos
Luy servist de Venus[6], et qu'une mort feconde
Rendist son aage esgal au long aage du monde.
Car ayant veu glisser dessous un ciel divers
Et cent fois dix æstez[7], et cent fois dix hyvers,
Des siecles abatu, il luy prend une envie
De laisser en depost à la flamme sa vie,

Il commence par le Phœnix unique oiseau de son espece : descrivant la vie, mort et renaissance d'iceluy.

---

1 *Le celeste Phœnix* : Dieu. Sur ce point voir Marie-Madeleine Fragonard, « Le bruit d'ailes dans *La Sepmaine* », *Les Cahiers du Centre Jacques de La Prade*, 1, *Du Bartas*, Biarritz, J & D éditions, 1994, p. 35.

2 *Le Phénix* : Cet oiseau fabuleux est unique, quoi qu'en dise Rabelais, qui, de façon plaisante, avance le nombre de 14 (*Cinquième Livre*, 29, éd. Demerson, p. 871). Voir Hérodote, 2, 30 ; Élien, *Nature des animaux*, 6, 58 ; Ovide, *Métamorphoses*, 15, 392-407 ; Pline, 10, 3 ; Tacite, *Annales*, 6, 28 ; Solin, 36 ; saint Ambroise, *Hexaméron*, 5, 23, 79-80, Belon, *Histoire de la nature des oiseaux*, Paris, G. Corrozet, 1555, 6, 35 ; Gesner, *Historiae animalium*, l. 3, Zürich, Ch. Froschoverus, 1555, p. 663-666. On a cru que c'était le héron, le vanneau huppé, le flamant rose. Cuvier l'identifiait plus sûrement au faisan doré (*Chrysolophus pictus*).

3 *De Cairan jusqu'en Fez* : d'ouest en est.

4 *Escarlate* : le nom égyptien du phénix, *bennou*, renvoie à une couleur éclatante. Le substantif grec φοῖνιξ est à rapprocher d'un autre substantif φοῖνιξ, « la pourpre ».

5 Vers 555-558 : *cf.* Brunetto Latini, *Li livres dou Tresor*, éd. Chabaille, l. 1, part. 5, chap 164, p. 214 : « il a creste sous la maissele d'une part et d'autre, et la plume de son col enqui entor est reluisanz comme fin or arabien ; mais en aval jusqu'à la coe est de color de porpre, et la coe rose [...] ».

6 *Qu'Atropos / Luy servist de Venus* : que sa mort lui servit de naissance.

7 *Cent fois dix æstez* : *cf.* Ovide, *Métamorphoses.*, 15, 395 : « Hæc ubi quinque suæ compleuit secula vitae. »

De mourir pour renaistre, et d'entrer au tombeau
Pour apres en sortir cent mille fois plus beau.
Lors perché sus les bras d'une palme il entasse
Le baume sur le nard le nard dessus la casse :
Et sur le poinct du jour de leurs branches bastit
Son urne, son berceau, son sepulchre, son nid[1].
Cependant qu'il attend qu'une flammesche esprise
A l'odorant bûcher ses os sacrez reduise
En genitale poudre[2], et que ces bois ardans
Finissent non sa vie, ains ses caduques ans,
L'eschanson Phrygien[3]* d'une prodigue aiguiere
Ne verse sur les champs riviere apres riviere :
Les froidureux Trions[4]* ne couvrent de verglas
Les bois* Phœniciens, l'Autan* ne daigne pas
Passer le bord Lybique*, et l'antre Hyperboree*
Retient dans ses prisons captif le froid Boree*.
Car adonc la Nature encontre tout effort,
Soigneuse, tient la main à sa vivante mort,
Et douce, favorise, en fermant tant de bouches,
Ses funebres aprests, sa naissance, ses couches.
Mesme le cler Soleil sur son lict doux-flairant[5]
{160} Jette un de ses cheveux, qui tout soudain s'esprend
Aux rameaux de Sabee[6], et peu à peu consume
De l'immortel Phœnix et la chair et la plume.
Presque en mesme moment de ce cendreux monceau

1 *Son berceau, son sepulchre, son nid* : *cf.* Ovide, *Métamorphoses*, 15, 405 : « cunasque suas, patriumque sepulcrum. »

2 *En genitale poudre* : les cendres dont il doit renaître.

3 *L'eschanson Phrygien* : Ganymède, enlevé par Zeus, en Phrygie, donna son nom à la constellation du Verseau (*Aquarius*). Elle annonce la pluie.

4 *Les froidureux Trions* : les *triones* (Bœufs) sont un autre nom donné aux constellations des Ourses, encore appelées Chariots. Elle dessinent deux figures symétriques de sept étoiles. Virgile, *Géorgiques*, 3, 381 ; *Énéide*, 1, 744.

5 *Son lict doux-flairant* : « Alors que chez Ovide, Pline et Tacite le vieux phénix se décompose pour engendrer le nouveau, c'est chez Martial (*Epigrammes*, 10, 17, 1) et Stace (*Silves*, 3, 2, 114) qu'apparaît le thème du bûcher, par analogie avec les pratiques funéraires romaines. » (Fr. Lecoq, « L'Empereur romain et le phénix », *Phénix : mythe(s) et signe(s)*, Frankfurt, Peter Lang, 2001, p. 28).

6 *Aux rameaux de Sabee* : un rayon de soleil (*un de ses cheveux*) enflamme les palmes.

Naist un ver, puis un œuf, et puis un autre oiseau[1],
Ainçois le mesme oiseau, qui né de sa semence,
Deux cens lustres nouveaux[2] trespassant recommence,
Au milieu du brasier sa belle ame reprend,
Infini par sa fin dans la tombe se rend,
De soy mesme se fait, par une mort prospere,
Nourrice, nourrisson, hoir, fils, et pere et mere :
Nous monstrant qu'il nous faut et de corps et d'esprit
Mourir tous en Adam, pour puis renaistre en Christ[3].

Oiseaux volans apres le Phenix, et leurs naturels.

L'unique oiseau ramant par des sentes nouvelles,
Se void bien tost suivi d'une infinité d'ailes*
Diverses en grandeur, couleur et mouvement,
Ailes que l'Eternel engendre en un moment.

L'Arondelle.

La flairante Arondelle[4]* à toutes mains bricole,
Tournoye, virevolte, et plus roide s'en vole
Que la fleche d'un Turc, qui voulant descocher
Fait la corde au tetin et l'arc au fer toucher.
Ja volant elle chante, et chantant, elle pense
D'employer en lieu seur plus d'art que de despense.
A bastir un palais qui rond par le devant
Servira de modele au maçon plus sçavant[5].
Elle charge desja son bec de pailles fresles,
Et ses ongles de terre, et d'eau ses noires aisles,

---

1 Vers 590 : *cf.* Pline, 10, 3 : « Ex ossibus deinde et medullis eius nasci primo ceu vermiculum, inde fieri pullum ».

2 *Deux cens lustres nouveaux* : Du Bartas se démarque de la tradition selon laquelle la mort volontaire du phénix intervient au terme de 560 ans, et non de 1000 ans.

3 *Renaistre en Christ* : le phénix représente le Christ parce qu'il meurt volontairement et parce qu'il ressuscite. Il représente aussi le Chrétien qui se purifie dans les épreuves. Tertullien, *De resurrectione carnis*, 13 : « Et florebis enim inquit velut phoenix, id est de morte, de funere ». Voir aussi : Ambroise, *Hexaméron*, 5, 23, 79-80 ; pseudo Lactance, *Carmen de aue phœnice* ; Cyrille de Jérusalem, *Catéchèses*, 18 ; Joannes Pierius, *Hieroglyphica*, 20.

4 *La flairante Arondelle* : *Hirundo rustica.* Aristote, *Histoire des animaux.*, 4, 9, 535 b ; Oppien, *Halieutiques*, 1, 729 ; 2, 459 ; 5, 579 ; Élien, *Nature des animaux*, 2, 50 ; P. Gilles, *Ex Æliani historia*, 15, 14.

5 *Modele au maçon* : Plutarque, *Intelligence des animaux*, 974 A : « [...] loüans ainsi hautement les bestes, de ce qu'elles sont dociles à aprendre, veu que Democritus monstre et preuve que nous avons nous mesmes esté leurs aprentifs et disciples és choses principales dont nous avons à faire, comme [...] de l'arondelle en l'architecture [...] » (trad. Amyot). *Cf.* Aristote, *Histoire des animaux*, 9, 7, 612 b ; Pline, 7, 194 ; 10, 93 ; Élien, *Nature des animaux*, 3, 24, 25.

Elle en fait du mortier : et jette proprement
D'un logis demi-rond l'asseuré fondement.

L'Alouette.

{161} La gentile Alouete[1]* avec son tire-lire
Tire l'ire à l'iré, et tirelirant tire[2]
Vers la vouste du Ciel : puis son vol vers ce lieu
Vire, et desire dire Dieu adieu, adieu Dieu[3].

Le Chardonneret. Le Pinçon. La Linote. Le Rossignol.

Le peint Chardoneret[4]*, le Pinçon[5]*, la Linote[6]*
Ja donnent aux frais vents leur plus mignarde note.
Mais tout cela n'est rien au pris de tant d'accords
Que Philomele[7]* entonne en un si petit corps[8],
Surmontant en douceur l'harmonie plus douce
Qui naisse du gosier, de l'archet, ou du pouce.
O Dieu, combien de fois sous les feuilleux rameaux
Et des chesnes ombreux, et des ombreux ormeaux,
J'ay tasché marier mes chansons immortelles
Aux plus mignars refrains de leurs chansons plus belles !
Il me semble qu'encor j'oy dans un verd buisson
D'un sçavant Rossignol[9]* la tremblante chanson :
Qui tenant or' la taille[10], ore la haute-contre,
Or' le mignard dessus[11], ore la basse-contre,

---

1 *La gentile Alouete* : *Alauda arvensis*. Belon, *Histoire de la nature des oiseaux*, 5, 23.

2 Vers 615-616 : *Tire-l'ire* : « onomatopœe, ou fiction de mot à l'imitation du son. » (Thevenin). *Tire l'ire à l'iré* : « belle paranomasie, pour dire, chasse le courrous au fasché. » (Thevenin). Voir D. Wilson, *Descriptive Poetry in France from blason to baroque*, Manchester, PU, 1967, p. 118-120. Voir le *Brief Advertissement* où Du Bartas se justifie sur ce point.

3 *Dieu à Dieu, à Dieu Dieu* : « imitation encor du son de cest oyseau. » (Thevenin)

4 *Le peint Chardoneret* : *Carduelis carduelis*. « Les Grecs le nomment *Pœkilis*, c'est à dire peinturé » (Goulart). Pline, 10, 116 ; Belon, *Histoire de la nature des oiseaux*, 7, 13. Dans l'histoire de Philomèle, que Du Bartas raconte aux vers 620 *sqq.*, Itys est métamorphosé en chardonneret.

5 *Pinçon* : *Fringilla coelebs*. Aristote, *Histoire des animaux*, 8, 3, 592 b. Belon, *Histoire de la nature des oiseaux*, 7, 28.

6 *La Linote* : *Carduelis cannabina*. Belon, *Histoire de la nature des oiseaux*, 7, 16.

7 *Philomele* : Pausanias, 1, 5, 3 ; Ovide, *Métamorphoses*, 6, 424-474 ; Hygin, *Fables*, 48 ; N. Conti, *Mythologiae*, Paris, A. Sittard, 1583, 7, 10.

8 *En un si petit corps* : *cf.* Pline, 10, 81 : « tanta vox tam paruulo in corpusculo. »

9 *D'un sçavant Rossignol* : *Luscinia megarhynchos*. Aristote, *Histoire des animaux*, 4, 9, 536 b ; Élien, *Nature des animaux*, 3, 39 ; *Histoire variée*, 12, 20 ; Pline, 10-81-83 ; Belon, *Histoire de la nature des oiseaux*, 7, 1 ; P. Gilles, *Ex Æliani historia*, 15, 22 ; Gesner, *Histoire des animaux*, l. 3, éd. 1555, p. 569-575.

10 *La taille* : partie intermédiaire entre la basse et la haute-contre.

11 *Le … dessus* : registre le plus haut.

Or' toutes quatre ensemble[1], appelle par le bois
Au combat des neuf sœurs les mieux disantes voix.
A trente pas de là, sous les fueilles d'un Charme,
Un autre Rossignol redit le mesme carme :
Puis, voulant avec luy pour l'honneur estriver,
Chante quelque motet pourpensé tout l'hyver.
Le premier luy replique, et d'un divin ramage
Ajouste à son doux chant passage sur passage,
Fredon dessus fredon, et leurs gosiers plaintifs
Despendent toute l'aube en vers alternatifs.
Mais souvent le vaincu porte si grande envie
{162} A l'honneur du vaincueur, qu'il perd et voix et vie
Tout en mesme moment : et le joyeux vaincueur
Est des autres prisé comme maistre du chœur.
Sur la pointe du jour, d'un chant plein de delices,
Il enseigne la game à cent gentils novices :
Et puis les conoissant dignes d'un plus haut son,
Il leur baille, sçavant, quelque obscure leçon,
Que verset par verset, studieux, ils recitent,
Et la bouche maistresse exactement imitent.

Divers autres oiseaux paisibles.

Le Colchide Phaisan[2]*, le fecond Estourneau[3]*,
La chaste Tourterelle*, et le lascif Moineau[4]*,
La Tourt[5]* beque-raisin, la Pie* babillarde[6],

---

1 Vers 631-633 : *cf.* Pline, 10, 81 : « et secum ipse murmurat, plenus, grauis, acutus creber extentus. »

2 *Le Colchide Phaisan* : le faisan de Colchide ou faisan de chasse (*Phasianus colchicus*) : « il a prins son nom de Phasis, fleuve renommé en Colchide, où premierement il fut trouvé par les Argonautes » (Thevenin). Pline, 6, 13 ; 10, 132 ; Martial, *Epigrammes*, 13, 72 ; Gesner, *Histoire des animaux*, l. 3, éd. 1555, p. 657-662 ; Belon, *Histoire de la nature des oiseaux*, 5, 12.

3 *Le fecond Estourneau* : étourneau sansonnet (*Sturnus vulgaris*). Aristote, *Histoire des animaux*, 8, 16, 600 a ; Belon, *Histoire de la nature des oiseaux*, 6, 29.

4 *Le lascif moineau* : *Passer domesticus*. Aristote, *Histoire des animaux*, 2, 15, 506 b ; 9, 7, 613 a ; Belon, *Histoire de la nature des oiseaux*, 7, 19 et 20 ; P. Gilles, *Ex Æliani historia*, 15, 44 ; Gesner, *Histoire des animaux*, l. 3, éd. 1555, p. 618-624. Pline parle de sa lascivité (10, 107 : « passeri [...] cui salacitas »). P. Gilles la mentionne également, *Ex Æliani historia*, 15, 45 : « lasciui [...] ad res uenereas [...] procliuiores. »

5 *La Tourt* : la grive (*turdus*). Pline, 10, 72, 80, 147 ; Belon, *Histoire de la nature des oiseaux*, 6, 31, *De la grande Grive = Turdus viscivorus* 6, 32, *De la petite Grive = Turdus philomelos* (grive musicienne) ; 33, *Du Mauvis = Turdus iliacus*.

6 *La Pie babillarde* : *Pica pica*. Aristote, *Histoire des animaux*, 9, 13, 615 b ; Élien, *Nature des animaux*, 6, 19 ; Plutarque, *Sur l'intelligence des animaux*, 973 A-E ; Pline, 10, 98 ; Martial,

La friande Perdris*, la Palombe* grisarde,
Le petit Benarric[1]*, mets digne des grands Rois,
Et le verd Papegay[2]*, singe de nostre voix,
Font la court au Phœnix, son divin chant admirent,
Et dans l'or et l'azur de ses plumes se mirent.

Oiseaux de proye.

Le ravissant Escoufle[3]*, à qui la queue sert
De gouvernal fidele : et le faucon[4]* expert
A batre la Perdris, peu soigneux de leurs proyes
Suyvent l'unique oiseau par les celestes voyes,
Avec le Tiercelet[5]*, le Lanier[6]*, le Vautour[7]*,
Le Sacre[8]*, et l'Espervier*, qui de maint souple tour
Caressent le Phœnix, et voguant pres des nues,
Voyent en peu de temps cent marches inconues.

Le Griffon.

A l'isnel escadron de ces voleurs volans[9],
Se joint l'Indois Griffon[10]* aux yeux estincelans,

14, 76 ; Belon, *Histoire de la nature des oiseaux*, 6, 8. ; P. Gilles, 15, 492 ; Gesner, *Histoire des animaux*, l. 3, éd. 1555, p. 666-673.

1 *Le petit Benarric* : Du Monin, *Beresithias*, Paris, H. Le Bouc, 1589, (88 r°) traduit par *picus*. Goulart renvoie à Belon, *Histoire de la nature des oiseaux*, 2, 17, « Du pivoyne » (bacafigue, Tour, Francolin). Dans son édition, Y. Bellenger propose plus justement d'y voir l'ortolan (*Emberiza hortulana*) : « BENARIS ou BENARRIE, noms vulgaires de l'ortolan en Languedoc » (*Nouveau Dictionnaire d'Histoire naturelle*, Genève, 1805)

2 *Papegay* : Pline, 10, 117 ; Martial, *Epigrammes*, 14, 73 ; Belon, *Histoire de la nature des oiseaux*, 6, 12 ; Gesner, *Histoire des animaux*, l. 3, éd. 1555, p. 689-694.

3 *Escoufle* : *Milvus milvus*, le milan royal. Aristote, *Histoire des animaux*, 609 a ; Pline, 10, 28 ; Belon, *Histoire de la nature des oiseaux*, 2, 26 ; P. Gilles, 15, 55 ; Gesner, *Histoire des animaux*, l. 3, éd. 1555, p. 585-590 ; Alciat, *Emblèmes*, 1551, p. 140, « Male parta, male dilabuntur : Miluus edax, nimiæ quem nausea torserat escæ [...] » ; Marot, *Eglogue au Roy sous les noms de Pan et Robin*, vers 218.

4 *Faucon* : *Falco* (nombreuses espèces). Aristote, *Histoire des animaux*, 9, 36, 620 a ; Pline, 10, 20.

5 *Le Tiercelet* : généralement plus petits d'un tiers, que les femelles, les mâles des rapaces (éperviers, autours) reçoivent ce nom.

6 *Le Lanier* : *Falco biarmicus*. « Cet oiseau qu'Aldrovande [*Ornithologiae*] appelle *Laniarius Gallorum* et que Belon [2, 22] dit être naturel en France [...] est devenu rare [...]. Belon lui-même [...] n'en donne pas la figure [...]. Il en est de même de Gesner, d'Aldrovande. » (Buffon, *Histoire naturelle*, éd. 1818, t. 9, p. 131). Aristote, *Histoire des animaux*, 9, 1, 609 a et 9, et 9, 36, 620 a ; Pline, 10, 20.

7 *Le Vautour* : *Gyps fulvus*. Aristote, *Histoire des animaux*, 6, 5, 562 b ; 9, 11, 615 a ; Pline, 10, 113 ; Belon, *Histoire de la nature des oiseaux*, 2, 1 ; 2, 2.

8 *Le Sacre* : *Falco cherrug* (faucon sacre). Belon, *Histoire de la nature des oiseaux*, 2, 14 -15.

9 *Ces voleurs volans* : ces oiseaux sont des rapaces (vers 661, *ravissant*).

10 *L'Indois Griffon* : si Belon (1555, p. 82) et Thevet (*Cosmographie universelle*, 12, 6) le considèrent comme un animal fabuleux, Du Bartas suit les Anciens : Élien (*Nature des animaux*, 4,

A la bouche aquiline, aux ailes blanchissantes,
Au sein rouge, au dos noir, aux griffes ravissantes,
Dont il va guerroyant et par monts et par vaux
{163} Les lyons, les sangliers, les ours, et les chevaux[1] :
Dont il fouille pillard la feconde poictrine
De nostre bisayeule[2], et là dedans butine
Maint riche lingot d'or, pour apres en plancher,
Son nid haut eslevé sur un aspre rocher :
Dont il deffend, hardi, contre plusieurs armees
Les mines par sa griffe une fois entamees,
Se despitant qu'à tort les convoiteux humains
Jettent sur ses thresors leurs larronnesses mains.
O Griffon, puisses-tu si vaillamment combatre
Pour ce mortel venin, que nostre ame idolatre,

Detestation de l'avarice et amour d'argent.

Puissent aveques toy les Dardoises formis*
Si bien veiller pour l'or en leur garde commis[3],
Qu'on perde desormais toute esperance d'estre
Maistre de ce metal, qui maistrise son maistre.
Execrable poison, pour qui nous penetrons
L'antre obscur de Pluton* : pour qui nous esventrons
Nostre mere nourrice, et, vivans dans les mines,
Des clapiers mal-cindrez[4] attendons les ruines :
Et non contens des biens qu'elle produit dehors,
D'un sacrilege fer deschirons tout son corps.
Pour qui nous recerchons outre la Taprobane[5]*

---

27), Pline (7, 10). Il a un corps de lion, une tête et des ailes d'aigle. P. Gilles, *Ex Æliani historia*, 14, 11.

1 Vers 674 : *lyons* est en diérèse (2 syllabes), *sangliers* en synérèse (2 syllabes).

2 *Nostre bisayeule* : la terre qui recèle de l'or. Voir *Sepm.*, III, vers 741-744.

3 Vers 685-686 : sur la nature industrieuse des fourmis, voir Aristote, *Histoire des animaux*, 9, 38 622 b. Sur la légende des fourmis gardiennes d'or chez les *Dardai*, dans les montagnes de l'Inde, voir Pline, 11, 111 ; Hérodote, 3, 102 et 104 ; Mégasthénès (fr. 39) ; Dion de Pruse, *Discours*, 35, 18-22.

4 *Des clapiers mal-cindrez* : « les voutes, et creuz en terre mal voutez et mal estayez » (Thevenin).

5 *La Taprobane* : Ταπροβάνη ; *Tambapamni*. Ceylan, aujourd'hui Sri Lanka. Strabon, 15, 1, 15 ; Ptolémée, 7, 4 ; Pline, 6, 81-83 ; Pomponius Mela, 3, 70 ; Solin, 56, A. Thevet, *Cosmographie universelle*, Paris, G. Chaudière, 1575, 12, 1. « Les Indiens l'appellent *Tenasirim* ou *Tenarisain*, qui en leur langue signifie *terre de délices*. Elle fut découverte l'an 1506 par Laurent, fils de Francisco Almeida [...] ; d'autres disent que ce fut Jacques Lopez de Siquaire [...] en 1509. Cestte isle est extrêment fertile [...]. Il y a aussi quantité de pierres

A travers mille mers une autre Tramontane[1]* :
Et despitant la rage, et des vents, et des eaux,
Descouvrons chasque jour des mondes tous nouveaux.
Pour qui, las ! si souvent le frere vend son frere,
Le pere vend son fils, et le fils vend son pere,
L'ami vend son ami, l'espouse vend l'espoux,
Et l'espoux vend l'espouse[2]. Hé ! que ne vendrions nous,
{164} Pour fournir aux souhaits d'une avarice extreme,
Puis que pour un peu d'or nous nous vendons nous mesmes ?

Oiseaux solitaires et nocturnes.

Pres d'eux je voy ramer le Corbeau[3]* affamé,
La Corneille[4]* aux longs ans, le Cocu[5]* diffamé
Pour supposer ses œufs dans la couche estrangere,
Et les faire couver à leur mere non-mere,
Le Hibou[6]* citoyen des solitaires tours,
Le triste Chathuant[7]*, et toy, qui crains des jours
La trop vive clarté, Cheveche[8]* paresseuse,

---

précieuses [...], ils prétendent que le paradis terrestre étoit dans leur isle. On y trouve des mines de fer et de cuivre : il est certain qu'il y en a d'or et d'argent » (*Le grand dictionnaire* de Moréri). Pour Ptolémée, c'est la limite sud-est de la terre habitée. Dans son *Theatrum orbis terrarum*, énumérant le *Nomenclator Ptolamicus*, Ortelius écrit (éd. Anvers, Plantin, 1674, p. 28) : « Taprobana olim Simondi nunc Salica. »

1 *Une autre Tramontane* : « le pole Antartique » (Thevenin), car le mot désigne l'Étoile du Nord.

2 Vers 699-702 : *cf.* Ovide, *Métamorphoses*, 1, 125-149, en particulier les vers 144-149. Il s'agit là du *topos* du monde renversé : voir E. R. Curtius, *La littérature européenne et le Moyen Âge latin*, Paris, P.U.F., 1956. ; *L'image du monde renversé*, J. Lafond et A. Redondo, Paris, Vrin, 1979. En manchette, dans sa *Beresithias* (f° 89 v°), Du Monin écrit : « Ita Marotus argent qui art les gens. »

3 *Le Corbeau* : *Corvus corax*. Aristote, *Histoire des animaux*, 9, 1 et 31, 609 a et 618 b ; Élien, *Nature des animaux*, 5, 48 ; Pline, 10, 31-33 ; P. Gilles, *Ex Æliani historia*, 15, 39.

4 *La Corneille* : *Corvus corone corone*. Pline, 10, 30 ; 10, 124 ; Belon, *Histoire de la nature des oiseaux*, 6, 2. Sur sa longévité, voir Hésiode, fragment 165 (éd. Br. Snell) ; Aristophane, *Les oiseaux*, v. 610 ; Plutarque, *Disparition des oracles*, 10, 415 C ; Virgile, *Épigrammes*, Paris, Cl. Micard, 1588, f° 446 r° ; Pline, 7, 153 ; P. Gilles, *Ex Æliani historia*, 15, 36.

5 *Le Cocu* : *Cuculus canorus*. Aristote, *Histoire des animaux*, 4, 9, 535 b ; 6, 7, 563 b ; 9, 29, 617 b ; Pline, 10, 25 ; Belon, *Histoire de la nature des oiseaux*, 2, 28 ; P. Gilles, 15, 7 ; Pierius, *Hieroglifica*, 25, 28.

6 *Le Hibou* : *Bubo bubo*. Aristote, *Histoire des animaux*, 8, 3, 592 b ; Belon, *Histoire de la nature des oiseaux*, 2, 31.

7 *Chathuant* : *Strix aluco*. Aristote, *Histoire des animaux*, 8, 3, 592 b ; 9, 1, 609 b ; Belon, *Histoire de la nature des oiseaux*, 2, 32.

8 *Cheveche* : *Athene noctua*. Pline, 10, 34 ; Belon, *Histoire de la nature des oiseaux*, 2, 33. « Cet oiseau est fort hay des autres qui volent de jour. Il n'a pas grand addresse : aussi est-il

Oiseaux aquatiles.

Commune inimitié de l'escadre plumeuse.
 Mais, ô Muse, di-moy quels sont tous ces oiseaux,
Qui quittent, pour voler, les jongs et les roseaux ?
C'est le gourmand Heron[1]*, le Plongeon[2]*, la Sarcele[3]*,
La Cane[4]* au large bec, qui sifle de son aile,
Le Pleuvier[5]*, le Canjar[6]*, le Magot[7]* Escossois
Le Cygne[8]*, qui mourant rend plus douce sa voix
Et celui, qui bastit, environ le solstice
Joignant les flots marins un si ferme edifice,
Que l'homme, en qui reluit le flambeau de raison,
Ne sait ni desmolir, ni bastir sa maison.
Tant qu'il fait dans le nid sa tranquille demeure,
La Sicilide mer tousjours calme demeure.
Car Æole, craignant de noyer ses poussins,
Ne trouble, casanier, nul des golfes voisins.
Le pirate, qui n'a pour maison qu'une barque,
De ses couches le jour en son Calendrier marque,
Et le riche marchant commence de ramer
Soudain que l'Alcyon[9]* se niche dans la mer.

---

surnommé paresseux. » (Goulart)

1 *Le gourmand Heron* : *Ardea cinerea*. Aristote, *Histoire des animaux.*, 8, 3, 593 a ; 9, 1, 609 b ; 9, 18, 616 b -617 a ; Pline, 18, 363 ; Belon, *Histoire de la nature des oiseaux*, 3, 2 ; 3, 3.

2 *Le Plongeon* : *Podiceps cristatus* ; *Podiceps nigricollis*. Aristote, *Histoire des animaux*, 1, 1, 487b ; 5, 9, 542 b ; 8, 3, 593 b ; Athénée, *Deipnosophistes*, 9, 395 E) ; Belon, *Histoire de la nature des oiseaux*, 3, 22 ; 3, 23 ; 3, 24.

3 *La Sarcele* : *Anas crecca*. Aristote, *Histoire des animaux*, 8, 3, 593 b ; Athénée, *Deipnosophiste*, 9, 395 D ; Belon, *Histoire de la nature des oiseaux*, 3, 21 ; P. Gilles, *Ex Æliani historia*, 15, 58.

4 *La Cane* : *Anas platyrhynchos*. Aristote, *Histoire des animaux*, 2, 17, 509 a ; 8, 3, 593 b ; Belon, *Histoire de la nature des oiseaux*, 3, 6.

5 *Le Pleuvier* : *Pluvialis apricaria* ; Belon, *Histoire de la nature des oiseaux*, 5, 18.

6 *Le Canjard* : ou colin ou grifard. Juvénile du *Larus marinus*. Belon, *Histoire de la nature des oiseaux*, 3, 12.

7 *Le Magot Escossois* : *Fulica atra*. Poule d'eau, macroule, diable de mer. Belon, *Histoire de la nature des oiseaux*, 3, 25.

8 *Le Cygne* : *Cygnus olor*. Aristote, *Histoire des animaux*, 1, 1, 488 a ; 2, 17, 509 a ; 8, 3, 593 b ; 9, 12, 615 b ; Platon, *Phedon*, 84e-85 b ; Élien, *Nature des animaux*, 2, 32 ; 2, 36 ; *Lévitique*, 11 : 17 ; *Deutéronome*, 14, 17 ; Belon, *Histoire de la nature des oiseaux*, 3, 1 ; P. Gilles, *Ex Æliani historia*, 14, 23.

9 *L'Alcyon* : Aristote, *Histoire des animaux*, 5, 8, 542 b ; 8, 3, 593 a ; 9, 14, 616 a ; Ovide, *Métamorphoses*, 15, 741-748 ; Pline, 10, 32 ; P. Gilles, *Ex Æliani historia*, 15, 19. Ce sont les fameux « jours alcyoniens » (vers le solstice d'hiver) : Rabelais, *Le Cinquième Livre*,

Le Lange[1]* cependant razant l'ondeuze plaine
Cerche de bras en bras quelque lourde Balene,
Afin qu'il se repaisse : et qu'il puisse, trompeur,
Dedans sa bouche entrer, luy becqueter le cœur.

Oiseaux admirables.

Desja l'ardant Cucuye[2]* és Espagnes nouvelles
Porte deux feux au front, et deux feux sous les ailes.
L'esguille du brodeur aux rais de ces flambeaux,
Souvent d'un lict royal chamarre les rideaux :
Aux rais de ces brandons durant la nuict plus noire
L'ingenieux tourneur polit en rond l'yvoire :
A ces rais l'usurier raconte[3] son thresor :
A ces rais l'escrivain conduit sa plume d'or.
Mais tournons nostre front vers les Isles Moluques[4]*,
Et soudain nous verrons les merveilleux Mamuques[5]*,

---

62 : « [...] jamais n'y a sur mer tempeste. C'est pour faveur que les élémens portent aux Alcyones, oiseaux sacrez à Thétis, qui pour lors ponnent [pondent] et esclouent leurs petits lèz le rivage. » Sur les *Dies Halcyonides*, voir encore Belon, *Histoire de la nature des oiseaux*, 4, 25.

1 *Le Lange* : Th. Monod, p. 14 : « Belon, 1553, p. 78 et 1555, p. 68 [1, 23, De plusieurs oyseaux incognuz] : *Ange ou angelot de mer*; Rondelet, 1558, p. 289 : lange et même "Le lange" dans Thevenin, 1584, p. 497. [...] Pour Holmes, etc., 1, 1935, p. 365, note, "The *lange* must be the Latin *lanius*" donc la pie-grièche [....] » Pigafetta, dans Ramusio (*Primo volume et Terza editione delle Navigationi et Viaggi*, Venise, 1563, 359 v°) écrit que le « laghan », semblable à la corneille, vient ronger les entrailles des baleines qui vont s'échouer pour mourir, alors que le lange reste en vie. Voir aussi Cardan, *de rerum varietate*, Lyon, 1580, 7, 36, p. 284. Cet oiseau vit dans les îles Mariannes.

2 *L'ardant Cucuye* : Du Monin, *Beresithias*, f° 90 r° : « Cucuye quid sit, accipe verbum candidi nescio. » Belon l'ignore. Oviedo, *Histoire des Indes* (15, 18), mentionne cet animal nocturne aux yeux étincelants. Voir aussi Abraham Ortelius, *Théâtre de l'univers*, 1581, p. 7, : « [...] espece d'insecte [...] Les habitans le nomment *Cucuio* [...] de la clairté naturelle de cest animal une chambre tant obscure qu'elle soit [...] pourroit recevoir une lumiere si grande, qu'on en pourroit veoir à lire et escrire [...] ». Il ajoute que cet oiseau vit dans « ceste Isle [...] appellée par ses premiers fondateurs Quisqueia, en apres Haiti, et en depuis Cipanga. Mais les Espaignolz l'ont nommée Espaignole, et aussi l'Isle S. Dominique ». Goulart parle d'un « oiselet ». Cardan, *De subtilitate*, 9, éd. Lyon, 1559, p. 366-367 fait état du « *Cocoyum* ».

3 *Raconte* : recompte. La traduction de Du Monin dans sa *Beresithias* (f° 90 v°) confirme ce sens : « Dinumerat nummos. »

4 *Les isles Moluques* : cet archipel indonésien fut découvert par Magellan. Voir Thomas Porcacchi da Castiglione, *L'isole piu famose del mondo*, Venise, S. Gralignani, 1577, p. 98-100 ; Osorius, *Histoire de Portugal*, l. 13 (éd. 1610, Genève, Crespin, t. 2, p. 189).

5 *Mamuques* : Oiseaux de paradis. Les paradisaeidés (45 espèces) sont des passeriformes. Belon n'en parle pas. Gesner, *Histoire des animaux*, l. 3, éd. 1617, Francfort, Emmelius,

Merveilleux, si jamais l'onde, la terre, l'air,
Vid rien de merveilleux nager, courir, voler.
On ne conoit leur nid, on ne conoit leur pere,
Ils vivent sans manger, le Ciel est leur repaire,
Ils volent sans voler, et toutesfois leurs cours
N'a fin que par la fin de leurs inconus jours.
La Cigoigne[1]* œilladant sa chere Thessalie[2], Oiseaux charitables.
Avec le Pelican[3]*, joyeuse, se ralie :
Oiseaux dignes de los, lesquels, ô Dieu, tu fis
L'un fidele parent, l'autre fidele fils.
Tu fis qu'avec le temps celui-là recompense
Ceux, dont il a receu nourriture et naissance,
Ne couvant seulement sous son corps chaleureux
De ses parens vieillards les membres froidureux :
Ne portant seulement sur ses plumes isnelles[4]
Par le vuide de l'air son pere privé d'ailes :
{166} Ains desrobant encor à son ventre affamé
(Enfans notez ceci) l'aliment plus aimé,
Pour paistre dans le nid ses parens, à qui l'aage,
Debile ne permet d'aller plus au fourrage[5].

---

p. 574-576 : « Luftvogel. Reges insularum Molucarum huius auis argumento inducti sunt credere immortalitatem animarum. » Gesner reprend les observations de Maximillianus Transylvanus (*De Moluccis insulis*, Cologne, E. Cervicornus, 1523, [np. 31]). Voir Thomas Porcacchi da Castiglione, *L'isole piu famose del mondo*, p. 100 ; F. Lopez de Gomara, *Histoire generale des Indes occidentales*, Paris, M. Sonnius, 1569, 9, 36 ; Cardan, *De subtilitate*, 10.

1 *La Cigoigne* : *Ciconia ciconia*. Aristote, *Histoire des animaux*, 9, 13, 615 b ; Platon, *Alcibiade*, 135 e ; Élien, *Nature des animaux*, 3, 24 ; Aristophane, *Les Oiseaux*, v. 1355-1357 ; saint Basile, *Hexaméron*, 8, 176 C-D. ; Belon, *Histoire de la nature des oiseaux*, 4, 10 ; P. Gilles, *Ex Æliani historia*, 15, 3. M. de La Porte, *Les Épithètes*, f° 59 v° : « Cicogne. [...], *pitoyable ou pieteuse.* [...] les jeunes nourrissent les vieux Parons [...] pendant qu'ils vivent. »

2 *Œilladant sa chere Thessalie* : Pline (10, 62) écrit qu'en Thessalie tuer les cigognes, qui débarrassent le pays des serpents, est passible de la peine de mort.

3 *Le Pelican* : *Pelecanus onocratalus*. Aristote, *Histoire des animaux*, 8, 12, 596 b – 597 a ; 9, 10, 614 b ; Élien, *Nature des animaux*, 3, 23 ; Belon, *Histoire de la nature des oiseaux*, 3, 2. ; P. Gilles, *Ex Æliani historia*, 15, 47.

4 *Isnelles* : *Advertissement de G. de Saluste S^r Du Bartas, Sur sa Premiere et Seconde Sepmaine* : « Vrayement je n'ay point souvenance d'avoir [...] donné lettres de naturallité à pas un mot estranger, car *Alme*, *Isnel*, *Quadrelle*, et semblables, sont assez familiers à ceux qui m'ont devancé [...] ».

5 Vers 757-764 : saint Basile, *Hexaméron*, 8, 176 C : « Les cigognes, autour de leur père dont la vieillesse a fait tomber les plumes, se rassemblent en cercle ; elles le réchauffent

Tu fais que cestui-ci blece son propre flanc
Pour sa posterité, qu'il prodigue son sang,
Puis luy redonne force, et qu'il luy prend envie
De faire à ses enfans un transport de sa vie.
Car si tost qu'il les void meurtris par le serpent
Il bresche sa poictrine, et sur eux il respand
Tant de vitale humeur, que reschaufez par elle,
Ils tirent de sa mort une vie nouvelle[1] :
Figure de ton Christ[2], qui s'est captif rendu
Pour affranchir les serfs, qui sur l'arbre[3] estendu,
Innocent, a versé le sang par ses blessures
Pour guerir du serpent[4] les lethales morsures :
Et qui s'est volontiers d'immortel fait mortel,
Afin qu'Adam fust fait de mortel immortel.

Enseignemens proposez à l'home en la consideration du naturel des animaux.

Pere de l'Univers, c'est ainsi qu'és poitrines
Des peres* plus brutaux saintement tu burines
Ce vif souci, qui fait qu'ils ne redoutent pas
Moins la mort de leur fils, que leur propre trespas :
Afin que chasque espece immortelle demeure,
Bien que l'individu l'un apres l'autre meure.
C'est ainsi qu'un lion combat non pour l'honneur,
Ains pour ses fans cheris, que le cruel veneur

---

de leurs propres ailes ; elles pourvoient abondamment à sa nourriture, et, même dans leur vol, lui procurent tout le secours possible, en lui ménageant doucement de chaque côté le soutien de leurs ailes. » (trad. St. Giet, Paris, Cerf, 1968). Voir Plutarque, *Sur l'intelligence des animaux*, 962 E ; Élien, *Nature des animaux*, 3, 23.

1 Vers 765-772 : Belon, *Histoire de la nature des oiseaux*, 3, 2, éd. 1555, p. 154 : « Quand le Serpent a tué les petits du Pelican, qui fait son nid contre terre, les peres en pleurent, et se batants la poictrine se font sortir du sang, dont les petits retournent à vie. »

2 *Figure de ton Christ* : F. Lestringant, *Cl. Marot, de L'Adolescence à L'Enfer*, Orléans, Paradigme, 2006, p. 90 - 91 : « Le Pélican du Psaume 101 [Vulgate, 102, 7] [...] est une créature réprouvée [...] avant que l'apologétique chrétienne ne s'en empare et n'y aperçoive, avec saint Basile notamment, une figure du Christ [...]. C'est l'image [...] du Fils qui s'est offert sur la croix pour laver les péchés du monde. » Saint Augustin, *Enarratio in Psalmum* 101, § 8, *Patrologie latine* de Migne, Paris, 1860, 37, 1299 ; Dante, *Paradis*, 25, 112-114.

3 *L'arbre* : la Croix.

4 *Du Serpent* : Satan. F. Lestringant, *Cl. Marot, de L'Adolescence à L'Enfer*, p. 3 : « Une fresque des frères Jacopo et Lorenzo Salimbeni à Urbino montre le reptile se glissant [...] jusqu'au sommet de la croix où l'oiseau christique a juché son nid. Déjà celui-ci, déployant ses ailes immaculées se perce le sein de son bec, sa blessure vermeille répondant à celles du Crucifié au-dessous. »

Luy enlève du giste[1]. Il choque, il blece, il tue
Le brigand escadron : fremissant il se rue
Où la presse est plus grande, il mesprise les dards,
{167} Les glaives, les leviers : et bien qu'en mille parts
Il soit dardé de traits, il veut en telle guerre
Plustost quitter le jour, qu'un seul pouce de terre :
L'ire est son cataplasme, et ja desja mourant
Pour son cruel trespas ne va tant souspirant,
Que pour les fers conceus de sa race assiegee[2].
C'est ainsi qu'entre nous la mastine enragee
Combat pour ses petis, et d'horribles abois,
Herissee, remplit les orees des bois.
Ainsi le chien* marin[3] souffre dans la marine
Cent fois pour ses petis les travaux de Lucine[4]* :
Car les voyant suyvis par le pescheur ruzé,
Vivans, il les retire en son ventre creuzé,
D'où, passé le danger, ils sortent à la file,
Ainsi que des cachots d'un tenebreux asyle :
Voire, à leurs chers parens mille vies devant,
Revoguent sur la mer aussi sains que devant,
Ainsi la Poule fait rondache de son aile
Pour sauver les poulets qui sont en sa tutele :
Et la Passe deffend de son bec courroussé,
Ses moineaux assaillis dans le mur crevassé.
Si je ne suis trompé j'enten crier la Grue[5]*, La Grue.
Qui ja desja voudroit escrire dans la nue
Le fourchu charactere[6] : et monstrer aux soldats

1 Vers 785-787 : *cf.* Homère, *Iliade*, 17, 133-135 : « [Ajax] pareil à un lion protégeant ses lionceaux – il s'est rencontré avec des chasseurs, alors qu'il menait ses petits aux bois, et, enivré de sa force [...] » (trad. Mazon)

2 Vers 795 : l'esclavage réservé à ses descendants.

3 *Le chien marin* : nom de différents requins de petite taille, comme le *Scyliorhinus canicula*. Aristote, *Histoire des animaux*, 6, 10, 565 a ; Oppien, *Halieutiques*, 1, 734. ; P. Gilles, *Ex Æliani historia*, 11, 8 ; 11, 9.

4 *Les travaux de Lucine* : les douleurs de l'enfantement. « C'est l'un des noms que les anciens donnoient à Junon, laquelle ils invoquoient pour secourir les femmes en leur enfantement. » (M. de La Porte, *Les Épithètes*, f° 152 r°)

5 *La Grue* : *Grus grus*. Aristote, *Histoire des animaux*, 3, 12, 519 a ; Belon, *Histoire de la nature des oiseaux*, 4, 1 ; P. Gilles, *Ex Æliani historia*, 15, 8.

6 *Le fourchu charactere* : le signe de la fourche, le triangle formé par leur vol.

Par son beau reglement le dur mestier de Mars.
Car lors que les troupeaux des grues abandonnent
Le froidureux Strymon[1]*, et qu'en autonne ils donnent
Treves aux nains[2]* du Nord, pour s'en aller trouver
Sous le Lybique Autan* un plus clement hyver,
{168} Un capitaine vole au front de chasque troupe,
Qui les cieux aisement de sa pointe entrecoupe :
Un couple de sergens de long temps aguerris,
Les tenant en bataille, avance de ses cris
Leur trop lente desmarche : et puis quand dans leurs veines
Glisse plus doux que miel le somme, charme-peines,
L'une se met en garde, et fait soigneusement
Et mainte et mainte ronde autour du camp dormant,
Tenant en l'un des pieds, que le sommeil ja presse,
Un caillou, qui tombant accuse sa paresse.
Autant en fait un autre, un autre apres la suit,
Departant justement les heures de la nuict[3].
Le Paon. Là le Paon[4]* estoilé[5], magnifiquement brave,
Piafard, arrogant, d'une desmarche grave
Fait parade, en rouant, des clers rais de ses yeux.
Le Coq. A son flanc j'apperçoy le Coq[6]* audacieux,
Seur resveille-matin[7], veritable astrologue,
Horloge du paisant, frayeur du Lion rogue[8],
Fidele annonce-jour, Roy du peuple cresté,

1 *Le froidureux Strymon* : fleuve de Thrace qui se jette dans la mer Égée. Voir les *Strymoniæ Grues* chez Virgile : *Énéide*, 10, 265 ; *Géorgiques*, 1, 120. Sur le bruit qui accompagne cette migration, voir Martial, *Epigrammes*, 9, 29, 8.

2 *Nains* : la légende des grues qui attaquent les Pygmées est d'abord relatée par Homère, *Iliade*, 3, 2-7, puis par Aristote, *Histoire des animaux*, 8, 12, 596 b ; Oppien, *Halieutiques*, 1, 624 ; Élien, *Nature des animaux*, 15, 29 ; Pline, 7, 10, 58.

3 Vers 825-830 : Aristote *Histoire des animaux*, 9, 10, 614 b ; Plutarque, *Sur l'intelligence des animaux.*, 967 B ; Pline, 10, 58 ; Érasme, *Adages*, 3, 6, 68 : « *Grues lapidem deglutientes.* »

4 *Le Paon* : *Pavo cristatus.* Aristote, *Histoire des animaux*, 6, 9, 564 a ; Pline, 10, 43 ; Belon, *Histoire de la nature des oiseaux*, 5, 2 ; P. Gilles, *Ex Æliani historia*, 14, 34, ; Cardan, *De subtilitate*, Nüremberg, J. Petreius, 1550, 10. *Cf. Sepm.*, IV, 171-176.

5 *Estoilé* : Maurice de La Porte relève ce qualificatif dans ses *Épithètes*, f° 191 v°.

6 *Le Coq* : Pline, 10, 50 ; Belon, *Histoire de la nature des oiseaux*, 1, 19.

7 *Resveille-matin* : Maurice de La Porte relève ce qualificatif dans ses *Épithètes*, f° 67 r°.

8 *Frayeur du Lion rogue* : Maurice de La Porte, *ibid.* : « Le Coq naturellement fait peur au Lion, quand il s'accreste et le gendarme, mais plus encores quand il chante. »

Roy qui se leve et couche avecques la clarté
Qui dore l'univers. J'aperçoy dans la plaine L'Austruche.
L'oiseau* digere-fer[1], qui vainement se peine
De se guinder en haut, pour, gaillard, se mesler
Parmi tant d'escadrons qui voltigent en l'air. Les insectes, en la creation desquels la sagesse de Dieu reluit magnifiquement.
Mon livre, heureux tesmoin de mes heureuses veilles,
Ne rougi de porter les mouches, les abeilles,
Les papillons[2]* cornus, et cent mil autres vers[3]*,
Peints sur ton blanc papier du crayon de mes vers.
Puis qu'ils sont de la main de cest Ouvrier[4], qui, sage
{169} N'obscurcit son renom par un obscur ouvrage :
Et qu'encor chasque jour en eux il nous fait voir
Plus d'effects merveilleux de son divin pouvoir,
Qu'es membrus Elephans, qu'es enormes Balenes,
Et mil autres poissons, qui les flotantes plaines
Tempestent sans tempeste : et pour nous abismer
Vomissent, en ronflant, une mer dans la mer.
Que si le siecle antique un Callicrate[5]* admire, Les mouches.
Pour avoir charpenté je ne sçay quel navire,
D'un artifice tel, qu'un petit moucheron*
Le couvroit haut et bas de son double aileron,
Combien que de ses mains l'industrieux ouvrage
Par luy n'eust peu jamais estre mis en usage :
Admirons, comme il faut, admirons ce grand Dieu
Dont le sacré pouvoir loge en si petit lieu
Un si roide aiguillon, une voix si bruyante,

1 *L'oiseau digere-fer* : l'autruche. *Struthio camelus.* Voir Aristote, *Les parties des animaux*, 4, 14, 697 b ; Oppien, *Cynegétiques*, 3, 482-503 ; Élien, *Nature des animaux*, 14, 7 ; Pline, 10, 1 ; Belon, *Histoire de la nature des oiseaux*, 1, 9 ; 5, 1 ; P. Gilles, *Ex Æliani historia*, 14, 22 ; Cardan, *De subtilitate*, 10.

2 *Les papillons* : Pline, 11, 65 ; R. Belleau, *Les petites inventions*, 1., éd. G. Demerson, Paris, Champion, 1995, p. 157 ; Belon, *Histoire de la nature des oiseaux*, 1, 13 : « certains animaux ællez, tels que sont les Papillons, et autres plusieurs sortes d'Insectes, qui sont engendrez des œufs. »

3 *Vers* : insectes. Pline, 11, 1.

4 Vers 843-847 : voir Y. Bellenger, *Du Bartas et ses divines Semaines*, p. 71.

5 *Callicrate* : ce sculpteur s'était spécialisé dans le minuscule. Il réalisa un chariot d'ivoire qu'on pouvait cacher sous l'aile d'une mouche. Varron, *De lingua latina*, l. 6 ; Pline, 7, 85 ; Solin, 6 ; Élien, *Histoire variée*, 1, 17.

Un cœur si genereux, une ame si prudente.

Les mouches à miel.

Hé ! qui pourroit trouver reglement sous le Ciel,
Plus beau que celui-là de nos mouches à miel[1] ?
Non, non, le cler Phœbus, qui tout autour du monde
Fait d'un cours eternel chasque jour une ronde,
Çà-bas ne void cité dont les loix et les mœurs
Aprochent tant soit peu de l'équité des leurs :
Non celle, qui fuyant la rage d'un Atile*,
Fit un monde nouveau des cachots d'un asyle[2].
En leurs reglez estats je pren si grand plaisir,
Que si j'osoy lascher la bride à mon desir,
Aise, je quitteroy le droit fil de ma lice,
Pour m'esbatre à vanter leur divine police.
{170} Mais si pas un de ceux, dont les hardis pinceaux
Imitent du grand Dieu les ouvrages plus beaux,
N'ose achever la carte, où le docte artifice
D'un Apelle esbaucha la princesse* d'Eryce[3],
Oseroy-je à ce coup sur Hymete[4]* monter ?
Des Abeilles l'honneur oseroy-je chanter ?
Que des chantres Latins l'inimitable Prince[5]*

---

1 *Nos mouches à miel* : les abeilles. Aristote, *Histoire des animaux*, 5, 21,-22, 553 a-b ; 9, 40, 623 a-627 b ; *Génération des animaux.*, 3, 10, 758 b-761 a ; Pline, 11, 11 ; Charles Estienne, *Agriculture et maison rustique*, Lyon, 1578, 2, 159 ; P. Gilles, *Ex Æliani historia*, 16, 21.

2 Vers 871-872 : Venise, considérée comme un modèle de cité. « Ceste ville tresopulente et tresmagnifique [...] fut bastie l'an 420. ou 456. Pour la crainte d'Attila Roi des Huns, qui ruinoit les villes d'Italie. Elle est habitee de beaucoup de peuple de diverses nations, et qui plus est on y court de tout le monde pour y exercer marchandise. » (M. de La Porte, *Les Épithètes*, f° 273 r°)

3 Vers 880 : Apelle, « le prince des peintres » (IVᵉ s. av. J.-C.), mourut avant de terminer une Vénus : « Cet Apelle [...] a esté le premier peintre de son temps, lequel aiant encommencé a despeindre une Venus, par sa mort elle demoura imparfaite, ne se trouvant aucun qui osast entreprendre de l'achever. » (M. de La Porte, *Les Épithètes*, f° 19 r°). La déesse est nommée *princesse d'Eryce*, parce qu'elle avait un temple sur le mont Eryx, en Sicile. Horace, *Odes.*, 1, 2, 33 : « *Erycina ridens* » [riante Erycine] ; Virgile, *Énéide*, 5, 759-760.

4 *Hymete* : « C'est une montagne d'Attique memorable, pour le bon miel qui s'en tire » (M. de La Porte, *Les Épithètes*, f° 130 v°). Charles Estienne : « mons Atticæ, apibus, et optimi mellis copia abundans, quod ab eo Hymettium vocatur. » (*Dictionarium historicum ac poeticum*). *Cf.* Ronsard, *Le Troisiesme Livre des Odes*, 17, *Complainte de Glauque à Scylle nymphe*, vers 1 (*OC*, Gallimard, « La Pléiade » 1993, t. 1, p. 769 ; Laumonier, t. 2, p. 57)

5 *Des chantres Latins l'inimitable Prince* : Virgile.

A ja deux fois chanté sur les rives du Mince[1]* ?
Je ne tairay pourtant ce fecond vermisseau, Les vers à soye.
Qui d'oiseau se fait teigne, et puis de teigne oiseau[2] :
Qui naist ici deux fois[3], qui void deux fois la rive
Du mortel Acheron*, laissant vive et non vive
Sa posthume semence[4] : et qui le tendre crin
Du blancheastre meurier transforme en ce beau lin,
Ce reluisant estain, ceste laine subtile,
Que pour nous non pour soy, curieuse, elle file[5],
Precieuse toison, qui n'ornoit d'autrefois,
Que les membres sacrez des venerables Rois :
Mais le prodigue orgueil des hommes de nostre aage[6],
Profane tellement son magnifique usage,
Que ceux, dont l'estomac abaye apres le pain,
L'estiment moins que rien, si d'un parement vain
Son fil n'est tout couvert d'un de ces metaux rares
Qui d'un feu non-mourant bruslent les cœurs avares[7].
Aigle[8]*, ne cuide pas qu'un superbe mespris L'Aigle.
M'ait gardé de coucher ton nom dans mes escrits,
Je sçay bien que tu tiens tel rang parmi la troupe[9],
Qui de l'air orageux les plaines entrecoupe,
Que fait le Basilic, ou le Dragon fumeux,
{171} Entre les escadrons des serpens venimeux :
Que le lyon parmi les bestes forestieres,
Et le camus Dauphin[10] parmi les marinieres.
Je sçay quel est ton vol, je sçay bien que tes yeux,

1 *Mince* : le Mincio. « Fleuve qui sortant du lac de Garde, faict comme un petit lac aupres de Mantoue (pays natal de Virgile) puis de là s'en va rendre dans le Po. » (Thévenin)

2 Vers 885-886 : il s'agit du ver à soie. Voir Ovide, *Métamorphoses*, 15, 372-374 ; Pline, 11, 75.

3 *Qui naist ici deux fois* : d'abord chenille, le ver à soie devient ensuite papillon.

4 *Sa posthume semence* : les œufs éclosent après sa mort.

5 *Elle file* : *elle* désigne la *semence*, les jeunes chenilles devenant cocons.

6 *hommes de nostre aage* : Du Bartas se fait ici *laudator temporis acti*.

7 *Cf.* Aubigné, *Vers funebres sur la mort d'Estienne Jodelle*, Paris, L. Breyer, 1574, vers 29-30 : « Je me plains de voir l'avarice / Regner en ce siecle tortu. »

8 *Aigle* : Belon, 2, 3-5 ; P. Gilles, *Ex Æliani historia*, 10, 1.

9 Vers 903-904 : la périphrase désigne les oiseaux.

10 *Camus dauphin* : *cf.* vers 425.

Fermes, peuvent souffrir le plus beau feu des cieux.
Mais comme le Phœnix* luit sur mon frontispice,
Tu doreras la fin de mon riche edifice.

Discours notable de l'amour et de la mort d'un aigle.

Sur le bord Thracien* de ces barbares flots
Qui furent heritiers, et du nom, et des os
De la sœur Phrixeane[1]*, et non loin de la place
Où de l'aveugle Heron* la dommageable audace
Alluma, pour guider son nud Leandre[2]* à bord,
Au lieu du feu d'amour la torche de la mort :
Se tenoit une vierge aussi riche, aussi belle[3],
Aussi noble qu'Heron : mais bien plus chaste qu'elle.
Car son cœur aceré tous les traicts rebouchoit
Que l'archer* Paphien[4] contre luy descochoit.
Un jour qu'elle suivoit par les forests espaisses,
Et par les monts pierreux les troupes chasseresses,
Sur le venteux sommet d'un buissonneux rocher,
Dont sans un pasle effroy lon ne peut approcher,
Elle rencontre un nid de deux Aigles jumelles,
Qui, tendres, esprouvoyent de leurs yeux les prunelles[5]*
Contre l'astre du jour : qui de maint tuyau mol
Herissoyent leur eschine, et leur bras, et leur col :
Et d'un gosier ouvert attendoyent la curee
De quelque gras pigeon pris à la picoree.
De ces deux oiselets le plus bel elle prend,
Le met dedans le sein, du mont aspre descend,
Puis tremblant de frayeur fuit d'une jambe ailee :

1 Vers 914-915 : *la sœur Phrixeane* est Hellé, sœur de Phrixos. Alors qu'elle s'enfuyait dans les airs, avec son frère, sur le dos du bélier à la toison d'or, elle tomba et donna son nom à la mer, l'Hellespont (aujourd'hui les Dardanelles). Voir Ovide, *Fastes*, 3, 857-876.

2 *Son nud Leandre* : chaque nuit, Léandre, jeune homme d'Abydos, traversait à la nage le Bosphore pour rejoindre la belle Héro, prêtresse d'Aphrodite à Sestos. Elle lui envoyait un signal grâce à une torche allumée en haut d'une tour. Il se noya un soir de tempête, le vent ayant soufflé la flamme. Quand, au matin, la mer rendit son cadavre sur le rivage de Sestos, Héro se jeta dans les flots. Voir Musée, *De Herone et Leandro* ; *Des Amours de Leander et Hero*, trad. Marot, Paris, Langelier, 1541 ; Strabon, 13, 1, 22 ; Virgile, *Géorgiques*, 3, 258 *sqq.* ; Ovide, *Héroïdes.* 18 et 19.

3 L'histoire de l'aigle et de la belle jeune fille est prise à Pline, 10, 18.

4 *L'archer Paphien* : Cupidon fils de Vénus, honorée à Paphos.

5 *Esprouvoyent de leurs yeux les prunelles* : selon Pline (10, 10) les aigles obligent leurs petits à regarder le soleil. S'ils clignent des yeux ou s'ils larmoient, ils sont considérés comme bâtards et jetés du nid.

{172} Tout ainsi que le loup, qui a ravi d'emblee
L'honneur d'un gras troupeau, à chef baissé s'enfuit,
Et regarde en fuyant si le dogue le suit.
L'aigle est avec le temps si dextrement instruite,
Qu'au premier son puceau[1] bien souvent elle quitte
La proye presque prise : et, soudain se jettant
Sur le poing bien-aimé, va sa dame flattant.
La vierge d'autre part d'une main fretillarde,
Et d'un flateur accent, l'oiseau mignard mignarde,
Et, folastre, le tient beaucoup plus precieux
Que sa perruque d'or, que son teint, que ses yeux.
    Mais comme la rigueur du destin, qui nous presse,
Ait cloué cent ennuis aupres d'une liesse,
La fievre, pour causer par un seul mal deux morts[2],
De cette belle vierge assassine le corps,
Luy ravit l'embon-point, et, pallissante, efface
Les roses et les lis[3] qui decoroyent sa face.
Adonc un mesme acces, un mesme tremblement,
Une mesme langeur travaille esgalement
Et la vierge et l'oiseau, si qu'à les voir il semble
Que la Parque ait filé leurs deux vies ensemble.
L'oiseau forçant son mal abandonne souvent
La frissonnante couche, et souple, poursuyvant
Le plus friand gibier, à sa dame mi-morte
Des cailles, des perdris, et des grives aporte :
Payant en alimens les alimens qu'il prit
De la pucelle main, ains que, brusque, il aprit
De nouer par le ciel, de piller les campagnes,
{173} Et despeupler d'oiseaux les plus hautes montaignes :
Le mal, qui violent lui succoit sans repos
Et des veines le sang, et la mouelle des os,
Investit de son corps la Parque, qui cruelle
Desja l'aigle amoureux à trois briefs jours[4] appelle.

1 *Au premier son puceau* : au premier mot de la jeune fille, sa maîtresse.
2 *Deux morts* : celle de la jeune fille et celle de l'aigle.
3 *Les roses et les lis* : métaphores habituelles de la poésie pétrarquiste.
4 *À trois briefs jours* : « metaphore prise de la coustume judiciaire qui se pratique es adjournemens. » (Thevenin).

Ja le lievre peureux fait cent tours et retours
Sans peur aupres de Seste[1]* : et desja de ses tours
Le viste tiercelet[2] et le faucon approche,
Sans de l'aigle conu redouter l'ongle croche.
Car il couve tout-jour de sa dame le lict,
Il devient casanier, et vivant il ne vit.
Las ! comme vivroit il, voyant si tost ravie
Par la blesme Atropos* la vie de sa vie[3] ?
Or' sur le corps cheri des ailes il ba-bat,
Or' il baise sa face, or' il se couche à plat
Contre son col d'yvoire : et d'un triste ramage
Encor plus des parens attriste le courage.
Trois fois le blond Soleil par ses cours journaliers,
Du Thebain* chasse-monstre a passé les piliers[4],
Depuis que la pucelle a veu la pasle rive,
Où comme au dernier port l'homme mortel arrive,
Sans que jamais l'oiseau, dans ses larmes noyé,
Ait un seul aliment à son ventre envoyé,
Ou fermé l'œil pleureux : tant il a grand envie
D'esteindre vistement sa tristesse et sa vie.
Mais quoy ? s'apercevant que l'un et l'autre effort
Est trop lent pour causer une assez prompte mort,
Forcené tout ensemble et de tristesse et d'ire,
D'un bec desnaturé sa poictrine il deschire :
{174} Il ose ses poulmons coup dessus coup ferir,
Fasché que tant de morts ne le facent mourir.
Mais voici cependant devant l'ardente porte
Du desastré manoir, une troupe qui porte
Le drap noir sur le dos, le cierge dans la main,
La larme sur la face, et le dueil dans le sein :
Qui chargent à la fin la despouille sacree
De l'esprit ja bourgeois de la province astree[5],

1 *Seste* : Sestos, ville de Thrace, sur l'Hellespont, en face d'Abydos.
2 *Tiercelet* : voir le vers 665.
3 *La vie de sa vie* : « la pucelle cause de la vie de l'aigle, comme estant sa Dame et nourrice. » (Thevenin)
4 *Du Thebain chasse-monstre {...} les piliers* : les colonnes d'Hercule, le Détroit de Gibraltar.
5 Vers 1000 : de l'esprit qui s'est déjà établi dans les cieux.

Et fendant l'air de cris, devote, la conduit
Au funebre bûcher. L'aigle de loing la suit,
Et tirassant par l'air ses sanglantes entrailles,
Honnore d'un convoi deux tristes funerailles.
Le funebre Vulcan[1]* n'a si tost entamé
A flots s'entre-suyvans le corps de l'aigle aimé,
Qu'elle jette le sien, qui tout en sang distile,
Plus vistement qu'un traict sur la bruslante pile :
Et bien qu'il soit cent-fois et cent fois repoussé
Par le sacré baston du prestre courroucé,
Il cerche toutesfois la plus espaisse flamme :
Et chantant doucement un obseque à sa dame,
Il se brusle soy-mesme, et mesle heureusement
Ses os avec les os aimez si cherement.
O couple* bien-heureux[2], sur vostre obscure tombe
Tout-jour tout-jour le miel, tout-jour la manne tombe :
Tout-jour tout-jour vos os soyent de myrte couvers,
Et tout-jour puissiez-vous vivre dedans mes vers[3].

FIN.

1 *Le funebre Vulcan* : le feu du bûcher.

2 *O couple bien-heureux* : *cf.* Virgile, *Énéide*, 9, 446 : « Fortunati ambo ! » Du Monin, *Beresithias* : « Pium epiphonema Bartasii. »

3 Goulart ne condamne pas ce quatrain final : « Cecy est adjousté pour closture aux vers precedens, par une licence assez bien seante aux Poëtes, combien qu'aucuns trouvent que la sainteté de ce poëme cy requeroit que l'auteur se retint en cet endroit [...]. »

{175}

SOMMAIRE DU
SIXIEME JOUR

SUYVANT ce que Moyse recite au premier chapitre de Genese, V. 24. etc. que Dieu crea le bestail, les reptiles et animaux de la terre, et finalement l'homme et la femme : le poete deduit le tout en ce sixiesme livre, comprins en deux parties. En la premiere, apres avoir exhorté les enfans de Dieu à contempler les merveilles representees en ce grand theatre du monde, et invoqué le Seigneur tout puissant, il divise les animaux en certains escadrons au front desquels il amene l'elephant, descrit les combats d'icelui contre le Rhinocerot et le Dragon. Apres l'elephant marchent à l'avangarde les animaux servans à l'homme : les venimeux et nuisibles font la bataille. E[t] pource qu'une difficulté se presente ordinairement sur la consideration de tels animaux, le poete la resould doctement, et monstre que Dieu n'est point auteur du desordre avenu au monde ains la revolte d'Adam : que ce pendant il est resté, par la bonté du Createur, assez de prudence et adresse aux hommes pour se defendre alencontre de tels animaux, et les vaincre. Davantage que la providence divine fait qu'iceux s'entremangent, et que l'on en tire plus de profit qu'on n'en reçoit de dommage. Ce qui est confermé par similitudes et exemples propres. A l'arrieregarde sont les animaux farouches et indontez, suivis par le Lion roy de toute l'armee. Là dessus est adjousté le recit memorable du lion et de l'esclave Romain tant celebré en l'ancienne histoire. C'est la fin de la premiere partie. En la seconde, il entre au discours de la creation du petit monde qui est l'homme, en faveur duquel le grand monde a esté basti et fourni de tous ses ornemens necessaires pour la commodité de son roy. Pour cest effect, le poete monstre par une exacte description des creatures qui sont es cieux, en mer, et sur terre, qu'icelles eussent esté faites en vain, si l'homme n'eust esté creé pour dominer sur elles. Ainsi donc, il introduit l'Eternel consultant et comme commandant à soy mesme touchant cest admirable chef d'œuvre, formé non pas d'un coup, ainsi que les autres animaux, ains avec delay et par momens divers. Et pource qu'en ceste creation, la puissance, sagesse et bonté du Createur reluit d'une façon encores plus magnifique, qu'en toutes les œuvres precedentes, ce n'est pas sans cause que le poete invoque derechef ce divin architecte et ouvrier tresadmirable pour estre guidé de sa main à pouvoir representer au vif l'homme {176} formé à son image : Sur ce il represente la matiere dont fut composé le corps de l'homme, ayant le regard eslevé vers les cieux : puis il traite de l'excellence du chef, logis de l'entendement, de la merveille des yeux, des sourcils, et paupieres : consequemment du nez, de la bouche, des dens, des levres, des oreilles haut eslevees et pertuisees obliquement : item des mains, des bras, des genoux, des pieds, nerfs, tendons et os de ce corps : joignant d'une singuliere adresse les remarquables proprietez de ces membres, et descouvr[a]nt par plusieurs beaux traicts la sagesse adorable du Tout puissant en la forme, structure, proportion et liaison d'iceux. Cela fait, il vient à ouvrir la teste, et fait voir les merveilles du dedans : d'icelle il descend au cœur, au poulmon, à l'estomach, au foye, au sang, entremeslant les esprits vitaux, arteres et veines : puis il s'arreste, reconnoissant que l'anatomie du corps humain requiert l'esprit des plus doctes medecins. Se contentant donc d'en avoir presenté comme un eschantillon, il vient à l'autre et principale partie de l'homme, assavoir l'ame raisonnable, dispute de l'essence et substance d'icelle, et refute par beaucoup de raisons ceux qui ont contredit à la vraye resolution que l'on doit suivre et tenir en ces difficultez. En apres, ayant touché un mot du siege d'icelle, il discourt de l'excellence de la memoire, produisant certains exemples notables à ce propos. Puis apres, de la vistesse et promptitude de l'esprit, des sciences qu'il comprend, de ses doctes, exquises, gentiles, esmerveillables et plus qu'humaines inventions, prouvees par histoires d'eslite. A l'occasion dequoy, et comme tout ravi, il fait une conference et rapport de l'image à son patron et vif pourtrait, qui est Dieu : et continue à monstrer l'excellence de l'homme, en ce que son Createur l'establit seigneur et maistre de tous animaux, qui le vindrent reconoistre et receurent leurs noms de lui, qui, despouillé du voile du corps couvrant une si belle clarté qu'est celle de l'ame, luira d'un[e] façon trop plus noble sur les cieux, qu'en la prison de ce monde, comparee à un logis mal acommodé en toutes sortes. Pour la fin il depeint artistement la femme donnee pour aide à l'homme, et sans quoy sa vie serait du tout miserable : monstre par une elegante similitude comme elle fut bastie de la coste d'Adam qui la reconoit et reçoit de la main de Dieu pour chair de sa chair et os de ses os. Il chante tout d'un train leur epithalame, et les commoditez de ceste conjonction, fondees sur la benediction de l'Eternel, en vertu de laquelle aussi toutes autres creatures se maintienent et survivent les unes apres les autres.

{177}

SIXIEME JOUR
DE LA SEPMAINE
DE GUILLAUME DE SALUSTE SEIGNEUR DU BARTAS.

Exhortation à tous ceux qui tendent de la vie presente à l'eternelle, de bien considerer les excellens ouvrages de Dieu representez es vers du Poete.

PELERINS[1], qui passez par la cité du monde,
Pour gaigner la cité, qui, bien-heureuse, abonde
En plaisirs eternels, et pour anchrer au port,
D'où n'aprochent jamais les horreurs de la mort :
Si vous desirez voir les beaux amphitheatres*,
Les arsenals*, les arcs*, les temples, les theatres*,
Les colosses*, les ports, les cirques*, les rempars[2],
Qu'on void superbement dans nostre ville espars,
Venez avecque moy[3]. Car ce grand edifice
N'a membre, où tant soit peu luise quelque artifice,
Que je ne le vous monstre. Hé ! quoy, vous estes las ?
Mes plus chers compagnons, quoy ? vous ne voulez pas

---

1 Au sens étymologique de *peregrinus*, voyageur (voir I, 763). Du Bartas reprend le lieu commun de l'*homo viator*, de l'homme simplement de passage sur cette terre avant d'accéder à la Jérusalem céleste (« aduena sum apud te, et peregrinus », Ps, 39/38, 13, cité dans He, 11, 13) : « le cours de nostre age, / N'est rien qu'un pur exil, un penible voyage » (*La Vocation*, v. 997-998, in *Les Suittes de la Seconde Semaine*, éd. Y. Bellenger, p. 53). La proposition épique, christianisée, se charge ici d'espérance eschatologique (outre l'effet d'écho ménagé avec la clôture du premier Jour, v. 763-766).

2 La cité terrestre revêt l'aspect de l'orgueilleuse Rome. Voir *L'Uranie*, vers 181-184 : « les palais d'or, les superbes theatres, / Les colosses massifs, les piliers orgueilleus, / Les grands arcs triomfaus, les temples sourcilleus, / Les miracles de Memphe, et les amphitheatres » (*The Works…*, éd. Holmes, Lyons et Linker, t. 2, p. 181).

3 Amplification de l'exorde de S. Ambroise : « ingredimini mecum in hoc magnum et admirabile totius visibilis theatrum creaturæ », à l'instar de celui qui fait visiter une ville à ses hôtes (« toto eos circumducit urbis ambitu præstantiora quæque opera demonstrans », *Hexam.*, 6, 1, 2).

Apres avoir couru sur le dos de Neptune*[1],
(Serfs d'Æole* et du flot) si longuement fortune,
Donner un coup de rame, afin d'entrer au port,
Dont, joyeux, ja desja je descouvre le bord ?

Il demande à Dieu la grace de bien discourir sur la creation des animaux terrestres, au devant desquels il fait marcher l'Elephant.

{178} O Pere tout-puissant, sois guide de leur guide :
Verse le miel plus doux[2] de l'humeur Castalide* :
Sur ma langue indiserte[3], et par mes chants veincueurs
Des tigres furieux aprivoise les cœurs,
Dompte les fiers lions[4] : fay, qu'acoisant sa rage,
Tout genre d'animaux me viene faire hommage[5].
Parmi tant d'animaux que ce jourd'huy[6] tes doigts
Firent hostes des champs, des rochers, et des bois
Je voy que l'Elephant*, second chef[7] de leur bande,
Desja du camp brutal l'avantgarde commande :
Digne de telle charge, ou soit qu'on ait esgard
A son dos tourrelé, qui porte maint soudard[8],

---

1 La métaphore maritime, rapportée au lecteur, fait aussi référence au Jour précédent, consacré en partie aux poissons (n. de Thévenin). Même fonction de transition assurée par les proèmes précédents (III, 1-10, et V, 1-6).

2 Le plus doux. Sur cette valeur fréquente du comparatif, voir Gougenheim, *Grammaire*, 61-62.

3 *Topos* du discours préfaciel (*cf.* « ma bouche indiserte », *Seconde Semaine*, éd. Y. Bellenger *et al.*, *L'Imposture*, v. 17). L'invocation est le lieu par excellence où demander « une voix faconde » (I, 7), « un vers disert » (III, 17), « une voix saintement eloquente » (IV, 13).

4 Réminiscence du mythe d'Orphée (« mulcentem tigres », *Géorg.*, 4, 510). Voir *Les Artifices*, vers 505, et *Babilone*, vers 534 (*Seconde Semaine*, p. 239 et 349) ; ainsi que *Les Trophees*, vers 826 (*Les Suittes*, p. 221).

5 L'allusion biblique (Gn, 1, 26-28, et 2, 19-20) prend ici une couleur féodale, qui réapparaîtra au vers 432. S'annonce aussi l'*hommage* du lion à Androclès (v. 394).

6 Déictique à fonction démarcative, qui ramène le lecteur à la chronologie de la création divine et le rend contemporain du 6e Jour. Voir Y. Bellenger, *Le Temps et les jours…*, p. 208-209.

7 Après l'homme, suivant Y. Bellenger (« Roy des animaux » en III, 862, ainsi qu'en VI, 481 et 946), mais la manchette en regard du vers 309 référera au lion (« roy de toute l'armee » pour Goulart, « Sommaire du 6e Jour », comme pour Thévenin, épître liminaire à Charles du Châtelet), placé à la tête de l'arrière-garde et dont le portrait, illustré par l'histoire d'Androclès, conclut cette première partie. La « contre-*Semaine* » de Christophe de Gamon rétrogradera l'éléphant au profit du cheval, longuement décrit (Lyon, Claude Morillon, 1609, 6e Jour, p. 176-179).

8 L'éléphant de guerre, sous l'Antiquité, portait une tour capable de recevoir plusieurs combattants (« toute une garnison », II, 172). Voir l'épithète de Scève, « Tournellé au conflit » (*Microcosme*, 2, 507, éd. Giudici, p. 195). Les Pères voient dans la corpulence de

Ou soit qu'on mette en jeu ceste prudente adresse,
Dont il semble obscurcir des humains la sagesse.
Escolier studieux, il rumine à part-soy
La leçon qu'on luy baille, il revere son roy[1],
Il salue[2] la Lune, il couve en sa poictrine
La doux-cuisante[3] ardeur de la torche Cyprine
Et, sentant d'un bel œil la douce cruauté,
Souspire sous le joug d'une humaine beauté :
Voire, si des Gregeois l'histoire ne nous trompe,
Il escrit quelquefois assez bien de sa trompe[4].
Mais cest esprit subtil, ni cest enorme corps
Ne le peut garantir des cauteleux efforts
Du fin Rhinocerot*, qui n'entre onc en bataille
Conduit d'aveugle rage : ains, plustost qu'il assaille
L'adversaire Elephant, affile contre un roc
De son armé museau le dangereux estoc[5].
Puis, venant au combat, ne tire à l'aventure
{179} La roideur de ses coups sur sa cuirasse dure[6] :

Son combat contre le Rhinocerot.

l'éléphant, qui le rend si apte au combat, une preuve supplémentaire de la sagesse de Dieu (S. Basile, 9, 5, 86A ; S. Ambroise, 6, 5, 33).

1 D'après Pline, *regem adorant* (livre 8, § 3), par référence au roi de Perse, le Grand Roi (Aristote, *Histoire des animaux*, 9, 46, 630b 20). Répété par Cardan, *De la subtilité*, ch. 10 (trad. Le Blanc, 1556, f. 212r°), et par Thevet, *Cosmographie de Levant*, ch. 21, éd. Lestringant, p. 70.

2 Trisyllabique. Sur ce sentiment religieux de l'éléphant, que Paré ne lui reconnaît que pour ensuite le lui dénier, voir J. Céard, « Des animaux et de l'excellence de l'homme », in *Le monde animal au temps de la Renaissance*, Paris, Touzot, 1990, p. 11-25, ici p. 19 et 22-23.

3 Adjectif composé à partir de *doux* adverbial (comme *doux-luisant* et *doux-flairant*), qui prépare le nouvel oxymore du vers suivant. C'est l'éléphant épris d'une bouquetière chez Pline, 8, 13, Élien, 1, 38, et Plutarque, *Quels animaux sont les plus advisez*, trad. Amyot, 1572, p. 516A (cité par Thévenin), dont Montaigne rapportera aussi l'histoire (*Essais*, 2, 12, Pochothèque, p. 738 – voir p. 728, pour l'éléphant repassant sa leçon). Discret écho, dans un registre plus souriant, à l'aigle passionnément épris du 5e Jour ?

4 D'après Pline, 8, 6, allégué par Goulart comme par Thévenin. La référence à l'« histoire des Gregeois » vise-t-elle, à défaut d'Aristote, le *Peri zôiôn idiotètos* d'Élien, qui décrit, lui aussi, un éléphant calligraphe (2, 11), comme l'indique Goulart ?

5 Dans *La Seconde Semaine* c'est une corne de rhinocéros qui fournira à Caïn le coutre de la première charrue (*Les Artifices*, v. 251-252, p. 221).

6 Celle de l'éléphant. *Cf.*, chez Rabelais, le rhinocéros du pays de Satin : « il avoit une corne au mufle, longue d'une coudée, et pointue, de laquelle il osoit entreprendre contre un Elephant en combat, et d'icelle le poignant sous le ventre (qui est la plus tendre et debile partie de l'Elephant) le rendoit mort par terre » (*Cinquiesme Livre*, ch. 29, éd. Pléiade,

Ains choisit, provident, sous le ventre une peau,
Qui seule craint le fil de l'aiguisé cousteau.

Combat du Dragon et de l'Elephant, vif pourtrait des guerres civiles.

Mais l'escaillé Dragon*[1] ne pouvant sans eschelle
Ataquer l'Elephant, se met en sentinelle
Sur un arbre touffu, et presque tous les jours
Guette dessus ce pas l'animal porte-tours[2],
Qui n'approche si tost, que d'embusche il ne sorte,
De son corps renoué sanglant de telle sorte
Le corps de l'Elephant, que l'Elephant ne peut,
Branslant se despestrer des plis d'un si fort nœud :
Ains, comme en desespoir, d'un pas viste il s'aproche
Ou d'un tige noueux ou d'une ferme roche,
Pour contr'eux escacher cil dont l'embrassement
Desja presque le traine au dernier souflement.
A ce coup le Dragon promptement se deslasse
Du corps de l'Elephant, glisse en bas, et r'enlasse
De tant de nœuds estroits ses jambes de devant,
Qu'il ne peut, entravé, se porter plus avant[3],
Tandis que l'Elephant tasche en vain à deffaire
De son mufle ces nœuds, l'impiteux adversaire
Met le nez dans son nez[4] : et, fourrant plus avant
Son effroyable chef, lui clost les huis du vent[5].

---

p. 800). Mais l'expérience tentée en 1517 par le souverain portugais Manuel Ier, sur la foi d'Aristote, de Pline, d'Élien, ne fut guère probante (voir P. Delaunay, *La Zoologie au* XVIe *siècle*, Paris, Hermann, 1963, p. 80).

1 Le *draco* de Pline, 8, 32-34, serpent gigantesque, quasi surnaturel et fabuleux (voir Lucain, 9, 727-733). Son antipathie bien connue pour l'éléphant, qui inspire à Jodelle une longue comparaison dans *Les discours de Jules César* (*Œuvres*, éd. Balmas, t. 2, p. 340-342), est un exemple édifiant de la littérature hexamérale : « draco helefantum ligat, cuius ruina mors victoris est » (S. Ambroise, 3, 9, 40). Paré, *Des animaux* (éd. J. Céard, p. 72-73), reproduit « deux figures de Dragons qui tuent les Elephants », la seconde reprise des *Singularités* de Belon.

2 Au dos « tourrelé », vers 28. Voir les « Elephans chargez de branlantes torelles » de *La Magnificence*, vers 832 (*Les Suittes*, p. 266).

3 Finesse tactique qui illustre chez Corrozet l'emblème « Subtilité vault mieux que force » (*Hecatongraphie*, 55). Tout ce passage ressortit à l'esthétique maniériste de la *linea serpentina* (Cl.-G. Dubois, « La "masse" et l'"artifice" », in *DB et l'expérience de la beauté*, Champion, 1993, p. 55).

4 Libre transposition anatomique, en monosyllabes, pour *in ipsas nares caput condunt* (Pline, 8, 33), « [ils] cachent leur teste dedans leurs narines » (Paré).

5 L'étouffe, l'asphyxie (voir la glose de Thévenin), pour rendre le *spiritum præcludunt* de Pline.

Mais quoy ? bien tost il perd le fruict de sa victoire,
D'autant que tout soudain la beste aux dents[1] d'yvoire
Tombe morte, et tombant, rompt de son poids le corps
Qui la mange dedans, et la presse dehors.
Semblables aux François[2], dont les dextres mutines
Sanglantent leurs couteaux dans leurs propres poitrines[3],
{180} Tandis que sans pitié, d'un fol zele incitez,
Du sang concitoyen ils souillent leurs citez :
Et qu'ore à Moncontour, ore aux champs des Druydes[4],
Ils rougissent, cruels, leurs glaives parricides :
Faisant de leur patrie un funeste tombeau,
Où gist avec ses os du monde le plus beau.
Le Hirable*[5] cornu, le Chameau* trouble-rive[6],

---

1 *Odontes* en grec, *dentes* en latin désignent les défenses de l'éléphant. Mais les naturalistes de la Renaissance discutent la question de savoir si ces défenses sont des cornes ou des dents, en particulier Jérôme Cardan qui rapporte longuement « la dispute de Pausanias et de Philostratus » (*De la subtilité*, ch. 10, éd. 1556, f. 214r°-215r°). « Ce m'est tout un, tranche Rabelais, pourveu qu'entendiez que c'est le vray yvoire » (*Cinquiesme Livre*, ch. 29, p. 800).

2 Même hémistiche (avec *François* au singulier) en V, 135.

3 Image emblématique, depuis Lucain, de la guerre civile (« populumque potentem / in sua victrici conuersum viscera dextra », *Phars.*, 1, 2-3). *Cf.* Ronsard, à propos de la même bataille de Dreux : « Quand la fureur et la civile haine / De nostre sang arrouserent la plaine / Et que la France [...] vit en nos batailles / Nos propres fers en nos propres entrailles » (« Epitaphe de feu M. d'Annebault », v. 127-132, in *Œuvres complètes*, éd. Céard, Ménager et Simonin, t. 2, p. 920).

4 À Dreux, dont le nom est associé aux antiquités gauloises (« Ville de Dreux, le nombril de la France / Sacré sejour de nos Druydes vieux », Le Fèvre de La Boderie, *Diverses Meslanges poetiques*, éd. Gorris, p. 350 – voir aussi *La Galliade*, 2, 246-248, et 3, 258-261, éd. Roudaut, p. 287 et 352). Livrées respectivement en 1569 (3e guerre) et en 1562 (1re guerre), ces deux grandes batailles, acharnées et sanglantes, furent remportées par les catholiques, comme s'en réjouit bruyamment Thévenin. *Cf.* d'Aubigné, *Les Tragiques*, 5, 363-380 et 419-424.

5 Ce nom embarrasse nos commentateurs, qui hésitent entre le *camelopardalis* de Pline et son *oryx*, la girafe et la gazelle chez Belon (« Le jugement en soit au lecteur diligent », conclut Goulart). Il ne se rencontre pas, en effet, dans l'ample inventaire terminologique de Gesner (« De Camelopardali », *Historia animalium*, liv. 1, p. 160-161). Repris par un imitateur de Du Bartas, Philibert Guide (« l'Hyrable portant corne », distingué du « doux, beau, et fuyard Camelopardalite », dans *Les arbres, oiseaux, et autres bestes terrestres*, à la suite de *La Colombiere*, Paris, Robert Le Fizelier, 1583, f. 75 r°-v°), il n'est enregistré que par le dictionnaire français-anglais de Cotgrave (« Hirable. *as* Giraffe »). Thevet la fait plus « cornue » que nature, en lui en attribuant trois : « deus cornes de demi pié sur la teste, une petite au front » (*Cosmographie de Levant*, ch. 39, p. 145, et fig., p. 146).

6 *Cf.* Baïf : « Le chameau ne se plaist à boire, / Qu'il n'ait troublé du pié son eau » (*Mimes*, 2, 905-906, éd. J. Vignes, p. 203).

Animaux servans à l'homme.
Le Hirable.
Le Chameau.
Le Toreau.
L'Asne.
Le Cheval.

Voysinent l'Elephant : et non loin d'eux arrive
Le superbe Toreau*, l'Asne* laborieux[1],
Le Cheval* corne-pied[2], soudain, ambitieux[3],
Aime-maistre, aime-Mars : et dont la brusque adresse
Sert volontairement à la dextre maistresse[4].
Tel sans maistre et sans mors fait de soy-mesme à mont[5],
Se manie à pié coy, à passades, en rond :
Tel suit, non attaché, l'escuyer qui le dompte :
Tel plie le genou quand son maistre le monte :
Tel court sur les espics sans plier leurs tuyaux :
Tel sans mouiller ses pieds voltige sur les eaux[6].

Le Lievre.
Le Lapin.
La Chevre.
La Brebis.
Le Pourceau.
Le Cerf.

En un autre escadron je voy le peureux Lievre*,
Le Lapin* oublieux, et la broutante Chevre*[7],
La laineuse Brebis*, le paresseux Pourceau*,
Et le Cerf* pié-leger, qui chasque renouveau
Perd sa teste rameuse : et, versant maintes larmes[8],
Reclus, gemit long temps la perte de ses armes.

---

1 L'épithète gêne Goulart, tenté, sur la foi de Pline, 8, 167-171, de la transférer sur l'ânesse ou sur la mule. Messie, approximativement cité par Thévenin, en recense les *merveilleuses proprietés* : « Cest animal est paresseux et melancolique, parce qu'il est froid, sec, sans memoire, laborieux, et propre à porter faix » (*Les Diverses Leçons*, 4, 10, trad. Gruget). Voir le *piger asinus* de S. Ambroise, 6, 3, 11, proposé en contre-exemple au chrétien (à l'opposé de l'âne simple d'esprit, dont Agrippa fait l'éloge paradoxal à la fin du *De incertitudine*).

2 Seule épithète de *La Sepmaine* formée à partir de deux substantifs, le premier déterminant le second (voir l'inventaire de M. Wagner reproduit dans l'éd. Holmes *et al.*, t. 1, p. 176, n. 53).

3 Avide de gloire (voir la note et les citations de Thévenin).

4 Obéit à la main de son maître.

5 Se cabre légèrement, pour faire la « levade ». D'autres termes techniques de manège dans le vers suivant (comme en III, 165), qui annonce le célèbre passage des *Artifices*, vers 347-434, où Caïn « [d]onne le premier frein au Cheval indomté » (*Seconde Semaine*, p. 228-234).

6 Merveilleux épique, qui remonte à Homère (*Il.*, 20, 226-229) et à Virgile (*Én.*, 7, 808-811). Voir l'Argonaute Polypheme dans *Les Hymnes* de Ronsard, « si viste et si dispos / Qu'il couroit à pied sec sur l'escume des flots » (éd. Céard *et al.*, t. 2, p. 444, v. 71-72). Motif repris ironiquement dans *La Vocation*, contre le Sodomite dont le « blanc corserot [coursier] / Sans mouiller ses talons marchoit dessus le flot » (*Les Suittes*, p. 44-45, v. 751-752).

7 Thévenin relève – à regret ? – la variante de l'édition originale (*brotonante*). Voir « la Chévre broute-feuille » (*Les Artifices*, v. 292, in *Seconde Semaine*, p. 224).

8 Le cerf pleure, pas seulement pour la rime, mais en raison d'une sécrétion ressemblant à des larmes (« à l'heure / Qu'il se voit prins par l'homme, larmes pleure [...] / Crier mercy par gemir s'esvertue, / Gectant pour voix de souspirs plus de cent », Aneau, *Decade quarte. Le cerf*). Le développement est tiré de Pline, 8, 114-115, cité par Goulart et par Thévenin.

Hé Dieu! quel plaisir c'est de voir tout un troupeau
De Cerfs aux pieds venteux s'esbatre dessus l'eau?
L'un fend premier les flots, l'autre sur son eschine
Apuye, demi-droict, son col et sa poictrine,
Et les autres encor se vont entre-suyvant :
{181} Quand le premier est las le dernier va devant :
Comme en un libre estat[1] un homme seul ne guide
Tousjours par cent travaux de sa ville la bride :
Un mesme magistrat tousjours tousjours n'a pas
Des affaires communs le soin dessus les bras :
Ains, ayant gouverné quelque temps, il descharge
Sur l'espaule d'autruy sa douce-amere charge.
Mais nul des animaux ne sert tant aux mortels
Que le Chien* garde-forts, garde-parcs, garde-hostels Le Chien.
Diligent prouvoyeur, qui d'un nez veritable
Fournit de mets frians des grans Princes la table,
Ami jusqu'à la mort, frayeur du loup rusé,
Peur du craintif larron, veneur bien avisé[2].
Là je voy l'Escurieu*, qui faisant ja du sage,
Sans contempler le Ciel, le temps futur presage : L'Escurieu.
Et met devant son huis un asseuré rempart,
Sachant bien que le vent doit souffler celle part[3].
Je voy l'accort Guenon*[4], la mignarde Belete*, Le Guenon. La Belete.
Le frauduleux Renard*[5], l'odorante Civete*, Le Renard. La Civete.

1 Comparaison politique inspirée par le régime démocratique, comme en II, 79-82 (« Dans la libre cité… »). Voir la « Louange de l'estat Democratic » (manchette de Goulart) dans *Les Capitaines*, vers 921-950 (*Les Suittes*, p. 173-174).

2 Autant que la fidélité du chien envers son maître, c'est cette dernière qualité que soulignaient les *hexamera* chrétiens, en insistant sur ses capacités de déduction pour suivre le gibier à la trace (Basile, 9, 4, 84D; Ambroise, 6, 4, 23). Voir *Les Artifices*, vers 451-460 (*Seconde Semaine*, p. 235).

3 D'après Pline, 8, 138, cité par Goulart et par Thévenin.

4 Le nom, généralement masculin (il ne prendra son sens moderne qu'au siècle suivant), désigne alors un petit singe à longue queue (« à la guenonne », Du Bellay, *Divers Jeux rustiques*, 28, 46). L'épithète est suggérée par le paragraphe de Pline, 8, 216, auquel renvoie Goulart et qui rapporte les divers tours de l'animal. *Cf.* Montaigne, citant le chancelier Olivier : « les Français semblent des guenons, qui vont grimpant contremont un arbre […] jusques à ce qu'elles soient arrivées à la plus haute branche : et y montrent le cul, quand elles y sont » (*Essais*, 2, 17, Pochothèque, p. 997).

5 *Fraudulenta vulpes* (Ambroise, 6, 3, 12 – voir aussi Basile, 9, 3, 82A).

Que le mol courtisan fait cherement chasser
Le Castor ou Bievre.
Par cent morts, et cent mers[1] par delà Tarnasser*[2].
J'apperçoi le Castor* qui, bien avisé, coupe
Ses genitoires faux[3], et les jette à la troupe,
Qui sans peine l'ataint sur le Pontique bord,
Et qui souhaite plus ce gage que sa mort.
Le Herisson.
J'aperçoy l'Herisson*, qui pour porter dommage
A celui qui le suit pour le mettre en servage,
Ses deux pieds paresseux joignant à son menton,
Sur ses cardes[4] se roule, ainsi qu'un peloton.
Le Chameleon.
{182} Mais l'œil du Ciel[5] ne void chose plus admirable

---

1 Double hyperbole (voir la n. de Thévenin) en forme de paronomase, pour railler la mode du musc condamnée vigoureusement par Matthiole, commentateur de Dioscoride : « On en porte non seulement pendu au col, aux oureilles, on en mesle parmi les habillemens, on en parfume des gans, on en tient dans les bourses, dans la bouche, on en parfume la barbe et les sourcils, pour effacer la puanteur des aisselles, les mauvaises senteurs du nez, de la sueur, des vapeurs du corps, pour augmenter les plaisirs de lasciveté, pour estre plus mignon et joli, mais aussi on en fait des patenostres pour sentir bon sous ombre de devotion, tant y a aujourdui d'hypocrisie par le monde » (trad. Des Moulins, liv. 1, ch. 20, p. 51). Voir, dans *La Vocation*, l'invective contre le Sodomite « Qui ne sent rien que mus[c], qu'ambre gris, que civette » (*Les Suittes*, p. 29, v. 294), comme Pharaon (*La Loy*, p. 94, v. 77-78).

2 Royaume des Indes auquel Belleforest consacre un chapitre de sa *Cosmographie* : « une asses belle Province portant le nom de la ville capitale suivant la coustume des Indes, et en l'ancienne region des Mesoliens, au sein Gangetique, du costé Occidental du Gangé, tirant vers le pays de Bengalà : [...] il y a des lyons, sengliers, loups, cerfs, chevreux, et des chats qui font la civette » (tome 2, livre 4, ch. 24, col. 1670-1671).

3 Parce que, explique Matthiole, « le castoree duquel nous usons en medecine, n'est les vrais couillons du bievre, ains certaines boursettes qu'on trouve aux deux eines tant des masles que des femelles » (trad. citée, liv. 2, ch. 23, p. 223). Mais Du Bartas s'en tient à la fable antique de l'auto-castration (Pline, 8, 109), dont la leçon a été relayée par l'emblématique de la Renaissance (Alciat, *Ære quandoque salutem redimendam* ; Aneau, *Decade sixieme. Le Biévre, ou Castor*, « Perdre les biens pour la vie gaigner »). Du Monin, premier traducteur latin de *La Sepmaine*, exprime son désaccord : « negat Sestius, et Jobert[us] ex Rondel[etio] tom. 2. c. ult. et ego » (*Beresithias*, Paris, Hilaire Le Bouc, 1579, f. 98v°, manchette).

4 Métaphore (n. de Thévenin) peut-être suggérée par Pline, 8, 135 (« sans ses aiguillons, c'est en vain que la molle toison des brebis nous eût été donnée ; c'est avec cette peau qu'on laine les étoffes », trad. A. Ernout), à rapprocher des « serancs » du vers 201. La stratégie défensive du hérisson est aussi vantée par la littérature hexamérale (Ambroise, 6, 4, 20), puis par l'emblématique de la Renaissance (Corrozet, *Hecatongraphie*, 17, « Contre les divers assaults d'envie » ; Aneau, *Decade quarte. Le Herisson*, « Car à trop fort picquant, nul ne si frotte ») ; quant à sa prévoyance, suivant Pline, 8, 133, et Plutarque, *Quels animaux sont les plus advisez*, trad. Amyot, p. 515F (cités par Goulart), elle est réservée à la récapitulation finale du 7e Jour, vers 647-652.

5 Variation sur l'image classique de l'*oculus mundi* (I, 455).

Que le Chameleon*, qui reçoit, variable,
Les diverses couleurs des corps qu'il a devant[1],
Et dont le sobre sein ne se paist que de vent[2].

Des animaux venimeux et nuisibles à l'homme.

Mon sang se fige tout, mon estomach à peine,
Pressé de froids glaçons, pousse hors son haleine :
Mes os tremblent de peur, mon triste cœur fremit
Mon poil en haut se dresse, et ma face blesmit,
Et ja devant mes yeux, comme il me semble, nage
D'une cruelle mort l'espouvantable image.
Hé ! qui seroit celuy, qui sans estre estonné,
Pourroit, comme je suis, se voir environné
Des plus fiers animaux qui, pour regner sur terre,
Ont juré contre nous une immortelle guerre ?
[Phœbus] s'effrayeroit, [Hercul] perdroit le cœur[3],
Combien que le premier se chante le vaincueur
Du redouté Python*, et que l'autre se vante
Du Lion Nemean[4] et du Porc* d'Erymanthe.
Quelle roideur de bras, ou quel engin subtil

1 Voir II, 84, et *La Judit*, 5, 169-171 (« Comme un cameleon, qui le bleu reçoit ore, / Or' le jaune, or' le vert, ores la couleur more, / De son prochain object », éd. Baïche, p. 65). Dans l'*Hexameron* de S. Ambroise (5, 22, 77), l'exemple du caméléon illustre le discours paulinien sur la Résurrection.

2 Suivant « l'opinion ancienne et commune » (de Pline, 8, 122, et d'Ovide, *Mét.*, 15, 411-412, cités par Goulart et Thévenin), contre celle de Belon dans le chapitre de ses *Observations*, 2, 34, intitulé « Que plusieurs ayent mal pensé que les Chameleons vescussent du seul vent, sans rien manger » et ironiquement conclu par : « Nature auroit fait tort à cest animal, de luy avoir baillé langue, estomach, et intestins, si elle luy avoit denié de ne manger point, comme plusieurs ont pensé » (Paris, Cavellat, 1555, f. 104v°). Belon lui attribue toutefois la faculté de pouvoir vivre « plus d'un an sans rien manger » (2, 60, f. 125v°).

3 L'établissement du texte fait ici difficulté, puisque notre édition imprime « Hercul s'effrayeroit, Phœbus perdroit le cœur », ce qui rend problématique la co-référenciation avec Apollon au vers suivant (il paraît en effet difficile de donner au numéral *premier*, même corrélé à *l'autre*, le sens de l'indéfini *l'un*). La seconde édition parisienne de 1578 est la seule à proposer « Combien que le dernier », correction peu satisfaisante pour une série limitée à deux termes (*cf.* vers 288). C'est pourquoi nous adoptons à notre tour la leçon de Y. Bellenger, *Phœbus… Hercule…*, qui a pour elle, suivant l'apparat critique de Reichenberger, l'autorité de deux éditions parues du vivant de Du Bartas (Gadoulleau, 1583, et Chouet, 1588).

4 La glose de Goulart, ajoutée ultérieurement, est annexée à la suivante, sur le *Porc d'Erymanthe*. Ces deux exploits herculéens sont aussi rappelés dans les *Sonnets des neuf Muses Pyrenees* (« Le porc erymanthois, le lion nemean », éd. Holmes, t. III, p. 485, son. 6).

Le Crocodile.

Les pourroit garantir du grand brigand* du Nil[1],
Qui nageant, et courant, impiteux, fait la guerre
Aux poissons dans les flots, aux hommes sur la terre[2] ?

Le Dragon.

Ou de ce fier Dragon*, qui tout seul attaqua
La Romulide[3] armee, et contre qui braqua
Regule tant d'engins, qu'il en eut desmolie

L'Aspic.

La cité[4], qui tenoit le sceptre de Lybie ?
Quel ferme corselet, quel conseil pourpensé
Les pourroit garantir de l'Aspic*[5] offensé,
Qui, fidele mari, par plaine, et par montaigne
{183} Pourchasse le meurtrier de sa chere compagne :
Et le sachant eslire entre cent mil humains,
Souvent en plain marché se vange de ses mains ?
Quelle targe d'Ajax* pourroit leurs corps deffendre

Le Basilic.

Du pesteux Basilic*[6] : dont l'haleine peut fendre
Le marbre plus solide[7], et qui dans le cercueil
Peut pousser les humains d'un seul trait de son œil[8] ?

Complainte à Dieu, à cause de la creation de ces animaux,

O Dieu ! s'il est ainsi[9] que pour nostre lignee,
Ceste ronde Maison feut par toy maçonnee :
Las ! pourquoy ce jourd'huy fis-tu ces animaux[10],

---

1 Voir « la beste goulue / Qui dans le Nil brigande » (*Les Capitaines*, v. 240-241, in *Les Suittes*, p. 149).

2 Vers rapportés (n. de Thévenin), qui soulignent la nature amphibie du crocodile, déjà notée par Hérodote, 2, 68. Voir II, 1113-1114.

3 Du latin épique *Romulidæ*, les descendants de Romulus, pour les Romains. Voir les « Palais Romulides » de *La Seconde Semaine* (*Les Colonies*, v. 382).

4 Carthage. Référence historique tirée de Pline, 8, 37 (cité par Goulart et par Thévenin).

5 Serpent venimeux d'Afrique et d'Orient, proche du cobra, rencontré par Belon en Turquie (« Nous trouvasmes aussi le serpent qui a une callosité en maniere de bossette dessus le front, lequel, à nostre advis, est celuy que les anciens ont entendu pour Aspis », *Singularités*, 3, 51, f. 210r°). Sa vengeance est décrite par Pline, 8, 86, cité par Goulart et Thévenin.

6 Enchaînement peut-être suggéré par le célèbre verset : « super aspidem et basiliscum ambulabis » (Ps, 91/90, 13 – voir *infra*, v. 195-196). DB a déjà fait du basilic, suivant l'étymologie grecque, le roi des serpents (V, 905). Sur ce reptile à la Renaissance, voir la mise au point de M.-M. Fontaine dans son édition de l'*Alector* d'Aneau (t. 2, p. 575-578).

7 Surenchère par rapport à Pline, 8, 78 (« rumpit saxa »), cité par Goulart et par Thévenin.

8 Toujours d'après Pline, 29, 66, cité par Goulart. Voir *L'Imposture*, vers 121-122 (*Seconde Semaine*, p. 103). C'est l'attribut prêté à la dame dans la poésie amoureuse d'inspiration pétrarquiste (« Mon Basilisque », Scève, *Délie*, 1er dizain).

9 s'il en est ainsi, s'il est vrai.

10 Objection attendue, déjà exprimée par la littérature hexamérale : « Que nul, pour autant, ne s'en prenne au Créateur, d'avoir introduit par surcroît des animaux venimeux

Qui ne servent de rien que pour combler de maux
Nostre espineuse vie ? ô parastre, et non pere[1],
Si tu prenois plaisir à former la Vipere*,
Le Stinc*[2] Alexandrin, et le Cenchre*[3] endormant,
Le Ceraste*[4] cornu, le Chelydre*[5] fumant,
L'esmaillé[6] Scorpion*, et la Dipse* alterante[7],
Pourquoy les armois-tu d'une ire si nuisante [?]
Pardon, bon Dieu, pardon, ce n'est pas toy Seigneur,
Qui troublas de nos ans le commencé bon-heur :
C'est nostre orgueil[8], qui fit en l'enfance du monde[9]

en laquelle ayant proposé la tentation commune à tous hommes pensans aux malheurs dont ils sont environnez : en cest endroit le poete se resould,

---

qui peuvent ruiner notre vie et nous sont hostiles. Ou bien il faudrait faire les mêmes reproches au maître qui ramène à l'ordre une jeunesse légère, et qui use des coups et du fouet pour réprimer son indiscipline » (S. Basile, 9, 5, 86D, trad. S. Giet) ; « Nec hoc quispiam reprehendat, quod creator serpentis creaturis suis et alia vel animantium vel herbarum genera venenata miscuerit. Nata sunt enim hæc ad correptionem nostram, non ad deformationem » (S. Ambroise, 6, 6, 38). Voir S. Augustin, *De Genesi contra Manichæos*, 1, 16 ; et S. Thomas, *Somme théologique*, 1[a], q. 72, art. unique, § 6.

1 Variation chrétienne sur le lieu commun antique de la nature ou de la terre *nouerca* (déjà repris en III, 766). Voir *Les Furies*, vers 141 (*Seconde Semaine*, p. 154).

2 Le *Trésor de la langue française*, *s.v.* « Scinque », ne date le mot que de 1611 (« a kind of small land Crocodile », Cotgrave), alors qu'il se rencontre déjà chez Aneau, *Decade sixieme. Le Stinc ou Scinc*, chez Rabelais, *Quart livre*, ch. 64 (éd. Huchon, p. 692), et dans l'addition de Du Pinet au chapitre de Pline sur les crocodiles (éd. 1581, p. 310).

3 « A greenish Serpent, or Snake, whose bodie is covered all over with skales, and spots resembling Millet seeds (those that be flung by him fall into a Letargie, and sleeping, die) » (Cotgrave).

4 « A most venomous serpent, called otherwise (and the more properly in French) *serpent cornu* » (Cotgr.). Sa peau sert aux sombres mixtures de la sorcière Erictho (*Pharsale*, 6, 679) et de Catherine de Médicis (*Les Tragiques*, 1, 927).

5 « A most venomous, and stinking Snake, or Serpent ; rough-scaled, broad-headed, and of a darke tawnie colour » (Cotgr.). L'épithète est une probable réminiscence de Lucain (« tractique via fumante chelydri », 9, 711). – Le « Preste venimeux » de l'édition originale est le *prester* de Lucain (9, 722 et 789-804), dont la morsure est « un venin pernicieux aux hommes » (Belon, *Singularités*, 1, 45, f. 41r[o]).

6 Y. Bellenger, puis G. Banderier, se sont interrogés sur la pertinence de cette leçon, le second faisant observer que Goulart n'explique pas le mot (« Une poétique de l'encyclopédie... », in *Transmission du savoir dans l'Europe des* XVIe *et* XVIIe *siècle*, Champion, 2000, p. 253-254). Thévenin toutefois glose *esmaillé* par « madré », avec renvoi à III, 604 : « madré est tacheté comme pantheres. Aussi distinguent Ælian, Avicenne, Albert, et Pline neuf sortes de Scorpions distingués seulement en diverses sortes de couleurs ». Voir *Les Colomnes*, vers 518 (*Seconde Semaine*, p. 469).

7 Nouvelle épithète redondante (comme *cornu*, au vers précédent), mais sans doute révélatrice du souci pédagogique, « didascalique », qui anime le poète de *La Sepmaine*. La dipse est encore mentionnée dans *La Loy*, vers 342 (*Seconde Semaine*, p. 103).

8 Sur l'orgueil comme cause de la Chute, voir S. Augustin, *La Cité de Dieu*, 14, 13-14.

9 Sous-titre de la future *Seconde Semaine*, qui s'ouvrira précisément sur le livre d'*Eden*. *Cf.* I, 177-178.

monstre que le peché d'Adam attire toute confusion, et que Dieu ami des hommes leur donne prudence pour se defendre et pour vaincre, destruit tels animaux les uns par les autres, ou fait que l'on en tire plus de profi[t] qu'on n'en reçoit de dommage.

De deux cruels venins l'Amphisbene* feconde.
Avant que contre toy Adam se revoltast,
Et que du fruict sacré, curieux, il goustast,
Il vivoit Roy d'Eden, sans avoir au front peinte,
Comme il a maintenant, la blesmissante crainte.
Les plus fiers animaux volontiers fleschissoyent
Leur col dessous son joug, et prompts obeissoyent
A sa voix[1], tout ainsi que le cheval adextre
Obeit à la bouche, à la gaule, à la dextre
{184} De l'escuyer accort : et, farouche, ne suit
Son vueil propre, ains le vueil de cil qui le conduit.
Mesme, comme oublieux d'une si lasche offense,
Tu luy laissas encor suffisante prudence,
Pour fouler, quand il faut, de ses veincueurs talons
Le chef des animaux qui sont les plus felons[2].
De tant de corps vivans, qui par les airs se jouent,
Qui marchent par les champs, qui dans les ondes nouent[3],
Tu munis l'un de dens, l'autre d'un bec crochu,
L'autre d'un noir venin, l'autre d'un pié fourchu,
L'autre d'espais serancs, l'autre d'une aspre escaille,
L'autre d'une cuirasse, et l'autre d'une maille[4].

---

1 « L'idée que le péché a fait perdre à l'homme sa domination sur les animaux appartient à la topique de l'hexameron » (K. Reichenberger, *Themen und Quellen…*, p. 234, où réf. [notre traduction]). Se pose plus précisément la question de savoir « Utrum post peccatum venenosa animalia noxia facta fuerint, an propter peccatum nocere cœperint, prius facta innoxia », examinée par Pierre Lombard : « Sane dici potest, quod creata nihil homini nocuissent, si non peccasset : puniendorum namque vitiorum et terrendorum, vel probandæ vel perficiendæ virtutis causa nocere cœperunt. Fuerunt ergo creata innoxia, sed propter peccatum facta sunt noxia » (*Sententiæ*, 2, 15, 3, d'après S. Augustin, *De Genesi ad litteram*, 3, 15).

2 Réminiscence scripturaire : « Super aspidem et basiliscum ambulabis : et conculcabis leonem et draconem » (Ps, 91/90, 13, d'après Gn, 3, 15), cité par Basile, 9, 6, 86E, et par Ambroise, 6, 6, 38.

3 Rime récurrente dans la poésie à visée encyclopédique, par ex. dans les *Hymnes* de Ronsard (« Tous les oiseaux qui parmy l'air se jouent, / Tous les poissons qui par les ondes nouent », éd. Céard *et al.*, t. 2, p. 528).

4 À Cicéron, *De natura deorum*, 2, 47, 121, et Lactance, *De opificio Dei*, ch. 2 (allégués par Thévenin), on ajoutera Pline, 7, 2, qui dresse aussi l'inventaire des divers *tegumenta* dont la nature a doté les animaux, contrairement à l'homme, « les armant de coquilles, de gousses, ou pelures, de cuyrs, de pointes, de laine, de poil, de bourre, de soye, de plumes, de pennes, d'escailles, et de toysons » (trad. Du Pinet. Voir Montaigne, 2, 12, Pochothèque, p. 715).

Mais tu fis l'homme nud[1], lui donnant seulement,
Au lieu de ces harnois, un subtil jugement,
Qui se rouille, engourdi, si pour mettre en espreuve
Sa constante valeur[2], quelquefois il ne treuve
Sujet pour s'exercer : et si de toutes pars
Il n'est comme assiegé d'adversaires soudars[3].
Et que sert à Milon* ceste espaule si large,
Et ce bras si nerveux, si jamais il ne charge
Qu'un fais accoustumé ? quelle ache, quel laurier,
Quel olivier, quel pin ceindra son front guerrier,
Si quelque autre Milon sur l'honnorable piste
A ses vantez efforts, courageux, ne resiste ?
Au milieu des perils la prudence reluit,
Et la vraye vertu les couronnes poursuit
A travers mile morts : sachant que la victoire,
Qui n'aporte danger, n'aporte point de gloire[4].
O Pere de ce Tout[5], seulement tu n'as pas Animaux nuisibles les uns aux autres pour le soulagement de l'homme.
{185} Pourveu l'homme de sens, pour gauchir au trespas
Dont il est menacé par tant et tant de pestes :
Ains pour l'amour de luy tu as rendu funestes
Les Serpens aux Serpens, et leur as suscité
Maint cruel ennemi, qu'ils n'ont point irrité[6].

1 Lieu commun de la *miseria hominis*, depuis Lucrèce, 5, 222-227, et Pline, 7, 2, mais renversé en motif de *dignitas* par Lactance, *De opificio Dei*, 2, 6. Voir Boaistuau : « encore qu'il vienne nud sur terre et sans aucunes armes (ce qui n'advient aux bestes qui ont cornes, ongles, griphes, poil et escailles) il est pour son grand profit et advantage armé d'entendement, et vestu de raison » (*Bref discours...*, éd. Simonin, p. 79).

2 la valeur de sa constance, de sa fermeté. Réminiscence du *vel probandæ vel perficiendæ virtutis causa* de Pierre Lombard (cité *supra*, p. 318, n. 1) ?

3 Sur la vertu qui se fortifie à l'épreuve des vices, voir Lactance, *Institutions divines*, 6, 15 : « Ubi vitia non sunt, nec virtuti quidem locus est, sicut nec victoriæ quidem, ubi aduersarius nullus est ». *Cf.* l'*Academie Françoise* de La Primaudaye, ch. 5 : « lors que la Vertu est plus oppressee par ses ennemis, plus elle resplendit de gloire ».

4 Maxime pré-cornélienne (« A vaincre sans péril on triomphe sans gloire », *Le Cid*, 2, 2).

5 Déjà salué ainsi en I, 641. Voir K. Reichenberger, « Namenregister. Die Namen Gottes », en appendice de son édition, p. 187-188 ; et M.-M. Fragonard, « Les métaphores d'un Dieu sans nom », in *DB et l'expérience de la beauté*, p. 70.

6 En raison d'une contrariété et inimitié naturelles. Cette question des antipathies (et sympathies) entre êtres vivants, déjà traitée par Pline, est inlassablement reprise à la Renaissance, entre autres par Érasme, *De amicitia*, par Antoine Mizauld, *Recueil des sympathies et antipathies*, et par Ambroise Paré, au ch. 21 du livre *Des animaux et de l'excellence*

La Vipere, Le Scorpion et leurs petis.

Tu fais, ô Tout-puissant, que l'ingrate Vipere
Naissant, rompe les flancs de sa mourante mere[1],
Et que le Scorpion* du sang de ses petis
Soule gloutonnement ses cruels appetis :
Et qu'un d'eux, eschapant[2] la fureur paternelle,
Se venge par sa mort[3] de la mort fraternelle.

La Belete et le Serpent.

Tu fais que la Belete* ait un secret pouvoir
De meurtrir le Serpent si dangereux à voir[4] :
Qui, se voyant surpris, plein d'ire, s'esvertue,
Tuant de son venin le venin qui le tue.

L'Ichneumon et l'Aspic.

Tu fais que l'Ichneumon*[5] en Egypte adoré[6],
Afranchit de poissons le marge labouré
Du fleuve Memphien* : et qu'au besoin il use,
Pour se rendre vaincueur, moins d'effort que de ruse.
Celui qui fait armer son ennemi mortel
Par le sanglant deffi d'un superbe cartel[7],
Premedite ses coups, façonne sa posture,
Et couvre tout son corps d'une si juste armure,

---

de l'homme (éd. J. Céard, p. 88-95, d'où nous tirons nos références). Voir *Les Furies*, vers 31-40 et 61-66 (*Seconde Semaine*, p. 144-149).

1 Suivant une croyance qui remonte à Hérodote, 3, 109, et à Pline, 10, 170 (cité par Thévenin). Reprise par Basile (9, 5, 85B), elle est interprétée allégoriquement par Prudence comme la figure de l'âme corrompue (*Hamartigenia*, v. 581-620). Voir l'invective de Ronsard aux ministres protestants : « Vous ressemblez encore à ces jeunes viperes, / Qui ouvrent en naissant le ventre de leurs meres » (*Continuation du discours des miseres*, v. 91-92, éd. Céard *et al.*, t. 2, p. 999). Du Monin, en regard de sa traduction latine, lance ce rappel à l'ordre étymologique : « Hoc est insania pedago[gorum] vipperam quod vi, non quod viuum pariat somnantium » (*Beresithias*, f. 100v°, manchette).

2 échappant à, évitant. Le verbe se construit directement au XVIe siècle (Gougenheim, *Grammaire...*, p. 157).

3 par la mort du père, d'après Pline, 11, 91 (cité par Thévenin). Nouvelle manchette railleuse de Du Monin : « Ex hoc scorp[ione] qui est nepa ganeonem dictum nepotem doceo grammaticulos » (*ibid.*).

4 D'après Pline, 8, 79 (cité par Goulart et Thévenin). Voir vers 167b-168.

5 Ou mangouste (mais le mot, d'origine orientale, n'apparaît qu'à la fin du XVIIe siècle). Grévin lui consacre un chapitre de ses *Venins*, en forme de digression : « Le Rat de Pharaon est nommé par les Grecs et par les Latins qui ont retenu le mesme nom, Ichneumon, ce qui se pourroit tourner en nostre langue Cercheur [...]. Il a esté ainsi nommé pour autant qu'il va cerchant les œufs tant de l'Aspic que du Crocodile, pour les casser et destruire » (livre 1, ch. 9, p. 69).

6 Hérodote, 2, 67, le mentionne parmi les animaux sacrés des Égyptiens.

7 Lexique du duel (voir encore *l'appelé*, v. 243). La comparaison est reprise de Plutarque, *Quels animaux sont les plus advisez*, 512C (cité par Goulart et par Thévenin).

Que l'appellé ne peut durant l'ardeur du choc
Trouver lieu descouvert pour ficher son estoc.
Luy de mesme plustost que commencer la guerre
Contre le louche[1] Aspic, d'une gluante terre
Couvre son tendre cuir, et fait que puis apres
Le blond Titan* la seche avec ses tiedes rais.
{186} Armé de ce plastron, de l'Aspic il s'aproche,
Et, fin, dans son gosier enfonce sa dent croche[2],
Cependant que l'Aspic employe son effort.
A fausser l'espaisseur d'un corselet si fort :
Ce prudent animal se sentant trop debile,
Pour tout seul attaquer l'escaillé Crocodile,
Avec le Roitelet*[3] complote son trespas :
Roitelet[4] qui voyant que ce guetteur de pas
Presse, pour s'endormir, la limonneuse rive,
Lors qu'il y pense moins contre son flanc arrive,
Entre dedans [sa] bouche, et se voyant dedans,
Nettoye son palais, cure ses cleres dens,
Chatouille son gosier, tant que la beste louche,
Charmee[5] de plaisir ouvre encor plus sa bouche.

L'Ichneumon et le Roitelet contre le Crocodile.

1 Le combat de l'ichneumon avec l'aspic est décrit par Pline, 8, 88 (cité par Goulart et par Thévenin), qui attribue à ce serpent une vue faible (*hebetes oculos*, § 87).

2 Le gosier de l'aspic (d'après Pline, 8, 88, *inuadat in fauces*), la dent de l'ichneumon : même jeu sur les possessifs qu'au vers 46. Plutarque rapporte ces préparatifs au combat contre le crocodile, comme après lui Montaigne : « l'ichneumon, quand il doit venir aux prises avec le crocodile, munit son corps, l'enduit et le croûte tout à l'entour, de limon bien serré et bien pétri, comme d'une cuirasse » (*Essais*, 2, 12, Pochothèque, p. 718). Voir aussi Paré, *Des animaux et de l'excellence de l'homme*, ch. 16, contre le crocodile, et ch. 21, contre l'aspic (éd. Céard, p. 66 et 89).

3 Le *trochilus*, c'est-à-dire le pluvier d'Égypte, confondu dès l'Antiquité avec un oiseau plus petit, le *rex auium*. Mais son active complicité avec l'ichneumon ne va pas de soi, comme le note Goulart. Hérodote, 2, 68, et Pline, 8, 90, décrivent entre le crocodile et le roitelet un échange de services, qui fournit à l'ichneumon, explique Pline, l'occasion propice. Plutarque fait même de l'oiseau un allié du reptile, version suivie par Montaigne : « le roitelet sert de sentinelle à ce grand animal : et si l'Ichneumon son ennemi s'approche pour le combattre, ce petit oiseau, de peur qu'il ne le surprenne endormi, va de son chant et à coup de bec l'éveillant, et l'avertissant de son danger » (*Essais*, 2, 12, p. 748).

4 Reprise emphatique, au service du « sublime continu » (J. Rieu, in *DB poète encyclopédique*, Lyon, La Manufacture, 1988, p. 304).

5 Trisyllabique. Voir aussi Baïf : « Le grand et cruel Crocodile / Soufrira qu'un petit trochile / Dedans sa gueule se paistra : / Non qu'il l'aime pour luy bien faire : / Mais bien pour en avoir à faire / A curer ses dents le lairra » (*Mimes*, 2, 877-882, éd. J. Vignes, p. 202).

L'Ichneumon tout soudain se lance comm' un traict
Dans le gosier brigand : et, veinqueur, se repaist
De ce corps si goulu, que la riche abondance
Du grand Nil ne pouvoit fournir à sa despence.
Mais je diroy bien plus, que l'humaine raison

L'homme tire des serpens et animaux venimeux le contrepoison à leurs venins.

Change la mort en vie, en santé la poison[1] :
Si que contrepesant d'un[e] juste balance
Et les biens et les maux, que l'humaine semence
Reçoit diversement de ces fiers animaux,
Nous verrons que les biens pesent plus que les maux.
  Despestré de serpens, le danger je n'evite.
Car las ! voici venir un felon exercite

Des animaux farouches et indontez.

D'animaux indomtez, de qui l'affreus regard,
L'espouventable voix et le maintien hagard
Prive de sens mes sens, retient ma voix contrainte,
{187} Et me fait desireux de[2] ma premiere crainte.

L'Ours.
Le Loup.
Le Sanglier.

Ja desja l'Ours* jeusneur[3], le Loup* degaste-parcs[4],
Et le Sanglier* baveux[5] bruyent de toutes pars.

L'Once.
Le Leopard.
Le Tigre.

Ja l'Once*[6], au front de chat, esbranlant mon audace,
D'un gosier groumelant du trespas me menace.
Le madré[7] Leopard*, le Tigre*[8] au pié leger

---

1 La littérature médicale de la Renaissance relaie les leçons de Nicandre et de Pline sur les remèdes qu'on peut tirer des animaux à venin.

2 regretter.

3 Durant l'hibernation (Pline, 8, 107, cité par Goulart et par Thévenin). Sur les leçons morales qu'en tire l'emblématique du temps, voir J.-Cl. Margolin, « Sur quelques figures de l'ours à la Renaissance », in *Le monde animal {...}*, *op. cit.* [p. 309, n. 2], p. 219-242, ici p. 232-233.

4 Mot ajouté par une main ancienne, en regard de l'article « Loup », dans l'exemplaire des *Epithetes* de La Porte conservé à la B. M. de Troyes (et à présent numérisé sur Gallica).

5 Variation bartasienne, dissyllabique, sur l'épithète attendue *escumeus* (enregistrée par La Porte) qui est réservée au léopard et au tigre, quatre vers plus loin. Voir le sanglier « sans bave, et sans rage » de *Babilone* (*Seconde Semaine*, p. 349, v. 533).

6 Sous l'entrée *Once, Lonce ou Lynce*, La Porte donne la définition suivante : « C'est une beste du genre des loups cerviers, mouchetee par tout le corps de taches noires, qui a la veuë fort aguë ». Voir la « Lonce felonne » des *Furies*, à qui, par le jeu des vers rapportés, est aussi attribué le grommellement (*Seconde Semaine*, p. 162, v. 241-244).

7 Qualifie un bois veiné et tacheté, ici par extension le pelage d'un fauve (le sens moral n'est pas attesté avant la fin du XVIe siècle). C'est l'épithète de nature du léopard bartasien (*L'Arche*, v. 375, in *Seconde Semaine*, p. 293).

8 Fauve encore mal connu, que les touristes français pouvaient découvrir dans les ménageries de Florence : « les Lions et Afriquanes (ainsi nommiez vous, ce me semble, ce

Escumans de fureur, me vienent assieger.
La Licorne*[1] les suit, et les suyvent encore
L'Hyene* sepulchral[2], le viste Mantichore*[3],
Et le Ceph* Nubien[4] : dont l'un a nostre voix,
L'autre nostre visage, et le dernier nos doigts.
Je crain cest animal, que la terre sanglante[5]
Des Caribes* produit : animal, qui r'enfante
Mille fois ses petits, et dans son propre corps
Entombe autant de fois ses fans non encor morts[6].
Las ! quel monstre* est-ceci[7], qui sur son dos fait bruire

La Licorne.
L'Hyene.
Le Mantichore.
Le Ceph.

Le Chiurca.

---

qu'ilz appellent Tygres) », dit à Epistemon le moine picard (Rabelais, *Quart Livre*, 11, éd. Huchon, p. 563) ; « un animal de la grandeur d'un fort grand mâtin de la forme d'un chat, tout martelé de blanc et de noir, qu'ils nomment un tigre », note Montaigne (*Journal de voyage*, éd. Garavini, p. 177). Voir « Le Tigre aux pieds volans » des *Colonies* (*Seconde Semaine*, p. 418, v. 729).

1 Animal fabuleux qui ne trouve plus guère refuge qu'en poésie, depuis que Pantagruel, infirmant Pline, 8, 76, a pu en acquérir trois sur l'île de Medamothi, « plus domesticques et apprivoisées, que ne seroient petitz chattons » (*Quart Livre*, 4, éd. Huchon, p. 546) *cf. Cinquiesme Livre*, 29, p. 800). Voir le « Traicté de la Licorne » de Thevet (*Cosmographie universelle*, livre 5, ch. 5) et le « Discours de la Licorne » de Paré (*Œuvres* de 1579, livre 20, ch. 48).

2 D'après Aristote, *Histoire des animaux*, 8, 5, 594b 4-5, et Pline, 8, 105-108 (cité par Goulart et Thévenin). La *Seconde Semaine* y ajoutera l'antipathie de l'hyène et du chien (*Les Furies*, p. 148, v. 64, var., et *La Magnificence*, p. 250, v. 371-372).

3 Animal fabuleux, décrit par Pline, 8, 75 et 107 (cité par Goulart et Thévenin). Voir Rabelais, *Quart Livre*, 64 (parmi les animaux venimeux énumérés par Eusthenes) et *Cinquiesme Livre*, 29 (parmi la faune du pays de Satin).

4 Parce que Pline, 8, 70 (cité par Goulart et paraphrasé par Thévenin), le dit originaire d'Éthiopie. C'est encore un animal fabuleux répertorié par Rabelais : « Icy vy [...] des Cephes, lesquels ont les pieds de devant comme les mains, et ceux de derriere comme les pieds d'un homme » (*Cinquiesme Livre*, 29).

5 Hypallage, pour la terre des Cannibales sanguinaires. Le *chiurca* du Nouveau-Monde est pour nous l'opposum ou sarigue (attesté en 1578, sous la forme *sarigoy*, dans l'*Histoire d'un voyage en terre de Brésil*, de Jean de Léry, ch. 10, éd. Fr. Lestringant, p. 263). Sans même lire Fernández de Oviedo, allégué par Goulart, DB pouvait en trouver mention dans Cardan : « l'Inde Occidentale produit une beste dite chiurca, du gerre [genre] des belettes, qui pareillement [que l'animal éthiopien précédemment décrit] porte ses petis avec soi » (*De la subtilité*, ch. 10, éd. 1556, f. 217v°).

6 Imité par Du Monin dans l'*Hymne de la Musique* : « Le Caribe felon chez soi void une béte / Dont le faon non mort remet cent fois la téte / Dans l'amari [la matrice] premier, et cent fois entombé / Se revoid dans le bras de Lucine tombé » (*Nouvelles Œuvres*, Paris, Jean Parant, 1582, p. 93). Encore une « erreur » ironiquement censurée par Gamon : « Animal, ô Bartas, qui mille fois n'enterre / Dans son corps ses petits, ains dans sa peau les serre / Et que tu crains en vain, quand ses coups plus meurtriers / Donnent sans plus ateinte aux foibles poulaillers » (*La Semaine*, p. 192).

7 Comprendre : quel est ce monstre-ci ... ?

Le Porc espic.

Une forest de dards[1] ? fier, qui sans corde tire
Tant de traicts en un coup[2] ? de qui les rudes flancs
Sont couvers d'aiguillons, armez d'aspres serancs,
Herissez de poinçons, qui tousjours rejettonnent,
Et qui, s'il est besoin, à toute heure redonnent
Une fresche bataille ? ô bien-heureux archer[3]
Qui n'es onques sans traicts, qui fuyant sçais toucher
L'ennemi qui te suit[4], et qui jamais ne jettes
Sans en faire un bon coup tes parentes sagettes[5].
Car tu n'es point contraint d'emprunter chasque fois
A Diane* ses traicts, à Phœbus* son carquois :
Ou pour faire en nos corps une playe plus grande,
Ton bresil[6] au Peru*, ta corde en Alebande*[7].
{188} Tu as tout de ton cru : car ton cuir tousjours prest
Te sert d'arc, de carquois, et de corde, et de traict[8].

Le Lion roy des animaux.

Mais courage : voici le Lion*, qui commande
Sur les plus orgueilleux de la sauvage bande :
Genereux animal, qui n'est si fier aux fiers,

1 L'image signale d'emblée l'imitation de Claudien (« stat corpore toto / silua minax », *Carm. min.*, 9, v. 10-11) et le désir, salué par Goulart, de rivaliser avec le poète latin (« que l'auteur a heureusement racourc[i], et dit plus que l'autre »). Voir Étienne Pasquier, *Les Recherches de la France*, 7, 10, « Que nos Poëtes François, imitans les Latins, les ont souvent esgalez, et quelques-fois surmontez ».

2 On croit, à la suite de Pline, 8, 125 (cité par Thévenin), que le porc-épic peut lancer ses piquants comme des traits (« hystrici aculei [...], cum intendit cutem, missiles »). Voir Ronsard décrivant les oiseaux du Stymphale « qui ont la plume à pointe comme espics, / Et la dardent des flancs ainsi que Porcs-espics » (éd. Céard *et al.*, t. 2, p. 455, v. 543-544) et Baïf adaptateur d'Abstémius, *De lupo suadente hystrici* (*Mimes*, livre 3, v. 685-702, éd. Vignes, p. 315). Dans *Les Capitaines*, le roi de Haï s'arme les bras du « cuir jette-dars / Du ruzé porc-espy » (*Les Suittes*, p. 149, v. 241-242).

3 La comparaison remonte à Oppien : « Il semble proprement quand ses pointes il jette, / Que c'est un bon archer qui tire une sagette » (*La Vénerie*, livre 3, trad. Florent Chrestien, f. 28v°).

4 À la manière du guerrier parthe, explicitement mentionné par Claudien (v. 21-22 et 47). *Cf.* II, 787.

5 Imité de Claudien, *consanguineis hastilibus* (v. 24).

6 Surtout connu comme bois de teinture, dont on tirait une matière rouge, couleur de braise (d'où son nom, devenu ensuite celui du pays). Voir Léry, *Histoire d'un voyage*, ch. 13 (éd. Lestringant, p. 306-314). Il sera à nouveau mentionné dans *Les Trophees*, vers 722 (*Les Suittes*, p. 217).

7 D'après Pline, 19, 174 (« Le meilleur chanvre vient d'Alabande, ville de Carie : aussi s'en sert-on à faire les cordes, et filez pour chasser aux grosses bestes », trad. Du Pinet).

8 Toujours imité de Claudien : « fert omnia secum ; / se pharetra, sese iaculo, sese utitur arco » (v. 41-42).

Que courtois aux courtois : qui preste volontiers
L'oreille pitoyable à cil qui le supplie[1],
Et qui d'un cœur ingrat[2] les biens receus n'oublie.
J'en appelle à tesmoin[3] cest esclave* Romain[4],
Qui (pour sortir des ceps de son maistre inhumain,
Qui se servoit de luy pour un gain deshonneste,
Non point comme d'un homme, ains comme d'une beste[5])
S'enfuit par les deserts, et du chemin lassé
Se retire à la fin dans un antre moussé.
A peine il commençoit, pressé du somne, estendre
Ses membres harassez sur l'herbelette tendre

Histoire memorable d'un Lion reconoissant

1 C'est la leçon, héritée de Pline, 8, 42-58, que l'emblématique de la Renaissance associe à la figure du lion, « Aulx prosternez clement, aulx fors contraire » (Aneau, *Decade seconde. Le Lyon*), en résonance à la fois avec la maxime virgilienne « parcere subiectis et debellare superbos » (*Én.* 6, 853) et la leçon chrétienne « Deus superbis resistit, humilibus autem dat gratiam » (Pr., 3, 34, cité dans Jc, 4, 6, et 1 P, 5, 5). Elle sera explicitée en VII, 641-646.

2 Trait de caractère que vient illustrer chez Montaigne l'histoire d'Androclès : « Quant à la gratitude (car il me semble que nous avons besoin de mettre ce mot en crédit) ce seul exemple y suffira… » (*Essais*, 2, 12, Pochothèque, p. 745 – contre Sénèque, *De benef.*, 2, 19, 1).

3 Citation à comparaître qui inscrit la narration dans le cadre rhétorique du genre judiciaire et la met au service de la preuve, « protase argumentative » plutôt que récit à proprement parler (R. Barthes, « L'ancienne rhétorique. Aide-mémoire », *Communications*, 16, 1970, p. 216). Pour J. Miernowski (*Dialectique et connaissance*, p. 187, n. 130), « le récit du lion et de l'esclave est peut-être le meilleur exemple d'une narration persuasive (VI, 31[6]-400). Il doit prouver la générosité du roi des animaux (VI, 311-315) ».

4 Dont DB tait le nom : Androcles chez Élien, 7, 48, et son traducteur latin Pierre Gilles, Androclus chez Aulu-Gelle, 5, 14 ; mais les éditions anciennes, sans doute par confusion du digramme *cl* avec la consonne *d*, impriment *Androdus*, comme le note Du Monin (« seruum Androclen vocat Gel[lius] Androdum », *Beresithias*, f. 102r°, manchette). D'où Androde dans Messie, 2, 2, traduit par Gruget et dans Montaigne, puis chez Goulart et Thévenin, tandis que Guevara, *Epistres dorées*, liv. 1 (trad. Gutterry, Lyon, 1558, p. 99-103) et Boaistuau, *Histoires prodigieuses*, 29, parlent d'Andronique (comme Jean de Salisbury, *Policraticus*, 5, 17). L'histoire d'Androclès connaît une fortune durable, puisqu'au début du XVIIe siècle elle est encore racontée par Louise Boursier (*Instruction à ma fille*, éd. C. Winn, p. 143-144) et sert de comparaison à Jean de Schélandre, émule de DB, dans *La Stuartide* (« Jamais ne fut aux carrefours de Rome / Le lion hoste et son medecin l'homme / Plus contemplé de l'orteil jusqu'au front / Comme Fleanche et sa brigade… », Paris, Fleury Bourriquant, 1611, livre 1, p. 94), avant d'inspirer Hugo, « Au lion d'Androclès » (*Légende des siècles*, 1re série, 2).

5 En raison des « iniquis eius et cotidianis verberibus » (Aulu-Gelle, § 17), « pour les grands outrages et exces que luy faisoit sondit maistre » (Messie-Gruget). Boaistuau (éd. 1560, f. 134r°) et surtout Guevara donnent libre cours aux récriminations de l'esclave contre un maître cupide, qui lui fait le jour « moudre le blé, faire le pain, faire la cuysine, laver le linge, faire le menage, et penser les chevaux », la nuit tresser « deux cabas de nattes de palmes » (éd. citée, p. 100).

le bien qu'il avoit receu d'un esclave Romain.

Du sauvage logis, qu'il void entrer dedans
Un farouche Lion qui craquetoit des dens.
Le brigand, qui se void conduit par la Justice
A l'appareil honteux du merité supplice,
Qui sent bander ses yeux, qui sent lier ses bras,
Qui n'attend que le coup du vengeur coutelas[1],
Meurt avant que mourir, tant et tant il s'asseure
Qu'il faut que sur le lieu sans plus tarder il meure :
Tout de mesme le serf voyant qu'il ne peut pas
Eviter en fuyant l'aprehendé trespas,
Moins[2] combatre en champ clos, n'ayant pour toutes armes
Que les sanglots, les veux, les souspirs, et les larmes,
Embrassant ja la mort, demeure longuement
{189} Sans chaleur, sans couleur, sans pouls, sans mouvement.
Mais l'esclave à la fin reprend un peu courage,
Remarquant beaucoup plus de pitié que de rage
En son hoste nouveau, qui d'un regard humain
Semble comme implorer le secours de sa main :
Luy monstrant maintes fois une espine fichée
Dans la bruslante chair[3] de sa patte escorchee.
Adonc, bien que craintif, l'esclave s'aprochant
D'une legere main va l'espine arrachant :
Et, pressant de ses doigts la partie entamee,
Fait à terre couler l'apostume enflammee.
De ce pas le Lion, picoureur, va courir
Et par monts et par vaux, pour son hoste nourrir,
Son medecin nouveau, qui bien-tost[4] abandonne
Et les vivres brutaux, et la grote felonne[5] :
Et derechef encor chemine, vagabond,
Où le sort le conduit, sur le sable infecond :
Jusqu'à tant que[6], repris, son seigneur le ramene

1 de la hache qui va le décapiter.

2 Encore moins.

3 En raison de l'inflammation.

4 Au bout de trois ans, chez Élien et Aulu-Gelle, chez Messie et Montaigne ; de quatre jours, pour Guevara. Seul Boaistuau fait décamper l'esclave sitôt le lion reparti.

5 *Cf.* le « sauvage logis », vers 323.

6 Locution conjonctive d'emploi courant au XVIe siècle (Gougenheim, *Grammaire*…, p. 196). Voir II, 135.

Pour servir de spectacle à la grandeur Romaine,
Et suyvant la rigueur d'une barbare loy,
Deschiré des Lions, sanglanter un tournoy.
Canibale* felon, Cyclope* inexorable,
Puis que tu veux combler de maux ce miserable,
Et pourquoy l'ostes tu, ô Busire* inhumain,
Et pourquoy, Lestrygon*, l'ostes tu de ta main,
Pour le livrer aux Ours, aux Onces[1], aux Lionnes,
Qui mile et mile fois sont moins que toy felonnes ?
Les Lions Nemeans, les Tygres Iberois[2],
Les Pantheres d'Afrique, et les Ours* Pannonois,
{190} Ne sont point si cruels que celuy qui despouille
La saincte humanité : qui, barbare, se souille
Du sang de ses sujets, et de qui les esbats
Ne gisent qu'en imposts, massacres, et combats[3].
Parmi tant d'animaux, qui groumelans de rage
Couvrent le parc felon[4] de sang et de carnage,
Un Lion, ja desja cent fois victorieux,
Sur tout autre detient du fol peuple les yeux[5] :
Bourreau de criminels, qui d'une foible escrime
En vain taschent fuir la peine de leur crime.
C'est contre ce Lion que le Serf fugitif,
Forcé, marche à la fin d'un pas lent et craintif.

---

1 Voir *supra*, vers 281-282.

2 *Iberia*, comme le note Thévenin, désigne aussi en latin une contrée d'Asie Mineure proche de la mer Caspienne, l'actuelle Géorgie (voir *Les Colonies*, v. 363, dans *La Seconde Semaine*, p. 395, et *La Decadence*, v. 364, dans *Les Suittes*, p. 344). Cette Ibérie orientale est voisine de l'Hyrcanie, plus familière aux lecteurs de Virgile (« Hyrcanæ tigres », *Én.*, 4, 367) et de Ronsard (« Comme un Tygre aux grands ongles tranchans, / Qui d'Hyrcanie erre parmi les champs », *Discours à Cecille, Sicilien*, v. 123-124, éd. Céard *et al.*, t. 2, p. 103). Vers redisposés par Du Monin, toujours dans l'hymne cité [p. 323, n. 6] : « Les Tigres Iberois, la Panthere Africaine / Le Lion Nemean, l'Ourse Pannonnienne » (*Nouvelles Œuvres*, p. 93).

3 Glissement du mauvais maître au tyran, qui se justifie par les fonctions politiques dont ce Romain est investi selon Aulu-Gelle, §17, suivi par Montaigne (« proconsul en Aphrique », p. 746).

4 l'arène du cirque. C'est le point de départ du récit dans Aulu Gelle (suivi par Guevara, Messie, Boaistuau, Montaigne), qui ménage ensuite un retour en arrière pour faire raconter son histoire, à la demande de l'empereur, par l'esclave miraculeusement épargné. Comme Élien, Du Bartas opte pour l'ordre linéaire.

5 D'après Aulu-Gelle, § 9 (« animos oculosque omnium in sese conuerterat »).

Mais il n'entre si tost dans la sanglante lice,
Que le Lion s'esmeut : tout son crin se herisse,
Son corps se racourcit, son œil affreux reluit,
Et de sa bouche sort un effroyable bruit.
Puis fouettant maintesfois d'une queue[1] nerveuse
Ore ses larges flancs, or' la terre poudreuse,
Il resveille son ire : et va, roide, tout droit
Contre son ennemi qui desja presque boit
L'onde du glacé Lethe* : et les grands dieux reclame,
Non pour sauver sa vie, ains pour sauver son ame.
La beste, apres avoir fait vingt ou trente pas,
S'arreste tout d'un coup : et mirant haut {et} bas
Les traicts du pasle esclave, en fin d'aise ravie,
Se souvient de tenir de sa dextre sa vie[2].
Voila pourquoy changeant sa haine en amitié,
En douceur son orgueil, sa colere en pitié[3],
Elle fiche ses yeux sur son pasle visage,
{191} Lesche ses maigres mains, et lui fait humble homage.
Le serf qui le conoit, et qui se void conu[4],
Leve devers le Ciel son front desja chenu[5],
Et, sans plus redouter la deschirante[6] patte,
S'approche du Lion, le caresse, le flatte :
Et conoit qu'un plaisir fait en adversité
Reçoit ou tost, ou tard, le loyer merité[7].

---

1 Dissyllabique. Le battement de queue manifeste la colère suivant Pline (8, 49), allégué par Thévenin pour contester le choix du corrélatif *ores... ores...* Voir Thevet : le lion « est irrité par sa queue, de laquelle il bat la terre, puis soy mesmes : quand il ne la remue point c'est sine qu'il est apaisé » (*Cosmographie de Levant*, ch. 18, éd. Lestringant, p. 66). Sur le manteau historié de Salomon, dans *La Magnificence*, le lion « aiguise, furieux, / Son ire à coups de queue » (*Les Suittes*, p. 269, v. 922-923).

2 Jeu sur les possessifs (la main de l'esclave, la vie du lion), répété vers 393.

3 Double chiasme (haine-orgueil-colere / amitié-douceur-pitié).

4 le reconnaît... reconnu (emploi poétique du simple pour le composé).

5 Non que ses cheveux aient prématurément blanchi sous l'effet de la peur mais parce qu'il est déjà âgé. L'Andronique de Guevara et de Boaistuau, originaire d'une cité slavonne révoltée contre les Romains, a été réduit en servitude vingt-six ans auparavant et en a passé onze au service de son mauvais maître.

6 Au sens propre : qui met en pièces.

7 D'après Aulu-Gelle, § 28 : « Intellego autem, inquit, hunc leonem [...] gratiam mihi nunc beneficii et medicinæ referre » (« Or à ce que je vois ce Lion [...] m'a à cette heure

Seconde partie de ce livre, en laquelle est amplement discouru de la creation de l'homme, et des merveilles de Dieu paroissantes au corps et en l'ame humaine.

IL N'Y A (comme dit l'un des Bessons* de Dele)
Sous la voute du Ciel, conoissance plus belle
Que celle de soy-mesme : on ne trouve argument
Plus fecond en discours que l'humain bastiment[1].
En nous se void le feu, l'air, et la terre, et l'onde[2] :
Et bref l'homme* n'est rien qu'un abregé du monde,
Un tableau racourci[3], que sur l'autre Univers
Je veux ore tirer du pinceau de mes vers.
L'ingenieux maçon[4] d'un artifice rare
Ne change en un palais les beaux rochers de Pare*,
Ne le lambrisse d'or, n'esleve jusqu'aux cieux
De ses espaisses tours le front audacieux :
Bref ne joint de tous points en un si docte ouvrage
L'usage à l'ornement, l'ornement à l'usage,
Afin que les Hibous, les Huans, les Corbeaux
Occupent tant de murs non moins fermes que beaux :
Ains pour quelque grand Roy, dont la sagesse puisse
D'un si riche palais admirer l'artifice[5].

voulu récompenser du bienfait et guérison qu'il avait reçu de moi », traduit Montaigne). Mais ces paroles de l'esclave sont ici transposées sous forme sentencieuse, pour servir d'édifiante conclusion à l'*exemplum*.

1 Paré (1, 15), se souvenant, lui aussi, du célèbre précepte de l'oracle de Delphes, se plaint de ce que les hommes « ne se soucient de se cognoistre eux-mesmes, et de sçavoir l'excellence et merveilleuse composition de leurs corps ».

2 Paré (1, 15) note, de même, que l'homme n'a « default de rapport en soy [...] à ce qui est terrestre ou aqueux, ou plus subtil, tenant de l'Etheré ». Comme toutes les créatures corporées, l'homme est un mixte.

3 Microcosme, l'homme est, selon Paré (3, 33), « petit portrait du grand monde accourci ». Sur ce thème extrêmement répandu à la Renaissance, voir en dernier lieu Lionello Sozzi, *« Un desir ardent ». Etudes sur la « dignité de l'homme » à la Renaissance*, Turin, Il Segnalibro Ed., 1997 ; *Macrocosmo-Microcosmo : scrivere e pensare il mundo nel Cinquecento* (Actes du colloque de Vérone, 23-25 mai 2002), p. p. Rosanna Gorris, Fasano, Schena Ed., 2004 (voir notamment les contributions de J. Céard et de L. Sozzi).

4 Ces vers sont une amplification d'une remarque de Lactance, *Diuinae Institutiones*, 7, 14 : « Perfectis omnibus, quae in usu hominis molitus est Deus, ipsum hominem sexto die ultimum fecit, eumque induxit in hunc mundum, tanquam in domum iam diligenter instructam. » (Ce passage est recueilli dans la *Collection des fleurs de Lactance Fimien*, Lyon, 1559, p. 47 : « Les Saintes Lettres enseignent l'homme avoir esté creé le dernier ouvrage de Dieu, et qu'il a esté mis au monde comme en une maison aprestée et garnie, car pour luy toutes choses ont esté faites. »)

5 Cicéron, *De nat. deorum*, 2, 53, 133 : « Sin quaeret quispiam cuiusnam causa tantarum rerum molitio facta sit, arborumne et herbarum, quae quamquam sine sensu sunt tamen

Le Monde a esté fait pour l'homme.

De mesme l'Eternel ne bastit l'Univers
Pour les hostes des bois, des ondes, et des airs :
Ains pour celuy qui peut, ores jettant sa veue
{192} Sur les regnes salez, ore sur l'estendue
De la terre blediere, ore devers les yeux,
Qui d'un ordre sans ordre esclairent dans les cieux,
Admirer, comme il faut, l'admirable artifice
De celuy qui parfit un si bel edifice[1].

L'homme creé apres les animaux, et pourquoy.

Or de tant d'animaux que sa voix anima,
L'homme fut le dernier qui l'air vivant huma,
Non pour estre le moindre, ou qu'un ouvrier si sage
Eust peur de commencer par un si noble ouvrage :
Ains d'autant qu'il eust fait en vain un si grand Roy
Sans avoir des vassaux prests à suyvre sa loy.
Le sage ne conduit la personne invitee
Dans le lieu du festin, que la sale aprestee
Ne brille de flambeaux, et que les plats chargez
Sur le linge Flamand ne soyent presque rengez :

Comparaisons propres.

Ainsi nostre grand Dieu, ce grand Dieu, qui sans cesse
Tient ici cour ouverte, et de qui la largesse
Par cent mile tuyaux fait decouler sur nous
L'inespuisable mer de son nectar plus doux,
Ne voulut convier nostre ayeul à sa table,
Sans tapisser plustost[2] sa maison delectable :
Et renger, liberal, sous ses poiles astrez
La friande douceur de mile mets sucrez[3].

---

a natura sustinentur ? at id quidem absurdum est ; an bestiarum ? nihilo probabilius deos mutarum et nihil intellegentium causa tantum laborasse. Quorum igitur causa quis dixerit effectum esse mundum ? eorum scilicet animantium quae ratione utuntur ; hi sunt di et homines. »

1 Boaistuau, *Bref discours de l'excellence et dignité de l'homme* (1558), éd. M. Simonin, Genève, Droz, 1982, p. 38 : « Après que nostre Dieu par une providence admirable eut creé l'excellent pourpris de ce monde visible [...], soudain il commença à y introduire l'homme [...], à fin qu'il [...] eust en admiration et reverence l'architecte et auteur d'iceluy. »

2 Auparavant, d'abord.

3 Amplification d'une remarque de Philon, *De mundi opificio*, in *Lucubrationes omnes*, Lyon, 1554, p. 15 : « Quemadmodum igitur conuiuatores non prius ad coenam vocant quam instructo bene conuiuio, et qui edunt ludos aut athletarum spectacula, priusquam spectatores vocati conueniant in theatra vel stadia, parant copiam concertatorum, earumque

Tant d'admirables corps, dont le Ciel se decore,
Dont l'eau s'enorgueillit, dont la terre s'honnore,
Ne sont que coups d'essai comparez comme il faut
A l'art industrieux d'un ouvrage si haut[1].
C'est pourquoy l'Architecte, et sans pair, et sans maistre,
Quand dans le rien d'un rien, tout-puissant, il fit naistre
{193} L'air, la terre, le Ciel, et le flotant Neptun,
Fit de penser, de dire, et de faire tout un[2].
Mais voulant façonner sa naifve figure,
Le Roy de l'Univers, et l'honneur de Nature :
Comme s'il desiroit un concile tenir,
Il huche sa Bonté, fait sa Force venir,
Assigne son Amour, appelle sa Largesse,
Convoque sa Justice, ajourne sa Sagesse :
Afin de consulter avec elles[3] comment
Il doit d'un second Dieu[4] former le bastiment :

Toutes autres createures ne sont rien au regard de l'homme creé à l'image de Dieu, avec grand preparatif, non point tout à coup, ains à deux fois premierement le corps,

---

rerum quae ad oculos auresve oblectandas pertinent, ita etiam mundi totius Imperator, tanquam conuiuator ludorumque praefectus, vocaturus hominem ad conuiuium simul et spectaculum, quicquid ad utrumque pertinebant praeparauit. » Thème souvent repris par les pères de l'Eglise (ainsi Grégoire de Nysse, *De hominis opificio*, *PG*, 44, 131-134).

1 Le raisonnement qui suit est aussi celui de Boistuau, ouvr. cité, p. 38 : Dieu, créant l'homme, « voulut bien garder un autre ordre en sa creation, qu'en celle des bestes brutes, et autres creatures inanimées. Et qu'il soit vray, quand il voulut creer la lumiere, il dit seulement, La lumiere soit faicte, et elle apparut incontinent [...] Mais quand ce vint à la creation de l'homme, il usa d'une autre plus grande deliberation, monstrant qu'il mettoit la main à son chef d'œuvre. »

2 Selon Gn, 1, ce qu'a conçu Dieu a été aussitôt fait que dit : « Dixitque Deus, Fiat lux. Et facta est lux », etc. Voir I, 201-204.

3 Dieu, dit S. Augustin (*De trinitate*, 6, 4, 6), n'a pas des attributs, il est ses attributs : « Deo autem hoc est quod est fortem esse aut iustum esse aut sapientem esse. » Du Bartas, qui mentionne, en outre, la Largesse, la Bonté et l'Amour de Dieu, se souvient que la cause de la création est la volonté bonne de Dieu. En posant que Dieu organise une consultation avec lui-même, Du Bartas se range ici à l'avis qui est aussi celui de Calvin, selon qui Dieu consulte sa sagesse et sa puissance. Le « Faciamus hominem ad imaginem nostram » de Gn, 1, 26, a donné lieu à de nombreuses exégèses, dont la plus répandue est que le pluriel « nostram » se réfère à la trinité (S. Augustin, *De Genesi ad litteram*, 3, 18, 28 ; Thomas d'Aquin, *Summa theol.*, 1, 91, 4, ad 2 ; etc.). Pour le pluriel « Faciamus », voir ci-dessous v. 463 et suiv., et la note.

4 Reprise d'une formule hermétique. Voir Coelius Rhodiginus, *Ant. Lect.*, 2, 17 : « Hominem Mercurius etiam secundum esse Deum vaticinatur quando sicut Deus entium creator realium est, ac naturalium formarum, sic et homo rationalium entium, ac artificalium formarum. » Boaistuau, ouvr. cité, p. 46-47, rappelle que « quelques sages d'Egypte oserent appeller l'homme Dieu terrestre ».

puis l'ame raisonnable.

Et que chacune à part d'une main non-avare
Contribue au dessein d'une chose si rare.

Genes.1.26.

Ou plus tost[1] il consulte avec son vray Pourtraict,
Son vray Fils naturel, quelle grace, quel traict,
Quelle ame il doit donner à celuy qu'il desire
Creer pour lieutenant en ce terrestre empire[2].
Creant des animaux les diverses façons,
Dieu fait commandement que la mer en poissons,
Et la terre en troupeaux riche à jamais se rende :
Mais pour creer Adam à soi-mesme il commande[3].

---

1 A la raison précédente Du Bartas préfère celle-ci, qui institue une vraie consultation : Dieu a délibéré avec son fils. S. Augustin (*De Genesi ad litteram*, 1, 2, et 2, 6, notamment) affirme la participation du Verbe de Dieu à l'acte créateur. Et il la pose spécialement en ce qui regarde le « Faciamus » : « Considerandum etiam illud, quod in ceteris dixit Deus : fiat. Et factum est ; hic autem dixit Deus : Faciamus ; ut hoc quoque modo voluerit Spiritus sanctus humanae naturae insinuare praestantiam. Cui autem nunc dictum est : Faciamus, nisi cui dicebatur in caeteris : Fiat ? Omnia enim per ipsum facta sunt, et sine ipso factum est nihil. Sed quid putamus aliter dictum esse : Fiat, nisi ut ipse faceret iussu Patris ; et aliter : Faciamus, nisi ut ambo pariter facerent ? An omnia quae facit Pater, per Filium facit, et ideo nunc Faciamus dictum est, ut ipsi homini, propter quem Scriptura ipsa facta est, ita in seipso demonstraretur ea quae Filius dicente Patre facit, etiam ipsum Patrem facere ; ut quod in caeteris dicebatur : Fiat, et factum est, hic exponatur, non separatim fuisse dictionem et separatim effectionem, sed utrumque simul, cum hic dicitur : Faciamus ? » (*De Genesi ad litt. imperf. opus*, 16, 56 ; voir aussi *ibid.*, 16, 61). Au reste, une consultation du Père et du Fils lors de la création de l'homme est une proposition d'autant plus fondée que Dieu veut faire l'homme « ad imaginem nostram », et que, selon Col., 1, 15, « Qui est imago Dei inuisibilis, primogenitus omnis creaturae » (texte commenté par S. Augustin, *De trin.*, 6, 2, 3 ; de même, Thomas d'Aquin, *Summa theol.*, 1, 39, 8, co : « [Filius] est imago expressa Patris » ; *ibid.*, 1, 93, art. 1, ad 2 : « Ad secundum dicendum quod primogenitus omnis creaturae est imago Dei perfecta, perfecte implens illud cuius imago est, et ideo dicitur imago, et nunquam ad imaginem »). « Vray pourtrait de Dieu », selon ce texte, « son vray fils naturel » est appelé à être une sorte de modèle de l'homme. Sur cette question disputée, voir Pierre Lombard, *Sent.*, 2, 16CDE.

2 Du Bartas interprète ici le « Faciamus » d'après la suite du verset : « Et praesit piscibus maris, et volatilibus caeli, et bestiis, uniuersaeque terrae, omnique reptili quod mouetur in terra. » Dieu crée l'homme à son image pour qu'il ait pouvoir sur toutes les créatures et soit son « lieutenant ». C'est la thèse de Jean Chrysostome, rappelée et approuvée par Calvin. Selon S. Augustin, *De Genesi ad litteram*, 3, 20, 30 : « Hic etiam illud non est praetereundum, quia cum dixisset, ad imaginem nostram ; statim subiunxit, et habeat potestatem piscium maris et volatilium coeli, et caeterorum animalium rationis expertium : ut videlicet intellegamus in eo factum hominem ad imaginem Dei, in quo irrationalibus animantibus antecellit. » Voir ci-dessous, v. 925-927.

3 Vers ajoutés en 1581 : Du Bartas atténue l'idée de consultation qu'il avait d'abord développée. Sur ces questions complexes, il veille à ne pas prendre une position trop tranchée.

Dieu forma tout d'un coup et le corps et l'esprit
Des autres animaux : mais quand il entreprit
Joindre en nous la mortelle et l'immortelle essence,
Sachant bien que c'estoit un fait de consequence,
Il s'aida d'un delay, et par momens divers
Forma l'ame et le corps du chef de l'Univers[1].

Il invoque Dieu, afin de pouvoir bien descrire l'homme.

Architecte divin, Ouvrier plus qu'admirable,
Qui, parfait, ne voids rien à toy que toy semblable,
Sur ce rude tableau guide ma lourde main,
{194} Où je tire si bien d'un pinceau non-humain[2]
Le Roy des animaux, qu'en sa face on remarque
De ta Divinité quelque evidente marque[3].

Il traite de la creation du corps humain prins de la poussiere.

O Pere, tout ainsi qu'il te pleust de former
De la marine humeur les hostes de la mer :
De mesme tu formas d'une terrestre masse
Des fragiles humains la limonneuse[4] race :
Afin que chasque corps forgé nouvellement
Eust quelque sympathie avec son element.
Estant donc desireux de produire en lumiere
Le terrestre Empereur[5], tu prins de la poussiere,
La colas, la pressas, l'embellis de ta main,
Et d'un informe corps formas le corps* humain :
Ne courbant toutesfois sa face vers le centre,
Comme à tant d'animaux, qui n'ont soin que du ventre
Mourans d'ame et de corps : ains relevant ses yeux

1 Boaistuau, ouvr. cité, p. 39 : « Encores y a il je ne sçay quoy digne de plus grande consideration en la creation de l'homme, qui se tourne à son grand advantage et honneur. Car lors que Dieu crea toutes les autres creatures qui sont contenues es quatre elemens [...], il crea les corps et les ames ensemble. Ce qu'il ne feist à l'homme : il forma le corps à part, pour y mettre l'ame. » Du Bartas, comme Boaistuau, tranche un problème abondamment discuté depuis S. Augustin, *De Genesi ad litteram*, 6, chap. 1 à 3, et 7, 24-25. Voir le résumé de Pierre Lombard, *Sent.*, 2, 17C.

2 Boaistuau, ouvr. cité, p. 48 : « L'homme est le vray chef d'œuvre de Dieu, lequel si nous le voulons considerer de bien près, nous trouverons qu'il est portrait et tiré d'un pinceau autre qu'humain. »

3 Formule prudente : elle peut aussi bien renvoyer à l'idée de la création de l'homme à l'image de Dieu, qu'à l'idée que la perfection de l'homme atteste son créateur.

4 Gn, 2, 7 : « Formauit igitur Dominus Deus hominem de limo terrae. »

5 Boaistuau, ouvr. cité, p. 38 : « [L'homme] Roy, et Empereur de tout ce qui estoit contenu en cest univers. »

Vers les dorez flambeaux qui brillent dans les cieux :
Afin qu'à tous momens sa plus divine essence,
Par leurs nerfs[1] contemplast le lieu de sa naissance[2].
Mais tu logeas encor l'humain entendement*
En l'estage* plus haut de ce beau bastiment :

La teste logis de l'entendement.

Afin que tout ainsi que d'une citadelle[3]
Il domptast la fureur du corps qui se rebelle
Trop souvent contre luy, et que nostre raison,
Tenant dans un tel fort jour et nuict garnison,
Foulast dessous ses pieds l'envie, la colere,
L'avarice, l'orgueil, et tout ce populaire
Qui veut, seditieux, tousjours donner la loy
A celuy qu'il te pleut leur ordonner pour Roy.
{195} Les yeux*, guides du corps, sont mis en sentinelle
Au plus notable endroit de ceste citadelle,

Des yeux.

Pour descouvrir de loin[4], et garder qu'aucun mal
N'assaille au despourveu le divin animal.
C'est en les façonnant que ta main tant vantee,
Se semble estre à peu pres soy-mesme surmontee :
Ne les perçant à jour[5], pour ne rendre noz yeux
Tels que ceux qui voyans par un tuyau les cieux,

---

1 Les nerfs des yeux. Sur cette importance du regard, voir la note suivante.

2 Voir Ovide, *Met.*, 1, 82-88. Sur l'importance de la stature droite de l'homme, Thomas d'Aquin, *Summa theol.*, 1, 91, 3, ad 3, écrit : « homo habet faciem erectam, ut per sensus, et praecipue per visum, qui est subtilior et plures differentias rerum ostendit, libere possit ex omni parte sensibilia cognoscere, et caelestia et terrena, ut ex omnibus intelligibilem colligat veritatem. » Voir aussi S. Augustin, *De Genesi contra Manicheos*, 1, 17, 28. C'est là l'un des thèmes les plus communs de la célébration de l'homme. Voir Cicéron, *De nat. deorum*, 2, 56, 150. Ambroise Paré, 1, 236, signale que, grâce à la stature droite, « par l'œil on considere l'architecture admirable des cieux », et il cite Ovide ; ailleurs (1, 203), il précise, à propos de la tête, que « Dieu a voulu qu'elle fust eslevée en haut vers le Ciel, et que l'homme cogneust que sa vraye origine et naissance venoit plus haut que de la terre ».

3 Boaistuau, ouvr. cité, p. 49 : « Quelle excellence et beaulté y a il en la teste de cest animal, qui est le tour et rampart de raison et de sapience ? » L'image de la citadelle vient de Cicéron, *De nat. deorum*, 2, 56, 140 : « in capite tanquam in arce ».

4 Cicéron, *De nat. deorum*, 2, 56, 140 : « Oculi tamquam speculatores altissimum locum obtinent, ex quo plurima conspicientes fungantur suo munere. »

5 « Percer à jour, est le mesmes que percer tout oultre, ou d'oultre en oultre, si que le jour se voye tout à travers. Transforare » (Nicot). Nos yeux ne sont pas des conduits comme ceux des oreilles.

Ne remarquent que peu de si grande estendue,
Car les bords du canal restrecissent leur veue :
Et pour ne difformer par tant de trous ouvers
La face du Seigneur de ce bas Univers[1].
Ces deux astres bessons, qui de leurs douces flammes
Allument un brasier dans les plus froides ames,
Ces miroirs de l'esprit[2], ces dous-luisants flambeaux[3],
Ces doux carquois d'amour, ont si tendres les peaux[4], Les prunelles des yeux.
Par qui (comme à travers deux luisantes verrieres)
Ils dardent par momens leurs plus vives lumieres,
Qu'ils s'esteindroyent[5] bien tost : si Dieu de toutes parts,
Ne les avoit couvers de fermes boulevars :
Logeant si dextrement tant et tant de merveilles
Entre le nez, le front, et les joues vermeilles,
Ainsi qu'en deux valons plaisamment embrassez
De tertres, qui ne sont ni peu, ni trop haussez. Les sourcils.
Et puis, comme le toict preserve de son aisle
Des injures du Ciel la muraille nouvelle :
On void mille dangers loin de l'œil repoussez
Par le prompt mouvement des sourcils* herissez[6].

---

1 Cette curieuse démonstration est tout empruntée à Lactance, *De opificio Dei*, 8. Lactance réplique à Lucrèce (*De nat. rerum*, 3, 368-370) qui récuse la thèse selon laquelle nos yeux sont comme des portes ouvertes par où nos âmes regardent ; qu'en serait-il, demande Lactance, si, au lieu de voir par des yeux, nous ne voyions que par des trous ? « Quantulum enim videre possemus, si mens ab intimis penetralibus capitis per exiguas cauernarum rimulas attenderet, ut siquis vellet transpicere per cicutam [chalumeau, tuyau], non plus profecto cernat, quam cicutae ipsius capacitas comprehendat. Itaque ad videndum membris potius in orbem conglobatis opus fuit, ut visus in latum spargeretur. »

2 Boaistuau, ouvr. cité, p. 54, citant Hermès : « ces beaux yeux, qui sont les fenestres de tout le corps et miroirs de l'ame ».

3 La plupart de ces métaphores apparentent les yeux au feu, idée classique que Messie (*Diverses Leçons*, 5, 12) formule ainsi : « Jaçoit que l'œil soit composé d'un corps humide et aqueux, ce neantmoins sans feu il ne seroit possible de veoir : en quoy on peut veoir que la veue tient plus du feu, que tous les autres sens. » La première métaphore des « astres bessons » rappelle l'analogie classique des yeux et des deux grands luminaires.

4 C'est-à-dire les diverses tuniques ou membranes dont sont constitués les yeux.

5 Ce terme, qui remplace le plus terne « perdroient » de 1578, poursuit l'analogie de l'œil et du feu : si les yeux, qui sont fragiles, n'étaient protégés, leur feu s'éteindrait bientôt.

6 Boaistuau, ouvr. cité, p. 50 : « [Les yeux] sont aornez et enrichiz de paulpieres, qui sont comme bolevarts, et propugnacles pour les deffendre de mal ou encombre : au dessus desquels sont les sourcilz faicts en arches et voultes, pour empescher que la sueur ou

{196} Celuy qui veut sçavoir combien l'humaine face
Le nez.
Reçoit d'un nez* bien fait d'ornement et de grace :
Qu'il contemple un Zopyre*, à qui cent fois plus cher
Fut son Roy que son nez, son devoir que sa chair[1].
Le nez moins qu'en beautez en profits ne foisonne.
Le nez est un conduit qui reprend et redonne
L'esprit dont nous vivons. [L]e[2] nez est un tuyau,
Par qui l'os espongeux de l'humide cerveau
Hume la douce odeur. [L]e nez est la goutiere,
Par qui les excremens de pesante matiere
S'evacuent en bas[3], comme les moins espais
Se vont evaporant par les jointes du tais :
Tout ainsi que l'on void les ondeuses fumees
Passer par le canal des noires cheminees[4].

---

autres superfluitez ne leur fissent offence. » Lactance, que Boaistuau résume, suggère à Du Bartas le reste de sa description (ouvr. cité, 9) : « Quid ipsa superciliorum fastigia pilis breuibus adornata ? nonne quasi aggeribus et munimentum oculis nequid superne incidat, et speciem simul praestant ? Ex quorum confinio nasus exoriens, et veluti aequali porrectus iugo, utramque aciem simul et discernit, et munit. Inferius quoque genarum non indecens tumor, in similitudinem collium leniter exurgens, ab omni parte oculos efficit tutiores. »

1 Cet exemple du Perse Zopyre, qui, lors du siège de Babylone, pour gagner la confiance de ses habitants, se coupa le nez et les oreilles et feignit d'avoir été ainsi mutilé par Darius, est déjà mentionné par Du Bartas, dans *Judit*, 5, 155-158.

2 Après le point (ici et vers 545), nous rétablissons la majuscule des premières éditions. Peut-être suffirait-il de substituer aux points des deux-points.

3 Lactance, ouvr. cité, 10 : « In hoc autem, quamuis simplici, membro tria sunt officia constituta : unum ducendi spiritus, alterum capiendi odoris, tertium ut per eius cauernas purgamenta cerebri defluant, quas ipse Deus tam mirabili quam diuina ratione molitus est, ut tamen hiatus ipse nasi, oris speciem non deformaret. » Passage déjà retenu par Boaistuau, ouvr. cité, p. 50 : « Et combien qu'il soit petit, il luy a establi trois offices. L'un de poucer et retirer le vent. L'autre d'odorer et sentir. L'autre, à fin que que par les trouz et cavernes d'iceluy, les superfluitez du cerveau fussent purgées et evacuées et decoulassent comme d'un canal ou goutiere » (texte corrigé). Du Bartas ajoute à cette analyse une précision anatomique : « Au dedens de la teste, vers la partie du nez par laquelle estoit de necessité que les odeurs se communicassent aux sens internes, et les excrementz du cerveau descendissent : y a deus os percez en plusieurs endroictz [...] : Hippocrates [...] les a nommez l'esponge du nez » (Charles Estienne, *La dissection des parties du corps humain*, Paris, Simon de Colines, 1546, p. 17).

4 Ambroise Paré (1, 207), sur les sutures du crâne : « Le Crane estant en nostre corps comme une cheminée ou fourneau de la maison : si Nature l'eust fait tout d'un os, les fumées n'eussent peu s'exhaler [...]. Nature luy a fait le crane de plusieurs pieces, afin que par les commissures d'iceluy telles fumées pussent estre evaporees : et les subtiles au travers du crane, à raison qu'il

Or pource que le temps, et dedans et dehors, La bouche.
Avec sa lime sourde amenuise tout corps,
Et que tout ce qui prend et trespas et naissance,
A toute heure est sujet à perte de substance :
Le Tout-puissant a fait que la bouche* nous rend,
Ce que le sein devore, ou que l'aage despend :
Comme les arbres verds par les racines hument
L'humeur qui tient le lieu de l'humeur qu'ils consument[1].
Dieu la mit en tel lieu, tant afin que le nez
Fist l'essay de l'odeur des vivres destinez
Pour l'humain aliment : qu'afin que nostre veue,
Subtile, discernast l'Anet de la Cigue,
Et du Serpent l'Anguille[2] : ainsi que sans faveur
La langue* doit juger de leur vraye saveur[3]. La langue.
Un double reng de dens* sert à l'ouverte gueule Les dents.
{197} De forte pallissade : et qui, comme une meule,
Brisant les durs morceaux, envoye promptement
Dans le chaud estomac l'imparfait aliment.
Et dautant que les dens donroyent à nostre face,
S'on les voyoit à nu, plus d'effroy que de grace : Les levres.

---

est poreux » ; voir aussi 1, 215. Du Bartas use volontiers des termes communément reçus ; traitant du crâne, Ch. Estienne (ouvr. cité, p. 14) indique : « En vulgaire l'appellons tez, ainsi que les anciens souloient nommer toute la teste, ung pot » ; et Paré (1, 207) : « Maintenant faut venir au Crane que nous appellons le Test » ; *test* vient du latin *testum*, pot de terre. Quant à *jointe*, ce terme désigne communément une jointure, une articulation ; Paré l'emploie en ce sens (1, 268) ; or la suture ou *cousture* est l'un des modes de connexion des os (1, 314 et 316).

1 Idée classique, selon laquelle les végétaux se nourrissent par leurs racines (Cicéron, *De nat. deorum*, 2, 47, 120 : « E terra sucum trahunt quo alantur ea quae radicibus continentur ») ; Du Bartas utilise en passant la célèbre thèse de Platon (*Timée*, 90a) qui considère l'homme comme un arbre inversé. Voir aussi Thomas d'Aquin, *Summa theol.*, 1, 93, art. 3, ad 3, justifiant la stature droite de l'homme : « Homo staturam rectam habens, maxime distat a plantis. Nam homo habet superius sui, idest caput, versus superius mundi, et inferius sui versus inferius mundi, et ideo est optime dispositus secundum dispositionem totius. Plantae vero habent superius sui versus inferius mundi (nam radices sunt ori proportionales), inferius autem sui versus superius mundi. »

2 Amplification d'un passage de Cicéron (*De nat. deorum*, 2,56, 141), qui, lui aussi, donne une explication finaliste de la proximité du nez et de la bouche : « itemque nares et, quod omnis odor ad supera fertur, recte sursum sunt et, quod cibi et potionis iudicium magnum earum est, non sine causa vicinitatem oris secutae sunt. »

3 Lactance, ouvr. cité, 10 : « Quod attinet ad saporem capiendum [...], lingua est, qua sapores sentiuntur. »

On void par un grand art leurs deux ordres couverts
De deux rouges courauls*[1], ni peu ni trop ouverts[2].
O bouche* ! c'est par toy que nos ayeuls sauvages,
Qui, vagabons, vivoyent durant les premiers aages
De l'excellence de la parole.
Sous les cambrez rochers, ou sous les fueilleux bois,
Sans regle, sans amour, sans commerce, sans loix,
S'unissans en un corps ont habité les villes,
Et porté, non-forcez, le joug des loix civiles[3].
O bouche ! c'est par toy que les rudes esprits
Ont des esprits sçavans tant de beaux arts apris[4].
Par toy nous allumons mille ardeurs genereuses
Dans les tremblans glaçons des ames plus peureuses.
Par toy nous essuyons des plus tristes les yeux.
Par toy nous rembarrons l'effort seditieux
De la bouillante chair, qui nuict et jour se peine
D'oster et throne et sceptre à la raison humaine[5].
Nos esprits ont par toy commerce dans les Cieux.
Par toy nous appaisons l'ire du Dieu des Dieux,
Envoyant d'ici bas sur la voute estoilee
Les fideles souspirs d'une oraison zelee.
Par toy nous fredonnons du Tout-puissant l'honneur :
Nostre langue est l'archet, nostre esprit le sonneur,
Nos dents les nerfs batus, le creux de nos narines
Le creux de l'instrument[6], d'où ces odes divines

1 Voir Indice de Goulart à « Levres ».

2 Lactance, ouvr. cité, 10 : « Haec [lingua] palati concauo tanquam testudine tegitur, eamque dentium sapiens Deus quasi muro circumuallauit. Dentes ipsos mirabili modo per ordinem fixos ne nudi, ac restricti magis horrori, quam ornamento essent, gingiuis mollibus [...] ac deinde labiorum tegminibus honestauit, quorum durities, sicut in molari lapide, maior est, et asperior, quam in caeteris ossibus, aut ad conterendos cibos pabulumque sufficerent. Labra ipsa, quae quasi antea cohaerebant, quam decenter intercidit, quorum superius sub ipsa medietate narium, lacuna quadam leui, quasi valle signauit, inferius, honestatis gratia foras molliter explicauit. »

3 Cicéron, ouvr. cité, 2, 59, 148, sur l'éloquence : « Haec nos iuris legum urbium societate devinxit, haec a vita inmani et fera segregavit. »

4 Cicéron, *ibid.* : « quae primum efficit ut et ea quae ignoramus discere et ea quae scimus alios docere possimus. »

5 Cicéron, *ibid.* : « hac cohortamur, hac persuademus, hac consolamur afflictos, hac deducimus perterritos a timore, hac gestientes conprimimus, hac cupiditates iracundiasque restinguimus. »

6 Cicéron, *ibid.*, 149 : « itaque plectri similem linguam nostri solent dicere, chordarum dentes, nares cornibus is quae ad nervos resonant in cantibus. »

{198} Prenent leur plus bel air, et d'un piteux accent
Desrobent peu à peu la foudre au Tout-puissant.
Mais en quel membre humain luisent plus de merveilles
Qu'es conduits tortueux des jumelles oreilles*, Des oreilles.
Portieres de l'esprit, escoutes d[e] nos corps[1],
Vrais juges des accents[2], huissieres des thresors,
Dont Dieu nous enrichit, lors que dans son escole
Ses saincts Ambassadeurs nous portent sa parole[3] ?
Et dautant que tout Son semble tousjours monter,
Le Tout-puissant voulut les oreilles planter
Au haut du bastiment[4], ainsi qu'en deux garites
Coquillant leurs canaux, si que les voix conduites
Par les obliques plis de ces deux limaçons[5],
Tousjours de plus en plus en allongent leurs sons :
Comme l'air de la trompe, ou de la saquebute,
Dure plus que celuy qui passe par la flute[6] :
Ou tout ainsi qu'un bruit s'estend par les destours
D'un escarté valon, ou court avec le cours
D'un fleuve serpentant, ou, rompu, se redouble
Passant entre les dents de quelque roche double[7].
Ce qu'il fit d'autre-part, afin qu'un rude bruit

1 Ambroise Paré (1, 248) : « Elles nous sont comme guettes ou sentinelles pour ouyr et entendre les commoditez ou incommoditez de tout nostre corps. »

2 Cicéron, ouvr. cité, 2, 58, 146 : « Auriumque item est admirabile quoddam artificiosumque iudicium, quo iudicatur et in vocis et in tibiarum nervorumque cantibus varietas sonorum » etc.

3 Les oreilles nous donnent accès aux richesses de la parole de Dieu que, dans son temple, ses ministres nous communiquent.

4 Cicéron, ouvr. cité, 2, 56, 141 : « aures, cum sonum percipere debeant qui natura in sublime fertur, recte in altis corporum partibus collocatae sunt. »

5 Ambroise Paré (1, 248) : « [Les oreilles] ont esté faites par une providence de Nature, de figure anfractueuse, comme une coquille de Limaçon ou Escargot, faisant la voye tortue, avecques circuits et detours obliques, tousjours allant en diminuant. »

6 La saquebute est la basse-trompette, dite aujourd'hui trombone. Comme la trompe elle a des formes courbes, à la différence de la flûte. Du Bartas semble s'inspirer d'une remarque de Paré (1, 248) : « Si le trou estoit percé droit, les sons ne s'entonneraient pas si bien comme ils font és lieux recourbés, esquels ils ont rencontre, pour les faire arrester et mieux resonner. »

7 A. Paré (1, 249) : « On voit és fontaines estroites, quand soudains tours, inondations, et circuits faits par l'eau sortant hors de sa source, heurtent contre le mur, estans repoussées, font d'autres retours et circonvolutions en eslargissant. Au cas pareil, ceste fraction d'air

Traversant à droit fil l'un et l'autre conduit,
N'estourdist le cerveau, ains envoyast plus molles
Par ce courbé Dædale* à l'esprit nos paroles[1] :
Tout ainsi que le Gers, qui coule, tortueux,
Par le riche Armaignac, n'est tant impetueux
Que la Dou[2], qui sautant de montaigne en montaigne
Fend d'un cours presque droict de Tarbe la campagne.

Les mains.

Mains*, qui du corps humain tracez la pourtraiture,
{199} Oublirez-vous les mains, chambrieres de nature,
Singes de l'Eternel, instruments à tous arts,
Et pour sauver nos corps non soudoyez soudars,
De nos conceptions diligentes greffieres,
Ministres de l'esprit, et du corps vivandieres[3] ?

Les genoux et les bras.

Tairez-vous des genoux*, et des bras* les ressors,
Qui jouent dextrement pour servir tout le corps ?
Car tout ainsi que l'arc son traict en l'air delasche,
Selon que plus ou moins sa corde est roide ou lasche,

Les nerfs, tendons, et os.

Nos nerfs* et nos tendons* donnent diversement
A la machine humaine et force et mouvement :
Entrenouant les os*, qui sont les poutres dures,
Les chevrons, les piliers, dont les belles jointures
Peuvent, maugré la mort, longuement empescher
D'escarteler les murs de ce logis de chair[4].

---

rendue és lieux couvers et caverneux [...] fait double son, dont la duplication est appellée Echo. »

1 A. Paré (1, 258) : « Ladite anfractuosité a esté faite de peur que l'air et les sons n'entrassent trop impetueusement dans les oreilles, lesquels eussent peu blesser ou du tout gaster l'organe auditif. »

2 C'est-à-dire l'Adour.

3 Du Bartas s'adresse à ses propres mains pour ce bref éloge des mains. Pourtant ses sources pouvaient lui fournir une abondante matière : ainsi Cicéron, *De nat. deorum*, 2, 60, 150-152 ; Lactance, ouvr. cit., 10 (à qui il ne prend qu'un motif : « Quid dicam de manibus, rationis ac sapientiae ministris ? ») ; Paré, 1, 269-271. Admirateur de Ronsard, il a certainement aussi lu son « Paradoxe » (éd. Céard, Ménager, Simonin, t. 2, p. 841). Comme Du Bartas ne craint pas d'emprunter, faut-il voir dans sa discrétion la conviction que l'excellence de l'homme ne réside pas essentiellement dans sa main, mais dans la raison et le langage, dont il a fait d'abondants éloges ? Ou bien, simplement, Du Bartas craint-il de lasser par une trop longue description ? La suite invite à le penser.

4 Voir Cicéron, *De nat. deorum*, 2, 55, 139 : « Quid dicam de ossibus, quae subiecta corpori mirabiles commissuras habent et ad stabilitatem aptas et ad artus finiendos adcommodatas

Les pieds.

Pourrez-vous point encor oublier l'artifice
Des pieds*, soubassemens d'un si rare edifice[1] ?

Anatomie du dedans de la teste.

Hé ! quoy ? n'est il pas temps, n'est il pas temps de voir
Dans les secrets du corps le non-secret pouvoir
D'un si parfait Ouvrier ? Prendray-je la scalpelle
Pour voir les cabinets de la double cervelle*,
Thresoriere des arts, source du sentiment,
Siege de la raison, fertil commencement
Des nerfs de nostre corps[2] : que la sage nature
Arma d'un morion, dont la double fourrure,
Contre les fermes os de son cerne vouté,
Preserve du cerveau la froide humidité[3] :
Registre où chasque jour d'un invisible touche
Quelque rare sçavoir l'homme d'estude couche ?
{200} Pourray-je desployer sur un docte fueillet
Ce Dedale subtil, cest admirable reth*
Par les replis duquel l'esprit monte et devale,
Rendant sa faculté de vitale, Animale[4] :
Tout ainsi que le sang et les esprits errans

---

et ad motum et ad omnem corporis actionem. ? Huc adde nervos, a quibus artus continentur, eorumque implicationem corpore toto pertinentem, qui sicut venae et arteriae a corde ductae et profectae in corpus omne ducuntur » ; Boaistuau, ouvr. cité, p. 54 : « Qui a faict les os si solides et massifs, qui les a noués et enclavez l'un dedans l'autre ? »

1 Boaistuau, *ibid.* : « Qui a estendu ceste largeur des piedz pour estre comme le fondement de tout le corps ? »

2 Le cerveau, qui est « double, anterieur et posterieur », dit Paré (1, 212-214), est « principe des nerfs et du mouvement volontaire ». Il précise ailleurs (1, 56-58), que « le sentiment, ou sensation, est fait en cinq sortes, qui sont voir, ouyr, odorer, gouster, et attoucher » et que « l'organe ou instrument » du sentiment est « l'esprit animal », lequel « est mis et logé au cerveau ».

3 Selon Paré (1, 211-212), l'utilité de la dure-mère, qui enveloppe le cerveau, et de la pie-mère, qui « s'insere dedans les profondités et anfractuosités d'icelluy », est de « garder qu'il ne soit blessé du crane lors qu'il fait son mouvement », le crâne étant dur et le cerveau mou. D'autre part, le tempérament du cerveau est « froid et humide ».

4 « De l'esprit vital est fait l'esprit animal, envoyé du cœur par les arteres Carotides internes au cerveau, pource qu'il estoit requis qu'il fust mieux cuit et digeré, d'autant que l'action animale est plus noble que la vitale. Et pourtant [pour cette raison] Nature a produit et basti une division d'arteres et petits filets entrelacés ensemble [...] comme un petit labyrinthe, faisant une merveilleuse texture en maniere d'un filet ou rets. Et pour ceste cause a esté appellé des Anciens Retz admirable » (Paré, 1, 223-224). Certains anatomistes du XVIe s. mettent en doute son existence : Du Bartas se range à l'opinion la plus répandue.

Par le chemin courbé des vaisseaux preparans
D'un cours entortillé s'elabourent, se cuisent,
Et en sperme* fecond peu à peu se reduisent[1] ?

Du cœur.

Descriray-je du cœur* les inesgaux costez
D'un contre poids esgal sur leur pointe plantez ?
Dont l'un s'enfle de sang, et dans l'autre s'engendrent
Les arteres* mouvans, qui par le corps s'espandent[2].
Là le subtil esprit* sans cesse ba-batant
Tesmoigne la santé d'un pouls tout-jour constant :
O[u] changeant à tous coups de bransle et de mesure,
Monstre que l'accident peut plus que la nature

Du poulmon.

Fendray-je le poulmon*, qui, d'un mouvement doux,
Tempere nuict et jour l'ardeur qui vit chez nous ?
Semblable au ventelet, qui d'une fresche haleine
Esvente en plain æsté les cheveux d'une plaine.
Poulmon qui prend sans fin, qui sans fin rend l'esprit
De qui le change fait qu'icy tout homme vit[3] :
Souflet qui s'agitant par divers intervalles
Fait sonner doucement nos parlantes regales[4] !

1 De même que le rets admirable a une structure labyrinthique, de même les vaisseaux spermatiques « font plusieurs retours et revolutions et replis comme capreoles de vignes, à fin que dans ces entortilleures et anfractuositez le sang et esprit envoyés aux testicules soient cuits et digerés par si long chemin, et partant elaborés et blanchis en substance seminale » (Paré, 2, 634). Des vaisseaux spermatiques, quatre sont dits « preparans » et se distinguent des vaisseaux « ejaculatoires ou deferens », qui portent aux testicules la matière de la semence (Paré, 1, 154). D'autre part, on distingue les esprits fixes, « inserés és parties similaires ou simples de nostre corps », et les esprits « vagabons et fluents » qui aident à conduire le sang et la chaleur aux diverses parties (Paré, 1, 59).

2 Le cœur comporte deux ventricules : le droit, qui est « receptacle du sang apporté et introduit par la veine cave », est plus grand que le gauche (Paré, 1, 191), « qui est source des arteres, auquel se fait grande pulsation » (Paré, 1, 189). C'est par les artères que l'esprit vital, « assis au cœur », est porté « à toutes les parties du corps » (Paré, 1, 59).

3 « L'usage de la respiration se fait, pource que le cœur, qui a besoin de la substance de l'air, et bouillant d'une fervente chaleur, desire estre rafraischi. Or il est rafraischi par l'inspiration, qui luy apporte une qualité froide, et par l'expiration, qui jette hors ce qui luy est trop chaud et bouillant » (Paré, 1, 187).

4 « Le poulmon est instrument de la voix », note Paré (1, 186), qui toutefois précise que c'est « le Larynx ou soufflet » qui est « principal instrument de la voix ». Du Bartas s'en tient à la représentation commune, et il compare l'organe de la parole à une sorte d'orgue que le poumon, comme un soufflet, met en action. On appelle *régale* un petit jeu d'orgues ou épinette organisée (voir *Satyre Ménippée*, éd. Ch. Read, p. 34 : « Le Charlatan Espagnol estoit [...] monté sur un petit eschaffaut, jouant des regales »). La Primaudaye, *Suite de*

Fendray-je l'estomach*, qui, cuisinier parfait,
Cuit les vivres si bien, qu'en peu d'heure il en fait
Un chile* nourricier : et fidele l'envoye
Par la veine* portiere es cavernes du foye ?
Le foye* en fait du sang[1] , puis le jettant dehors,
{201} Le despart justement aux membres de ce corps[2]
Par les conduits rameux d'une plus grande veine[3],
Semblable, ou peu s'en faut, à la vive fontaine,
Qui divisant son cours en cent petis ruisseaux,
Humecte un beau jardin de ses esparses eaux.
De vray, comme ceste eau diversement conduite
Fait croistre ici l'œillet, là le froid aconite,
Ici le prunier doux, ici l'aigre meurier,
Ici la basse vigne, ici le haut poirier,
Ici la molle figue, ici la dure amande,
Ici l'aluine amere, et deçà la lavande :
Tout de mesme le sang* et le bon aliment*[4],
Par tout le corps humain courans diversement,
S'alongent ore en nerf, ore en os s'endurcissent,
S'estendent ore en veine, or en chair s'amolissent,
Se font ici mouelle, ici muscle, ici peau,
Pour rendre nostre corps et plus fort et plus beau.
Mais non, je ne veux pas faire une ample reveue
Des membres que l'ouvrier desrobe à nostre veue[5].

De l'estomach.

Du foye.

Belle similitude.

Du sang, et de l'aliment.

Pourquoy il ne poursuit plus

l'Académie Françoise, éd. Paris, J. Chouet, 1593, p. 55b et suiv., traite longuement « de la convenance des instrumens de la voix et de la parole avec un instrument d'orgues ».

1 Quand nous avons mangé et bu, cette matière est « cuite » par l'estomac et est alors « appellée Chylus, laquelle est apres poussée és intestins gresles, et sucée et attirée d'iceux par les veines mesaraïques, puis distribuée à la veine porte, où aucunement elle s'altere, et de la veine porte est envoyée au foie, qui [...] la convertit en une substance rouge semblable à vin, laquelle nous appellons sang » (Paré, 1, 40).

2 Le sang « est porté par les veines et arteres à toutes les parties du corps » (Paré, 1, 40).

3 Plus précise, la première rédaction disait : « Le depart justement ha[u]t, et bas par le cors » ; mais la coquille « hait », pour « haut », a rendu le texte inintelligible ; de là sans doute la nouvelle rédaction. Sur la veine cave descendante et ascendante, voir Paré, 1, 151-152 et 194-197.

4 La « masse sanguinaire » comprend, non seulement le sang proprement dit, mais aussi les trois autres humeurs, qui, bien tempérées, concourent également à l'entretien du corps ; voir Paré, 1, 41.

5 De même, Boaistuau, p. 49, renonce à s'« amuser à discourir l'excellent ornement des autres membres par le menu ».

exactement l'anatomie du corps humain.

Je ne veux despecer tout ce palais humain :
Car ce brave projet requiert la docte main
Des deux fils d'Æsculape*[1], et le labouré style
Du disert Galien*, ou du haut Herophile*.
Par cest eschantillon il me suffit d'avoir
Tellement quellement monstré le sainct pouvoir
Non du fils de Japhet*[2], ains du vrai Promethee*,
Inimitable Ouvrier de l'image vantee.

Il entre maintenant au discours de la creation de l'ame humaine, et parle de l'essence

Or ce docte Imager*[3], pour son œuvre animer,
Ne prit de l'air, du feu, de terre, de la mer,
{202} Une cinquiesme essence[4], ains poussant son halaine
Il fit comme couler de la vive fontaine
De sa Divinité quelque petit ruisseau
Dans les sacrez conduits de ce fresle vaisseau[5].

---

1 « Æsculapius eut deux enfans, sçavoir Podalirius, et Machaon, qui suivans la trace de leur pere, firent profession de la Medecine, et surtout de cette partie qu'on appelle Chirurgie, de laquelle pour ce ils sont estimés inventeurs » (Paré, 1, 18). Paré, dans ces mêmes pages de sa *Préface*, cite Galien (*ibid.*) et Hérophile (p. 20).

2 Au *Japet* des éd. originales de 1578, notre éd. substitue *Japhet*. Il n'y a sans doute pas lieu de rétablir la leçon initiale. L'idée est courante, au XVIe s., que les mythes païens sont des contrefaçons de la vérité biblique : l'*Hercule Chrestien* de Ronsard, entre mille exemples, en témoigne. Il est possible qu'ici Du Bartas s'autorise de cette thèse pour restituer, contre le paganisme, la vérité de la Bible : le potier originel n'est pas le fils que le paganisme a prêté à Japhet-Japet, mais le vrai Prométhée, Dieu. Dans la formation de cette doctrine, Lactance a joué un rôle décisif (voir Jean Seznec, *La survivance des dieux antiques*, Paris Flammarion, 1980, p. 18 et suiv.). Or c'est à Lactance (*De opificio Dei*, 1) que Du Bartas doit son observation : « Vas est quodam modo fictile, quo animus, id est homo ipse verus continetur, et quidem non a Prometheo fictum (ut poetae loquuntur), sed a summo illo rerum conditore et artifice Deo. »

3 Voir Indice de Goulart à « Ame humaine ».

4 « L'ame qu'il [Dieu] a inspirée au corps de l'homme, n'est point prise de la terre, ou de la substance d'aucuns elemens » (Boaistuau, ouvr. cité, p. 40). Voir aussi S. Augustin, *De Genesi ad litteram*, 7, 4. Quant à l'hypothèse d'un cinquième élément constitutif de l'âme, Du Bartas l'écarte comme S. Augustin, *ibid.*, 7, 21 : « Quamobrem nec illud audiendum est, quod quidam putaverunt, quintum quoddam esse corpus unde sint animae, quod nec terra, nec aqua sit, nec aer, nec ignis, sive iste turbulentior atque terrenus, sive ille coelestis purus et lucidus ; sed nescio quid aliud quod careat usitato nomine, sed tamen corpus sit. » (S. Augustin pense à Cicéron, *Tusc.*, 1, 10, 22, réfutant Aristote.)

5 Boaistuau, ouvr. cité, p. 41, dit, au contraire, en s'inspirant de Théodoret de Cyr : « Et ne faut point entendre cette inspiration avoir esté quelque soufflement, fluction, ou coulement d'une aleine, qui sortist ou procedast de la bouche de Dieu : car il est simple, sans aucune composition ou mixtion. » Séduit par cette image, pourtant récusée par Boaistuau, Du Bartas se hâte donc d'en rejeter tout de suite les conséquences. Il semble

Non qu'il se desmembrast, non qu'il fist un partage
De sa triple-une essence avec son propre ouvrage[1] :
Ains, sans perdre le sien[2], d'un soufle il le rendit
Riche de ses vertus : et, puissant, respandit
Si bien ses rais sur luy, qu'encor mesme il luy reste
Quelque lustre apparent de la clarté celeste[3].
Ainsi, l'esprit* d'Adam proceda de l'esprit
Pere de l'Univers : sans toutefois qu'il prist
La moindre portion de sa simple substance[4],
Comme le fils reçoit essence de l'essence
De son pere mortel[5] : ou comme au renouveau
De l'humide sarment[6] naist un bourgeon nouveau.
Bref ce n'estoit qu'un vent : or le vent bien qu'il sorte
Du creux de l'estomac, toutefois il n'emporte
Rien de nostre substance, ains seulement retient
Les pures qualitez de la part dont il vient[7].

et substance d'icelle.

D'où proceda l'ame d'Adam.

Diverses similitudes à ce propos.

s'inspirer ici des réflexions de S. Augustin, *De Genesi ad litteram*, 7. Celui-ci note que Gn, 2, 7, emploie, selon les versions, *flauit* ou *sufflauit*, et *spirauit* ou *inspirauit* ; or, le grec disant ἐνεφύσησεν, seule la première traduction est conforme à la lettre ; cependant, on ne peut penser qu'il s'agisse simplement d'un souffle corporel : la Bible parle par image, et c'est aussi un esprit que Dieu communique. Du Bartas va donc retenir l'un et l'autre sens.

1 Voir Pierre Lombard, *Sent.* 2, 17B (« Opinio quorundam haereticorum qui putauerunt animam esse de substantia Dei ») ; Thomas d'Aquin, *Super Sent.*, 2, 17, art. 1.

2 C'est-à-dire : ce qui lui appartient en propre, sa substance, son essence.

3 Allusion discrète à l'idée que le péché a terni l'image de Dieu en l'homme. Voir ci-dessous v. 931-932.

4 Souvenir probable d'un passage d'Isaïe, 57, 16 (selon la Septante), allégué par S. Augustin, *De Genesi ad litteram*, 7, 3, 5 : « Spiritus enim a me procedet, et flatum omnem ego feci. » S. Augustin commente : nous ne saurions hésiter à dire que l'âme est un « Dei flatus » « dum intellegatur non esse Dei natura atque substantia, sed hoc ipsum esse sufflare, quod est flatum facere ; quod autem flatum facere, hoc animam facere ».

5 Ambroise Paré (2, 653) écrira, de même : « Et ne faut estimer qu'elle [l'âme] soit une partie de la divinité, et que Dieu l'aye creée de son essence, comme le pere l'enfant selon le corps : ce seroit grand blaspheme. »

6 Les éditions originales donnent la forme ancienne *serment*, un gasconisme suivant le *Dict. critique* de Féraud (cité par le *Trésor de la langue française*, *s.v.*).

7 Thomas d'Aquin, *Summa theol.*, 1, 90, art. 1, réfute, lui aussi, l'argument selon lequel « ille qui spirat aliquid a se emittit » : « Inspirare non est accipiendum corporaliter, sed idem est Deum inspirare, quod spiritum facere. Quamvis et homo corporaliter spirans non emittat aliquid de sua substantia, sed de natura extranea. » Voir aussi *Super Sent.*, 2, 17, quest. 1, art. 1, ad 1 : « Hoc quod homo flando emittit, est de aere exteriori quem respirando attraxit, non de substantia ejus. »

Inspiré par ce vent, ce vent je veux descrire.

De l'excellence de l'ame humaine.

Celuy n'a point d'esprit qui son esprit n'admire.
Celuy n'a point de sens qui nuict et jour ne sent
Les effects merveilleux d'un soufle si puissant.
Je sçay que comme l'œil void tout fors que soi-mesme,

Comment elle se peut conoistre soy-mesme.

Que nostre ame conoit toutes choses de mesme,
Fors que sa propre essence : et qu'elle ne peut pas
Mesurer sa grandeur de son propre compas :
Mais comme l'œil qui n'est offensé d'un caterre[1]
{203} Se void aucunement dans l'onde ou dans le verre,
Nostre ame tout ainsi se contemple à peu-pres
Dans le luisant miroir de ses effects sacrez[2].

Comparaisons propres

Le vent d'Austre qui rompt de sa muglante haleine
Les rameaux des forests, qui de l'humide plaine
Fait mille monts et vaux, qui baisse, audacieux,
Les pointes qui par trop s'avoisinent des cieux :
L'odorante vapeur que la rose souspire,
Tandis que les souspirs d'un amoureux Zephyre*
Esmaillent la campagne, et que pour plaire aux cieux
La terre se revest d'un habit precieux :
Les discordans accords que produit une Lyre
Ne peuvent estre veus : mais celuy se peut dire
Sans nez, oreille, chair, qui ne flaire, oit et sent
L'odeur, le son, le choc, des fleurs, du luth, du vent.

L'esprit n'est seulement vital ains divin et immortel.

Bien que de nostre esprit la nature subtile
Fuye nos foibles yeux : son mouvement agile,
Et ses braves discours, monstrent que nous n'avons

---

1 Le *caterre* ou *catarrhe* est un écoulement des humeurs, de la tête aux parties qui lui sont soumises ; le nez s'enflamme et rend les yeux larmoyants. On appelle aussi cette affection *rhume* ou *fluxion*.

2 Raisonnement emprunté à Cicéron, *Tusc.*, 1, 28, 67 : « Non valet tantum animus, ut se ipse videat, at ut oculus, sic animus se non videns alia cernit. Non videt autem, quod minimum est, formam suam (quamquam fortasse id quoque, sed relinquamus) ; vim certe, sagacitatem, memoriam, motum, celeritatem videt. Haec magna, haec divina, haec sempiterna sunt ; qua facie quidem sit aut ubi habitet, ne quaerendum quidem est. » Voir aussi pseudo-Aristote, *De mundo*, 399b : « Anima ipsa [...], cum haudquaquam sub aspectum nostrum sita sit, operibus tamen ipsis videtur « (trad. G. Budé).

Seulement un esprit par lequel nous vivons[1] :
Ains un esprit divin, sacré, pur, admirable,
Non-fini, non-mortel, non-meslé, non-palpable[2].
Car soit que cest esprit, inventeur de tout art, Du siege de l'ame.
Soit tout en tout le corps, et tout en chasque part,
Soit qu'il regne au cerveau, soit qu'au cœur il habite[3],
Seneque*[4], où pouvois-tu enregistrer la suite
De tant de mots divers, de tant de longs discours,
Pour les redire apres voire mesme au rebours ? Histoires notables de l'excellence de la memoire.
Où se pouvoit cacher ce grand tableau de cire,
Où d'un seau bien gravé la memoire de Cyre*
{204} Imprimoit et les fronts et les noms des soudars,
Qui suyvoyent par miliers ses vainqueurs estandars ?
En quel vaisseau profond le Legat de ce Pyrrhe*,
Qui, trompé par les vers de l'oracle de Cyrrhe*,
Tenta l'effort Romain[5], versoit tant de thresors,

1 Du Bartas asssimile âme et esprit. Lactance (*De opificio Dei*, 18), qui se demande si l'on doit distinguer *animus* et *anima*, pose la question en ces termes : « Sequitur alia, et ipsa inextricabilis quaestio : Idemne sit anima et animus, an vero aliud sit illud, quo vivimus, aliud autem, quo sentimus et sapimus. » Cicéron, *Tusc.*, 1, 23, 56, conteste que l'âme ne soit que principe de vie : « animum ipsum, si nihil esset in eo nisi id, ut per eum viveremus [...]. »

2 Cicéron, *Tusc.*, 1, 28, 70 : « Mentem hominis, quamvis eam non videas, ut deum non vides, tamen, ut deum agnoscis ex operibus eius, sic ex memoria rerum et inventione et celeritate motus omnique pulchritudine virtutis vim divinam mentis agnoscito. »

3 La première hypothèse est reprise de S. Augustin, *De trin.*, 6, 6, 8 : l'âme, « in unoquoque corpore, et in toto tota est et in qualibet parte eius tota est » ; ce texte est allégué par Thomas d'Aquin, *Summa theol.*, 1, 76, art. 8, Sed contra. Les deux autres hypothèses sont mentionnées, p. ex., par Cicéron, *Tusc.*, 1, 9, 19 (« alii in corde, alii in cerebro dixerunt animi esse sedem et locum »). Mais, comme Cicéron, Du Bartas montre peu d'intérêt pour cette question.

4 Les trois exemples de Sénèque, de Cyrus et de Cinéas sont déjà réunis, parmi d'autres, par Pierre Messie, *Diverses Leçons*, 3, 7 (« Combien la memoire est excellente »). Le premier est rappelé par Coelius Rhodiginus, 10, 15 (« Memoriae excellentia », citant Sénèque, *Controv.*, 1, pr., 2 : « duo milia nominum recitata quo erant ordine dicta reddebam, et ab his qui ad audiendum praeceptorem mecum convenerant singulos versus a singulis datos, cum plures quam ducenti efficerentur, ab ultimo incipiens usque ad primum recitabam ») ; les deux autres exemples sont indiqués par Pline, *HN*, 7, 24, 88 (« Memoria necessarium maxime vitae bonum cui praecipua fuerit, haut facile dictu est, tam multis eius gloriam adeptis. Cyrus rex omnibus in exercitu suo militibus nomina reddidit, L. Scipio populo Romano, Cineas Pyrrhi regis legatus senatui et equestri ordini Romae postero die quam advenerat »).

5 Addition qui rappelle un célèbre oracle équivoque ; interrogé, Apollon fit cette réponse à Pyrrhus : « Aio te, Aeacida, Romanos vincere posse » (Cicéron, *De diuin.*, 2, 116).

Pour puis en temps et lieu les estaler dehors ?
La Memoire*[1] est des yeux la fidele greffiere,
Le livre des paysans, la riche thresoriere
Qui tient, comme en depost, tout ce que les humains,
Poussez de vens divers, ont tenté de leurs mains[2] :
Depuis que Dieu jetta les fondemens du monde,
Que Phœbus s'atiffa d'une perruque blonde,
Et que l'astre, qui plus s'aproche des mortels,
Mendia ses rayons des rayons fraternels[3].
Si bien que la raison feuilletant, curieuse,
Les plus secre[t]s archifs d'une memoire heureuse,
Et d'un nœu* Gordien tenant entrelassez
Tant les actes presens, que les gestes passez
Vient docte du futur[4], et rend l'homme plus sage,
Pour passer, bien heureux, le reste de son aage[5].
Or[6] bien que nostre esprit vive comme captif

1 C'est la mémoire, selon Cicéron, *Tusc.*, 1, 24, 59, qui est la meilleure preuve de la divinité de l'âme. Boaistuau commence son analyse de la dignité de l'homme par la mémoire (ouvr. cité, p. 49).

2 « Entre les sentiments interieurs de l'homme, la memoire est la plus excellente, et est le tresorier et garde de tous les autres » (Messie, *Diverses Leçons*, 4, 7). La mémoire « (ainsi qu'escrit Platon) est le greffier qui tousjours demeure au dedans de la tour : laquelle garde et retient les choses qui passent soudainement : l'office de laquelle est de conserver en ses tresors et recevoir choses innumerables » (Boaistuau, *ibid.*, p. 49). « À bon droit elle a esté des anciens accomparée au greffe [...] Aucuns philosophes appellent la memoire le thresor de science [...], d'autant que la memoire est un cabinet de tout ce que nous apprenons et voyons » (Ambroise Paré, 2, 660).

3 La lune, qui tient sa lumière du soleil.

4 C'est-à-dire : devient savante de l'avenir, acquiert une connaissance de l'avenir (*cf.* latin *doctus legum*). L'étroite connexion des événements permet, à qui la maîtrise, une prescience de l'avenir. C'est pour Cicéron (*Tusc.*, 1, 27, 66) une preuve de la divinité de l'esprit humain : « his enim in naturis nihil inest, quod vim memoriae mentis cogitationis habeat, quod et praeterita teneat et futura provideat et complecti possit praesentia, quae sola divina sunt. »

5 « Sapience est fille de la memoire » (Messie, *Diverses Leçons*, 3, 7).

6 Développement de l'un « des thèmes les plus chers à l'époque hellénistique et gréco-romaine, la montée de l'âme à travers le Kosmos » ; cette expérience peut avoir lieu « simplement parce qu'on est plongé dans un total recueillement, que l'âme, se dégageant du corps, s'élève à travers le monde » (A. J. Festugière, *La révélation d'Hermès Trismégiste*, Paris, Les Belles-Lettres, 2 (1981), p. 441-442). Ce développement est également cher à la Renaissance : voir, p. ex., Ronsard, « Hymne de la Philosophie », in *O. C.*, éd. Céard, Ménager, Simonin, 2, p. 520 et suiv. ; J. Céard, *La nature et les prodiges*, Genève, Droz, 1996, p. 201 et suiv. Utilisant le *De opificio mundi* de Lactance, Du Bartas a pu noter ces

Dans les ceps de ce corps, qu'il languisse chetif
Sous un obscur tombeau[1], d'une tirade il vole
Et d'Imave* outre Calpe*, et de la terre au pole :
Plus viste que celuy qui d'un flamboyant tour
Tout ce grand Univers postillonne en un jour[2].
Car quittant quelquefois les terres trop conues,
D'une alegre secousse il saute sur les nues,
Il noue par les airs, où, subtil, il aprend
{205} Dequoy se fait la neige, et la gresle, et le vent :
Dequoy se fait l'esclair, la glace, la tempeste,
La pluye, le tonnerre, et la triste comete[3].
Par les degrez de l'air il monte, audacieux,
Sur les planchers du monde, il visite les cieux
Estage apres estage, il contemple leurs voutes,
Il remarque l'accord de leurs contraires routes[4],
D'un infallible get : et d'un certain compas
Il conte leurs brandons, il mesure leurs pas[,]
Il aulne leur distance : et comme si le monde
N'enfermoit dans le clos de sa figure ronde
Des subjets assez beaux, il s'eslance dehors
Les murs de l'Univers[5] : et loin, loin de tous corps
Il void Dieu face à face, il void les chastes gestes
Et le zele fervent des courtisans celestes.
Que ne peut un esprit, qui, fuyant le repos,

De la promptitude et viste vivacité de l'esprit comprenant tout ce qui est au ciel et en terre.

Des doctes exquises, gentiles, esmerveillables et plus

mots du chap. 16 : « An potest aliquis non mirari, quod sensus ille viuus, atque caelestis, qui mens vel animus nuncupatur, […] tantae celeritatis [est], ut […] uno temporis puncto caelum omne collustret, et, si velit, maria peruolet, terras ac urbes peragret, omnia denique, quae libuerit, quamuis longe lateque summota sint, in conspectu sibi ipse constituat ? »

1 Du Bartas reste attaché à cette vision d'origine néo-platonicienne : « Pythagorici et Platonici hominem esse putant diuinam quamdam mentem terrenis vinculis alligatam » (Coelius Rhodiginus, *Ant. Lect.*, 2, 17). Elle est familière à Boaistuau, ouvr. cité, p. 68 et 83 (« nostre ame qui est enterrée en ce corps comme en son sepulchre »).

2 C'est-à-dire le Soleil.

3 Comme la Philosophie, selon Ronsard (*O.C.*, éd. Céard, Ménager, Simonin, 2, p. 522, v. 75-95).

4 Voir Pline, *HN*, 2, 4, 11 ; Apulée, *De mundo*, 292 ; Macrobe, *In Somno Scipionis*, 1, 14 fin et 18 ; etc.

5 Comme Épicure, dont la pensée, dit Lucrèce, 1, 73-74, « extra / Processit longe flammantia moenia mundi » ; mais Du Bartas christianise ce motif.

qu'humaines inventions de l'esprit humain.

Brusle du sainct desir d'eterniser son los[1] ?
Esten ton cler regard du Ponant à l'Aurore,
Et du bord Islandois jusqu'au rivage More :
Là rien tu ne verras de parfaitement beau,
Que la plume, le fer, le moule, ou le pinceau,

La Sculpture et Peinture.

N'ait si bien imité, que nostre œil peut à peine
Discerner le vray corps d'avec sa forme vaine[2].
Ceste jument* d'airain, sur qui les estalons
Lançoyent, estans en rut, leurs fragiles talons[3] :
Ce bel arbre pampré, que la vive peinture
De Zeuxe* fit jadis à l'envy de Nature,
Et sur qui les oiseaux à flotes voletoyent,
Et pour un vray raisin le tableau bequetoyent[4] :
{206} Ce marbre* Athenien qu'un jeune homme folastre
Avoit ja fiancé dans son ame idolatre[5] :
L'Apelloise Venus*, qui, pourtraite, n'avoit
Guere moins d'amoureux que quand elle vivoit[6] :
Sont tesmoins suffisans qu'une docte peinture,
Deesse peut former toute une autre nature.

---

1 C'est, selon Cicéron, *Tusc.*, 1, 14, 34, l'une des preuves de l'immortalité de l'âme.

2 Une grande partie du *Bref Discours* de Boaistuau est consacrée à décrire l'« excellence de l'esprit humain en l'invention des arts et sciences » (p. 55 et suiv.).

3 Exemple emprunté à Boaistuau, ouvr. cité, p. 58 : « Qui ne sera espovanté de ce que Pausanias historien grec récite, avoir esté fabriqué en Héraclée province de Peloponese par un certain artisan ? lequel composa un cheval d'airain, ayant la queue coupée et diforme au reste par toutes les autres parties du corps, auquel neantmoins les autres chevaux vivans s'efforçoient se joindre et coupler d'une telle ardeur et affection, qu'ils se rompoient la corne du pied [ces mots expliquent « fragiles »], montans et remontans par plusieurs foys sur luy, d'autant qu'ils glissoient pour l'erain dont il estoit composé. Et pour quelques coups qu'on leur peust donner, on ne les pouvoit chasser, mais ils hannissoient comme s'ils eussent trouvé une jument en chaleur. » Goulart a cru reconnaître ici la vache de Myron, mais une vache n'est pas une jument et l'histoire ne dit pas que cette vache ait excité des chevaux. Comme le signale M. Simonin, *ibid.*, p. 114, l'erreur de Goulart a été relevée par Bayle, *Dissert. sur l'Hippomanes*, à la suite du *Dict.*, éd. 1730, t. 4, p. 590. Au reste, on voit aisément pourquoi Du Bartas a substitué au cheval de Boaistuau une jument.

4 Autre exemple emprunté à Boaistuau, *ibid.*, p. 57.

5 Seul exemple qui ne vienne pas du *Bref Discours* de Boaistuau. Mais on le lit dans *Le théâtre du monde* du même Boaistuau, éd. M. Simonin, 1981, p. 219-220, qui le doit à Messie, *Diverses Leçons*, 3, 14. Il y avait à Athènes « une statue de marbre » dont s'éprit vivement un jeune homme de la ville ; ne pouvant obtenir qu'on la lui cédât, il se donna la mort.

6 Autre exemple emprunté à Boaistuau, *Bref Discours*, p. 57.

Mais l'artifice humain ne produit seulement
Une masse sans ame, un corps sans mouvement,
Ains il peuple les airs d'un volant exercite
D'animaux bigarrez. Le Tarentin Archite*
(Prince docte et vaillant) fit un pigeon de bois

Les subtiles recerches de la mathematique, tesmoins le pigeon d'Architas, l'aigle et la mouche de Jean de Mont-royal.

Qui poussé par l'accord de divers contrepois
Se guindoit par le ciel[1]. Que diray-je de l'aigle*,
Dont un docte Aleman*[2] honora nostre siecle ?
Aigle qui deslogeant de la maistresse main
Alla loin au devant d'un Empereur Germain[3] :
Et, l'ayant rencontré, soudain d'une aile acorte
Se tournant, le suivit jusqu'au sueil de la porte
Du fort Norembergeois[4], que les piliez dorez[,]
Les tapissez chemins, les arcs elabourez,
Les foudroyans canons, ni la jeunesse isnelle,
Ni le chenu Senat, n'honoroyent tant comme elle.
Un jour, que cest ouvrier plus d'esbats, que de mets,
En privé festoyoit[5] ses seigneurs plus aimez,
Une mouche de fer dans sa main recelee
Prit, sans aide d'autruy, sa gaillarde volee,
Fit une entiere ronde, et puis d'un cerceau las,
Comme ayant jugement, se percha sur son bras.
Esprit vrayement divin qui dans l'estroit espace
{207} Du corps d'un moucheron peux trouver prou de place
Pour tant de contre-poids, chainettes, et ressors,
Qui luy servoyent d'esprit, d'esperon, et de mords !
Vous mesmes, ô clairs cieux, bien que vostre carriere

L'astronomie.

1 Célèbre exemple que Boaistuau, *ibid.*, p. 59-60, n'a pas manqué de citer : cette « colombe de bois », « estant composée par certaines figures et proportions de mathematique, voloit en l'air par periodes et intervales, comme les autres oiseaux ».

2 C'est à l'astronome et mathématicien Regiomontanus que ces deux inventions sont prêtées par Ramus, *Scholarum mathematicarum libri XXXI*, Bâle, 1569, livre 2, p. 65. Son récit est reproduit par Thevenin.

3 L'empereur Maximilien, lors de son entrée à Nuremberg. Du Bartas en décrit les fastes, qui honoraient moins l'Empereur que ne le faisait l'aigle (nom féminin : voir V, 927, 939, etc.).

4 Du fort, des fortifications de Nuremberg.

5 Festoyait de divertissements plus que de mets.

Roulant tousjours d'un train, ne trouve de barriere
Qui la puisse arrester, n'eschappez point les mains
Le ciel de verre du roy de Perse.
Des humains, qui ne sont que par l'escorce humains.
Un Perse[1] non content d'avoir borné par guerre
Son domaine à peu-pres des bornes de la terre,
Pour regner dans le Ciel, maçon ne redressa
Le palais de Nembrod*[2], et, geant, n'entassa
Montagne sur montagne[3] : ains sans bouger de terre,
Magnifique, il fondit un si grand Ciel* de verre,
Que posant quelquefois son haut throne au milieu,
Les quadrans et horloges, nommement aujourd'hui celuy de Strasbourg.
Sous ses pieds orgueilleux il voyoit comme un Dieu
Les feux de l'autre Ciel se cacher sous Neree,
Puis tirer hors des flots leur perruque doree.
Or ce Ciel n'avoit rien de merveilleux en soy,
Qu'une enorme grandeur digne d'un si grand Roy :
Mais, bon Dieu, qui croiroit que les dextres mortelles
Fissent de nouveaux cieux, et d'estoilles nouvelles,
Qui par le train constant de leurs contraires cours
Peussent marquer les ans, et les mois et les jours ?
Et c'est bien toutesfois une histoire averee

1 Le roi Sapor. Cet exemple est dû à Boaistuau, ouvr. cité, p. 59, qui recopie Cardan : ce roi fit bâtir une « machine de vitre », « laquelle estoit si grande, qu'il estoit assis au centre d'icelle, comme en la sphere et rondeur de la terre, voyant soubs ses pieds les astres, et estoilles qui se couchoient et levoient : en sorte que combien qu'il fust mortel, il sembloit estre sur toute la haultesse et expectation d'immortalité. Quelle chose plus grande et divine peut tomber au sens des hommes, specialement à un Roy qui possede tout le monde, qu'apres la possession des terres et mers, il semble posseder les astres, le ciel, et le domicile de Dieu. » Voir le commentaire d'I. Pantin, « L'astronome sur la roue de la curiosité : des représentations emblématiques à la crise de la cosmologie », *Curiosité et* libido sciendi *de la Renaissance aux Lumières*, sous la dir. de N. Jacques-Chaquin et de S. Houdard, ENS Editions, Fontenay/Saint-Cloud, t. 1, 1998, p. 61-62. À la même date, l'exemple de Sapor retient aussi l'attention de Guy Le Fèvre de la Boderie, *Hymnes ecclésiastiques*, 1578, f° 240a.

2 La tour de Babel. La tradition a fait de Nemrod l'architecte de la tour de Babel, bien que la Gn, 11, ne lui assigne pas ce rôle. Voir, p. ex., Polydore Vergile (*De rerum inventoribus*, 1, 3, trad. Belleforest) : « Nemroth fils de Cham enfant de Noé, voulant destourner les hommes de celle crainte qu'ils avoient que Dieu ne ruinast desormais le monde par le deluge, ayant fondé son espoir en sa propre force et puissance, mit en teste aux siens de bastir une tour d'incroyable hauteur, laquelle ne peust estre surmontee par l'inondation merveilleuse des eaux. »

3 Les géants de la fable mirent Pélion sur Ossa pour monter à l'assaut du ciel.

Par cent graves tesmoins[1], que ce fin Briaree*[2]
Qui long temps deffendit, armé de mille mains, Les engins d'Archimedes, et sa Sphere.
Le mur Saragoussois[3] contre l'ost des Romains :
Qui brula d'un miroir maint navire de guerre,
Qui de la terre en l'onde, et de l'onde en la terre
{208} Par sa dextre traina les plus pesans vaisseaux
Qui glisserent jamais sur les Tyrrhenes eaux,
Fit des cercles luisans, où les flammes errantes,
Qui sont es cieux plus bas, où les torches brillantes,
Qui decorent le front du viste firmament,
D'elles-mesmes tournoyent d'un reglé mouvement.
Hé ! pourroy-je cacher sous un obscur silence
Ce nouveau ciel* d'argent, qui n'aguere à Bizance Le ciel d'argent envoyé par
Fut au grand roy des Turcs mandé par Ferdinand[4] ?
Là dedans un esprit sans fin se proumenant

---

1 Parmi ces témoins il faut citer Boaistuau, ouvr. cité, p. 60 : « Archimede fabriqua un mirouer qui brusla en pleine mer les navires de ses ennemis », et p. 58 : « Archimedes traina d'une seule main et d'une seule corde au travers du marché de Syracuse, un grand navire chargé de marchandise. » Un autre témoin est Pierre Messie, *Diverses Leçons*, 2, 42 : « Seulement les machines et engins faits de l'invention de cet Archimedes furent suffisans pour deffendre par long temps Siracuse, contre les Romains » ; « Ciceron [*Tusc.*, 1, 25, 63] attribue aussi à ce Philosophe, d'avoir inventé et fait la Sphere materielle, en laquelle se voyoit à l'œil le mouvement de tous les planettes, avec leurs cours, passions, et aspects. » Voir I. Pantin, art. cité, p. 57-62 ; Guy Le Fèvre de la Boderie, ouvr. cité, f° 239b.

2 Briarée, pourvu de cent bras, prit part à la guerre des Titans. La force dont use Archimède est le fruit de son ingéniosité. Du Bartas a relu Plutarque, *Vie de Marcellus*, chap. 26 ; voyant que les engins inventés par Archimède l'emportaient, Marcellus dit à ses hommes : « Ne voulons-nous point cesser de faire la guerre à ce Briarée géométrien ici, qui [...] a surpassé tous les géants à cent mains dont les fables des poètes font mention, tant il nous a délâché de traits, de pierres et de flèches tout à un coup ? »

3 Non pas la Saragosse espagnole, mais Syracuse, Saracosa, ou Saragoce, en Sicile.

4 Voir Paolo Giovio (Paul Jove), *Historiae sui temporis*, Paris, Vascosan, 1553, t. 2, livre 40, p. 258b : lors d'une ambassade auprès du sultan Soliman, les ambassadeurs lui remirent « eruditae admirationis argenteam machinam, in qua non horarum modo spatia, sed errantium etiam syderum motus, menstruique Solis ac Lunae coitus, exactissima ratione monstrabantur, intus scilicet dentatis rotis certisque ponderibus, admirabili momento, vel in multum aeuum minutissimas temporum mensuras dispensantibus, quum inter celeres tardosque orbes, in tam vario inaequalique polorum ordine, audaci quadam supremi motoris aemulatione cuncta congruerent. » Du Bartas a peut-être eu connaissance de cette invention par le rapport de Ramus (voir I. Pantin, art. cité, n. 36). I. Pantin, *ibid.*, p. 60, remarque justement que Du Bartas remplace « l'assemblage fragile des rouages par un "esprit" » et note que, pour un homme de la Renaissance, « l'essentiel du motif de la sphère d'Archimède touchait à la question de l'âme » : la sphère d'Archimède n'est pas

l'Empereur Ferdinand au Turc Solyman.

Agitoit la machine : et bien que l'une sphere
Glissast fort lentement, et que l'autre au contraire
Diligentast ses pas, leurs astres toutesfois
Des astres naturels ne transgressoyent les loix.
Là le Soleil, suyvant du biaiz Zodiaque
Les luisantes maisons, jamais ne se detraque
De son prescrit chemin : là sa sœur dans un mois
Parfait son viste cours, et changeant maintesfois
De forme de visage, ore grande, or' petite,
Les divers changemens de l'autre Lune imite[.]

Conference et rapport de l'image, asavoir l'homme, à son patron et vif pourtrait, qui est Dieu.

O parfait animal ! qui sçais faire mouvoir
Les cercles estoillez, qui ton divin pouvoir
Estens dessus les cieux, qui tiens en main la bride
Du perruqué Soleil et de la Lune humide :
Ce chatouilleux desir, qui te fait imiter
Les ouvrages plus-beaux du non-feint Jupiter,
Porte par ses effects fidele tesmoignage
De ton extraction, et que son sainct image*
Fut en ton ame empreint, quand son Esprit vivant
{209} Pour animer ton corps, t'emplit d'un sacré vent[1].
Car comme il est tout beau, ton ame est toute belle,
Comme il est immortel, ton ame est immortelle :
Il ne chomme jamais[2], et ton entendement
Est tousjours en travail, à l'erte, en mouvement.
Il discourt, tu discours : et ta meure prudence,
A quelque parentage avec sa providence.
Il fait tout par raison, tu fais tout par compas.
Il est l'honneur du Ciel, toy l'honneur de çà bas.

---

une simple horloge, mais, selon les mots de Cardan, « l'effigie de la machine se mouvant de soymesme, et de son propre esprit ».

1 Du Bartas christianise la réflexion de Cicéron, *Tusc.*, 1, 25, 62-63 : l'homme qui a compris les mouvements des cieux « docuit similem animum suum eius esse, qui ea fabricatus esset in coelo », et celui, qui, comme Archimède, a réalisé un planétaire, « effecit idem, quod ille qui in Timaeo mundum aedificauit, Platonis deus, ut tarditate et celeritate dissimillimos motus una regeret conuersio ».

2 Jn, 5, 17 : « Pater meus usque modo operatur, et ego operor. » Voir le commentaire de S. Augustin, *De Genesi ad litteram*, 4, 12, 23 : « Quod Dominus ait : "Pater meus usque nunc operatur", continuationem quamdam operis eius, qua universam creaturam continet atque administrat, ostendit. »

Il est le grand Pontife, et toy son grand Vicaire[1].
Il est Roy souverain, et toy Roy tributaire.
De vray tout aussi tost que l'Eternel t'eust fait,
Il mit dessous ta main cest ouvrage parfait,
Fit que tous animaux te vindrent reconoistre[2] :
Et te donna pouvoir d'imposer, comme maistre,
Des noms pleins d'efficace aux esmaillez oiseaux,
Aux hostes des forests, aux citadins des eaux[3].
Heureux, et trop heureux ! si tu n'eusses, ô Pere[4],
Apostat, effacé ce divin charactere[5].
Or puis que le flambeau de nos espris acorts
Luit si bien à travers la lanterne du corps[6] :
Quelle saincte clarté naistra de ceste estoile,
Lors qu'elle brillera sans falot et sans voile ?
L'esprit semble celui, qui, pour vivre[7] en maison,
Que l'injure du Ciel perce en toute saison,
Qu'un lac clost de ses eaux, qu'un Autan tousjours baise,
Mal sain, ne vit jamais un quart d'heure à son aise.
L'esprit semble à peu pres l'araigne, qui, vivant
Au centre de son drap agité par le vent,
{210} S'esmeut tout aussi tost que la bruyante guespe
Touche tant seulement l'un des bords de son crespe.
Vous qui dans ce Tableau, parmi tant de pourtraits,
Du Roy des animaux contemplez les beaux traits,
Çà çà tournez un peu et vostre œil et vostre ame,
Et, ravis, contemplez les beaux traits de la femme*,
Sans qui l'homme çà bas n'est homme qu'à demi :

Autre tesmoignage de l'excellence de l'homme, établi Seigneur du Monde.

Où gist sa felicité.

Pour la fin le poete discourt sur la creation de la femme,

1 Voir ci-dessus, v. 466.
2 Voir Gn, 1, 26. Voir ci-dessus, v. 465-466.
3 Voir Gn, 2, 19. Verset commenté par Philon, *De mundi opificio*, 148-149. Ces noms sont « efficaces », en ce qu'Adam a imposé aux créatures des noms « non impropria, non inconuenientia, sed diserte rerum proprietates exprimentia » (trad. S. Gelenius).
4 Adam.
5 Boaistuau, ouvr. cité, p. 80 : « Depuis qu'il [l'homme] se mescongneut, ce divin caractere fut en luy effacé et aboly. »
6 Image classique : voir Ficin, *Théol. plat.*, 13, 5 (trad. R. Marcel, t. 2, p. 241) ; H. C. Agrippa, *De occ. philosophia*, 3, 50 ; et J. Céard, *La nature et les prodiges*, ouvr. cité, p. 223.
7 Parce qu'il vit.

faite pour estre en aide à l'homme et sans qui sa fin seroit miserable.

Ce n'est qu'un Loup garou[1] du soleil ennemi,
Qu'un animal sauvage, ombrageux, solitaire,
Bigarre, frenetique, à qui rien ne peut plaire,
Que le seul desplaisir : né pour soy seulement[2],
Privé de cœur, d'esprit, d'amour, de sentiment.
Dieu donc pour ne monstrer sa main moins liberale
Envers le masle humain, qu'envers tout autre masle,
Pour le parfaict patron d'une saincte amitié,
A la moitié d'Adam joint une autre moitié[3],
La prenant de son corps, pour estreindre en tout aage
D'un lien plus estroit le sacré mariage[4].

Belle similitude, monstrant comme Eve fut prise d'une des costes d'Adam.

Comme le Medecin, qui desire trencher
Quelque membre incurable, avant que d'aprocher
Les glaives impiteux de la part offensee,
Endort le patient d'une boisson glacee[5],
Puis sans nulle douleur, guidé d'usage et d'art,

---

1 *Cf.* I, 48. C'est par ce mot qu'Amyot, traduisant Plutarque, *Vie d'Alcibiade*, 29, explique le grec *misanthropos* : « Misanthrope, comme qui dirait Loup-garou, ou haïssant les hommes ».

2 Allusion à un célèbre texte de Platon (*Lettre 9*, 458A), répandu par Cicéron (*De officiis*, 1, 22) et repris par Érasme, qui en a fait l'adage « Nemo sibi nascitur ». Voir Rabelais, *Tiers Livre*, chap. 35, fin.

3 Du Bartas ne tient pas explicitement compte de Gn, 1, 27 (« Ad imaginem Dei creauit illum, masculum et feminam creauit eos »), sans doute parce que la plupart des théologiens, à la suite de S. Augustin, voient dans ce passage la preuve que l'aide (Gn, 2, 18 : « Faciamus ei adiutorium simile sibi ») procurée à l'homme est toute destinée à la reproduction : « Si autem quaeritur, ad quam rem fieri oportuit hoc adiutorium, nihil aliud probabiliter occurrit, quam propter filios procreandos, sicut adiutorium semini terra est, ut virgultum ex utroque nascatur : hoc enim et in prima rerum conditione dictum erat : Masculum et feminam fecit eos, et benedixit eos Deus, dicens : Crescite, et multiplicamini, et implete terram, et dominamini eius. Quae ratio conditionis et coniunctionis masculi et feminae atque benedictio, nec post peccatum hominis poenamque defecit. Ipsa enim est secundum quam nunc terra hominibus plena est dominantibus eius » (*De Genesi ad litteram*, 9, 3, 5). Thomas d'Aquin approuve cette analyse (*Summa theol.*, 1, 92, art. 1, co). Du Bartas préfère se souvenir (discrètement) du mythe platonicien tel que l'expose Ficin dans son *Commentaire sur le Banquet de Platon*, 4e disc., chap. 1 et 2 : homme et femme sont comme deux moitiés qui cherchent à reconstituer leur unité première.

4 Voir Mt, 19, 4-6 ; Mc, 10, 6-8.

5 Ambroise Paré (3, 547 et suiv.) détaille les médicaments propres à « obvier aux causes de douleur et stupefier le sentiment du tact » ; les plus forts sont « les stupefactifs ou narcotiques », qui, « par leur froideur extreme », « ostent le sentiment » de la partie malade et l'endorment.

Pour sauver l'homme entier, il en coupe une part :
Le Tout-puissant ternit de nostre ayeul la face,
Verse dedans ses os une mortelle glace,
Sille ses yeux ardans d'un froid bandeau de fer[1],
Guide presque ses pieds jusqu'au sueil de l'enfer,
Bref si bien engourdit et son corps et son ame,
{211} Que sa chair sans douleur par ses flancs il entame,
Qu'il en tire une coste, et va d'elle formant
La mere des humains[2], gravant si dextrement
Tous les beaux traits d'Adam en la coste animee,
Qu'on ne peut discerner l'amant d'avec l'aimee.
Bien est vray toutesfois qu'elle a l'œil plus riant,
Le teint plus delicat, le front plus attrayant,
Le menton net de poil, la parole moins forte,
Et que deux monts d'yvoire en son sein elle porte.
Or apres la douceur d'un si profond sommeil, Leur mariage.
L'homme unique n'a point si tost jetté son œil
Sur les rares beautez de sa moitié nouvelle,
Qu'il la baise, l'embrasse, et haut et cler l'appelle
Sa vie, son amour, son apuy[3], son repos,
Et la chair de sa chair, et les os de ses os[4].
Source de tout bon-heur, amoureux Androgyne*[5],
Jamais je ne discour sur ta saincte origine,
Que, ravi, je n'admire en quelle sorte alors

1 Image virgilienne (« somnus ferreus », *En.*, 10, 745), courante dans la poésie du temps.

2 Voir Gn, 2, 21-22 : « Immisit ergo Dominus Deus soporem in Adam, eumque obdormiuit ; tulit unam de costis eius, et repleuit carnem pro ea. Et aedificauit Dominus Deus costam quam tulerat de Adam, in mulierem. » « La mere des humains » fait allusion au sens étymologique du nom d'Ève : « Et vocauit Adam nomen uxoris suae Heva : eo quod mater esset cunctorum viuentium » (Gn, 3, 20).

3 Traduction de « adiutorium » (Gn, 2, 20), mais qui, dans ce nouveau contexte, n'est qu'un aspect de l'amitié qui unit Adam et Ève. Le terme même d'« appuy » rend l'un des équivalents de la version araméenne de la Genèse : « sustentaculum, fulcrum, appodiamen » (note de Fagius, *Thargum hoc est paraphrasis Chaldaica*, Strasbourg, 1546, *ad loc.*).

4 Amplification de Gn, 2, 23 : « Dixitque Adam : Hoc nunc, os ex ossibus meis, et caro de carne mea. »

5 Seule mention explicite de la fable platonicienne ; évidemment S. Augustin la récuse vivement (*De Genesi ad litteram*, 3, 22, 34) : « Rursus ne quisquam arbitraretur ita factum, ut in homine singulari uterque sexus exprimeretur, sicut interdum nascuntur, quos androgynos vocant. »

Leur epithalame, et les commoditez de ceste conjonction.

D'un corps Dieu fit deux corps, puis de deux corps un corps[1].
O bien-heureux lien, ô nopce fortunee,
Qui de Christ et de nous figures l'Hymenee*[2] !
O pudique amitié, qui fonds par ton ardeur
Deux ames en un[3] ame, et deux cœurs en un cœur !
O contract inventé dans l'odorant parterre
Du printanier Eden, et non dans ceste terre
Toute rouge de sang, toute comble de maux,
Et le premier enfer des maudits animaux,
Qui guerroye le Ciel ! ô sacree alliance
Que le fils d'une vierge[4] orna de sa presence !
{212} Lors que les eaux de Cane il convertit en vin,
Tesmoignage premier de son pouvoir divin.
Par ton alme faveur, apres nos funerailles,
Bien-heureux, nous laissons des vivantes medailles[5],
Changeons la guerre en paix, en parens nous croissons :
Et l'homme eternizant en nos fils renaissons[6].

---

1 Gn, 2, 24 : « Et erunt duo in carne una. » *Cf.* Mt, 19, 6 : « Itaque iam non sunt duo, sed una caro. »

2 Ep., 5, 30-32 : « Relinquet homo patrem et matrem suam, et adhaerebit uxori suae, et erunt duo in carne una. Sacramentum hoc magnum est, ego autem dico in Christo et Ecclesia. » L'union de l'homme et de la femme préfigure l'union du Christ et de l'Église.

3 Voir II, v. 226 et la note.

4 C'est-à-dire le Christ. La suite précise cette allusion aux noces de Cana (Jn, 2, 1-12), où le miracle de l'eau changée en vin « fut le premier des signes de Jésus » (Jn, 2, 11). Du Bartas suit l'exégèse de l'épisode par Bède, cité dans la *Catena aurea* : « Ecce inter cetera filius virginis venit ad nuptias, qui cum apud patrem esset, instituit nuptias. » Le v. 1001 a été heureusement corrigé : la bourgade de Cana ne se trouve pas au bord du Jourdain.

5 « Le pere voyant ses enfans, peut asseurer qu'il voit sa vive medaille recourcie en la face de ses petitz enfans, esquels quasi nous renaissons [...], tellement que la vieillesse ne nous est point moleste, voyans ces miroirs et simulachres de nous mesmes qui eternisent la memoire de nous » (Boaistuau, *Le théâtre du monde*, éd. citée, p. 164). Image reprise par La Primaudaye, *L'Académie Françoise*, 1577, chap. 45 : « Quel indicible plaisir prend tout pere, de veoir sa vive medaille racourcie en la face de ses enfans ? »

6 Ces deux vers remplacent dix vers, qu'ils résument non sans maladresse : si le v. 1006 prolonge bien les v. 1003-1004, le v. 1005 rompt la suite naturelle des idées ; en outre, si l'on comprend aisément le premier hémistiche, selon lequel des alliances peuvent apaiser des conflits, le sens du second ne s'éclaire que par les vers supprimés : par les mariages, nous accroissons le nombre de nos parents. Quant à l'idée générale de ces vers, elle est souvent développée au XVIe s. : « Trescher filz, entre les dons, grâces, et prerogatives, desquelles le souverain plasmateur, Dieu tout puissant, a endouayré l'humaine nature à son commencement, celle me semble singuliere et excellente par laquelle elle peult, en estat

Par toy nous esteignons les impudiques flammes
Que l'archer Paphien[1] allume dans nos ames :
Et aprenant de toy comme il faut bien aimer,
Trouvons le miel plus doux et le fiel moins amer,
Qui s'entre succedans comblent la vie humaine,
Or' de sucré plaisir, or' d'angoisseuse peine[2].
⌈ Cela fait, l'Eternel aux bien-heureux Amants
Commande de peupler par saints embrassements
Le desert Univers[3], et faire qu'en tous aages
Leur beau couple eust çà bas des survivans images.
Il avait imposé n'aguere mesmes loix
Aux felons animaux qui logent dans les bois,
Aux troupeaux emplumez, aux bandes qui ſecondes
Ont receu de sa main en partage les ondes[4].
Les ours depuis ce temps engendrerent des ours,
Les dauphins des dauphins, les vautours des vautours[,]
Les humains des humains, et d'un ordre immuable
Nature à ses parents rendit le fils semblable[5].
Combien que tout ainsi que Vulcan* meslangeant

Mariage fondé sur la benediction de l'Eternel, en vertu de laquelle aussi toutes autres creatures se maintiennent et survivent les unes aux autres.

Des conjonctions contre nature.

mortel, acquerir une espece d'immortalité, et, en decours de vie transitoire, perpetuer son nom et sa semence. Ce que est faict par lignée yssue de nous en mariage legitime. [...] Par ce moyen de propagation seminale, demeure es enfans ce que estoit de perdu es parens, et es nepveux ce que deperissoit es enfans, et ainsi successivement jusques à l'heure du jugement final » (Rabelais, *Pantagruel*, 8). De même, La Primaudaye, *L'Académie Françoise*, lieu cité : « S'il n'est chose qui soit plus heureuse, ne heur plus desirable qu'immortalité, la propagation de lignee, par continuation d'espece, nous rend immortels. » Il ajoute : « Au-surplus, par Mariage, l'on augmente d'amis, d'affins, parens, et prochains, qui est un bien tres-grand et force inexpugnable. Les freres et sœurs, nepveux et niepces se redoublent. La paix le plus souvent est causée par mariages entre les Monarques et Princes, et infinies querelles et dissensions appaisees. »

1 Cupidon. Voir La Primaudaye, lieu cité : « A la necessité de Mariage, l'homme par la malediction du peché, qui a donné lieu en son ame aux concupiscences de la chair, a encores esté beaucoup plus assubjetty. »

2 « Et à la verité dire, si en mariage il y a douceur, il y a aussi de l'amertume : ce que n'est pas tant seulement en mariage, ains est en tous les estatz de ce terrestre et sensible mondain estage, auquel nous ne pouvons gouster miel sans fiel, ne sucre sans aloez » (Guillaume de la Perrière, *Le Miroir politique* (1555), éd. Paris, 1567, p. 73b-74a ; cet ouvrage est l'une des sources avouées du *Théâtre du monde*, qui, p. 168, utilise partiellement ce passage.)

3 Gn, 1, 28.

4 Gn, 1, 22. « felons » (v. 1018) : féroces.

5 Commentaire de « secundum species suas » (Gn, 1, 24-25). Voir S. Augustin, *De Genesi ad litteram*, 3, 12.

L'or à la couleur blonde avec le blanc argent,
En fait un tiers metal, qui retient quelque chose
De l'un et l'autre corps, dont, riche, on le compose :
Souvent deux animaux, en espece divers,
{213} Contre l'ordre commun qui regne en l'Univers,
Confondant, eschaufez, leurs semences ensemble
Forment un animal qui du tout ne ressemble[1]
A l'un de ses parens : ainçois son corps bastard
Retient beaucoup de trais de l'une et l'autre part[2].
Dieu non-content d'avoir infus en chasque espece

Des animaux produits sans conjonction de masle et de femelle.

Une engendrante force, il fit par sa sagesse
Que sans nulle Venus des corps inanimez
Maints parfaits animaux çà bas fussent formez.
Ainsi la froide humeur produit la Salemandre*,
Qui semblable en effects à celle qui l'engendre,
Grosse de cent hyvers amortit promptement
La flamme aux rouges flots par son attouchement[3].
Ainsi l'aislé Pyrauste* en l'ardente fournaise
S'engendre de Vulcan, s'esgaye sur la braise,
Se perd perdant la flamme : et le viste element,
Qui, goulu, mange tout, seul lui sert d'aliment[4].
    Ainsi sous soy Boote*[5] es glaceuses campaignes,
Tardif, void des oysons qu'on appelle Gravaignes* :
Qui sont fils, comme on dit, de certains arbrisseaux
Qui leur feuille feconde animent dans les eaux.
Ainsi le vieil fragment d'une barque se change
En des Canars* volans. [Ô] changement estrange !

---

1 Qui ne ressemble pas complètement.

2 Traitant de « la commixtion et meslange de semence », A. Paré, *Des monstres et prodiges*, éd. J. Céard, 1971, p. 62, note que, si hommes et animaux s'accouplent, il naît des monstres « moitié de figure de bestes et l'autre humaine » ; il poursuit : « Le semblable se fait, si bestes de diverses especes cohabitent les unes avec les autres, à cause que Nature tend toujours à faire son semblable. » Cette réflexion est courante (voir J. Céard, *La nature et les prodiges*, 1996, *passim*).

3 Pline, *HN*, 10, 57, 188 (texte reproduit par Thevenin).

4 Pline, *HN*, 11, 36, 119 (texte reproduit par Thevenin).

5 C'est-à-dire la constellation du Bouvier, à la queue de la Grande Ourse. « [...] plaustra tardus noctis alterna uice / regit Bootes, frigore Arctoo rigens » (Sénèque, *Octavia*, v. 233-234).

Mesme corps fut jadis arbre verd : puis vaisseau,
⌊N'aguere champignon, et maintenant oiseau[1].

FIN.

---

1 La Bernache cravant (dont Du Bartas ne sait si elle est une oie, v. 1048, ou un canard, v. 1052) est l'objet d'une légende tenace, que réfute déjà Pierre Belon, *L'Histoire de la nature des oyseaux*, Paris, 1555, p. 158 : « Il est jà venu une commune nouvelle de certains oyseaux nommez Cravants, que le vulgaire estime estre néz de pourriture des mats de navire. » Du Bartas se tient à la légende (« comme on dit »), sans même chercher à l'unifier. La diversité de celle-ci est commodément exposée par J. Jonston, *Thaumatographia naturalis*, Amsterdam, 1633, p. 282 : « Quidam ex putrescentibus lignis, quidam ex pomis, quidam ex fructu foliis conglomeratis simili, qui cum opportuno tempore decidit in subiectam aquam, reuiuiscit, conuertiturque in avem vivam, oriri existimant. » Du Bartas reprend cette légende dans la *Seconde Sepmaine*, « Eden », v. 577-582, éd. Y. Bellenger *et al.*, p. 77. Le médecin Michel Maier, dont Jonston reproduit en appendice (ouvr. cité, p. 317-334) un long développement intitulé « De volucre arborea », classe parmi les « grauissimi Autores » ayant fait état de cet oiseau (qui n'est donc sans doute pas fabuleux) « Du Bartas in Septimana sua, die sexta, et 1. die secundae Sept. ». *Gravaigne*, qui est sans doute une variante (gasconne ?) de *Cravant*, est enregistré par Cotgrave, *s.v.* : « Gravaigne. The wild goose tearmed a Barnache » ; mais Cotgrave a dépouillé l'œuvre de Du Bartas.

{214}

SOMMAIRE DU
SEPTIEME JOUR
DE LA SEPMAINE

En ce septieme et dernier jour, le Poete explique ce que dit Moyse, au commencement du second chapitre de Genese, que Dieu ayant fait en singuliere perfection toutes ses œuvres, se reposa au septiesme jour, le benit et le sanctifia. Pour cest effect il commence son discours par une elegante description d'un beau paysage qui tient arrestez les yeux du paintre qui l'a commencé et parachevé. Appliquant cela, il dit que Dieu s'esgaya en ses œuvres, et vid que tout ce qu'il avoit fait estoit excellemment bon. De là il vient à traiter de la providence divine, et monstre que Dieu a tousjours la main à l'œuvre, pour maintenir, vivifier et benir ses creatures : puis refute par fermes raisons les Epicuriens, et notamment leur objection ordinaire que les choses du monde semblent manifestement rouler à l'avanture. Cela fait, il remedie à la tentation qui presse les fideles, quand ils voyent la prosperité des meschans, et l'affliction de l'Eglise. Il les console et fortifie par dix argumens notables, descouvrant le grand profit, honneur, et plaisir que recoyvent les bons de la croix que Dieu leur impose. Entrant puis apres en la seconde partie du livre, il declare pourquoy Dieu se reposa au septiesme jour et ce qui nous est enseigné par cela : surquoy il traite doctement du droit usage du jour du repos, condamnant tous ceux qui le profanent par leur vanité et malice. Or ayant dit entre autres choses que nous devons estre occuppez, specialement ce jour là, à mediter les œuvres de Dieu, et exhorté les Chrestiens à icelle, il en particularize quelques unes, prouvant au long qu'il n'y a creature au monde, dont nous ne puissions tirer beaucoup d'enseignemens pour la regle et conduite de nostre vie. Il distingue ce traité en trois articles, marquant au premier les leçons que nous font les creatures sans ame, entre autres les planetes, la lune, le feu, l'air, la mer, la terre, les bleds, la palme, la canelle, le soulci, la chaulx, le diamant, l'or, la pierre d'Iris, et l'aiguille marine. Au {215} second, il propose les enseignemens que nous recevons des creatures animees, comme de l'abeille, de l'esparvier, de l'aigle, de la tourtre, des oyes, de maints poissons, du dauphin, du chevreuil, de l'araigne, du lyon, de la fourmi, et du herisson. Au dernier, il descouvre le profit que les hommes peuvent recueillir de la diligente consideration de leurs corps, specialement de la teste, des yeux, des dents, du cœur, de l'estomach, des mains, et brief de tous leurs membres. Quoy fait, il s'arreste, et dans le jour du repos il donne repos à sa Muse docte et Chrestienne.

SEPTIEME JOUR
DE LA SEPMAINE
DE GUILLAUME DE SA-
LUSTE SEIGNEUR
DU BARTAS

Le Peintre qui, tirant un divers paysage,
A mis en œuvre l'art, la nature, et l'usage[1],
Et qui d'un las pinceau sur si docte pourtrait
A, pour s'eternizer, donné le dernier traict :
Oublie ses travaux, rit d'aise en son courage,
Et tient tousjours ses yeux collez sur son ouvrage.
Il regarde[2] tantost par un pré sauteler
Un agneau, qui tousjours, muet, semble besler.
Il contemple tantost les arbres d'un bocage,
{216} Ore le ventre creux d'une grotte sauvage,
Ore un petit sentier, ore un chemin batu,
Ore un pin baise-nue, ore un chesne abatu.
Ici par le pendant d'une roche couverte
D'un tapis damassé[3], moitié de mousse verte,
Moitié de vert l'hyerre, un argenté ruisseau

Par une belle similitude du Peintre s'esgayant sur son riche tableau parachevé, il monstre que Dieu se reposa au septiesme jour, et vid (comme dit l'escriture) que tout ce qu'il avoit fait estoit bon.

---

1 *l'art, la nature, et l'usage* : voir Thevenin (v. 2).

2 *Il regarde* : la vision du tableau (v. 6) coïncide avec celle du paysage (v. 7 à 44). C'est la conception idéale de la *mimesis* picturale qui débouche sur le trompe-l'œil. Sur la théorie de la *mimesis*, voir F. Lecercle, *La Chimère de Zeuxis. Portrait poétique et portrait peint en France et en Italie à la Renaissance*, Tübingen, Gunter Narr Verlag, 1987 et R. W., Lee, *Ut pictura poesis. Humanisme et Théorie de la peinture : XVe-XVIIIe siècles*, trad. française M. Brock, Paris, Macula, 1991 (éd. originale : *Ut Pictura Poesis. The Humanistic Theory of Painting*, W. W. Norton and Compagny Inc., 1967).

3 *d'un tapis damassé* : expression métaphorique, le damas étant une étoffe de soie à fleurs ou à dessins en relief, faite de satin et de taffetas, originairement fabriquée à Damas, en Syrie.

A flots entrecoupez[1] precipite son eau :
Et, qui[2] courant apres, or' sus, or' sous la terre,
Humecte, divisé, les quarreaux[3] d'un parterre.
Ici l'arquebusier, de derriere un buis vert,
Affuté, vise droit contre un chesne couvert
De bisets passagers. Le rouet se desbande[4],
L'amorce[5] vole en-haut d'une vistesse grande.
Un plomb environné de fumee et de feu,
Comme un foudre esclatant, court par le bois touffu.
Ici deux bergerots sur l'esmaillé[6] rivage
Font à qui mieux courra pour le pris d'une cage[7].

---

1 *A flots entrecoupez* : l'adjectif *entrecoupez* introduit une précision réaliste en évoquant le cours irrégulier d'un ruisseau qui cascade sur des rochers et dont les eaux se séparent puis se rejoignent d'une pierre à l'autre.

2 *Et, qui courant apres* : la présence d'un relatif pose un problème. On peut l'interpréter soit comme une coquille due à l'influence des vers 7-8 (*Il regarde...Un agneau qui...*), soit comme un relatif de ligature qui reprendrait *ruisseau* de manière emphatique et équivaudrait à « lequel ». La locution *courir apres* est également ambiguë : il faut comprendre, semble-t-il, que le ruisseau court après ses propres eaux, ce qui évoque de manière imagée un cours précipité.

3 *les quarreaux d'un parterre* : image surprenante, au milieu de cette description bucolique, d'un parterre organisé en carrés, à la manière d'un jardin ou d'un potager. Sur ce point, voir l'article de Dudley Wilson, « Dessein, réalisme et imagination dans le jardin de *l'Eden* de Du Bartas et dans le commentaire de Claude Duret », in *Du Bartas poète encyclopédique du XVIe siècle*, éd. J. Dauphiné, Lyon, La Manufacture, 1988, p. 363-372. D. Wilson (p. 365) constate que, dans *l'Eden*, Du Bartas décrit (v. 41-48) « un jardin aménagé de façon géométrique », dont le « parterre » est organisé en « carreaux » et le « parc » cultivé. D. Duport (*Le Jardin et la nature. Ordre et variété dans la littérature de la Renaissance*, Genève, Droz, 2002, spé. p. 44) rappelle que le terme « parterre » désigne le jardin dans son ensemble, lequel peut être constitué de plusieurs compartiments carrés séparés ou non par des bordures (le terme « carreau » pouvant désigner l'ensemble carré des compartiments ou un carré planté, dont le carré d'une bordure entourant un compartiment).

4 *Le rouet se desbande* : le *rouet* est une petite rondelle d'acier cannelé. La platine [mécanisme de mise à feu des armes de tir] à rouet a été inventée au début du XVIe siècle. La mise à feu y est déclenchée par la rotation rapide du rouet qui vient frotter contre une pierre à feu (silex) et produit ainsi une étincelle. Lorsqu'on lâche la gâchette, un ressort se détend (*se desbande*) et met le rouet en mouvement.

5 *L'amorce vole en-haut* : *l'amorce* est un produit qui met feu à la poudre, laquelle, en brûlant, dégage un gaz qui propulse le projectile. L'amorce est couverte par un bouchon d'étoupe qui saute vers le haut lors de la mise à feu afin de libérer le gaz (c'est donc le bouchon, plutôt que l'amorce qui *vole en-haut*). Se reporter aux variantes pour l'interprétation des vers 21-24.

6 *esmaillé* : emploi figuré traditionnel pour évoquer les fleurs, dont la diversité rappelle la variété de couleurs des émaux.

7 v. 25-26 : ces vers évoquent les concours qui opposaient les bergers dans les bucoliques antiques. Dans les *Bucoliques* de Virgile, il s'agit de concours de chant, sous forme de

Un nuage poudreux s'esmeut dessous leurs pas :
Ils marchent et de teste, et de pieds, et de bras[1] :
Ils fondent tout en eau[2] : une suyvante presse
Semble rendre en criant plus viste leur vistesse.
Ici deux bœufs suans de leurs cols harassez
Le coutre fend-gueret trainent à pas forcez.
Ici la pastorelle à travers une plaine
A l'ombre, d'un pas lent son gras troupeau r'amene :
Cheminant elle file, et à voir sa façon,
On diroit qu'elle entonne une douce chanson.
Un fleuve coule ici, là naist une fontaine :
Ici s'esleve un mont, là s'abbaisse une plaine :
(217) Ici fume un chasteau, là fume une cité :
Et là flote une nef sur Neptune irrité[3].
Bref, l'art si vivement exprime la nature,
Que le Peintre se perd en sa propre peinture[4] :
N'en pouvant tirer l'œil, d'autant qu'où plus avant[5]
Il contemple son œuvre il se void plus savant.
Ainsi ce grand ouvrier*[6], dont la gloire fameuse

---

chant amébée (le chant est composé de strophes chantées alternativement par les deux bergers). Un animal domestique ou un petit objet est offert en guise d'hommage au partenaire (ex. un pipeau et une houlette - 5, v. 81-90) ou constitue le prix mis en jeu par chaque adversaire (ex. un bouc ou une génisse ainsi qu'une coupe ciselée dans du bois de hêtre - 3, v. 21-48). Les *Idylles* de Théocrite ont servi de modèle à Virgile. Les bergers y chantent pour le plaisir de s'écouter ou s'opposent dans une lutte en chants alternés. Un petit objet est alors offert en présent (houlette, vase, syrinx ou flûte) ou une bête mise en gage s'il y a lutte (spé. idylles : 1 - « Thyrsis » ; 5 - « Chevrier et berger » ; 6 - « Les chanteurs bucoliques » ; 7 - « Les Thalysies »). Dans le texte de Du Bartas, le concours de chant est remplacé par une lutte à la course et l'enjeu est constitué d'une cage (peut-être contenant un animal, auquel cas *cage* pourrait avoir valeur métonymique).

1 *et de teste, et de pieds, et de bras* : allusion à la position de celui qui hâte son pas, tête, jambe et bras avancés.

2 *fondre en eau* : « transpirer ».

3 *sur Neptune irrité* : métonymie pour la mer déchaînée.

4 v. 41-42 : théorie de la *mimesis* (se reporter *supra* note du vers 2).

5 v. 43-44 : « Ne pouvant en détacher l'œil, d'autant que, où qu'il pose son regard, il se voit plus habile ».

6 *ce grand Ouvrier* : périphrase pour Dieu. Calvin l'emploie dans *L'Institution de la religion chrestienne* (1560), livre 1, Paris, Vrin, 1957 : 2 occurrences, resp^{r} ch. 5, p. 79 et ch. 14, p. 204. La base Frantext, pour un *corpus* défini entre les dates 1500 et 1600, ne fournit que trois occurrences de l'expression, dont ces deux seulement pour Dieu. La première est intéressante car l'expression y est rapprochée, dans un autre contexte toutefois, de la

Dieu se repose au septiesme jour, et contemple ses œuvres.

J'esbauche du pinceau[1] de ma grossiere muse,
Ayant ces jours passez[2] d'un soin non-soucieux,
D'un labeur sans labeur, d'un travail gracieux,
Parfait de ce grand Tout l'infini paysage[3],
Se repose ce Jour, s'admire en son ouvrage,
Et son œil, qui n'a point pour un temps autre objet,
Reçoit l'esperé fruict d'un si brave projet.
(Si le begayement de ma froide eloquence
Peut parler des projets d'une si haute Essence.)

Brefve recapitulation et conside-ration des œuvres de Dieu en tout l'univers, et docte explication des mots de Moyse, Genes 1.31. Dieu vid que tout ce qu'il avoit fait estoit parfaitement bon.

Il void ore comment la mer porte-vaisseaux
Pour hommage reçoit de tous fleuves les eaux.
Il void que d'autre-part le Ciel ses ondes hume,
Sans que le tribut l'enfle, ou le feu la consume.
Il void de ses bourgeois[4] les fecondes amours :
De ses flus et reflus il contemple le cours,
Sur qui le front cornu de l'Estoile voisine[5]
D'un aspect inconstant[6] et nuict et jour domine.
Il œillade tantost les champs passementez
Du cours entortillé des fleuves argentez.
Ore il prend son plaisir à voir que quatre freres[7]

---

métaphore du tableau : « Il faut donques confesser qu'en chacune œuvre de Dieu, et sur tout en la masse universelle, ses vertus sont peintes comme en des tableaux, par lesquelles tout le genre humain est convié et alleschê à la cognoissance de ce grand ouvrier, et d'icelle à une pleine et vraye félicité. » (1, 5, p. 79).

1 *J'esbauche du pinceau* : métaphore traditionnelle de l'écriture comme peinture, suivant l'expression fameuse d'Horace : *ut pictura poesis* (« Une poésie est comme une peinture », *Art poétique*, v. 361). Sur ce point voir R. W., Lee, *Ut pictura poesis. Humanisme et Théorie de la peinture : XVe-XVIIIe siècles*, ouvr. cité (*supra* n. 2).

2 *ces jours passez* : allusion aux six premières journées.

3 *paysage* : pour ce mot, voir Y. Bellenger, « Les paysages de la Création dans la *Sepmaine* de Du Bartas », *in C.A.I.E.F.*, n° 29, 1977, p. 7-23 (spé. p. 8).

4 *ses bourgeois* : les poissons, habitants des eaux.

5 *le front cornu de l'Estoile voisine* : il s'agit de la Lune, dont le croissant a la forme d'une corne.

6 *d'un aspect inconstant* : allusion à la forme de la lune dont l'aspect varie au cours du cycle et qui régit la marée.

7 v. 65-68 : *quatre freres* : il s'agit des quatre éléments. Dans la cosmologie d'Aristote, l'univers est constitué de quatre éléments disposés en sphères concentriques : le feu (qui constitue la sphère la plus éloignée du centre), l'air puis l'eau qui constituent les deux sphères intermédiaires, et enfin la terre qui constitue la sphère centrale (son centre coïncidant avec celui de l'univers) (*Du Ciel*, éd. P. Moraux, Paris, Les Belles Lettres, 1965, 2, 4, p. 66 et 2, 14, p. 96). Ces éléments sont animés de mouvements contraires dans la

Soustienent l'Univers par leurs efforts contraires :
Et comme l'un par temps en l'autre se dissout
{218} Tant que de leur debat naist la paix de ce Tout.
Il s'esgaye tantost à contempler la course
Des cieux glissans autour de la Croix et de l'Ourse[1] :
Et comme sans repos, or' sus, or' sous les eaux[2],
Par chemins tous divers ils guident leurs flambeaux.
Ore il prend ses esbats à voir comme la flamme,
Qui cerne ce grand Tout, rien de ce Tout n'enflamme,
Comme le corps glissant des non-solides airs
Peut porter tant d'oiseaux, de glaçons, et de mers.
Comme l'eau, qui tousjours demande la descente[3],
Entre la terre et l'air se peut tenir en pente.
Comme l'autre element[4] se maintient otieux,

---

mesure où le feu et l'air tendent vers le haut d'un mouvement centrifuge tandis que l'eau et la terre tendent vers le centre d'un mouvement centripète (*ibid.* 1, 8, p. 30-31 ; voir aussi notes des vers 77 et 487). Ces quatre éléments naissent les uns des autres (Aristote, *Météorologiques*, éd. P. Louis, Paris, Les Belles Lettres, 1982, 1, 3).

1 *de la Croix et de l'Ourse* : métonymies poétiques traditionnelles du Sud (la constellation de la Croix du Sud ou Croix australe) et du Nord (l'Ourse, constellation boréale constituée de la Petite Ourse et de la Grande Ourse). *Les cieux glissans autour de la Croix et de l'Ourse* : selon la cosmologie aristotélicienne (*Du Ciel*, ouvr. cité, 2, 2, p. 60-61), la rotation du ciel s'effectue autour d'un axe de rotation constitué par le pôle sud (qui constitue le haut du monde et se trouve situé dans l'hémisphère qui nous est invisible) et le pôle nord (que l'on voit au-dessus de nos têtes et qui constitue le bas du monde : nous habitons donc dans l'hémisphère inférieur du monde).

2 *or' sus or' sous les eaux* : l'univers est constitué de sphères concentriques (la sphère de la terre est entourée par celle de l'eau, qui est entourée par celle de l'air, qui est entourée par celle du feu, elle-même entourée par la sphère du ciel astré) (Aristote, *Du Ciel*, ouvr. cité, 2, 4, p. 66). Les astres que nous voyons au-dessus de nos têtes se situent donc au-dessus de la sphère des eaux (par rapport au référent terrestre – qui est immobile selon 2, 14, p. 97). Lors de la rotation du ciel, ces astres tournent de droite à gauche et passent dans la partie qui nous est invisible depuis notre hémisphère. Ils sont donc situés tantôt sous la sphère de l'eau quand on considère l'hémisphère inférieur, tantôt au-dessus quand on considère l'hémisphère supérieur (depuis le référent terrestre central et immobile).

3 v. 77-78 : Aristote (*Météorologiques*, ouvr. cité, 1, 3, p. 8) explique que les deux sphères intérieures (la terre et l'eau) sont froides et lourdes - la pesanteur évoquant, pour Aristote, un mouvement centripète qui tend vers le centre de l'univers (voir aussi note des vers 65 et 487). La partie de l'univers visible pour l'homme étant située au-dessus de sa tête, l'eau donne donc l'impression de tomber (la sphère de l'eau est située entre la sphère supérieure de l'air et celle de la terre, immobile au centre de l'univers).

4 *l'autre element* : « la terre ». Sur l'immobilité de la terre, voir Aristote, *infra*, note du vers 487.

Sans dans l'eau s'enfondrer, ou sans se joindre aux cieux.
Or' son nez à longs traicts odore une grand' plaine,
Où commence à flairer l'encens, la marjolaine,
La canelle, l'œillet, le nard, le rosmarin,
Le serpolet, la rose, et le baume, et le thin.
Son oreille or' se plaist de la mignarde noise
Que le peuple volant par les forests desgoise :
Car bien que chasque oiseau, guidé d'un art sans art[1],
Dans les bois verdoyans tiene son chant à part,
Si n'ont-ils toutesfois tous ensemble pour verbe
Que du Roy de ce Tout la louange superbe.
Et bref l'oreille, l'œil, le nez du Tout-puissant,
En son œuvre n'oit rien, rien ne void, rien ne sent,
Qui ne presche son los, où ne luise sa face,
Qui n'espande par tout les odeurs de sa grace.
Mais plus que tout encor les humaines beautez
Tienent du Tout-puissant tous les sens arrestez.
{219} L'homme est sa volupté, l'homme est son sainct image,
Et pour l'amour de l'homme il aime son ouvrage.

De la providence de Dieu.

Non, que j'aille forgeant une Divinité*,
Qui languisse là haut en morne oisiveté,
Qui n'aime les vertus, qui ne punit les vices,
Un Dieu sourd à nos cris, aveugle à nos services,
Fai-neant[2], songe-creux, et bref un Loir* qui dort[3]

---

1 *d'un art sans art* : jeu de mots qu'affectionne Du Bartas (*cf.*, pour le « septieme jour », v. 47, 164 et 302) et qui consiste à exploiter deux nuances d'un même mot, ici « art » au sens de « pratique » ou de « don esthétique » (première occurrence) et au sens d'« artifice » (seconde occurrence).

2 v. 99-104 : Calvin, dans *L'Institution de la Religion chrestienne* [1560], mène plusieurs attaques contre les épicuriens (livre 1, ch. 2, p. 56, ch. 5, p. 71, 72 et 81 et ch. 16, p. 227, dans l'éd. Paris, Vrin, 1957). Deux passages en particulier dénoncent l'allusion épicurienne à la paresse de Dieu : « Car quel profit y aura-il de confesser avec les épicuriens qu'il y a quelque Dieu, lequel, s'estant deschargé du soin de gouverner le monde, prenne plaisir en oisiveté ? » (1, 2, p. 56) ; « Je laisse icy à parler des épicuriens (de laquelle peste le monde a esté tousjours rempli), lesquels en leurs resveries pensent que Dieu soit oysif et comme un fait-néant » (1, 16, p. 227).

3 *Un Loir qui dort* : Goulart (Indice entrée « Loir ») et Thevenin (v. 103) expliquent tous deux cette allusion. Leurs interprétations divergent toutefois. Goulart y voit une allusion au sommeil proverbial du Loir qui hiberne, lecture que tend à retenir également le lecteur moderne. Thevenin évoque pour sa part le Loir vandômois, rivière dont les poètes évoquent

D'un sommeil eternel, ou plustost un Dieu mort.
Or bien que quelquefois repousser je ne puisse
Maint profane penser, qui dans mon cœur se glisse :
Je ne pense onc en Dieu, sans en Dieu concevoir
Justice, Soin, Conseil, Amour, Bonté, Pouvoir :
Veu que l'homme, qui n'est de Dieu qu'un mort image,
Sans ces dons n'est plus homme, ainçois beste sauvage.

Tu dormois Epicure*[1], encor plus que ton Dieu,
Quand tu fantastiquois un lethargique* au lieu
De la source de vie : ou, d'une ruse vaine
Des Athees fuyant non le crime, ains la peine,
Tu mettois en avant un Dieu tant imparfait,
Pour l'avouer de bouche, et le nier de fait.
Dieu n'est tel qu'un grand roy[2] qui s'assied pour s'esbatre
Au plus eminent lieu d'un superbe theatre,
Et qui sans ordonner des fables l'appareil,
Ne veut que contenter son oreille et son œil :
Qui content d'avoir fait rouer par sa parole,
Tant d'astres flamboyans sur l'un et l'autre pole,
Et comme en chasque corps du burin de son doy
Gravé le texte sainct d'une eternelle loy :
Tenant sa dextre au sein[3], abandonne leur bride,
{220} Pour les laisser courir où ceste loy les guide :

Epicure et ses disciples nians la providence de Dieu, refutez par diverses raisons.

---

le cours « lent » (qualificatif que signale Maurice de La Porte dans les *Epithètes*, Paris, G. Buon, 1571 / Genève, Slatkine Reprints, 1973, p. 150 v°, entrée « Loir » [uniquement pris au sens de « rivière vandômoise »]).

1 Pour l'allusion à Epicure, voir Thevenin (notes des vers 111 à 113) et pour sa pensée : Lucrèce, *De Rerum Natura*, 1, v. 44-49 ; 2, v. 167-181 et 1090-1104. Epicure admet l'existence des dieux, mais nie toute providence divine. Ces détracteurs dénonceront l'hypocrisie de cette attitude qui revient à nier la divinité en lui ôtant tout pouvoir. Outre Calvin (*supra* note du vers 103), cette attaque s'inspire de Cicéron (*De Natura deorum*, II, discours de Lucilius) : Lucilius dénonce la conception épicurienne d'un dieu inactif (2, 23, 59), dans la mesure où nier l'activité des dieux revient à nier les dieux (2, 16, 44). De la même façon, Calvin rapproche les épicuriens des athées en coordonnant les deux termes (« aux épicuriens et Athées prophanes contempteurs de la religion », *Institution de la Religion chrestienne*, ouvr. cité, 1, 5, p. 81).

2 v. 117-126 : période complexe. Le relatif *qui* (v. 121) est à mettre sur le même plan que celui des vers 117 et 119.

3 *Tenant sa dextre au sein* : expression lexicalisée évoquant l'attitude du fainéant (nous dirions aujourd'hui « se tenant les bras croisés »).

Tel que cil[1] qui jadis par un canal nouveau,
Penible, a destourné le flotant cours d'un eau,
N'est plus comme devant pour ceste source en peine
Ains la laisse couler où sa fosse la meine.
Dieu nostre Dieu n'est point un Dieu nu de puissance,
D'industrie, de soin, de bonté, de prudence :

1. Sa puissance, bonté et sagesse luisent en la conduite de ses œuvres.

Il s'est monstré puissant, formant ce Tout de rien :
Plein de docte industrie, en le reiglant si bien :
Soigneux, en l'achevant en deux fois trois journees :
Bon en le bastissant pour des choses non nees :
Et sage, en le tenant maugré l'effort du temps
En son premier estat tant de centaines d'ans[2].
Hé Dieu, combien de fois ceste belle machine
Par sa propre grandeur eust causé sa ruine ?
Combien de fois ce Tout eust senti le trespas,

2. Toutes creatures ont en lui et par lui vie, estre et mouvement.

S'il n'eust eu du grand Dieu pour arc-boutans les bras ?
Dieu est l'ame, le nerf, la vie, l'efficace,
Qui anime, qui meut, qui soustient ceste masse.
Dieu est le grand ressort, qui fait de ce grand corps
Jouer diversement tous les petis ressorts.
Dieu est ce fort Athlas* dont l'imployable eschine
Soustient la pesanteur de l'astree machine.

3. Tout en particulier est guidé par son ordonnance, et par son

Dieu des moites surjeons[3] rend immortel le cours :
Dieu fait couler sans fin les nuicts apres les jours,
L'automne apres l'esté, l'hyver apres l'automne,
Apres l'hyver sans fleurs le printemps qui fleuronne.

---

1 *Tel que cil* : allusion à Hercule, auquel Eurysthée, roi de Mycènes (ou de Tyrinthe selon les sources), avait ordonné pour cinquième épreuve, de nettoyer les écuries d'Augias en un jour, et qui y parvint en détournant le cours de deux fleuves afin de faire passer les eaux à travers les écuries.

2 *tant de centaines d'ans* : selon les hommes de la Renaissance, la terre a été créée il y a six mille ans à peine. Calvin (*Institution de la religion chrestienne* [1560], livre 1, Paris, Vrin, 1957) explique que Dieu « a laissé passer un terme infini qui pouvoit faire beaucoup de millions d'aages, demeurant cependant oisif, et qu'il a commencé à se mettre en œuvre seulement depuis six mille ans, lesquels ne sont point encores accomplis depuis la création du monde » (1, 14, p. 184). Il concilie ainsi l'éternité de Dieu avec la création du monde en six jours il y a six mille ans à peine.

3 *les moites surjeons* : il s'agit des fontaines (complément du nom *cours*). Voir Ps. 103/104.10 : « Dans les ravins, tu fais jaillir les sources ».

Dieu r'engrosse la terre, et fait qu'elle n'a pas
De tant d'enfantemens presqu'encor[1] le flanc las.
{221} Dieu fait que le Soleil, et les astres de mesme,
Bien qu'ils soyent tres-ardens, ne se bruslent eux-mesme[2] :
Que leurs rayons brillans d'un triste embrasement
N'anticipent le jour du dernier jugement.
Et qu'en un mesme temps, d'une contraire course[3],
Ils vont vers le Ponant, vers l'Aurore, et vers l'Ourse[4].
Jamais le cours du Ciel ne transgresse ses loix.
Le Neree[5] flotant n'obeit qu'à sa voix.
L'air est de son ressort : le feu de son domaine[6] :
La terre est en sa terre[7] : et rien ne se pourmeine
Par royaumes si grands, qui ne soit agité
Du secret mouvement de son Eternité.
Dieu est le president[8], qui par tout[9] a justice
Haute, moyenne, et basse[10], et qui sans avarice,

pouvoir besongnant sans cesse.

4. Il est juge du monde, avant toutes creatures

1 *elle n'a pas {…} presqu'encor* : expression complexe du fait de l'association d'une négation et d'une restriction : « elle n'est pas encore sur le point de », d'où « elle est encore éloignée de ». *Encore* peut être pris au sens de « pour le moment ».

2 v. 155-156 : Selon Aristote (*Du Ciel*, 2, 7, Paris, Les Belles Lettres, 1965, p. 72), la chaleur et la lumière que produisent les astres proviennent du frottement de ces corps en mouvement sur l'air qui les entoure. Toutefois, ces astres ne sont pas de nature ignée et ne s'enflamment pas eux-mêmes.

3 *d'une contraire course* : Aristote (*Du Ciel*, ouvr. cité, 2, 9-10, p. 78-79) explique que les astres ne sont pas automoteurs (ils ne bougent pas par eux-mêmes), mais sont animés par un principe extérieur qui les fait parcourir chacun leur orbite selon un mouvement opposé à celui du ciel.

4 *le Ponant, l'Aurore et l'Ourse* : c'est-à-dire l'Ouest (le ponant = le couchant), l'Est (l'Aurore) et le Nord (l'Ourse, voir *supra* note du vers 70).

5 Nérée, surnommé « le Vieil homme de la Mer [méditerranée] » est l'époux de Doris, fille d'Océan, et le père des cinquante Néréides, nymphes marines. Le terme désigne ici la mer.

6 v. 163 : la métaphore filée de la justice a débuté au vers 161. *Ressort* : étendue d'un pouvoir juridictionnel (*être de son ressort* : « relever de son autorité »). *Domaine* (au sens de « propriété ») est également un terme de jurisprudence.

7 *La terre est en sa terre* : jeu de mots (*cf. supra* note du vers 87) qui exploite deux sens du nom *terre* : « la planète Terre » (1ère occurrence) et « le domaine possédé » (2e occurrence). La planète Terre fait partie du domaine (l'univers) dont Dieu est à la fois créateur et possesseur.

8 v. 167-171 : suite de la métaphore filée de la justice. Allusion au président d'une cour de Justice.

9 *par tout* : lire « partout ».

10 *justice Haute, moyenne et basse* : allusion au système de la justice seigneuriale organisée selon trois niveaux. La haute justice est rendue par le seigneur qui peut juger de toute

visibles et invisibles prestes et armees pour executer ses jugemens mesmes il chastie les meschans par leurs semblables.

Ignorance, faveur, crainte, respect, courroux,
Ses arrests sans appel prononce contre nous.
Il est juge, enquesteur, et tesmoin tout ensemble,
Il ne trouve secret ce qui secret nous semble,
Le plus double courage[1] il sonde jusqu'au fonds.
Il voit cler à minuict. Les goufres plus profonds
Luy sont guez de christal[2] : et son œil de Lyncee*
Descouvre la pensee avant qu'estre pensee[3].
Son jugement donné ne demeure sans fruit :
Car il a pour sergens[4] tout ce qu'au Ciel reluit,
Qui germe par les champs, qui sur terre chemine,
Qui voltige par l'air, qui noue en la marine.
Il a pour ses commis tous ces esprits ailez[5],
Dont le pié foule l'or des cercles estoilez.
Et Satan assisté de l'infernale bande
{222} Execute soudain tout ce qu'il luy commande.
Bref c'est un bon Ouvrier[6], qui s'aide dextrement

---

cause civile et criminelle (sauf cas royaux) et peut faire condamner à la peine capitale. La moyenne justice concerne le droit de juger des actions de tutelle et des injures graves. La justice basse ou foncière est rendue par une institution juridique qui traite les droits dus au seigneur, les dégâts de bêtes et les injures moindres.

1 *Le plus double courage* : expression lexicalisée qui évoque une pensée cachée que rien, dans l'apparence, ne révèle. Ce sens de l'adjectif *double* (« fourbe, ambigu ») se retrouve, de nos jours, dans l'expression « jouer un double jeu ». L'allusion à Dieu qui sonde le cœur de l'homme est récurrente dans l'Ancien et le Nouveau Testaments (1ère occ. 1 Ch 28, 9 : « Yahvé sonde tous les cœurs et pénètre tous les desseins qu'ils forgent » et Ps 138/139 pour l'association du cœur que Dieu sonde et de la lumière dans les ténèbres, spé. 1, 11-12 et 23).

2 *guez de christal* : au XVIe siècle, *christal* désigne à la fois l'eau et le minéral translucide, deux sèmes associés dans cette image. Le gouffre apparaît ici comme le symbole non seulement de l'abîme (que Dieu traverse aisément, comme à gué), mais également de l'obscurité (dans laquelle Dieu voit clair, comme à travers du cristal). Pour la vue de Dieu qui perce l'abîme, Sir 42.18 : « Il a sondé les profondeurs de l'abîme et du cœur humain ». Dans la Bible, le cristal est associé à la lumière (Ez 1.22 : « quelque chose qui ressemblait à une voûte, éclatante comme le cristal ») et à la transparence (Ap. 4.6 : « on dirait une mer, transparente autant que du cristal »).

3 *avant qu'estre pensee* : « avant qu'elle ne soit pensée ».

4 *sergent* : serviteur, en particulier exécuteur des arrêts de justice, huissier. Voir Psaume 103/104.4 : « tu prends les vents pour messagers, / pour serviteurs un feu de flammes. »

5 v. 181-182 : allusion aux Anges, voir Thevenin aux vers correspondants.

6 L'expression « grand ouvrier » pour désigner Dieu est chez Calvin (*Institution de la religion chrestienne* [1560], livre 1, Paris, Vrin, 1957 : ch. 5, p. 79 et ch. 14, p. 204). Se reporter *supra* note du vers 45.

Aussi bien d'un mauvais, que d'un bon instrument[1] :
Qui fait pour donner cours à sa haute justice[2]
Contre nous-mesme armer nostre propre malice :
Qui fait, pour le dessein des meschans empescher,
Ses plus grands ennemis à sa solde marcher.

Refutation de l'objection des Epicuriens qu'on void les affaires du monde roule[r] à l'avanture. 1. Les jugemens de Dieu sont incompre-hensibles et ses voyes impossibles à trouver : mais ce pendant il est juste en tout ce qu'il fait.

Bien est vray toutefois que les choses humaines
Sans frein semblent couler tant et tant incertaines
Qu'on ne peut en la mer de tant d'evenemens
Remarquer quelquefois les divins jugemens :
Ains comme a-vau de-route il semble que Fortune*
Regle sans reglement ce qui luit sous la Lune.
Si demeures-tu juste, ô Dieu ! mais je ne puis
Sonder de tes desseins l'inespuisable puis[3].
Mon esprit est trop court pour donner quelque attainte[4]
Mesme au plus bas conseil[5] de ta Majesté saincte.
Tes secrets moins secrets, ô Dieu, je reconoy
Lettres closes à nous, et patentes[6] à toy.
Bien-souvent toutesfois ce qui de prime-face,
Comme injuste à nos sens, nostre raison surpasse :
Tu veux, ô Tout-puissant, tu veux qu'en sa saison
Nous le reconoissions estre fait par raison.
Permettant aux Hebrieux la vente fraternelle[7],

1 v. 185-190 : allusion au problème théologique du serf arbitre et de la providence divine. Voir Calvin (*ibid.*, livre 2, ch. 5, p. 100) : « Qu'est-ce que fait le Seigneur en cela ? S'il veut user de la perversité de l'homme comme d'un instrument de son ire, il la tourne et dresse où bon luy semble, afin d'exécuter ses œuvres justes et bonnes par mauvaise main. »

2 *ta haute justice* : voir *supra* note du vers 168.

3 *puis* : puit. Les desseins de Dieu sont insondables : lieu commun biblique (par ex. Sg 4, 17 en parlant de la justice divine).

4 *donner quelque attainte* : il s'agit ici de l'action d'atteindre intellectuellement, c'est-à-dire de comprendre.

5 *au plus bas conseil* : conseil signifie « dessein, projet, décision » ; l'esprit humain ne peut comprendre même la plus simple décision de Dieu.

6 *je reconoy Lettres closes à nous* : le verbe *être* est sous-entendu « je reconoy estre lettres closes », c'est-à-dire « je reconnais qu'elles sont ». Une *lettre close* est une lettre cachetée du souverain ; l'expression s'emploie, au figuré, pour évoquer ce qui demeure impénétrable. Une *lettre patente*, à l'inverse, est une lettre officielle qui n'est pas cachetée.

7 Vers 207-216 : histoire de Joseph (Gn 37-48), spé[t]. : v. 207 : Gn 37 (Joseph vendu par ses frères) ; v. 210 : Gn 41, 37-45 (Joseph devient le bras droit de Pharaon, chargé de diriger son palais et son pays) ; v. 211-212 : Gn 41, 1-36 (le songe de Pharaon interprété par Joseph présage sept années d'abondance, durant lesquelles Joseph conseille d'engranger

Genes. 45.6-7, et 50.20

Tu semblas desmentir ta justice eternelle.
Mais Joseph se voyant, par un rare bon-heur
De miserable esclave estre fait gouverneur
Des champs, pour qui le Nil d'un desbord sept fois riche
{223} Repare le defaut du Ciel d'humeur trop chiche[1],
Aprit que le complot de ses traistres germains
Avoit mis le timon de Memphe entre ses mains :
Afin qu'à l'avenir la terre Ægyptienne,
Nourrice, recueillist la race Abramienne[2].
Quand ton bras, qui, robuste, accable les pervers
Punit par feu Sodome[3], et par eau l'Univers :
Dautant qu'en eux encor vivoit quelque relique
De justice, et bonté, tu semblas estre inique.
Mais tout soudain qu'on vit sauvez Noé et Lot,
Cestui-ci de la flamme, et cestui-là du flot,
Clerement on conut que ta saincte justice
Preserve l'innocence et chastie le vice.
Celuy ferme les yeux aux rais d'un clair soleil,
Qui ne void que Pharon est comme l'appareil
Du salut des Hebrieux, et que son dur courage[4]
Applanit le chemin à leur futur voyage :
Afin que l'Eternel, des tyrans combatu,
Trouve assez large champ pour monstrer sa vertu.
Et qui ne sçait encor que la traistre injustice
D'un juge ambitieux, de Judas l'avarice,
L'envie des docteurs, du peuple la fureur,

2. En executant ses jugemens sur les rebelles, il fait misericorde à ses serviteurs.

3. Il monstre sa puissance en la confusion des plus grands, et en la delivrance de son Eglise.

4. Il se sert de la meschanceté du Satan et de ses instrumens,

les récoltes, car elles seront suivies de sept années de famine). v. 214 : Memphe (Memphis, capitale de l'Egypte pharaonique) est à prendre de manière métonymique, puisque c'est tout son pays que Pharaon confie à Joseph.

1 Le Ciel fait défaut en se montrant avare de pluie.

2 v. 215-216 : histoire de Joseph dont la famille fut invitée par Pharaon en Egypte (Gn 45 à 47). *La race Abramienne* : les Hébreux (Dieu changea le nom d'Abram en Abraham – text. « père de multitude » – lors de son alliance avec lui et le destina à être père d'une multitude de nations - Gn 17.4-5).

3 v. 218-222 : références bibliques ; pour la punition de Sodome et l'histoire de Lot : Gn 19 ; pour l'épisode du déluge et l'histoire de Noé : Gn 6-9.

4 Allusion à l'entêtement du Pharaon durant l'épisode des sept plaies d'Egypte et à l'exode des Hébreux (Ex 7 *sq.*).

Servirent d'instrumens[1] pour reparer l'erreur
De ce vieil roy d'Eden[2], dont la gloutonne audace
Fit sa lepre à jamais decouler sur sa race ?

pour en avancer sa gloire.

Le souci du grand Dieu par ses effets divers
De membre en membre court par tout cest Univers :
Mais d'un soin plus soigneux il couvre de ses ailes
La semence d'Adam[3], et sur tout les fideles.
{224} Car il ne veille point qu'en faveur des humains,
Qui luy dressent, devots, et leurs vœux et leurs mains :
Pour eux d'un cours certain le Ciel sans cesse ronde[4],
Les champs sont faits pour eux, pour eux est faite l'onde.
Il compte leurs cheveux[5], il mesure leurs pas.

5. Cependant il a un soin special de ses enfans.

---

1 v. 231-233 : ces vers désignent les responsables de la mort du Christ, voir Mt 26.

2 v. 234-236 : la périphrase *ce vieil roy d'Eden* désigne Adam (*vieil* signifiant « ancien »). Dans la Genèse (2.15), il est dit que Dieu établit Adam dans le jardin d'Eden pour le cultiver et le garder, non pour y régner, et nulle part, dans la Bible (y compris dans la Vulgate), ne se trouve l'expression « roi d'Eden » pour qualifier Adam. Celle-ci, en revanche, est déjà employée par Du Bartas dans le sixième jour (v. 185) et pourrait s'inspirer de Calvin : « Moïse enseigne maintenant que l'homme fut ordonné maître et seigneur de la terre » (*Commentaires de Jean Calvin sur l'Ancien Testament*, tome 1 : Le Livre de la Genèse, Genève, Labor et Fides, 1961, ch. 2, 16, p. 54, commentaire sur « Adonc l'Eternel Dieu commanda à l'homme, disant, De tout arbre du jardin tu mangeras »). Ces trois vers évoquent la rédemption par la mort du Christ (*Servirent d'instrumens pour reparer*) du péché originel (*la gloutonne audace* – voir Gn, 3) qui a souillé la race des hommes (image de la lèpre qui entache la race d'Adam). L'adjectif *vieil* qui qualifie Adam pourrait suggérer, par contraste, l'image de l'homme nouveau, racheté par le sacrifice christique et évoqué par saint Paul : « Car, la mort étant venue par un homme, c'est par un homme aussi que vient la résurrection des morts. De même en effet que tous meurent en Adam, ainsi tous revivront dans le Christ. » (1 Co 15, 21-22) ; « Vous vous êtes dépouillés du vieil homme avec ses agissements, et vous avez revêtu le nouveau, celui qui s'achemine vers la vraie connaissance » (Col, 3, 9-10). L'expression *Servirent d'instrumens* montre que les méchants, responsables de la mort du Christ, ne sont en fait que les instruments de la Providence divine, qui fait d'un mal un bien en rachetant le péché de l'homme par la mort du Christ (voir *supra* note du vers 186).

3 *semence d'Adam* : on trouve l'expression *fils d'Adam* (« filius hominis » dans la Vulgate) dans les psaumes (1re occ. Ps 8.5) et en particulier dans le psaume 35/36.8 pour l'association avec l'image protectrice des ailes de Dieu. L'expression *semence d'Adam* est, elle, chez Calvin : *Institution de la religion chrestienne* [1560], livre 2, Paris, Vrin, 1957, ch. 13, p. 250.

4 Pour le mouvement du ciel, se reporter *supra* aux notes des vers 70 et 71.

5 v. 245-248 : allusions bibliques. Mt 10, 30 : « vos cheveux même sont tous comptés ! » ; Jb 31, 4 : « [Dieu] Ne voit-il pas ma conduite, ne compte-t-il pas tous mes pas ? » Dans les deux textes, il s'agit d'évoquer la justice de Dieu, auquel rien n'échappe. Dieu met ses paroles dans la bouche des prophètes : Dt 18, 18. Dieu soutient le bras d'un roi de Babylone contre Pharaon : Ez 30, 24. Pour la protection des anges : Ps 90/91, 11 et pour

Il parle par leur bouche, il manie leurs bras.
Il se parque en leur cœur, et nuict et jour des Anges
Il campe à l'entour d'eux les veillantes phalanges*.

En second lieu il remedie à la tentation qui presse les gens de bien quand ils voyent les meschans prosperer et les bons affligez : console et fortifie les bons en diverses sortes.

Mais quel bruit* oy-je icy ? Hommes sans Dieu, sans foy
Je ne m'estonne pas de vous voir contre moy
Liguez à tous propos : seulement je m'estonne,
Que ceux de qui la foy comme un astre rayonne
Parmi nos sombres nuicts, se puissent tant de fois
Escarmoucher au son d'une si saincte voix.
Dautant que non sans pleurs ils voyent que la troupe
Qui plus le Ciel outrage a tousjours vent en poupe[1] :
Qu'elle a le sceptre en main, au coffre les lingots,
Le diadesme au front, le pourpre sur le dos :
Que tout luy fait la cour, que tout la favorise,
Que sous la main celeste elle est comme en franchise :
Et que mesme ses biens, ses honneurs, ses plaisirs
Surmontent ses desseins, devancent ses desirs.
Qu'au contraire les bons sur la mer de ce monde
Sont sans cesse agitez et du vent et de l'onde :
Qu'ils ont si peu qu'Euripe* en la terre repos.
Que le fleau du grand Dieu pend tousjours sur leur dos :
Qu'ils sont tousjours suyvis de honte, perte, encombre,
Comme est la nuict d'humeur[2], et le corps de son ombre.
Paix, paix, mes bons amis : car j'espere effacer
{225} De vos cœurs chancelans ce profane penser.

1. Dieu chastie afin d'estre reconu juge, et delaye, afin qu'on se souvienne du dernier jugement.

Sachez donques que Dieu, afin qu'on ne l'estime
Juge sans jugement, punit ici maint crime.
Sachez qu'il laisse aussi maint crime sans tourment
Afin que nous craignions son dernier jugement.

---

l'armée des anges : paroles de Jésus qui évoque les légions des anges (Mt 26, 53, Vulg. « legiones angelorum »).

1 *la troupe / Qui plus le Ciel outrage a tousjours vent en poupe* : il s'agit vraisemblablement ici, et jusqu'au vers 262, d'une allusion aux catholiques qui détiennent le trône de France. Le commentateur catholique, Thevenin (v. 255), préfère voir dans ces vers une allégorie plus abstraite qui désignerait les « méchants ».

2 *Comme est la nuict d'humeur* : Aristote explique que la vapeur d'eau qui se forme durant le jour retombe la nuit sur terre (*Météorologiques*, Paris, Les Belles Lettres, 1982, 1, 10, p. 29).

Aprenez d'autre part, que la croix est l'eschelle[1]
Qui conduit les humains à la gloire immortelle :
Et la voye*[2] de laict, qui blanchissant les cieux,
Guide les saincts esprits au sainct conseil des Dieux.
Hé ! ne voyez vous point comme le sage pere
Tenant l frein plus court au fils qu'aumercenaire,
Reprend l'un rarement, et l'autre chasque jour, s
L'un pour respect du gain, et l'autre par amour ?
L'escuyer, qui suivy d'une noble jeunesse[3]
Les genereux destriers d'un grand Monarque dresse :
Repique plus souvent celuy de ses chevaux,
Qu'il cuide estre mieux né pour les guerriers travaux.
Le penible regent[4], dont la docte parole
Tout l'honneur d'un pays cultive en une escole,
Charge plus de leçon ceux, à qui Dieu depart
Plus d'esprit pour comprendre en peu de temps un art.
Un grand Chef ne commet qu'à ceux que plus il prise[5]
Le dangereux hazard d'une belle entreprise.
Or il les fait aller les premiers à l'assaut
Or devant cent canons les plante sur le haut
D'une bresche assaillie, or avec peu de force
Leur commande d'entrer dans un fort que lon force.
Dieu bat ceux qu'il cherit du bers jusqu'au cercueil,
Pour se faire conoistre, abatre leur orgueil :
{226} Arracher maint souspir de leur devote bouche :

2. La croix est le chemin menant à la vie eternelle.

3. C'est raison que Dieu tienne ses enfans en bride : qu'il les exerce : qu'il les presse d'aprendre : qu'il les mette es premiers rangs pour combatre Satan et le monde : ce qui est esclairci par similitudes fort propres.

4. Les afflictions sont profitables aux fideles.

1 *la croix est l'eschelle* : Mt 16, 24-25. Dans les vers 275 à 324, Du Bartas évoque la question du mal qui frappe le juste pour avancer deux types d'argument : on attend plus de ceux que l'on aime ou que l'on estime pour leur haute vertu ; les épreuves sont un bien permettant de valoriser la constance et d'entretenir la vertu. Cette argumentation est inspirée du *De Providentia* de Sénèque qui s'ouvre sur cette question : « Pourquoi tant de maux arrivent-ils aux hommes de bien ? »

2 *voye de laict* : la voie lactée ; se reporter à Goulart (Indice, « voye de laict ») et à Thevenin (vers correspondant).

3 *l'écuyer* : l'écuyer est l'intendant des écuries d'un prince ou un membre du personnel de ces écuries. Il s'agit ici de la personne qui dresse les chevaux et accompagne les jeunes nobles dans leurs sorties équestres.

4 vers 287-290 : Sénèque, *De Providentia*, 4, 11.

5 Vers 291-296 : Sénèque, *De Providentia*, 4, 8.

Esprouver leur constance à la pierre de touche[1] :
Resveiller leur paresse : exercer leurs esprits
A travailler, heureux, apres le prix sans prix[2].

5. Elles leur sont necessaires pour les garentir et guerir d'infinies maladies de l'ame.

Le Medecin[3], qui sçait joindre à la theorique
L'exercice fascheux d'une longue practique,
Applique le remede au corps plein de langueur
Selon la qualité de la peccante humeur :
Guerissant cestui-ci par dietes austeres,
L'autre par jus amers, cestui-là par cauteres :
Et coupant quelquefois ou la jambe, ou le bras,
Aspre-doux[4] garantit tout le corps du trespas.
Ainsi le Tout-puissant, selon l'humeur peccante,
Qui les Saints les plus sains à boutees tourmente,
Ordonne ore la faim, ore un banissement,
Ore une ignominie, ore un aspre tourment,
Ore un proces fascheux, ore un cruel naufrage,
Ore d'un fils la perte, ore un triste veufvage.
Mais tenant toutesfois pour le salut humain
En une main le fleau, l'emplastre en l'autre main.

6. Sans la croix les enfans de Dieu se corrompent.

Le guerrier, qui par trop sejourne en une place,
Laisse atiedir l'ardeur de sa premiere audace.
La rouille va mangeant le glaive au croc pendu.
Le ver ronge l'habit dans le cofre estendu.
L'eau qui ne court, se rend et puante et malsaine.
La vertu n'a vertu que quand elle est en peine[5].

---

1 *pierre de touche* : pierre basaltique noire et très dure, sur laquelle l'on frotte les bijoux en or ou en argent pour en reconnaître le titre (c'est-à-dire la quantité de métal fin contenu dans un alliage). L'expression s'emploie, au figuré, pour désigner ce qui sert à éprouver la valeur de qn ou qc. La comparaison entre l'épreuve du juste et l'argent est empruntée aux psaumes : « Tu nous as éprouvés, ô Dieu, / épurés comme on épure l'argent » (Ps 65/66, 10).

2 *apres le prix sans prix* : il s'agit de la vie éternelle, d'un prix inestimable. Pour le jeu de mots, voir *supra* note du vers 87. Du Bartas joue ici sur le double sens du mot *prix* : « récompense » et « valeur » (en particulier financière), rappelant implicitement que, pour le chrétien, le véritable bonheur ne réside pas dans les valeurs matérielles.

3 vers 303-310 : Sénèque, *De Providentia*, 3, 2.

4 *Aspre-doux* : Thevenin (commentaire du vers correspondant) explique que le remède du médecin est âpre à la partie affectée, mais doux pour l'ensemble du corps, qu'il soulage et guérit.

5 Sénèque, *De Providentia*, 2, 4 : « Marcet sine aduersario uirtus ».

7. Toutes creatures leur aprenent à porter le travail patiemment.

De vray tout ce qu'on void au monde de plus beau
Est sujet au travail. Aussi la flamme et l'eau
L'une à mont, l'autre à val, sont tousjours en voyage[1].
{227} L'air n'est presque jamais sans vent et sans orage.
L'esprit est sans esprit, s'il ne sçait discourir.
Le Ciel cessera d'estre en cessant de courir.

8. Les afflictions sont honnorables.

Par les playes du front le soldat se segnale[2] :
Mais cil qui non-blessé de la bresche devale
Donne à penser aux Chefs, que la peur du trespas
A glacé son courage, et lié ses deux bras.

9. Dieu veut estre glorifié en la constance des siens.

Dieu donq pour proposer à l'humaine ignorance
Quelque rare patron d'invincible constance,
Et ses fils bien-aimez couronner des lauriers,
Va contre eux harceler autant, ou plus encore
De maux, que, comme on dit, n'en apporta Pandore* :
Munissant toutefois d'un tel plastron leur cœur,
Qu'estant le corps vaincu l'esprit reste veincueur.

10. Il n'y a rien de mauvais en la vie humaine que le vice et la vertu se conoist mieux estant esprouvee.

Mais sans cause à ces maux si mauvais nom je donne.
Le seul vice est mauvais, la vertu seule est bonne
De sa propre nature : et tout le demeurant,
Outre vice et vertu, demeure indifferent.
Que la Fortune adverse aux champs mette ses forces
Contre un homme constant, ses plus rudes entorces
Ne luy feront changer ses desseins bien conceus,
Non mesme quand le Ciel luy tomberoit dessus.
L'homme vrayment constant est tout tel que Neree
Qui ouvre à tous venans sa poictrine azuree :
Et toutefois tant d'eaux, qu'il boit de tous costez,
Ne luy font tant soit peu changer ses qualitez.
L'homme que Dieu munit d'une brave asseurance
Semble au bon estomac, qui soudain ne s'offence
{228} Pour l'exces plus leger, ains change promptement
Toute sorte de mets en parfait aliment.

---

1 v. 326-327 : pour le mouvement contraire du feu et de l'eau, se reporter *supra* à la note des vers 65 et 77.

2 vers 331-334 : Sénèque, *De Providentia*, 4, 4.

Dieu se reposant au septiesme jour et le benissant, nous avertit qu'en respirant un jour de la semaine, nous devons l'employer au principal, c'est à savoir à desister de nos œuvres mondaines et perverses, pour donner lieu à sa grace, et laisser besongner son esprit en nous par l'instrument de sa Saincte parole.

DONQUES bien que de Dieu la sagesse profonde
Encor, encor besongne au regime du monde :
Si faut il s'asseurer que sa main composa
En six jours ce grand Tout, et puis se reposa[1] :
Voulant qu'à son exemple Adam, et sa lignee,
Chomme eternellement la septieme journee.
L'Eternel se souvient que sa maistresse main,
D'une masse de fer ne fit le corps humain :
Ains qu'il logea nostre ame en un vaisseau de terre[2],
Plus liquide que l'eau, plus fresle que le verre.
Il sçait que rien plustost ne nous guide au trespas
Qu'avoir tousjours tendus les esprits et les bras.
Le champ qui quelques ans demeure comme en friche,
Quand il est resemé, fait un rapport plus riche.
Le fleuve pour un temps par l'escluse arresté,
Pousse plus roidement son flot precipité.
L'arc, qui pour quelques jours desencordé demeure,
Enfonce plus avant la mortelle bleçeure.
Le soudard au combat re-va plus furieux,
Ayant un peu couvé le somne dans ses yeux.

Repos corporel.

Tout de mesme[3] ce corps, quand pour reprendre halaine
Il vit en doux repos un jour de la semaine,
Ses facultez r'assemble, et met le lendemain
Beaucoup plus gayement en besongne sa main.

Repos spirituel.

Mais le but principal où ce precepte vise,
C'est qu'esteignant chez nous le feu de convoitise,
{229} Et donnant quelque treve aux profanes labeurs,
Nous laissions travailler l'Eternel dans nos cœurs.
C'est qu'en foulant des pieds toutes choses mortelles
Nous puissions beaucoup mieux soigner les eternelles :
Faisant comme l'archer, qui, pour conduire mieux

---

1 Gn 2.2 : « Dieu conclut au septième jour l'ouvrage qu'il avait fait et, au septième jour, il chôma ».

2 *vaisseau de terre* : allusion biblique, Sg 9, 15 : « un corps corruptible, en effet, appesantit l'âme, et cette tente d'argile alourdit l'esprit aux multiples soucis. » ; Jb 10.9 « Souviens-toi : tu m'as fait comme on pétrit l'argile » et Gn 2, 7 « Alors Yahvé Dieu modela l'homme avec la glaise du sol ».

3 *Tout de mesme* : « de la même façon ».

La fleche sur le blanc, ferme l'un de ses yeux.
Car par le Tout-puissant ceste saincte journee
Ne fut aux bals, aux jeux, aux masques destinee[1],
Pour languir en sejour, pour se perdre en plaisirs,
Pour la bride lascher aux forcenez desirs :
Pour faire d'un jour sainct des ordes Lupercales*[2],

Contre ceux qui profanent le jour du repos.

---

1 Bals : « danses ». Les autorités protestantes, plus rigoureusement encore que les catholiques, condamnent la danse et les jeux. Les *Ordonnances de Genève* établies par Calvin, en 1541, dénoncent les « Jeux défendus par les lois et scandaleux. Danses et telles dissolutions » comme « crimes qui sont du tout intolérables en un ministre ». Ces ordonnances concernent les ministres du culte, mais le dernier article en prévoit l'application : « non seulement pour la ville mais aussi pour les villages dépendant de la Seigneurie. ». Cette application s'est toutefois révélée difficile et il a fallu mieux adapter le texte à la situation des églises rurales. C'est pourquoi, un règlement concernant les fidèles est édicté le 17 mai 1547 par les *Ordonnances sur la police des eglises dependants de la Seignorie de Genesve*, préparées par la compagnie des Pasteurs. Le chapitre consacré aux « faultes contrevenantes à la Reformation » y condamne la danse : « S'il y a aucun qui chante chansons déshonnêtes, dissolues ou outrageuses, ou danse en virolet ou autrement, il tiendra prison pour trois jours, puis sera renvoyé au Consistoire. » et les jeux : « Que nul ne joue à jeux dissolus ni à quelque jeu que ce soit pour or ni argent, ni pour dépense excessive, sous peine de cinq sous et perdition du prix joué. », au même titre que les superstitions, blasphèmes, contradictions [de la parole de Dieu], ivrogneries, usures, batteries [bagarres], haines et paillardises. En France, les églises calviniennes vont tenter, non sans peine, d'imposer le même règlement. Philippe Chareyre - Professeur en Histoire Moderne à l'Université de Pau et des pays de l'Adour, spécialiste en histoire du protestantisme dans la France méridionale -, que nous remercions chaleureusement, nous signale ainsi l'article 74 des *Ordonnances ecclésiastiques de la vicomté souveraine de Béarn*, publiées en novembre 1571 et qui stipulent : « Etant aussi communément les danses pleines de chansons impudiques de contenances et de gestes lascifs l'appât et le hameçon de volupté et débordement, l'argument et le témoignage d'inconstance et légèreté indigne du chrétien, nous prohibons et défendons toute espèce de danse à tous nosdits sujets sur peine de dix sous d'amende toute applicable aux pauvres, et de prison pour huit jours s'il apparaît d'une coutume et obstination. » La discipline des Eglises réformées de France interdit également les danses : « les danses seront réprimées et ceux qui font état de danser ou assister aux danses, après avoir été admonestés plusieurs fois seront excommuniés quand il y aura pertinacité et rébellion. » (1560 et 1581, ch 14, art 27). La faute est encore plus grave, et la peine plus grande, quand elle est commise le dimanche, jour de la Cène. Sur cette question, l'on pourra consulter : Marianne Ruel, *Les chrétiens et la danse dans la France moderne*, Paris, Editions Honoré Champion, 2006 ; Harry Peter Clive, « The Calvinist Attitude to Music », *Bibliothèque d'Humanisme et Renaissance*, 19, 1957, p. 80-102 ; Philippe Chareyre, « Jeux interdits, jeux tolérés. L'application de la discipline réformée dans la France méridionale », *Plaisirs et transgression. France-Espagne* XVIe-XVIIe *siècles*, Actes du colloque de Pau, 2005, « coll. Universitaria », Orthez, éditions de Gascogne, 2006, p. 385-418.

2 Lupercales : fête annuelle (célébrée le 15 février, à la fin de l'année romaine, laquelle débutait le 1er mars) dans la Rome antique en l'honneur de Lupercus, dieu de la fécondité (assimilé à Faunus puis à Pan). Les douze luperques sacrifiaient un bouc à leur dieu en présence de jeunes gens vêtus d'un pagne en peau de bouc qui couraient ensuite dans

Des Orgies*[1] criars, des folles Saturnales*[2] :
Pour esblouir les yeux d'une vaine splendeur :
Pour prier d'autres Dieux, pour servir sa grandeur
Suyvant les vaines loix, dont l'humaine arrogance
De l'Eglise premiere[3] a sapé l'innocence.

L'on doit vacquer au jour du repos à mediter le repos eternel et les œuvres de Dieu.

Dieu veut qu'en certain lieu on s'assemble ce jour
Pour de son nom apprendre et la crainte et l'amour.
Il veut que là dedans le ministre fidele
De l'os des saincts escrits arrache la mouelle[4],
Et nous face toucher comme au doy les secrets
Cachez sous le bandeau des oracles sacrez.
Car bien que la leçon des deux plus sainctes pages[5]

---

la ville frappant de lanières en peau les femmes qui désiraient être mères dans l'année à venir (rite de fécondité).

1 Les Orgies ou Bacchanales étaient des fêtes célébrées en l'honneur de Bacchus à Rome (ou de Dionysos à Athènes) et accompagnées de débauches.

2 Fêtes en l'honneur de Saturne, les Saturnales étaient célébrées en décembre dans l'antiquité romaine. Durant quelques jours, maîtres et esclaves échangeaient leurs rôles. Ces fêtes étaient prétexte à débauches.

3 *De l'Eglise premiere* est complément antéposé du nom *innocence* (et non de *humaine arrogance*).

4 La moelle (ou suc), opposée à l'écorce de l'arbre, est une image traditionnelle de l'exégèse allégorique. C'est ainsi un symbole de la mystique pythagoricienne que Filippo Beroaldo évoque dans son commentaire des symboles de Pythagore : « foris corticosa, intus succosa » (*Symbola Pythagoræ moraliter explicata*, dans *Varia Philippi Beroaldi opuscula : in hoc codice contenta*, s. l., s. d. [1516-1519 ?], f° 101 r°) et on la trouve, dans le *Roman de la Rose* de Jean de Meun : « Du texte je viens de vous donner l'écorce : elle dissimule le sens profond ; je veux maintenant en extraire et montrer la moelle. » (tome 2, v. 11828-11830, éd. A. Lanly, Paris, Champion, 1975). Rabelais reprend cette image dans le « Prologe de l'Auteur » de *Gargantua*, mais pour la transférer de la moelle de l'arbre à celle de l'os par l'intermédiaire de Platon (le chien rongeant un « os medulare », *La République*, II, 376b, voir *Œuvres complètes*, éd. M. Huchon, Paris, Gallimard / La Pléiade, 1994, p. 6-7 et note 3 p. 1064). La substitution de l'os à l'écorce dans son opposition allégorique avec la moelle semble donc s'être imposée avec Rabelais. Elle repose toutefois sur une symbolique ancienne de l'os qui, dans la Bible déjà, permet d'évoquer l'intériorité psychique de l'individu (voir M. Cocagnac, *Les Symboles bibliques*, Paris, Les Editions du Cerf, 1993, p. 261-262). Selon cette valeur biblique toutefois, dont on trouve deux occurrences dans *L'Institution de la religion chrestienne* de Calvin, la moelle ne s'oppose pas à l'os mais au contraire précise son symbolisme : « Jesus Christ nous testifie et séelle en la Cène ceste participation de sa chair et de son sang, par laquelle il fait découler sa vie en nous, tout ainsi que s'il entroit en noz os et en noz moelles. » ([1560] livre 4, ch. 17, Paris, Vrin, 1961, p. 384-385) ; « Mesmes que ceste persuasion soit naturellement en racinée en tous, assavoir qu'il y a un Dieu, et qu'elle soit attachée comme en la moelle des os. » (*ibid.*, livre 1, Paris, Vrin, 1957, ch. 3, p. 61-62). L'antonymie allégorique que l'on a ici semble donc plutôt inspirée de Rabelais.

5 *des deux plus sainctes pages* : l'Ancien et le Nouveau Testaments par métonymie.

Faite entre murs privez[1] esmeuve nos courages,
La doctrine qui part d'une diserte voix
Sans doute a beaucoup plus d'efficace et de poids.
Il veut que là dedans, comme à l'envi des Anges[2],
Nous facions retentir ses divines louanges,
Pour l'hommage et le fief des biens que nous tenons
{230} En sa riche directe[3]. Il veut que nous prenions
Son Christ pour sauvegarde, et qu'avec asseurance
Par luy nous implorions sa divine clemence :
Veu qu'il tient sous la clef de ses riches thresors
Tous les biens de fortune, et de l'ame, et du corps.

Jour du repos figure du repos eternel.

Il veut que ce Sabat*[4] nous soit une figure
Du bien-heureux Sabat de la vie future.
Mais l'un comme legal[5], n'a soin que du dehors

---

1 La lecture individuelle des Ecritures est recommandée par les protestants. Dans le livre I de *l'Institution de la religion chrestienne* (chapitre 7), Calvin insiste sur le fait que les Ecritures transmettent la parole de Dieu et font donc autorité, sans l'intervention de l'Eglise (dont l'interprétation peut les pervertir) et que le croyant doit donc se fonder, pour les recevoir, sur le témoignage intérieur du Saint-Esprit. Cette mise au point vise implicitement l'Eglise catholique dont l'interprétation des Ecritures peut diverger de la lecture protestante. En revanche, dans le chapitre 1 du livre 4 ([1560] Paris, Vrin, 1961, § 5, p. 13 *sq.*), Calvin recommande au fidèle la lecture directe des textes sacrés, tout en rappelant l'importance de la prédication qui seule édifie l'église : « Aussi aujourdhuy il luy plait que non seulement chacun soit attentif à lire en son particulier, mais qu'il y ait maistres et docteurs pour nous guider et aider. » (*ibid.*, p. 14-15).

2 *à l'envi des Anges* : voir Thevenin (commentaire du vers correspondant).

3 *En sa riche directe* : la *directe* est un terme féodal qui désigne le droit d'un seigneur sur une terre qui relève directement de lui en fief.

4 Sabat : le sabbat (< lat. *sabbatum* < héb. *schabat* « se reposer ») désigne chez les Juifs le repos religieux ou le jour qui lui est assigné. Ce septième jour, qui est chez les Juifs le samedi (< lat. *sabbati dies*), est devenu le dimanche chez les chrétiens. L'article « dimanche » du *Dictionnaire de Spiritualité* (Paris, Beauchesne, 1957, t. 3, art. « Dimanche », p. 948 *sq.*) explique que les chrétiens ont opéré le transfert du sabbat (associé à la mort du Christ un vendredi soir au début du sabbat) au dimanche, jour de la résurrection. Lorsque les nouveaux convertis se sont faits plus nombreux au sein de l'Eglise nouvelle, saint Paul s'est opposé aux judaïsants en insistant sur le caractère figuratif de ce repos qui permet de communier avec Dieu : au peuple de Dieu est réservé un repos du septième jour, distinct de celui des Israélites (Col 2, 16-17, He 4, 1-11). Calvin (*Institution de la religion chrestienne*, livre 2, ch. 8 « De la Loi », « Le quatrième commandement ») insiste sur la légitimité de ce transfert et rappelle que le repos du septième jour sert à figurer le Sabbat qui sera au dernier jour et à nous faire méditer la perfection de ce repos spirituel.

5 *comme legal* : l'obligation de repos au septième jour fait partie des règles imposées par Dieu (1ère occ. Ex 12, 16).

L'autre met en repos et l'esprit et le corps.
L'un ne dure qu'un jour : de l'autre l'heur extreme
N'est point moins eternel, que l'Eternité mesme.
L'un consiste en ombrage, et l'autre en verité.
L'un en pedagogie, et l'autre en liberté.
L'un a souvent le front afublé d'un nuage
De chagrineux soucis, et l'autre a le visage
Riantement serain, sans que jamais de luy
S'aproche seulement la crainte d'un ennui.
C'est le grand Jubilé[1], c'est la feste des festes,
Le Sabat des Sabats, qu'avecques les Prophetes,
Les Apostres zelez, et les Martyrs constans,
Heureux, nous esperons chommer dans peu de temps.

Meditation des œuvres de Dieu, specialement le jour du repos.

Il veut que ce jourd'huy[2] nostre ame*[3] sequestree
Des negoces humains, lise en la voute astree,
Dans la mer, dans la terre, et dans l'air eventé,
Son provoyant conseil, son pouvoir, sa bonté :
Afin que tant de corps soyent autant de bons maistres
Pour rendre grans docteurs ceux qui n'ont point de lettres[4].

Exhortation à ceste meditation et quel est le profit d'icelle.

Sied-toy donq, ô lecteur, sied-toy donc pres de moy,
Discour en mes discours, voy tout ce que je voy,
{231} Oy ce docteur muet, estudie en ce livre[5],
Qui nuict et jour ouvert t'aprendra de bien vivre.
Car depuis les clous d'or[6] du viste firmament
Jusqu'au centre profond du plus bas element,

1 *Jubilé* : voir Thevenin (commentaire du vers correspondant). Le jubilé est une année sainte festive qui revient tous les cinquante ans et au cours de laquelle, en particulier, l'on ne sème ni ne moissonne (Lv, 25.8-17). Elle s'ouvre sur le « jour des Expiations » (Lv 25, 9-10) qui déclare tous les habitants affranchis. Le jubilé est donc mis en parallèle ici avec le Sabbat et le *grand jubilé* avec le *Sabbat des Sabbats*. Thevenin explique que Du Bartas appelle la Vie éternelle *Grand Jubilé* par allusion à la rémission des péchés.

2 *ce jourd'hui* : c'est-à-dire le septième jour, jour du repos.

3 Voir Indice de Goulart à « Physiologie chretienne ».

4 *ceux qui n'ont point de lettres* : expression lexicalisée signifiant « ne pas avoir d'instruction », « être analphabète ».

5 *ce livre* : Thevenin (commentaire du vers correspondant) explique qu'il s'agit d'une métaphore de la nature et renvoie au premier jour de la *Sepmaine* (v. 151-152).

6 *les clous d'or du viste firmament* : images pour les astres ou les étoiles qui brillent dans le ciel. Pour le mouvement de rotation qui anime le ciel, voir *supra* note du vers 159.

Chose tu ne verras, tant petite soit elle,
Qui n'enseigne aux plus lourds quelque leçon nouvelle.
Voi-tu pas ces brandons qu'à tort on nomme errans[1] ?
L'un court çà, l'autre là, par sentiers differens :
Et toutefois sans fin leur route suit la route
Du Ciel premier moteur, qui tout clost de sa voute.
Cela t'aprend, qu'encor que ton propre desir
Directement s'oppose au celeste plaisir,
Et de voile et de rame[2], en ta façon de vivre,
De Dieu premier moteur le vouloir tu dois suyvre.

Les planetes nous aprenent de suivre la volonté de Dieu.

Homme vain, plein de vent, t'orgueillis-tu de voir
Riche en beautez ton corps, ton esprit en savoir ?
Phœbé*, qui de Phœbus tient ses beautez plus belles,
Par exemple te doit faire baisser les ailes :
Dautant que par emprunt, non-moins qu'elle, tu tiens
Du prince des flambeaux toute sorte de biens.

La Lune nous enseigne que nous n'avons rien que par emprunt.

Veux-tu de corps en corps[3] jusqu'en terre descendre ?
Voy que ce feu, que Dieu voulut en rond estendre,
Comme voisin du Ciel, est leger, cler et pur,
Et celuy de çà bas pesant, fumeux, obscur[4].
Ainsi tandis qu'au Ciel ton esprit a commerce,

Le feu elementaire et terrestre, où gist nostre heur et malheur.

---

1 *brandons (…) errans* : emprunté à Cicéron, qui, dans le *De Natura deorum* (2, discours de Lucilius) dénonce l'idée selon laquelle les astres seraient « errants » en insistant sur le caractère ordonné de leurs mouvements (2, 16, 43 et surtout 20, 51) : « Maxume vero sunt admirabiles motus earum quinque stellarum quæ falso vocantur errantes ».

2 *Et de voile et de rame* : « à la voile et à la rame », expression lexicalisée signifiant « de toutes les manières possibles ». On la trouve également chez Du Bellay (*Les Regrets*, 89, v. 12). Antoine Furetière, dans son *Dictionnaire universel* (La Haye / Rotterdam, Arnout et Reinier Leers, 1690, article « forcer », au sens de « faire un effort »), en donne une variante « On dit sur la mer, Forcer de voiles, forcer de rames, pour dire, Faire tout l'effort qu'on peut avec les voiles & les rames ».

3 v. 463-464 : représentation sphérique et hiérarchisée de l'univers (voir *supra* note des vers 65 et 71).

4 v. 465-466 : la sphère du Ciel, qui contient les astres, est située au-dessus des sphères constituées par les quatre éléments (*supra* note des vers 65) (Aristote, *Météorologiques*, Paris, Les Belles Lettres, 1982, 1, 3). La sphère du feu (appellation impropre par ailleurs, comme le précise Aristote) est située entre celle, supérieure, du Ciel et celle, inférieure de l'air. Lorsque la terre est chauffée par le soleil, il se produit deux types d'exhalaison : un souffle chaud et humide, sorte de fumée (le terme signifiant « exhalaison ») qui s'élève car elle est chaude et engendre les vents et une vapeur humide et froide, qui demeure stationnaire du fait de son poids et engendre la pluie (*ibid.*, 1, 4 et 2, 4).

Bien loin de luy s'enfuit toute fureur perverse :
Et, bien que citoyen du monde vicieux,
Tu ne vis moins content que les Anges des cieux.
Mais si tousjours tu tiens l'ame comme collee
{232} Contre l'impur limon de la sombre vallee,
Où chetifs nous vivons, elle prendra sa part
De cest air pestilent, qui de sa loge part.

L'air, Que l'affliction nous est necessaire.

S'il avient que fortune en ton endroit farouche
Te dresse nuict et jour mainte chaude escarmouche,
Souviene toy que l'air se corrompt vistement,
Si le vent ne le bat d'un divers soufflement.

La mer, Que rien ne nous doit faire outre passer la loy de Dieu.

Tethys*[1] qui dans l'enfer engoufre ore son onde,
Or d'un mont escumeux bat le plancher du monde,
Sans passer toutesfois le moindre de ces bords,
Que l'Eternel planta pour brider ses efforts :
Te monstre que des rois le menaçant orage,
Le vent d'ambition, l'insatiable rage
D'entasser or sur or, d'un seul travers de doy
Ne te doit du grand Dieu faire franchir la loy.

La terre, Qu'il nous faut estre constans.

La terre, qui jamais toute en un temps ne crousle[2],
Bien que la pesanteur de sa feconde boule
N'ait receu du grand Dieu plus fermes fondemens,
Que le glissant appuy des plus mols elemens :
Par son constant sejour nous monstre quel doit estre
L'animal qui fut fait de la terre le maistre.
Mais hé ! qu'as tu chez toy, nostre mere, qu'as tu,
Qui d'un stile disert ne presche la vertu ?
Que le noble, le fort, l'opulent, et le docte,

1 v. 479-482 : Téthys, déesse marine, désigne ici la mer par antonomase. Vers 180, *le plancher du monde* : « plafond » ou « voûte » céleste, image hyperbolique des vagues qui s'élèvent. Vers 181-182 : création des continents, afin de séparer la terre des eaux, Gn 1.9.

2 v. 487-491 : Aristote (*Du Ciel*, Paris, Les Belles Lettres, 1965, 2, 14, p. 96-98) explique que la sphère terrestre est située au centre de l'univers (son centre coïncidant avec celui de l'univers) et se tient immobile du fait de son mouvement centripète : chaque point de la terre tend vers le centre de l'univers (donc de la terre) et ne peut s'en éloigner. Aristote (2, 3, p. 6) précise qu'il appelle « pesanteur » le mouvement des corps (lourds) qui tendent vers le centre et « légèreté » celui des corps (légers) qui s'en éloignent. *Des plus mols elements* : se reporter au deuxième jour, v. 323-325.

Soit comme roturier, debile, povre, indocte :
Et voyant par les champs blondoyer la moisson
Des espics barbotez aprene sa leçon,
Qui plus sont pleins de grain, plus leurs testes abaissent :
{233} Plus sont vuides de grain, plus haut leurs testes dressent.
Que celle qui se sent chatouiller du desir
De souiller le sainct lict d'un deffendu plaisir :
Ait honte pour le moins de la palme*[1] loyale,
Qui ne veut porter fruict qu'estant pres de son masle.
Toy qui brossant apres la couronne d'honneur,
Au milieu du chemin perds la force et le cœur :
Souvien-toy que l'honneur ressemble la canelle*[2],
Au tour de qui nature espaissement dentele
Mille poignants buissons, afin que les humains
Ne jettent, sans danger, sur son tige leurs mains[3].
Hé ! peux tu contempler l'estroite sympathie
Qui joint le blond Soleil et la blonde Clithie*[4],
Sans penser qu'il nous faut imiter tous les jours
Du Soleil de justice, et la vie, et le cours ?
O Terre ! les thresors de ta creuse poictrine
Ne sont point envers nous moins feconds en doctrine
Car ainsi que la chaulx[5] dans l'onde se dissout,
Saute, s'enfle, s'espand, fume, petille, bout,
Et resveille ce feu, dont l'ardeur paresseuse
Dormoit sous l'espesseur d'une masse pierreuse :

Les espics de bled, Qu'il nous faut estre humbles.

La palme recommande nostre chasteté.

La canelle, diligence et prudence.

Le Soleil et le soulci nous proposent Christ.

La chaulx en l'eau nous aprend d'estre plus vertueux au besoin.

1 Selon Pline (*Hist. Nat.*, 13, 34), le palmier dattier femelle n'engendre pas spontanément s'il est éloigné d'un arbre mâle et, si l'arbre mâle est coupé, le palmier femelle, comme en veuvage, demeure stérile.

2 Pline (*Hist. Nat.*, 12, 89) explique que la cannelle est étroitement entourée de ronces, ce qui rend sa récolte difficile.

3 *Ne jettent, sans danger* : au XVIe siècle, la négation peut encore être construite sans auxiliaire de négation, ce qui entraîne ici une ambiguïté. Il faut comprendre : « afin que les humains ne jettent pas, sans danger, leurs mains sur la canelle », c'est-à-dire « afin qu'ils soient en danger à chaque fois qu'ils jettent leurs mains sur la canelle ».

4 Clithie : se reporter à l'index des noms propres. La nymphe s'est transformée en une plante héliotrope jaune, le souci selon Goulart et Thevenin (v. 511).

5 *la chaulx* : la réaction exothermique de la chaux, qui, brûlée puis refroidie, voit sa chaleur latente se ranimer sous l'effet de l'eau qui pénètre dans ses interstices, est signalée par les Anciens (Pline, *Hist. Nat.*, 36, 174 et pour plus de détails : Vitruve, *De l'Architecture*, 2, 5, 2-3).

Celui, qui pour marcher sous l'enseigne de Christ,
Veut laisser dans son cœur regner le sainct Esprit,
Doit faire qu'au milieu des tourmens il resveille
Son zele qui souvent en temps calme sommeille.
Et comme d'autre-part le riche diamant[1],
Soit au fer, soit au feu resiste obstinément :
L'homme vrayment Chrestien, bien qu'il n'ait jamais treve,
Doit mespriser des grands et la flamme et le glaive :
{234} Ou si d'un fleau pesant l'impiteuse rigueur
Du siege de constance esbranle un peu son cœur,
Il doit imiter l'or[2], duquel la riche masse
S'estend bien tant qu'on veut, mais jamais ne se casse :
Et, cuite, perd en l'air, ou par ses jaunes bords,
Sa lie, et non son poids, sa crasse et non son corps.
La pierre*[3], que du nom de l'Arc moite on appelle,
Du brandon porte-jour[4] reçoit la face belle,
Et d'un repoussement imprime puis-apres
Contre les murs prochains la clarté de ses rais.
Ainsi, ou peu s'en faut, l'homme ayant dans son ame
Receu quelque rayon de la divine flamme,
Le doit faire briller aux yeux de son prochain :
N'enterrant le thresor que Dieu luy met en main[5],
Pour luy donner grand cours, et faire qu'en l'Eglise
Une centiesme usure[6] en une heure il produise.

Le ferme diamant, nous exhorte à constance.

L'or fin et espuré, à magnanimité et pureté.

L'iris nous aprend d'estre en edification à nos prochains.

1 *le diamant* : éprouvé sur l'enclume, le diamant résiste aux coups en fendant le fer qui le frappe et en faisant rebondir l'enclume (Pline, *Hist.Nat.*, 37, 57).

2 *l'or* : Pline, *Hist. Nat.*, 33, 59-61. Voir également : *Les Commentaires de M. P. André Matthiolus, sur Dioscoride*, Lyon, Claude Prost, 1542, p. 514, colonne I, l. 20 *sq.*

3 v. 535-538 : voir l'Indice de Goulart à « Iris » ainsi que Thevenin (v. 535 à 537). La Pierre d'Iris (ou iris) est le nom vulgaire du quartz irisé, lequel possède les couleurs de l'arc-en-ciel. Pour les sources de Du Bartas : Pline, *Hist. Nat.*, 37, 136-138. *L'arc moite* : l'arc-en-ciel, ainsi appelé parce qu'il suit la pluie.

4 *Du brandon porte-jour* : la périphrase désigne le soleil.

5 Allusion à la parabole des talents : Mt 25, 14-30 (le mauvais serviteur a enterré le talent que son maître lui a confié au lieu de faire fructifier cet argent).

6 *Une centiesme usure* : un intérêt au centuple. Allusion à la parabole du semeur (Mt 13, 18-23) : « Et celui qui a été semé dans la bonne terre, c'est celui qui entend la Parole [de Dieu] et la comprend : celui-là porte du fruit et produit tantôt cent, tantôt soixante, tantôt trente. » (Mt 13, 23)

L'aiguille marine nous monstre qu'il faut regarder sans cesse à Christ.

Comme le fer touché par la pierre d'eymant[1]
Vers le pole du Nord regarde incessamment :
Ainsi l'esprit touché par la vertu secrette
D'une foy non-fardee, et jour et nuict s'arreste
Vers l'esclatant fanal, qui sert d'Ourse en tout temps[2]
Pour guider les nochers sur ceste mer flotans.

Enseignemens donnez par les corps vivans.

Ces exemples tirez des corps qui n'ont point vie,
Engendrent en nos cœurs quelque louable envie.
Mais les enseignemens des corps vivans apris
Touchent plus vivement toutes sortes d'esprits.

L'abeille fait la leçon aux sujets et aux princes.

Sus donq rois, sus vassaux, sus courez à l'escole
De l'essaim*[3] donne-miel qui par Hymette* vole.
Là là vous aprendrez qu'une eternelle loy
{235} Captive le vassal sous le vouloir du Roy.
Là là vous aprendrez qu'un magnanime Prince
N'a point de piqueron pour vexer sa province.

L'esparvier aux ingrats.

Ce Perse*[4], qui grava d'une sanglante main
Des loix contre l'ingrat sur le publique airain,
Savoit que l'esparvier ayant tenu sous l'aile,
Pour fomenter son sein, la chaude passerelle,
Luy redonne les champs[5], et d'un vol different

1 v. 545-546 : allusion à « l'aiguille marine » (également appelée « aiguille de mer »), c'est-à-dire à la boussole.

2 *qui sert d'Ourse en tout temps* : c'est-à-dire « qui indique le Nord » (voir *supra* note du vers 70). L'expression est à prendre de manière métonymique et signifie « qui sert de guide », par similitude avec la boussole (évoquée v. 545).

3 Voir Indice de Goulart à « Abeilles ». Pline, *Hist. Nat.*, 11 : § 32 pour le mont Hymette, près d'Athènes, réputé pour la qualité du miel que les abeilles y produisent et § 48-56 pour l'organisation de l'essaim autour du roi.

4 *Ce Perse :* Cyrus par métonymie. Les Perses punissent l'ingratitude chez les enfants afin de les détourner de ce vice (rapporté par Xénophon, *Cyropédie*, I, 2, 7).

5 Inspiré d'une fable d'Esope. Paola Cifarelli (*Catalogue thématique des fables ésopiques françaises du XVIe siècle*, Paris, Honoré Champion, 1993, p. 108) ne renvoie à aucune source ancienne ou médiévale et ne donne pour référence, au XVIe siècle, que le dizain XXVI du poète protestant forésien Etienne Valancier : « De l'Espervier, & du Passereau, XXVI. Une fois l'Espervier se trouva tout malade, / S'estant trop eschauffé, pour prendre un Estourneau, / Qui volloit d'Arbre, en Arbre, & luy faisoit bravade, / Si bien que par collere, il mangea Plume, & Peau, / Estant donc en frisson, il print un Passereau, / Que sous son Esle il meist, eschauffant son Corsage, / Puis luy dist : Ne crain point, je te don'ray passage, / Quand seray eschauffé, le Ciel m'en soit tesmoing. / Apprens, dist l'Oysillon, adonc si tu es sage, / Que les Grans, des Petis, ont quelques foys besoing. » (*Colloque des vrays Amans,*

S'esloigne tant qu'il peut du chemin qu'elle prend :
Afin qu'à l'avenir dans la chair tremblotante
De l'oiseau bien-faisant son bec il ne sanglante.

L'Aigle, aux peres.

Peres, si vous voulez que vos sages enfans
Par leur propre bon-heur bien-heurent vos vieux ans,
Mettez les au chemin de la vertu non-feinte
Par beaux enseignemens, par exemple, et par crainte.
Ainsi l'Aigle*[1] volete autour de ses petis,
Pour aprendre à voler leur plumage aprentis :
Que si dans peu de temps la vertu paternelle
Par exemple ne peut donner au vent leur aile,
Il laisse quelques jours sans les paistre escouler,
Afin qu'une aspre faim les contraigne à voler :
Et pour dernier remede, il bat, il poind, il presse
A coups d'aile et de bec leur craintive paresse.

La Tourtre, aux mariez infideles.

Vous qui, pour avancer du mari le trespas,
Souillez d'un noir venin le conjugal repas,
Helas pouvez vous voir, sans quelque syndereze,
La Tourtre*[2], qui perdant son mari perd son aise :
Qui n'ard pour autre Hymen*, ains pleure tous les jours
Dessus le sec rameau ses premieres amours ?

Les oyes, au babillard.

{236} ⌈ Toy, que la liberté d'une langue indiscrete
Precipite en danger, d'un frein prudent arreste

---

faict par sonnets ; avec quelques Odes, sus le mesme sugget. Plus quelques Dizains mythologiques et Enygmatiques, Par Estienne Valancier Foresien. Le tout dedié au Roy et la Royne, Imprimé nouvellement, 1584, [BNF, Tolbiac, Rés. Ye 1849]). Sur Etienne Valancier : Gianni Mombello, *Le Raccolte francesi di favole esopiane dal 1480 alla fine del secolo XVI*, Paris / Genève, Éditions Slatkine, 1981, p. 133-134 ; Claude Longeon, *Documents sur la vie intellectuelle en Forez au XVIe siècle, Saint-Etienne, Centre d'Etude Forézienne*, 1973, p. 298-317. Claude Longeon (p. 311) suppose pour ce dizain une source plus ancienne qui demeure inconnue. Dans sa thèse (*Une province française à la Renaissance. La vie intellectuelle en Forez au XVIe siècle*, Saint-Etienne, Centre d'Etudes Foréziennes, 1975, p. 235-236), Claude Longeon a tenté d'identifier les sources de Valancier, souvent difficile à préciser car le poète transforme considérablement le texte.

1 La plupart des aigles chassent leurs petits du nid dès qu'ils sont capables de voler. Parmi les variétés d'aigles que mentionnent les auteurs antiques, l'exemple de Du Bartas ne concerne que la corneille, laquelle ne chasse pas ses petits, mais continue de les nourrir et vole auprès d'eux (Aristote, *Histoire des Animaux*, 6, 6 ; repris par Pline, *Hist. nat.*, 10, 3).

2 Pline (*Hist. Nat.*, 10, 104) insiste sur la chasteté et le respect des lois conjugales de la tourterelle, dont ni mâle ni la femelle ne quitte le nid s'il est veuf.

Ton desbordé babil, ainsi, que, sages font
Les oyes*[1] qui passant de Cilice le mont
Portent et nuict et jour dans leur bouche criarde
Pour un muet baillon une pierre qui garde
Que des aigles du Nord les troupeaux ravissans[2]
Ne descouvrent le vol de tant d'oiseaux passans.

Maint[s] poissons de mer, aux meres qui n'allaitent point leurs enfans.

Meres las ! pouvez vous, pouvez vous, ô cruelles
Refuser à vos fils vos nourrices mammelles ?
Puis que de maint poisson le charitable sein[3],
Reçoit de ses petis le tremblotant essein,
Sentant cent et cent fois dans la perse marine[4],
Pour mesme enfantement le tourment de Lucine.

Le Dauphin, aux cruels.

He ! que n'embrassons-nous, et d'esprit et de corps
Les vifs par charité, par pieté les morts :
Donnant aux uns secours, aux autres sepulture,
Ainsi que le Dauphin*[5] qui s'oppose à l'injure
Faite à ses compagnons, et morts les va sous l'eau,
Couvrir du tas pesant d'un sablonneux tombeau ?

Le Chevreuil aux enfans

Enfans, que contre espoir[6], la Divine largesse
A couronnez d'honneur, et comblez de richesse,
N'oubliez vos Parens : enfans jettez vostre œil
Sur la saincte amitié du pié-viste Chevreil,

1 Selon Plutarque (*De l'industrie des animaux*, 512B), les oies de Cilice serrent une pierre dans leur bec quand elles survolent le mont Taurus afin de s'empêcher de crier et d'attirer, ce faisant, l'attention des aigles prédateurs.

2 *les troupeaux ravissans* : « qui enlèvent les troupeaux ».

3 Nous corrigeons ce vers d'après la leçon de 78, se reporter aux variantes.

4 *la perse marine* : la mer azurée (voir glossaire à « perse » et à « marine »).

5 Pline (*Hist. Nat.*, 9, 33) rapporte que les dauphins portent le cadavre de leur congénère défunt pour éviter qu'il ne soit dévoré (voir aussi Aristote, *Histoire des animaux*, 9, 48). La précision sur l'inhumation se trouve chez Elien (*La Personnalité des animaux*, livre 12, 6, éd. A. Zucker et J.-C. Bailly, Paris, Les Belles Lettres, 2002, vol. 2) que reprend Guillaume Rondelet (*L'Histoire entière des poissons* [Lyon, 1558], éd. François Meunier, Jean-Loup D'Hondt, CTHS, 2002, p. 349) : « On dit aussi qu'ilz ont soin des mors, car ilz les conduisent jusques en terre comme les voulans bailler aux homes pour les inhumer, suit apres une grande trouppe de dauphins comme assistans aux obscques, aussi pour les garder d'estre devorés des autres ».

6 *contre espoir* : « peut-être ». *Espoir*, en emploi adverbial, équivaut à « peut-être ». La préposition *contre* peut indiquer un mouvement opposé ou avoir valeur explétive, ce qui semble être le cas ici.

Qui tandis qu'es hauts monts la tremblante vieillesse
De ses fers trop pesans ses parens apparesse,
Vivandier diligent, leur apporte pour mets
Des plus tendres rameaux les plus tendres sommets :
Et verse de sa bouche en leur bouche le fleuve[1],
{237} Qui tant et tant de fois sans avoir soif l'abreuve[2].

L'araigne, au mary et à la femme.

Pour regler ta maison ne li point les escrits
Du fils de Nicomache*[3], honneur des bons esprits :
Ne fueillete celuy que le proverbe antique,
Pour ses discours sucrez, appella muse* Attique[4] :
Puis que la seule araigne*[5] instruit chacun de nous,
Et du soin de l'espouse et du soin de l'espoux.
Car le masle nourrit sa maison de sa chasse :
Et la sage femelle a soin de la filace.
Son ventre engendre-estain, crache-fil, porte-laine[6],
Fournit de quenouillee à sa tant docte peine :
Son poids est le fuseau qui tire et tort le fil
Que son doigt fait par tout esgalement subtil,
Sa toile par le centre ourdir elle commence :
Puis l'alonge en rondeaux, mesurant leur distance
Par la grandeur des tours, et d'un fin escheveau
Du centre jusqu'aux bords trame son drap nouveau,
Percé par tout à jour, à celle fin que l'ire
Des Eures[7] loin-volans sa gaze[8] ne deschire,

1 *le fleuve* : hyperbole métonymique pour désigner l'eau du fleuve que le chevreuil vient prélever.

2 *sans avoir soif l'abreuve* : la contruction est compliquée par le changement de sujet, permis par la syntaxe de l'époque, entre la relative (*qui… l'abreuve* où *qui* désigne le fleuve qui abreuve le chevreuil) et le verbe à l'infinitif (*sans avoir soif* : infinitif circonstant prépositionnel) dont l'agent est « le chevreuil », lequel vient prélever de l'eau dans le fleuve non pas pour se désaltérer lui-même, mais pour la porter à ses parents.

3 *Le fils de Nicomache* : la périphrase désigne Aristote.

4 *Muse Attique* : périphrase qui désigne Xénophon, ainsi qualifié pour la douceur de son éloquence. Voir Indice de Goulart (à « Muse attique ») et Thevenin (v. 618).

5 Pline (*Hist. nat.*, 11) évoque le tissage de la toile (§ 80-81) et la répartition des tâches dans le couple (§ 84).

6 *Cf.* Ronsard, *Le Second Livre des Amours*, « La Quenoille », v. 29 [Quenoille] Aime-laine, aime-fil, aime-estain, maisonniere, (OC, 1, p. 237).

7 *Eures* : les vents. Voir l'index des noms propres.

8 *gaze* : étoffe claire, faite de soie ou de fils d'or et d'argent. Emploi figuré pour évoquer la finesse et la transparence de la toile d'araignée.

Et que la sotte mouche entre plus aisement
Es mailles d'un filé filé si dextrement.
Certes à peine encor toucher elle commence
Les clers bords de ce reth, que le masle s'eslance
Au milieu de la toile : afin que sans danger
Il prenne dans ses lacs l'oiselet passager.

Le Lion, aux rois.

Rois, qui vos mains armez d'une juste alumelle,
Pardonnez au sujet, et domptez le rebelle,
Du lion*[1] genereux imitant la vertu
Qui jamais ne s'attaque au soldat abatu :
{238} Ains fendant, enragé, la presse qui l'oppresse,
Au milieu de cent morts tesmoigne sa prouesse.

La fourmi et le herisson aux paresseux.

Paresseux, si tu veux aprendre ta leçon,
Va-t'en à la formy, va-t'en au herisson*[2],
Cestui-ci de son dos ravit les fruicts d'automne,
L'autre les fruicts d'æsté de sa bouche moissonne,
Afin d'avitailler pour la froide saison
Cestui-ci son logis, l'autre sa garnison.

L'homme trouve en soy mesme de beaux enseignemens.

Lecteur, nous sommes tels que celui qui desmare
De Saba*, de Bandan*, et du Peru* barbare[3],
Pour cercher à travers les menaçantes eaux,
L'encens, l'espice, l'or, sous les cieux tous nouveaux.
Veu que sans desanchrer de nostre propre rive,
Nous trouvons ce qui fait que bien-heureux on vive,
Et que de nostre corps les reglez mouvemens
Donnent aux plus grossiers cent beaux enseignemens.

La teste fait la leçon à toutes personnes qui ont autorité.

Vous Juges, vous Pasteurs, et vous chefs de gendarmes
Ne corrompez vos loix, vos sermons, et vos armes[4] :
De peur que ce venin glissant de toutes parts
N'infecte vos sujets, vos troupeaux, vos soudarts.

1 Ce fauve épargne les femmes et les enfants et se montre clément envers celui qu'il a terrassé (Pline, *Hist. nat.*, 8, 48).

2 Pour le hérisson, qui charge ses provisions sur ses piquants : Pline, *Hist. nat.*, 8, 133. Et pour la fourmi, *id.* 11, 108-109.

3 Les vers 654 et 656 sont des vers rapportés, l'encens est à rapporter au royaume de Saba (réputé pour ses parfums), l'épice aux îles de Bandan (réputées pour les noix de muscade) et l'or au Pérou.

4 v. 661-662 : vers rapportés.

Gardez que vostre mal le mal d'autruy ne traine :
Car le reste est peu-sain quand la teste est mal-saine.

Les yeux, aux princes.

Princes, ne deschirez par la diversité
De vos conseils legers la commune cité :
Ains comme les deux yeux ne voyent qu'une chose,
Chascun de vous la paix devant ses yeux propose.

Les dens, à celui qui travaille pour les autres.

Toy, qui le bien d'autruy cultives jour et nuict
Avec un grand travail, mais presque sans nul fruict :
Voi les dens, qui maschant de ce corps la despense,
{239} En tirent prou de peine, et bien peu de substance.

Le cœur, aux pasteurs de l'Eglise.

Tout ainsi que le cœur un seul moment ne peut
Demeurer en repos, ains nuict et jour se meut,
Pour d'un ba-batement d'arteres en arteres
Envoyer haut et bas les esprits à ses freres :
Ceux à qui l'Eternel a commis son bercail
Doyvent estre tousjours en soin, veille et travail,
Pour soufler par leurs mœurs, et par doctrine exquise
L'esprit vivifiant dans le corps de l'Eglise.

L'estomach, aux mesmes pasteurs.

Et comme l'estomach d'avec les alimens
Separe l'espaisseur des plus lourds excremens,
Ils doyvent separer du faux la chose vraye,
La foy de l'heresie, et du froment l'yvraye[1] :
Pour faire recevoir l'un d'eux pour aliment,
Et l'autre rejetter comme impur excrement.

Les mains, à tous Chrestiens.

Quand la brillante espee au despourveu menace
Ou le ventre, ou la gorge, ou la jambe, ou la face,
La main s'oppose au coup, et d'une peur sans peur
Reçoit de ses germains la sanglante douleur.
Et nous parmi l'horreur des sacrileges armes,
Qui comblent l'Univers de sang et de vacarmes,
Pourrons-nous refuser le secours de nos mains
A ceux qui par la foy nous sont plus que germains ?

De moy, je ne voy point en quel endroit le Sage
Puisse trouver ça-bas un plus parfait image

1 Parabole de l'ivraie semée par le Diable et qu'il faut séparer du bon grain (Mt 13, 24-30 et 36-43).

D'un estat franc de bruits, de ligues, de discords,
Que l'ordre harmonieux qui fait vivre nos corps.
L'un membre n'a si tost souffert la moindre offense,
Que tout le demeurant souffre pour sa souffrance :
{240} Le pied ne veut flairer, le nez ne veut courir,
Le cerveau batailler ni la main discourir.
Ains sans troubler l'estat de leur chose-publique
Par combats intestins, un chascun d'eux s'aplique
Sans contrainte à l'estat qu'il a receu d'en-haut,
Soit honneste, soit vil, soit infime, soit haut.

Tout le corps aprend à la societé des hommes, que chacun doit demeurer en sa vocation.

Quoy, Muses, voulez vous redire[1] l'artifice,
Qui brille haut, et bas dans l'humain edifice ?
Veu qu'un mesme sujet, deux ou trois fois tanté,
Ennuie l'auditeur, pour bien qu'il soit chanté[2].
Sus donq Muses, à bord, jettons, ô chere bande,
L'ancre arreste-navire : attachons la commande.
Ici ja tout nous rit : ici nul vent ne bat :
Puis c'est assez vogué pour le jour du Sabat.

Conclusion, de ce livre, et de tout l'œuvre terminee au jour du repos.

FIN.

1 Thevenin (v. 709) explique que Du Bartas suggère ici que sa Muse pourrait recommencer à décrire le corps humain, ce qu'elle a déjà fait au sixième jour (voir par exemple les vers 406-408 et, pour la description de l'être humain, v. 499 *sq.*).

2 *pour bien qu'il soit chanté* : « aussi bien chanté soit-il ».

VARIANTES

PREMIER JOUR

14	*11*	Les airs determiné n'environnent les mers :
21-24	*78*	Non point avant le tans, non point dedans le tans Ains méme avec le tans : car les siecles, les ans, Les diverses sésons, les mois, et les journées Sont du bal mesuré des cors celestes nées.
27	*11*	Incompris, infiny, immuable, impossible,
29	*11*	Par sage, juste, et bon, Dieu seul regnoit en paix
49	*11*	Quoy ? des sages Gregeois l'honneur Pyrenien
67	*78*	Bien est vrai que sans jour, sans semence et sans mere,
74	*78*	Subsiste heureusement dés toute eternité :
81-84	*78*	Cil qui veut seurement par ce gouffre ramer, Sage, ne dois jamés cingler en haute mer : Ains côtoier la rive, aiant la loi pour voile, Pour vent le saint Esprit, et la foi pour Etoile.
90	*81*	A peine l'homme pout eslire un argument,
103	*78*	Qui beau, qui grand, qui riche, et qui artiste, boûche
118	*11*	Il ne charge les bouts de ses craintifs cerveaux
124-125	*78*	Car si les rais ardans que le cler soleil darde Ebloüissent les yeus de cil qui le regarde
133	*81*	Parle à nous à toute heure, ayant pour truchement
136	*78*	Où Dieu son propre los enseigne sans parole.

153	*78*	Chaque œuvre est une page, et d'ele châque effect
155-157	*78*	Mais las ! comme enfançons, qui lassés de l'étude, Fuient, pour s'egaïer les yeus d'un Mêtre rude, Si fort nous admirons ses marges peinturés,
166	*78*	Ni les points des Hebrieus, ni les accens des Grecs.
171	*78*	Mais celui, de qui l'œil prend la Foi pour Lunetes
180	*81*	Au fantasque dessein d'un œuvre pourpensee
191-192	*78*	Et come un Zeuxe accort de ses mains non écharses Renge en une beauté mile beautés éparses :
196	*81*	Fit, l'air, le ciel, le terre, et l'ondoiante plaine :
201	*78*	Le vueil et le pouvoir, le desir et l'effet,
237	*78*	Comme grand Maréchal n'avoit encor donné
239	*81*	De grands touffes de feu : les plaines esmallees
240	*78*	N'embâmoient point les Cieus : les bandes écaillées
241	*78*	N'entrefendoient les eaus : des oiseaus les soûpirs
243	*78*	Tout étoit sans beauté, tout sans lustre, sans flame,
250	*78*	Sans fermeté la terre, et l'onde sans humeur.
256	*81*	Et quel ce ciel, encor où regnoit tant de guerre.
259	*78*	Bref, ce n'étoit le monde, ains l'unique matiere
269	*78*	Bien est vrai que l'un d'eus par nature se fét
271	*78*	Et l'autre onques n'eut pris autre forme, autre usage,
295-296	*78*	Dieu ne sembloit avoir en ce tans autre cure (Si cure peut tomber en Essence si pure.)
318	*78A*	Et tout se refoudroit en l'antique Chaos
	81	Et tout se resouldroit en l'antique Chaos.
321	*11*	Se peuvent tournoyer, sans que l'un mouvement
347	*78*	Qu'en leur cours toujour-un l'œil humain ne remarque
353	*11*	Un jour de comble-en fond les rochers couleront :
355	*78*	Au contrére ce jour les plus basses campagnes
369-370	*78*	De tout cest univers ne fera qu'un bûcher, Come au tans de Noé il n'en feit qu'une mer.

396-398 *78* Leurs peaus, leurs chairs, leurs os : orront devant la chaire
De cil, qui souverain, juge en dernier ressort,
L'arret diffinitif ou de vie, ou de mort :

399 *11* L'un l'esprouvera doux, l'autre armé de justice :

423-425 *78* Non que le Tout-puissant en moins d'une minute,
Appaisant du Chaos la quereleuse êmeute,
Ne peut cindrer les Cieus, peupler nôtre aer d'oiseaus,

439-441 *78* Mais par quel autre bout, ô Sagesse profonde,
Pouvoi tu commencer l'ornement de ce Monde,
Qu'en tirant du Chaos une bele clarté,

451 *78* Si le muet oubli des nuis plus eterneles

455-457 *Goulart* Que de le bien percer ? Dieu veut que l'œil du monde
Face entour nous aussi chasque jour une ronde,
Y dardant ses rayons : afin que chasque part

459-469 *78* *Remplacent ces trois vers :*
Soit donc que l'Eternel sur les deus Hemispheres,
Douze heures fit briller cent mile torches cleres,
Qu'apres il éteignit : afin qu'en sa saison

473-474 *78* Soit que le Tout-puissant fit luire un cler flambeau
Sur le front du Chaos, encor tout voilé d'eau,

479-483 *78* Il n'eut pas si tôt dit, LA LUMIERE APPAROISSE,
Que ce Tout tres-eclos, d'aise transporté laisse
Son vétement de dueil, et voit come briller
Le feu tout à travers de son onde, et son aer.
Saint brandon Dieu te gard : Dieu te gard torche sainte,

486-487 *78* Juste éfroi des brigans, clair miroir de beauté,
Fille ainée de Dieu, tu dois bien estre bele.

499-500 *78* La nuit va temperant du jour la secheresse :
Humecte nôtre Ciel : nos campagnes engresse :

507 *78* O douce Nuit, sans toi, sans toi, las ! nôtre vie

523	*78A*	Celui, qui tout courbé, au long des rives tire
528	*78*	Devêt de son honneur la campagne veluë,
547	*78*	Ou soit que de maint jour vôtre heureuse nessance
562	*11*	Ils tombent aussi bas qu'ils taschoyent voler haut :
577	*78*	Ou plus croit son supplice : Imitant les lezars
579	*78*	Menaçant le bleceur, s'aigrissent d'avantage
584	*78*	De blafemer son nom, et de saper sa gloire :
587	*78*	Or s'étant de tout tans la Majesté divine
589-590	*78*	L'echele, le canon, et tous ses autres ars Sont foibles pour forcer ses non-forcés rampars,
599	*78*	Avec l'atrait mignard d'un bel œil il attrape
607	*78*	Pipeur vraiment semblable à l'infecte chenille,
624	*78B*	En couleuvre un rameau ? que du Nil l'onde pure
626-627	*78*	Fét pleuver par miliers et Raines, et crapaus ? Car, come étant Esprit, il voit, bien qu'invisisble,
628	*11*	Les menees des Grands : il sent, bien qu'invisible
633	*11*	Et dans ses laqs subtils les plus fins arrester
637	*78*	Et qu'encor nôtre cors soit trop lourd instrument
665	*78*	De batre un méme enclume, et poursuivre, insensés,
668	*78*	S'attaque aus fiers Tirans, et pour les Saints se bande :
681	*78*	Mais il n'aspire point à plus grande grandeur :
684	*78*	Hoché si tôt le chef : si tôt préque pensée
693	*78*	L'autre, accort Medecin, redonne aus foibles yeus
717	*78B*	N'epargnant le Ciel méme, égalant à ses Dieus
737-739	*78*	L'ost d'un œil courroucé, et d'un dous œil le mur, Envoie dans le Camp un celeste Escrimeur. Son espée à deux mains d'un seul revers ne coupe
747-748	*11*	Ainsi que des moulins on voit rouër les toiles, Sans voir l'esprit venteux qui souffle dans leurs voiles.

749-750	78	L'Aube quitant le lit de son épous grison, N'eut point si tôt rayé dessus nôtre Horizon
761	78	Je crein de perdre cœur, si du commencement
763	78	Car j'estime que cil, qui, genereus, desire

SECOND JOUR

3-4	78	Et d'un Nain, d'un Bâtard, d'un Archerot sans yeus Fet, non un Dieutelet, ains le Metre des Dieus,
6	78	Sement, mal-avisés, et leur grain, et leur pene :
13	78	Si par ses vers pipeurs leur Muse trop diserte
17-18	78	Avalent à longs trés, comme étant par nature De leur sein corrompu la propre norriture.
40	78	Mon sacré Rendés-vous je gaigne, ains qu'il soit nuit.
44	*78 B*	Se vit dans un moment dans le Rien d'un rien né,
58	78	Se melent dans le sein, pour se muer en chile.
64-65	78	Semée de maint os au lieu de maint rocher : Dans les vitaus espris git son ær, et sa flame :
suivi de ces 4 vers		Dans les humeurs son flot : et le Ciel dans son ame. Si des doctes humains l'esprit audacieus Peut rien imaginer de plus beau que les Cieus. Mais je dirai bien plus, qu'on ne treuve parcele
73	*78 A*	Et l'aquatique flegme : et l'écume legere,
74	*78 A*	Qui boût par le dessus, et l'ardante cholere.
	78 B	Qui boût par le dessus, est l'ardante cholere.
82-83	78	Changeant de magistrat, changer un peu de face : Car le peuple inconstant, qui loge dans ses murs,
87	78	Par ses accouplemens parfets, ou moins parfets
103-108	78	Le cors demeure en estre, et sur le front portrés De sa forme retient les plus insignes trés.

		Mais si tel que ce Roy, qui transporté de rage, Desiroit que tous ceus qui vivoient en son âge Ne portassent qu'un col, pour priver d'un revers Son sceptre de sujés, et d'homes l'univers,
114	*78*	Mal-propre à digerer, entre deux peaus envoye,
123	*78*	Qui sa loge affœblit, prive d'aise son cœur,
137	*78*	Ainsi ce trop grand froid, qui d'une toison grise
142	*78*	Eteint de ses hivers la chaleur naturele,
147-148	*78*	Leur forme en cent façons, sans que le vrai sujet Soit à croitre ou décroitre aucunement sujet.
150	*78 B*	Qui de l'antique Rien fut fete la premiere.
162	*78*	Et parmi l'ær venteus le Belier porte-laine.
169	*78*	Tout aussi grand qu'il est : et les forets ramées
184	*78*	Ravit au champ voisin, est acquis au voisin.
187	*78*	Mais puis ele ressort, siringuant ses humeurs
195-198	*78*	La Forme est le Cachet : et Dieu le Garde-seaus, Qui sur elle apposant ses venerables seaus, Anoblit plusieurs cors, qui se voyoient n'aguere Couchés au rang honteus du méprisé vulguere.
206	*78*	Ainsi que le serpent qui mord sa propre queuë,
221-224	*78*	Car la Matiere unique étant époinçonnée D'un amour vagabond : mais n'étant destinée Pour en méme moment, et pour en méme part R'accuillir tous pourtrés, elle reçoit à part
227	*78*	Or le second motif de ces evenemens
229-232	*78*	Qui, du repos haineus, par ordre s'entremangent : Qui reciproquement l'un en l'autre [*78B* l'un et l'autre] se changent : Qui naissent de leur cendre : et qui dans le tombeau Treuvent le bers natal : non autrement que l'eau
suivi de ces 4 vers		Se treuve dans la neige, et la neige se treuve Dans le flottant cristal, qui les valons abreuve.

		Bien est vrai, que de tant que châcun Element
		Contient deux qualités, dont l'une absolûment
263-265	*78*	Assignant à châcun selon sa qualité,
		Sa force, et sa grandeur, un regne limité.
		Qui a veu quelquefois comme un lingot avare,
275	*78*	D'autant que Tout le lés, et bourbe de ce Tas,
286	*78*	Pour estre trop voisin, ne cendroyat la terre :
295	*78*	L'ær se parqua dessus, l'eau se rangea sous lui,
311	*78*	Et mariant leurs bons au son du Chalumeau,
322	*78*	De tout ce qui chemine, ou qui vole et qui glisse.
336-338	*78*	Ne sont causés d'ailleurs que de leurs mouvemens,
		L'Eternel ne pouvoit en plus commode place
		Asseoir le Rond fleuri d'une si belle Masse.
345	*78*	Come centre du Tout, ainsi que dans la roüe,
371-372	*78*	Surçoy, belle, surçoy pour ce jour d'hui le los,
		Surçoy le saint honneur de la terre et des flôs.
377	*78*	Ces broüillés Elemens, et les plaines veluës
380-381	*78*	Il est tans, ou jamés, de déloger d'ici.
		Il est tans, ou jamés, d'enter des fortes æles
386-387	*78*	Afin que là dessus, un des premiers de Gaule,
		J'ébranche de ma main ce Laurier que les Cieus,
388	*78 B*	Avares, ont celé longuement à nos yeus.
389-391	*78*	L'Ær hôte des broüillas, joüet de la tempéte,
		Regne des Aquilons, inconstante retréte
		Des nuages ælés et magazin des vens
400	*78*	Soit l'Æté, soit l'Hiver, est reputé fort chaud.
414	*78 A*	Car come se pourroit l'eau s'endurcir en grêle,
421-422	*78*	Car assiegé du froid de deux fortes armées
		Contre ses chaus ætés plus qu'onques animées,
433	*78*	Qui mirent par les trés de leur salpetré foudre
442	*78 A*	N'en a point de son crû qui soient de tele emphasse
		{corr. des Errata, pour de tele Eufase*}*
453	*78 A*	Cachons dans l'estomac un chaleur plus vive

463	*78*	Peussent ez cœurs plus fiers graver de jour en jour
465-468	*78*	Car tout ainsi qu'un peu de chandele de cire Dans le creus transparant d'une ventouse attire Par le dos pinceté l'humeur sur-abondant, Qui, trop visqueus, aloit sur les yeus decendant :
473	*78*	L'une est pronte, fumeuse, agile, seche, ardante :
475-476	*78*	Afin, que se broüillant haut et bas par les ærs Elles rendent ce Tout à soi-méme divers.
481-482	*78*	Tout nôtre ær se noircit : et la bruine épesse A fleur des chams herbus les Aures apparesse.
487-489	*78*	Mais si tous ces soupirs par le chaud animés Gaignent la part de l'ær, où l'hiver pour jamés Fét son frilleus sejour : souvent l'humeur menue
493	*78 A*	Retreuvent leur aïeule : soit qu'un vent roide pousse
	78 B	Retreuvent leur aïeule : ou soit qu'un fier vent pousse
507-509	*78*	Pressée d'autre humeur, tout ainsi qu'en Aoust, Ou plus l'humide claye est chargee de mout, Tant plus son fons criblé dans la cuve écumeuse
530	*78*	Le bois devient sans fueille, et sans herbes la plaine.
537	*78*	Trop souvent las ! helas ! sans faucille moissonnent :
543	*78*	Toutes seches d'ardeur : leur feu pront, et leger
549	*78*	Qu'eles gagnent soudain la face maternele,
560	*78*	La chaleur, et le froid se treuvans come égaus
570	*78*	Done et divers surnom, et diverse puissance.
574	*78*	Quatre Humeurs, quatre Tans, quatre Elemens, quatre Ages.
580	*78*	L'Age pesant, et l'Eau, et la Phlegme, et l'Hyver.
585	*78*	Cil qui voit, vagabond, or l'un, or l'autre Pole,
597-598	*78*	Es gousses or ils font meurir les legumages, Le froment és épis, és rameaux les fruitages :
636	*78*	Menace en autre part de son crin tout sanglant
640-641	*78*	D'ire s'écartelant, de l'un à l'autre bout Crevasse ses beaus murs : et qu'encor Persephone

648	*78*	Dans l'étage second du troisiéme Element :
682-685	*78*	Au plus bas d'Acheron en vient d'efroi tout blême. L'ær flamboie d'éclers : car le foudre choquant La nuë, qui le ceint, il fet tout quand-et-quand Briller le Ciel de feus, qui nos yeus éblouïssent :
698	*78*	De voir sa douce charge ainçois morte, que née :
711	*78*	Pour ne pouvoir faucer l'épesseur de son cors,
721	*78*	Dans la prochaine nue, et d'un pinceau bisarre
723-724	*78*	Car la nue opposée, et qui, premiere, prend Les trés de cet archer, tout soudain les répand
733	*78 B*	Soit du doré brandon : et l'une et l'autre forme
736	*78*	De voir un méme tans par trois Cochers mené
744	*78*	Rendre quelque raison de tout ce qui s'émeut
759	*78*	Quand un ravage long deluge nos guerés,
773-774	*78*	Et me done, s'il peut, quelque raison certaine De quoy se fet le lait, et la chair, et la laine
782	*78*	Soient les Avant-coureurs des futures miseres.
792	*78*	Les Cimbres, les Teutons, les Suisses soudars,
835	*78*	Plus tu fés du retif : et, franc de tout souci,
838	*78*	Tu vas plus resistant, où plus on te martele.
841	*78*	Je voi bien qu'il vaut mieus tourner sur mes brisées
854-856	*78*	Aus yeus qu'à la raison, mesurent la puissance De Dieu d'une aune humaine : et dans leur creus cerveau Retranchent de ce Tout le membre le plus beau,
858	*78*	Source du mouvement, chasse-ordure, done-ame,
864	*78*	Nous le verrions de nuit : car c'est lors que nos yeus
887	*78*	Mais las ! de quele masse : ô métre ingenieus,
895	*78*	Mes pas or sur les pas d'Aristote imprimant,
900	*78*	Deux en haut, deux en bas, leurs divers mouvement :
917	*78*	L'usage long, ne l'use : ains sa verte vieillesse

921-922	*78*	C'est la Terre qui fét de ces parceles dures, Et visibles leurs feus, et fermes leurs Cambreures.
946	*78*	Qu'en errant fére errer cil qui mes chans écoute :
955-956	*78*	Cétui-ci n'en croit qu'un, dont la mole épesseur Fét largue aus Astres clers qui fendent son azur,
961	*78*	L'un çà, l'un là courir : d'autre-part que le reste
968	*78*	En content neuf, ou dix : sans sous un nombre tel
976	*81*	*{Vers omis à l'impression, collé en bas de page à la suite du vers précédent dans l'exemplaire de l'Arsenal.}*
978	*78*	Pour sujet le discours d'une si haute chose.
1006	*78*	Celes que Dieu cola sur la voute Ætherée.
1008	*78*	Qui pour leurs beaus discours sont ore en plus grans pris :
1017	*78*	Merite un plus grand los, que l'œillade impudique,
1025-1026	*78*	Que ces fardés discours, dont les plus doctes plumes, Pour nous paitre de vent, emmiélent leurs volumes.
1048	*78*	Et qui, foible, ne peut soufrir le moindre pois.
	81	Et puis, foible, ne peut souffrir le moindre poids.
1051-1053	*78*	Sans que ses flôs pendans entreprenent jamés Passer, pour s'aplanir, leurs bors accoustumés : Si ne crois tu pourtant que le Ciel vouté puisse
1057-1061	*78*	En si grillante part : pense et repense encore, *(l'addition de 1581 est insérée à la césure)*
1066-1070	*78*	Du petit Univers, pour de sa moite glace Des parties d'embas la chaleur attiedir : Dieu, pour des Cieus plus bas les flambeaus refroidir, D'un art vraiment divin logea ce jourd'huy l'onde Au lieu plus eminant du veritable Monde.
1096	*78*	Se plaisoit seulement à déplaire ton Roi.
1153	*78 B*	Et bref la seule main de Dieu darde-tonnerre

TROISIEME JOUR

1-2	*78*	Mon Esprit qui voloit par les brillantes voûtes, Qui vont tout animant par leurs diverses routes :
6-7	*78*	Pouvoit hier discourir sur un sujet si grave. Mais razant or le front du plus bas Element,
51-52	*78*	Il les emprisonât dans les bors sabloneus Contre qui l'Ocean ront or ses flos cheneus,
57	*78*	Si qu'on voit quelquefois des vagueuses montaignes,
60	*78 A*	N'oser rien attenter hors leur morte ressort. *{Erreur relevée dans la liste des* errata*, corrigée dès 78 B}*
95	*78*	Pour abreger chemin, et par l'aide du vent
101	*81*	Elle luy doit le Rhin, le Danube l'Eufrate,
105	*78*	Le Tage au flot doré, la Tamise, le Rône,
113	*78*	Le plus sec Element tient d'elle ses fonteines,
125	*78*	Qui se refond en eau, et par routes diverses
128-130	*78*	Par le boivard tamis de ses cavés boyaus, Lui fet largue à la fin, et des roches hautaines, Fet sourcer jour et nuit mile vives fonteines :
133-134	*78*	Des murmurans ruisseaux, les ravageurs torrens : Des torrens ravageurs, les superbes rivieres :
147-148	78	Courant méme carriere, et sans perdre perdant Ensemble flot, et nom dans un fleuve plus large,
154	*81*	De Neere ne font croistre l'onde azuree.
157	*81*	Phœbus, comme j'ay dit, et la bande Æolide.
163-165	*78*	Ne vienent à l'hazard : ains par ordre et par tans Troublent du foible cors les membres tremblotans. La mer a ses accés, et manie à-passades
187-188	*78*	Qu'il ressort en campagne : et quand son feu penchant Passe l'autre Midi, qu'il se va recachant.

202	*78*	Que les valons murés des chenues montaignes.
205-207	*78*	Il en est tout ainsi que du pous de nos veines, Qu'on sent plus aisément es parties lointaines, Qu'au milieu de son cors. Or le Roi des Flambeaus
211	78	Et par ses rais gloutons de jour en jour humant
254	*78*	Au regitre menteur des plus absurdcs fables,
257	*78*	Et si des Portugais les Pilotes avares
259-262	*78*	De ce nombre infini, dont quelque ambitieus Grossiroit volontiers son livre industrieus, Il me plait d'en choisir ez terres plus étranges Quatre ou cinq seulement non moins vrayes, qu'étranges.
265	*78*	Le puple mi-brutal jour et nuit ne s'abreuve
272-273	*78*	Qu'on a taillé trop tard, pleure argenteusement Mainte perle glacée : ele verse sans cesse
275-276	*78*	Acourt de toutes pars : si que tous ses vaisseaus Ne peuvent un seul abre épuiser de ruisseaus. *[Dans les éd. de 1578, on lit* abre *au lieu de* arbre*, et de même, plus bas, aux vers 511-512. Les éditeurs américains de Du Bartas, Holmes* et al.*, avaient corrigé* abre *en* arbre *dans le texte de la* Judit*, mais dans une recension parue dans* Modern Language Notes *de 1939 (p. 275), F. J. Tanquerey contestait cette correction en observant : «* Abre *[…] est assez commun au* XVIe *siècle et avant. »]*
282	*78*	Je ne sçai quele poix coule d'une fontene.
289	*78B*	Divin Ingenieus, je crain que l'on m'estime
293	*78*	Qui, d'une tiede ardeur, sans Medecin guerissent
305	*78*	Vous m'en serés témoins, vous, ô Bains saluteres
309	*78*	Le Thebain tu'-geant, l'invaincu fis d'Alcméne,
322	*78*	Et le bain chasse-mal il y ait peu d'espace
347-348	*78*	*[Ces deux vers remplacent les quatre vers suivants de 78]* Or Dieu n'emploia point moins d'art, et de sagesse

		A separer les chams de la mer flotteresse, Que de sacré pouvoir, lors que si prontement Sa dextre fit de rien l'un et l'autre Element.
368	*81*	Void le jour et la nuict s'entresuyvre par tour *{sans ponctuation}*
386-387	*78*	Dans leurs superbes flancs tiennent leurs eaux captives : Et que nos Oceans sont come soustenus
389-390	*78*	Ou bien seroi-ce point (Hé ! vraiment je le pense) Ta main qui les retient d'absolue puissance ?
398	*78*	Puisse heberger en paix de Dieu la sainte race.
399	*81*	La terre est celle là qui recoit l'homme né,
400	*78A*	Qui Teceu le nourrit, qui l'home abandonné *{Erreur relevée dans la liste des* errata, *corrigée dès 78 B}*
404	*78*	De fleuve le débord déploie son courrous
407	*81*	Mais de quatre elemens, le seul bas element
409	*78*	C'est luy seul qui jamais, tant soit peu, ne desplace
421	*78*	Puis que donques le Tas de la terre et de l'onde
435-436	*78*	Que si nous supputons ce que la mer d'Athlas L'Indoise, l'Erythrée, et mile de leurs bras
443-445	*78*	Vous Princes, qui couvrés les campaignes de mors Pour d'un travers de poil borner plus loin vos bors : Magistras corrompus, Juges qui sur vos chaires
453	*78*	Et vous, et vous encor, qui pour sans titre acquerre
463-464	*78*	Quand ce Dieu, dont le doit méme ez lieus plus cachés A les clers écussons de ses armes fichés,
477	*78*	Si que les ærs, les flôs, et le Palais des Anges
481	*78A*	Et le Buis tou-jour-verd se logeront par troupes
491	*81*	Ja le pesché velu, ja l'orengé doré,
505-506	*78*	Déja le sucre dous, l'Ambrosie, la manne Croit dans les moites creus d'une Hesperide canne.
512	*81*	Comme tout arbre cede à la vigne eu bonté

521	*78A*	Bien qui par le peché, dont nôtre premier Pere,
539	*78*	Qui laissant son Tithon dans le flotant sejour
555-556	*78*	Et quoy ? Le Fis barbu du non-barbu Phœbus Ne recolla t'il pas de ses mastics herbeus,
559-560	*78*	Ne rajeuni tu pas en faveur de Jason, O Reine de Colchos le gelé cors d'Æson ?
564	*81*	Qui seulement font teste à tant et tant morts :
569	*78*	La jaune Cicorée en nótre col pendue
571	*78*	Et le Pain du porceau ne haste seulement
572	*81*	Quond il nous pend au col, le tard enfantement :
575	*78A*	D'avorter sur le lieu. Les brutantes saisons, *{Erreur relevée dans la liste des* errata, *corrigée dès 78 B}*
584	*81*	Et tu verras bien-tost cest orage passe.
587-588	*78*	N'offencent tant soit peu cil qui tant seulement A mâché l'Angelique : heureus medicament
594	*78*	De cil qui longuement porte au poin sa racine :
598	*78*	Dessus la race humaine : ains vôtre force force
604	*81*	Le madré scorpion privé de sentiment :
655-657	*78*	Herbe du champ Tuscan, Ferule, n'é-tu pas Le dous repas de l'áne, et du bœuf le trépas ? De méme n'es-tu pas, ô Ciguë rameuse,
659-660	*78*	Rosage n'es-tu pas des mulets la poison ? Et toutefois tu sers d'apre contrepoison
663	*81*	En son jus toutesfois guerit le mal ardant
675-678	*78*	O Dieu ! soit que mon pié foule l'herbe des prés, Qu'il grimpe sur les mons, ou qu'il brosse és forês, Je te treuve par tout : tout veut de toi dépendre : Tu ne fais que donner, et je ne fai que prendre.
686	*78*	Et ta chanvre creusée en cordages et voiles :
695	*78*	Céte puissante Vois, qui tout ce Tout batit,
703	*78*	Il remeurt pour renaitre : et jete, humide chaud,
711	*78*	Les grains ont des boursés pour n'étre point souvent

720-722	*78*	A sur-nommé Cocôs, seul apporter nous peut Ce que nous mendions de nos forês hautaines, De nos prés, nos jardins, nos vergers, et nos plaines.
724	*78*	Dans ces fueillars blecés. As-tu besoin de lin ?
741-742	*78*	O Terre, tu n'as pas seulement ton échine Couverte de tresors : ta feconde poitrine
800	*78*	Son convoiteux desir, qu'il n'en ait un baiser :
821	*78*	Cil di-je qui receut de sa feme peu sage
846	*78A*	Merite que sa gloire en ces [*78B* : en ses] vers soit décrite.
849	*81*	Da la terre Sellee et de la Melienne,
853	*78*	Porte-fruits, porte-tours, ronde, bele, immobile,
863-864	*78A*	Tout ce Tout vit pour toi. Tant de Cieus tournoyans Portent pour téclairer {*78B* : t 'éclairer} tant d'astres flamboyans :
882	*78A*	Cyre, Archelas, Hieron, dont {*78B* : dont} la dextre roiale
897	*78*	O trois et quatre fois heureus cil qui s'éloigne
902	*78*	Ni l'avare souci ne travaillent sa vie.
914	*81*	Ains les peints oiselets ses durs plus ennuis trompent,
919-920	*78*	Et come desireus de ne voir jamés port, Miserable, ne va si loin chercher sa mort,
922	*78*	Ne perd point tant soit peu de veue son vilage,
939	*81*	Et d'un chef respecte le sainct commandement
953	*78A*	Et changement de Seigneur ne change d'Evangile {*Erreur relevée dans la liste des* errata, *corrigée dès 78 B*}
977	*81*	Qui Caimandent leur vie, et qui n'ont qu'à boutées
978	78A	Du pain en leur maison, sur quatre pieux plantées {*Erreur* – leur maison *pour* leurs maisons – *relevée dans la liste des* errata, *corrigée dès 78 B*}
979	*81*	Puisse-je, ô Tout puissant; inconu des grands Rois,
982	*78*	La Gimone mon Nil : le Sarrampin ma Seine :

992	81	Armé comme homme rond, et non comme flatteur. *{Ce vers est le dernier d'un ajout de 1581 ; plusieurs éditions ultérieures reprennent la leçon* Armé *(de même que l'éd. américaine de Holmes* et al. [= L'Angelier 1585] *et l'éd. allemande de Reichenberger* [= Chouet 1581]*) ; d'autres éditions du* XVIe *siècle, dont la grande édition folio de 1611 ou l'éd. rouennaise de Du Petit-Val en 1616, donnent* Aimé, *dont le sens paraît plus satisfaisant et que nous reprenons donc.}*

QUATRIEME JOUR

7	*78*	Veuille étre mon Cocher, et fai qu'ore mon cours
9	*78*	Qu'à la coche de Mars or je joigne ma coche,
23-24	*78*	Car outre la vertu, qui, vive en vos espris, Soi-méme est de soi-méme un assés ample prix :
35	*78*	Mes vers conceus en peine, en angoisse enfantés
45-46	*78*	Ains come cil qui fét toutes choses sans pene, Et come étant tout bon, n'est jamés qu'il ne mene
53-54	*78*	Haut et bas il sema meinte ardante chandele, Pour la rendre à jamés plus utile et plus bele.
69	*78*	Je croi, que come Dieu d'une matiere humide
76-77	*78*	Semblassent à son Tout, et le tout à ses pars. Mais tout ainsi qu'on voit dans le tige d'un chêne
79-80	*78*	Étre d'un méme tronc, combien que sa rondeur Ait le bois plus serré, plus épés, et plus dur
83-86	*78*	Puis remarquant en eus et le lustre, et le chaud Compagnons naturels de l'Element plus haut, Je croi qu'ils sont de feu, non de ce feu qui dure Seulement tant qu'il a du bois pour norriture :
127	*78*	Et de monstres forgeurs, ne peuvent onc ramer

133	*78*	Que nous semblons ceus là, qui pour courre fortune
135	*78*	Qui, di-je, cuident voir, quand ils quittent le port,
149-150	*78*	Les boulés foudroiés par la bouche fumeuse D'un canon affusté devers l'Inde perleuse
159	*81*	Au centré de ce Tout le cler Soleil rengeant,
166-171	*78*	J'admire la beauté d'une verte campaigne, J'admire le sablon du floteur Element, J'admire le pouvoir de la pierre d'Eimant : Mais plus que tout encor, j'admire, où plus j'y pense, Des Astres la grandeur, beauté, nombre, et puisssance. Le Paon, qui navré de l'aiguillon d'Amour
173	*78*	Etale come en rond les tresors de ses æles
176	*78*	Afin que son plus beau se montre encor plus beau.
183-184	*78*	Pour faire que Cerés plus amoureusement Reçoive le dous fruit de son embrassement.
203	*78*	Car depuis ce quartier, où le Belier conduit
247	*78*	Car le chenu Centaure, est par tous lieus qu'il passe,
273	*78*	Le Lievre, la grand Nef, la Hydre, le Goubeau,
278	*78*	De l'huitieme rideau les toiles retissant,
292	*78*	Mais de l'huitieme Ciel les flambeaus innombrables,
295-296	*78*	Ce qu'on ne voit jamés avenir aus Planetes, Pour étre infiniment plus proches de nos tétes,
301-303	*78*	Tels que l'Œuf dont la coque, et les peaus, et le blanc, Et le jaune moyeu s'entrebrassent de rang. Or come un roide vent fait tournoyer les voiles,
305-306	*78*	Des voiles la roideur anime l'abre ælé, L'abre promene en rond le rouët dentelé, *{Voir variante de III, 276}*
311-312	*78*	Anime la Grand roue, et que par maint rencontre Elle meut la Moyenne, et cele du Rencontre,
322	*78*	Fachés d'étre toujour sujés au veuil d'autrui :

342	*78*	A retrouver le point d'où son cours prend son cours.
343	*81*	Et cest pourquoy lon tient que ceste Tente riche
348	*81*	Pere : de l'aage d'or, combien que taciturne,
353	*78*	Toi Jupiter benin, done-biens, chasse-maus,
371	*78*	Aime-sucs, aime-vers, tes routes sont bornées
399	*78*	Et bien quand, sans muer de rang, ou de distance,
405-406	*78A*	Non, non, je ne croirai, je ne ne croirai jamés {*Lapsus corrigé en 78B :* je ne croirai jamés} Que Nature ait au Ciel tant de Feus allumés
434	*78*	Et noier l'Univers soit de sang soit de pleurs.
457-459	*78A*	Qu'ils causent en nos cors sans travail harassés Les pantelans effors de cent fievres accés. Que la Creche au rebours, les humides Pleiades,
	78B	Qu'ils causent en nos cors sans travail harassés Les pantelans effors de cent fievreus accés. Que la Cruche au rebours, les humides Pleiades,
484-486	*78*	En chopant fit choper la moitié de son Ame, Nous desenflons nos cœurs : et ploiant les genous Appaisons par soupirs du grand Dieu le courrous,
491	*81*	De nous donner un frein pout brider l'insolence
500	*81*	Qu'atravers l'espaisseur de deux funebres voiles ?
509-510	*78*	Flambeau de l'univers, vie de tout ce Tout, Ornement des clers Cieus, he ! di moy par quel bout
521	*78*	Ce {*78B :* Se} voit cerné de Ducs, de Comtes, de Barons :
558	*78*	Egaie à son lever le peuple qui l'attand :
573-575	*78*	Qu'au rebours si ton feu chés Saturne écleroit, A faute de chaleur toute chose mourroit. Je veus en méme tans chanter que ta nessance
587	*81*	D'un ou deux de leur cour tout un peuple apavrissent
591-592	*78*	Et n'aimant qu'un païs, à de mal-sages Princes Abandonent le soin du reste des Provinces.

596-598	*78*	Les merveillleuses mœurs des bourgeois d'Amphitrite, Les amours des oiseaus, les troubles exités Par une avare faim dans nos plus grans Cités.
604	*78*	Ne naisse châque soir par une méme porte :
607-608	*78*	Afin que ce-pendant qu'ici l'Automne dure, Le Printans regne ailleurs, attiffé de verdure :
617	*78A*	Que de fleur des jardins ne se voient parés,
	81	Que de fleur les jardins ne se voyent parez,
623-624	*78*	Puis quand d'un chaud retour tu ralumes ton cierge Au foyer du Lion, du Cancre, et de la Vierge,
646	*78*	Corrigent la froideur des plus vieus mois de l'an.
656	*78*	Dont la superficie en tous ses frons égale,
658	*78*	Reflechit la clarté du Soleil ton Epous.
665	*78*	Que Phlegon son Phœbus : diversement tu luis,
667-670	*78*	Voila pourquoi tandis qu'une nuit sombre accouple D'un baiser tout divin les cors d'un si beau couple : Lors que le Guide-dance, et le Métre, et le Roi Des celestes Brandons, raye a-plom dessus toi,
676	*78*	Soit de nuit, soit de jour, du cler Soleil aproche,
682	*78*	Veincue du plaisir, tu fermes ton bel œil.
684	*78*	Alant toujour au change, et les choses morteles,
688	*78*	A peu pres la moitié de ta face divine :
718-720	*78*	Son front vers l'Occident se comence noircir. Ton Eclipse se fét, quand plus tu ne peus croitre : Le sien quand plus ton œil ne peut vers nous décroitre.
723-725	*78*	Mais, ô Lampe du jour, cler honeur des étoiles, L'Eclipse qui banda tes yeus de tant de voiles, Quand tu vis Eclipser pour nos fets vicieus,
729-731	*78A*	Cil que le Nil fecond par l'effroyable bruit De sa cheute pierreuse essourdit jour et nuit. *{Leçon 78B :* De sa cheute pierreuse assourde...*}*

Cil qui dans le grand clos des murs de Cassagale
735 *78* Cil qui pour s'enrichir chasse de lande en lande
739 *78A* Fut témoin de tou *{78B :* ton*}* dueil, et sceut par conjecture
744-746 *78* Suivant l'ordre commun, rendre ta face sombre.
Voire ton jaune teint, voiant ta Sœur venir,
Du coté de Levant se commença ternir.
749-755 *78* Hé ! vraiment tu devois, come aussi tu l'as fét,
Clorre l'œil pour ne voir l'horreur d'un tel forfét :
Et vraiment tu devois dessus nôtre Hemisphrere
Porter ainsi le dueil de la mort de ton Pere :
Par ta honte honorer ce grand Roi, dont tu tiens
En homage l'honeur de tes plus rares biens :
Et, navré des doleurs d'une si grieve injure,
762 *78* Tu refés en un jour méme chemin trois fois :
766 *78* De dix entiers degrés alongent leurs travaus.
769 *78* Ainsi lors que le Ciel, colere, combatoit
783-785 *78* Tarde tant à montrer sur eus sa face bele,
Estiment céte nuit une nuit eternele :
L'Indois, et l'Espagnol ne pense de son œil
787 *78* Toujour l'ombre des tours en méme lieu demeure,
788 *78A* Et le Quadran ne marque en douxe heures qu'une heure.
78B Et le Quadran ne marque en douze heures qu'une heure.

CINQUIEME JOUR

1 *78* Latonides Flambeau, qui d'un chemin divers
12 *78* Vous le logés chez vous un mois de chasque anne.
18 *81* Tirent vif les humains du ventre des poissons :

19	*81*	Pourquoy moy de bateau, d'Elice, et de pilote,
51	*78*	Qui tantost pres du sable, ore contre *des* roches
97	*81*	Renverse l'Ocean, quand ses monstres hagars
122	*78*	Quittent le Fort pour fort d'un fort camp éprouvé :
134	*81*	Des goulfes orageux leur servent de tombeau :
149	*81*	Car la murdante humeur du vagueux element
166	*78*	Vostre flotant sejour ? quel Monarque cerna
181	*78 A*	Vrayment c'est celuy là qui nous forma d'un rien
206	*78*	Un si digne sujet pour exercer ses yeux ?
207	*78*	Car comme le Pivert pousse sa langue morne
212	*78*	Monstrant un peu de chair qui rougit dans sa bouche,
247	*78*	Roide, glacé, perclus, sans voloir laisser, laisse
259	*78*	Avec tous ses boyaux dehors elle les tire,
263	*78*	Le Renard charitable, et la perse Lamie,
275	*78*	C'est ainsi *que* la Seche, estant ja sur la porte
281-283	*78*	Dans l'onde ele vomit une noire liqueur Nourrie tout exprés, pour de son fin vainqueur Ebloüir les clérs yeus, et pour avec gloire
289	*81*	Espie tous le coins de la triste maison,
295	*81*	Que si son compagnon le void en cest peine,
296	*78*	Il le prend par la queue, et tellement se peine
310	*78, 81*	Sans son alme faveur naissent des flots chenus,
313	*78*	S'assemblans par miliers entrelassant leurs corps
314	*78 A*	De tant d'estroits replis, qui se font assez forts
	81	De tant d'estrots replis, qu'ils se font assez forts
316	*78*	Et pour frener le cours des plus vistes galeres.
323	*78*	Ne manie jamés si bien par la campagne
345	*78*	Car la Pinne tenant ouvert son tét vanté,
355	*78*	Hé ! quel style disert : O Nautil', ô Pompile,
367	*78*	Charpenta le premier des maisons vagabondes,

381	*78*	Quelque commode tét, dont le seigneur natal
408	*78*	Vingt pieds dessous Tethis la tenoit attachée,
505	*78*	O Jupiter (dit-il) qui pour l'homme abismer
527-528	*78*	Il le conduit à terre : et tant le favorise, Qu'il recouvre la vie où la vie il a prise.
535	*78*	Des bourgeois de Tethys, voi, voi comme la gloire
547	*78*	Car n'ayant peu fermer les veillantes paupieres
549	*78*	Pourroit-il bien dormir parmi cent mil oiseaux,
562	*78*	Et mile chaus æté s, et mile frois hyvers,
568	*78*	Le baume sur le nard, et le nard sur la casse :
581-584	*78*	Car toute la Nature, ayant peur que l'Oyseau, Qui n'a point de pareil se perde en son berceau, Soigneuse, tient la main, soit à ses Acouchailles, Soit à son Naitre heureus, soit à ses Funerailles.
588	*78*	De l'immortel Oiseau et la chair et la plume.
600	*78*	Se void bien tost cerné d'une infinité d'ailes
605	*78*	Que la fleche d'un Turc, qui par son descocher
609-610	*78*	A bastir un palais pour ses poussins futurs, Dont les meilleurs Ouvriers soient come Imitateurs.
613	*78*	Elle en fait du mortier : et jette promtement
616-618	*78*	Tire l'ire *au*s fachés : et d'une tire tire Vers *l*e Pole brillant : puis d'un plumage las, Changeant un peu de son se laisse choir en bas.
665	*81*	Avec le Tierclet, le Lanier, le Vautour,
675	*78*	Dont il fouille souvent la feconde poictrine
702	*78*	Et l'espoux revent l'espouse. Hé ! que ne vendrions nous,
709-714	*78*	Le Hibou citoyen des ruineus Palais, Et la Chevéche encor, qui des troupeaux ælés Est la haine commune, et la triste Hulote : Et le sot Chat-huant. Mais qu'ele est céte flote Qui cingle à côté gauche ? Et quels sont ces oiseaux, Qui pour gaigner le haut, quittent jongs et roseaux ?

721-723	*78*	Que l'homme, qui se dit Singe de l'Immortel, Ne peut ni desmolir, ni bastir son hôtel. Tandis qu'il fait *au* nid sa tranquille demeure,
727-728	*78*	Le soldat desireus de navalles batailles Marque en son Calendrier ses calmes accoucheailles.
733-734	*78*	Afin que par son vol subtilement trompeur, Entré dedans sa bouche, il luy ronge le cœur.
740	*78*	L'ingenieux tournier polit en rond l'yvoire :
743-744	*78*	Tourne tourne *le* front vers les Isles Moluques, Et soudain tu verras les merveilleux Mamuques,
746	*78*	Void rien de merveilleux nager, courir, voler.
765	*78*	Tu fis que cestui-ci blece son propre flanc
774	*78*	Pour affranchir les serfs, qui sur l'Abre estendu,
791	*78*	Il soit lardé de traits, il veut en telle guerre
805	*78*	Et à leur pere humain cent naissances devant,
838	*78*	Qui se leve et couche avecques la clarté,
	A	Et qui se leve et couche avecques la clarté
856	*78*	Pour avoir charpenté de ses mains un navire,
869	*78*	Ça-bas ne void cité dont les loix ou les mœurs
883	*78*	Que des chantres Latins le toujour-chanté Prince
897-899	*A*	Que le moindre Clergaut, le moindre Factoureau, En fét si peu de cas que d'un grossier bureau, Si son fil n'est couvert d'un de ces metaux rares,

SIXIEME JOUR

3	*78*	En plaisirs eternels : pour aborder au Port,
11	*78*	Que je ne le découvre. Hé quoi, vous étes las ?
15	*78*	Doner un coup de rame, afin d'ancrer au Port
21	*78*	Domte les fiers Lions : fay, qu'acoisant leur rage,

52	*78*	Il guete sur ce pas l'Animal porte-tours :
61-63	*78*	A ce coup le Dragon promtement se dénouë Du corps de l'Elephant, glisse en bas, et renouë De tant de lacs étroits ses jambes de devant,
66	*78*	De son mufle les nœus, l'impiteus adversaire
83	*78*	Le Beuf laboure-champ, l'Ane laborieus,
92	*78B*	Tel sans mouiller les piés voltige sur les eaus.
94	*78*	Le Lapin oblieus, la brotonante Chevre,
147	*81*	Hercul s'effrayeroit, Phœbus perdroit le cœur,
148	*78B*	Combien que le dernier se chante le vaincueur
151	*78*	Quele roideur de bras, ou quel moyen subtil
156	*78*	L'armée Romulide : et contre qui braqua
169-170	*78*	O Dieu ! s'il est ainsi que céte ronde Masse Fut batie en faveur de l'Adamite race :
175-176	*78*	Le Cenchre sommeillant, le Chelydre fumeus, Le Ceraste cornu, le Preste venimeus,
178	*81*	*{Ponctué en fin de vers par une virgule.}*
179	*78*	Mais non : ce n'est pas toi, ce n'est pas toi, Seigneur,
183	*78*	Car ains que notre ayeul de toi se revoltat,
192	*81*	*{Virgule en fin de vers, corrigée en point aux Errata.}*
193	*78*	Méme come oublieus d'une si lourde offence,
196	*78*	Le chef des Animaus qu'on cuide plus felons.
204	*78*	Au lieu de tant d'harnois, un subtil jugement,
211-212	*78*	Qu'une charge comune ? ornera-til jamés Du rameau Delphien ses tamples renomés,
236	*78*	Affranchit de poisons le marge labouré
258	*78*	Lors que moins il y pense, à son flanc il arrive,
259	*81*	Entre dedans bouche, et se voyant dedans,
261	*78*	Chatouille son gosier, si que la Béte louche
	81	Chatouille son gosier, tant que la bouche louche *{corr. aux Errata}*
262	*78*	Charmée du plaisir ouvre encor plus sa bouche.

269	*81*	Si que contrepesant d'un juste balance
273-278	*78*	Depetré des Serpens, je pensoy du tout estre Depetré de danger. Mais las ! voici paroitre Cent autres animaus, de qui l'affreus regard, La sauvage démarche, et le cri tout hagard Prive de sens mes sens : si que sorti d'un gouffre En un gouffre plus grand, mal sage, je m'engouffre.
289-292	*78*	Des Caribes cruels la province sanglante Produit un animal, qui mile fois enfante Un méme enfantement, et dans son propre cors Entombe autant de fois ses chérs faons non mors.
291	*81*	Mille fois les petits, et dans son propre corps (*corr. aux Errata*)
294	*78*	Une forét de dars ? et qui sans corde tire
310	*78B*	Sur les plus orguilleus de sa sauvage bande :
317-318	*78*	Qui jamés ne levoit le joug de son épaule, Ni le fer de ses piés, ni de son dos la gaule,
318	*81*	Non point comme d'une homme, ains comme d'un beste)
324	*78*	Un farouche Lion fésant craquer ses dens.
333	*78*	Moins combatre en camp clos : n'aiant pour toutes armes
336	*81*	Sans chaleur, sans couleur, sans poux, sans mouvement. (*corr. aux Errata*)
373	*78*	Bourreau des criminels, qui d'une foible escrime
388	*81*	S'arreste tout d'un coup : et mirant haut bas
392-394	*78*	En bonté son orgueil, sa colere en pitié, Elle tient fixement ses yeus sur son visage : Elle leche ses mains : elle lui fét homage.
395	*78B*	L'esclave qui connoit, et qui se voit connu, (Le serf qui le connoit, *corr. les Errata de* 78A)
429	*78*	Non comme étant plus vil : moins qu'un Ouvrier si sage

431-432	*78*	Ains d'autant qu'on feroit en vain un nouveau Roi, S'il n'a point des [*78B* de] sujés prets à suivre la loi.
439	*78*	Par cent mile tuyeaus fét couler entre nous
447-448	*78*	Ne sont que cous-d'essais au pris de ces tresors, Qui dorent des humains et l'esprit et le cors.
450	*78*	Quand dans le rien d'un rien sa puissance fit naitre
479-481	*78*	Sur ce rude tableau guidant ma lourde main : Fai moy l'home tirer d'un pinceau non-humain, Afin que par mes Vers en sa face on remarque
485	*78*	De méme tu formas d'une celeste masse
489	*78*	Cét pourquoi desireus de produire en lumiere
508	*78*	A cil que ta bonté leur a doné pour Roy.
516-518	*78*	Tels, que cil qui voyant par un tuyeau les Cieus, Ne remarque que peu de si grande étandue : Car les bors du canal retrecissent sa veue :
520	*78*	La face du Visroi de ce bas Univers.
523-524	*78*	Ces miroirs de l'Esprit, ces Cyprides Flambeaus, Ces deux Carquois d'Amour ont si tendre les peaus,
527	*78*	Qu'ils se perdroient bien tôt : si Dieu de toutes pars
543	*81*	L'esprit dont nous vivons. le nez est un tuyau,
545	*81*	Hume la douce odeur. le nez est la goutiere,
557	*78*	Come les abres vers par les racines hument
562	*78*	Discernat le Cerfeuil de la verte Ciguë,
567-568	*78*	Envoie prontement, ja demi-digerés, Dans le chaud estomac les presens de Cerés.
581-582	*78*	Par toi nous alumons un ardeur magnanime, Dans les plus frois glaçons d'un cœur pusillanime.
585	*81*	De la bouillaute chair, qui nuict et jour se peine [*corr. en* bouillante *aux Errata*]
587	*78A*	Nos Espris ont par toi commencé dans les Cieus.
596	*78*	Dérobent peu à peu le foudre au Tout-puissant.
598	*78*	Qu'és muscles tortuëus des jumeles oreilles,

599	*81*	Portieres de l'esprit, escoutes des nos corps,
621	*81*	Que le Dou, qui sautant de montaigne en montaigne
647	*78*	Des nerfs et des tendons : que la sage Nature
651-652	*78*	Qui dans ses blancs tableaus reçoit à toutes heures Autant d'impressions, que l'œuil voit de figures ?
658	*78*	Par les reflections des vaisseaus preparans,
662	*78A*	D'un contrepris égal sur leur pointe plantés ?
665	*78*	Où le subtil Esprit sans cesse ba-batant
667	*81*	Où changeant à tous coups de bransle et de mesure,
668	*81*	*{Ponctué en fin de vers par un point.}*
682-683	*78*	Le depart justement haut, et bas par le cors, Par les conduis rameus d'une autre grande Veine :
692	*78*	Ici la Serpentine, et deçà la lavande.
696	*78*	S'étandent ore en poil, ore en chair s'amollissent.
703	*78*	Des deux fils d'Æsculape, et l'élabouré style
707	*81*	Non du fils de Japhet, ains du vrai Promethee,
710	*78*	Ne prit de l'ær, des chams, du feu, ni de la mer,
726	*78*	De l'humide serment naist un bourgeon nouveau.
728	*78*	Du creus de nôtre sein : toutefois il n'emporte
731	*78*	Inspiré de ce Vent, ce Vent je veus décrire.
749	*78*	Emaille la campagne : et que, pour plaire aus Cieus,
763	*81*	*{Pas de ponctuation finale.}*
764	*78*	Ou pouvoi-tu Zenon, enregistrer la suite
765	*81*	De tant de mots divers, de tant de long discours,
766	*78*	Pour de rang puis après les redire au rebours ?
784	*81*	Les plus secres archifs d'une memoire heureuse,
795	*81*	Car quittant quelquefois les terres trop cornues *{corr. aux Errata}*
804	*81*	Il remarque l'accord de lears contraires routes *{corr. aux Errata}*

806	*81*	*{Pas de ponctuation finale.}*
807	*78*	Leur grandeur, leur distance : et come si le monde
809	*78*	De sujés assés beaus, il s'élance dehors
817	*78*	Ton œuil n'y treuvera rien d'exquis, rien de beau,
843	*78*	Et, l'aiant bien-veigné, soudain d'une æle acorte
845	*81*	*{Pas de ponctuation finale.}*
860	*78*	Filant toujour d'un train, ne treuve de barriere
868	*81*	Magnifique, il fendit un si grand Ciel de verre, *{corr. aux Errata}*
869	*78*	Que seant quelquefois son haut trône au milieu,
876	*78B*	Fissent de nouveaux Ciels, et d'étoiles nouveles,
888	*78*	Non de fét, ains de nom : où les torches drillantes,
900	*78*	Les tiquétes logis, jamés ne se detraque
904	*81*	*{Ponctué en fin de vers par une virgule.}*
920	*78*	A quelque parentele avec sa providence.
981	*78*	Aprés que l'Eternel l'a privé de someil,
983	*78*	Sur les douces beautés de sa Moytié nouvele,
990	*81*	puis de deux corps un corps, *{ponctuation finale corrigée aux Err.}*
994	*78B*	Deux ames en une ame, et deux cœurs en un cœur !
999	*78*	Qui guerroyent le Ciel. ô sacrée Aliance
1001	*78*	Quand les eaus du Jordain il convertit en vin,
1004	*81*	de vivantes medailles *{corr. aux Errata}*
1005-1006	*78*	Renaissans en nos fis qui vont de main en main, Cà bas eternisant le mortel genre humain.
suivis de ces 8 vers		Par toy nous étandons fort loin nos parenteles : Nous nous fortifions d'aliances nouveles : Si que tout un païs ne nous est quelquefois, Qu'une seule maison policée de lois.

Par toy deus grands Cités, que la sanglante rage
De Mars le boute-feu cruelement ravage,
Echangeant en amour leur fiere hostilité,
Font de deus grands Cités une seule Cité.

1022 *81* *{Pas de ponctuation finale.}*

1052 *81* En des Canars volans. ô changement estrange !

SEPTIESME JOUR

3-4 *{78}* Et qui, docte, a doné d'un travaillé pinceau
Ja la derniere main au penible Tableau :

8-9 *{78}* Un Agneau, qui, muët, semble préque bêler :
Or les rameaux tremblans d'un ombrageus bocage,

21-24 *{78}* (...). Le roüet se débande :
L'amorce vole en-haut : d'une vitesse grande,
Un plom environné de fumée et de feu,
Comme un foudre éclatant court par le bois touffu.
Du fait des variantes de ponctuation, c'est, dans cette leçon, le plom *qui vole* d'une vitesse grande *et non* l'amorce, *ce qui est en accord avec l'insistance sur l'envol du* plom *(deux vers) et sur sa comparaison avec* un foudre éclatant.

26 *{78}* Font à qui mieus courir pour le pris d'une cage.

29 *{78}* Ils fondent tous en eau : une suivante presse

34 *{78}* Chez soi d'un pié gaillard son gras troupeau r'ameine :

60 *{78}* De son flus et reflus il contemple le cours,

68 *{78}* Si que de leur debat naist la paix de ce Tout.

75 *{78B}* Come le cors glissant de non-solides æers.
La leçon de 78A est identique à 81.

76	*{78}*	Peut porter tant d'oiseaux, de glaçons, et des Mers. *Il s'agit vraisemblablement d'une coquille : lire* de Mers *comme dans 81.*
82	*{78}*	Où commençoit flairer l'encens, la marjolaine,
85	*{78}*	Or son oreille il pait de la mignarde noise,
99	*{81}*	Non, que j'aille forgeant vne Divinité, vne *corrigé en* une *dans les* errata.
101	*{78}*	Un Dieu non plus soigneus des vertus, que des vices :
106	*{78}*	Maint profane penser, qui dans mon Ame glisse,
107	*{78}*	Je ne pense onques en Dieu, sans en Dieu concevoir. *Vers faussé, la graphie* onques *amenant une syllabe de plus (au lieu de* onc *dans 81).*
110	*{78}*	*Vers terminé par un point d'interrogation.*
124	*{81 et 78}*	Grave le texte sainct d'une eternelle loy : Grave *corrigé en* gravé *dans les* errata *de l'édition de 81.*
134	*{78}*	Il s'est monstré subtil en le reglant si bien :
142	*{78}*	S'il n'eut eu du grand Dieu pour arc-voutans les bras ?
150	*{81}*	Dieu fait couler sans fin les nuicts apres le jours, *Nous corrigeons* le jours *en* les jours. *La leçon de 78 est correcte (*les jours*).*
151-153	*{78}*	L'hyver apres l'Automne, apres l'Hyver la Prime, Apres ele l'Eté. Dieu tous les ans r'anime L'amarry de la Terre, et fét qu'ele n'a pas
172	*{78}*	Il ne treuve secret ce que secret nous semble.
181	*{78}*	Il a pour ses Commis tous ses Esprits ælés,
184	*{81}*	Execute soudain tout ce que qu'il luy commande. *Nous corrigeons en* tout ce qu'il. *La leçon de 78 est correcte (*tout ce qu'il*)*
203	*{78}*	Bien-souvent toutefois ce que de prime-face,
206	*{78}*	Nous le reconnoissons étre fét par raison.
208	*{78B}*	Tu semblas démentir la Justice eternele.

209-210	*{78}*	Mais Jacob adverti, que d'un rare bon-heur Son fis de povre Esclave estoit fét Gouverneur
217-218	*{78}*	Quand tu voulus punir d'un chastiment divers Sodome par le feu, par la mer l'Univers :
224	*{81}*	Preserve l'innocence et chastie la vice. *Nous corrigeons* la vice *en* le vice. *La leçon de 78 est correcte (*le vice*).*
236	*{78}*	*Le vers se termine par un point final (au lieu du point d'interrogation dans 81).*
264	*{78}*	Sont sans cesse agités et du flot, et de l'onde :
266	*{81}*	Que le fleau du grand Dieu pend tausjours sur leur dos : *Nous corrigeons* tausjours *en* tousjours. *La leçon de 78 est correcte.*
282	*{78}*	L'un pour respet d'un gain, et l'autre par amour ?
283	*{78}*	L'Ecuyer, qui cerné d'une noble Jeunesse
310	*{78}*	D'un autre garentit tout le cors du trépas.
334	*{81}*	A glacé son courge, et lié ses deux bras. courge *corrigé en* courage *dans les* errata. *La leçon de 78 est correcte (*courage*).*
340	*{78}*	De maus, qu'il n'en sortit de l'estuy de Pandore,
358-359	*{78}*	*La disposition en strophes dans 78 diffère de 81 tout au long du texte. La différence est ici marquée, puisque 78 se contente d'un simple retrait pour le vers 359, sans sauter de ligne, tandis que 81 introduit très nettement le second mouvement du texte.*
361-362	*{78}*	Il est vray qu'en six jours sa dextre composa Tout ce grand Univers : et puis se reposa :
381	*{78}*	Ses facultés r'assemble, et remét l'endemain
429	*{78}*	Toujour toujour serain, sans que jamés de lui
432-434	*{78}*	Le Sabat des Sabats, qu'avec les tiens tu fètes : O bon Roi ! qui portant nos pechés sur ton dos, Par cent mile travaus nous as mis en repos.

	{78B}	Par cent mile travaus nous a mis en repos.
437-438	{78}	Lise ez chams, lise ez flôs, lise en tout autre lieu, La bonté, le pouvoir, la sagesse de Dieu :
448	{81}	*Nous rétablissons le point final, omis en fin de vers (mais présent dans 78).*
457-558	{78}	T'orgueilli tu de voir orné de tous cotés Ton esprit de vertus, et ton cors de beautés ?
463	{78}	Veus tu de cors en cors jusqu'à terre descendre ?
468	{78}	Loin loin de lui s'enfuit toute fureur perverse :
495	{78A}	Que le Noble, le Fort, le Riche, et le Docte, *Vers faussé, de onze syllabes, que corrige 78B.*
	{78B}	Que le Noble, le Fort, et le Riche, et le Docte,
506	{78}	Pers au milieu du cours et la force, et le cœur :
509	{78}	De mains buissons pénans : afin que les humains
514	{78A}	Du Soleil de Justice, et la vie, et la course ? *La leçon de 78B est identique à celle de 81.*
521	{81}	Celui, qui peut marcher sous l'enseigne de Christ, Peut *corrigé en* pour *dans les* errata. *La leçon de 78 est correcte* (pour)*.*
529	{78A}	Ou si d'un fleau pesant l'impetueuse rigueur
	{78B}	*78B fournit une variante intermédiaire entre 78A (*impetueuse*) et 81 (*impiteuse*) en orthographiant* impeteuse.
531	{78B}	Il doit imiter l'or, duquel la richesse masse
543-544	{78}	Pour le fére courir : si que préqu'à toute heure Il enfante, fecond, une centiéme Usure.
563	{78A}	Savoit que l'éparvier étant tenu soùs l'æle, *La leçon de 78B est ici identique à celle de 81.*
568	{78}	De l'oiseau bien-féseur sa bouche il ne sanglante.
576	{78}	Par exemples ne peut fére hazarder leur æle,
577	{81}	Il laisse quelque jours sans les paistre escouler, *Nous corrigeons* quelque *en* quelques. *La leçon de 78 est correcte* (quelques)*.*
581	{78}	Tous, qui pour avancer du Mari le trépas,

583	*{78A}*	Helas vous pouvés voir sans quelque syndereze *La leçon de 78B est ici identique à 81.*
590	*{81}*	Les oyes qui passant de Cicile le mont Cicile *corrigé en* Cilice *dans les* errata *(vers ne figurant pas dans 78, ajout ultérieur).*
597	*{81/78}*	Puis que de maint poisson le charitable soin, *La leçon de 81 semble une coquille (*soin *pour* sein*). Nous retenons ici la leçon de 78 {*le charitable sein*}, préférable tant du point de vue du sens que de la rime.*
600	*{78B}*	*Point d'interrogation à la fin du vers (à la différence de 78A et de 81 qui ponctuent ce vers par un point final). Cette leçon est la meilleure.* *Le point d'interrogation est placé, de manière anticipée, au vers 596 dans 81, mais qu'il n'est pas repris ensuite au vers 600, alors que les vers 597-600 dépendent syntaxiquement des vers 595-596, dont ils constituent la proposition subordonnée de cause. Dans 78A et B, le vers 596 se termine par deux points, principale et subordonnée sont donc mieux liées qu'en 81, mais l'interrogation n'est pas marquée.*
602	*{78B}*	Les vifs par charité, et par pieté les mors : *La leçon de 78A est identique à celle de 81.*
606	*{78}*	*Point final en fin de vers au lieu du point d'interrogation.*
610	*{81}*	Sur la saincte amitié du pie-viste Chevreil, *Nous établissons l'accent final sur* pié *(accent présent dans 78)*
628	*{78}*	Qui son doi fét partout également subtil.
643-645	*{78}*	Qui jamés ne s'attaque à l'atterré soldart : Ains méprisant, hardi, le trét, l'épieu, le dard, Et fendant, enragé, la presse qui l'oppresse,
648	*{78}*	Va-t'an à la formis, va-t'an à l'hérisson.
661	*{78}*	Vous Juges, vous Pasteurs, et vous Chefs des gend'armes

662 {78} Ne soüillés point vos lois, vos sermons, et vos armes :

681 {78} Pour soufler par leurs mœurs, et par leur vie exquise

688 {81} *Nous remplaçons la virgule à la fin du vers par un point (présent dans 78).*

{78} Et l'autre rejeter come sale excrement.

703 {78} Le pié ne veut flairer, le nés ne peut courir,

713 {78} Sus donq Muses, à bord, jetés, ô chere Bande,

La leçon de 78 introduit une anacoluthe entre le verbe du vers 713 (à la deuxième personne du pluriel) et celui du vers 714 (à la première personne du pluriel, en accord avec le pronom nous *du vers 715). La leçon de 81 est donc meilleure.*

BRIEF ADVERTISSEMENT SUR SA PREMIERE ET SECONDE SEMAINE

(1584)

INTRODUCTION

Fin 1584[1] , le libraire parisien Pierre L'Huillier, qui vient de publier deux éditions successives de *La Seconde Semaine* en avril puis en septembre, fait paraître la brève plaquette intitulée *Brief Advertissement sur quelques points de sa Premiere et Seconde Semaine* dans laquelle Du Bartas répond à ses détracteurs et aux critiques dont les deux poèmes ont été la cible. Le texte de l'*Advertissement* est précédé d'une dédicace adressée par Pierre L'Huillier à Pierre Delbene, abbé de Belleville, homme de cour et ami des humanistes[2], et d'une suite de pièces liminaires dont le nombre témoigne de la notoriété du poète. La première est un sonnet d'Henri d'Angoulême, Grand Prieur de France, en hommage à Du Bartas, mais un tel honneur a pour conséquence que les textes qui suivent célèbrent autant le fils naturel d'Henri II que le poète : c'est en effet une traduction latine par Dorat du sonnet du prince, suivie d'une pièce de Delbene pour le Grand Prieur et de sa traduction, toujours en latin et toujours par Dorat, et seulement alors de trois poèmes d'auteurs adressés à Du Bartas, soit une pièce strophique du « baron de Salignac », un sonnet signé « De Thouart » et une longue pièce de Salomon Certon.

Le *Brief Advertissement* sera en général repris et placé en tête des *Semaines* dans les éditions ultérieures des *Œuvres* de Du Bartas.

---

1 La Dédicace de l'éditeur L'Huillier « A Monsieur Delbene » est datée « De Paris, ce dernier jour de Novembre 1584 ».

2 C'est à Alphonse Delbene, son cousin, que Ronsard avait dédié en 1565 l'*Abbregé de l'Art Poetique François*.

Dans ce texte, Du Bartas commence par s'en prendre avec vigueur aux « envieus, qui des rongneures de la reputation d'autruy, pretendent d'accroistre la leur ; et soubs un masque d'Aristarques aspirent à la dictature perpetuelle, je ne dirai pas tyrannie, sur les amateurs de lettres ». Après quoi, tout en assurant que sa « naturelle douceur » et son « accoustumee modestie » lui interdisent d'invectiver ses détracteurs, il continue de plus belle en les traitant d'« araignes et chenilles » , d'« esprits brouillons et hargneux » et en comparant leurs propos à « l'importun graillement des corbeaux, et facheus couassement des grenouilles » .

Première question que se pose le lecteur : qui sont donc ces « envieus » ?

Ensuite, le poète entreprend de se justifier point par point des reproches qui lui ont été adressés. Questions de poétique quand il s'agit du bien-fondé des mots qu'il a choisis comme titres de ses *Semaines*, de la disposition de ses poèmes, de son rejet des règles d'Aristote et d'Horace – à propos de quoi il revendique crânement la permission « en une si grande nouveauté de sujet poétique » d'user d'une « nouvelle et bisarre [...] methode[1] » – et de ses digressions – là encore : question de méthode. Fondue dans le lot de ces critiques, il en est une sur laquelle il passe rapidement et qui pourtant n'est pas négligeable : celle d'avoir « meslé le miel et le sucre des lettres humaines » afin de « faire mieux avaler les salutaires breuvages [de] la saincte Parole » et d'avoir un peu brodé sur le strict discours de la Genèse . L'objection est balayée d'un mot : « Je ne presente point icy une confession de foy, ains un Poëme ». Puis, retournant aux questions de poétique, Du Bartas rejette les accusations visant « l'obscurité » ou « la rudesse » de ses vers :

> La grandeur de mon sujet desire une diction magnifique, une phrase hautlevee, un vers qui marche d'un pas grave et plein de majesté : non errené, lâche, effeminé, et qui coule lascivement ainsi qu'un vaudevile, ou une chansonnette amoureuse.

Il s'explique sur quelques procédés caractéristiques de son style, qui nourrissent les arguments de ses détracteurs : l'abondance d'assonances

1 Voir Y. Bellenger, « Le *Brief Advertissement* de Du Bartas : sur la "nouvelle et bisarre methode" du poète », in *Les normes du dire au XVIe siècle*, éd. Jean-Claude-Arnould et Gérard Milhe-Poutingon, Paris, Champion, 2004, p. 94-105.

et d'allitérations, les harmonies imitatives, « le trop frequent usage des Epithetes composés », etc. Et il termine en revendiquant le droit d'user de la mythologie jusque dans un poème d'inspiration chrétienne puisque « la Poësie est de si long temps en saisine de ces termes fabuleux, qu'il est impossible de l'en deposseder que pié à pié ».

Ce qui incite à poser une autre question : pourquoi ces justifications sur le style et la méthode ? et pourquoi à ce moment, en 1584 ?

Les envieux à qui s'en prend Du Bartas étaient déjà dénoncés dans des poèmes liminaires de *La Seconde Semaine* publiée quelques mois plus tôt, et ils le sont encore dans deux des liminaires de l'*Advertissement*, l'un signé du baron de Salignac, l'autre de C. de Thouart[1] :

> Que j'ayme à voir ces envieus
> Lesquels d'un cœur malitieux
> Dessus toy vomissent leur rage, etc.

écrit Salignac. Et Thouart :

> Qui blasme tes vers, envieus
> Sa propre honte se pourchasse :
> Comme en crachant contre les Cieus
> On crache sur sa propre face.

Le thème n'est pas nouveau. Dès 1550, Du Bellay adressait à Ronsard un poème intitulé « Contre les envieux Poetes[2] ». Et l'on sait comment, dans l'*Hymne de l'Automne*, Ronsard évoque sa vocation poétique et sa rencontre avec la Muse Euterpe qui l'avertit :

> Tu seras du vulgaire appellé frenetique,
> Insensé furieux farouche fantastique,
> Maussade mal-plaisant : car le peuple medit

1 Dans les auteurs de liminaires de *La Seconde Semaine*, on trouve le nom de Pierre Delbene pour deux sonnets, dans l'un desquels il promet au poète : « Je seray ton parrain contre tous tes hayneux » ; dans l'autre il le compare à Hercule triomphant des monstres, en l'occurrence de « l'envie et l'ignorance » (éd. de septembre 1584, chez P. L'Huillier, f° ãij-f° ãijv ; exemplaire BnF Res-Ye-539). Autre auteur de deux sonnets dans les mêmes liminaires : C. de Thouart qui était un ardent défenseur de Du Bartas, puisque son « Sonnet de la calomnie » évoque le poète persécuté par « Des Serpens, des Hiboux, des mastins la furie » (*ibid.*, f° ãiij). Pour les liminaires de l'*Advertissement* et leurs signataires, voir *infra*, p. 443 *sqq*.

2 Du Bellay, *Œuvres complètes*, éd. Chamard, Paris, STFM, t. V, 1983, p. 43.

> De celuy qui de mœurs aux siennes contredit[1].

Une scène semblable (la rencontre de la Muse et du poète) avait été reprise dès 1574 par Du Bartas dans son poème *L'Uranie*, mais ce n'est que dans la réédition de 1579 qu'il y ajoutait une mise en garde contre les envieux :

> Saluste, ne per cœur, si tu vois que l'envie
> Aille abaiant, maligne, apres ton los naissant,
> Ne crain que sous ses piés elle aille tapissant
> Les vers que tu feras comme indignes de vie[2].

Si traditionnels qu'ils soient, de tels propos peuvent cependant renvoyer à la réalité. D'Aubigné, par exemple, qui avait d'abord admiré le jeune Du Bartas, ne ménagea pas par la suite ses réserves : « C'estoit une excellente abeille pour disposer les fleurs qu'il cuilloit, n'estant pas si heureus en inventions », écrit-il dans une lettre (non datée)[3]. Pour le fond, il formule la même critique que Du Perron dans les *Perroniana* : « Barthas est un fort méchant Poëte, et a toutes les conditions qu'un tres-mauvais Poëte doit avoir, en l'invention, la disposition et l'elocution. Pour l'invention, chacun sçait qu'il ne l'a pas, etc.[4] ». Voir encore Ronsard qui, d'abord admiratif du jeune poète, ne tarda pas à prendre ses distances : « On raconte qu'à l'apparition de *La Sepmaine*, Ronsard ne put s'empêcher d'exprimer généreusement son estime pour l'auteur de cette épopée biblique, ce qui n'est pas invraisemblable[5] », note Paul Laumonier[6]. Mais il changea radicalement d'avis et composa un sonnet pour se défendre d'avoir surestimé ce rival :

---

1 Ronsard, OC, t. 2, p. 560, v. 61-64.

2 Vers 313-316 dans la version augmentée publiée en 1579.

3 Agrippa d'Aubigné, *Œuvres*, éd. H. Weber, J. Bailbé, M. Soulié, Paris, Bibliothèque de la Pléiade, 1969, p. 861. De façon inattendue (pour qui a lu Du Bartas), D'Aubigné ajoute : « Quand nous l'eusmes fait courtisan, il voulut s'esgarer de son gibier et se mesler d'escrire d'amourettes, ce qui ne luy réussit pas ». Allusion aux poèmes de 1578 à la louange de Marguerite de Navarre ?

4 *Perroniana et Thuana*, Cologne, G. Scagen, 1691, p. 28. Sur la faible estime de Du Perron pour Du Bartas, voir l'article de James Dauphiné, « Du Bartas, Du Monin, Du Perron… ou le roman policier du "Duc des chandelles" », in *Conteurs et romanciers de la Renaissance. Mélanges offerts à Gabriel-André Pérouse*, Paris, Champion, 1997, p. 439-444.

5 Voir aussi Holmes, t. 1, pp. 35-36.

6 Claude Binet, *La Vie de Pierre de Ronsard (1586)*, éd. P. Laumonier, Paris, 1909 ; Slatkine Reprints, 1969, p. 199 : note de P. Laumonier.

Ils ont menty, d'Aurat, ceux qui le veulent dire,
Que Ronsard, dont la Muse a contenté les Rois,
Soit moins que le Bartas, etc.[7]

Le manuscrit 1662 du fonds français de la BnF contient d'autre part trois quatrains fort méchants pour Du Bartas, attribués respectivement à Ronsard, à Baïf et à Du Perron. De Ronsard :

Bartas voulant desbrouiller l'univers
Et luy donner une meilleure forme
Luy mesme a faict un grand cahos de vers
Qui plus que l'autre est confus et difforme[8].

De Baïf « despité de ce que du Bartas n'avoit voulu suivre en son livre ses corrections » :

Tu as Bartas de beaux traicts et hardis
Mais tu en fais en despit de la Muse
Certainement j'admire tes beaux dicts
Mais pour cela tes fautes je n'excuse.

Et Du Perron enfin :

Bartas osa, vantard, en sa longue Sepmaine
Le Chaos débrouiller, mais estonnant les sots,
De ses vers haurs tonnans bouffis d'enflure vayne
Il a plus que devant rebrouillé le Chaos.

On conçoit que pareilles gentillesses, qui n'étaient peut-être pas les seules, aient pu susciter la réaction du poète.

Il est donc clair que le *Brief Advertissement*, qui représente un peu ce qu'au XVIIe siècle on appellera un « examen de ses œuvres » par le poète – voir Corneille –, est aussi une riposte à ses ennemis. Mais cela va beaucoup plus loin. Laumonier rapporte que devant le succès de *La Sepmaine*, « les protestants firent courir aussitôt le bruit qu'il [Ronsard] cédait la

---

7 Ronsard, OC, t. 2, p. 1247.

8 Ms. fr. 1662, f. 26v. *Cf.* Ronsard, OC, t. 2, p. 1235. Dans son article « *La Sepmaine*, "œuvre ... en partie heroïque"... », D. Bjaï rappelle que, selon Michel Simonin, ce quatrain n'était « sans doute qu'une fabrication huguenote », p. 71, n. 47 (renvoie à la contribution de Simonin dans le volume *Du Bartas poète encyclopédique du* XVIe *siècle*, p. 335, n. 4).

souveraineté à leur poète et s'était avoué vaincu[1] ». Cela n'était pas pour plaire à Ronsard. Ce n'était pas non plus pour plaire aux autorités calvinistes. Les justifications qu'on trouve dans l'*Advertissement* n'étaient donc pas seulement adressées aux « envieus », mais aux maîtres de Genève.

On doit à Mario Richter d'avoir attiré l'attention sur un fait intéressant à cet égard. Richter a souligné dans ses travaux sur les poètes protestants français combien le rigorisme de Calvin puis de Bèze en matière poétique s'opposait à l'esthétique ronsardienne. Du Bartas ne partageait pas cette sévérité et, s'il « concédait à la tradition calviniste le caractère exclusivement religieux de la poésie, il abandonnait à la tradition classique et ronsardienne l'efficacité des images et des thèmes empruntés à la poésie païenne[2] ». Or il se trouve qu'en 1578, les idées intransigeantes de Bèze avaient été exposées avec une extrême rigueur par Henri Estienne dans ses *Deux Dialogues du nouveau langage François italianizé*, qui rappelaient les prescriptions de Calvin en faveur d'une poésie « morale » contre une poésie de « perdition ». D'autre part, c'est en cette année 1578 où Du Bartas publia *La Sepmaine* que s'était réuni le Synode national de Sainte-Foy qui réitérait avec vigueur les exigences de Genève en matière poétique :

> Ceux qui mettent la main à la plume pour escrire les histoires de l'Ecriture Sainte en vers, seront avertis de n'y mêler pas des Fables poëtiques, et de n'attribuer pas à Dieu les noms des fausses Divinités, et de n'ajouter ni retrancher aucune chose de l'Ecriture, mais de s'en tenir aux propres termes du Texte sacré[3].

« Il n'est pas difficile de comprendre [...] quel était le poète à rappeler à l'ordre », commente Mario Richter[4]. Cette circonstance permet de

---

1 Voir *supra*, p. 436, n. 5.

2 M. Richter, *Jean de Sponde et la langue poétique des protestants*, ouvr. cit., p. 188. C'étaient les idées exprimées dans *L'Uranie*, « compromis entre l'indispensable nécessité d'une poésie "théologique" et d'inspiration divine, et l'utilisation d'un répertoire d'images, de thèmes », de formules dans la manière de la Pléiade, mais dans lesquels le Saint-Esprit se substituait évidemment à la fureur ronsardienne : voir M. Richter, ouvr. cit., p. 185.

3 Jean Aymon, *Tous les synodes nationaux des Églises réformées de France...*, La Haye, 1710, 2e partie, p. 127 (cité par M. Richter, ouvr. cit., p. 159).

4 M. Richter, ouvr. cit., p. 193. Il est vrai que le Synode de Sainte-Foy se réunit du 2 au 14 février 1578, donc avant la parution de *La Sepmaine*. Mais l'existence du poème n'était pas restée confidentielle, comme on le sait par une lettre de D'Aubigné (voir *supra*, p. 12-13),

se rendre compte que les « envieus » pris à partie par Du Bartas en 1584 dans le *Brief Advertissement* pouvaient n'être pas seulement des confrères dépités, mais aussi, poètes ou non, des calvinistes scandalisés par ses allusions païennes dans *La Sepmaine*[1]. L'allusion au « miel » et au « sucre des lettres humaines » destinés à « faire mieus avaler les salutaires breuvages » de l'Écriture, comme la justification du recours à la mythologie, apparaissent comme autant de réponses aux prescriptions du Synode de 1578 et comme un plaidoyer pour une nouvelle poétique huguenote qui saurait, comme celle d'Horace, concilier l'instruction et le plaisir : « Du Bartas représente une nouvelle génération, il est le nouveau coryphée de l'opinion publique calviniste ; ses vers charment le public protestant, à Genève, en France et ailleurs. Afin de donner plus d'ampleur à la poésie inspirée de l'Écriture, sa muse s'est émancipée des schémas rigides dessinés par Calvin et confirmés par Bèze, et utilise largement les modèles reconnus du classicisme, soit directement soit à partir des interprétations de la Pléiade[2] ». Telle avait été assurément l'une des causes du succès triomphal de *La Sepmaine.*

Mais l'*Advertissement* n'apparaît qu'en 1584, six ans après *La Sepmaine* et après le Synode. Et plusieurs arguments y concernent *La Seconde Semaine.* Certes, la justification de quelques traits de style comme les épithètes composées ou les redoublements de consonnes initiales, et la revendication du droit à user de la fable, se rapportent à la première *Sepmaine.* Mais on entre là dans le paradoxe. Car Du Bartas, défendant la légitimité de la mythologie dans la poésie religieuse, était en même temps en train d'y renoncer : dans *La Seconde Semaine*, en effet, la fable ancienne est devenue fort discrète, voire quasi absente, et lorsqu'on lit à la fin de l'*Advertissement* que « quelque autre viendra » qui en abolira l'usage, on se prend à penser que le poète lui-même a commencé à interdire « à ces monstreuses bourdes l'eau et le feu » sans attendre l'aide d'autrui[3]. En

et de plus, déjà dans sa *Judit*, Du Bartas n'avait pas lésiné sur les allusions à Phœbé (p. ex. I, 142), Thétis (p. ex. II, 248), Jupin (p. ex. III, 167) ou d'autres.

1 Non point tous, certes, comme le montre, parmi les plus illustres, l'exemple de Simon Goulart ou de Philippe Duplessis-Mornay (*cf.* M. Richter, ouvr. cit., p. 196, n. 1 et 2).

2 Richter, ouvr. cit., p. 192.

3 Rappelons la promesse de de l'*Advertissement* : « [...] quelque autre viendra qui [...] interdira [...] à ces monstreuses bourdes et l'eau et le feu » (voir p. 461), autrement dit les moyens de survivre. Formule juridique (« comme parlent les Jurisconsultes », dit Du Bartas), l'*interdictio aquæ et ignis* condamnait à Rome à la mort civile ou au bannissement.

somme, il se soumet aux exigences du Synode. Et l'on peut se demander dans quelle mesure le resserrement de l'imagination et des moyens poétiques qui en résulte ne serait pas l'une des raisons pour lesquelles *La Seconde Semaine*, compte tenu du fait qu'elle est restée inachevée et malgré de nombreux passages magnifiques, n'a jamais connu un succès comparable à celui qu'avait rencontré la première.

NOTRE ÉDITION

Nous publions le texte de la plaquette originale parue chez L'Huillier d'après l'exemplaire de la Bibliothèque de l'Arsenal (cote 4-B-2920 [3]). La dédicace de l'édition à l'abbé Delbene précède sept pièces liminaires, suivies du texte.

Nous avons scrupuleusement respecté la présentation, la disposition, l'orthographe et la ponctuation de ce texte, en nous bornant à signaler en variantes les (deux) coquilles que nous avons relevées et corrigées. Selon l'usage, les abréviations ã, ĩ, õ, &, sont développées, et nous avons différencié les i des j, et les u des v.

On trouvera l'ensemble des variantes (prises dans l'édition posthume de 1616, à Rouen, chez Raphael Du Petit-Val) à la suite du texte.

[2r]

A MONSIEUR DEL-BENE
ABBÉ DE BELLEVILLE,
SEIGNEUR
et Prieur de la Celle en Brie, Conseiller et Aumosnier ordinaire du Roy, et de la Royne sa mere[1].

MONSIEUR, ayant receu de vostre main un petit Advertissement lequel Monsieur du Bartas vous avoit envoyé pour respondre à quelques ataques, dont l'envie ou l'ignorance ont voulu décrier le livre de sa Premiere, et Seconde Semaine, imprimee par moy ; je l'ay communiqué à la pluspart de ses amis, des mieus versez, et entendus tant aus sciences qu'aus langues, lequel tous ont trouvé non seulement digne d'estre mis en lumiere, pour paroistre au frontispice de son livre, mais tres-necessaire pour faire taire les vains abois de ses envieux. C'est pourquoy, MONSIEUR, bien que vous m'ayés dict l'intention de l'Auteur n'avoir esté telle, mais seulement de satisfaire aus objections que je luy avois faict entendre estre faictes à son Livre, et que ce ne soit (comme il vous a escrit) que l'ouvrage d'une nuit, si est-ce que j'ay pensé que vous ne trouveriés mauvaise la licentieuse hardiesse que je prens, de le faire marcher imprimé au devant de son livre, d'autant que vous avés rendu assés de tesmoignage[2] combien vous honorés sa vertu et merite. Je vous supplie donc tres-humblement de vouloir permettre qu'il paroisse targué de vostre nom, car il approuvera, je m'asseure, du tout le jugement que vous en ferés : sachant combien il vous honnore, prise, et ayme. J'y ay aussi adjousté le divin sonnet de MONSEIGNEUR le grand Prieur de France, avec les vers de certains gentils-hommes, qui ont voulu d'autant[3] tesmoigner à la posterité, en

1 Pierre Del-Bene, abbé de l'abbaye de Sainte-Marie-de-Belleville, près de Lyon, était le cousin d'Alphonse Del-Bene, dédicataire en 1565 de l'*Art poétique* de Ronsard. Voir Jean Paul Barbier-Mueller, *Ma Bibliothèque poétique*, Genève, Droz, 4e partie, t. 1, 1998, p. 62-63, n. 66.

2 Un sonnet liminaire de Del-Bene en tête de *La Seconde Semaine*, un deuxième dans la réédition de septembre 1584. Voir Y. Bellenger, « Les pièces liminaires des éditions de DB », in *La Poésie religieuse et ses lecteurs aux XVIe-XVIIe siècles*, E.U. Dijon, 2005, p. 41-42.

3 Dans le texte : « d'absdant » (ou faut-il voir une coquille pour *d'abõdant=d'abondant* ? Mais dans cette position, n'écrirait-on pas plutôt *d'abondance* ?).

quelle estime ils avoient ces non assez jamais louables Poëmes. Dont puis qu'il vous a pleu me faire une si liberale part du tout, il vous plaira croire aussi que je vous en demeureray tous les jours de ma vie de plus en plus obligé à vous rendre le tres-humble service que je vous ay voué. Et en ceste immuable devotion, je prieray Dieu vous donner,

MONSIEUR, en parfette santé le comble de tout heur et contentement.

De Paris, ce dernier jour de Novembre, 1584.

Vostre plus humble et affectionné serviteur P. L'Huillier.

PIECES LIMINAIRES
DU *BRIEF ADVERTISSEMENT*

[Les pièces liminaires du *Brief Advertissement*[1] traduisent par leur nombre (élevé pour une plaquette si brève) et par la qualité de leurs signataires l'estime qui entoure Du Bartas à la cour de Navarre. On remarque en effet, à côté du nom d'Henri d'Angoulême, ceux de trois compagnons d'armes du futur Henri IV, tous protestants. De plus, ces textes ne se bornent pas à rendre hommage au poète, ils évoquent l'envie et la jalousie dont Du Bartas est l'objet, et qui justifie en partie la publication du *Brief Advertissement*.]

SONNET
DE TRES-ILLUSTRE PRINCE
MONSEIGNEUR LE GRAND
PRIEUR DE FRANCE,

Sur les œuvres de G. de Saluste, Sieur
du BARTAS

Si les plus hauts objects de la divinité,
Logerent quelque fois au palais de nostre ame :
Et si la saincte ardeur d'une celeste flame,
Embraza les esprits de nostre humanité :
Saluste est cestuy-la, sainctement incité ;
Qui poussant de sa bouche une haleine de bame,
Les mystiques secrets du grand Dieu nous entame,
Voilez du long manteau de son eternité.
Cest ouvrier excellent, non dessus une enclume,
Ou par un mol pinceau, mais des traits de sa plume
Nous a peint et forgé tout l'ouvrage divin.
C'est pourquoy du Bartas n'est à nul comparable,
Et se peult dire seul à soy-mesme semblable,

1 Dans l'édition de 1584 : les liminaires ne sont généralement pas repris dans les rééditions.

Traçant de l'univers la naissance, et la fin.
D'ANGOULESME[1].

VERSUUM ILLUSTRISS.
Principis Henrici Angolismœi,
versio.

Diuinæ si mentis erant quæ altissima quæque
Legerunt nostræ mentis in arce locum :
Si sanctum desiderium, cœlestis et ardor,
Ardorem humanis incutit ingeniis :
Hic Sallustius est, cœlestibus ignibus ardens :
Balsameus cuius gutture fragrat odor.
Magni magna Dei nobis mysteria pandit :
Condiderat seclis quæ Deus ipse suis.
Non faber hic dura super aut incude, vel arte
Mollis peniculi, cuspide sed calami,
Nec pinxit, sculpsit, sed scripsit quicquid in orbe est,
Exemplo Bertas inde caretque sui.
Sed sibi se similem solum cui dicat habebit,
Utraque cui Mundi linea ducta fuit.
IO. AURATUS *Poëta et interpres Regius.*

1 Le Grand Prieur de France était Henri d'Angoulême, fils naturel d'Henri II, décrit par Antoine Adam comme « un véritable prince de la Renaissance, adroit aux exercices physiques, lettré, artiste, élève de Daurat, et sachant le grec et le latin, [à qui] il arrivait d'écrire des vers [dont] certains ont été conservés » (Tallemant des Réaux, *Historiettes*, éd. A. Adam, Paris, Gallimard, Bibl. de la Pléiade, t. 1, p. 796, n. 8).

A
TRES-ILLUSTRE PRINCE
MONSEIGNEUR H. B. D'ANGOULES-
me, grand Prieur de France, Gou-
verneur, et Lieutenant general
pour le Roy en Provence,

Sonnet
De Monsieur l'Abbé Del-Bene.

Quel tans, quel fer, quel feu, pourroient plus faire outrage
A ce parlant tableau du monde, et firmament :
Puis que Prince benin des Muses l'ornement,
Tu graves ton Sainct nom au front de son ouvrage ?
Mœcene ainsi jadis, rare honneur de son age,
Et Virgile, et Horace en beaus vers honorant,
Estoit leur protecteur, leur support, leur garant ;
Tousjours à faire mieus animant leur courage.
Poursuy, nouveau Mœcene yssu de nos grands Rois,
Renaistre tu feras, (vray Apollon François)
Un Horace François, et un François Virgile :
Mais que dy-je renaistre ? ils sont des-ja tous nez :
Ces noms à du Bartas doivent estre donnez,
Qui un suget si haut chante d'un si haut stile.
P. DEL-BENE[1].

VERSUUM CLARISS. VIRI
Del-Benii versio

Quod tempus, quæ ferrea vis, quis et igneus ardor
Hanc tabulam viuam fregerit, orbis opus ?
Cui bone tu princeps Musæi gloria secli
Inscripsti nomen frontis in arce tuum.
Sic Mecœnas ille suis rarum decus aeui,
Ornauit Flaccum Virgiliumque modis.

1 Voir *supra*, p. 441, n. 1.

Cuius præsidio, cuiusque fauore benigno
    Inque dies vigor his cresceret, inque dies.
Perge age Mecœnas magno de sanguine Regum
    Edite Francorum, verus Apollo nouus.
Virgilium facies Gallum Flaccumque renasci :
    Fallor ? an in BERTA natus uterque redit ?
Molis opus magnæ, magno qui versibus artis
    Dum canit, æquauit carmine materiam.
I. AURATUS *Poëta et interpres Regius.*

A MONSIEUR DU BARTAS

Que j'ayme à voir ces envieus,
Lesquels d'un cœur malitieus
Dessus toy vomissoient leur rage,
    Ores cognoistre leur erreur,
Non pas pour changer leur fureur,
Mais pour cognoistre leur dommage.

Leur cœur tout gros d'ambition,
Et de folle presumption
D'estre premiers en suffisance,
    N'a peu ta gloire authoriser
Mais en te voulant mépriser,
Ils ont presché leur ignorance.

Tout le monde honore tes vers,
Leur envie court l'Univers
Qui noircist toute leur memoire.
    Les plus sçavans, en te vantant
Vont leur envie detestant
Qui vouloit étoufer ta gloire.

Mais ton ouvrage durera
Autant que le monde sera,
Malgré eus, malgré leur envie ;

Ayant recerché la vertu,
Par un chemin jamais batu
Digne d'eterniser ta vie.

Car tes vers forgés dans les cieus
En reviennent audacieus,
Armés de Diamant si ferme,
Qu'ils sont à l'espreuve des ans,
De l'envie, et des mesdisans
Jusqu'à la fin, et dernier terme.
Le Baron de SALIGNAC[1].

A MONSIEUR
DU BARTAS.

Qui blasme tes vers, envieus
Sa propre honte se pourchasse :
Comme en crachant contre les Cieus
On crache sur sa propre face.
C. DE THOUART[2].

---

1 Il s'agit de Jean de Gontaut Biron, baron de Salignac, chambellan du roi de Navarre et gouverneur du Périgord. C'est par erreur que Holmes (t. 1, p. 196) le confond avec Bertrand de Salignac de La Mothe Fénelon. On désignait couramment le premier comme « baron de Salignac » et le second par son nom de « Fénelon » (voir Théodore de Gontaut Biron, *Correspondance diplomatique de J. de Gontaut Biron*, Paris, Champion et Picard, 1888, Préface, p. VI, n. 2). Voir aussi les *Mémoires-Journaux* de L'Estoile (décembre 1580), éd. Brunet *et al.*, Paris, 1880 ; reprint Tallandier, t. I, 1980, p. 378.

2 Cette simple signature du quatrain « C. de Thouart » apparaissait déjà dans un sonnet postliminaire offert en 1582 à Pantaleon Thevenin pour son commentaire de l'*Hymne de la Philosophie* de Ronsard, enrichi des « lieux les plus insignes de la divine *Semaine* ». On la retrouvait à la suite de deux sonnets liminaires de la réédition de *La Seconde Semaine* en septembre 1584, peu de temps avant la publication du *Brief Advertissement* : le premier, dédié à Pierre Delbene, s'intitulait « Sonnet de la calomnie » et le suivant, sans titre, célébrait « le feu divin » qui inspirait Du Bartas. Dans cette série de liminaires de *La Seconde Semaine*, C. de Thouart était entouré de noms plus célèbres : Pierre Delbene, Jean Dorat, Henri Estienne, Federic Morel. Dans sa *Bibliothèque poétique*, Jean Paul Barbier semble l'assimiler à Claude de Thouars, duc de La Tremoïlle, tout en s'étonnant « qu'un si grand seigneur soit appelé fort simplement "sieur de Thouart" » (en fait : « De Thouart », sans la mention du mot « sieur », effectivement dévalorisant), et il se demande s'il ne faut pas attribuer cette désinvolture « à l'ignorance des libraires qui réimprimaient ces œuvres sans autorisation » (*Ma Bibliothèque poétique*, Genève, Droz, IVe partie, tome I, 1998, p. 63, n. 67). Mais Pierre L'Huillier, l'éditeur, imprimait *La*

A MONSIEUR DU BARTAS,
SUR SA PREMIERE ET Seconde Semaine.

Quel esprit tout nouveau domine ce prophete ?
Quelle estoille conduict ce divin interprete
Par ces nouveaux sentiers ? Qui le ravit aux cieux
Laisse-terre, air-perçant, cerche-ciel, aime-dieux,
Pour ores bien-heurer les hommes miserables,
Hommes vains, hommes serfz, terre-nez, ayme-fables,
Du non jamais ouy de ses celestes sons,
Et du non jamais veu de ses sainctes chansons ?
Prophete bien-heureux, que le grand tout-domine,
Grand ouvrier, grand moteur de la grande machine
A seul voulu, choisi, destiné, appellé,
Pour dignement chanter son palais estoillé
Sa terre jette-fruictz, sa mer cache-baleines,
Son air serre-nuée, et ses vents soufle-plaines ;
Et bref pour eslever sur ton sage discours
L'ouvrage sans travail du travail des sept jours.
Sotz espritz, qui depuis ce subject si fertile
N'avez rien fait esclorre à vostre ame gentille
Que des vers pleins de ventz, enflez de vanitez,
Ensorcellez d'amours, yvres de voluptez,
Ridicules vanteurs de quelque sotte idée

Seconde Semaine avec un privilège du roi, donc avec autorisation. Il n'en est pas moins vrai que la simplicité de la signature est déconcertante, au point qu'on peut se demander s'il ne s'agit pas d'un autre Thouart, un inconnu présenté comme « auteur de plusieurs sonnets, v. 1582-1586 » par le *Dictionnaire des Lettres françaises. Le XVI*[e] *siècle* (Paris, La Pochothèque, 2001, p. 1125). Toutefois, on peut observer qu'à la page précédente la signature du Grand Prieur de France, autre très grand seigneur, est elle aussi toute simple : « D'Angoulesme ». Ce n'est pourtant pas la seule difficulté : il y a l'âge du personnage. Dans ses *Mémoires*, Sully écrit que Claude de La Tremoille, duc de Thouars, mourut de la goutte en 1604 à l'âge de 34 ans, ce qui en 1582-1584 en ferait un très jeune poète ; en revanche le père Anselme le fait naître en 1566 (*Histoire généalogique et chronologique*..., Paris, 1728, t. 4, p. 170-171), ce qui rend l'identification plus plausible. Enfin, complication supplémentaire, il ne semble pas avoir laissé le souvenir d'un lettré raffiné si l'on en croit Pierre de L'Estoile, qui note en décembre 1604 qu' « en ce mois, mourust à Thouars le seingneur de La Trimouille, Duc et Pair de France, grand seingneur et grand terrien, et hors cela (dit quelcun) *rien* » (*Mémoires-journaux*, éd. citée, t. 8, 1982, p. 171). Sur ce personnage, voir la notice de Jacqueline Boucher, in *Histoire et dictionnaire des guerres de religion*, Laffont-Bouquins, 1998, p. 1022.

De qui vostre sotte ame est sottement guidée,
Où aviez vous les yeux, où vostre entendement,
Où estoit vostre esprit, où vostre jugement,
Que vous ne choisissiez ce subject memorable,
Ce discours eternel, ceste histoire admirable,
Pour rendre à ce grand Dieu les condignes escritz
Que requeroit le don de si rares espritz ?
Las ! c'est le premier pas, c'est la porte premiere
Où vous entrez, entrans dedans ceste lumiere,
C'est le premier éclair dont vous est' éclairez :
C'est le premier honneur dont vous est' honorez :
Et toutesfois, grossiers, vous n'avez sceu comprendre
Le beau de ce subject, vous ne l'avez sceu prendre
Pour immortaliser de son suc immortel
Le vers terre-rampant de vostre esprit mortel.
Mais c'estoit le fort doigt du grand darde-tonnerre,
Croulle-ciel, transperc'-air, donte-mer, frappeterre,
Qui jadis escrivit en son secret fatal,
Et fit enregistrer en son divin journal
Qu'aux plus derniers des temps un esprit debvoit naistre,
Qui les premiers des temps feroit comme renaistre
Aux hommes ignorans, et seul digne seroit,
Qui ce digne suject dignement chanteroit.
C'est toy mon cher BARTAS, dont l'ame saincte et belle,
S'esleve hautement jusqu'au ciel port'estoille,
Pour y chanter les feux que ses doitz ont posez
Dans son azur vousté, qu'ilz y ont disposez
En mille et mille endroictz, et la divine flamme,
Qui les cœurs Dieu-servans divinement enflamme.
Je voy un char brulant flamber de toutes partz,
Rayonnant mille feux, mille traits, mille dardz,
Que quatre grands coursiers sonne-pieds, passe-nues,
Filz de vents, soufflefeux, aux aisles estendues
Levent pour t'enlever celebre, glorieux,
Comme un second Enoch jusqu'au plus haut des cieux.
Là, changeant de nature, eslevé, plein de gloire,
D'homme fait demy-Dieu, tu chantes la victoire
Qu'eut ce grand tout-vainqueur sur l'amas emmeslé

Du chaos filz confus de l'univers meslé ;
Separant le discord de ceste lourde masse,
L'eau du feu, l'eau de l'air, l'eau de la terre basse,
Le feu de l'eau, de l'air, du terroir porte-fruicts ;
L'air du globe terreux, du feu, de l'eau : Et puis
La terre de Thetis, de l'air, et de la flame ;
Chascun selon son corps, chascun selon son ame ;
Le grossier mis en bas, le subtil contremons,
Pour esprits, pour oyseaux, pour hommes, pour poissons.
  Puis enflant le haultain de ta docte trompette,
Grand chantre, grand sonneur, grand prescheur, grand prophete,
Tu chantes du haut ciel le feu, l'azur, l'esclair,
Tu sonnes les esclats, les trompettes de l'air,
Tu presches le divers, le grand, le variable
De la terre, et le bleu du large espouvantable.
  Et puis prophetisant d'un Dieu parlant-esprit,
Tout-divin, tout-sçavant, tout-diseur, tout-predit,
Tu fais conter au pere en sa cheute mortelle,
Despouillé du premier de sa gloire eternelle,
De noble fait vilain, d'honoré sans honneur,
Coulpable d'innocent, de libre serviteur,
L'ire de ce grand Dieu punisseur equitable`
Qui couvrira de flotz sa race abominable,
Soufflant dans le canal de son gozier ouvert
Le secret advenir à Dieu seul descouvert.
Apres, libre, courant dans la fertille plaine
Du monde dædalé, comme d'une fontaine
Tu jettes à bouillons du surjon de tes vers
Les faictz, les dicts, les meurs de ce grand univers,
Nous peignant et l'enfance et le fort de ce monde,
Et puis le declinant d'une main si feconde,
Qu'on juge aux doctes traitz de ta divine main
Que tu es maistrisé d'esprit autre qu'humain.
  Qui m'emplira les mains d'œillets, de lis, de roses,
D'un printemps renaissant de milles [*sic*] fleurs décloses,
De tout ce que le ciel en sa prime saison
Donne à Ceres de beau, d'odorant et de bon,

Pour le verser sur toy ? T'en faire une coronne,
Qui le front, les cheveux, les temples t'environne,
Comme d'un demi-Dieu ? Je t'esleve un autel
Où sans cesse on dira ton honneur immortel,
Ta gloire, ton renon, tes fameuses louanges,
Sainct esbahissement des nations estranges.
Venez vous, que le Dieu qui pousse brusquement
Vos cerveaux maistrisés d'un sainct estonnement
A sainctement enflez d'une fureur divine,
Pleins de vers le gosier, pleins de vers la poictrine,
Courez, chargez vos mains d'un renouveau de fleurs,
D'une Saba d'encens, d'une Cypre d'odeurs ;
Et versez sautelans sur les yeux, sur la teste,
Les mains, et les cheveux de ce sacré Poëte
Tous vos sacrez parfuns : Puis elevans vos voix
Faictes moy retentir les rochers et les bois,
Les antres, les vallons, les ruisseaux, les prairies,
Des fleurs de son sçavoir souëfvement fleuries
Du grand de son renom. Iô, soit renommé
Le seul chantre entre tous digne d'estre estimé :
Iô, soit eslevé en triumphe et en gloire,
Le seul digne sonneur d'emporter la victoire
Sur les chansons du monde : Iô, soit advoué,
Le seul digne sur tous d'estre de tous loué.
Quant à moy si j'ay rien merité de Minerve,
Si le Dieu de Patare encores me reserve
Quelque place de chantre en son temple sacré,
Par moy sera ton nom à jamais consacré
A l'immortalité, que le Dieu qui m'estonne
Le cœur de son ardeur, me promet et me donne :
J'empliray le haut ciel du grand de ton renom,
Je jetteray par l'air le fameux de ton nom ;
Je feray ton honneur voguer sur l'Amphitrite,
Et semeray hardi en terre ton merite.
Car c'est bien la raison qu'au nombreux de tes vers
Resonne tout le rond de ce grand univers,
Puis que tu l'as chanté, son feu, son air, son onde,

Sa terre aussi te chante, et de ton los redonde :
Et sa chaleur, son vague, et son large, et ses fruitz
Sont pleins de vers fruitiers que tu leur as produictz.

S. CERTON. C.H[1].

1 Salomon Certon naquit à Chatillon-sur-Loing, d'où le « Ch. » qui suit sa signature. Il était conseiller et secrétaire d'Henri de Navarre, et publia plus tard une traduction d'Homère. Il se distingua en composant des sonnets « lipogrammatiques » et des vers mesurés : voir l'article d'Eugénie Droz, « Salomon Certon et ses amis », in *Humanisme et Renaissance*, t. 6, 1939, p. 179-197, qui le présente comme un personnage sympathique, « dont la grande passion a été la poésie » (p. 195) mais qui n'en resta pas moins un médiocre poète (p. 182). La longue pièce qu'il offre à son ami Du Bartas, involontairement parodique à force d'imitation et d'admiration, ne dément guère ce jugement sévère.

[9]

BRIEF ADVERTISSEMENT

DE G. DE SALUSTE, SEI-
GNEUR DU BARTAS, SUR
quelques points de sa Pre-
miere et Seconde Semaine.

A Paris,
A l'Olivier de P. L'Huillier, rue S. Jaques
M. D. LXXXIIII.
Avec Privilege du Roy.

ADVERTISSEMENT
AU LECTEUR

Encore que je n'ignore pas combien malicieusement m'ont voulu traicter certains envieus, qui des rongneures de la reputation d'autruy pretendent d'accroistre[a] la leur ; et soubs un masque d'Aristarques[1] aspirent à la dictature perpetuelle, je ne diray pas tyrannie, sur les amateurs de lettres ; mon intention n'est pas pourtant (LECTEUR debonnaire) d'user icy de contr'invectives, et leur rendre injures pour injures. Ceste façon de proceder est non seulement indigne d'un homme Chrestien, ains trop mal seante à ma naturelle douceur ; et s'il m'est loisible d'ainsi le dire à mon accoustumee modestie. Je ne veux point nomplus m'amuser apres une prolixe Apologie : Car outre ce qu'assés de bons esprits s'offrent non seulement de me seconder en ceste querelle, ains d'en faire leur cause particuliere, j'ay tousjours pensé que certains coups s'evitent mieux en les eschevant[2] que parant. Parquoy il faut vaincre avec patience, et rebourser[3] par une muette taciturnité, l'envieuse malice de ceux qui ne jettent jamais l'œil sur les ouvrages de leur temps, que pour y mordre, s'ils y peuvent trouver à redire ; les examinant lettre à lettre, aulnant les syllabes, pesant les mots, contrerollant les points, et censurant les periodes : Tout ainsi que font les araignes et chenilles, qui des mesmes fleurs dont les abeilles elabourent leur miel, en composent un mortel venin[4]. Et pourtant je me contenteray pour ceste heure de vous resouldre quelques doubtes et scrupules, qui vous pourroient rendre paravanture mes petits poëmes moins agreables : et faisant comme une esplanade au devant, nettoier le chemin d'une partie des cailloux, mottes, et autres inegalitez qui vous pourroient faire broncher[5], de peur que ne voiant que par les yeux d'autruy fascinez d'envie, les choses ne vous paroissent d'autre sorte qu'elles ne sont : et finablement que vous embarquant de bonne foy sous un faux rapport, vous ne vous laissiez transporter[b] au

---

1 *Aristarques*, et plus bas *Zoiles et Carbiles* : noms de critiques sévères jusqu'à l'excès (les deux premiers, d'Homère, le dernier, de Virgile), employés ici par antonomase.

2 esquivant

3 prendre à rebours, repousser

4 Voir *Sepmaine*, I, 607-610, et *Seconde Semaine*, *L'Imposture*, 502b-503.

5 trébucher

courant de leurs mesdisances. J'escri donc à ceus qui se plaisent plus à aprendre que reprendre, et lesquels apres avoir mis plusieurs questions sur le bureau, prennent tres-volontiers raison en payement : non à un tas d'esprits brouillons et hargneus qui n'auroient point de honte de faire des Zoiles et Carbiles, si Homere et Vergile renaissoient avec leurs vers inimitables : Esperant quoy qu'il en soit, que le chant des rossignols se fera entendre parmi l'importun graillement des corbeaus, et facheus couassement des grenouilles. Les uns bronchans contre le premier sueil de ce bastiment, treuvent son titre bien estrange, mais ici je pourroi alleguer, que ceux qui sont acoustumez au langage du S. Esprit peuvent tesmoigner, que les Journees mystiques et Semaines prophetiques, ne sont mesurees par le cours ordinaire du Soleil, ains qu'elles comprennent souvent plusieurs annees et siecles. Mais pour toute replique, je les renvoie au dernier chapitre de la Cité de Dieu de S. Augustin, duquel j'ay pris et le titre, et l'argument, et la division de ce livre[1]. Et si ne doute pas que l'authorité de son texte, que j'ay attachée sur mon portal[c], ne me serve de sauvegarde ; pour le moins envers les hommes paisibles. Les autres en blasment la disposition ; et leur semble qu'il[d] y a des membres prodigieux : Mais dites-moy, où avés vous apris de juger de tout un Palais par son seul frontispice ? Je n'ay point encore jetté les fondemens des deux tiers de mon bastiment. Vous ne voyés que certaines murailles imparfaictes, et qui monstrent le dehors ; et les pierres d'attente pour se lier avec le reste de l'edifice. Toutesfois vous osez asseurer, qu'il n'y a nulle symmetrie, nulle correspondance, nulle proportion és quartiers de ce logis. Qui vous eust monstré la teste du grand Colosse de Rhodes separee du corps, n'eussiez vous pas dict qu'elle estoit espouventable, monstreuse, et desmesuree ? Mais qui vous eust faict voir ceste merveille du monde debout, et toute entiere vous eussiez (comme j'estime et l'occasion y est d'ainsi le croire) confessé que Chares[2] avoit exactement observé une juste dimension en tous les membres d'une si grande masse. Les autres ne s'eslongnant gueres de ceus ci m'accusent, ou que j'ay ignoré, ou que j'ay mesprisé les regles qu'Aristote et Horace proposent aux Poëtes Heroïques. Si je persistoy en ma negative, ils seroient peut estre bien en peine de prouver leur intention : mais pour leur oster tout

---

1 Le *Brief Advertissement* porte sur les deux *Semaines*. Il s'agit évidemment ici d'une défense de *La Seconde Semaine*. Voir S. Augustin, *Cité de Dieu*, 22, 30.

2 Le statuaire qui fit le Colosse de Rhodes.

scrupule, qu'ils apprenent de moy, que ma seconde semaine n'est (aussi peu que la premiere) un œuvre purement Epique, ou Heroïque, ains en partie Heroïque, en partie Panegirique, en partie Prophetique, en partie Didascalique. Ici je narre simplement l'histoire ; là j'émeu les affections : Ici j'invoque Dieu ; là je luy en ren graces : ici je luy chante un Hymne, et là je vomi une Satire contre les vices de mon age : ici j'instrui les hommes en bonnes meurs, là en pieté : ici je discours des choses naturelles, et là je loue les bons esprits. Que donques en une si grande nouveauté de sujet poëtique, une nouvelle et bisarre (puis qu'ils le veulent ainsi nommer) methode me soit permise. Et certes beaucoup d'hommes non moins clair-voyants que doctes, me tesmoignent ordinairement tant de vive voix, que par lettres, qu'en l'entresuite et liaison de ce Poëme reluist beaucoup plus de jugement, industrie et dexterité, que n'y treuvent ces malins Aristarques. Aussi de la sentence de ceux-là, plus doctes et moins passionnés Juges, leur auctorité ne me conseille d'appeller ; comme la congnoissance que j'ay de mon peu de sçavoir ne permet de m'y souscrire. Les autres pensent que j'ay recherché industrieusement plusieurs digressions et hors de propos pour faire une vaine parade de suffisance[1], et me rendre admirable au vulgaire. Ils couchent en ce rang les Furies, le Dialogue entre Sem et Cham[e], et tout le traicté des Colomnes[2]. Mais je desire qu'ils soient advertis que dorenavant j'entre en une si grande mer d'histoires, que je ne puis eviter, bien que je presse mes discours, et geine[3] mon stile, que je ne face de chacune des Journees suivantes quatre Livres assez grands : et que souhaitant (comme je le doy) qu'en toutes les parties de cest ouvrage il y ayt quelque proportion, j'ay esté contraint d'y raporter divers discours pour reparer les breches, et fermer les jours qui paroissent en la deduction des gestes avenus és deux premiers âges du Monde, où j'avoy, comme chacun sçait, bien peu de sujet : ce que sur tout je les prie et reprie de considerer. D'avantage puis qu'il est ainsi que la Poësie est une parlante peinture[4] ; et que l'office d'un

---

1 de compétence, d'habileté

2 Voir *Seconde Semaine*, Premier Jour (livre III) et Second Jour (Livres V [dialogue entre Noé et Cham, voir plus loin)] et VIII).

3 tourmente, travaille

4 « La Poësie est peinture parlante, et la peinture une Poësie muette », Plutarque, *Comment il faut lire les Poëtes*, 2, in *Œuvres morales et meslées*, Paris, Toussainctz du Bray, 1606, t. 1, p. 22. La formule, attribuée à Simonide, est reprise fréquemment au XVIe siècle (Del-Bene, dans son sonnet liminaire à Henri d'Angoulême, désigne les *Semaines* de Du Bartas comme un « parlant tableau du monde »).

ingenieus escrivain est de marier le plaisir au proffit[1] ; qui trouvera estrange si j'ay rendu le païsage de ce tableau aussi divers que la nature mesme ? et si, pour faire mieus avaler les salutaires breuvages que la saincte Parole presente aus esprits malades et fastidieus[f] de ce tems, j'y ay meslé le miel et le sucre des lettres humaines[2] ? Encore m'osé-je promettre, que s'il leur plaist prendre exactement garde non moins à l'œconomie et suite de mon livre, qu'à la nature de l'argument, ils jugeront que ces saillies ne semblent tant entees que nees avec le sujet. Car en premier lieu, le discours de mes Furies[3] qu'est ce autre chose que l'interpretation de l'horrible jugement prononcé contre l'homme au 3. Ch. de Genese ; lequel est esparsement estendu au long és livres des Prophetes et des Apostres ? Tellement que je puis en saine conscience asseurer que ce n'est point un destour, esbat, ou promenoir, ains le chemin royal par lequel bon gré mal gré il failloit que je passasse. Pour le regard des devis de Noé et de Cham, ceux qui sont du mestier entendent jusqu'où s'estend la discrete licence d'un Poëte, qui sur le pilotis de l'histoire asseoit beaucoup de circonstances vrai-semblables. Et qui croira que ce S. Patriarche ayt demeuré comme baillonné et muet plusieurs moys dans la prison d'une carraque ? Que s'il a discouru, n'est-ce pas des choses sainctes ? Et de quelles plus sainctes que de l'ire, et de la misericorde de Dieu ? veu mesmement que la frayeur presente, et l'esperance de la prochaine delivrance les devoit remettre à tous momens sur ce propos ? Quant à la description des Mathematiques que j'ay introduites au dernier chant, livre, ou traicté[4], qu'ils sachent que le simple recit de Moïse ne me fournissant assez de matiere pour en faire, suivant le general dessein de mon œuvre, la quatriesme partie de mon second Jour, j'ay esté contraint de recourir à la liberalité de Josephe[5] ; aux labeurs duquel toute l'antiquité a donné à bon droit un des premiers rangs apres les livres Canoniques et Hagiographes. Bref je ne presente point icy une confession de foy, ains un Poëme, que je pare autant qu'il le peut porter des plus exquis joyaux que je butine sur toutes sciences et professions. Et de vray je ne rougiray point en me ventant, que je n'ay

1 Topos horatien (*Art poétique*, 343).

2 Métaphore médicale prise de Lucrèce (1, 936-942) et devenue proverbiale. Voir Le Tasse, *Jérusalem délivrée*, 1, 3, 5-8.

3 Tout ce passage est une justification de *La Seconde Semaine*.

4 Dans *Les Colomnes*, à la fin du second Jour de *La Seconde Semaine*.

5 Flavius Josèphe, auteur des *Antiquités hébraïques*.

pas remply ceste crevasse de bloccage[1] ou de grossier tuf, ains des plus riches marbres qui se peuvent tirer és carrieres de la Mathematique ; j'enten de ceus qui peuvent souffrir les mollures[2] et fueillages poëtiques. Les autres au contraire se plaignent que la description du deluge, qui meritoit un volume entier ; et qui pouvoit recevoir beaucoup d'ornement et lumiere de l'oraison, a esté par moy trop escharcement[3] deduite en la derniere partie du premier jour[4]. A cela je respon, que si je l'eusse faict d'autre sorte, on eust remarqué en moy faute de jugement. Car en ce lieu là j'introduy Adam qui predit les choses à venir : Et chacun cognoist[g] combien la façon de parler des Oracles est communément briefve et obscure : en somme esloignee du stile du Poëte, qui trouvant un beau chemin se donne une longue carriere et s'atache bien souvent aus moindres circonstances des choses qu'il represente. Joint que les bons ouvriers à tous propos n'entassent point en un blot[5] tous les beaus traits et delicatesses qu'ils peuvent mettre en avant sur un mesme point. Ils le menagent bien mieus : car ils les esparpillent par ci par là pour tenir tousjours le lecteur en bonne bouche ; voire pour plus exciter d'admiration en parlant en certains lieus où on ne l'eut jamais esperé. Si tu ramasses en un corps ce que j'ay chanté du Deluge à la fin du troisiesme[6] jour de ma premiere Sepmaine, en cest endroit ; et au traité intitulé l'Arche[7], tu y trouveras dequoy apaiser ta soif. Les autres s'attaquent à l'obscurité, les autres à la rudesse de mes vers. Ici je les adjure au nom des sacrees Muses, qu'ils ne donnent point d'arrest contre moy, avant que d'avoir essayé de manier un sujet à peu pres semblable au mien. Non, non, je m'assure que la seule apprehension du futur travail causera en la pluspart d'iceux une froide sueur ; et le moindre essay servira d'un bouton de geine[8] pour arracher de leur bouche ceste confession, qu'une infinité des points des Mathematiques, Metaphisique, Medecine, et Theologie Scholastique espandus dans mes livres, ne pouvoient estre couchez en carmes gueres plus clairs, ny plus dous. La

1 de pierraille
2 moulures
3 chichement
4 Au livre IV, *Les Artifices*, v. 693-726.
5 bloc
6 Erreur (répétée dans les rééditions) : c'est à la fin du Second Jour que *La Sepmaine* évoque longuement le Déluge.
7 *Seconde Semaine*, 2e Jour, livre V.
8 instrument de torture, de supplice (voir *Seconde Semaine*, *L'Imposture*, v. 449).

grandeur de mon sujet desire une diction magnifique, une phrase haut-levee, un vers qui marche d'un pas grave et plein de magesté[1] : non errené, lâche, effeminé[h], et qui coule lascivement ainsi qu'un vaudevile, ou une chansonnette amoureuse. Mais pour me conveincre de l'un ou de l'autre erreur, ils alleguent ce carme[i], *Le champ plat, bat* etc. Item cestui-cy, *Bruyant errant*[2]. Avec les deus ou trois precedens. Mais (ô bon Dieu) ne voyent ils pas que je les ay faits ainsi de propos deliberé, et que ce sont deus Hypothyposes, dont l'une exprime la course d'un cheval ; l'autre le bruit d'une charrette d'acier, que je fai rouler sur un pont de fer, à l'imitation de celle de Salmonée[3]. Les autres m'objectent, l'affectation des mots nouveaus, et le trop frequent usage des Epithetes composés. Je ne suis point de l'opinion de ceus qui estiment que nostre langue soit il y a desja vingt ans parvenue au comble de sa perfection ; ains au contraire, je croi qu'elle ne fait que sortir presque de son enfance. De sorte qu'on ne doit trouver mal seant qu'elle soit suivant le conseil d'Horace[4] enrichie, ou par l'adoption de certains termes estrangers, ou par l'heureuse invention des nouveaus. Vraiement je n'ay point souvenance[j] d'avoir en toute cest' œuvre derniere donné lettres de naturalité à pas un mot estranger ; car *Alme, Isnel, Quadrele*, et semblables sont assez familiers à ceus qui m'ont devancé ; seulement ay-je fait de quelques noms qui sont vraiment François, des verbes, comme de *Limaçon, limaçoner* ; de *Dædale, Dedaler*[5], etc. Ou bien pour augmenter la signification, et representer plus au vif la chose, j'ay repeté la premiere syllabe du mot : comme *pe-petiller, ba-battre*[6]. Et quant à la composition des mots, nostre langue a une tresgrande conformité avec la Grecque ; ainsi que quelques hommes doctes de nostre âge l'ont bien verifié[7] : Si bien qu'elle n'est moins capable de cest ornement que sa seur, ou (comme aucuns le veulent) que sa mere. Ha, que les Italiens qui plaident avec nous le pris de l'eloquence, voudroient que nostre langue se passast de ce riche

---

1 Voir sonnet liminaire de Del-Bene au Grand Prieur, célébrant Du Bartas « Qui un suget si haut chante d'un si haut stile » (*supra*, p. 445).

2 *Seconde Semaine, Les Artifices*, v. 398, puis *Les Furies*, v. 238.

3 Salmonée, personnage mythologique, avait fait construire un pont d'airain où il faisait rouler un chariot imitant le bruit du tonnerre (voir *Seconde Semaine, Les Colonies*, v. 581).

4 *Art poétique*, 48-62.

5 *Seconde Semaine, Les Artifices*, v. 472-473.

6 *Seconde Semaine, Eden*, v. 677 ; *La Sepmaine*, V, 977, et VI, 665, *Seconde Semaine, Les Furies*, v. 627.

7 *Cf.* Henri Estienne, *Conformité du langage françois avec le Grec* (1565).

parement, duquel la leur ne se peult accommoder avec grace. Quoy ? voulons nous ceder aux Alemans, la langue desquels ne se glorifie à peu pres d'autre chose ? Mais il les faut, diras-tu, semer avec la main, non avec le sac ou la corbeille. Je confesse qu'en ma premiere Semaine ils sont fort espais, et que bien souvent on en lit sept ou huict à la file[1] : Toutesfois je pense ne l'avoir fait sans cause ; car aiant à traicter par occasion, de la nature de toutes les choses qui sont au monde, afin qu'avecques plus grand ravissement le Lecteur apprehendast l'infinie sagesse de l'ouvrier, mon livre eust esté aussi grand que le monde, si je n'eusse trouvé des adresses et sentiers pour parvenir bien tost où je vouloy. Or qui est celuy qui ne cognoisse bien qu'un Epithete composé m'espargne tout un vers, et quelquefois mesme deux ? En ceste-cy d'autant que l'argument ne m'y convioit point, j'en ay bien usé plus sobrement : De maniere que quelquefois tu courras trois cens vers, sans en rencontrer un seul. Bien est vray qu'en certains endroits, où le genre demonstratif a plus de lieu, c'est à dire que je loue ou blasme avec quelque vehemence, tu en trouveras cinq ou six de rang ; ce que j'ay osé à l'imitation d'Orphée, d'Homere, et de Marulle, les Hymnes desquels en sont tous farcis[k]. Et ce que plus me contente, c'est que les sçavans me font entendre, que si on les veut bien et soigneusement examiner, on en remarquera fort peu d'oisifs[2] : Dequoy tous les Poëtes qui sont renommez ne se peuvent pas vanter. On dit que les Lesbiens bastissoient de si bonne grace, qu'ils mesuroient leurs equierres et regles avec leurs murailles, et non leurs murailles avec leurs equierres et regles[3]. Certes ces beaus maçons n'ont trouvé que trop de singes parmy les Poetes : Car combien en voyons nous, qui accommodent les sentences aux motz, et non les motz aux sentences ? O qu'il est bien aisé à congnoistre quand quelque terme derobé, ou bien forgé avecques peine et de longue main, est tiré par les cheveus ; ou comme à grans coups de massue enfoncé en un lieu qui ne luy est point propre : où au contraire les termes rares et exquis coulent sans travail et sans art, voire insensiblement de la plume d'un excellent ecrivain : Car sa forte, vive, et profonde imagination luy produit sur le champ des mots non-vulgaires, pour marques et images

1 Sept épithètes composées dans l'hymne à la Terre de *La Sepmaine* (III, 851-853).

2 L'épithète *oisif* est l'épithète banale, l'épithète de nature.

3 *Cf.* Plutarque, *Comment on pourra apercevoir si on amende et profite en l'exercice de la vertu*, 2, in *Œuvres morales…*, éd. 1606, t. 1, p. 233.

vives de ces non-vulgaires conceptions. Les autres disent que les rimes de Asses à Exes ; de Nue à Veue[1] ; et autres de pareille façon sont licentieuses, et offençant les aureilles vraiment Françoises[l] : J'avoue bien qu'elles ne sont pas riches, mais outre qu'elles sont rares ; que les plus renommés entre les nostres en ont usé ; qu'en un si grand ouvrage quelque chose doit estre permise ; et que ceus qui sont bien versez en la leçon de mes escrits, sçavent combien ailleurs je suis religieus observateur des cadences, et fraternitez des mots qui se rencontrent à la fin des carmes[m]. Je promets d'escouter, caché comme un Appelle derriere mon tableau[2], l'avis de tous, et me conformer à celuy des plus doctes. Les autres voudroient que ces mots de Flore, Amphitrite, Mars, Venus, Vulcan, Jupiter, Pluton etc. fussent bannis de mon livre. Ils ont de vray quelque raison ; mais je les prie considerer que je les ay clair-semez ; Et quand j'en use, c'est par Metonymie, ou faisant quelque allusion à leurs fables : Ce qui a esté pratiqué jusqu'à present, par ceus qui nous ont donné des Poëmes Chrestiens. La Poësie est de si long temps en saisine de ces termes fabuleus, qu'il est impossible de l'en deposseder que pié à pié. Je lui ay donné les premiers Assauts ; quelque autre viendra qui luy fera quitter du tout la place : et interdira, comme parlent les Jurisconsultes, à ces monstreuses bourdes[3] et l'eau et le feu[4]. Voy un peu, ô bien-aimé Lecteur, où l'amour de mon ouvrage m'emporte : Je congnoy bien que je dements ma promesse, et si ne puis imposer silence à moy-mesme. Pour conclusion donques je te suppplie balancer sans passion ces raisons : Et lisant mon Livre te souvienne que je suis homme, voire des moindres hommes ; et par consequent sujet à beaucoup d'infirmités, et ignorances. J'ay seulement cest avantage sur la plus part de ceus qui courent en mesme lice avecques moy, que je ne mets point en œuvre des pierres fausses, et contrefaictes, ny des hapelourdes[5] comme plusieurs ; ains de vrais diamants, rubys, esmeraudes, prises dans le sacré cabinet de l'Escriture : Et que je contribue ce peu que Dieu m'a donné, à la structure de son

1 Quelles sont ces rimes « licentieuses » qui vont « de Asses à Exes » ? Sans doute les rimes « Ixie/hydropisie » et « Anorexie/Bradypepsie » des *Furies*, v. 149-150 et 409-410, qui disparaissent des éditions postérieures ; voir la variante) ; et, pour « Nue/Veue », *L'Arche*, v. 433-434 (réécrits sur une nouvelle rime dès septembre 1584).

2 Pline, 35, 84.

3 inventions, imaginations

4 Voir *supra*, p. 439, n. 3.

5 pierres fausses dont l'aspect est trompeur

sainct tabernacle. Or je le prie, que tout ainsi qu'il remplit l'esprit de Bezebeel[n], et d'Oliab[1] de sapience et d'intelligence, il guide desormais ma plume, et face clairement cognoistre que c'est luy qui m'a mis en besoigne : Auquel soit louange, honneur, et gloire à jamais.

1 Constructeurs du Tabernacle, Ex 31, 1-11.

VARIANTES
DU *BRIEF ADVERTISSEMENT*

Les variantes sont prises sur l'édition posthume R. et D. Du Petit-Val, Rouen, 1616. Celles de 1584 signalent des coquilles corrigées. Ne sont pas prises en compte les différences de ponctuation ni les différences orthographiques ne modifiant pas le sens (finalement/finablement, craillement/graillement, assied/asseoit...)

[a] *1616* pretendant accroistre

[b] *1584* transporrer

[c] *1616* et si ne doute pas que l'authorité de son texte ne me serve de sauvegarde.

[d] *1584* qn'il

[e] *1616* le dialogue entre Adam et Cham

[f] *1616* malades et degoustez

[g] *1616* sçait

[h] *1616* non esrené, non lasche, ny effeminé

[i] *1616* ce vers

[j] *1584* souverauce

[k] *1616* tout pleins. Et ce qui

[l] *1616* Les autres disent que j'ay des rimes licentieuses et offençant les aureilles vrayment Françoises.

[m] *1584* qui se rencontrent à la fin des carmes, Je promets

[n] *1616* Bezeleel

INDICE II[1], CONTE-
NANT LES PRINCIPALES
matieres traitees en la sepmaine de G. de Saluste, sieur du Bartas.

Les nombres renvoient aux pages.

1 À la suite de *La Sepmaine*, le volume publié en 1581 à Genève contenait non seulement l'« Indice » de Simon Goulart (voir notre volume II) mais, à la suite de celui-ci, un « Indice II » qui était en somme l'*Index rerum* du poème de Du Bartas. C'est ce texte que nous donnons ci-après, avec renvois à la pagination originale qui figure entre crochets dans les marges des sept Journées.

GLOSSAIRE

Pour certains emplois la référence au texte est précisée entre parenthèses : dans ce cas, les chiffres romains renvoient au numéro de la Journée, les chiffres arabes au numéro du vers.

Aage. Époque, ère, saison. Vie durée. Âge.

Abayer, Aboyer. Récriminer, injurier vainement (II, 798). Réclamer (V, 897). Mugir (III, 58, 746). **Abois**. (Fig.) Menaces, attaques.

Abismer, Abysmer. Engloutir, couler, sombrer.

Abuser. Tromper.

Aceré. D'acier.

Acertener. Assurer, donner comme certain.

Ache. Plante (voisine du persil) dont on couronnait en Grèce les vainqueurs des jeux néméens, symbole de gloire à l'instar du laurier (VI, 211).

Acoiser. Apaiser, calmer.

Ac(c)ort. Avisé, intelligent. – **Accortement**. Habilement, de manière avisée.

Acquerre. Acquérir.

Acravanter. Briser, écraser.

Adextre. Adroit. *Le cheval adextre* (VI, 189). bien dressé.

Adonc, Adonque(s). Alors.

Affetté. Maniéré, raffiné à l'excès. *Affeté de* : épris, entiché (II, 211-212).

Affubler. Vêtir, revêtir.

Affuster. Disposer, poster à l'affut, diriger.

Aheurter (s'). S'obstiner, s'entêter contre une difficulté, s'acharner (III, 176).

Aiguille. Boussole (V, 179).

Ainçois. Mais, au contraire, ou plutôt.

Ains. MAIS. – Ains que. AVANT QUE.

Ainsi que (Tout). De sorte que, si bien que.

Aise. Bonheur, bien-être. Avec bonheur, avec plaisir (V, 875).

Ais, Aix, Aiz. Planches.

Ajourner. Convoquer.

Alge. Algue.

Al(l)umelle. « Fer delié et plat qui fait le tranchant ou la lame des épées, couteaux, poignards etc. » (Furetière).

Alme. Nourricier, bienfaisant.

Aluine. Absinthe.

Amarri. Matrice, entrailles.

Amortir. Éteindre (VI, 1041).

Anet. Aneth, fenouil.

Antimoine. « Métal d'un blanc bleuâtre avec lequel on prépare l'émétique » (Littré).

Antiperistase. « C'est un mot Grec, lequel signifie contraire circonstance » [S.G.], révolution. « A mutuall, or generall cohibition, compression, or repulsion of humors, etc., whereby they become the stronger, and the more strongly possesse the parties they are in » [Cotgrave] (II, 439).

Apostume. Abcès.

Appareil. Mise en place, organisation, préparation (VII, 119). Instrument (VII, 226).

Apparesser. Rendre, ou devenir, « paresseux », inactif.

Appellé. Provoqué en duel, défié.

Apointer. (Terme jurid.) Régler une affaire (II, 293).

Arbre. Mât (I, 211). Croix (V, 774).

Arcade (En). En cercle, courbé, incurvé.

Arceau. Arc. – **Archerot**. Petit archer (Cupidon).

Arche. Arc, voûte, sphère.

Archifs. Archives.
Ardant, Ardent. Brûlant, de flamme, en feu. Luisant (II, 874 ; IV, 180 ; V, 735 ; VI, 969). Illuminé (V, 995).– **Ardemment**. De façon brûlante, dans un embrasement. – **Ardre**. Brûler.
Arene. Sable, plage.
Areste. Barbe (de l'épi).
Argument. Sujet, motif.
Armet. Casque, heaume.
Arondelle. Hirondelle.
Arpent. « Ancienne mesure agraire qui contenait cent perches carrées », variable selon les provinces. « Les arpents les plus usités étaient celui de Paris, qui valait environ un tiers d'hectare, et celui des Eaux et Forêts, qui valait un demi-hectare, à très peu près » [Littré].
Arre. Gage, garantie.
Arrogance. Présomption. – **Arrogant**. Orgueilleux.
Art (pl. **Ars**). Technique, métier, habileté. Procédés techniques (I, 589). Artifice (II, 1016). Arts libéraux (I, 156). Activité (II, 10 ; VI, 625).
Artifice. Art, métier, habileté à fabriquer.
Asseurance. Certitude, conviction. – **Asseuré**. En sécurité, sûr. Infaillible (IV, 648). – **Asseurer**. Donner l'assurance de (I, 343). Abriter (II, 680). Déterminer (V, 614). – **S'asseurer**. Être bien sûr, bien convaincu.
Assez. Pleinement, fortement. Très, beaucoup.
Assiette. Position, situation. – **Assis**. Posé, placé.
Astrer. Orner, remplir d'astres ; transformer en astre. *L'astré firmamaent* (III, 135), *la Province astrée* (V, 1000) : le Ciel.
Attenter. Entreprendre.
Attiffer. Vêtir, parer.
Attrait. Force d'attraction. *D'un attrait sans attrait* : d'une force d'attraction qui s'exerce sans moyen matériel (III, 796).
Aucunement. D'une façon ou d'une autre, sensiblement, quelque peu.
Aulner. Mesurer.
Autant. *D'autant que* : parce que.
Aure. Vent léger.
Austre. Auster, vent du midi.
Avaler. Abattre.
Avancé. Rapide (IV, 47).
Avant-courriere. Annonciatrice.
Avare. Avide, cupide ; attaché aux biens matériels. Qui signale la cupidité (II, 265). Peu généreux (II, 388). Amassé avec cupidité (III, 969). Qui protège bien ce qu'il contient (II, 693). – **Avarement**. Avidement, avec jalousie, cupidement.– **Avarice**. Cupidité, arrière-pensée intéressée, attachement aux biens matériels.
Aventure, Avanture (A l'). Au hasard.
Avient. Advient.
Avitailler. Ravitailler.
Aviver (S'). Prendre vie (I, 300)

Bailler. Confier, donner.
Balancer. Équilibrer (IV, 236). Hésiter (IV, 651).
Bal(l)er. Danser. Tourner (III, 171).
Baloyer. Balayer, nettoyer, éclaircir.
Bande. Troupe, escorte, groupe (d'animaux). *Bandes ailees* : armées des anges (I, 388). *Apostate bande* : armée des démons (I, 667). *Chere bande* : les Muses (VII, 713).
Barbe. Cheval de selle, de race orientale.
Barbotez. Barbus.
Bassin. Plateau.
Bataille. Armée.
Baveux. Humide, liquide, marin (II, 1140 ; IV, 440 ; V, 86, 218). Écumant (VI, 280). Pulpeux (V, 218). – **Baveusement**. En s'épandant, en débordant (III, 32).
Becqueter. Tourmenter
Bellement. Lentement, doucement.
Benin. Bienfaisant, bénéfique.
Bercail. Troupeau.
Bers. Berceau.
Besongne (En). Au travail (VI, 382). – **Besongner**. Travailler.
Bessons. Jumeaux.
Biais. Oblique. – **Biaisement**. En biais, obliquement. – **Biaiser**. Parcourir en tous sens.
Bien-heurer. Rendre heureux.
Bievre. Castor.
Bigarre. Sens moderne. Bizarre (VI, 952). – **Bigarrer**. Colorer.
Bisarre. Bigarré, vivement coloré (I, 749 ; II, 282, 721).

Biset. « Pigeon sauvage de couleur grise » [Littré].
Bitum. « Bitume. Substance combustible, qui est liquide, huileuse, ou solide et noire, et que l'on trouve dans le sein de la terre. [...] "Bitumen est une espece de poix, de laquelle on gresse les navires", Palissy » [Littré] (III, 291).
Blanc. Cible, le blanc qui marque le but.
Bled. Blé. – **Blediere**. Fertile, porteuse de blés, de moissons.
Blete. Chose sans valeur.
Blondoyer. Blondir, jaunir.
Bluete. Petite étincelle. – **Bluet(t)er**. Étinceler.
Bonnetades. Salutations, coups de « bonnet », de chapeau.
Bord. Rive, rivage ; limite, frontière (III, 443). *À bord* : abordons (VII, 713) ; au rivage.
Bouclé. Couvert comme de boucles.
Boulevar. Rempart.
Bouquin. De la nature du bouc, qui a des pieds de bouc, lascif (V, 60).
Bourgeois. Habitant, citoyen.
Bourreler. Supplicier.
Bourset. Étui (III, 711).
Boutees (À). Par poussées, par à-coups.
Braisillonner. Être embrasé.
Brandon. Torche, flambeau. Par ext., et fig. : astre, Soleil.
Bran(s)le. Mouvement. – **Branslement**. Mouvement. – **Bran(s)ler**. Bouger, agiter, remuer.
Brave. Noble, haut, ambitieux. – **Bravement**. Noblement, fièrement.
Brehaigne. Stérile.
Brescher. Ébrécher, griffer.
Bresil. Bois exotique, de couleur rouge.
Bricoler. Aller çà et là.
Bride (À toute). À toute vitesse.
Brillonnant. Très brillant. – **Brillonner**. Briller très fort.
Brisees. Sentiers, chemins.
Brocher. (Terme de métier) Passer l'or, la soie, dans un tissu.
Brosser. « Terme de chasse. Courre à cheval ou à pied à travers les bois les plus épais » [Littré] ; traverser les broussailles. *Brosser apres* : chercher à atteindre (VII, 505).
Broulees. Brouillards, vapeurs, écumes.
Brouillat, brouillas. Brouillard (II, 389 ; IV, 577). Troubles de la vue (III, 570).
Brouillez. Confondus.
Bruire. Faire du bruit. Voir **Bruyant, Bruyent**. – **Bruit**. Médisance.
Brusque. Brave, hardi, vif.
Brutal. Sauvage, non civilisé, peu raffiné ; animal.
Bruyant, Bruyent. De **Bruire**.
Buchon. Bûche.
Buriner. Imprimer (V, 780).
Bute. Cible.
Butiner. Se nourrir (II, 210). Prendre comme butin, recueillir (V, 676).

Çà-bas. Ici-bas.
Cabinet. Logement.
Cadene. Chaîne.
Caduc. Périssable.
Caimander. Quémander.
Camus. Au nez aplati ; au visage plat.
Cancre. Crabe (V, 72), écrevisse.
Captiver. Retenir (VII, 558). Soumettre (II, 92).
Carboucle. Rubis.
Carde. Piquant.
Cargue. Charge, assaut, attaque.
Carme. Vers, chant.
Carraque. Caraque, vaisseau portugais qui faisait le voyage du Brésil et des Indes orientales ; grand navire destiné aux longs voyages.
Carriere. Chemin, espace à parcourir. Course.
Cartel. Appel en duel.
Casanier. Qui ne sort pas, qui reste enfermé, qui réserve son activité.
Casse. (Adj. fém.) Lasse (IV, 22). – **Cassé**. (Adj. masc.) Brisé, épuisé (III, 527).
Casse. (Subst.) Cannelle (V, 568).
Cassidoine. Calcédoine.
Cataplasme. Calmant, protecteur.
Caterre. Catarrhe, au sens étymologique d'« écoulement » : « Flux morbide par une membrane muqueuse » [Littré]
Cauteleux. Trompeur, rusé.
Cavale. Jument. – **Cavalot**. Cheval, coursier.
Caver. Creuser, enfoncer. – **Cavé**. Souterrain (III, 128).

Celer. Cacher, dissimuler.
Celle. Cette.
Cendroyer. Réduire en cendres.
Centiesme. Au centuple (VII, 544).
Ceps. Sorte d'entraves, liens.
Cerceau. Plume du bout de l'aile, d'où par ext. l'aile entière, au propre ou au figuré (I, 118 ; II, 330 ; VI, 853).
Cercher. Chercher.
Cerne. Cercle, rond. – **Cerner**. Faire le tour de, entourer.
Certain. Fixé, déterminé. Sûr, infaillible, impeccable. Inévitable (II, 1119).
Cestuy, Cestui. Celui.
Chair. Viande (II, 774). Nourriture (V, 145). Peau (VI, 753). *(Baveuse) chair* : pulpe (IV, 440 ; V, 218).
Chaldee. Chaldéen, devin.
Chaleureux. (Sens matériel) Chaud (II, 326 ; IV, 661).
Chalumeau. Roseau ; par ext. : Tige.
Chambriere. Servante.
Champ(s). Campagne. Terre, pays. Étendue (II, 472 ; III, 11). *Mettre aux champs* : mettre en campagne, en service (III, 834 ; VII, 347).
Chandel(l)e. (Fig.) Lueur, lumière (III, 610). Astre (I, 116 ; IV, 66, 288, 403, 647).
Change. Changement, altération. Alternance, échange.
Chanson. Chant, poème.
Chanteresse. Chanteuse.
Chantre. Poète.
Charactere. Signe (V, 813).
Charitable. Affectueux.
Charmer. Ensorceler, apaiser par des procédés magiques.
Charmeresse. Qui a un pouvoir magique.
Charpenter. Construire.
Charte. Carte marine (III, 841). Dessin, tableau (V, 879).
Charton. Cocher.
Chatouilleux. Qui suscite la convoitise, l'envie (III, 771). Irrésistible (III, 943).
Chef. Tête. Sommet. Parfois sens moderne.
Chenu. Blanc.
Cherement. À grand prix.
Chet. Voir **Choir**.
Chetif. Misérable, captif.
Chevestre. Licou, harnais.
Cheveux. Céréales, récoltes (VI, 672).
Chevron. Pièce de bois de charpente (III, 490).
Choir, chet, cheut, cherront. Tomber, tombe, tomba, tomberont.
Choper. Buter, trébucher (propre et fig.).
Choquer. Frapper, heurter.
Christal, Chrystal. Eau (III, 65, 114, 122 ; VII, 175). Le minéral (III, 758). – **Christalin**. En cristal (II, 55).
Ci-devant. Auparavant (III, 29).
Cil. Celui.
Cindrer. « Disposer en cintre, en rond » (Huguet).
Circoncis. Oriental, sémitique, musulman. *Du peuple circoncis* : des Turcs (II, 438).
Citadin. Habitant.
Cité. *Ronde cité* : monde (I, 162). *Commune cité* : patrie (VII, 668).
Citer. Appeler à comparaître (devant un tribunal) (I, 405).
Citoyen. Habitant.
Cizeler. Couper comme avec des ciseaux.
Clapier. Trou, cavité, souterrain.
Clepsydre. Réservoir d'eau, citerne pour les jardins : « A Gardener's watering pot » [Cotgrave] (I, 330).
Climat. Sens étymologique, obliquité d'un point de la terre par rapport au soleil (III, 841). Lieu, pays (V, 394).
Clos. (Subst.) Enceinte, lieu fermé. – **Clo(s)t**. (Verbe) Enclôt, renferme.
Clissé. D'osier tressé.
Coche. Voiture, char.
Cocu. Coucou.
Cœur. Courage.
Co(g)noistre, Co(g)noit, co(g)noissant, conu, conut. Connaître, connaît (reconnaît : VI, 395), connaissant, connu (reconnu : VI, 395), connut.
Col. Cou.
Colere (adj.), **coleré**. En colère, courroucé.
Combien que. Bien que, alors que.
Combourgeois. Concitoyen.
Commande. Amarre (VII, 714).
Comme. Comment (II, 265, 267, 414 ; VII, 73, 75, 77, 79, 279).
Commerce. Relations sociales.

Commettre. Confier.
Compas. Science, discernement. Instrument, appareil de mesure (II, 740 ; III, 433 ; IV, 204). *Par compas* : avec mesure, avec discernement (III, 513 ; VI, 921).– **Compasser**. Mesurer, régler.
Conception. Idée, pensée (VI, 627). – **Conçu**. Imaginé, prévu (V, 795).
Concile. Conseil, consultation.
Congé. Permission.
Conseil. Projet, décision. Préparatif, précaution (VI, 159).
Conter. Compter. (Les deux orthographes sont constamment confondues au XVIe siècle.)
Contre-carre (En). En opposition radicale (terme de jeu).
Coquiller. Donner une forme de coquille, enrouler.
Cor. Trompe (instrument de musique).
Cordeau. Corde.
Cordelle. Petite corde.
Corbeures. Courbures.
Corps. Groupement, ensemble.
Corselet. Cuirasse.
Costaut, cousteaux. Coteau(x).
Coup. *À ce coup* (VI, 61) : alors.
Coupeau. Sommet.
Courage. Cœur.
Courauls. Coraux (= lèvres) (VI, 572).
Courre. Courir.
Cours. Course, mouvement.
Courtine. Tenture, rideau (de lit).
Cousteau. Coteau (III, 485).
Coutre. « Grosse plaque de fer tranchante attachée à un des costés de la charrue pour fendre et verser la terre » [Furetière], c'est le versoir. Voir **Tirasse**.
Couvoiteux. Envieux, cupide.
Coy. Tranquille. *À pied coy* (VI, 88) : sans éperons.
Craqueter. Faire craquer, claquer. Se dit aussi du cri de certains animaux (IV, 175).
Creance. Croyance, crédit.
Crespe. Sorte d'étoffe, tissu, toile.
Cresté. *Peuple cresté* : volaillles de la basse-cour.
Crin. Chevelure (II, 636, 1084). Fibre (V, 889). Pelage (VI, 378).
Croc. Crochet. – **Croche**. Crochu.
Crou(s)ler. S'écrouler, s'effondrer. Hocher (V, 15). S'agiter, se remuer (VII, 487).
Croupe. Colline, montagne, hauteur (III, 750).
Cru. *De ton cru* (VI, 307) : de tes ressources propres.
Cuider. Penser (souvent à tort), croire, juger.
Curieux. Soigneux.

Dam (À nostre). Pour notre dommage, pour notre préjudice (III, 767).
Dard. Flèche, arme, épée.
D'autant, dautant. D'autant, autant.
Debat. Dispute, contestation.
Decevoir. Tromper, duper. – **Deceveur**. Trompeur.
Defaut. Manque, carence, défaillance.
Degaster. Dévaster.
Degouter. Tomber comme des gouttes, verser (I, 505). – **Degoutant**. Dégouttant d'eau, tout mouillé, ruisselant (V, 23, 105).
Degréz. Marches, escalier (VI, 801).
Dehors. Hors de (VI, 809).
Delà. Plus loin (III, 502).
Delascher. Lancer.
Demeurance. Demeure, séjour. – **Demeurant**. (Subst.) Reste.
Denoncer. Annoncer.
Dents. Défenses (VI, 70).
Dentelé. Denté. – **Denteler**. Découper en forme de dents.
Departir. Séparer, partager. Accorder. Répartir.
Deportement. Comportement, conduite.
Deputé. Envoyé.
Dequoy. Pourquoi, par laquelle (II, 774).
Desanchrer. Lever l'ancre.
Desbagoulé. Défait, emmêlé.
Desbander (Se). Se détendre ; déferler (II, 589).
Desbauché. Détourné de son travail, de ses obligations (III, 364).
Desbord. Grossissement, renflement, débordement. – **Desborder (Se)**. (III, 190). Être soumis à la marée (III, 190).
Desgoiser. Chanter.
Deshonnorer. Détruire ce qui fait la beauté, le prix, la gloire.
Desireux de. Regrettant (VI, 273).

Deslacer, Deslasser. Détacher.
Desmarer. Partir, démarrer (antonyme d'*amarrer*).
Desopiler. (Terme médical) Déboucher, dégorger.
Despendre. Dépenser, passer.
Despiter. Mépriser. – **Despiteux**. Qui pousse à mépriser, à se détacher.
Desplaisir. Chagrin violent, profonde tristesse.
Desrober. Cacher, dissimuler.
Destourbier. Souci, tracas.
Destrier. Cheval de bataille.
Destroit. Défilé.
Detenir. Retenir (III, 200 ; VI, 372).
Detraquer (Se). S'écarter, se dévier (VI, 900).
Devalé. Tombé, descendu.
Devant. Avant, auparavant (V, 518, 806 ; VII, 129).
Devot. Dévoué.
Dextre. Main droite ; main ; droite. – **Dextrement**. Adroitement.
Diadesme. Couronne.
Diamantin. Dur comme le diamant.
Diane. Battement de tambour indiquant le réveil aux armées (III, 941).
Die. (Subj.) Dise.
Diete. Régime.
Dieutelet. Tout petit dieu (II, 4).
Diligenter. Hâter (III, 145 ; VI, 897).
Directe. « Terme de féodalité. Droit d'un seigneur sur le fonds qui relevait de lui en fief... » [Littré].
Discourir. Aller et venir (II, 661). Se développer, se répandre (II, 475). Réfléchir, revenir sur (I, 292 ; VII, 329, 442, 704). Raisonner (VI, 919, 988). – **Discours**. Raisonnement, réflexion, composition libre. Parfois sens moderne.
Disert. Éloquent.
Divers. Varié, contrasté (VII, 1). Poussé en tous sens (II, 277, 992). Différent (III, 88 ; IV, 781 ; V, 561). – **Diversité**. Opposition, contradiction (VII, 667).
Docte. Savant ; qui dispense le savoir ; qui rend savant.
Doctrine. Leçon, enseignement (VII, 409, 516, 681). Science, savoir (II, 31, 1026).
Donray, Donroyent. Donnerais, donneraient.
Dos. Surface. Bosse, courbure, sommet (III, 23, 139).
Doûillette. Tendre.
Doute (Sans). Sans aucun doute, à coup sûr.
Drap. Toile. – **Drapeau**. Vêtement.
Dueil. Douleur.
Doux-flairant. Qui a une odeur douce, agréable.

Eclipser. Disparaître, mourir (IV, 429).
Eclouer (s'). Se clouer.
Effect. Conséquence, résultat. Manifestation. Vertu. *Mettre en effet* : réaliser, accomplir (I, 688).
Efficace. (Subst.) « La vertu par laquelle une cause produit son effet » [Furetière] ; efficacité. Cause efficiente.
Effort. Violence, excès. Force. Action (II, 51 ; VII, 66, 137). Assaut (III, 178 ; IV, 154 ; V, 410). Énergie (VI, 251 ; VII, 482).
Elire. Voir **Eslire**.
Emaillé. Coloré.
Emmanteler. Envelopper, recouvrir comme d'un manteau.
Embler. Dérober, enlever. *A l'emblée, d'emblée* : à la dérobée (III, 455 ; V, 936).
Embon-point. Bonne santé.
Emboûcher. « Mettre un mors à un cheval pour le bien manier » [Furetière]. *L'emboûcha de ce frain* (de ce mors) : « lui assigna ces limites » [Thévenin] (III, 55).
Embrassement. Étreinte. – **Embrasser**. Étreindre, entourer.
Empennache. Empanaché. – **Empenné**. Orné de plumes, d'ailes ; ailé.
Emperiere. Impériale.
Emperler. Orner, parer.
Empescher. Embarrasser (I, 97).
Emplumé. Pourvu d'ailes, ailé, volant (II, 390 ; IV, 503 ; VI, 1019).
Empoulé. Fait d'ampoules, de grains translucides (comme le raisin) (IV, 366).– **S'empouler**. Se couvrir d'ampoules, de bulles (II, 74).
Emprise. Entreprise.
Empront. Emprunt.
Encombre. Accident fâcheux, peine, embarras.
Encontre. Contre, s'opposant à (V, 581).

Encor, encore. Sans relâche (VII, 360).
Endommager. Blesser.
Enfelonné. Traître et méchant (III, 608). Voir **Felon**.
Enfondrer (S'). (S')engloutir, couler.
Engin. Intelligence, habileté. Adresse, moyen, ruse.
Engorger. Avaler.
Ennui, Ennuy. Tourment, chagrin. – **Enuié**. Tourmenté.
Enretter. Prendre au piège.
Ensepulturer. Ensevelir.
Entendre. Comprendre.
Enter. Greffer.
Enthrôner. Mettre sur un trône, rendre roi.
Entomber. Mettre en tombe, ensevelir.
Entonner. Verser, engouffrer dans un lieu étroit (III, 40).
Entorce. « Se dit figurément en Morale, de quelque violence, obstacle ou empêchement qu'on apporte à la fortune, ou aux affaires de quelqu'un. Cet homme estoit prest d'obtenir une telle dignité, mais ses ennemis luy ont donné une entorse qui l'en a fort éloigné » [Furetière].
Entre-deux. Séparation, subtance intermédiaire.
Entrenouer. Nouer, relier mutuellement.
Entreprise. Action armée.
Envi(e). *A l'envi(e) de* : en rivalisant avec.
Ephemerides. Registre journalier.
Equinoxe. Équateur (III, 842).
Erre (Grand'). À grande vitesse.
Errer. Commettre une erreur, se fourvoyer. *Les flammes errantes* (VI, 887) : les planètes.
Erte (À l'). En alerte.
Ès. Dans les, aux (contraction de : « en les »).
Esbat. Distraction, divertissement. – **(S') esbat(t)re**. Se jouer, se distraire.
Esblouir. Aveugler (V, 282).
Escacher. « Presser, applatir, froisser, écraser » [Furetière].
Escadre. Troupe, bande.
Escaillé. Bandes, troupeaux, peuples escaillés : poissons. Escaillé Dragon : rhinocéros (VI, 49).
Escarmouche. *Attaquer l'escarmouche* : passer à l'attaque, monter à l'assaut (II, 672).
Eschalasser. Étayer, soutenir.
Escheller. Gravir, escalader.
Eschine. Dos, surface (II, 1141 ; III, 741).
Escoute. Guetteur, sentinelle.
Escurieu. Écureuil.
Escuyer. Intendant des écuries d'un prince ou membre du personnel de ces écuries.
Esgaler. Mesurer de façon égale (IV, 314). Aplanir (III, 465).
Esgout. Écoulement, ruissellement.
Eslargir. Délivrer, libérer.
Eslire. Choisir.
Eslite. (Subst.) Meilleur ; excellence.
Eslocher. Ôter de la place, renverser, ébranler.
Esmail. Ensemble de couleurs variées (IV, 216). – **Esmaillé**. Coloré, taché de fleurs. – **Esmailler**. Colorer, faire fleurir.
Esmu. Agité. – **Esmouvoir**. Agiter, ébranler, soulever. *S'esmouvoir* (VI, 378) : s'exciter.
Esmié. Réduit en miettes, en petites parts ; labouré.
Espace (En peu d'). En peu de temps.
Espars. Dispersé. – **Esparsement**. De façon dispersée.
Esperé. Attendu. – **Contre espoir**. De façon inattendue.
Espic. Épi.
Espie. Espion, surveillant ; compagnon.
Espierrer. Chasser les pierres, les calculs.
Esplucher. Examiner de façon vétilleuse.
Espoinçonner. Aiguillonner.
Espongeux. Spongieux.
Esprendre. Allumer, embraser, brûler. Saisir (V, 110).
Esprit. Souffle.
Esprouver, Epreuver. Faire l'épreuve de, mettre à l'épreuve.
Esrener. Épuiser, éreinter.
Essay. Épreuve.
Essourder. Assourdir.
Estain. Fil de laine ou de lin (franç. mod. : « étaim ») (VII, 625).
Estançonner. Étayer, soutenir.
Estœuf. Balle à jouer.
Estoc. Pointe de l'épée, épée.
Estoil(l)é. À l'état d'étoile, d'astre (IV, 206, 225, 252, 270 ; V, 8).
Estomach. Poitrine, cœur (VI, 137, 728).
Estonner. Frapper, clouer, paralyser de stupeur, etc.

Estoup(p)er. Boucher.
Estourgeon. Esturgeon.
Estrange. Étranger.
Estre[1]. (Subst.) Essence, nature (IV, 58). Existence (II, 103).
Estrecir. Rétrécir, diminuer, rapprocher.
Estreindre. Resserrer.
Estrener. Donner en présent, faire don.
Estriver. S'efforcer, lutter.
Estuy. Fourreau (II, 693). Enveloppe (V, 386).
Esvanouir. Disparaître, dissiper.
Eternizer (s'). S'immortaliser.
Ethnique. Païen, gentil.
Eventé. Exposé à l'air.
Exercite. Armée. *L'exercite des cieux* : l'armée des Anges (I, 542).
Exquis. Recherché, choisi.

Fable. Récit mythologique. Pièce de théâtre (VII, 119).
Façon. *Sa façon* : son attitude (VII, 35).
Facond. Éloquent.
Faire du. Affecter l'attitude, la conduite, le comportement de ; simuler.
Fais, Faix, Faiz. Fardeau.
Fan. Petit d'un animal.
Fantasie. Imagination, désir (I, 675). – **Fantasque**. Né de la fantaisie, de l'imagination, illusoire (I, 180). Capricieux (IV, 551). – **Fantasquement**. De façon imaginaire, irréelle (II, 132). –**Fantastique**. À la fois capricieux et immatériel (II, 702). *Un fantastique esprit* : un fantôme (V, 250). – **Fantastiquer**. Imaginer, divaguer (VII, 112).
Farouche. Sauvage, étranger, hostile.
Fascher. Contrarier, irriter violemment. – **Se fascher**. Souffrir (V, 141). – **Fascheux**. Inspiré par le dégoût, la répulsion. Contrariant, importun. Fastidieux (VII, 304).
Faute. *À faute de* : à défaut de.
Feint. Déguisé, hypocrite (III, 889 ; VII, 571). Fictif, créé par l'homme (VI, 910). – **Feintise**. Hypocrisie, imposture.
Felon. Méchant, cruel, traître.
Fer. Épée, arme (II, 808 ; IV, 773). Flèche (II, 787 ; V, 606). Outil (pelle, pioche) (V, 694). *Fers* : chaînes, liens (V, 795 ; VII, 612).
Ferir. Frapper.
Ferme. Immobile. *Faire ferme* : s'arrêter.
Festu. Fétu de paille.
Feuille. Feuille de métal, pour désigner la girouette (II, 889).
Fiancer. Se fiancer à.
Ficher. Planter, poser, enfoncer.
Fidele. Pieux, dévot.
Fier. Féroce, redoutable.
Figure. Forme, image.
Fil. *À droit fil* (VI, 616) : en ligne droite, directement.
Filace. Amas de filaments enroulé sur la quenouille pour les filer.
Filage. Activité de la fileuse.
Filet. Fil.
Fin. Rusé, avisé.
Fin (à celle). À cette fin.
Flairant. Odorant. Qui chasse par l'odorat (V, 603). – **Flairer**. Sentir bon (VII, 82). Sentir (I, 131 ; VII, 703). – **Flaironner**. Parfumer.
Flambeau. Astre. *L'annuel flambeau* : le Soleil (I, 481 ; IV, 585 ; V, 553).
Flamme. Astre (IV, 54, 447).
Flat(t)er. Tromper, abuser, séduire. Caresser (V, 942). – **Flateur, flateresse**. Caressant (V, 944), caressante (II, 1).
Fleuronner. Produire des fleurs, fleurir, orner de fleurs.
Floter. Naviguer. – **Flotant, flo-flotant**. Liquide, aquatique, marin. *Flotantes pleines* : les mers. – *À flotes* : en grand nombre (VI, 825).
Fluz. Flot (III, 332).
Folastre. Frivole (II, 21). Enjoué (V, 945).
Fomenter. Réchauffer. « Terme de Medecine. Soulager un mal par un remède chaud et humide, qui peu à peu amolisse et resolve les humeurs qui le causent » [Furetière].
Fontaine. Source.

1 Sur les difficultés présentées par ce mot, on pourra consulter le livre de Françoise Joukovsky, *Montaigne et le problème du temps*, Paris, Nizet, 1972, p. 13-17.

Forcené. Hors de soi, égaré, insensé (II, 657). Déchaîné (II, 1080 ; V, 397 ; VII, 394).
Forger. Inventer. – **Forgeur**. Inventeur.
Fors que. Hors de, sinon, sauf.
Fosse. Canal.
Fourrage. Nourriture solide. *Aller au fourrage* : aller chercher de la nourriture.
Fourrer. Boucher, enfoncer.
Franc. Libre, insouciant, indifférent. – **Franchise**. Liberté. *En franchise* : à l'abri dans un lieu inviolable.
Frauder. Priver, spolier. – **Frauduleux**. Fourbe.
Frayer. Frôler (III, 552), longer (V, 136).
Fredon. Chant, air. – **Fredonner**. Chanter.
Frenetique. Fou, insensé.
Freschement. Récemment.
Fretillard. Qui caresse, qui tapote.
Friand. Délicat.
Front. Visage. Aspect (I, 11 ; II, 207). Façade (VI, 412). Devant (V, 819). Surface (II, 104, 706 ; III, 158). *Front à front* : face à face.
Frontispice. Façade.
Fueillard. Feuille de palmier.
Fumiere. Fumée.
Funeste. Funèbre (V, 200).
Fureur. Enthousiasme (I, 619). Inspiration poétique (II, 258). Folie, passion (II, 939 ; VI, 502 ; VII, 468).

Gaillard. Plein de force, plein de vie. Noble, brave.
Gal(l)ion. Vaisseau qui transportait l'or et l'argent d'Amérique en Espagne.
Gallees. Galères.
Garder. Empêcher, retenir. Prendre garde (VII, 665).
Gargouille. Gorge, goulot (I, 331).
Garite. Guérite.
Garnison. Approvisionnement.
Gasche. Aviron, rame (V, 415).
Gauchir à. Éviter.
Gazon. Motte de gazon.
Geiner. Tourmenter, torturer.
Gelé. Inanimé. Insensible. Froid.
Gendarme. Soldat.
Genereux. Noble. Guerrier. Rempli d'une valeureuse ardeur.
Genet ou **Jenet**. Petit cheval d'Espagne.
Genital. Fécondant, générateur. – **Genitoires**. Parties génitales, testicules.
Gentil. Noble, raffiné. Doux, gracieux.
Germain. Frère. (Fém.) Sœur. *Frere germain* : frère par les deux parents.
Gesir en. (3e pers. : **Gist**) Consister en, reposer sur, tenir dans.
Geste. Haut fait, prouesse.
Get. Voir **Jet**.
Geiette. « C'est une pierre noire et lisse, qu'aucuns appellent ambre noir » [S.G.].
Gist. Voir **Gesir**.
Glas. Glace, gel. – **Glaceux**. Glacé, gelé.
Gloutement. Gloutonnement, goulument.
Gobeau ou **Goubeau**. Gobelet, petite coupe pour boire.
Gonfanon. Bannière de guerre.
Goulfe. Golfe.
Gravaigne. « The wild goose tearmed a Barnacle » [Cotgrave]. La gravaigne est une petite oie sauvage, nommée couramment *bernache* (VI, 1048).
Grenouillon. Diminutif de grenouille (Huguet).
Grieve. Grave, lourd(e).
Grison. Au poil gris.
Gueret. Terre labourée et non ensemencée.
Guinder (Se). Se hausser, s'élever.

Hagar(d). Sauvage et farouche.
Haineux. Ennemi.
Hannir. Hennir.
Harnois. Équipement de l'homme d'armes ; armes.
Hautain. Élevé, monté (II, 764, 1034 ; III, 721).
Hazard. Risque, danger. – **Hazardeux**. En courant des risques, en affrontant le danger.
Heberger. Loger, camper.
Hectique. Atteint de fièvre hectique, étique.
Heur. Bonheur. – **Bien-heurer**. Donner du bonheur, réjouir.
Hirable[1]. Girafe (VI, 81).
Hoir. Héritier.

1 Il semble que la seule attestation de ce mot figure précisément chez Du Bartas.

Hommagere. Vassale.
Honneste. Convenable, de bonne tenue (III, 974). Élevé socialement (VII, 708).
Honneur. Mérite, vertu. Beauté. Gloire. Le meilleur. *L'honneur bigarré de la plaine velue* : les moissons abondantes et colorées (I, 528). *Le flairant honneur* : les fleurs (odorantes) (I, 608). *L'honneur Magnesien* : l'aimant (III, 795). – **Honorable**. Qui donne la gloire (VI, 213).
Horrible. Qui suscite l'horreur, c.-à-d. qui donne la chair de poule, qui impressionne vivement, au point de hérisser la peau.
Hostel. Maison, abri. – **Hostelage**. Hospitalité (V, 344).
Houpé. Parsemé comme de houppes, c.-à-d. comme de petites touffes.
Hoyau. Houe à forte lame.
Huans. Chats-huants.
Hucher. Appeler, crier.
Huis. Porte, ouverture. *Les huis du vent* (VI, 68) : « les conduits de la respiration » (Thévenin). – **Huissiere**. Portière.
Humecter. Irriguer (VI, 686).
Humer. Aspirer, respirer.
Humeur. Liquide, eau ; tout liquide qui se trouve dans un corps organique. « Terme d'ancienne médecine. Les quatre humeurs fondamentales qui étaient supposées exister dans le corps humain, et dont le juste tempérament constituait la santé. Ces humeurs étaient le sang, le phlegme ou pituite, la bile et la bile noire ou mélancolie ou atrabile » [Littré].
Hyerre. Lierre.

Icelle, iceux. Celle, ceux.
Idolatre. Idolâtre, adorateur d'une image.
Imager. Sculpteur, statuaire.
Immortel. Interminable (I, 560).
Imparfait. Inachevé. Incomplètement broyé (VI, 568).
Impetrer. Obtenir.
Impiteux. Sans pitié, cruel.
Impost. Ce qui est abusivement imposé, exaction.
Incirconcis. (Terme biblique) Irreligieux, impur.
Indiscret. Dépourvu de discernement. *L'indiscrette mer* : qui envahit tout, sans plus discerner ses limites, ses bords (II, 1136).
Indocte. Non instruit.
Industrie. Habileté, activité. – **Industrieux**. Habile.
Ingenieux. Intelligent, habile, génial. – **Ingenieur**. Être tout d'intelligence, et habile : Dieu (III, 289).
Inhospitable. Inhospitalier, peu accueillant.
Injure. Injustice, tort, dommage.
Interessé. Atteint, lésé (II, 694).
Intestins. Viscères (III, 627).
Ire. Colère. – **Iree**. Courroucée, irritée.
Isnel. Vif, rapide.

Ja, ja desja. Déjà, désormais. – **Ja ja**. Déjà.
Jenet. Voir **Genet**.
Jet. Jeton (IV, 188). – **Get**. Calcul (VI, 805).
Joignant. Jouxtant, touchant, sur.
Jointes. « Termes de menuiserie. Les planches d'une cloison, d'un plancher, qui sont assemblées à rainures et à languettes » [Littré]. Employé ici par analogie pour les tuiles, les pierres ou les ardoises du toit (VI, 548) semblablement assemblées.
Jour. *Percer à jour* : transpercer de part en part, ajourer.
Juste. Ajusté (VI, 242).

Labouré. Travaillé, élaboré (VI, 703).
Lacs, Lacqs. Lacet, piège.
Lame. Pierre tombale.
Langarde. Bavarde.
Langueur. Maladie. – **Langui**. Malade (III, 723).
Lanterne. Pignon, petite roue dentée entraînant un engrenage.
Larron, larronnesse. Voleur, voleuse.
Leçon. Lecture.
Lethal. Mortel.
Lez. Lest (d'un navire).
Liberal. Généreux.
Lice. Métier à tapisserie.
Licence. Autorisation.
Lieu. *De bas lieu* : de basse origine (IV, 660). *Tenir le lieu de* : remplacer (VI, 558).
Limiter. Donner l'heure, le moment de (III, 942).

Limonneux. Né du limon, de l'argile (VI, 486).
Liqueur. Liquide.
Loge. Logis ; notamment en terme d'horoscope (II, 418).
Lors. Alors.
Los. Éloge, renom, gloire.
Louche. Qui voit mal.
Loyer. Récompense.
Luire. Se refléter (VII, 93).
Lunez. Revêtus du croissant.
Lustre. Éclat. Espace de cinq ans (V, 592).

Machine. Monde. Ronde machine, machine ronde : monde.
Madré. Rusé, fourbe. Moucheté, tacheté (VI, 283).
Magnifique. Qui fait de grandes choses, se comporte avec magnificence (VI, 868).
Main. *Tenir la main à* : venir en aide à, prêter son concours à (V, 582). *À toutes mains* : de tous côtés, sans relâcher son attention (V, 603).
Maison. « Terme d'astrologie. Maisons du ciel, maisons du soleil, douze divisions que les astrologues faisaient dans le ciel, auxquelles ils attribuaient diverses propriétés et qui correspondaient aux douze divisions du zodiaque » [Littré]. (II, 612 ; IV, 192, 211, 350, 426, 613 ; VI, 900). (Sens figuré) Organisme (II, 110). *Cette ronde maison* : la Terre (VI, 170). *La maison divine* : le séjour de Dieu (IV, 340).
Malice. Malfaisance, méchanceté. – **Malin**. Malfaisant, méchant.
Mander. Envoyer.
Manie. Folie.
Manier (Se). Se mouvoir : « En terme de Manege, se dit des chevaux dressez qui ont de l'escole » Furetière]. (III, 165 ; V, 323). Exploiter (IV, 40). Mouvoir, agiter (VII, 246).
Manouvrier. Celui qui fait un travail manuel, ouvrier.
Marche. Frontière, pays de frontière (donc éloigné).
Marché. *En plein marché* (VI, 164) : en public, à la vue de tous.
Marge (souvent masc. au XVIe siècle). Bord, rive (VI, 236).
Marine. Mer. – **Mariniere**. Marine (adj.). *Ondes marinieres* : eaux de la mer (III, 134). *Bandes, bestes marinieres* : les poissons (V, 558, 908).
Marrain. Bois de charpente (V, 383).
Marri. Fâché, désolé.
Mastine. Chienne domestique.
Matiniere. Du matin, de l'Orient, orientale.
Maugré. Malgré, mal gré.
Medailles. Astres (I, 546 ; IV, 137).
Medecine. Remède.
Memoire. Renommée (IV, 29).
Mercenaire. Serviteur retribué, salarié (VII, 280).
Mesconter (Se). Se tromper (I, 378).
Mesme. Surtout. *Tout de mesme* : de la même manière. – **Mesmement**. Surtout.
Mesnager. (Verbe) Arranger, aménager. – (Adj. ou subst.) Agriculteur ; maître de maison ; bon organisateur.
Mesure (Par). Régulièrement, dans un mouvement rythmé.
Met. Maie (meuble rustique, un peu semblable à un coffre, où l'on pétrissait le pain).
Meurtrir. Mettre à mort.
Mielleux. Sucré, doux (comme le miel).
Mignar(d). Raffiné, délicat, gracieux. – **Mignarder**. Caresser (V, 944).
Mignon. Favori.
Ministre. Serviteur (VI, 628). Prêtre (VII, 403).
Modestement. Modérément.
Moite. Humide, liquide, marin. *L'arc moite* : l'iris (minéral) (VII, 535). – **Moitement**. De façon humide, liquide.
Moitoyen. Mitoyen, du milieu.
Mol. Raffiné à l'excès (VI, 123).
Monde. *Le grand monde* : macrocosme, univers, cosmos ; voir **Univers** (II, 1069). *Le petit monde* : microcosme, homme (I, 268).
Mont (À). En montant, vers le haut. *Faire à mont* : se cabrer (VI, 87).
Monument. Tombeau (III, 940).
Mordant. Corrosif.
Morion. Casque.
Mousse. Émoussé, sans aspérité (III, 796 ; V, 354).
Moussé. Moussu (VI, 320).
Moyeu. Sens moderne (II, 345, III, 354). Jaune d'œuf (IV, 302).

Muer. Changer.
Musette. Cornemuse. « Par extension, musette se prend pour tout instrument joyeux » [Littré] (III, 237).
Musser. Cacher.
Mutin. Rebelle, indiscipliné. Qui provoque l'agitation (II, 1078). – **Mutiné**. Révolté.
Muy. Muid, tonneau.

Nager. Naviguer, flotter, ramer.
Naifve. Naturelle.
Naturel. *Jour naturel* : « The naturall day ; consists of 24. houres » [Cotgrave] (IV, 132).
Nau. Nef, navire.
Naufrageux. Naufrageur.
Navrer. Blesser.
Neble. Nuage.
Negoces. Affaires, occupations (VII, 436)
Nerf. Corde (V, 478 ; VI, 594). **Nerveux** (VI, 210). Musclé, puissant.
Neveux. Descendants, postérité.
Niveau. *À niveau* : sur un même plan, face à face.
Nocher. « Vieux mot qui signifioit autrefois Pilote. [...] Nocher, en termes de Marine, signifie aujourd'huy celuy qui a soin des voiles d'un navire. Et sur la Mer Mediterranée, c'est le Maistre ou Patron de navire, celuy qui le conduit » [Furetière]. (L'adj. épithète de Nocher est souvent *avare*.)
Noise. Bruit, rumeur.
Nombre. Abondance.
Nord. Boussole.
Nouer. Nager. Flotter. Voler.
Nouveau. Inexpérimenté (IV, 135).
Nuiteux. Nocturne.

Oblique. Sineux, courbe. Contraire (IV, 325).
Obscur. Élémentaire (V, 650).
Obseque. Chant funèbre (V, 1012).
Ocieux, otieux. Oisif, immobile, paresseux.
Odorer. Percevoir une odeur par l'odorat.
Œillader. Jeter les yeux sur.
Offencer, offenser. Blesser. Incommoder, perturber. – **Offense**. Blessure, lésion.
Office. Fonction.
Oiselet. Petit insecte (VII, 640).
Oiseux, otieux. Oisif, paresseux, désœuvré.
Oit. Entend, entendit. Voir **Ouyr**.
Ombrageux. Qui donne de l'ombre.
Onc, on(c)ques. Jamais.
Ondeux. Liquide, humide, aquatique, marin. Ondoyant (VI, 549). *Ondeuse campagne* : rivière (II, 521). – **Ondoyant**. Aquatique, marin. – **Ondoyer**. Couler sur (II, 764, 815 ; III, 319). Verser, cracher (IV, 569). *Ondoiante pleine, champs ondoyans* : mer (I, 96 ; II, 472).
Ongles. Sabots (IV, 244). Griffes (V, 612). Serres (V, 972).
Oppresser. Entourer, attaquer (VII, 645).
Oraison. Prière.
Ordes. Sales, ordurières.
Ordonner. Mettre en ordre, organiser. – **Ordre**. Rangée (VI, 571). *Par ordre* : en ordre, selon un ordre déterminé.
Or, ore(s). Maintenant, désormais. – **ore(s)... ore(s)...** Tantôt... tantôt...
Oree. Orage (III, 542).
Orra, orront. Entendra, entendront. Voir **Ouyr**.
Ost. Armée.
Otieux. Oisif.
Ourdir. Tisser.
Outre. Au-delà de, plus loin que.
Ouyr. Entendre.
Oy, oyant, oyoit. Entend, entendant, entendait, entendront. Voir **Ouyr**.

Paistre (Se). (Se) nourrir.
Pallier. Voiler, dissimuler.
Palus. Marais.
Pampré. *L'arbre pampré* (VI, 823) : la vigne.
Pance. Abdomen.
Pancarte. Tout placard, tout texte servant à donner un renseignement au public.
Pantoise. Haletante, pantelante.
Paoureux. Peureux.
Papegay. Perroquet.
Parc. Enclos où l'on parque les animaux.
Pardonner à. Épargner, taire.
Parentage. Parenté.
Parfaire. Achever, accomplir.
Parfin. *À la parfin* : à l'extrême fin.
Part. Lieu, endroit. Côté, partie. *Celle part* : de ce côté (VI, 120).

Partie. Adversaire (II, 301).
Parti. Partagé. Voir **Departir**.
Passade. « En termes de Manege, est le chemin que fait le cheval en passant ou repassant plusieurs fois sur une longueur de terrein » [Furetière] (III, 165 ; VI, 88). *De passade* : en passant, passagèrement (II, 358).
Passager. Mouvant (II, 924). Migrateur (VII, 21). Qui ne fait que passer (VII, 640).
Passementé. Parsemé.
Passer. Dépasser, surpasser (IV, 414 ; V, 330). Faire passer (II, 1041).
Passerelle. Femelle du passereau (oiseau de petite taille, en particulier : moineau).
Pastorelle. Jeune bergère.
Patent. Ouvert (VII, 202).
Patron. Modèle.
Pavillon. Dais. *Pavillons astrez* : constellations (I, 134).
Peccante. Malade, malsaine. *Peccante humeur* : humeur viciée ou trop abondante, cause de maladie (VII, 306). Voir **Humeur**.
Peine. *À peine* : avec peine, difficilement. – **Peiner, pener**. Efforcer. – **Penible**. Qui se donne de la peine, laborieux, diligent.
Peint. Coloré. – **Peinturé**. Coloré, peint (I, 157).
Pelerin. Voyageur.
Pelotons. Bourres (de coton) (III, 684).
Pendant. Pente, versant (II, 22 ; VII, 13). En pente (III, 142).
Pendre. Suspendre, être suspendu (III, 64, 393, 818).
Pener. Voir **Peiner**.
Penible. Qui accable de peine, de travaux ; avec peine.
Perennel. Continuel.
Perruque. Chevelure. – **Perruqué**. Chevelu.
Perse. De couleur bleu foncé (caractérise l'eau).
Pescheresse. *La ligne pescheresse* : la ligne du pêcheur (V, 242).
Petiller. Émettre un bruit sec, d'où crépiter en parlant du feu.
Piafard. Magnifique, glorieux.
Picoureur. « Soldat qui va à la picorée » [Furetière]. – **Picorée**. « Petite guerre, pillage que font des soldats qui se detachent de leurs corps : ce qu'on appelle aussi aller à la maraude. Ce mot est morderne et n'est en usage que du dernier siècle » [Furetière].
Pié. *Gagner au pié* : se mettre en route, partir, s'en aller.
Pigner. Peigner.
Pile. Bûcher.
Pilote. Marin, navigateur.
Piolé. Peint, marqué de diverses couleurs.
Piper. Tromper, duper. – **Pipeur**. Trompeur.
Piqueron. Aiguillon, dard.
Pirouette. Toupie.
Piteux. Pitoyable, émouvant. – **Pitoyable**. Rempli de pitié.
Plancher. (Subst.) Plafond céleste (II, 730, 850). Lieu assigné (IV, 470). Région (II, 282, 420, 484). Voûte (I, 138 ; IV, 64, 114, 339 ; VI, 802 ; VII, 480). Fondement (II, 1064).
Plancher. (Verbe) Garnir, paver, la surface ou la voûte.
Plastron. Pièce d'armure couvrant la poitrine.
Platine. Lame d'argent (IV, 280).
Player. Blesser, faire une plaie.
Plumage. Ailes.
Plustost. D'abord. – **Plus tost**. Plus vite (VII, 369). – **Plustost que**. Avant que.
Poignant. De *poindre* : piquant.
Poil. Fil (V, 299). *Mon poil* (VI, 140) : mes cheveux.
Poile. Poêle, dais.
Poind. De *poindre* : pique.
Poix. Résine.
Police. Organisation politique. – **Policer**. Administrer, ordonner, gouverner.
Pommelé. Couvert de petites taches blanches et rapprochées.
Populaire. Peuple, populace.
Porceau (Pain de). Cyclamen.
Portiere. *La veine portiere* (VI, 680) : la veine porte.
Postillonner. Voyager, se déplacer (IV, 100).
Pourpoint. Partie du vêtement masculin qui couvrait le torse et le haut des cuisses.
Pourtrai(c)t, Pourtret. Part. passé du verbe *portraire* ou *pourtraire* : dessiné, peint. D'où : dessin, figure ; et sens moderne. – **Pourtraiture**. Portrait, image.

Poster. Courir (II, 906).
Postillonner. Voyager, se déplacer (suggère l'image mythologique du char des astres).
Poudre. Poussière. – **Poudreux**. Poussiéreux, de poussière. – **Poudroyante**. Poussiéreuse.
Pour. Malgré (V, 406), valeur concessive (V, 411 ; VII, 712). Valeur causale (*passim*). – **Pource que**. Parce que.
Pourme(i)ner. Promener.
Pourpenser. Réfléchir, délibérer, préparer.
Pourtraiture. Portrait, image.
Pourvoyant. Prévoyant. *La pourvoyante force* : la force nourrissante (III, 494).
Povre. Pauvre.
Preparant. *Vaisseaux preparans* (VI, 658) : qui servent à la préparation du sperme.
Presse. Foule.
Prime face (De). Au premier abord.
Prime-vere. Printemps.
Pris. Valeur. *Au pris de, au prix de* : comparé à. – **Priser**. Apprécier.
Prochain. Proche, voisin.
Proprement. Convenablement, habilement.
Prou. Assez (I, 438 ; VI, 856) ; beaucoup (VII, 674). Les deux sens sont donnés tant par Cotgrave (« Much, greatly, enough ») que par Furetière (« Beaucoup, suffisamment »).
Pro(u)voir. Pourvoir, fournir. – **Prouvoyer**. Maintenir. – **Prouvoyeur, provoyant**. Prévoyant ; pourvoyeur. Voir **Pourvoyant**.
Provident. Prévoyant, avisé.
Province. Pays. *Provinces salées* : la mer.
Prudence. Subtilité, prévoyance ; intelligence, sagesse. – **Prudent**. *Adj. correspondant.*
Puis, puis apres. Ensuite.
Punaise. Puante.
Purger. Purifier.
Pyrauste. « A Fire-flie ; or a worme bred, or living in the fire, from which if it bee but a little too farre, it dieth presently. » [Cotgrave, s.v. *Pirauste*]

Quadran. Cadran solaire.
Quand bien. Quand bien même, quand même.
Quarreau. Carré, planche d'un jardin. – **Quarré**. Carré.
Quartier. *Donner quartier* : assigner son lieu et sa tâche (I, 238). *Entrer en quartier* : prendre son tour, entrer en service (I, 367). *Par quartier* : tour à tour (II, 200).
Que. Sinon. Sans que. De sorte que. À moins que. – **Que si**. Si donc.
Quellement. *Tellement quellement* : tant bien que mal, dans la mesure du possible, autant que faire se peut, en quelque manière.
Quenouillee. Fourniture de filasse pour filer.
Querelle. Plainte, motif de plainte.
Quitter. Abandonner, remettre.

Racler. « Prendre violemment ; [...] faire disparaître » [Huguet].
Raconter. Recompter (V, 741).
Raier. Voir **Rayer**.
Rains. Branches, rameaux.
R'alier, ralier. Rassembler.
Ramer. Naviguer, voler. « Terme de fauconnerie. Se dit en parlant d'un oiseau qui se sert de ses ailes comme de deux avirons » [Littré] (V, 599, 705).
Rameux, ramus. Bien pourvu en branches, en bois. Qui porte une ramure (pour le cerf). Ramifié (VI, 683).
Rampantes. Plantes grimpantes (III, 576).
Rang. Ordre, place. *De rang* : sucessivement, à son tour.
Rapport. Rendement.
Rapporter. Refléter, renvoyer.
Ratelle. Maladie des porcs.
Ravasser. Rêvasser, penser vainement.
Ravir. Emporter (sens propre) ou transporter (sens propre et figuré). – **Ravissant**. Rapace.
Rayer. Tracer des sillons dans, labourer (III, 888 ; IV, 728). Darder ses rayons (IV, 670).
Reboucher. Emousser (V, 921).
Recercher. Rechercher.
Reclamer (VI, 385). Invoquer, implorer.
Reconoy, reconoit. Reconnais, reconnaît.
Recourir. Courir à nouveau (II, 436).
Recreu. Épuisé, fatigué.
Refloter. Refluer.
Regale. Instrument à vent et à clavier ; orgue (VI, 676).
Regent. Maître d'école.

Regime. Gouvernement (VII, 360).
Reglé. Ordonné, policé. – **Reglement**. Ordre, ordonnance.
Regne. Royaume (III, 461 ; IV, 430 ; V, 98, 339 ; VI, 422).
Regorger. Rendre, vomir (III, 280). Et sens moderne.
Reistre. Manteau : « … a fashion of long cloake, usually worne by [a Reister = un reître, un cavalier mercenaire allemand] » (Cotgrave) (I, 749).
Rejettonner. Produire des rejetons, repousser.
Relant. Malodorant, puant.
Relique. Reste.
Rembarrer. Réprimer.
Remparer. Protéger par un rempart.
Renoué. Enroulé, formant nœud (VI, 54).
Repoussement. Réfraction, reflet.
Republiques. États (III, 93).
Resider. Demeurer, rester.
Ressort. Territoire.
Restraignante. Qui resserre.
Rets, reth. Filet, réseau, piège. *Reth admirable* (VI, 654) : réseau formé par les artères du cerveau, à la base de celui-ci.
Retirer. Rentrer, cacher.
Re-va. Retourne.
Revenir. Redevenir (II, 919).
Resveur. Qui délire, extravagant.
Rien[1]. Quelque chose. Néant.
Roder. Aller çà et là, voyager.
Rogue. Rude, brutal.
Roide. Immobile (II, 331). Dur, fort, farouche (II, 493 ; III, 287 ; IV, 333 ; V, 863 ; VI, 383). Concentré (II, 424). Violent (II, 872). Engourdi (V, 247). Tendu (VI, 632). – **Roidement**. Fortement, vivement. – **Roideur**. Force. *De roideur* : avec force.
Roignons. Reins, entrailles.
Rompu. Épuisé.
Rond. (Adj.) Honnête, franc, sincère (III, 992).
Rondache. Bouclier rond.
Rondeau. Cercle.
Ronder. Tourner, faire sa ronde.
Rouelle. Petite roue.
Rouer. (Faire) tourner (II, 875).
Rouet. Roue. Pièce d'arquebuse (VII, 21).
Rousee. Rosée.
Roussin. Cheval.
Ruine. Chute, effondrement, écroulement. Destruction. – **Ruineux**. Détruit (II, 111).

Sablon. Sable.
Sacrer. Consacrer.
Sagette. Flèche. – **Sagetter**. Darder, lancer comme des flèches.
Saison. Temps (I, 469 ; VII, 205). *Par saison* : abondamment, en quantité (II, 757 ; IV, 629). *Avant saison* : avant le temps, prématurément (II, 171).
Salutaire. Qui donne la santé.
Sanglant. Ceinturant (du verbe *sangler*) (VI, 54).
Sanglanter. Ensanglanter.
Sans plus. Seulement.
Saoul. Rassasié, comblé. – **Saouler, souler**. Rassasier.
Saquebute. Espèce de trompette, plus longue que la trompette ordinaire (ancêtre du trombone à coulisse).
Savant. Habile (qui maîtrise l'art).
Sçavoir, sçavoir est. C'est-à-dire.
Sçay, sçai, sai, say. *Je ne sçay quel* : un certain (latinisme).
Seau. Sceau.
Seconder. Suivre.
Secous. Secoué, agité.
Secher. Desssécher.
Seeller. Sceller (V, 70).
Scillon. Sillon. – **Scillonner**. Sillonner, tracer des sillons, creuser.
Sejour. Immobilité. *En sejour* : oisif, paresseux (VII, 393). – **Sejourner**. Être arrêté, immobile (III, 169).
Sembler. Ressembler à (IV, 76, 133, 511 ; V, 249 ; VI, 937, 941 ; VII, 356).
Semence. Race, descendance.
Semond. Exhorte, invite.
Seranc. Piquant. – **Serancer**. Carder, peigner (pour préparer la filasse).
Serf. Esclave.

1 Voir F. Brunot, *Hist. de la langue franç.* Tome 2, p. 432, et G. Gougenheim, *Grammaire du XVIe siècle*, p. 83.

Sergent. Serviteur (VII, 178). « On appelloit autrefois, Sergent de bataille, ou sergent general de bataille, Un officier principal de l'armée, dont la fonction estoit de ranger les troupes en bataille sous les ordres des Generaux » [Dictionnaire de l'Académie, 1694] (V, 821).
Seur. Sûr, assuré. – **Seurement**. À l'abri, en sécurité. Sans faiblesse. Avec assurance. Sans difficulté.
Si. Pourtant (III, 461, 531 ; IV, 59 ; V, 338 ; VII, 89, 197, 361). – **Si que**. Si bien que.
Siecle. Époque, âge.
Siflet. Sifflement.
Siller. Boucher, fermer.
Simples. Plantes médicinales.
Singe. Imitateur, image.
Siringuer. Injecter, infuser, répandre.
Soigner (Se). Se soucier de (III, 898). – **Soigneux**. Soucieux. Scrupuleux. – **Soin(g)**. Souci, tâche, activité.
Sou(l)dar, Soudar(d), Soudart. Soldat, homme de guerre rémunéré qui perçoit une solde.
S'on. Si on.
Son. Chant (V, 649). Bruit de la voix (V, 940). – **Sonner**. Résonner (VI, 676). – **Sonneur**. Chanteur, musicien.
Sophie. Sagesse, philosophie.
Sorte. *En la sorte* : de la même manière. *Par tant de sortes* : par tant de façons, de manières.
Soucieux. Attentif, soigneux.
Soudain que, tout soudain que. Dès que.
Soudar(d), Soudart. Voir **Soldat**.
Souffrir. Supporter, soutenir.
Souler. Voir **Saouler**.
Soulfreux. De **Soulfre** (soufre), défini comme matière fondamentale dans l'ancienne alchimie (au XVIIe siècle encore : *cf.* Furetière), et caractérisé comme inflammable. Vaut à ce titre pour décrire la couleur et la lueur de l'orage (III, 3).
Sourcilleux. Arrogant, orgueilleux, hautain.
Stile, style. Stylet, plume.
Subtil. Raffiné, élaboré à l'extrême, voire à l'excès. Fin, immatériel, insaisissable. *Le subtil esprit* (VI, 665) : l'esprit vital. – **Subtilizer**. Rendre subtil, plus pur.
Sucré. Doux, plaisant. Voir **Mielleux**.
Superbe. (Adj.) Orgueilleux, dominateur. (Subst.) Orgueil. – **Superbement**. Orgueilleusement.
Supposer. Déposer.
Surgeon, Surjon. (Prop. ou fig.) Source, fontaine, « ce qui jaillit d'une source » [Huguet]. Rejeton d'un arbre, d'une plante.
Sus. Sur ; dessus.
Symboliser. Avoir de la conformité avec (II, 242).
Synderese. « Terme de dévotion. Remords de conscience » [Littré] (VII, 583).

Tabour. Tambour.
Tais. Toit, crâne.
Tandis. Pendant ce temps, cependant.
Tant. D'autant (II, 367, 507, 509). – **Tant comme**. Autant que. **Tant mieux**. D'autant mieux (II, 367). – **Tant plus (que)**. D'autant plus (que) (II, 507-509). – **Tant que**. À ce point que, de sorte que (III, 57). Jusqu'à ce que (III, 477 ; VII, 68). – **Tant seulement**. Seulement (II, 479 ; III, 587 ; VI, 944).
Tardif. Lent.
Targe. Bouclier.
Tavelé. Tacheté, moucheté.
Taxer. Accuser.
Teigne. Ver.
Tellement quellement. Tant bien que mal.
Tempester. Battre violemment, agiter (V, 442)
Temps. *Par temps* : avec le temps, en une succession ordonnée.
Ternir. Obscurcir, ôter de la lumière (VI, 967).
Teste. *Faire teste à* : tenir tête à, résister à.
Tige. Tronc (IV, 77 ; VI, 58 ; VII, 510).
Tirade. *D'une tirade* : d'un trait.
Tirasser. Tirer avec force, avec violence, arracher. *Tirasse-coutre* : qui tire la charrue (III, 35).
Tirer. Dessiner, faire le portrait de. Aller, se diriger vers (V, 616). Retirer (VII, 43).
Tissue. Tissée.
Toison. Chevelure (II, 137).
Tombereau. Traîneau.

Ton. Chant, musique (II, 32 ; III, 929).
Tost. Vite, rapidement.
Touffeau. Touffe.
Tour. *Par tour* : tour à tour. *À leur tour* : alternativement.
Tournoy. Jeux publics, sous l'Antiquité.
Tourrelé. Orné, porteur de tour.
Tourt. Grive.
Tourtre. Tourterelle.
Tout (Du). Totalement, complètement.
Trac. Piste, trace.
Trafique. Échange commercial. – **Trafiquer**. Faire commerce de. – **Trafiqueur**. Commerçant, patron de commerce.
Trai(c)(t). Flèche (prop. et fig.). Rayon.
Trainer. Entraîner.
Tramer. Tisser.
Transport. Transfert.
Trape. Piège.
Travail. Peine, tourment, fatigue. Effort. – **Travailler**. Tourmenter, peiner physiquement, matériellement. Sens moderne (III, 233). – **Travaux** (de la Lune). Phases de la Lune.
Travers. Largeur, épaisseur (VII, 485).
Trebuschet. Balance.
Tremousser. Trembler.
Tresardans. Voir **Ardant**.
Tressuer. Forme renforcée de *suer*.
Tributaire. « Qui paye tribut à un prince, à un État, sous la domination ou sous la protection duquel il est placé » [Littré].
Triple-un. Trinitaire.
Triste. Funeste. Susceptible d'être funeste. – **Tristement**. Funestement.
Trompeter. Proclamer bien haut, à son de trompe.
Trop. Très, extrêmement. Parfois sens moderne.
Tuyau. Tige. Rachis, axe, partie centrale de la plume (V, 929).

Undeux. Voir **Ondeux**.
Univers. *Petit univers* : microcosme, homme (II, 1066). Voir **Monde**. – **Université**. Univers.
Usure. Intérêt (VII, 544).

Vagabond. Errant, nomade.
Vague. Vide, inhabité (III, 100). Errant (V, 500). – **Vaguer**. Errer. – **Vaguement**. Comme des vagabonds, en tous sens et sans but (II, 427).
Vagueux. Agité de vagues. *Le vagueux Element* : la mer (V, 149).
Vain. Vide. Illusoire, fictif. Futile.
Vaisseau, vaisselle. Vase, récipient.
Val. *À val* : en descendant, vers le bas. *À-vau de route* : « en fuite, en pleine déroute » [Littré], c.-à-d. dans un grand désordre.
Vanté. Venté, éventé ; ouvert, découvert, entrouvert (V, 345).
Velue. (Fig.) Couverte de végétation (III, 390).
Veneur. Chasseur.
Venir. Devenir (II, 168 ; III, 736, 892 ; VI, 787).
Vent. Air, souffle. – **Ventelet**. Petit vent. – **Venteler**. Venter ; souffler sur (II, 588). – **Venteux**. Rapide comme le vent (VI, 100).
Verd-de-terre. Vert-de-gris (III, 756).
Veritable. Juste, infaillible.
Vermeillon. « Cinabre ou sulfure rouge de mercure » [Littré].
Vertu. Force, énergie. Pouvoir, efficacité.
Veufvage. Veuvage.
Vexer. Tourmenter.
Viande. Mets, nourriture solide.
Vif. Vivant. *Au vif* : sur le vif, comme vivant.
Vil. De basse naissance (IV, 591). D'un rang socialement bas (VII, 708).
Vindrent. Vinrent.
Vire. Trait d'arbalète empennée en hélice.
Vis. Escalier à vis (I, 137).
Viste. (Adj.) Rapide. – **Vistement**. Rapidement.
Vivement. De façon vivante, ressemblante.
Vivandier. Nourricier.
Voire. Et même. À la vérité.
Voiture. Transport.
Voix. Parole.
Voye. *Faire voye* : ouvrir le chemin, laisser sortir.
Vueil. Volonté.
Vuide, vuider. Vide, vider.

Zele. Ferveur, dévotion. – **Zelé**. Fervent.

BIBLIOGRAPHIE SOMMAIRE

ÉDITIONS MODERNES[1]

The Works of Guillaume de Salluste Du Bartas, éd. Urban T. Holmes, John C. Lyons et Robert W. Linker, Chapel Hill, The University of North Caroline Press, 1935-1940 (plusieurs reprints). Le texte de *La Sepmaine* se trouve au tome 2.

La Sepmaine, éd. Kurt Reichenberger, Tübingen, Max Niemeyer, 1963, t. 1.

La Sepmaine, éd. Yvonne Bellenger, Paris, STFM, 1981 (rééd. 1992, 1993, 1994).

OUVRAGES COLLECTIFS

Cahiers du Centre Jacques de Laprade, n° 1, 1994, *Du Bartas*, éd. James Dauphiné et Paul Mironneau.

Cahiers Textuel, n° 13, 1993, *La Sepmaine de G. Du Bartas*, éd. Simone Perrier et Françoise Charpentier.

Du Bartas et l'expérience de la beauté. La Sepmaine (Jours I, IV, VII), éd. J. Dauphiné, Paris, Champion, 1993.

Du Bartas poète encyclopédique du XVIe *siècle*, éd. J. Dauphiné, Lyon, La Manufacture, 1988.

Du Bartas 1590-1990, éd. J. Dauphiné, Mont-de-Marsan, Éditions Interuniversitaires, 1992.

La Naissance du monde et l'invention du poème. Mélanges de poétique et d'histoire littéraire du XVIe *siècle offerts à Yvonne Bellenger*, éd. Jean-Claude Ternaux, Paris, Champion, 1998 (5e partie : « Du Bartas »).

Œuvres et Critiques, XXIX, 2, 2004, *Du Bartas.*

TRAVAUX BIBLIOGRAPHIQUES

BALSAMO (Jean) et SIMONIN (Michel), Abel *L'Angelier et Françoise de Louvain (1574-1610), suivi du Catalogue des ouvrages publiés par Abel L'Angelier, et la veuve L'Angelier, 1610-1620*, Genève, Droz, 2002, n° 67, 81, 82, 105, 134, 159, 1998.

BANDERIER (Gilles), « L'édition nîmoise de *La Sepmaine* de Du Bartas (1581) », in *Bulletin du Bibliophile*, 2003, p. 127-138.

BARBIER (Jean Paul), *Ma Bibliothèque poétique*, 4e partie, t. 1, Genève, Droz, 1998, p. 27-89.

BELLENGER (Yvonne) et TERNAUX (Jean-Claude), *Bibliographie des écrivains français. Du Bartas*, Paris-Rome, éd. Memini, 1998.

BRIN (Erwana), « Du Bartas, La *Sepmaine ou Creation du Monde*. Une édition inconnue ? », in *Mélanges Franz Calot*, Paris, Librairie d'Argences, 1960, p. 111-114.

---

1 Pour les éditions et les traductions anciennes, voir *supra*, Introduction, p. 26.

DROZ (Eugénie), « Fausses adresses typographiques », in *Bibliothèque d'Humanisme et Renaissance*, 23, 1961, p. 138-152.

PANTIN (Isabelle), « *La Semaine* de Du Bartas dans les éditions parisiennes de 1578 », in *Bulletin du Bibliophile*, 1983, p. 304-314.

ROUGET (François), « Quelques éléments nouveaux sur les éditions anciennes de Du Bartas », in *Bibliothèque d'Humanisme et Renaissance*, 46, 2004, p. 133-149.

ÉTUDES

ASHTON (Henry), *Du Bartas en Angleterre*, Paris, E. Larose, 1908.

BAGUENAULT DE PUCHESSE (Gustave), « Un poète agent diplomatique de Henri IV : Guillaume de Saluste du Bartas », in *Revue Henri IV*, t. III, 1921, p. 241-246.

BAÏCHE (André), La naissance du baroque français. Poésie et image de la Pléiade à Jean de La Ceppède, Publications de l'Université de Toulouse, 1976.

BANDERIER (Gilles), « Observations sur le texte de *La Sepmaine* », in *Bibliothèque d'Humanisme et Renaissance*, 40, 1998, p. 730-735.

BANDERIER (Gilles), « Une poétique de l'encyclopédie. Science et transmission du savoir dans la *Sepmaine* de Du Bartas », in *La transmission du savoir dans l'Europe des XVIe et XVIIe siècles*, éd. M. Roig Miranda, Paris, Champion, 2000, p. 239-264.

BANKS (Kathryn), *Cosmos and Image in the Renaissance. French Love Lyric and Natural-Philosophical Poetry*, Londres, Modern Humanities Research Association and Maney Publishing, 2008 (Part I, p. 30-110).

BEEKMAN (A.), *Influence de Du Bartas sur la littérature néerlandaise*, Poitiers, Imprimerie A. Masson, 1912.

BELLENGER (Yvonne), « Les paysages de la Création dans la *Sepmaine* de Du Bartas », dans *C.A.I.E.F.*, n° 29, 1977, p. 7-23.

BELLENGER (Yvonne), *Du Bartas et ses divines semaines*, Paris, S.E.D.E.S., 1993.

BELLENGER (Yvonne), « Le *Brief Advertissement* de Du Bartas : sur la "nouvelle et bisarre methode" du poète », in *Les normes du dire au XVIe siècle*, éd. Jean-Claude-Arnould et Gérard Milhe-Poutingon, Paris, Champion, 2004, p. 94-105.

BELLENGER (Yvonne), « Un phénomène éditorial : le succès européen de Du Bartas », in *L'Europa del libro nell'età dell'umanesimo*, éd. Luisa Secchi Tarugi, Florence, Franco Cesati Editore, 2004, p. 341-364.

BELLENGER (Yvonne), « Les pièces liminaires des éditions de Du Bartas », in *La poésie religieuse et ses lecteurs aux XVIe et XVIIe siècles*, éd. Alain Cullière et Anne Mantero, Éditions universitaires de Dijon, 2005, p. 33-47.

BELLENGER (Yvonne), « L'*Amas d'Epithetes* de Du Bartas », in *Esculape et Dionysos. Mélanges en l'honneur de Jean Céard*, éd. Jean Dupèbe, Franco Giacone, Emmanuel Naya, Anne-Pascale Pouey-Mounou, Genève, Droz, 2008, p. 983-1000.

BJAÏ (Denis), « *La Sepmaine*, "Œuvre… en partie heroïque" ou les enjeux d'un *Brief Advertissement* », in *Cahiers Textuel* n° 13, p. 53-72.

BJAÏ (Denis), « Un commentateur en quête d'auteur : Pantaléon Thévenin entre Ronsard et Du Bartas », in *Le lent brassement des livres, des rites et de la vie. Mélanges offerts à James Dauphiné*, éd. Monique Léonard, Xavier Leroux, François Roudaut, Paris, Champion, 2009, p. 529-546.

BRAUNROT (Bruno), *L'imagination poétique chez Du Bartas. Éléments de sensibilité baroque dans la Creation du Monde*, Chapel Hill, North Carolina UP, 1973.

CASTAN (Félix), « L'épopée aquitaine. Du Bartas, D'Aubigné, De Scorbiac, Ader », in *Renaissance, Maniérisme, Baroque*, Paris, Vrin, 1972, p. 147-151.

CÉARD (Jean), *La nature et les prodiges*, Genève, Droz, 1977, rééd. 1996.

CÉARD (Jean), « L'idée d'encyclopédie à la Renaissance », in *Encyclopédie et Encyclopédisme*, Paris, Aux Amateurs de Livres, 1991, p. 57-67.

CÉARD (Jean), « La *Sepmaine de* Du Bartas et la tradition hexamérale », in *Cahiers Textuel, n° 13*, 1993, p. 11-23.

CÉARD (Jean), « Bons et mauvais anges au premier jour de la *Sepmaine* de Du Bartas », in *Op. cit.*, Pau, 1993, N° 2, p. 23-31.

CÉARD (Jean), « Un lecteur du Du Bartas : le médecin Nicolas Abraham de la Framboisière », in *Œuvres et Critiques*, XXIX, 2, 2004, p. 87-98.

COLLETET (Guillaume), *Vie des poètes gascons*, éd. P. Tamizey de Larroque, Paris, A. Aubry, 1866 (p. 71-96).

COSENTINO (Paola), « Per un'ipotesi di lettura del Tasso autore del *Mondo Creato* : la *Divina Settimana* di Ferrante Guisone », in *Italique. Poésie italienne de la Renaissance*, 2, 1999, p. 143-165.

CREORE (Alvin Emerson), « Du Bartas : a reinterpretation », in *Modern Language Quarterly*, 1940, 1, p. 503-526.

CREORE (Alvin Emerson), « Word Formation in Du Bartas », in *Bibliothèque d'Humanisme et Renaissance*, 15, 1953, p. 192-208.

CREORE (Alvin Emerson), « The Scientific and Technical Vocabulary of Du Bartas », in *Bibliothèque d'Humanisme et Renaissance*, 21, 1959, p. 131-160.

CROCE (Benedetto), « Intorno a Guglielmo du Bartas », in *Critica*, 1929, p. 307-316.

CSÜRÖS (Klará), *Variété et vicissitudes du genre épique de Ronsard à Voltaire*, Paris, Champion, 1999 (chap. 5, p. 135-202).

CUNY (Pascale), « La *Première Sepmaine* de Du Bartas : spiritualité d'une forme », in *Mélanges sur la littérature de la Renaissance à la mémoire de V.-L. Saulnier*, Genève, Droz, p. 255-260.

DAGENS (Jean), « Du Bartas humaniste et encyclopédiste dévot », in *Cahiers de l'Association Internationale des Études Françaises* n° 10, 1950, p. 9-24.

DAUPHINÉ (James), *Guillaume de Saluste du Bartas poète scientifique*, Paris, Les Belles-Lettres, 1983.

DAUPHINÉ (James), « Du Bartas, Du Monin, Du Perron, et le roman policier du "Duc des Chandelles" », in *Contes et romanciers de la Renaissance. Mélanges offerts à Gabriel-André Pérouse*, éd. J. Dauphiné et Béatrice Périgot, Paris, Champion, 1997, p. 439-444

DAUPHINÉ (James), Demonet (Marie-Luce) et Proust (Gilles), *La Bibliothèque de Du Bartas*, Paris, Champion, 1994.

DELARUELLE (Chanoine L.), « Recherches sur les sources de Du Bartas dans la *Première Semaine* », in *Revue d'Histoire littéraire de la France*, 1933, p. 321-354.

DELOINCE-LOUETTE (Christiane), « Sponde, Homère, Du Bartas », in *Bibliothèque d'Humanisme et Renaissance*, LXXI, 2009, p. 255-270.

DEMONET (Marie-Luce), « L'invraisemblable Sepmaine », in *Cahiers Textuel*, n° 13, 1993, p. 175-194.

DUBOIS (Claude-Gilbert), La conception de l'histoire en France au XVIe siècle (1510-1610), Paris, Nizet, 1977, p. 327-365).

DUREL (Henri), « Du Bartas, Jacques Ier et Francis Bacon », in *Cahiers de l'Europe classique et néo-latine. Recherches sur l'humanisme méridional*, série A, t. 39, 1987, p. 75-110.

GARAPON (Robert), « Sur la renommée posthume de Ronsard et de Du Bartas de 1590 à 1640 », in *Œuvres et Critiques*, VI, 2, *Le cas Ronsard*, hiver 1981-1982, p. 53-59.

GARDY (Philippe), *La leçon de Nérac. Du Bartas et les poètes occitans (1550-1650)*, P.U. Bordeaux, 1998.

GENETTE (Gérard), « Ordonnance du Chaos », in *Mouvements premiers [Mélanges Georges Poulet]*, Paris, José Corti, 1972, p. 43-50.

GIACOMOTTO-CHARRA (Violaine), « Corps glorieux, corps souffrant : création de l'homme et savoir médical dans les *Semaines* de Du Bartas », in *Eidôlon (Cahiers du Laboratoire pluridisciplinaire de recherches sur l'imagination littéraire)*, 50, 1997, p. 69-81.

GIACOMOTTO-CHARRA (Violaine), *La forme des choses. Poésie et savoirs dans* La Sepmaine de *Du Bartas*, Toulouse, Presses Univ. du Mirail, 2009.

GOUJET (Abbé), « Guillaume de Salluste Seigneur du Bartas », *Bibliothèque françoise ou Histoire de la littérature françoise*, Paris, t. 13, 1752, p. 304-321.

HAAG (Eugène et Émile), « Saluste, Guillaume de, seigneur du Bartas », *La France protestante*, Paris, Cherbuliez, 1859, t. 9, p. 120-133.

HALLYN (Fernand), « La Torpille : aspects de la description chez Du Bartas », in *Du Bartas poète encyclopédique...*, 1988, p. 151-165.

HEATHER (Noel), *Du Bartas, French Huguenot Poet, and his humorous ambivalence*, Lewiston, NY, The Edwin Mellen Press, 1998.

HOLMES (Urban T.), Lyons (John C.) et Linker (Robert W.), *The Works of Guillaume de Salluste Du Bartas*, éd. cit., t. 1, Introduction.

JEANNERET (Michel), *Perpetuum mobile*, Paris, Macula, 1997 (p. 15-34).

JOUKOVSKY (Françoise), *Payssages de la Renaissance*, Paris, PUF, 1974 (chap. 7).

KANY-TURPIN (José), « Une réinvention de Lucrèce par Du Bartas », in *La littérature et ses avatars*, éd. Y. Bellenger, Paris, Aux amateurs de livres, 1991, p. 31-39.

KELLER (Luzius) *Palingène, Ronsard, Du Bartas. Trois études sur la poésie cosmologique de la Renaissance*, Berne, Francke, 1974.

LAMACZ (Stéphane), « La construction du savoir et la réécriture du *De rerum natura* dans *La Sepmaine* de Du Bartas », in *Bibliothèque d'Humanisme et Renaissance*, 64, 2002, p. 617-638.

LECOINTE (Jean), *L'idéal et la différence. La perception de la personnalité littéraire à la Renaissance*, Genève, Droz, 1993 (p. 566-572).

LESTRINGANT (Frank), « La Bible et le Jardin : les deux voies de la révélation dans *La Sepmaine* de Du Bartas », in *Littératures*, 29, 1993, p. 11-24.

LESTRINGANT (Frank), « De la "Première" à la "Dernière Semaine" ou de la réversibilité du monde selon Du Bartas, D'Aubigné, Augier Gaillard et Michel Quillian », in *La Naissance du monde et l'invention du poème*, 1998, p. 435-453.

LESTRINGANT (Frank), « Guillaume de Saluste du Bartas », *Littérature française du XVIe siècle*, éd. F. Lestringant, J. Rieu et A. Tarrête, Paris, PUF, 2000, p. 431-445.

LESTRINGANT (Frank), « Épopée ou apocalypse, ou le choix des Muses », in *L'Épopée et ses modèles de la Renaissance aux Lumières*, éd. Frank Greiner et Jean-Claude Ternaux, Paris, Champion, 2002, p. 331-346.

MAGNIEN (Michel), « Une lecture catholique de *La Première Semaine* : Du Monin, traducteur de Du Bartas », in *Du Bartas poète encyclopédique...*, 1988, p. 195-210.

MAGNIEN (Michel), « Du Bartas en France au XVIIe siècle », in *Du Bartas 1590-1990*, 1992, p. 45-58.

MARÉCHAUX (Pierre), « L'espace des signatures : poétique de la comparaison dans *La Sepmaine* de Du Bartas », in *L'Information littéraire*, 40, 1994, p. 3-9.

MÉCHOULAN (Henry), « *La Sepmaine* au secours de l'orthodoxie juive à Amsterdam », in *Du Bartas 1590-1990*, 1992, p. 427-445.

MÉNAGER (Daniel), « Le *Fiat lux* dans quelques textes de la Renaissance », in *La Naissance du monde et l'invention du poème*, 1998, p. 105-119.

MÉNAGER (Daniel), *La Renaissance et la nuit*, Genève, Droz, 2005.

MIERNOWSKI (Jean), *Dialectique et connaissance dans la Sepmaine*, Genève, Droz, 1992.

MILLET (Olivier), « *La Sepmaine* de Du Bartas au miroir de la traduction latine de Gabriel de Lerm (1583) », in *Œuvres et Critiques*, XXIX, 2, 2004, p. 101-117.

MONOD (Théodore), « Notes sur le vocabulaire ichtyologique de Du Bartas », in *Revue des Sciences humaines*, 117, 1965, p. 5-27.

PANTIN (Isabelle), *La Poésie du ciel en France dans la seconde moitié du XVIe siècle*, Genève, Droz, 1995.

PANTIN (Isabelle), « L'astronome sur la roue de la curiosité : des représentations emblématiques à la crise de la cosmologie », in *Curiosité et* libido sciendi *de la Renaissance aux Lumières*, éd. N. Jacques-Chaquin et S. Houdard, ENS Éditions Fontenay/Saint-Cloud, 1998, t. 1, p. 51-71.

PELLISSIER (Georges), *La Vie et les œuvres de Du Bartas*, 1883 ; Genève, Slatkine Reprints, 1969.

PINEAUX (Jacques), *La poésie des protestants de langue française (1559-1598)*, Paris, Klincksieck, 1971.

PRESCOTT (Anne Lake), « Du Bartas », in *Id.*, *Four French Poets and the English Renaissance*, New Haven-Londres, Yale University Press, 1978, p. 167-234.

PRESCOTT (Anne Lake), « Du Bartas and Renaissance Britain : An Update », in *Œuvres et Critiques*, XXIX, 2, 2004, *Du Bartas*, p. 27-38.

RAYMOND (Marcel), *L'Influence de Ronsard sur la poésie française (1550-1585)*, Paris, 1927 ; rééd. Genève, Droz, 1965 (chap. 26-27).

REICHENBERGER (Kurt), *Du Bartas und sein Schöpfungsepos*, Munich, Max Hüber Verlag, 1962.

REICHENBERGER (Kurt), *Themen und Quellen der Sepmaine* [t. 2, de l'édition de *La Sepmaine*], Tübingen, Max Niemeyer, 1963.

REICHENBERGER (Kurt), « Das Schöpfungsepos des Du Bartas und die Tradition der antiken Hexamera », in *Zeitschrift für romanische Philologie*, 79, 1963, p. 173-186.

RICHTER (Mario), *Jean de Sponde et la langue poétique des protestants français*, trad. franç., Paris, Classiques Garnier, 2011.

RIEU (Josiane), « Le sentiment religieux chez Du Bartas », in *Du Bartas 1590-1990*, 1992, p. 317-334.

RIEU (Josiane), « Naissance et connaissance poétique du monde : le temps de l'écriture dans *La Sepmaine* de Du Bartas », in *La Naissance du monde et l'invention du poème*, 1998, p. 455-474.

ROUDAUT (François), « La quête de la vérité : Du Bartas et Le Fèvre de la Boderie », in *Du Bartas 1590-1990*, 1992, p. 189-213.

ROUDAUT (François), « *La Sepmaine*. Le Premier Jour », in *Du Bartas et l'expérience de la Beauté*, éd. J. Dauphiné, Paris, Champion, 1993, p. 113-148.

ROUDAUT (François), « D'un désordre à l'autre : Michel Quillian continuateur de Guillaume du Bartas », in *Les Cahiers du Centre Jacques de Laprade*, I, 1994, p. 88-102.

ROUDAUT (François), « Le dialogue de l'auteur et du lecteur dans *La Sepmaine* de Du Bartas », in *Renaissance and Reformation, Renaissance et Réforme*, 29, n° 3, 1995, p. 35-46.

SAINTE-BEUVE (Charles-Augustin), *Tableau de la poésie française au XVIe siècle*, Paris, Lemerre, 1876 (t. 2, p. 201-246).

SCHMIDT (Albert-Marie), *La poésie scientifique en France au XVIe siècle*, Paris, A. Michel, 1938 ; rééd. Lausanne, Éd. Rencontres, 1970 (chap. 5).

SECRET (François), « Les *Semaines* dans la tradition de l'*Heptaplus* », in *Du Bartas poète encyclopédique...*, 1988, p. 307-338.

SMITH (Paul), « Du Bartas aux Pays-Bas », in *Œuvres et Critiques*, XXIX, 2, 2004, p. 39-61.

STAUFFER (Richard), *Dieu, la création et la Providence dans la prédication de Calvin*, Bern, Peter Lang, 1978.

STEINMETZ (Jean-Luc), « Un disciple de Du Bartas : Gérard de Nerval », in *Du Bartas poète encyclopédique...*,1988, p. 339-353.

THIBAUT DE MAISIÈRES (Maury), *Les poèmes inspirés du début de la Genèse à l'époque de la Renaissance*, Louvain, 1931.
WEBER (Henri), *La Création poétique au XVIe siècle en France*, Paris, Nizet, 1956 (p. 537-557).
WILSON (Dudley), *Descriptive Poetry in France from blason to baroque*, Manchester, PU, 1967.

SUR LES COMMENTAIRES

CÉARD (Jean), « Les transformations du genre du commentaire à la Renaissance », in *L'Automne de la Renaissance, 1580-1630*, éd. J. Lafoud et A. Stegmann, Paris, Vrin, 1981, p. 101-115.
CÉARD (Jean), « Les mots et les choses : le commentaire à la Renaissance », in *L'Europe de la Renaissance. Cultures et civilisations* [*Mélanges M.-Th. Jones-Davies*], Paris, Touzot, 1988, p. 25-36.
CÉARD (Jean), « Les formes du commentaire », in *Précis de littérature française du XVIe siècle*, dir. Robert Aulotte, Paris, PUF, 1991, p. 177-191.
CÉARD (Jean), « De l'encyclopédie au commentaire, du commentaire à l'encyclopédie : le temps de la Renaissance », in *Tous les savoirs du monde*, Bibliothèque nationale de France-Flammarion, 1996, p. 164-169.
CÉARD (Jean), « Le commentaire, ou l'encyclopédisme non méthodique de la Renaissance », in *Littérales* n° 21, *L'entreprise encyclopédique*, 1997, p. 79-95.
CULLIERE (Alain), *Les écrivains et le pouvoir en Lorraine au XVIe siècle*, Paris, Champion, 1999 (p. 583-610).
GILMONT (Jean-François), « Un commentateur de Du Bartas : Simon Goulart, l'épigone », in *Du Bartas, 1590-1990*,1992, p. 263-283.
JONES (Leonard Chester), *Simon Goulart (1543-1628). Étude biographique et bibliographique*, Genève-Paris, Georg-Champion, 1917.
SIMONIN (Michel), « Pantaleon Thevenin de Ronsard à Du Bartas ou les surprises du commentaire », in *Du Bartas poète encyclopédique...*, 1988, p. 323-338.

INDEX DES NOMS PROPRES HISTORIQUES, MYTHOLOGIQUES ET GÉOGRAPHIQUES CITÉS DANS LE TEXTE

ANDRIN. De l'île d'Andros, dans les Cyclades (III, 243).
ANDROGYNE. Par référence au mythe platonicien (VI, 987).
ANDROMEDE. Constellation de l'hémisphère Nord (IV, 266).
ANGE(S). (I, 543, 686; III, 477 ; VII, 247, 411, 470). Ange du Jugement (I, 403).
ANGLOISE. (IV, 331).
ANTARCTIQUE. Austral (IV, 185, 632).
ANTICTHONS. Habitants des antipodes, de l'autre hémisphère (III, 361).
AP(P)ELLE. Illustre peintre grec, qui fit le portrait d'Alexandre (I, 445 ; V, 880). *Apelloise* : d'Apelle (VI, 829).
APOLLON. Pour le Soleil (II, 407 ; IV, 369).
AQUILON. Vent du Nord (II, 1079 ; III, 415).
ARABE. (III, 241 ; V, 79). *L'Arabe Neptun* : la mer Rouge (III, 82).
ARAGON. Province du Nord de l'Espagne. *Ce mont d'Aragon* : allusion à la montagne de sel de Solsona (III, 751).
ARCHELAS. Roi loué par Plutarque pour sa sagesse et sa tempérance (III, 882).
ARCHER. Phœbus, le Soleil (IV, 139). Le Sagittaire, signe du Zodiaque (IV, 243, 634). *Archerot* : Cupidon (II, 3).
ARCHITE. Archytas de Tarente, philosophe pythagoricien (VI, 836).
ARCTIQUE. Boréal, septentrional (III, 371).
ARDENE. Ardennes, la forêt merveilleuse des grandes aventures (III, 981).
ARION. Poète mythique sauvé par un dauphin (V, 437, 475).
ARISTOTE. (II, 895 ; VII, 618).
ARMAIGNAC. Armagnac (VI, 620).
ASSUR. Les Assyriens (I, 738).
ATHENIEN. (VI, 827).
ATILE. Attila (V, 871).
ATLANTIQUE. « [...] pour l'intelligence de nostre poete, je me tien à l'avis de ceux qui par la mer Atlantique entendent l'Ocean qui costoye l'Europe et l'Afrique à l'Occident. » [S.G.] (III, 173, 289).
AT(H)LAS. « Les poetes feignent qu'Atlas fut un Roy de Mauritanie, qui porta le ciel sur ses espaules [...]. Atlas fut transmué en une montagne si haute qu'on n'en peut voir le sommet. C'est ainsi que les anciens ont enveloppé tout en leurs fables. Il est en Afrique, et a divers noms à cause de son estendue » [S.G.] (I, 404 ; II, 765 ; VII, 147). L'Ouest (IV, 330). *Le flot d'Atlas* (III, 435) : l'océan Atlantique.
ATRAMITAIN. *Le peuple Atramitain* : « Il fournit l'encens entre tous autres peuples, comme le dit *Pline* au 12. livre, chap. 14. [12, 52], qui les appelle Sabeens, et tient que Saba pays de l'Encens leur appartient en l'Arabie heureuse »[S.G.] (III, 508). *Cf.* SABA.
ATROPOS. Celle des Parques qui donne la mort (V, 430, 558, 976).
ATTALE. Roi de Pergame, amateur d'agriculture (III, 881).
ATTIQUE. De l'Attique (II, 920, 1023 ; III, 556 ; VII, 620).
AUBE. (I, 749 ; II, 281, 600 ; V, 5, 642).
AURORE. (I, 540, 719 ; II, 397, 398, 575 ; III, 538, 944 ; IV, 146, 620, 764 ; VI, 815 ; VII, 160).
AUSTRAL. *Les ondes Australes* : les mers du Sud (V, 103).
AUSTRE(S). Vent(s) du Sud (I, 462 ; II, 326 ; V, 106 ; VI, 743).
AUTAN(S). Vent(s) du midi (II, 872, 1080 ; III, 586 ; IV, 207, 208, 337 ; V, 578, 818 ; VI, 939).
AVANT-CHIEN. Procyon, constellation (II, 596 ; IV, 272, 454).

BACCHUS. Dieu du vin. Pour le vin (II, 508 ; III, 248, 582, 831 ; IV, 645).
BAIGNERES. Bagnères-de-Bigorre, dans les Pyrénées (III, 306, 307).
BALANCE. Signe du Zodiaque (IV, 239, 634). Voir TREBUSCHET.
BALENE. La Baleine, constellation de l'hémisphère Sud (IV, 271).
BANDAN. Les îles de Bandan sont proches des Moluques, archipel d'Indonésie (III, 504 ; VII, 654).
BARBARE. (I, 515).
BAREGE. Barèges, dans les Pyrénées (III, 306).
BARTAS. Lieu du manoir appartenant au poète (III, 984).
BEL. « Le fils de Bel est Ninus premier Roy des Assyriens, lequel fut des premiers

CHIO. Île grecque (III, 850).
CHRESTIEN. (II, 45 ; VII, 527).
CHRIST. (V, 598, 773 ; VI, 992 ; VII, 415, 521).
CHUS. Éthiopie (II, 456 ; III, 928).
CIGNE. Constellation de l'hémisphère Nord (IV, 265).
CILICE. Cilicie, contrée d'Asie mineure (VII, 590).
CIMBRES. Peuple germain (II, 792).
CIMMERIQUES. Des pays du Nord (I, 276).
CINCINNAT. Lucius Quinctius Cincinnatus, dictateur romain (III, 885).
CLION. Muse de l'histoire (prise ici comme représentante des muses, c.-à-d. des arts en général, et en particulier de la poésie) (V, 391).
CLIT(H)IE. « Le fin or de Clitie, c'est la fleur nommee Soulci, jaune comme l'or [...]. *Ovide* traite ceste fiction au 4. livre des Metamorphoses [v. 206 et suiv.] » [S.G.] (III, 536 ; VII, 512).
CNIDOIS. De Cnide, ancienne ville de Carie où se trouvait un temple consacré à Vénus (I, 450). – *Le maistre Cnidois* : voir PHARE.
COLCHIDE. Contrée d'Asie mineure. C'est le pays de Médée (V, 653).
COLOMB. Le navigateur (III, 360).
CORBEAU. Constellation de l'hémisphère Sud (IV, 274).
COURONNE. *Australe Couronne* : la Couronne australe, constellation de l'hémisphère Sud (IV, 275). – *La Couronne* : la Couronne boréale, constellation de l'hémisphère Nord (IV, 261).
CRECHE. Étoile dans la constellation du Cancer (IV, 459).
CROISSANT. La Lune (I, 58 ; III, 179, 183, 225 ; IV, 10, 442, 570, 650).
CROIX. La Croix du Sud, constellation australe qui marque le Sud et le désigne par métonymie (VII, 70).
CRUCHE. Verseau, signe du Zodiaque (IV, 641).
CTISIPHON. L'architecte qui construisit le grand temple de Diane à Éphèse (I, 450).
CUME. *La Vierge de Cume* : la Sibylle (I, 616).
CUPIDON. (IV, 621). – CUPIDONNEAUX. Les Amours (IV, 378).
CYCLOPE. (I, 443 ; V, 61 ; VI, 357).
CYPRINE. De Chypre, île consacrée à Vénus. *La torche Cyprine* : la flamme de l'amour (VI, 34).
CYRE. Cyrus le Grand, fondateur de l'Empire perse (VI, 768 ; VII, 561).
CYRENOISE. *La terre Cyrenoise* : « Pays aboutissant à la Numidie et à la Lybie vers l'Egypte, pays fort incommode, et presque desert aujourd'huy, à cause des chaleurs extremes » [S.G.] (III, 577).
CYRRHE. Cirrha, en Phocide, dont l'antre abritait l'oracle de Delphes (VI, 772).
CYTHERE. Île grecque consacrée à Vénus (V, 64).

DÆDALE, DEDALE. Pour le Labyrinthe (I, 88 ; VI, 618, 654).
DAIN. Le Capricorne, signe du Zodiaque (IV, 641).
DAIRE. Darius III, dernier roi de Perse, vaincu par Alexandre au terme de trois batailles (V, 92).
DAMES. Marie-Madeleine, Marie et Salomé (I, 705).
DAMON. Ami de Pythias (V, 304).
DANUBE. (III, 101).
DARDOISES. *Les fourmis Dardoises* : fourmis fabuleuses du Nord de l'Inde, gardiennes de l'or qu'on leur a confié (V, 685).
DARIEN. *Flot Darien* : le Darien est la partie méridionale de l'isthme et de la république actuelle de Panama (III, 110).
DAUPHIN. Constellation de l'hémisphère Nord (IV, 265).
DEDALE. Voir DÆDALE.
DELE. Délos, l'île grecque où Latone accoucha des jumeaux Apollon et Diane (V, 96 ; VI, 401). – DELIEN. De Délos. *Le flambeau Delien* : le Soleil (III, 200).
DELPHE. *La Vierge de Delphe* : la Pythie (I, 616). – DELPHIQUE. *La torche Delphique* : le Soleil (II, 499).
DEMOCRITE. Philosophe grec (I, 18). Voir ABDEROIS.
DENIS. Dionysos, Bacchus, dieu du vin (IV, 365). Voir BACCHUS.
DIANE. Déesse de la chasse (VI, 304).
DIEU. (I, 9, 26, *passim*).
DODONE. *Source de Dodone* : allusion à la fontaine sacrée dans la forêt de chênes de

LISTE DES NOMS D'AUTEURS CITÉS EN NOTES

Nous ne retenons pas dans cette liste les noms d'éditeurs scientifiques ou commerciaux, non plus que les personnages historiques qui ne sont pas des auteurs (Vespucci, Magellan, voire Mécène, etc.), ni même certains auteurs lorsqu'ils sont cités pour des incidents étrangers à leur œuvre (Aristote qui se jette dans l'Euripe, Lucrèce tué par la maladresse de sa femme, etc.). C'est aussi la raison pour laquelle ne figurent ci-dessous ni Épicure ni Empédocle, dont il ne reste à peu près aucun écrit.

Les chiffres arabes renvoient aux numéros des vers qui correspondent aux notes de bas de page citant les auteurs.

TABLE DES MATIÈRES